KB129541

코리안 미러클 8

한·미 FTA, 글로벌 경제를 향한 비전

NANAM
나남출판

'육성으로 듣는 경제기적' 8기 편찬에 참여하신 분들

증언해 주신 분들 (가나다 순)

권오규 제12대 재경회장, 前 경제부총리
김종훈 前 외교통상부 통상교섭본부장
민동석 前 외교통상부 차관
박태호 前 외교통상부 통상교섭본부장, 서울대 명예교수
신제윤 前 금융위원장
웬디 커틀러 前 USTR 부대표
윤대희 前 국무조정실장
이창동 前 문화관광부 장관
전만복 前 보건복지부 기획조정실장
진동수 前 금융위원장
최석영 前 외교부 경제통상대사

집필 책임

홍은주 前 한양사이버대 교수, 前 MBC 논설주간

편찬위원회 (위원장 이하 가나다 순)

권오규 제12대 재경회장, 前 경제부총리
조동철 KDI 원장
강동수 GKEDC 단장
박태호 前 외교통상부 통상교섭본부장, 서울대 명예교수
송인호 KDI 경제정보센터 소장
신제윤 前 금융위원장
윤대희 前 국무조정실장
조원동 前 대통령비서실 경제수석비서관
최석영 前 외교부 경제통상대사
허경욱 제12대 재경회 부회장, 前 OECD 대한민국 대표부 대사

자 문

이태호 법무법인(유) 광장 고문

KDI 연구진

이정미 KDI 경제정보센터 전문위원

코리안 미러클 8

한·미 FTA, 글로벌 경제를 향한 비전

육성으로 듣는 경제기적 편찬위원회

홍은주 집필

NANAM
나남출판

경제와 안보 고려한 개방화의
큰 도전, 한·미 FTA

인구가 적고 내수시장 규모가 크지 않으며 부존자원이 거의 없는 한국 경제에서 국민소득을 증가시키는 거의 유일한 방법은 무역을 통한 시장 확대와 부가가치 창출이다. 개방을 통해 경쟁 속에서 스스로를 담금질하며 지식의 과감한 흡수와 제도의 선진화를 통해 총요소생산성을 높이는 것 외에는 다른 경제성장 전략 대안이 사실상 마땅치 않은 경제 조건인 것이다.

1964년 수출주도 전략으로 선회한 이후 1978년 수출과 수입 쌍방향 개방화 전략을 채택하고, WTO와 OECD에 가입하며, 여러 나라와 FTA를 체결하여 동북아 FTA 허브국가로 거듭나기까지 한국이 지속적 개방화를 추진한 데는 이 같은 일관된 인식이 바탕에 깔려 있다고 할 수 있다.

그러나 역사적으로 개방화 과정은 항상 큰 진통을 수반해왔다. 개방화는 자본과 정보, 재화, 노동의 이동을 의미하며, 개방에 따른 이익은 장기적이고 동태적인 과정을 거치지만 그에 따른 손해는 현재의 계정으로 인식되기 때문이다.[1]

개방화 정책사에서 정치적으로 가장 심각한 저항과 반발을 불러일으켰던 것은

---

1 예를 들어 한국 최초의 FTA의 경우 계절적으로나 지역적으로 지구의 정반대 지역이라 충격이 크지 않을 것으로 보고 고심 끝에 칠레를 파트너로 선택했지만 성사되기까지 예상 밖의 큰 진통을 겪었다. 농민단체들을 중심으로 한 사회적 반대로 한·칠레 FTA 비준동의안은 여러 차례 국회 본회의 상정에 실패했고 재정지출을 통한 엄청난 규모의 국가보상을 약속했다.

바로 한·미 FTA였다.

당시 2000년대 초반은 한국 경제가 IMF 사태라는 전대미문의 국가부도 위기를 겪은 직후였다. 다시 이런 위기를 겪지 않기 위해 새로운 성장동력을 마련하려는 고민이 치열했다. 경제 양극화와 중산층 붕괴라는 구조적 위기를 벗어나는 한편 고부가가치 서비스산업의 선진화를 이룩하기 위한 계기가 절실했다.

이 같은 내부적 요인에 더해 미국과 EU 중심의 FTA 확산에 따른 외부적 위기감이 현실적 압력으로 작용했다. EU의 경우 세계사에서 유례없는 강고한 경제공동체로 거듭났다. 이 같은 EU를 의식한 미국이 북미경제공동체 NAFTA를 기반으로 전 세계적 FTA를 추진했다. 2003년 말 기준 세계적으로 184개의 FTA가 발효 중이었고, 2005년까지 FTA 체결국 간 무역이 전 세계 교역량의 55%로 확대될 것이라는 전망이 나왔다.[2]

한국이 정치적 부담 때문에 FTA 추진을 계속 망설이는 동안 역내외 관세차별에 따른 피해와 기술규격 인증협정 미체결로 인한 애로 등이 쌓여 갔다. 경제적 측면뿐만 아니라 경제안보와 외교안보 측면의 여러 가지 불이익이 커지는 상황이었다.[3]

FTA는 역내 국가 간의 배타적 무역 형태이며, 지역무역협정을 통한 경제협력 증대는 회원국 간의 상호의존과 협력을 강화한다. FTA 회원국 간의 빈번한 경제교류와 안보협력은 강한 응집력을 낳고 상호보완적 관계를 형성하여 장기적으로는 국제적 역학관계에 근본적 변화를 가져온다.

경제와 안보, 두 가지 측면을 모두 고려할 때 한·미 FTA 추진은 선택이 아니라 생존이 걸린 문제라는 인식하에서 출발했지만 그 후폭풍은 엄청났다. 최초 추진 선언 시점부터 최종 국회 비준까지 험난한 고난의 행군이었다. 최고 국정 책임자들이 연달아 정치적 곤경에 처했고, 일부 협상대표들은 개인적으로 큰 고초를 겪었다. 밤샘 작업을 밥 먹듯 하던 실무자 가운데는 과도한 업무로 인해 아이를 유산하는 아

---

2 2004년을 기준으로, 한국의 국민총생산은 6,801억 달러였고, 1인당 평균 국민소득은 1만 4,414달러였다. 서비스 교역을 포함할 경우, 수출은 2,992억 달러, 수입은 2,698억 달러로서 무역의존도는 83.7%에 달했다.

3 KOTRA, 2005, 〈세계 주요국의 FTA 추진 현황 및 주요 수출시장에서의 한국 상품 차별 사례〉.

픔을 겪은 사람도 있었다.

그러나 이 같은 집합적 의지의 관철을 통해 만들어낸 필연이 오늘의 역사가 되었다. 엄청난 정치적 비용을 치러가면서도 한·미 FTA를 설계하고 추진하고 입법화한 대장정이 오늘날 한국 경제발전의 큰 축을 이루고 있음은 누구도 부인하지 못할 것이다.

에베레스트를 등반하고 나면 다른 산이 낮아 보이는 법이다. 한·미 FTA라는 큰 산을 넘은 후 다른 국가들과 FTA 추진이 상대적으로 쉬워졌고, 다른 국가들이 적극적으로 한국에 FTA 협상을 요청했다. 한국은 단기간 내에 FTA 허브국가로 부상했다. 무역대국으로서의 위상을 높였을 뿐만 아니라 개방과 경쟁을 두려워하지 않는 오늘날 한국 경제의 이미지가 만들어지기도 했다. 미국과의 FTA 추진 이후 개방에 따른 막연한 두려움을 극복한 것도 무형의 큰 성과라 할 수 있다.

한·미 FTA 비준 이후 10여 년이 경과했다. 당시 결단의 당위성은 시간의 지평에서 충분히 재평가받았다고 판단한다. 역사에 가정법은 없다지만 만약 당시에 한·미 FTA를 추진하지 않았다면 한국 경제는 현재 어떤 경로를 걷고 있을까? 당시 정치적 압력에 포기했더라면 다시는 재추진 동력을 회복할 수 없었을 것이고 현재처럼 글로벌 지평에 우뚝 서기는 어려웠을 것이다.

요즘처럼 신냉전 기류가 형성되고 글로벌 가치사슬이 재편되며 본격적인 '세계화의 종말'[4]이 예견되는 시점에 한·미 FTA를 종합적으로 정리하는 이번 작업이 새로운 도전에 직면한 한국 경제에 온고지신(溫故知新)의 통찰을 줄 것을 기대한다.

2024년 4월
편찬위원장 제12대 재경회장 권 오 규
KDI 원장 조 동 철

---

4 '세계화의 종말'(*The End of Globalization*)은 프린스턴대학의 해럴드 제임스(Harold James) 교수가 사용한 개념으로 그의 저서명이기도 하다.

한·미 FTA를 이 시점에
재조명해야 하는 이유는?

혹자는 물을 수도 있다. 비준된 지 10여 년이 지난 이 시점에 왜 한·미 FTA를 다시
조명하느냐고.

이 물음에 답하려면 당시 한·미 FTA 추진이 한국 사회와 경제에 불러일으킨 엄
청난 논쟁의 성격부터 규명해야 한다. 한국 경제정책사에는 한국 사회에 큰 논란을
불러일으킨 여러 사건들이 있다. 경제발전 초기인 1960년대와 1970년대 초반에
는 국민경제에 큰 충격을 미칠 수 있는 경제정책들에 대해 뚜렷한 저항이 드러나지
않았다. 1972년, 기업들의 부담을 줄여 주기 위해 헌법이 명시한 개인의 사유재산
권까지 대통령 긴급명령으로 제한한 '사채동결 조치' 같은 충격적 정책도 별다른
저항 없이 넘어갈 정도였다.

경제정책에 대한 정치적 논란이 종종 수면 위로 떠오른 시기는 1970년대 후반
무렵으로, 1977년 부가가치세 도입이 뜨거운 논란의 대상이 되었다. 1980년대
초반에는 안정화정책이 추진 과정에서 강도 높은 임금동결과 재정긴축으로 논란이
되었고, 금융실명제법 시행 역시 10여 년에 걸친 긴 논란 끝에 이루어졌다.

1980년대 미국의 강도 높은 개방 압력에 따른 서비스시장 개방(특히 영화 직배
허용)과 우루과이라운드 및 WTO 가입 협상, 한·칠레 FTA에 이르기까지 개방정책
은 항상 집단적 저항을 받았다. 개방화 자체는 한국 경제에 필수적 요소일지라도 개
방화의 결과 이익을 보는 집단과 손해를 보는 집단이 일치하지 않기 때문이다. 또한

9

개방화로 이익을 보는 계층은 침묵하는 반면 손해를 보거나 손해를 예상하는 집단은 다양한 수단을 통해 필사적으로 저항하므로 손해 집단의 목소리가 훨씬 더 크게 들릴 수밖에 없다.[1]

경제정책에 대한 국민적 논란과 혼선의 끝판왕이 바로 2006년 1월부터 추진된 한·미 FTA였다. "FTA 확산이라는 글로벌 경제질서의 파고에 선제적으로 대응하지 못한다면 우리 시장은 공동화되고 위기가 올 것이므로 개방을 통해 국가경쟁력을 강화해야 한다"는 당위성을 내세워 출범한 한·미 FTA는 당초 예상보다 훨씬 어렵고 강한 정치적 반발에 부딪혔다.

2005년 한·미 FTA 예비실무 접촉이 시작된 후 2012년 비준에 이르기까지 오랜 과정을 종합해 보면, 대외적으로 강대국 미국을 상대로 한 치열한 협상전선과 동시에 대내적으로는 수많은 집단의 격렬한 정치적 반발이라는 이중전선이 형성되어 있었다.

반대 진영은 "한·미 FTA는 단순한 관세인하가 아니라 시장질서를 규율하는 법과 제도 전반이 미국식으로 통합되는 것이므로 한국 경제 시스템이 미국에 통째로 삼켜질 것"이라는 위기론을 바탕으로 장기적이고 조직적인 반대 운동에 나섰다. 반대 진영에게 한·미 FTA는 미국의 다국적 대기업들이 개도국인 한국 경제와 기업들을 자연스럽게 인수하는 초미의 위기로 인식되었던 것으로 보인다. 한·미 FTA의 투자자·국가 간 분쟁해결제도(ISDS) 협상이 진행되었을 때 '행정주권·사법주권 상실' 논란이 벌어진 것도 이 같은 인식이 드러난 결과이다.

격렬한 저항에 부딪힌 한·미 FTA 협상은 간신히 마무리되었지만, 국회비준을 받지 못한 채 차기 정부로 넘어갔다. 그 후 미국산 쇠고기의 광우병 감염 가능성과 검역주권 논란이 더해지자 시민들의 촛불시위가 이어지며 폭발적인 정치적 사건으로까지 비화되었다.

대통령부터 협상단에 이르기까지 "칼날 위에 양심을 얹고 한국 경제의 미래를 위

---

1 홍수정·김기형, 2007, 〈한·미 FTA에 대한 투–레벨 게임이론의 적용〉, 한국정책분석평가학회; 《한국정책분석평가학회 학술대회 발표논문집》 재인용.

해 내린 결단"이 다른 일방에게는 "국가경제의 주도권을 미국에 넘기는 제2의 을사늑약"으로 받아들여지는 상황에서 일반 국민들은 오랫동안 혼란에 빠질 수밖에 없었다.

한·미 FTA 비준 이후 10여 년이라는 긴 시간이 흘렀다. 이제 역사의 지평 위에서 국민이 가졌던 불안과 의문, "개방의 불확실한 미래 기댓값이 어느 정도 현실화되었는가?"를 객관적이고 통계적으로 충분히 답할 수 있는 시점이 되었다고 본다. 미국 측 수석대표였던 웬디 커틀러(Wendy Cutler)의 증언을 포함하여 한·미 FTA를 종합적으로 재정리하는 이 책을 기획한 것은 바로 이러한 이유에서였다.

오늘날 글로벌 질서에 편입된 한국 경제는 완전히 다른 형태의 위기에 직면하고 있다. 강대국들에 의한 보호무역주의 유령이 다시 배회하고 있다. 한·미 FTA를 추진했을 당시의 미국은 그래도 자유무역의 신념이 있었으나 이제 자국 시장과 기업 보호를 공공연하게 천명하고 있다.

온갖 정치적 논란을 무릅쓰고 한·미 FTA를 선택함으로써 글로벌 경제질서에 적극적으로 대응하여 경쟁 DNA를 살려낸 한국 경제가 강대국들의 보호무역주의 역풍 속에서 또다시 어떤 선택을 해야 생존이 가능할지 치열하게 숙고하는 계기를 다시 한번 가져 보는 것이 이 책의 또 다른 기획 의도이다.

2024년 4월
집필자 홍은주

차
례

16

CHAPTER 1

글로벌 통상 추세와
한국의 개방화

1. 개방화를 통한 한국 경제성장 전략

한국 수출공업화 전략의 출발

한국 경제가 수출을 통한 개방화로 큰 방향을 잡은 때는 1964년 무렵이다. 경제기획원은 기존의 수입대체 공업화 전략을 수정하여 적극적 수출공업화로 전환했다. 1967년 4월에는 '관세 및 무역에 관한 일반협정'(GATT: *General Agreement on Tariffs and Trade*)에 가입해 글로벌 무역체제에 공식적으로 진입했다.[1]

차관(借款)과 외자(外資)를 도입하여 공장을 건설하는 한편, 수출기업에 원자재 관세감면과 수출우대금융, 수출입허가링크제 등 정책적 혜택을 최대한 제공했다. 수출을 늘리기 위한 조세, 금융, 관세 등 전 방위적 유인체계는 1964~1965년 무렵에 정비되어 1980년 이전까지 일관되게 유지되었다.

한국 경제는 이 기간 동안에 개방화를 통해 괄목할 만한 성장세를 나타냈다. 실질경제성장률이 1964~1969년에 평균 10.95%를 기록했고, 1970~1979년에는 평균 10.52%에 달했다.

자본이 부족했던 한국은 국제 금융시장에서 차관을 대거 도입하여 경제성장의 재원으로 사용했는데, 경제성장 속도가 빨라 차관상환에 별 무리가 없었다. 이 점에서 한국은 국제 금융시장 신용대출의 개척자였다. 한국의 사례를 통해 국제 금융시장의 민간 금융기관들은 개도국에 차관단을 구성해 신용으로 신디케이트론(*syndicated loan*)을 대출해 주면 높은 이자를 받고 되돌려 받을 수 있다는 경험을 하게 된 것이다.

---

1 개도국에 대해 상호주의적 무역자유화 의무를 면제 또는 완화시켜 주는 GATT의 제18조 개도국 우대 조항 및 일반특혜관세제도(GSP: *Generalized Special Preference*)를 적용받아 수출공업화를 강력히 추진했던 것이다.

GATT 체제와 자유무역 신념의 확산

1960년대와 1970년대 한국 경제가 수출공업화 전략으로 큰 성공을 거둔 데는 시운이 따랐던 탓도 일부 있었다. GATT 체제로 상징되는 자유무역주의 확산과 세계사적 큰 흐름에서 대세 상승기를 탔던 것이다.

대공황과 제2차 세계대전 이후, 미국과 소련, 두 축으로 경제권이 분할되고 정치적 냉전체제가 구축되었다. 미국 중심의 자본주의 체제는 GATT 체제를 구축하면서 각국의 관세장벽을 현저히 낮추고 무역을 활성화했다. 여기에 물류기술 발달과 커뮤니케이션 혁신까지 더해지면서 글로벌 통상 흐름은 급격히 확대되었다.

1948년 GATT 체제가 출범한 이후 1970년대 초반까지 20여 년간 선진국들은 교역과 국내총생산(GDP) 면에서 압도적 성장을 이루었다.[2] 1948년에서 1973년 사이 세계 교역 신장률은 세계 GDP 성장의 두 배가 넘었고, 제조업 성장은 3.5배가 넘었다. 1950년 말에 이르자 유럽은 전쟁 이전의 생산 수준을 완전히 회복했는데, 특히 독일 등이 급성장했다. 이 기적 같은 발전으로 미국 등 서방 진영은 자신감을 높였다.

국제통화기금(IMF: *International Monetary Fund*)과 GATT 체제를 중심으로 미국은 막강한 경제력과 정치적 리더십을 구축하며 '팍스 아메리카나'(*Pax Americans*) 시대를 열었다.

반면, 미국과 체제경쟁을 벌이던 소련 경제는 1960년대 중반 이후 장기간의 정체시대를 맞았다. CIA 보고서에 따르면, 1951~1955년 기간 중 평균 6% 성장하던 소련 경제는 1961~1965년 기간 중에는 평균 5% 성장하는 추세로 바뀌었다. 노동생산성도 1950년대 4.7% 수준에서 1960년대에는 4% 수준으로 하락했다.

그 결과, 1970년 전후에 미국이 체제경쟁에서 확실한 우위를 점유하자[3] 낮은 관

---

2 Anne O. Krueger, *The WTO and the World Trading System*, Seoul Global Trade Forum, pp.94~120.

3 CIA, 1999, *A Comparison of the US and Soviet Economies*: *Evaluating the Performance of the Soviet System*, CIA Historical Review Program Release as Sanitized,

세에 기초한 자유무역이 미국을 비롯한 서방 선진국들의 신념체계로 자리 잡았다. 무역장벽 철폐와 관세인하가 세계 경제 성장과 공동 번영의 원동력으로 여겨졌다.

수출주도형 발전 전략을 채택한 한국 경제가 GATT에 가입한 시점(1967년)은 서방 선진국 경제가 자유무역의 신념을 바탕으로 세계적 황금기를 구가할 때였다. 선진국들의 경제적 여유는 후발 개도국에 대한 관용을 낳았다. 동서냉전 상황에서 후발 개도국들을 정치적 동맹으로 편입시키기 위해 경제발전을 지원했던 것이다. 이에 따라 GATT에 가입한 한국은 낮은 관세로 선진국에 수출하면서 유치산업 보호 명목으로 여러 가지 개도국 예외조항과 혜택을 부여받았다.

냉전체제하에 형성된 서방 국가 간 우호적 분위기와 자유무역의 흐름 속에서 한국은 장기간에 걸쳐 고도경제성장을 이룩할 수 있었다.

미국 경제의 하락과 일본 경제의 급부상

자유무역을 통한 공동 번영의 신념이 흔들리기 시작한 주요 원인은 미국 경제의 하락과 유럽 및 일본 경제의 급부상이었다.

1970년대 들어 달러 불안으로 고정환율제가 변동환율제로 이행하고 두 차례에 걸친 석유파동 여파로 경제가 어려워지면서 미국은 큰 폭의 무역적자를 기록하기 시작했다. 세계 수출시장에서 미국이 차지하는 비중은 제2차 세계대전 종전 직후 약 25%에서 지속적으로 하락하여 1970년대 말에는 12% 수준까지 떨어졌다. 미국의 무역적자는 1980년대 들어 더욱 심화되었는데,[4] 그 상당 부분이 일본과의 거래에서 비롯되었다. 1960년대부터 1980년대까지 일본 기업들이 생산한 섬유와 철강, 컬러TV, 자동차 등의 판매가 미국 시장에서 급증하면서 이른바 '소나기식 수출'이라는 용어가 언론에 자주 등장했다.

미국의 세계 수출시장 점유율은 1980년대에 다소 상승하는 듯하다가 다시 크

---

[4] 1982년 116억 달러였던 미국 무역적자는 1984년에 1,000억 달러에 이르렀다. 1986년에는 1,472억 달러를 기록하면서 1982년과 비교해 4년 만에 13배 이상 증가했다(Anne O. Krueger, 1995, *The WTO and the World Trading System*, Seoul Global Trade Forum, pp.94~120).

게 하락세를 나타냈고, 1990년에는 9% 수준까지 내려갔다.[5] 반면 일본이 세계 수출시장에서 차지하는 비중은 제2차 세계대전 직후 2~3%로 미미했으나, 1970년대 말에 약 7% 수준까지 증가했고, 1980년대 중반에는 거의 12%에 이르렀다. 글로벌 수출시장에서 일본이 미국을 크게 앞선 것이다.

전 세계 GDP 비중에서도 일본의 성장은 두드러졌다. 1955년 2.2%에 불과하던 일본의 비중은 계속 늘어나 1993년 무렵에는 18%까지 급상승했다. 1980년대에 유럽공동체(EC: European Community, 현 EU의 전신)으로 한데 똘똘 뭉친 유럽도 꾸준히 성장하여 28.8%에 이르렀다. GDP 측면에서 미국의 26.8%를 앞선 것이다.[6] 미국이 EU를 강력히 의식하게 된 변화였다.

이 무렵 한국과 대만, 홍콩, 싱가포르 등 신흥공업경제지역 수출 규모도 꾸준히 증가했다. 1960년대 초까지 신흥공업국가들의 세계 교역시장 수출점유 비중은 1~2% 수준에 머물렀으나 1970년대 말에는 4~5%까지 늘었다.[7] 나중에는 중국까지 합류하면서 1993년 일본을 제외한 동아시아 GDP 비중은 6.5%로 증가했다.

1990년대 중반에 GATT 체제를 대신하여 세계무역기구(WTO: *World Trade Organization*) 중심의 체제가 출범했다. 세계 경제가 미국 일극(一極) 체제에서 EU와 일본을 포함한 다극(多極) 체제로 이행한 데 따른 통상 변화를 반영한 것이다. 나아가 GATT 시절 관용적이던 자유무역 체제가 더 심층적이고 복잡한 국가적 이해를 반영하는 교섭 시스템으로 전환하리라는 예고이기도 했다.

매국노 취급받은 개방론

한국 경제가 아직 선진국들의 경제적 시야에 잡히지 않았을 때까지 한국의 대외 개방정책은 '수출 일방'이었다. 수출을 최대한 장려하면서 '수입 금지' 입장을 완강히 고수했다. 만성적으로 달러가 부족하여 외환위기에 시달리던 시절이라 "수

5 Anne O. Krueger, 앞의 논문, pp.94~120.
6 이토 모토시게, 1998, 《신국제경제의 논리》, 거름.
7 Anne O. Krueger, 위의 논문, pp.94~120.

입을 늘려 시장 경쟁을 강화하고 소비자후생을 보장하며 물가를 안정시키자"는 주장은 '매국노' 취급을 당하기 일쑤였다.

1960년대 초반에 한 상공부 공무원은 "TV를 개발하려면 해외에서 TV 견본품을 수입해야 한다"는 업계의 요청을 받아들여 TV 견본품 수입을 추진하려다가 봉변을 당했다. 상공부의 다른 공무원으로부터 "전기도 부족한데 무슨 TV를 만든다는 것이냐? 그런 사치품을 만들기 위해 수입을 한다니 매국노 아니냐?"라면서 뺨을 맞는 수모를 겪는 사건까지 있었다.[8]

1967년 하반기 수입무역 계획 수립 때 국가에서 금지한 품목 외에는 무엇이든 수입할 수 있다는 '네거티브 리스트'(*negative list*)로 전환했다. 하지만 이 역시 수출을 더욱 촉진하기 위해 원료나 중간재, 한국이 만들지 못하는 핵심 부품 수입을 전제했다. 그 밖의 소비재 수입은 그 자체가 배덕적(背德的) 행위로 간주되었다.

수출을 장려하고 수입을 금지하는 정부 정책은 1970년대에도 일관되게 지속되었다. 1973년 중화학공업 육성을 선언한 이후에는 중화학 투자기업을 보호하기 위한 보호무역 정책을 더욱 강화했다. 품질과 무관하게 기계와 전자 등 중화학 제품의 국산 구입을 의무화했으며, 제도적 역량을 총동원하여 국내 기업들을 보호하는 정책을 1970년대 내내 지속했다.

이 기간 동안 장기간에 걸친 고도압축성장의 부작용이 한국 경제 내부에 누적되었다. 중화학공업에의 과도한 과잉투자로 자원의 비효율적 집중화가 발생했고, 정부 주도의 고속 경제성장 및 수출 일변도의 경제성장 전략이 한계에 다다랐다.

1970년대 말이 되자 고속 경제성장의 후유증으로 물가가 치솟고 비효율적 자원배분과 고임금 구조의 모순이 파열음을 내기 시작했다. 또한 각종 개발정보와 저금리 특혜금융을 독점하던 기업들이 어렵게 생산하고 판매하기보다는 비업무용 부동산을 사들여 매매차익을 노리는 편이 훨씬 수월하도록 잘못된 경제적 유인이 발생했다.

---

8 오원철, 2002, 《한국형 경제건설 1》, 기아경제연구소.

한국 경제는 과거의 경제정책 패러다임을 더 이상 유지하기 힘들게 되었다. 시대적 전환점에 섰다는 것이 분명해지자 1978년 말 신현확 부총리 시절에 경제기획원은 '안정화·자율화·개방화'로의 경제정책 전환 전략을 마련했다.

물가를 안정시키고 상품의 질적 경쟁력을 높이는 차원에서 수출뿐만 아니라 수입까지 개방화하는 진정한 쌍방향 개방이 필요하다는 논의가 이때 본격적으로 등장했다. "수입개방을 통해 물가를 낮추는 한편 치열한 경쟁을 통해 경제 전체의 효율성을 도모해야 한다"는 것이었다. 이 개념이 일부 반영된 정책이 1979년 1월 〈한국 경제의 당면과제와 대책〉으로 박정희 대통령에게 보고되었고, 4월 17일 '경제안정화 종합시책'이라는 이름으로 공식 발표되었다.

이 대책에서는 농산물 수입개방 조치도 부분적으로 언급했다. 정치적으로 예민한 농산물 수입개방화를 경제기획원이 언급한 것은 당시 식료품 소비자물가가 24% 이상 올라 평균 물가상승률 14.4%보다 훨씬 높았기 때문이다. 식료품 가격 폭등은 서민생활 안정을 위협할 뿐만 아니라 임금상승을 유도하고 정치적 불안을 야기하는 핵심 요인이었다.

경제기획원 보고서는 수입개방화 정책의 필요성을 언급하는 부분에서 "도시근로자 가계의 생계비 안정을 위해 식료품 가격을 국제 가격과 유사한 수준으로 점차 접근시켜야 하며 이를 위해 원활한 식품 수입을 강력히 추진해야 한다"[9]고 적었다. 쌀은 주곡이므로 보조금제도를 유지하되 국제시장에서 저렴한 가격에 대량으로 교역되는 다른 곡물 수입은 일정 부분 자유화해야 한다는 것이다.

또한 경제기획원은 수입의 전제조건으로서 농산물과 식품의 '생산비 1.5배 수입의 원칙'을 제시했다. 국제 가격보다 국내 가격이 3배 이상 높은 농산물은 국내 경쟁력이 없다고 보고 수입개방 대상품목으로 분류했다.[10] 국내 가격이 국제 가격의 1.5배를 넘으면 자동으로 수입을 허용하고 그보다 낮은 경우는 정부가 자동 수매하는 방안을 마련하기로 했다. 한편, 국내 생산비가 국제 생산비의 1.5배를

9 강경식, 2010, 《국가가 해야 할 일, 하지 말아야 할 일》, 김영사, 352쪽.
10 밀, 옥수수, 콩, 참깨, 땅콩, 쇠고기, 분유, 치즈, 바나나, 당밀, 타피오카, 오렌지주스, 농축원액 등이 수입개방 1순위로 저시되었다.

넘지 않는 농산물 품목은 국내 생산을 확대하고 경쟁력을 높일 수 있도록 지원하기로 했다.

'CIA 앞잡이들' 공격받은 개방론자들

1979년 말에 박정희 대통령 시해사건과 12·12 군사반란 등 정치적 격변이 일어났다. 이후 제5공화국에 접어들면서 '안정화·자율화·개방화' 경제정책 기조가 본격적으로 선언되었다.

그중 안정화는 비교적 빠른 시간 내에 성공적으로 자리 잡았으나, 개방화는 지지부진하게 진행되었다. 달러가 아쉬운 상황에서 과감하게 수입을 개방해야 한다는 정책은 기업은 물론 정부 내부에서도 저항이 거셌다.

산하에 수많은 산업과 기업이 있고 보호주의 정책에 익숙해진 부처들은 개방을 크게 우려했다. 당시 한국은 수입개방에서 수비적이고 방어적인 자세를 벗어나지 못했다. 다양한 수출지원 및 보조금 정책, 유치산업보호론에 근거한 수입규제 정책이 완강히 뿌리내리고 있었다.

1980년대 초반 과감한 개방을 전제한 경쟁정책을 주장하던 일단의 사람들은 여전히 혹독한 비판을 받았다. 보호막이 사라지는 것을 두려워한 일부 기업들은 "저 사람들이 미국 CIA 앞잡이다", "미국 기업을 끌어들여 한국 기업을 망하게 하려는 속셈이다"라는 등의 인신공격을 서슴지 않았다.

미국으로부터 반전자식 전화교환기를 들여오던 모 공무원은 "CIA로부터 돈을 받았다"는 무고(誣告)를 받아 중앙정보부의 조사를 받기도 했다. 언론은 약간 수위조절을 해서 "(수입개방은) 한국 실정을 잘 모르는 백면서생 학자들의 공소한 이야기"라면서 비판했다.[11]

---

11 김기환 대사 증언(육성으로 듣는 경제기적 편찬위원회, 2014, 《코리안 미러클 2: 도전과 비상》, 나남).

「미국통상법」 301조와 '슈퍼 301조'

이 같은 비판들은 선진국들로부터의 높아진 개방압력을 충분히 실감하지 못해서 나온 이야기였다. 1970년대와 1980년대 미국과 EC를 비롯한 주요 선진국들은 생산부진과 고물가, 실업증가 등 불황을 겪으면서 세계 경제의 주도국으로서의 관용과 여유를 잃었다. 심각한 무역적자를 장기간 기록하면서 보호무역주의로 회귀하는 경향을 보이기 시작했다.

변동환율제 이행 이후 미국 달러화 가치는 동맹국들의 통화에 비해 상승했다. 한편 동맹국들의 통화가치는 상대적으로 저하된 상태가 지속되어 동맹국들의 대미 수출이 증가하는 요인으로 작용했다. 달러강세 기간 동안 일본 등 아시아 국가들의 수출점유율이 꾸준히 증가한 반면 미국 수출점유율은 하락했다. 이것은 곧 대규모 상품수지 적자로 나타났다.

일본 등 아시아 국가에 수출경쟁력을 내준 미국은 막대한 무역적자 원인이 "외국의 불공정무역 관행 및 외국 시장의 폐쇄성 때문"이라는 논리를 세웠다. 이에 따라 외국산 수입제품 규제를 강화하고, 불공정무역 관행에 통상보복을 하며, 외국 시장을 개방해 수출을 증대하는 등 정부의 적극적 개입을 요구하는 법안을 다수 만들었다.

1974년 제정된 「미국통상법」(301조)과 1984년 「미국통상관세법」, 1988년 「미국종합무역법」(슈퍼 301조) 등이 대표적인 통상보복 성격의 법이었다. 「미국통상법」 301조는 무역 상대국의 불공정무역 관행에 시정을 강요하기 위한 보복조치를 규정한 법률 조항이다. "미국과의 교역에 있어 상대국의 부당한(*unjustifiable*) 행위, 불합리한(*unreasonable*) 행위, 차별적(*discriminatory*) 행위 등으로 미국의 기업이나 개인, 산업이 피해를 입었다고 판단하면, 미국무역대표부(USTR: *United States Trade Representative*)가 조사를 실시하고, 미국의 권리가 침해되었다고 판단될 경우는 수입제한이나 관세인상 등 보복 수단 행사를 대통령에게 권고할 수 있다"는 내용이다.[12]

미국은 1988년에 「미국통상법」을 「미국종합무역법」[13]으로 개정했다. 이 개정

법안은 301조의 적용 범위를 서비스, 하이테크, 투자에까지 확대하고, 행정부가 독자적으로 조사를 개시할 권리와 발동권을 부여하는 등 조항의 내용이 더욱 강화되어 '슈퍼 301조'라는 별명으로 불렸다.[14]

'슈퍼 301조'에 따르면, 미국 행정부는 '불공정무역 국가'를 선별해 우선협상 대상국가(*Priority Foreign Countries*)로 지정할 수 있다. 우선협상 대상국가로 지정된 나라는 '불공정무역 시정'과 '시장개방' 압력을 집중적으로 받게 된다.[15] '슈퍼 301조'는 부시 행정부에서 잠시 폐기되었다가 1994년 클린턴(Bill Clinton) 대통령의 행정명령(*executive order*)으로 부활하여 줄곧 미국의 통상압력 수단이 되었다.

「미국종합무역법」은 또한 미국의 대외통상기구인 USTR의 기능을 대폭 강화했다. USTR의 지위를 격상시켰으며 슈퍼 301조의 시행권한을 USTR에게 위임했다.[16] USTR이 세계 무역에서 '저승사자' 이미지로 부각된 것도 이 무렵부터다.

우루과이라운드와 서비스 · 농산물시장 개방압력

미국과 유럽 등 선진국들은 자국의 경쟁력 있는 서비스시장과 농산물시장의 개방 및 관세인하로 시선을 돌렸다. 그에 따라 1986년부터 우루과이라운드 협상이 시작되었고, 세계 통상교역 환경은 크게 변화했다.

---

12 이 조항은 불공정 상행위로서 ① 미국 상품에 대한 부당한 관세, 기타 수입제한, ② 미국의 통상을 제한하는 차별 정책 · 행동, ③ 미국과의 경쟁을 방지하기 위한 보조금 지급, ④ 식량, 원자재, 제품 · 반제품과 관련해 미국 통상에 부담을 지우는 공급 제한 등 네 가지를 들었다.

13 Omnibus Trade and Competitiveness Act of 1988.

14 1984년 「미국통상관세법」의 제정에 따른 것이다.

15 기획재정부, 〈시사경제용어사전〉, https://www.moef.go.kr/sisa/dictionary.

16 「미국종합무역법」은 USTR에 각종 통상협상에 참여할 권한을 부여하고 있다. 또한 통관 및 관세, 수출촉진, 금융통화정책, 농산물 무역, 외국 불공정 행위의 시정, 투자 및 기술, 미국의 경쟁력 강화를 위한 교육과 훈련, 미국 상품 구매, 중소기업에 대한 지원, 특허, 해상 및 항공운송, 통신 등에 관한 광범위한 규정을 두었다("「미국통상법」의 주요 내용과 특징", 산업자원부 국제산업협력심의관실, 1999. 2. 18).

홍은주 교수(오른쪽)와 인터뷰하고 있는 최석영 전 외교부 경제통상대사.

상품 교역만을 대상으로 하던 과거 GATT 체제와 달리[17] 우루과이라운드에서는 농산물과 서비스, 국제투자, 지식재산권 및 반경쟁적 기업행동 등의 국내 경제 관행까지 다양한 내용이 협상 의제로 올라왔다.

우루과이라운드는 출범 초기에 반미 경향이 강한 제3세계 비동맹국가들의 저항에 부딪혀 예상만큼 빨리 진행되지 못했다. 다자간 협상에 오랜 시간이 걸릴 것이라고 판단한 미국은 전략을 바꿔 미국에 무역흑자를 내는 나라들을 상대로 개별적이고 쌍무적인 통상압력을 가했다.

「미국통상법」제정과 개정은 만성적 대미무역 흑자국인 일본을 주요 대상으로 겨냥하여 이루어졌다. 그러나 1986년 이래 3년간 한국이 대규모의 경상수지 흑자를 기록하자 한국을 '제2의 일본'으로 인식하는 경향이 미국 산업계에 퍼지면서

---

17 단 GATT의 관세인하 대상인 상품무역 중에서도 섬유산업은 별도의 협정에 의해 규제되었다. 이는 당시 대공황의 역사적 경험으로 인해 고용안정을 위한 정부 역할의 필요성을 중요시하는 국제사회의 명시적 합의 때문이었다(백창재, 2000, "미국의 패권과 제한적 자유주의 질서", 국제정치경제연구회 편, 《20세기로부터의 유산: 세계경제와 국제정치》, 사회평론, 52쪽).

최석영(崔晳泳)

1955년 강원도 강릉에서 태어났다.
서울대 독어독문학과를 졸업하고,
KDI 국제정책대학원에서 석사학위를
받았다. 1979년 외무고시에 합격하여
주제네바 대표부 참사관, UN 대한민국
대표부 참사관, 외교통상부 APEC 심의관으로
일하였고, APEC 사무국 사무총장,
주미한국대사관 경제공사, 외교통상부
FTA 교섭대표, 주제네바 대표부 상주대표를
지냈다. 이후 WTO 서비스무역이사회 의장,
외교부 UN 외교 독립패널 공동의장을 거쳐
2020년 외교부 경제통상대사를 역임했다.

「미국통상법」 301조와 '슈퍼 301조' 등을 내세워 한국에도 통상압력 수위를 높이기 시작했다. 한국은 더 이상 '빠르게 성장하는 작은 나라'가 아니라 미국 등 선진국들의 이목과 경계심을 불러일으키는 '충분히 큰 나라'였다.

1980년대부터 미국과 유럽 등은 한국과 대만, 홍콩 등을 '동아시아의 경제모범생'(*Far Eastern Super-performers*)이란 용어로 분류하고, '새로운 일본'(*New Japans*)이라고 불렀다. 이들 아시아 국가는 대외지향형 경제체제와 수출로 경제성장을 이룬 국가라는 공통점이 있었다. 대미 무역흑자의 증가로 미국으로부터 받는 통상압력도 그만큼 거셌다.

당시 통상 현장에서 일했던 최석영 전 외교부 경제통상대사의 설명이다.

최석영 한국 경제에서 무역이 차지하는 비중은 아주 크지만, 사실 우리나라가 1990년대 이전까지는 아주 폐쇄적인 무역정책을 유지했습니다. 기본적으로 수출 위주 무역정책을 주로 추진하고 수입은 극도로 제한하는 분위기였습니다. 사실은 무역대국이라고 주장하는 지금도 우리나라는 수입물량의 10%만 국내에서 소비하고 나머지 90%는 재가공하여 다시 수출하는 구조를 가지고 있습니다. 1990년대 초반까지는 국내 내수용 수입소비는 별로 없었다고 보면 됩니다.

그러니까 미국 등 다른 나라들이 보기에는 한국이 수출은 열심히 하면서 수입은 막는 나라, 재가공에 필요한 원료나 부품만 수입해서 수출하고 그 외의 것은 모두 차단하는 나라로 보였을 거예요. 그들 입장에서는 상당히 이기적인 국가로 비쳤겠지요. 그러다가 1990년대 들어 한국이 몇 가지 큰 변화를 맞이했고, 그 결과 국제적 체계와 질서에 점차 편입되기 시작했습니다.

우선 1991년에 남북한이 UN에 동시 가입한 것과 1996년 경제협력개발기구(OECD)에 가입한 것이 한국이 국제무대에 서는 신호탄이 되었습니다. 1990년대 중반의 통상 부문의 주요 변화로는 WTO의 출범을 들 수 있습니다. 1967년에 GATT 체제가 출범한 이래 1986년 우루과이라운드 협상이 개시되었고, 그 협상이 1994년에 끝나서 1995년 1월 WTO 체제가 정식 출범했습니다. 우루과이라운드가 서비스 및 농산물시장 개방 협상을 주요 의제로 했기 때문에 공산품은 물론 농산품 분야에 대한 다자적 개방압력이 거세졌습니다. 한국도 미국으로부터 주로 자동차, 통신, 쇠고기, 낙농품, 담배 등에 대해 양자적 시장개방 압력을 계속 받았습니다.

한국산 수출품의 무역제재 조치 급증

1970년대에 29건에 불과했던 한국산 수출상품에 대한 미국의 반덤핑이나 상계관세(countervailing duty) 등 무역제재 조치가 1980년대에는 63건으로 증가했다.[18] 특히 1980년대 후반과 1990년대 초반에 접어들면서 「미국통상법」 301조나 슈퍼 301조에 근거한 대규모 조사가 빈번해졌다. 보험과 지식재산권, 철강, 쇠고기에 대한 불공정무역 조사가 이루어졌고, 컬러TV 등에도 반덤핑 판정 공세를 강화했다.

당시 한국은 어느 정도 경쟁력을 갖춘 제조업은 스스로 개방예시제를 도입할 만큼 적극적이었으나, 서비스 및 농산물시장은 여전히 폐쇄적이었다. 수출 상담

---

18 한국경제60년사편찬위원회, 2010, 《한국 경제 60년사 Ⅲ》, KDI, 36쪽.

등 분명한 명분으로 정부 허락을 받기 전에는 해외여행도 할 수 없었다. 1983년에 이르러서야 50세 이상의 국민에 한해 200만 원을 1년간 예치하는 조건으로 연 1회 출국이 가능한 관광여권을 발급해 주었을 정도다.[19]

1986년 이후 3년 동안 한국의 대미 경상수지가 대규모 흑자를 기록하자 미국은 영화, 여행, 통신, 유통, 금융 등 한국의 서비스 부문에 쌍무적 개방압력의 강도를 높였다. 한국을 통신 분야 우선협상 대상국으로 지정해 부가통신 서비스시장 및 통신장비 조달시장을 개방하게 했고, 유통시장 개방도 강력히 요구했다.[20]

1988년의 한·미 통상협상에서도 본격적으로 시장개방 압력이 가시화되었다. 한국은 영화, 광고, 담배, 보험, 지식재산권 시장 등을 개방하기 시작했다. 특히 1988년부터는 할리우드 영화의 직배(直配)가 가능해졌다. 이에 항의하여 영화인들이 삭발시위를 했고, 할리우드 직배 영화를 상영하는 영화관에 꽃뱀을 푸는 소동도 벌어졌다.

이처럼 1980년대 중반 이후부터 1990년대를 관통하는 기간 내내 한국 경제는 통상압력과 국내 반발이라는 이중고에 시달렸다. 불공정무역의 판단 주체가 미국의 USTR이었으니 판정 결과도 당연히 미국의 판단에 달려 있었다. 미국 USTR이 기침만 해도 국내 수출 대기업들은 독감에 걸리는 상황이었다.

"슈퍼 301조 말만 들어도 경기"

당시 외교통상부의 통상 현장에서 미국의 압력을 생생히 체험했던 김종훈 전 통상교섭본부장은 얼마나 미국의 개방압력과 보복 위협에 시달렸는지 "슈퍼 301조라는 말만 들어도 경기(驚氣)를 일으켰다"고 회고한다.

김종훈　1991년 소련붕괴 이후 냉전체제가 무너지고 탈냉전 시대로 접어들면서 결국 미국을 중심으로 한 이른바 '워싱턴 컨센서스'(*Washington Consensus*)가 등장

19　1989년에 이르러서야 해외여행 전면 자유화가 이뤄졌다.
20　그 결과 1990년대에 월마트, 까르푸, 코스트코 등 외국 대형 유통업체들이 대거 한국 시장에 진출했다.

홍은주 교수(오른쪽)와 인터뷰하고 있는 김종훈 전 외교통상부 통상교섭본부장.

했습니다. 미국식 사고방식, 그러니까 개인의 자유와 창의성을 바탕으로 시장기능을 살리는 것, 기업이윤의 극대화 또는 경제 효율성의 극대화를 추구하는 것 등을 학자들은 '워싱턴 컨센서스'라고 부릅니다. 미국이 세계에서 유일한 초강대국이 되면서 그런 식으로 경제질서가 재편되고 세계화가 도도하게 진행되기 시작한 시점이 그때였습니다.

그 세계화의 물결 속에서 국경이 낮아지고 재화, 용역, 투자, 자본, 기술, 사람이 국경을 넘어 넘나들게 되지 않았습니까? 우리나라도 그 물결을 나름대로 타려고 노력했지만, 미국 특히 선진국 쪽에서는 우리 시장에 대해 끊임없이 불만을 이야기하기 시작했습니다.

처음에 우리나라는 통상 이슈가 제기되면 수세적으로 일단 시장을 막고 보자는 식으로 대응했습니다. 우리나라가 그렇게 나서면 선진국들이 가만있지 않았습니다. 특히 미국의 경우 우리나라 정부에 한두 번 이야기하다 안 되면 무조건「미국 통상법」301조를 들고 나왔죠. 301조가 뭐냐? "우리가 한국 시장에 정당한 절차를 거쳐 상품을 팔려고 하는데 한국이 이상한 제도를 내세워 안 받아 준다고 하니

김종훈(金宗壎)

1952년 경북 대구에서 태어났다.
경북사대부중·고와 연세대 경영학과를
졸업하고, 1974년 외무고시에 합격했다.
주미국대사관 참사관, 외무부 국제경제국
심의관, 주제네바 공사, 외교통상부
지역통상국장 등을 지냈다. 이후
주샌프란시스코영사관 총영사와 APEC
고위관리회의 대표 및 의장을 거쳐 2006년
한·미 FTA 한국 측 수석대표를 역임했다.
2007년부터 2011년까지 외교통상부
통상교섭본부장을 지냈고, 2012년부터
2016년까지 제19대 국회의원을 역임했다.

그럼 우리도 한국이 우리 시장에 팔려는 것을 안 받아 주겠다"고 보복하는 데 근
거가 되는 법조항입니다. 301조가 그냥 301조가 있고, '슈퍼 301조'가 있고, '스
페셜 301조'가 있습니다. 그러다 보니 당시 우리가 '301조'라는 말만 들어도 놀
라서 경기를 일으키고 넌더리를 낼 정도였습니다.

미국이 마음먹고 정식으로 보복하겠다고 나서면 예상되는 피해가 너무 크니까
우리로서는 정말 살 떨리는 걱정을 할 수밖에 없었습니다. 미국 시장에 수출해야
하는데 보복당하면 못 팔게 하니까 할 수 없이 미국이 주장하는 이슈들에 대해 합
의 절차에 들어갔습니다. 그런 식의 수세적이고 피동적인 통상정책이 1980년대
후반과 1990년대 내내 지속되었습니다.

한국 '무역위원회' 출범

한국도 통상 문제에 대응하기 위해 1987년 7월에 무역위원회를 출범시켰다.[21] 무역위원회는 국내 산업 보호를 위해 수입제한 조치를 할 경우 이를 심의·의결하는 역할을 수행하고, 선진국의 무역 기준을 정확히 파악하여 한국 무역정책을 국제기준과 맞춤으로써 통상분쟁을 사전에 예방하는 것을 목적으로 설립되었다.[22]

1989년 10월, 한국은 GATT 체제 내에서 개도국 예외조항을 규정한 제18조 B항을 졸업하고 1990년 1월부터 GATT 11조를 준수해야 하는 국가로 이행했다. 더 이상 국제수지상의 이유로 수입제한을 할 수 없게 되자, 1986년 12월 「대외무역법」을 개정하여 세이프가드제도인 긴급수입제한제도를 도입했다.

무역위원회의 업무와 기능도 강화되었다.

> 불공정무역행위에 대한 산업피해 구제신청에 대해 자체적으로 조사개시 결정을 내리고 산업피해 조사 및 판정, 구제조치 결정 및 건의를 하는 합의제 행정기관이다. 업무 수행범위 또한 세이프가드제도 외에 반덤핑·상계관세제도와 관련된 산업피해의 조사업무, 불공정 수출입 조사업무를 한다.[23]

갈수록 심화되는 통상분규를 뒷받침하기 위해 정부는 1990년 4월 무역위원회 위원 정원을 9명으로 확대하는 한편, 조사업무 수행을 위해 50명 정원의 무역조사실을 설치했다. 1996년 1월에는 덤핑률 조사업무가 관세청에서 이관되어 본격적 업무통합이 이루어졌다.

---

21 1986년 제정된 「대외무역법」 제37조에 근거한다.
22 산업통상자원부 무역위원회, 2017, 《무역위원회 30년사》.
23 위의 책, 40쪽.

"피할 수 없다면 정면 대응한다"

1986년 미국 등 선진국 주도로 우루과이라운드가 출범했다. 제2차 세계대전 직후 시작된 GATT 정신, 즉 국제적 자유무역 체제의 완성을 지향하는 것이었다.[24] GATT가 상품무역 분야를 관세인하 대상으로 삼은 데 비해, 우루과이라운드에서는 시장개방을 요구하는 분야가 서비스시장, 정부조달, 지식재산권, 통신서비스[25] 등의 광범위한 서비스 분야와 농산물시장에 걸쳐 있었다.

우루과이라운드 초반에 한국 정부는 수세적이고 소극적으로 대응했다. 그러나 전면개방이 거스를 수 없는 대세라는 점을 깨달으면서 "피할 수 없다면 정면 돌파할 수밖에 없는 것 아니냐"는 의견이 대세를 이루기 시작했다.

한국 정부는 우루과이라운드 후반에, WTO 협상부터 적극적으로 다자간 협상에 참여했다. 이대로 간다면 미국이나 유럽으로부터 일대일 개방압력과 무역보복을 받아야 하는데, 정면으로 대결하는 것은 승산이 없으니 다자간 협상의 틀 속에서 공동 대응하는 것이 유리하다고 판단한 것이다.

한국 정부가 특히 주목한 것은 회원국 간의 통상분쟁을 해소하기 위해 WTO 내에 마련된 법적 해결기구 'DSB'(*Dispute Settlement Body*)였다. GATT 체제에서는 양자가 동의해야 분쟁해결절차를 거쳤지만, WTO하에서는 필요할 때 일방의 제소만으로도 분쟁해결절차를 밟을 수 있었다. 한국은 WTO의 통상분쟁 해결 시스템을 적극 활용하는 방향으로 미국이나 유럽의 통상압력에 대응했다.

박태호 전 외교통상부 통상교섭본부장의 설명이다.

박태호 기존 GATT 체제와 비교할 때, 우루과이라운드에는 서비스 교역이 포함된 것이 주요 특징입니다. 이는 제조업 분야에서 일본, 한국, 대만 등이 급격한 성

---

24 제2차 세계대전 직후 ITO 출범 논의가 진행된 적이 있다. 그러나 미국이 내부 반발로 설립 주도권을 잃으면서 무산되었다("미국의 패권과 제한적 자유주의 질서", 국제정치경제연구회 편, 2000, 《20세기로부터의 유산》, 사회평론아카데미).

25 1997년에는 통신서비스를 규율하는 ITA(*Information Technology Agreement*)가 성사되었다.

홍은주 교수(오른쪽)와 인터뷰하고 있는 박태호 전 외교통상부 통상교섭본부장.

장세를 보이자 미국을 비롯한 선진국들이 자국의 경쟁력 있는 서비스 분야로 관심을 돌려 서비스를 무역의 개념에 집어넣었습니다. 뿐만 아니라, 지식재산권 보호 이슈까지 포함시켜 결과적으로 통상 분야가 확 넓어졌습니다.

제가 미국에서 경제학을 공부하고 학생들에게 무역을 가르치는 사람인데도 당시에 서비스를 교역으로 간주한 것은 혁신적이고 매우 새로운 개념이어서 받아들이기가 쉽지 않았습니다. 그때는 물건이 국경을 이동할 수 있었지만, 서비스의 국경 간 이동에 대한 개념이 제대로 확립되지 않았던 시절이었기 때문입니다. 이렇듯 1980년대까지만 해도 미국이 어떻게든 다자(多者) 체제 내에서 자국의 입지를 확고히 하려고 노력했고, 여타 선진국들에도 그런 분위기가 있었기 때문에 우루과이라운드가 출범할 수 있었습니다.

한국의 경우, 국제무대에서 다자협상을 제대로 시작한 것은 1980년대 후반 우루과이라운드부터라고 볼 수 있습니다. GATT 중심의 다자무역 체제가 과거 수출을 늘리는 데 도움이 되었고 한국 경제에 크나큰 혜택을 주었기 때문에 이제부터는 우리도 본격적으로 다자무역 체제에 참여해 보자는 분위기가 형성되었습니다.

박태호(朴泰鎬)

1952년 부산에서 태어났다.
서울대 경제학과를 졸업하고, 미국
위스콘신대학에서 국제경제학 박사학위를
받았다. 조지타운대학 교수, KDI 연구위원,
대외경제정책연구원 부원장, 서울대
국제대학원 교수와 원장을 역임했다.
IMF와 세계은행 방문연구원, 스탠퍼드대학,
시앙스포대학, 하버드 케네디스쿨 방문교수,
APEC 투자전문가그룹 의장 등을 지냈다.
한국무역위원회 위원장과 외교통상부
통상교섭본부장을 역임했고, 현재 법무법인
광장의 국제통상연구원 원장을 맡고 있다.

한국은 1967년에 GATT에 가입했고 1970년대에 도쿄라운드 때 일부 참여했습니다. 하지만 그때까지도 한국은 여전히 개도국이었기 때문에 상대국들의 기대가 낮았을 뿐만 아니라 실제로도 우리가 큰 역할을 하지 못했습니다.

그러나 1980년대 중후반 이후 당시 상황은 어려웠지만 다자무역 체제에서 가장 큰 수혜를 받은 나라인 우리나라도 "본격적으로 한번 참여해 보자"는 적극적 분위기가 형성되었습니다. 당시에는 각 부처가 해당 분야의 협상에 참여했으며, 우루과이라운드 협상의 총괄은 경제기획원이 담당했습니다. 또한 서비스 협상에 금융 분야가 포함되었기 때문에 경제기획원이 서비스 협상도 총괄을 맡았습니다.

농산물시장 개방 논의와 농민시위

한국에서 서비스시장과 함께 미국의 통상압력이 가장 집중된 곳은 농산물 부문이었다. 다자간 협상인 우루과이라운드에서도 농산물시장 개방 이슈가 핵심 의제로 포함되었기 때문에 1980년대 후반부터 농수산물 시장개방과 관세화가 한국 사회에 큰 쟁점으로 부각되었다.

우루과이라운드에서 한국은 "쌀은 결사반대, 다른 분야는 주변 국가들의 태도에 따라간다"는 소극적 자세를 견지했으나 협상이 진전될수록 힘겨운 상황이 지속되었다. 당시 미국의 농산물시장 개방압력과 우루과이라운드 협상 과정에서 농산물시장 개방을 둘러싼 엄청난 정치적 파란과 농민들의 반발은 향후 한·칠레 FTA나 한·미 FTA 등 한국 정부의 개방정책이 험로에 진입할 것을 분명히 예고했다.

전통적으로 한국에서는 '농자천하지대본'(農者天下之大本)이라는 관념이 아주 강했다. 농촌의 부모들은 소와 쟁기로 힘겨운 농사일을 하여 자녀들의 대학 공부를 시켰기 때문에 대학이 '우골탑'(牛骨塔)이라는 별칭으로 불리기도 했다. 수출 공업화 정책이 장기화되면서 젊은이들이 일자리를 찾아 도시로 향하자 농촌에는 나이 든 사람들만 남아 전근대적 생산방식이 지속되었다. 도시에 취업한 자녀들은 농촌에 남아 고된 농사일을 하는 부모에게 죄책감이 있었다. 또한 공업화 과정에서 농업 부문을 소외시켰다는 사회적 부채의식 때문에 정부는 농업과 농업인에게 장기간 시혜적 보호정책을 유지했다. 국회의원들의 상당수가 농촌지역을 기반으로 했던 점도 이 같은 시혜적 정책이 장기화하는 유인으로 작용했다.

따라서 농업 생산성은 계속 떨어져 우루과이라운드가 시작된 시점에 쌀 등 주곡을 포함해 국내 주요 농산물 가격은 국제시장의 시세보다 훨씬 높게 유지되고 있었다. 농산물의 유통구조가 후진적인 탓에 높은 시장가격의 이익은 농가로 돌아가지 않았고, 오히려 농가부채가 증가하여 지속적으로 사회적·정치적 이슈가 되었다.

농산물시장 개방압력이 지속되자 1980년대 후반기 들어 정부 내에서도 농산물시장 개방을 일부라도 추진해야 한다는 분위기가 형성되었다. "농산물시장을 강제로 개방당하기 전에 일정 부분을 스스로 개방하고 구조조정을 해야 한다"는 논리가 일단의 개방론자들의 기고나 발표를 통해 언론에 등장하기 시작했다.

미국의 농산물시장 개방압력에 맞서 1986년 9월 양대 농민조직인 가농[26]과 기농[27]을 중심으로 농민단체들이 전국에서 동시다발적 투쟁을 시작했다. 농민들은

---

[26] 한국가톨릭농민회. 1966년 설립된 천주교 농민운동 단체이다.
[27] 한국기독교농민회총연합회. 1982년 설립된 기독교 농민운동 단체이다.

전국 30여 곳에서 '미국 농축산물 수입저지 실천대회'를 열고, "소 값 피해 보상", "농협 민주화", "외국 농축산물 수입 중단" 등의 구호를 외치며 시위를 벌였다.

쇠똥 투척사건

1987년 민주헌법 쟁취와 직선제 투쟁이 벌어지는 시기에 농민운동 단체들은 '민주헌법쟁취국민운동 전국농민위원회'를 결성한다.[28] 농업 문제가 정치투쟁과 본격적으로 결합한 시점이었다. 1990년에는 여러 농민단체들이 합병되어 전국농민회총회연맹이 창립된다.

  1987년 말 농산물시장 개방에 관한 공개 세미나가 한국무역협회 주최로 개최되었다. 이 세미나에서는 농산물시장 개방과 구조조정을 지지하는 토론자들이 초청되어 개방을 반대하는 토론자와 찬반 토론을 할 예정이었다. 이날 무역협회 회의장은 200~300명에 이르는 청중으로 가득 찼다. 나중에 알려진 사실이지만 여기에는 수백여 명의 농민단체 회원들이 작심하고 참석해 있었다.

  첫 번째 연사[29]가 "무역흑자를 축소하려면 원화절상과 시장개방 확대의 두 가지 대안이 있는데, 두 가지 방법 중 후자를 우선적으로 추진해야 한다. 농산물시장 개방은 시간문제이며, 이는 미국 등 외국을 의식해서라기보다는 국내 농촌경제 구조조정을 위해 바람직하다"고 발표했다. 그 발표가 끝나자마자 갑자기 수많은 청중이 무더기로 일어나면서 소란이 벌어졌다. 이들은 욕설을 퍼부으며 연단을 향해 비닐에 담긴 '무엇'인가를 던졌다. 쇠똥이었다.

  연사들 중 일부는 탁자 밑으로 피했지만, 일부 사람들은 얼굴과 몸에 쇠똥 세례를 받았다. 그날 세미나는 완전히 중단되었고 토론자들이 회의장을 간신히 빠져나가는 장면은 취재 온 기자들의 카메라에 고스란히 포착되어 저녁 9시 뉴스에 일제히 보도되었다. 다음 날 주요 일간지의 가십난에도 일제히 관련 기사가 실렸다.

  이것이 '한국 수입개방 잔혹사' 중 하나로 남은 유명한 '쇠똥 투척 사건'이다.

---

28 〈한국농정신문〉, 2016. 4. 8.
29 KDI의 양수길 박사였다.

클린턴 미국 대통령 부부 방한(1993. 7. 10). 김영삼 대통령이 한국을 찾은 클린턴 대통령(왼쪽 두 번째)을 환영하며 악수를 나누고 있다. 영부인 손명순 여사(왼쪽)와 힐러리 여사(오른쪽)도 함께했다.

김영삼 정부의 쌀시장 개방 딜레마[30]

당시 쌀시장 개방이 어려웠던 것은 쌀이 경제 문제가 아니라 국내 민주화, 즉 정치문제로 치환되었기 때문이다. 모종린은 "당시 민주화 운동을 주도하던 재야·시민단체와 학생운동권은 쌀시장 개방을 경제나 통상 차원이 아니라 민주화운동의 연장선상에서 이해했다. 소득수준이 낮은 소외계층으로 인식되는 농민에게 피해를 주는 시장개방을 사회·경제적 민주주의 차원에서 반대했던 것이다"고 분석한다.[31]

1993년 7월 9일 클린턴 대통령의 방한을 하루 앞두고 학생들과 농민들이 연합하여 '쌀 수입개방 저지'와 '내정간섭 클린턴 방한 반대' 시위가 대대적으로 벌어졌다. 국민들의 반대 정서에 기대어 야당은 '쌀시장 개방 반대 결의대회'를 진행

30 이하 내용은 《한국의 통상협상: 쌀에서부터 스크린쿼터까지》(모종린 · 최병일, 2004, 오름)를 참고했다.
31 위의 책.

우루과이라운드 협상 대표단의 대통령 보고(1993. 12. 18). 김영삼 대통령이 청와대에서
우루과이라운드 협상에 참여했던 허신행 농림수산부 장관(가운데) 일행을 접견해 보고를 듣고 있다.

하며 강하게 반대했다. 당시 여당인 민자당도 농촌에 지역구를 둔 의원들 중심으
로 쌀시장 개방에 반대 입장을 표명했다. 1993년 11월 5일 정부가 '조건부 쌀시
장 개방'을 검토하기 시작했음에도 민자당은 민주당과 함께 '어떠한 조건의 쌀시
장 개방도 절대불가'라는 입장을 고수했다.

쌀을 비롯한 농산물시장 보호가 학생운동 및 야당과 결합하여 '민주화-반민주
화 구도' 속에서 이해되는 현상은 1993년 출범한 김영삼 정부에 큰 정치적 딜레
마를 던졌다. 김영삼 정부는 1987년 대통령직선제 개헌 이후 국민투표에 의해
선출된 민주정부라는 것을 핵심 이미지로 내세웠는데, 민주정부가 국민들의 대
대적 반대를 무릅쓰고 쌀시장 개방을 주장하는 것은 정치적으로 무척 당혹스러
운 딜레마였다.

김영삼 대통령은 1992년 대선 후보 시절 "대통령직을 걸고라도 쌀 개방은 막
겠다"라고 공약한 바 있었다. 대통령에 당선되고 나서 농산물시장을 개방하겠다
고 말을 바꾸기도 어려웠다.

쌀시장 개방 반대시위(1993). 우루과이라운드 협상으로 쌀시장 개방이 화두로 떠오르자
전국의 수많은 농민들이 연대하여 이를 반대하는 격렬한 시위를 연이어 벌였다.

　쌀시장 개방을 둘러싼 논의는 경제부처도 단일대오(單一隊伍)가 아니었다. 1993년 11월 우루과이라운드 협상 막바지에 경제기획원, 외무부, 상공자원부 등 통상 관련 부처들은 "더 큰 것을 잃지 않으려면 쌀시장 개방저지 원칙을 포기하는 것이 불가피하다"고 인식했다. 하지만 농수산부는 쌀시장 개방에 강하게 반대했다. 대외경제협력위원회가 수차례 소집되어 부처 간 갈등 조정을 시도했으나 실패했다.

　쌀시장 개방에 대한 정부의 정치적 입장 때문에 이후 통상협상에서도 한국은 불리한 입장에 처했다. 쌀이나 농촌에 대한 한국 국민들의 정서와 국내 정치역학을 잘 이해하고 있었던 미국은 통상협상 때마다 한국 정부가 도저히 받아들일 수 없는 쌀시장 개방이나 쌀 수입량 증가를 전면에서 요구하고는 협상 끝에 다른 쪽에서 더 큰 양보를 받아 내곤 했던 것이다.

　미국 정부의 주요 관심사는 금융보험, 의료, 법률 같은 3차 서비스시장과 방송, 통신, 영화 같은 정보서비스들이었디. 그런데 협상도 시직되기 전에 국내에서는 쌀, 쇠고기

42

김영삼 대통령의 쌀가공식품 전시장 시찰(1994. 5. 3). 김영삼 대통령이 경기도 평택에서 열린
쌀가공식품 전시회를 시찰하며 지역 농민들과 이야기를 나누고 있다.

등 주로 농축산물 개방에 대한 극력한 저항 분위기가 조성되었고, 이런 분위기를 잘
알고 있는 미국은 쌀과 쇠고기시장 개방만 압박하면, 다른 분야는 쉽게 허용해 줄 것
이라는 전략을 세운다. 전술적으로 농축산물은 주요 의제로 부각시키면서 반대급부
로 영화 · 광고 · 담배 · 보험시장 개방을 얻어 갔다.[32]

　　한국은 미국의 협상 전략을 알면서도 말려들 수밖에 없는 입장이었다. 1991년
유통시장을 개방했고, 1992년에는 외국인 투자를 원칙적 신고제로 전환하는 등
해외직접투자제도를 허용했다. 그사이 농산물시장 개방에 대해 한국과 마찬가지
로 보호주의 입장을 취했던 일본이나 태국 등의 국가들이 하나하나 농산물시장
개방 협상에 나서는 바람에 한국의 입장은 더 고립되고 난처해졌다.
　　결국 정부는 농수산부 우루과이라운드 협상 대표단과는 별도로 외무부 협상 대
표단을 파견하여 쌀 관세화의 유예기간을 확보하고자 했다. 농산물시장의 경우

---

32 황근(선문대 언론광고학부 교수), 〈아카이브 뉴스〉, 2014. 7. 24.

글로벌 통상 추세와 한국의 개방화　43

쌀은 향후 20년간 관세화를 유예하는 대신 일정량의 쌀을 의무적으로 수입하는 것으로 결론 내렸다. 농산물 역시 관세화를 전제로 일정 부분 시장개방을 허용하는 최종이행계획서를 1994년 우루과이라운드 막판에 제출했다.

정부는 이 과정에서 국내의 반대 여론을 잠재우기 위해 대대적인 농어촌 지원 방안을 시행했다. 1994년 4월, 42조 원의 투자재원을 마련하고, 별도로 농어촌특별세 15조 원의 추가투자재원을 확보하여 농어촌 지역에 재정을 아낌없이 풀었다. 김영삼 정부 출범 직후 과거의 '경제개발 5개년 계획'을 대체하기 위해 만든 '신경제 5개년 계획'을 일부 수정하여 농어촌구조 개선사업을 3년 앞당기기도 했다.[33]

우루과이라운드 양허안 제출 이후 1996년 OECD에 가입했을 때도 한국은 농산물 분야에서 개도국 지위를 요청하여 유보의 답을 받아 냈다.

최석영 1996년 OECD 가입할 때 한국은 다른 부문은 선진국 수준의 요구사항을 받아들였지만, 두 가지 분야, 즉 WTO 농산물 협상과 국제연합(UN: *United Nations*)의 기후변화 협상 때는 개도국 지위를 계속 유지하도록 해 달라고 해서 유보를 받아 냈습니다. 다시 말해, 이 두 가지를 제외한 나머지 분야는 선진국 수준의 의무를 부담하겠다는 의미로 국제사회에 받아들여졌지요.

---

33 모종린 · 최병일, 2004, 《한국의 통상협상: 쌀에서부터 스그린쿼터끼지》, 오름.

2. 새로운 국제통상 환경: FTA의 확산

지역 간 배타적 무역협정 FTA 확산

어렵사리 우루과이라운드가 종료되어 1995년 WTO 체제가 완성되었다. 하지만 1990년대 중후반 세계 통상 환경을 지배한 글로벌 현상은 WTO가 아니라 지역 간 배타적 무역협정인 FTA(*Free Trade Agreement*)의 확산이었다.

WTO는 '비배타성'과 '비차별적 원칙'을 천명하는 GATT 24조 10항에 기초하여 만들어진 조직이지만, 배타적 FTA의 확산을 막지 못했다. 일정한 요건을 갖추면 무조건 승인했고, 설령 요건을 충족하지 못한다고 해도 회원국 3분의 2가 찬성하면 FTA를 승인했다.[34]

이에 따라 WTO 논의가 가장 활발했던 1990년에서 1996년까지 역설적으로 가장 많은 68개 지역자유무역협정이 통보되었다.[35] 1998년에는 배타적 지역무역협정이 무려 160여 개로 늘어났다. 1980년대에 체결되었던 총 11개에 비해 기하급수적으로 늘어난 숫자였다.[36]

선진국들이 우루과이라운드와 WTO라는 다자협상을 추진하면서 따로 개별 자유무역협정을 부지런히 추진했던 이유는 무엇일까? 이에 WTO가 실패할 경우에 대비한 일종의 보험으로서 지역경제협력 강화를 추진했다는 주장이 있다. 다자간 협상이 안 되면 양자간 무역협정을 체결하겠다는 것을 명시적으로 보여 주어 다자간 협정에 소극적인 국가들이 우루과이라운드에 적극적으로 참여하도록 한 것이라는 견해도 있다.[37]

1995년 WTO가 출범하고 GATT를 대체하는 공식적이고 체계화된 다자간 통

---

[34] FTA는 GATT · WTO의 최혜국 대우 원칙(*MFN Rule*)에 대한 예외조항으로 허용되었다.

[35] 정인교, 1998, 〈미국 FTA 정책의 전개와 시사점〉, KIEF 정책연구 98-16.

[36] 정인교, 위의 보고서. 물론 이 숫자는 EU가 포함되었기 때문에 다소 과장된 측면이 있다.

[37] Jeffery Schott, 2007, *Moving Forward on the KORUS FTA*, Occasional Paper Series, 07-10, 세계 경제연구원.

상시스템이 가동되리라는 기대감이 한껏 높았던 시점에도 52개에 달하는 신규 지역 무역협정이 계속 체결되었다. 이런 통계를 보면, 많은 나라가 다자체계인 WTO만으로는 한계가 있다고 보고 전혀 다른 전략적 접근을 시도했다고 할 수 있다. 여러 가지 규제에 얽매인 다자간 협상보다는 "서로 마음이 맞고(like-minded) 조건이 비슷한 국가들끼리 확실히 시장을 트고 지내겠다"고 생각한 것이다.[38]

한 나라가 다른 여러 나라와 개별적으로 FTA를 체결할 경우 제도와 통상규칙이 어지럽게 얽혀서 이른바 '스파게티 볼 효과'[39]가 나타날 것이라는 주장도 많았다.[40] 그러나 이러한 우려가 FTA 확산을 막지는 못했다.

자유무역과 배타성, 두 얼굴의 FTA

FTA는 한마디로 자유무역과 배타적 보호주의의 두 얼굴을 동시에 가진 통상협정이었다. WTO는 모든 나라에 적용되는 표준적 통상규범을 지향하는 반면, FTA는 협상을 맺은 나라에만 호혜적으로 시장개방을 하고 다른 모든 국가에는 문을 닫는 배타적 보호주의 성격을 띠었다.

뉴 밀레니엄인 2000년 전후 대부분의 WTO 회원국들은 쌍무적 형태의 지역무역협정이나 기타 다양한 형태의 지역관세협정에 가입해 있었다. 중남미는 지역무역협정이 가장 활발한 지역 중 하나였다. 남부공동시장(MERCOSUR), 안데스공동시장(ANCOM), 카리브공동시장(CARICOM), 중미공동시장(CACM) 등 역내 국가에 관세철폐와 인하를 하는 관세동맹이 다양하게 형성되었다.

FTA는 또한 기존의 관세동맹과 달리 관세만 낮추는 것이 아니라 두 국가의 시

---

38 정인교, 앞의 보고서.

39 여러 나라가 각각 다른 FTA를 체결하면 나라마다 다른 원산지 규정 적용, 통관절차, 표준 등을 확인하는 데 시간과 인력이 더 들어 거래비용 절감이 기대보다 반감된다. 이런 상황이 스파게티 접시 속에 담긴 스파게티 가락들이 서로 복잡하게 얽힌 모습과 비슷하다고 해서 스파게티 볼 효과(Spaghetti Bowl Effect) 또는 누들 볼 효과(Noodle Bowl Effect)라고 부른다(연합인포맥스, https://news.einfomax.co.kr).

40 Chulsu Kim, 1996, New Issues for the Multilateral Trading System, Seoul Global Trade Forum.

장을 움직이는 법과 규칙까지 표준화하기 때문에 고도의 시장통합 형태라 할 수 있다. 가장 대담하고 폭넓은 고도의 경제통합을 시도해 성공한 사례는 EU를 들 수 있다. 단순한 교역확대를 통한 시장통합을 넘어 투자와 노동시장 장벽을 제거하고 최종적으로 통화까지 공유하는 연방제 형태의 경제공동체를 추구한 것이다.

EU는 1986년 이래 세금정책, 사업규정, 전문자격 및 개방된 국경에 대한 기타 장벽을 다루는 수백 개의 법률에 합의했다. 1992년 2월 단일 통화는 물론 외교 및 안보정책과 정의 및 내정의 긴밀한 협력에 이르기까지 명확한 규칙을 설정한 마스트리흐트 조약을 체결했다. 1993년 1월 EU 단일 시장을 출범시키기도 했다. 1997년 10월에는 마스트리트 조약을 넘어 더 강력한 통합을 뜻하는 암스테르담 조약이 체결되어 1999년 1월부터 공동통화인 '유로'가 만들어졌다. 회원국 내에 사람, 상품, 서비스 및 단일 통화 자금의 자유로운 이동이 시작된 것이다.

미국의 개방형 FTA 추진 전략[41]

EU의 고도화된 경제통합에 맞서 미국은 FTA를 추진하는 방향으로 움직이기 시작했다. 미국의 전략은 '개방형 FTA'였다. 이 방식은 미국이 개방교역의 규범과 프로토콜을 제시하여 중심 허브가 되고, FTA에 찬성하는 다른 나라들이 이를 받아들이는 조건으로 FTA에 참여하는 형태였다. 미국이 제시하는 프로토콜을 받아들여 FTA에 찬성하는 국가들부터 우선 끌어들이고, 여기에 동의하는 국가라면 배제하지 않고 받아들여 숫자를 늘려가겠다는 의도였다.

미국은 원래 특정국에만 배타적으로 적용되는 무역특혜협정(PTAs: *Preferential Trading Arrangements*)을 반대하고 다자협상을 지지하다가, 미국을 경계하는 다른 나라들의 반대나 미온적 반응에 부딪히자 입장을 바꾸었다. 미국의 중장기 통상전략 구도에 맞게 다자주의와 쌍무주의를 상호보완적으로 추진하며 미국 주도 다자체제의 신속한 구축을 위한 일종의 전초 기지로 FTA를 활용하겠다는 것이었다.

---

41 이하 내용은 〈미국 FTA 정책의 전개와 시사점〉(정인교, 1998, KIEF 정책연구 98-16)을 참고했다.

이에 따라 미국은 1985년 이스라엘과, 1988년에는 캐나다와 FTA를 체결했다. FTA 체결로 해당 국가의 유무형의 무역장벽을 완화하고, 지식재산권과 서비스교역, 투자 등 기존의 GATT 체제에서 다루지 못했던 이슈들을 통상협상에서 명시하는 것을 목표로 삼았다.

1990년대에 미국이 다자간 협상인 WTO를 추진하면서도 동시에 FTA 개별 협상을 적극적으로 추진한 이유에 대해 당시 한·미 FTA 미국 측 수석대표였던 웬디 커틀러(Wendy Cutler)는 'WTO-FTA 포트폴리오 보험론'을 들었다.

웬디 커틀러 "달걀을 한 바구니에 담지 말라"는 서양 격언이 있습니다. 한쪽에서는 다자간 협상을 추진하면서 미국과 가까운 파트너 국가들과 WTO를 넘어선 FTA 협상을 맺는 두 가지 무역정책을 동시에 추진한 것은 미국 입장에서는 일관된 논리였습니다.[42]

1992년 미국은 캐나다, 멕시코와 FTA 협상을 추진해 북미자유무역협정(NAFTA: *North American Free Trade Agreement*)을 체결했다. '미국이 주도하는 글로벌 통상정책'이란 점에 매력을 느낀 조지 부시 대통령(아버지 부시 대통령)이 FTA 전략을 적극적으로 받아들이면서 기존 관세동맹보다 더 높은 수준으로 결속된 지역통합체의 특징을 지닌 NAFTA를 추진한 것이다. EU의 단합에 대응하는 동시에 일본이나 EU에게, "멕시코는 우리 시장이니 건드리지 말라"(*Mexico is for us*)고 노골적 시그널을 선언한 것이라는 해석이 나왔다.

FTA가 지역주의 무역방식으로 전락하거나 스파게티 볼 효과가 발생할 것이라는 비판이 일자 미국은 "여기에 찬성하는 다른 나라들도 얼마든지 환영한다"는 개방형 FTA를 천명했다. 실제로 부시 대통령은 대통령 선거 캠페인 당시 디트로이트 연설에서 NAFTA를 동유럽과 아시아 국가들에게도 확장할 것이라고 약속했다.

---

42 인터뷰 원문은 12장의 웬디 커틀러 인터뷰 전문 참조.

클린턴, 미국 주도의 APEC-FTA 구상

1993년 조시 부시 대통령 후임으로 클린턴 대통령이 취임했다. 대선 후보 시절에는 NAFTA에 반대 목소리를 냈던 클린턴 대통령은 집권 후에는 자유무역 확산의 중요성을 강조하는 쪽으로 방향을 선회했다. 그는 취임 후 정치적 노력을 기울여 부시 대통령이 추진한 NAFTA의 의회비준을 마무리했다.

클린턴 대통령은 NAFTA를 전진 기지로 중남미 전역에 FTA를 확대하기 위해 미주자유무역지대(FTAA: *Free Trade Area of America*)를 추진하는 한편 아시아태평양경제협력체(APEC: *Asia-Pacific Economic Cooperation*)에 FTA 체제를 이식한다는 구상을 했다. 다가오는 뉴 밀레니엄 21세기에는 전 세계를 미국 중심의 APEC과 FTAA로 재편해 EU와 함께 국제 경제질서를 양분하려는 시도였다.[43]

미국은 NAFTA 체결국인 멕시코를 전진 기지로 아르헨티나, 브라질, 코스타리카, 도미니카공화국, 페루, 파나마 등 남미지역 전체로 FTA를 확산시키기로 한다. 이 대담한 FTAA 구상을 구체화하기 위해 1994년 12월 마이애미에서 미주 34개국 정상회의를 개최했다.[44] 멕시코가 NAFTA를 통해 북미시장에 먼저 접근하자 위기감을 느낀 다른 국가들은 기본적으로 FTAA를 지지했다.

클린턴 행정부는 또한 성장잠재력이 높은 11개 국가[45]를 거대신흥시장(*Big Emerging Market*)으로 지정하고, 이들 시장의 수출 및 투자 환경을 미국 기업에 유리하도록 만드는 작업에 착수했다. 이들 국가에 개방압력을 가해 갈등을 빚기보다는 이미 1989년에 만들어진 APEC을 통해 자유무역지대를 확산시키는 것이 더 효과적이라는 판단을 내린 것이다.

특히 미국은 동아시아의 중국과 일본, 한국, 동남아시아국가연합(ASEAN:

---

43 왕윤종. 1997. 〈미국 클린턴 제2기 행정부의 대외통상정책〉, KIEF 정책연구.

44 마이애미(Summit of the Americas in Miami, Florida, 1994.12.11)에서 계속 논의되기 시작했으나, 정작 FTAA가 세간의 주목을 끈 것은 2001년 퀘벡(Quebec City Summit of the Americas)에서였다. 이때 세계화와 기업화를 반대하는 대규모 시위가 발생했기 때문이다.

45 중국, 인도네시아, 인도, 한국, 베트남, 멕시코, 아르헨티나, 브라질, 폴란드, 터키, 남아프리카공화국 등이다.

Association of South-East Asian Nations) 등을 염두에 두었다. 만약 미국이 개방 압력으로 외교적 갈등을 빚을 경우 이들이 미국을 배제한 채 자체적 경제블록을 형성할 것을 우려했다. 아시아에 '제2의 EC'가 생길 가능성을 걱정하기보다는 미국이 주도하는 동아시아 FTA를 만드는 것이 효과적이라고 본 것이다.[46] 1993년 7월 클린턴 대통령의 '신 아시아·태평양 지역 APEC' 선언이 나온 배경이다.

이때부터 미국의 아태지역 정책의 무게중심은 아시아 각국에 대한 시장개방 압력이나 FTA 체결보다 APEC을 통한 FTA 형성에 맞춰졌다. 당시 APEC에 한국과 일본, 호주, 뉴질랜드와 ASEAN 6개국, 중국·타이완·홍콩 등이 이미 가입한 상태였다.[47]

외교력을 동원하여 APEC 회의를 각료급에서 정상회의로 승격시킨 클린턴 행정부는 1993년 11월 시애틀에서 사상 최초로 APEC 정상회담을 개최했다. 이 회의에서 클린턴 대통령은 "역내 FTA 실현이 APEC의 핵심 목표"라고 선언했다. 다음 해인 1994년 11월 APEC 정상회담에서는 APEC 역내 무역 및 투자 자유화를 실현하기 위한 '보고르 선언'[48] 채택을 위해 노력했다.

그러나 아시아·태평양 지역과 범(汎)미주지역을 아우르고자 했던 클린턴 행정부의 구상은 1995년 선거에서 공화당이 상하원 모두 다수당 위치를 차지하면서 추진 동력을 완전히 상실했다.

클린턴 행정부 이후 집권한 부시 대통령(아들)은 APEC의 FTA 추진을 포기했다. APEC은 회원국들의 다양한 견해와 경제 차이, 복잡한 이해관계 때문에 클린턴 행정부가 구상한 경제공동체로 전환되는 것이 어렵다고 본 것이다.

---

46 정인교, 1998, 〈미국 FTA 정책의 전개와 시사점〉, KIEF 정책연구 98-16, 111쪽.

47 1993년 시애틀 회의에서 멕시코와 파푸아뉴기니가 추가로 가입했다.

48 이 선언문은 APEC이 동등한 동반자적 관계, 책임 공유, 상호 존중, 공동 이해 및 공동 혜택이라는 정신 아래 ① 개방적 다자간 무역제도의 강화, ② 아태지역에서 무역 및 투자 자유화 촉진, ③ 아태개발 협력 강화 등의 목표를 추구할 것을 결의했다.

CHAPTER 2

한국의 FTA 논의 개시

1. FTA 추진정책과 통상교섭본부 설립

무력화된 WTO와 한국의 FTA 고민

한국은 본래 FTA 같은 배타적 지역주의를 경계하며 WTO의 비배타성을 지지하는 입장을 고수했고, WTO 체제 내에서 심화되는 통상분규를 해결하려 노력했다. 또한 우루과이라운드 후반기에 한국은 새로운 통상질서를 적극적으로 수용하고 대응하기 위해 나름대로 통 큰 결단을 내렸다. 서비스시장은 물론 농산물시장도 일부 개방하는 고육지책(苦肉之策)을 통해 WTO에 적극 참여한 것이다.

그러나 기대와 달리 WTO는 창설되자마자 무력해지는 징후를 보였다. 중국, 인도, 브라질, 터키 등 거대한 경제권이 WTO에 후발주자로 참여하면서 미국을 비롯한 선진국의 주장을 견제하기 시작한 것이다. 이해관계가 전혀 다른 나라들이 모이다 보니 우루과이라운드 다음으로 WTO 체제에서 시작된 도하라운드는 거의 논의가 진전되지 못했다.

예를 들어 서비스만 해도 교육과 법률, 금융, 정부조달, 통신, 의료, 건설 등이 각 나라마다 제각기 다르고 중요하게 여기는 규제도 전혀 달랐다. 서비스를 WTO의 틀 안에 넣는다는 것은 단순한 통상 문제가 아니라 사회적 가치 문제, 각종 법률과 규제체제 표준화를 의미하는 것이었다. 가령 특정 의료체계나 교육체계가 전 세계에 균등한 시스템으로 자리 잡는 것은 불가능했다. WTO 가입을 위해 양허안 마련에 고심했던 한국으로서는 당혹스러운 상황이 전개된 것이다.

여기에 결정적으로 WTO에 찬물을 끼얹는 사건이 발생한다. 시애틀에서 열린 WTO가 반(反)세계화 시위로 사실상 무산된 것이다.

박태호 전 외교통상부 통상교섭본부장(당시 서울대 교수)의 설명이다.

박태호　WTO가 1995년 출범하자 "다자무역 체제 구축에 실패했던 브레튼우즈 체제(*Bretton Woods System*)가 드디어 완성되었다"면서 전 세계의 많은 국가들이 상당히 고무되었습니다. 그러나 1999년에 WTO가 큰 복병을 만나는데, 바로 시애틀에서 일어난 '반세계화 운동'이었습니다. WTO 각료회의 중에 건물 밖에서 격렬한 데모를 하고 호텔 유리창을 부수는 격렬한 소동이 일어났습니다. 결국 당시 시애틀 각료회의는 실패로 돌아갔습니다. 나름대로 의미가 있었던 일은 중국이 대만과 비슷한 시기인 2001년에 WTO에 가입한 것입니다. 당시 거대한 무역국인 중국의 가입으로 WTO 체제의 의미도 매우 커졌습니다.

　2001년에 심기일전하여 카타르 도하에서 WTO 각료회의를 개최하고 WTO 체제 출범 이후 최초로 추진하는 다자무역 협상인 '도하라운드'를 출범시켰습니다. 회원국들은 "무역협상을 이제 한번 제대로 해보자, 7~8년씩 끌면서 하는 게 아니라 3년 안에 확실히 해내자"는 분위기를 조성하고 자신 있게 도하라운드를 시작했습니다. 그러나 그 후에도 회원국 간의 갈등이 커져 협상은 거의 진전되지 않았습니다. 선진국과 개도국 간의 극심한 입장 차이로 협상이 빈번하게 결렬되었죠.

　이러한 상황에서 WTO 출범 이후 오히려 FTA가 더욱 확산되는 추세가 지속되었다. 이미 협정이 체결된 NAFTA, EU, EFTA, CEFTA, MERCOSUR 등 5개 지역 무역협정 국가들 간의 무역만 해도 세계 수출입의 36%를 넘어섰다. 이들 5개 그룹 전체를 합쳐 보면 세계 다른 국가들과의 교역은 80%를 넘어섰다.[1] 미국과 유럽은 각각 NAFTA와 EU 등 FTA 양강체제를 구축하고 자신들의 입맛에 맞는 다른 나라들과의 개별 FTA를 경쟁적으로 확장하기 시작했다.

　수출의존도가 높은 한국은 고민이 깊어졌다. 1998년 말 당시 WTO 회원국 중 지역무역협정에 가입하지 않은 주요 교역국은 한국과 일본, 홍콩에 불과했다.[2] 열심히 공을 들인 WTO는 갈수록 무력화되고 기대했던 APEC-FTA도 미국의 추

---

1 Chulsu Kim, 1998, *50 years of the GATT/WTO Past Performance and Future*, 한국무역협회 국제 심포지엄, 세계 경제연구원, 34쪽.

2 Jagdish Bjagwati, 1995, *The WTO's Agenda*, Seoul Global Trade Forum.

진 동력이 사라졌다. 이대로 가만있으면 한국 경제는 점점 고립될 것이라는 우려의 목소리가 커졌다.

한국, NAFTA에 크게 긴장

한국이 지역 FTA에 불안감을 가지게 된 최초의 사건은 1993년 멕시코와 미국의 NAFTA 체결 소식이었다. 미국 시장에서 멕시코와 경쟁하는 한국 입장에서는 멕시코와 미국이 FTA 협정을 체결한 것을 우리에게 매우 불리한 상황으로 받아들였던 것이다.

박태호　우리나라가 FTA 같은 지역무역협정에 눈뜬 계기는 바로 1993년에 체결된 NAFTA였다고 생각합니다. 1993년에 북미자유무역협정인 NAFTA가 체결되었다는 뉴스가 들렸습니다. 미국, 캐나다, 멕시코가 FTA를 체결했다는 것입니다. 1993년에는 제가 대학으로 이직하기 전에 대외경제정책연구원에 재직할 때였는데, 경제기획원에서 NAFTA 관련 긴급회의를 소집했던 것이 기억납니다. 그때까지만 해도 NAFTA가 왜 우리나라에 중요한지 사실 저도 잘 몰랐습니다. 그런데 깊이 있게 분석해 보니 이게 상당히 문제가 되는 것이었습니다.

　당시 멕시코는 우리나라보다 인구는 조금 더 많았지만, 경제발전 수준은 우리와 비슷했습니다. 특히, 미국 시장에서 여러 품목에 걸쳐 우리나라의 경쟁상대였는데, 멕시코가 미국과 FTA를 체결하면 관세를 전혀 안 내고 미국 시장에 들어가게 되니 국내에서 많은 우려가 있었습니다. 이와 관련하여 다양한 대책회의를 하는 과정에서, "우루과이라운드에 참여하는 것 외에도 중남미 쪽에 FTA와 같은 양자간 협상이 필요하다"는 분위기가 조성되었습니다. 당시 우리나라도 70~80%의 노력을 다자무역 체제에 집중하되 나머지 20~30% 정도는 또 다른 생존 대안으로 양자무역 체제에 관심을 가져야겠다고 생각한 것입니다.

　우리나라는 기본적으로 자원이 거의 없고 인구도 적어 내수시장이 작은 나라입니다. 그러다 보니 지속적으로 성장하려면 해외에서의 생산활동, 다른 나라들과 함께하는 무역활동이 필수불가결하다는 인식을 모든 사람이 공유했던 것입니다.

WTO 다자무역 체제가 많은 나라에 교역 기회를 열어 주긴 했지만, 당시 도하 라운드는 거의 진전이 없었습니다. 그러다 보니 우리가 다자무역 체제에만 매달릴 것이 아니라 주요국들과의 양자간 FTA도 무역확장 전략이 될 수 있다는 인식이 커졌습니다. 우리 경제가 가진 본질적 한계 때문인지 모르겠지만 FTA와 같은 돌파구를 하루빨리 모색해야 한다는 생각을 다른 주요 무역국들보다 더 절박하게 하게 된 것 같습니다.

대미 수출 추세적 하락 지속

한국 정부를 더욱 긴장시킨 것은 대미 수출이 추세적으로 감소하는 현상이었다. 한국 상품의 미국 시장 점유율은 2.6%로 1997년보다 0.04%p 감소했고, 미국의 8위 수입국이던 지위도 1998년에는 9위로 하락했다. 1998년에 미국의 총수입은 5.06%가 증가했는데, 그중 멕시코, 중국, 독일, 영국, 프랑스 등의 시장점유율은 상승한 반면 한국의 시장점유율은 하락한 것이다. 일본도 약간 하락했으나 여전히 13.4%의 압도적으로 높은 비중을 유지했고, 중국(7.8%)의 비중이 눈에 띄게 높아졌다.[3] 멕시코(10.4%)도 NAFTA에 힘입어 미국 시장에서 크게 약진했다.

이처럼 확산되는 지역주의에 대응하여 WTO만 믿지 말고 나름대로 FTA를 추진할 필요가 있다는 논의가 한국에서도 나오기 시작했다. 만약 지역무역협정이 계속 확산되면 FTA를 통한 '선택적 배타성'이 글로벌 통상질서를 지배하는 원칙이 될 텐데, 한국 입장에서는 FTA 추진 외에 역외 차별성을 해소할 수 있는 다른 대안이 없다는 현실론이 제기되었다. FTA를 추진하지 않으면 미국 등의 쌍무적 무역 압력을 고스란히 혼자 받아야 하고 수출시장에서의 가격경쟁력도 크게 약화된다. FTA 가입국을 우회하여 수출하는 것도 불가능했다. 대부분의 FTA에 포함된 원산지 조항(*Rule of Origin*) 때문이었다.

---

3 〈매일경제〉, 1999. 2. 24(통계 출처: 무역협회).

한·미 FTA 주장 대두

"이제부터라도 한국이 지역무역협정의 확대·심화에 적극적으로 대응해야 한다"는 주장이 학계의 연구자들 사이에서 나오기 시작한 것은 이러한 시대적 상황을 배경으로 한다.

한국 경제에서 무역의 기여도는 압도적이었고 개방은 선택이 아닌 생존의 문제였다. 자의든 타의든 시장개방이 촉진되고 무역 불균형 해소가 중요한 상황에서 세계적 대세인 지역별 FTA 협상 트렌드에 올라타지 못하고 도태된다면 경제발전의 현실적 대안이 없었다.

통상 전문가들은 "단순한 관세인하뿐만 아니라 통상마찰 완화, 투자 자유화를 통한 자본유치, 기타 정치·외교·안보 측면의 비계량적 효과까지 충분히 검토해 FTA를 추진해야 한다. 농수산물과 서비스 등 개방으로 타결이 예상되는 취약 분야 대책도 미리미리 마련해야 한다. 특히 미국과의 FTA를 고려해야 한다"고 촉구했다.[4]

한국 정부와 업계 역시 비슷한 위기감을 인식하고 있었다. FTA는 일시적 현상이 아니라 현실적 통상 실체이므로 하루빨리 따라잡아야 한다는 지적이 계속해서 나왔다.

훗날 한·미 FTA가 추진될 때 "왜 갑자기 준비 없이 한·미 FTA가 튀어나왔느냐?"는 비판이 제기되기도 했다. 이때 "한·미 FTA는 단절되고 불연속적인 사건이 아니다. 수출과 수입 확대부터 시작하여 제도적 세계화까지 추진해온 우리나라 개방정책의 일환으로, 연속적 흐름의 한 단계라고 파악해야 한다"는 주장이 나온 것은 바로 이러한 배경에서다.[5]

결국 정부는 세계적인 FTA 흐름에 적극적으로 대응하기로 결정했다. WTO와 OECD 가입에 이어 1997년 말에 발생한 외환위기를 통해 한국 경제가 제도적으로나 실질적으로나 글로벌 질서에 이미 편입되어 있었기 때문에 FTA 추진에 따른 구조적 변화와 제도적 충격이 덜할 것이라는 나름대로의 판단도 있었다. 1997년

---

4 정인교, 1998, 〈미국 FTA 정책의 전개와 시사점〉, KIEF 정책연구 98-16.

5 차문중 외, 2007, 〈개방화 시대의 한국 경제〉, KDI 연구보고서 2007-01.

외환위기 당시 IMF는 달러를 지원해 주는 대신 한국이 그동안 주저했던 모든 경제 시스템의 전면 개방을 요구했던 것이다.

통상교섭본부 신설

한국뿐만 아니라 1990년대에 외환위기나 금융위기를 경험한 아시아와 중남미 지역의 신흥시장국들은 대부분 FTA 추진에 열의를 보였다. 외환위기와 국가부도 위기를 경험한 아시아 국가들은 경상수지 흑자와 높은 외환보유고를 유지하고자 FTA 추진을 핵심 정책으로 채택한 것이다.[6]

한국 정부는 "대외무역 의존도가 높고, 국부(國富) 창출에서 수출이 차지하는 비중이 높은 우리나라의 입장에서는 안정적 수출시장의 확보가 사활적 목표"라 고 인식했다. 김대중 대통령 시절에는 "범세계화에 대한 능동적 동참"을 통상정 책의 기본방향으로 설정했다.[7]

1998년 11월 국무총리 주재 대외경제조정위원회(이하 대조위)는 "WTO 중심 의 다자주의와 함께 FTA를 통상정책의 주요 수단으로 적극 활용한다"는 원칙을 선언했다.

큰 방향성의 수립에 따라 통상정책과 조직에도 대대적 변화가 일어났다. 우선 통 상업무를 전담하는 장관급 통상교섭본부가 1998년 신설된다. 통상교섭본부는 통 상업무의 전문성, 정책의 일관성과 안정성을 유지하기 위한 조직으로 통상과 관련 된 국내 부처 의견을 조율하고 외국과의 통상협상을 총괄하는 역할을 수행한다.

통상업무는 외교정책과 밀접하게 연관되어 있기 때문에 통상교섭본부는 외무 부에 두기로 했다. 이에 따라 외무부의 명칭이 외교통상부로 변경되었다.

김종훈 전 통상교섭본부장의 설명이다.

---

6 Yusuke I Ioriguchi, *Globalization and Korean Financial Sector*, International Finance Conference, June, 11. 2007.

7 박홍성. 2006. "미국 FTA 정책의 전개와 시사점", 서강대 박사학위 논문.

김종훈 외환위기 직후인 1998년에 통상교섭본부가 생겼습니다. 그때 초대 통상교섭본부장이 한덕수 본부장(현 국무총리)이었습니다. 그분은 굉장한 개방론자였습니다. 사람 하나 바뀌었다고 정부의 분위기가 당장 바뀌는 건 아니겠죠. 하지만 통상교섭본부가 만들어진 후 나름대로 정부 안에서 여러 협의를 거치고 난 후 우리나라도 FTA를 시작해야겠다고 해서 칠레와 FTA를 추진한 게 그 무렵의 일입니다. 그때 이성주, 나중에는 정우성, 두 분이 차례로 다자통상국장으로 계시면서 제 옆방에서 담당했고 저는 지역통상과 양자통상을 담당했습니다.

김대중 정부는 중장기적으로는 미국과 일본 등 거대경제권과의 FTA 체결이 추진되어야 한다는 원칙을 확정했다. 그리고 관련 분야 전문가들이 정부가 향후 진행할 FTA 추진 전략의 장기적 마스터플랜을 만들도록 했다.

당시 대외경제정책연구원(KIEP: *Korea Institute for International Economic Policy*)이나 한국개발연구원(KDI: *Korea Development Institute*) 등 경제정책 연구원들은 물론 대학의 통상 전문 학자들은 한·미 FTA 추진을 적극 검토해야 한다는 입장이었다.[8] 미국 시장이 한국에 아주 중요한데, 한국 수출품 점유율이 자꾸 떨어지면서 생긴 위기의식 때문이었다.

그런데 당장은 미국과 FTA를 추진할 능력도 기회도 없으니, 먼저 다른 국가들과 FTA를 추진하며 '연습'해 보는 쪽으로 결정이 났다. FTA 우선 추진 대상으로는 칠레와 터키, 이스라엘, 남아프리카공화국 등이 후보로 올랐다. 이들의 공통점은 경제 규모가 크게 부담스럽지 않으면서 인근 국가로의 확장을 꾀할 수 있는 지정학적 위치가 좋은 국가들이라는 것이다. 당시 한국과의 FTA 추진에 관심을 보였던 국가는 그 외에도 태국, 이스라엘, 뉴질랜드 등이 있었다.

---

8 박태호 전 외교통상부 통상교섭본부장(당시 서울대 교수)의 증언이다.

홍은주 교수(왼쪽)와 인터뷰하고 있는 권오규 전 부총리 겸 재정경제부 장관.

최초의 FTA 파트너, 칠레

여러 FTA 대상국 후보들 가운데 한국 정부가 가장 먼저 선택한 국가는 칠레였다. 1998년에 칠레와 FTA 협상을 시작했다. 왜 첫 번째 FTA 파트너가 칠레였을까?

첫째, 칠레는 적정 경제 규모라 FTA 추진의 경제적 가치가 있다고 보았다. 둘째, 농산물 수출을 많이 하지만 지리적으로 정반대에 위치해 있어 만에 하나 부정적 영향이 있어도 대응이 가능할 것으로 판단했다. 사과나 포도 등 과일 수확기가 한국과 다를 뿐만 아니라 보존 기간이 긴 공산품과 달리 농산물은 보관·유통 비용이 커서 한국 농업에 파장을 최소화할 수 있으리라고 본 것이다.

한·칠레 FTA 추진 당시 재정경제부(재경부) 대외 차관보였던 권오규(후일 노무현 참여정부의 한·미 FTA 추진 시 부총리 겸 재정경제부 장관)의 회고이다.

권오규 칠레는 양자간 무역자유화의 경제적 시너지를 추구하면서도 우리 산업에 끼치는 영향을 우리가 나름대로 관리할 수 있는 규모의 국가였습니다. GDP

권오규(權五奎)

1952년 강원도 강릉에서 태어났다.
서울대 경제학과를 졸업하고, 미국
미네소타대학에서 경제학 석사학위를,
중앙대에서 경제학 박사학위를 받았다.
1974년 행정고시에 합격하여 재정경제부
경제정책국장과 차관보를 거쳐 조달청장,
OECD 대한민국 대표부 대사를 지냈다.
이후 대통령비서실 경제정책수석 비서관과
정책실장을 거쳐 2006년부터 2008년까지
부총리 겸 재정경제부 장관을 역임했으며,
2007년에는 국무총리 권한대행을 겸했다.
카이스트 금융전문대학원 초빙교수를 지냈으며,
현재 Balbec KPL Korea 회장이다.

규모는 2,505억 달러로 세계 40위, 1인당 GDP는 1만 3,910 달러로 세계 53위
였습니다. 우리가 개방을 추진할 때 가장 예민하고 아픈 부분이 농업인데, 지구
상에서 한국과 물리적으로 가장 멀리 떨어져 있고 지리적·기후적으로도 정반대
상황이라 설사 농업 부문을 개방하여 최악의 경우가 발생하더라도 관리가 가능
하리라고 판단했습니다.

또한 칠레는 한국보다 FTA 경험이 훨씬 많았다. 이미 남미 7개국과 중미, 유럽,
일본 등 13개 국가와 FTA를 체결하고 있었기 때문에 그 네트워크를 활용하면 중
남미 지역 수출의 거점국가로 활용할 수 있다고 판단했다.[9] FTA 협상 경험이 풍
부한 칠레에게 협상 과정에서 FTA 노하우를 한 수 배우려는 뜻도 있었다.[10]

---

9 유현석, 2003, "한·칠레 자유무역협정 협상의 국내 정치: 국내 협상의 이해집단과 국내 제도를 중심으
  로", 〈한국정치학회보〉 36권 3호, 175~197쪽.
10 박순찬(무역투자정책실 FTA 연구팀장), 2004, "FTA 시대의 개막: 동아시아 주요국의 FTA 추진 현황
   과 입장", 〈KIEP 세계 경제〉, 5월호.

가전제품과 열대과일의 정치셈법

한·칠레 FTA는 상대적으로 쉬우리라고 예상했지만 복병을 만났다. 1999년 12월 1차 협상이 개시된 이래 2000년 12월 4차 협상까지 진행되다가 이후 약 1년 8개월간이나 협상이 중단된 것이다. 한·칠레 FTA 협상이 재개된 시점은 2002년 8월로 오랜 시간이 지난 뒤였다.

김종훈 칠레는 우리가 필요한 원자재가 있어 FTA의 이점이 있고 남미의 거점이 될 수 있는 지형적 이점도 있습니다. 경제 규모는 좀 작고 우리나라와 완전히 지구 반대편에 있는 나라입니다. 그래서 최초의 FTA 파트너로 선택할 때 부담이 좀 덜했습니다. 우리는 칠레와 협상이 금방 끝날 것으로 생각했습니다. 그런데 중간에 협상이 중단되기도 하고 협상 타결까지 오랜 시간이 걸렸습니다. 왜 그랬느냐?

우선 칠레는 지리적으로 지구 반대편에 있으니 그쪽과 무슨 문제가 생기면 오고 가는 데 시간이 오래 걸리고 이슈를 의논하고 통제하기도 어려웠습니다.

또 막상 협상을 해보니까 다른 건 다 잘됐는데 막판에 남은 게 칠레 포도와 열대과일이었습니다. 포도와 열대과일 등을 풍부하게 생산하는 나라니까 "칠레는 남미의 과수원"이라는 말이 국내에 나돌았죠. 과수농사를 짓는 우리 농가에서 "칠레와 FTA를 맺으면 우리는 다 죽는다"고 반발과 저항이 거셌습니다.

그래서 우리가 "열대과일은 협상 대상에서 좀 빼 달라"고 했죠. "한국은 제조업 제품을 수출하는데, 우리도 과일을 팔아야 이익이 생기기 때문에 그건 못 뺀다"고 칠레가 버텼습니다.

서로 실랑이를 벌이다가 하루는 칠레 쪽에서 포도와 사과, 배 등 과일들을 빼 주겠다고 연락이 왔다. 그래서 이제 다 됐다고 좋아했는데, 칠레 쪽에서 "그냥 빼 주는 게 아니라 한국이 수출하는 자동차, 세탁기, 냉장고 등 가전제품을 빼야겠다"고 하는 것이었다. 당시에 칠레 시장에서 세탁기와 냉장고는 삼성과 LG가 거의 석권하고 있었다. 가전제품을 제외하면 한·칠레 FTA를 할 명분도 이유도 별로 없었다.

김종훈　세탁기·냉장고와 열대과일을 맞바꾼다? 경제적 관점에서 매출이나 수출액 측면에서 보면 이게 어림도 없는 이야기였습니다. 과일 수입하는 액수와 세탁기·냉장고 수출하는 액수는 비교가 안 되게 차이가 나지만, 문제는 이게 단순히 경제적 관점에서만 볼 수 없다는 것이었죠. 가전제품 수출을 많이 하면 유리한 분야와 과일을 수입하면 손해를 보는 분야가 서로 다르니 문제였습니다. 과일은 농민들이 걱정하는 문제였고, 세탁기와 냉장고는 기업의 문제이기 때문에 어느 일방을 위해 다른 일방이 손해를 보라고 말하기가 어려웠죠. 굉장히 예민하고 의미심장한 이슈였습니다.

한·칠레 FTA가 무산되지 않고 느린 속도라도 협상이 지속된 데는 여러 이유가 있다. 2000년 들어 미국의 통상 압박을 비롯해 한국산 수출품에 대한 각국의 견제가 더욱 거세졌다. 또한 중국이 한국보다 먼저 칠레와 FTA를 체결하여 한국 기업들이 선점하던 칠레 가전시장을 무섭게 치고 들어갔다.

김종훈　당시 한·칠레 FTA 협상을 살펴보면, 단순히 경제 논리로만 따지면 분명히 세탁기와 냉장고를 팔아야 경제 전체에 훨씬 큰 이익이 발생하는 것이 맞습니다. 그런데 우리 사회도 그렇고 다른 사회도 다 마찬가지지만, 경제는 이코노믹 사이언스(*Economic Science*)이고 정치학은 폴리티컬 사이언스(*Political Science*)입니다. 폴리티컬 사이언스는 사이언스라는 단어가 붙기는 하지만, 정치적 등식은 경제적 등식과 전혀 다릅니다.

우선 정치적으로 누가 더 숫자가 많으냐를 보면, 농민들은 수십만 명이고 기업은 대기업 두어 개 정도니까 정치적 셈법이 전혀 달라집니다. 또한 "정부 사정이 이러니까 좀 양해해 달라. 다른 데서 기회를 좀 찾아보자"고 하면 기업들은 속이 쓰리더라도 국가 생각이 그렇다면 그렇게 알고 참아 주는데, 농민들은 참아 달라고 아무리 사정해도 절대 안 참아 줍니다. 농민들이 "우리는 국민 아닙니까?"라고 항의하는 이야기를 저도 많이 들었습니다. 결국 그 문제를 해결하지 못하고 한참 동안 끌었습니다.

그러는 사이에 우리나라보다 늦게 협상을 시작한 중국이 칠레와 FTA를 먼저 타결했습니다. 중국은 칠레산 과일을 전혀 문제 삼지 않았기 때문에 칠레 쪽에서도 중국산 세탁기와 냉장고를 문제 삼지 않았습니다. 우리나라가 열대과일 문제로 질질 시간을 끄는 사이에 중국산 세탁기·냉장고가 무관세로 칠레로 막 쏟아져 들어가는데 한국산 제품과 경쟁이 안 될 정도로 쌌습니다.

칠레와 세탁기·냉장고 문제를 계속 해결하지 못하다가 결국 타협점을 찾았습니다. 열대과일에 계절관세를 부과하고, 칠레 쪽에서도 세탁기·냉장고 관세를 조금 내리고 해서 칠레와의 FTA 협상이 타결된 것입니다.

FTA란 경제 논리에서 출발하지만 정치적 셈법으로 변하면 "우리가 이거를 꼭 해야 하나?"는 의문이 제기됩니다. 그런데 한·칠레 FTA 사례에서 보듯 우리가 안 하면 명백한 손해가 발생합니다. 남들이 먼저 선수를 쳐서 다른 나라는 못 들어올 정도로 서로 호혜적 조건으로 시장을 주고받는데 우리가 적시에 거기에 끼어들지 못해 레이스에서 늦게 출발하면 시간을 끈 만큼 결국 우리만 손해를 봅니다. 칠레와의 FTA에서 중국 사례를 보고 우리가 그걸 깨달으면서 "FTA는 반드시 해야 한다"는 논리를 확신하게 된 것입니다.

최종협상안에서는 칠레가 세계적 경쟁력을 가진 사과, 배는 양허대상에서 제외되었으며, 포도는 수입을 허용하되 계절관세를 적용하기로 했다. 대신 한국의 주력 수출품이던 자동차, 냉장고, 세탁기도 칠레의 양허대상에서 제외되었다.

고추, 마늘, 양파, 낙농제품 등 한국 시장에서 고율관세가 적용되는 민감품목들은 최대 16년에 걸친 이행 기간을 설정하거나 도하개발어젠다 협상 종료 후에 양허 문제를 논의하기로 하고 예봉을 피했다.

또한 예상치 못한 피해가 발생할 경우 농산물에만 특별히 적용되는 양자 세이프가드 규정을 협정에 반영하여, 급격한 수입증가 등에 대비할 수 있도록 했다. 한·칠레 FTA 타결로 피해가 우려되는 과수농가에는 다양한 지원책을 제공하기로 했다.

한·칠레 FTA의 교훈

칠레는 한국과 지구 반대편에 위치해 있고 경제적으로도 비교적 상호보완적이기 때문에 FTA 협상에서 한국 정부가 통제 가능하다고 예상하고 선정한 협상 파트너였다. 그런데 실제 협상 과정에서는 예상보다 훨씬 큰 정치적 논쟁이 일어났고 양측 간에 타협이 어려운 걸림돌도 많았다. 협상에만 3년이 넘는 장기간이 소요되었고, 그 후 비준까지 수많은 간난신고(艱難辛苦)를 겪었다.

   이때의 어려웠던 정치적 상황은 이후 한·미 FTA 추진 과정에서 국내의 강한 반발을 예고하는 시그널이었다. 경제적 이익을 목적으로 추진되었지만 그 과정은 국내 정치 타협의 연속으로, 통상협상의 냉정한 현실을 보여 준 사건이기도 했다.

   또한 예상치 못한 정치적 반발이나 걸림돌이 생길 경우 이를 우회할 수 있는 사고의 유연성이 필요하다는 교훈도 주었다.

김종훈   그때 우리가 고민한 끝에 나름대로 생각해낸 기막힌 아이디어가 열대과일에 계절관세 제도를 적용하기로 한 것입니다. 저쪽 나라는 남반구이고 우리나라는 북반구니까, 저쪽에서 포도가 왕창 쏟아질 때 우리나라는 포도가 안 나는 겨울이라 관세를 낮춰도 별문제가 없습니다. 겨울에 국산 포도가 시장에 반출이 안 될 때는 관세를 낮추었다가 국산 포도가 한창 시장에 쏟아질 여름에는 관세를 높게 받는 것이 이른바 계절관세입니다.

한·칠레 FTA를 통해 FTA 추진 과정에서 부가되는 각종 정치적 문제들을 다루어 본 것은 큰 경험이 되었다. 특히 농산물 분야에 대해 대대적 교통정리와 구조조정을 한 것은 귀중한 경험으로 남았다.

권오규   한·칠레 FTA 당시 특히 포도가 문제가 되었습니다. 왜냐하면 칠레는 노지 포도인데 한국은 그린하우스 재배 포도가 주종이잖아요? 노지 포도가 훨씬 당도가 높고 값이 싸니까 한국 포도 재배농가가 어려워질 걸로 봐서 많이들 반대했습니다. 감귤도 그렇고요.

　그런데 지금 어떻게 되었나 한번 보세요. 우리나라 포도가 세계 수출시장을 석권하고 있습니다. 개방에 대비해 구조조정을 하고 기술개발 자금을 투입하면서 개방에 따른 경쟁압력을 견디고 열심히 노력한 결과입니다. 개방과 경쟁에 노출되어 치열하게 노력하다 보면 극복할 수 있는 길이 반드시 생겨요. 당시 한·칠레 FTA 때 정부가 농업 부문 경쟁력을 높이기 위해 40조 원을 투입하기로 했습니다. 그걸 계기로 해서 나중에 한·미 FTA 때 우리가 농업 부문도 해볼 수 있다는 자신감을 가지게 되었습니다.

　우리가 우루과이라운드를 마감하면서 무역은 물론 무역 외 부문인 서비스와 농업 제도들을 다 검토하고 들여다보았어요. 미국의 '슈퍼 301조'를 앞세운 쌍무협상을 진행하면서 미국의 의도나 제도를 속속들이 파악했고, 한·칠레 FTA를 하면서 농업 개방을 해보았습니다. 이러한 경험 덕분에 우리가 한·미 FTA도 할 수 있다는 자신감을 가지게 되었던 것입니다.

2. 뉴 밀레니엄의 통상 도전

새천년에 크게 늘어난 통상분쟁

2000년 1월 1일. 모든 컴퓨터가 정지할 것이라는 Y2K의 묵시론적 재앙을 무사히 넘긴 전 세계는 새천년을 맞는다. 뉴 밀레니엄을 맞은 한국 경제는 외환위기의 악몽을 씻어 내고 활기를 띠기 시작했다. 외환위기로 인한 고환율로 가격경쟁력이 생기면서 수출이 증가하고 경상수지 흑자가 크게 증가한 것이다.

그러나 경상수지 흑자의 급증은 한국산 수출품에 대한 세계 각국의 강도 높은 반발을 불러일으켰다. 한국산 수출품에 대한 수입규제(조사단계 포함)는 2000년 들어 7월까지 총 110건으로 1999년 80여 건보다 크게 증가했다.

외교통상부 자료에서 수입규제하에 있는 수출액 비중을 국가별로 살펴보면, 미국이 64.8%로 압도적으로 높았고, 다음으로 EU가 19.8%, 중국이 10.2%로 나타났다. 인도, 아르헨티나, 남아프리카공화국 등도 한국 제품에 무역규제의 강도를 높였다.

품목별로는 1메가 DRAM(*Dynamic Random Access Memory*) 반도체 제품이 규제하의 수출금액 중 53.5%, 철강 제품이 17.7%, 전자제품이 17.4%를 차지했다. 한국의 주력 수출품목 3개가 전체 규제하 수출금액의 88.6%에 달했다. 한국의 경쟁력 높은 품목들이 집중적으로 견제받았음을 알 수 있는 대목이다.[11]

---

11 외교통상부 보도자료, "외국의 수입규제조치에 적극 대응키로", 2000. 7. 31.

'마늘 100억 원 = 휴대폰 5,000억 원'의 교환방정식

이 무렵 한국과 중국 간의 대표적 통상분쟁 사건이 '마늘과 휴대폰 파동'이다. 재경부는 한국산 마늘가격이 폭락하자 무역위원회의 산업피해 판정에 따라 2000년 6월 1일부터 3년간 수입 마늘에 긴급수입관세(세이프가드)를 부과한다고 밝혔다. 국내 마늘 값 폭락의 주요 원인이 중국산 냉동 마늘과 깐 마늘의 수입량 급증으로 분석되었기 때문이다.

한국 사람들은 가공해서 판매하는 마늘을 좋아하지 않았다. 마늘은 먹기 바로 직전에 까서 갈아 넣어야 마늘의 아린 맛이 살기 때문이다. 따라서 1993년 우루과이라운드 농산물 협상 당시 한국 정부는 껍질이 있는 신선한 마늘에는 400%의 높은 관세를 요구한 반면 식초에 절인 마늘이나 냉동마늘 등은 국내 수요가 크지 않을 것으로 보고 30%의 낮은 관세만 부과하는 것으로 양허하여 개방했다.

그런데 막상 뚜껑을 열어 보니 전혀 다른 결과가 나타났다. 한국 소비자들이 신선한 마늘을 선호하는 것은 어디까지나 일반 가정의 이야기였다. 중국산 냉동 마늘이나 가공 마늘 가격이 국내산에 비해 워낙 싸다 보니 원가를 낮추어야 하는 기업이나 음식점 등에서 중국산 마늘 수요가 폭증한 것이다. 중국산 마늘 수요는 라면스프 가루의 원료에서 특히 높았다. 이에 따라 중국산 냉동 마늘과 초산조제 마늘은 1997년 이후 3년간 수입이 무려 7배나 늘었고, 한국 농가의 마늘 값은 폭락했다.

재경부는 중국산 마늘에 긴급수입관세를 부과하면서 "국내법과 WTO 협정에 따라 사전에 이해 당사국인 중국에 통보하고 WTO 사무국에 통보하는 등 제반 절차를 밟았다"고 설명했다.

곧바로 중국의 통상보복이 시작되었다. 중국 관영 TV는 "중국 정부는「중국무역법」7조에 따라 한국산 휴대폰과 폴리에틸렌에 잠정 수입 금지 조치를 내렸다"고 밝혔다. 마늘에 긴급수입관세를 부과했는데 엉뚱하게 휴대폰과 폴리에틸렌 수출이 폭탄을 맞은 것이다.

긴급관세 부과로 수입을 제한한 중국산 마늘은 연간 1,000만 달러인 데 비해 중국이 금지한 한국산 휴대폰과 폴리에틸렌의 수입 규모는 연간 5억 달러가 넘었다.[12] 농산물과 공산물, 액수의 비례원칙 등 기초적 통상 맞대응 원칙을 무시한 보복조치였다. 중국 정부는 한국 정부에 사전 통보나 협의조차 하지 않았다.

국제관례를 벗어나고 WTO 규정도 준수하지 않았지만 당시 중국은 WTO 회원국이 아니었으므로 어처구니없는 통상보복에 한국이 대응할 수 있는 수단은 없었다. 중국 수출이 크게 늘어나면서 대중국 무역흑자가 연간 48억 달러에 이르렀던 점도 중국의 막가파식 무역보복에 정부가 대응하기 어려웠던 이유였다.

결국 한국 정부는 6월 29부터 7월 15일까지 베이징에서 개최된 중국과의 양자 협상에서 긴급관세의 틀을 유지하되 중국산 마늘 수입량을 보장하는 선에서 합의했다. 양국은 7월 31일 베이징에서 '마늘교역에 관한 합의서'에 정식 서명했다. 향후 3년간 한국 정부가 할당관세(*quota tariff*) 방식으로 매년 일정량의 중국산 마늘을 수입하는 대신, 중국은 폴리에틸렌과 휴대폰 등 한국 제품에 대한 잠정수입 중단 조치를 8월 2일 자로 철회하기로 한 것이다.

한편 국내에서는 중국산 마늘 수입이 국내 마늘 가격 안정에 영향을 주지 않도록 마늘 농가의 희망 물량을 제한 없이 최저보장가격(1,200원/*kg*)으로 수매하기로 했다.[13]

당시 산자부 무역위원이던 박태호 전 외교통상부 통상교섭본부장의 증언이다.

박태호 제가 무역위원으로 있을 때 마늘 파동이 있었습니다. WTO나 GATT 체제에는 자국 산업을 보호하는 공식적 방식이 불공정무역에 대한 직접 대응과 세이프가드 두 가지가 있습니다. 덤핑이나 보조금 등은 불공정무역으로 분류되어 반덤핑 및 상계관세 등 규정이 적용됩니다. 무역이 설령 공정하게 이루어지더라도 수입국의 산업피해가 너무 급격하고 심하면 자국 산업을 보호하기 위해 세이프가드를 발동합니다.

이 같은 반덤핑 및 상계관세, 세이프가드 조치 결정은 무역위원회가 담당하니

---

12 KBS1, 〈한중 무역분쟁: 마늘과 휴대폰 싸움, 그 실상〉, 2000. 6. 24.
13 이 내용은 외교통상부 보도자료("외국의 수입규제조치에 적극 대응키로", 2000. 7. 31) 참조.

다. 세이프가드라고 해서 아무렇게나 적용하는 것이 아니라 여러 가지 인과관계 등을 고려하여 결정하죠. 당시 국내 시장에서 수입된 중국산 마늘이 급증하여 한국 정부가 세이프가드 조치를 취한 것에 중국 정부는 불만이 있었습니다. 중국산 마늘에 한국이 긴급수입제한 조치를 취하자 중국은 한국산 중화학공업 제품에 훨씬 더 높은 관세를 부과하는 보복조치를 취했습니다.

당시 중국은 시장경제체제도 아니고 WTO 회원국도 아니었습니다. 따라서 중국이 일방적으로 보복조치를 취하면 결국 우리가 양보할 수밖에 없었습니다. 세이프가드 규정상 조치국이 문제가 해결되었다고 보면 자체적으로 그만둘 수 있습니다. 그래서 한국 정부가 그 규정을 적용해 긴급수입제한 조치를 철회한다고 밝힌 뒤에야 이 사건은 마무리될 수 있었습니다.

WTO 쇠고기 분쟁 및 미국과의 반도체 분쟁

미국과 호주가 한국 정부를 상대로 WTO에 제소한 쇠고기 분쟁도 장기간 지속된 골치 아픈 통상분쟁이었다. 1999년 2월 미국에 이어 4월 호주가 "한국의 수입 쇠고기 구분판매제도와 한우산업 보조금 산정방법 등이 WTO 협정을 위반한다"고 제소한 데 대해 2000년 7월 31일 WTO 패널이 미국과 호주의 손을 들어 준 것이다.[14]

2002년 11월 미국 마이크론테크놀로지(Micron Technology)사는 "한국의 주요 DRAM 업체인 하이닉스, 삼성전자 등이 한국 정부로부터 WTO 보조금 협정이 허용하지 않는 정부 보조를 받았다"고 주장하면서 한국산 DRAM에 상계관세를 부과할 것을 요청하는 제소장을 미국 상무부에 제출했다.

마이크론사는 "한국 정부는 외환위기 이래 지난 수년간 국내 DRAM 생산업체

---

14 한우농가의 반발을 우려한 정부는 "쇠고기 구분판매제도는 수입 쇠고기가 한우 쇠고기로 둔갑 판매되는 것을 방지하기 위해 실시한 제도로서 GATT 3조 4항(내국민 대우)에 위배된다는 패널의 해석이 잘못되었다. 한우 보조금 산정방법과 관련해서는 패널이 우리나라 양허표를 잘못 해석했다"는 취지로 2000년 9월 상소했다.

들에게 조세 감면 혜택을 제공했다. 또한 한국 정부가 최대 주주로 있는 채권 금융기관들로 하여금 반도체 업체에 한해 이른바 '특정성' 있는 부채 탕감, 출자 전환, 채무만기 연장, 이자율 인하 등의 정부 보조금을 제공하도록 했다. WTO 보조금 협정의 1조와 2조를 각각 위반했다"고 주장했다.[15]

통상분쟁과 한국산 수출품에 대한 무역규제가 계속 늘어나자 외교통상부는 2000년 7월 28일 수입규제대책반(반장: 통상법률지원팀장)을 구성하여 외국의 수입규제조치에 선제적으로 대응했다. 2000년 9월에는 수입규제대책반을 더욱 강화했다. 외국의 수입규제조치 사안이 비용과 시간이 많이 드는 WTO 분쟁해결절차에 회부되기 전에 해결될 수 있도록 수입규제 조치국과의 양자교섭 활동을 적극적으로 실시했다.

외국의 수입규제 조치에 대한 종합대책을 살펴보면 다음과 같다. 우선 수입규제 제소 움직임을 주의 깊게 관찰하다가 움직임이 감지되면 조기에 사절단을 파견하고 현지공관 조사당국자와 면담을 통해 조사개시를 선제적으로 대응하기로 했다.

둘째, 제소가 이루어지면 덤핑의 경우 제소자의 청원 내용이 객관적으로 판단하여 비합리적이거나 한국 산업의 현실을 잘못 이해하는 명백한 오류를 범했다면 이를 지적하고 시정할 수 있는 관련 자료를 관계 당국에 제출하는 등의 노력을 통해 조사개시 건수를 최소화하기로 했다. 상계관세의 경우 상대국에 반드시 사전협의를 요청하고 한국 제도를 설명하고 제소장 내용을 반박하여 조사 범위를 최소화하도록 노력하기로 했다. 세이프가드 조치의 경우 비합리적 사항을 지적하여 시정을 요구하기로 했다.

셋째, 조사개시 후 예비판정 이전에는 피제소된 한국 업체가 답변서를 충실하게 작성하도록 지도하고 법률 및 회계 전문가를 동원하여 필요한 지원을 제공하며 상계관세의 경우 정부 답변서를 관계 기관 의견을 종합하여 제출하기로 했다.

---

15 "美 Micron사, 한국산 DRAM 상계관세 제소", 〈대한민국 정책브리핑〉, 2002.11. 2.

9·11 테러 이후 미국 통상정책

2001년 미국에서 발생한 9·11 테러는 지정학적 불확실성을 키웠을 뿐만 아니라 미국의 통상전략과 정책이 보수화되는 데 결정적 역할을 한다. 미국이 통상이나 경제에 안보 문제를 본격적으로 개입시키게 된 계기였다. 미국의 심장부인 뉴욕 한복판에서 무역센터 쌍둥이빌딩이 영화의 한 장면처럼 무너져 내리는 충격적 사태를 경험한 미국은 더 이상 팍스 아메리카나 시대를 주도하던 여유 있는 맏형의 이미지가 아니었다.

9·11 테러 이후 미국인들의 주된 관심은 국가안보에 집중되었다. 안보를 위협하는 내용이 조금이라도 있다고 판단하면 미국 정부는 철저히 대응하곤 했다. 수입과 수출 등 통상도 안보를 기준으로 삼고, 폐쇄적이고 보수적이며 철저한 자국 중심 논리로 대응했다.

수입에 훨씬 엄격한 기준을 부과했다. 미국 비자나 운전면허증 따기도 너무 어려워져 기업들의 수출활동도 큰 제약을 받았다. 경제 논리보다 안보 논리를 훨씬 비중 있게 적용해 미국과의 통상은 9·11 이전과 이후로 나뉜다는 말이 나올 정도였다.

이런 배경에서 WTO 도하라운드, 즉 도하개발어젠다(DDA: *Doha Development Agenda*)가 추진되었다. 2001년 11월 카타르 도하에서 출발한 DDA는 WTO 규범이 선진국 위주이고 개발도상국과 선진국 간 불평등 시정에 맞지 않는다는 비판이 개도국들 중심으로 제기되면서 시작되었다. 1999년 시애틀 WTO 통상장관 회담의 실패 이래 부진했던 글로벌 통상개혁의 불씨를 되살린다는 취지에 미국과 유럽이 합의하여 시작한 것이다.

최석영 도하개발어젠다 협상이 2001년에 다시 개시되었는데, 그 계기가 된 사건이 미국에서 발생한 9·11 테러였습니다. 통상과 무역은 정치적 사건과 깊은 연관이 있습니다. 9·11 테러가 일어나니까 국제무역 분위기가 한동안 완전히 차갑게 가라앉았습니다.

이전까지 미국과 유럽은 굉장히 대립적인 관계였는데, 9·11 이후 EU와 미국 간에 "이렇게 계속 가면 안되겠다. 분위기를 일신하려면 포괄적 다자간 협상 추진이 필요하다"는 이야기가 오갔습니다. 미국 USTR의 로버트 졸릭(Robert Zoellick)과 EU 무역담당 집행위원 간에 합의가 이루어졌고, 나중에 WTO 사무총장이 된 파스칼 라미가 그걸 공식 추진하기로 했습니다. 그 합의를 계기로 미국과 EU가 서로 의기투합하게 되었다는 얘기를 제가 파스칼 라미 사무총장으로부터 직접 들었습니다.

이러한 국제적 분위기 속에서 한국은 꾸준히 무역을 늘려 나갔고 점차 개도국 색깔을 벗어나 선진국 질서에 편입하는 시기에 접어들었습니다.

도하라운드 '가다 멈춤'

미국은 EU와 힘을 합쳐 WTO를 중심으로 한 도하라운드(DDA), 다자간 통상협상의 불씨를 살려 냈으나 전혀 진척을 보지 못했다. DDA는 과거 GATT나 우루과이라운드와 달리 세계 경제를 이끄는 절대강자가 없었다. 미국의 지배력이 여전히 크고 EU와 힘을 합쳤지만, 한편으로는 중국과 러시아, 인도 등 경제 규모가 큰 개도국들이 또 다른 세력을 형성하고 있었다.

DDA에서 맞붙은 선진국들과 개도국들은 기대 수준이 전혀 달랐다. 개도국들은 여전히 GATT 체제와 같은 예외를 요구했지만, 미국은 자국의 이해와 조금이라도 어긋나면 협상 과정에서 단호히 대화를 중단했다. 미국에 정치적으로 호의적이지 않은 후발 개도국이나 중국, 러시아, 인도 등의 주장을 인내심 있게 들어주는 여유나 관용도 보이지 않았다.

결국 DDA는 농업 부문 개혁에 대한 선진국과 개도국 간의 이견과 충돌로 더 이상의 추가 논의가 중단되었다. DDA가 '가다 멈춤' 상태가 되자 미국에 수입되는 모든 상품에 관리무역이나 수입할당제를 부과해야 한다고 주장하는 목소리가 미국 내에서 다시 커지기 시작했다.[16]

이때 미국은 경계의 포커스를 중국에 맞추었다. 당시 중국 경제가 세계 상품무

---

16 Ángel Gurria(OECD 사무총장), 2007, *Changing Economic Environments and Their Implications for Korea*, 세계 경제연구원 · 한국무역협회 Occasional Paper Series 07-04.

역 분야에서 유례없는 눈부신 약진을 거듭하고 있었기 때문이다. 중국의 초저임금 노동력으로 생산된 저가상품 수입이 엄청나게 확대되자 미국은 물가안정의 혜택을 누렸지만 동시에 중국의 도약을 크게 경계하게 되었다.[17]

DDA의 무력화를 인식한 미국은 쌍무적 협상과 보호무역주의, FTA를 정당화하는 명분을 얻어 2002년 8월 의회로부터 통상교섭의 대행권한과 재량권을 부여받았다. 의회로부터 '무역촉진권한'(TPA: *Trade Promotion Authority*)[18]을 위임받은 미국 행정부는 다시 FTA를 추진하는 쪽으로 방향을 굳히기 시작했다.

대외경제장관 회의 신설

미국의 보호무역주의와 FTA 추진에 따른 배타적 분위기는 한국 경제에 큰 위협으로 다가왔다. 엎친 데 덮친 격으로 남북관계의 경색과 대립으로 한국의 지정학적 위험이 높아지면서 한국에 대한 투자비용이 높아졌다. 한국이 지정학적 위험을 낮추고 정치적 안정을 도모하려면 통상의 돌파구가 필요했다.

이러한 상황에서 동아시아 경쟁국들은 한국보다 앞서 FTA 협상에 시동을 걸었다. 대표적인 예가 중국과 ASEAN 간의 FTA 논의였다. 중국이 이니셔티브를 쥐고 시작한 10+1 협정 논의는 한국을 불안하게 했다. ASEAN이라는 거대한 아시아의 지역통합경제 가능성도 문제였지만, 이 시장에 중국이 FTA를 통해 진격하는 것이 한국에는 굉장한 부담이기 때문이다. 중국의 움직임에 자극받은 일본 역시 2002년 멕시코와 FTA 협상을 시작했다.

심화되는 통상 갈등과 무력화된 다자간 협상, 미국과 중국, EU라는 강대국 위주 통상 현실 속에서 FTA 외에 다른 돌파구를 찾기 어렵다고 인식한 김대중 정부는 본격적인 FTA 추진을 위해 대외경제정책 수립에 나섰다.

---

17 Yusuke Horiguchi, 2007, *Globalization and Korean Financial Sector*, International Finance Conference, June, 11.

18 무역촉진권한은 1974년 무역법(*Trade Act of 1974*)에 의해 1975년부터 1994년까지 약 20년간 인정되었다. 부시(George W. Bush) 행정부 시절인 2002년에 다시 부여되어 2007년 7월 1일 만료되었다(강장석, 2010, 22~23쪽).

대외경제장관 회의 규정

(대통령령 제17354호, 2001. 9. 12 제정)

제1조 주요 대외경제정책을 종합적인 관점에서 일관성 있게 수립·추진함에 있어서 정부 부처 간의 협의가 필요한 현안 사항을 효율적으로 심의·조정하기 위해 재정경제부에 대외경제장관 회의(이하 회의)를 둔다.

제2조 (기능) 회의는 다음 각호의 사항을 심의·조정한다.

1. 대외경제동향의 종합 점검과 주요 대외경제정책의 방향설정 등 대외경제정책 운영 전반에 관한 사항
2. 양자·다자·지역 간 또는 국제경제기구와의 대외경제협력·대외개방 및 통상교섭과 관련된 주요 경제정책에 관한 사항
3. 외국과의 정상회의 시 경제 분야 의제의 선정 및 기본 입장에 관한 사항
4. 국내 경제정책이 대외 경제관계에 미치는 영향과 효과에 대한 사전 검토에 관한 사항
5. 대외경제 홍보활동에 관한 사항
6. 대외경제정책과 관련하여 대통령 또는 국무총리가 심의·조정을 지시하는 사항
7. 그 밖에 대외경제정책의 효율적 수립·추진을 위해 필요한 사항

제4조

1. 회의는 재정경제부 장관·농림부 장관·산업자원부 장관·기획예산처 장관·국무조정실장·통상교섭본부장·대통령비서실 경제수석비서관과 회의에 상정되는 안건을 제안한 부처의 장 및 그 안건과 관련되는 부처의 장으로 구성한다.
2. 회의의 의장은 재정경제부 장관이 된다.

제9조 (실무조정 회의)

1. 회의의 심의를 효율적으로 지원하기 위해 회의에 실무조정 회의를 둔다.
2. 실무조정 회의는 다음 각호의 사항을 심의한다.
   ① 대외경제 관련 주요 외교정책에 관한 사항
   ② 양자·다자·지역 간 또는 국제경제기구와의 통상교섭과 관련된 주요 경제정책에 관한 사항
3. 실무조정 회의의 의장은 통상교섭본부장이 되고, 위원은 재정경제부 차관·농림부 차관·산업자원부 차관·기획예산처차관·대통령비서실 재정경제담당비서관·국무조정실 경제조정관과 심의안건과 관련되는 부처의 차관급 공무원이 된다.
4. 실무조정 회의의 운영에 관하여 필요한 사항은 실무조정 회의의 의장이 정한다.

이에 따라 2001년 9월 12일 "대외경제협력·대외개방 및 통상교섭과 관련된 주요 경제정책에 관한 정부 부처 간의 협의를 효율적으로 심의·조정"하기 위한 의결기구로 대외경제장관 회의가 신설되었다. 대외경제장관 회의는 부총리가 주재하고 "재경부 장관·농림부 장관·산업자원부 장관·기획예산처 장관·국무조정실장·통상교섭본부장·대통령비서실 경제수석비서관과 회의에 상정되는 안건을 제안한 부처의 장 및 그 안건과 관련되는 부처의 장관"들로 구성되었다.

한·일 FTA 추진

한·칠레 FTA 타결이 임박했다는 소식이 알려지자 한국을 FTA 파트너로 고려하는 국가가 늘어났다. 2002년 11월 29일 한국경제인협회(전경련) 초청 조찬간담회에서 황두연 통상교섭본부장은 "싱가포르를 비롯해 태국, 멕시코, 호주, 뉴질랜드 등이 우리나라에 FTA 협정 체결 추진 의사를 전해왔으며 이 국가들과 점진적으로 협정 체결을 추진하기로 했다"고 밝혔다.[19]

최초 FTA를 칠레와 출범시킨 이후 다음 협상 파트너를 어느 나라로 할지 고민이 많았다. 제조업 수출에서 경쟁력을 가질 수 있는 중국과의 FTA가 가능성이 큰 것으로 여겨졌고, 미국과의 FTA 가능성도 검토되었다. 그러나 두 나라 모두 경제규모가 한국과 비교도 되지 않을 정도로 큰 국가라는 점이 부담스러웠다.

여러 가지 고려 끝에 정부는 일본과의 FTA가 가능성이 있다고 판단하고 한·일 FTA 논의에 착수했다. 일본 시장의 경우 관세보다 비관세 장벽이 높았기 때문에 FTA가 체결되면 비관세 장벽이 낮아져 대일 수출이 대폭 확대될 것으로 예상했다. 양측의 민감한 분야를 서로 조금씩 유보하면 다른 분야에서는 높은 수준의 FTA 체결이 가능할 것으로 보았다.[20] 한국과 일본이 선진국들로부터 받는 통상 압력의 양상이 비슷하여 FTA 추진을 통해 공동 대응한다는 목표도 있었다.

일본의 수출품은 1971년 한국 시장에서 41%를 차지했으나 이후 점차 감소하

---

19 〈연합뉴스〉, 2002. 11. 29.
20 한·중·일 FTA 홈페이지(https://www.fta.go.kr/cnjp/).

한·칠레 FTA 서명식(2003. 2. 15). 김대중 대통령(뒷줄 오른쪽)과 칠레의 리카르도 라고스 대통령(뒷줄 왼쪽)이 참석한 가운데 한국 정부와 칠레 정부 간의 FTA 서명식이 진행되었다.

여 2000년대 전후에는 20% 수준으로 크게 줄어들었다. 일본이 한국과의 FTA 추진에 관심을 가진 배경이다.

2002년 3월, 한·일 양국 정상회담이 열려 FTA 추진을 위한 양국 간 산·관·학 공동연구회를 설치하기로 합의했다. 또한 미국 등 선진국들의 수입규제에 공동대처하기로 하고 각자 전담반을 만들기로 했다. 이에 따라 정부는 외교통상부 다자통상국 심의관을 반장으로 하여 외교통상부 내에 '한·일 FTA 공동연구회 지원전담반'을 설치·운영하게 되었다.

2002년 7월 9일, 산업계·정부·학계, 3주체가 모두 참가하는 '한·일 FTA 산·관·학 공동연구회'(Korea-Japan FTA Joint Study Group) 제 1차 회의를 개최했다.

2003년 2월 15일에는 김대중 대통령과 리카르도 라고스(Ricardo Lagos) 칠레 대통령이 나란히 참석한 가운데 '대한민국 정부와 칠레공화국 정부 간 자유무역협정'(*FTA between the Government of the Republic of Korea and the Government of the Republic of Chile*, '한·칠레 FTA') 서명식이 열렸다. 한국 최초의 FTA가 타결된 날이었다.

한·일 FTA를 비롯하여 적극적인 FTA 추진을 위한 막후 접촉이 실무진 간에 진행되는 사이 2022년 말 대선에서 노무현 후보가 대통령에 당선되었다. 이로써 FTA 추진정책은 노무현 정부로 넘어가게 되었다.

CHAPTER 3

한 · 미 FTA 예비접촉 시작

1. 노무현 정부의 FTA 정책

참여정부, 개방형 수출경제 천명

한·칠레 FTA 협상 타결 직후인 2003년 초, 노무현 대통령의 참여정부가 출범했다. 참여정부의 출발 초기 경제 상황은 녹록지 않았다. 외환위기 이후 반짝했던 경제 성장세가 구조적 저성장으로 돌아섰고 고용 사정도 좋지 못했다. 또한 외환위기 이후 심화된 양극화 문제가 한국 경제를 괴롭히는 대사증후군으로 막 자리 잡은 시점이었다.

참여정부는 출범 당시 "성장잠재력 확충과 사회안전망 확대"라는 두 가지 경제목표를 내걸었다. 이 같은 목표를 달성하고 국민소득 2만 달러 시대에 진입하려면 동북아 중심 경제시대 실현과 개혁이 필요하며, 개혁 방향은 "글로벌 스탠더드에 부합하는 경제 시스템의 구축"이라고 정의했다. 또한 지속적 경제성장을 유지하고 고부가가치 일자리를 창출하려면 "인위적 경기부양이나 단기적 성과보다는 중장기적 성장잠재력을 키우는 데 주력하고 본질적 문제 접근을 통해 제도적 개혁에 초점을 맞추겠다"고 선언했다.[1]

목표 달성을 위해 구체적으로 제시한 과제를 살펴보면, 대내적으로는 금융산업 선진화정책, 지속적 연구개발(R&D) 투자 확대, 남북경협 등이었다. 특히 대외적으로는 '적극적 개방정책'을 천명했다. 대외개방정책의 중심은 동북아시아로 '동북아 경제 중심'을 국정 목표로 채택했다. 이를 위해 「경제자유구역의 지정 및 운영에 관한 법률」[2]에 따라 인천, 부산·진해, 광양만 등을 물류·유통, 관광·레저, 지식정보 산업 기능 등을 수행할 경제자유구역으로 지정하는 한편 중국, 일본과 FTA를 우선적으로 추진하기로 했다.

---

1 "참여정부의 경제비전에 관한 국제회의", 노무현 대통령 기조연설, 2003. 6. 30.
2 2002년 12월에 제정되었다.

한·일 정상 공동기자회견(2003. 6. 7). 노무현 대통령이 일본에 국빈 방문하여
고이즈미 준이치로 일본 총리와 함께 공동기자회견을 열었다.

2003년 6월 초 노무현 대통령은 고이즈미 준이치로 일본 총리와 만나 2002년
부터 공동으로 연구해온 한·일 FTA 협상을 조기에 시작하고 2005년까지 실질적
으로 타결하기로 합의했다. 농축산물 분야가 대일 수출에서는 오히려 경쟁력 있
는 분야가 될 가능성이 높고, 제조업 분야는 일본 기업의 기술력이 높아 경쟁 및
기술이전 과정에서 한국 산업구조의 고도화 등을 추구할 수 있다고 보았다.
　당시 한·일 FTA의 경제적 배경에 대한 김현종 전 통상교섭본부장의 설명이다.

국내 대기업 휴대폰 부품의 50%가 일제 부품이다. 부가가치로 치면 60%에 이른다.
하이브리드 자동차 기술력은 일본의 34%에 불과하다. 일본과의 FTA는 무역적자
해소보다 우리나라가 취약한 분야의 기술을 이전받아 중국보다 앞선 기술과 노하우
를 얻는 차원에서 추진하고 있다. 아울러 동북아 시대를 열기 위한 첫 단계다. 또한
석유화학·섬유·가죽 등의 산업은 이득을 본다. 수산물의 경우 수량제한 철폐로 일
본 수출이 10% 늘어날 전망이다. 일본 정부조달시장에도 진출할 수 있게 된다. 일본
건설시장은 300조 원에 이른다. 소프트웨어 정보기술(IT)의 일본 진출도 기대된다.

한·중·일 정상회담(2004. 10. 7). 노무현 대통령은 고이즈미 준이치로 일본 총리(오른쪽), 후진타오 중국 주석(왼쪽)을 인도네시아에서 만나 한·중·일 정상회담을 가졌다.

아울러 기술 상호 인증 등으로 일본 수출의 비용과 시간이 절감된다. 일본과 FTA 협상 과정에서는 또 비관세 무역장벽을 제도적으로 제거하기 위해 노력하고 있다. 양국의 비관세 무역장벽에 대해 구속력 있는 판정을 6개월 이내에 내리는 양국 간 위원회를 만들어 제거 노력을 할 것이다.[3]

박태호 김대중 정부 때 우리나라는 일본과 정치적으로 화해하고 문화산업을 개방하는 등 한일관계가 상당히 좋았습니다. 그래서 노무현 정부가 로드맵을 만들면서 일본과 가장 먼저 FTA를 추진하려 했습니다. 일본과의 관계에서 가장 민감한 분야가 문화산업인데 그 부분이 이미 개방되었으니까 다른 나라보다 상대적으로 더 쉽다고 본 것입니다. 당시 공산품은 우리나라가 좀 열악했지만 어차피 제조업 시장은 개방이 불가피하다고 보고, 대신 우리나라에서 일본에 농수산품을 좀 더 많이 수출하고 싶었던 생각이 한·일 FTA의 추진 배경이었던 것 같습니다.

---

3 김현종 신임 통상교섭본부장 인터뷰, 〈매일경제〉, 2004. 8. 22.

한·일 FTA는 경제적 동기 외에 참여정부의 정치적 동기가 작용했다. 중·일 FTA를 유도하고 중재하여 궁극적으로 세 나라가 동북아 경제공동체의 토대를 마련한다는 목표를 지향한 것이다. 한·중·일 FTA가 타결된다면 세계 GDP의 23%, 교역비중 18.5%를 차지하는 전 세계 3위의 지역통합시장이 만들어진다.[4] NAFTA, EU 경제공동체와도 대등하게 경쟁할 수 있는 경제단위와 중량감 있는 체급이 갖춰지는 셈이다. 이후 ASEAN 경제권과의 연계도 염두에 둔 포석이었다.

보다 근본적으로는 중국까지 FTA로 끌어들여 경제 네트워크를 통해 동북아 지역의 평화안보를 확보하고자 하는 정치·외교적 목표가 있었다.

한·일 FTA는 단순한 경제문제가 아니라 평화 안보 문제이기도 하다. 과거 독일과 프랑스가 경제통합으로 유럽 평화의 기초를 마련했던 것처럼 이번에 노 대통령도 일본에 가서 경제통합, 공동 번영이라는 비전을 제시했다. 그 핵심 중 하나가 동북아 국가 간의 경제통합인데, 그 전초 단계로서 한·일 FTA가 중요하다. 동북아 경제 중심을 내세우고 있는 참여정부로서는 한·일 FTA가 해결 과제다.[5]

'FTA 로드맵 1.0'

2003년 9월 이 같은 구상을 구체화하고 참여정부 기간 내에 여러 나라들과 FTA를 추진하기 위해 협상 대상과 추진 전략을 담은 'FTA 로드맵'(버전 1.0)을 발표했다. FTA가 한국 경제의 미래를 담보할 대표적 통상정책으로 떠오른 것이다. 이때의 'FTA 로드맵'은 향후 FTA를 추진할 국가를 평가해 우선순위를 단기·중기·장기로 분류했다. 이미 연구 교류를 진행하는 일본과의 FTA는 가장 먼저 추진하기로 했다.

박태호 2003년 초에 참여정부는 도하라운드의 진전이 어렵고 동시에 다자무역체제에만 의존해서는 한국이 무역 중심의 지속적 성장이 어렵다고 판단하여 FTA

---

4 한·중·일 FTA 홈페이지(https://www.fta.go.kr/cnjp/).
5 2003년 6월 12일 국회 본회의에서 윤영관 외교통상부 장관이 한·일 FTA 추진 의미를 설명했다.

를 적극 추진하는 방향으로 정책을 전환했습니다.

　노무현 대통령 주재로 FTA 관련 국민경제자문회의를 개최하기도 했습니다. 저도 그 회의에 갔습니다. 그날 회의에서 노 대통령은 'FTA 로드맵'을 만들에 FTA를 체계적으로 추진하자고 제안했습니다. 그 후 'FTA 로드맵'이 두세 페이지 분량으로 작성되었습니다. 나름대로 취지와 목표를 담았고, 시기별·국가별로 FTA 추진 일정표를 포함했습니다. 우리나라와 주요국의 FTA 추진 과정을 살펴보면 바로 이 로드맵 체제 안에서 이루어졌음을 알 수 있습니다.

　당시 FTA 로드맵에서는 단기·중기·장기로 추진 일정을 나누었습니다. 큰 나라 위주로 본다면 단기에 일본, 중기에 미국과 EU, 장기에 중국을 포함시켰습니다. 큰 선진국 시장과 먼저 FTA를 추진하고, 다음으로 자원이 많은 신흥 개도국인 인도와 브라질을 포함시켜 FTA를 추진한다는 계획이었던 것 같습니다.

비용최소화에 기초한 '수비형 FTA'

당시 한국 정부가 'FTA 로드맵'을 작성할 때 우선순위 국가를 선정한 기준은 무엇이었을까? FTA 협상 대상국을 선정하는 데는 정치적 동기, 전략적 동기, 경제적 동기 등 세 가지 동기가 기준이 되었다.

　정치·외교적 동기에 의한 FTA는 지역안보가 최우선 목적인 경우다.[6] 전략적 동기에 의한 FTA는 특정 상대국을 자극할 목적으로 제3국과 맺는 경우이다.[7] 경제적 동기는 경제적 이익 추구와 경제적 손실최소화 등으로 나뉜다. 경제적 이익 추구는 대상국과 FTA를 통해 상호간 경제적 이익과 효율성을 높이는 것을 목적으로 한다. 한편 손실최소화는 비효율적 산업에 투입되었던 자원이 효율적 산업으로 이동하거나 산업 고도화 과정에서 일시적 실업으로 인한 구조조정 비용, 수입전환 비용,[8] 정치적 갈등비용, 무역규범 및 규정의 복잡성으로 인한 행정비용

---

6 미국이 이스라엘, 요르단 등과 맺은 FTA가 대표적 사례이다.

7 실제로 한국은 EU를 자극하기 위해 유럽자유무역연합(EFTA: *European Free Trade Association*)과 FTA를 추진했고, 미국을 자극하기 위해 캐나다와 FTA를 먼저 추진했다.

증가 등 비용 발생을 최소화하는 것을 목적으로 한다.[9]

이 같은 몇 가지 기준에 따라 우선순위를 정하고 협상 파트너를 찾은 결과, 일본과 싱가포르 등이 최우선순위로 등장했다. 다음 중장기 단계로 추진할 대상국으로 ASEAN, 멕시코, EFTA 등이 선정되었다.

미국과 EU 등 거대 선진경제권과의 FTA는 경제적 전환비용이 지나치게 높다고 판단되어 중장기적 추진 대상으로 분류되었다. 농축산업이나 금융 및 서비스업, 지식재산권 등 민감한 분야를 포함하여 전면적 FTA를 추진하기에는 한국의 여건이 아직 성숙하지 않았다는 현실적 판단이 작용한 결과였다.

경제적 소국이 강대국과 지역무역협정을 체결하여 강대국 주도의 허브-스포크(*Hub and Spoke*)[10] 전략에 휩쓸릴 경우, 강대국은 무역 허브가 되고 개도국은 스포크가 되어 FTA 추진의 이익보다는 불이익을 클 수 있다는 우려도 있었다.

강대국 주도의 무역협상이 불러올지도 모르는 이 같은 후유증은 나중에 한·미 FTA 반대 진영의 핵심 논리 가운데 하나로 사용된다.

경제강국과의 FTA 추진 촉구

외교통상부가 순차적 'FTA 로드맵' 구상을 발표하자 지나치게 비용최소화에 초점을 맞춘 소극적 통상전략이라는 비판이 나왔다.

"순차적 FTA는 잠재적 이익의 극대화보다는 일부 국내 산업의 피해 최소화에 중점을 둔 것이며, 산업구조의 선진화 및 고도화, 경쟁력 강화라는 FTA의 본질적 목표를 놓치는 것"이라는 우려가 학계에서 제기된 것이다.[11] 학계는 "수출과 무역 중심의 대외의존형 경제체제인 한국이 양적 팽창에서 벗어나 질적 도약을 이

---

8 FTA는 배타적 무역협정이므로 FTA 체결 후 해당 국가로 수입을 전환하는 데 비용이 발생한다.

9 최태욱, 2006, "자유무역협정의 정치경제: 한국의 FTA 정책과 이익집단 정치", 〈서울대학교 세계정치〉, 6권.

10 마차 바퀴에서 바퀴 중심축이 허브이며, 허브를 둘러싸고 주변으로 퍼져 나가는 바큇살이 스포크다.

11 박순찬(무역투자정책실 FTA 연구팀장), 2004, "FTA 시대의 개막: 동아시아 주요국의 FTA 추진 현황과 입장", 〈KIEP 세계 경제〉, 5월호.

루려면 미국 등 강대국과의 FTA가 불가피하다"고 보았다.

일부 민감품목이 받을 불이익과 이들 분야에 지출할 구조조정 비용을 지나치게 우려하여 FTA를 소극적이고 수세적으로 가져가는 것은 한국 경제의 경쟁력 향상에 결코 도움이 되지 않는다는 의견이 제기되었다.

시장의 확보, 경쟁을 통한 국내 산업의 효율성 및 경쟁력 제고를 위해 보다 과감하고 적극적인 FTA로의 전환이 요구된다. 상호 이익의 증진을 위해 체결하는 FTA에서 상대국이 가장 큰 관심을 보이는 산업을 민감품목이라고 하여 개방 대상에서 완전히 제외할 수는 없다. 또한 지역무역협정에 대한 국제규범도 특정 산업을 자유화 대상에서 완전히 제외하는 것을 허용하지 않고 있다. GATT 제24조는 '거의 대부분 품목'이 자유화 대상이 되어야 함을 명시하고 있다.[12]

박태호 전 통상교섭본부장(당시 서울대 교수)는 당시 학계나 연구소의 분위기를 다음과 같이 설명한다.

박태호 1990년대 중반 이후 2000년대에 들어가면서 동구권 국가들의 문호가 개방되기 시작했습니다. 그래서 갑자기 무역에 대한 수요가 커지고 우리나라는 제조업 상품을 동구권으로 많이 수출하게 되었죠. 겉보기에는 수출이 크게 증가한 것 같은데, 사실 내용을 들여다보면 대부분의 수출품목이 가격이 싸고 품질도 그리 좋지 않았습니다. 따라서 거기에 안주하면 한국 경제의 질적 도약이 어렵겠다는 것이 저를 포함한 KDI나 KIEP 연구위원들의 공통적 우려 사항이었습니다.

특히 당시 미국 시장에서 우리나라 상품의 시장점유율이 점점 떨어지고 대미 수출 비중도 줄어들고 있었습니다. 중국이나 개도국으로의 수출이 늘어나니까 괜찮지 않겠느냐는 의견이 있었죠. 그런 식으로는 다른 개도국들에게 곧 따라잡힐 것이다. 무역으로 먹고사는 나라로서 미래가 상당히 어둡다고 보는 견해도 많았습니다. 즉, 선진국인 미국에서 제대로 경쟁하여 시장점유율을 높이는 것이 중요

---

12 박순찬, 위의 논문.

하다는 것이었습니다. 이러한 인식을 많은 학자들이 공유했고 정부에도 반복적으로 제안했습니다.

김현종, 대통령에게 한·미 FTA 추진 건의

주로 학계에서 나오던 미국을 비롯한 경제대국과의 FTA 주장을 정책으로 현실화한 대표적 인물은 WTO 법률자문관을 지내다가 노무현 대통령의 주목을 받아 참여정부 초기에 통상교섭조정관으로 온 김현종이었다.

김현종은 2003년 2월 당선자 시절의 노무현 대통령에게 한국의 통상 환경과 현안을 직접 대면 보고하는 과정에서 주목을 받았다. 거침없고 논리적이며 명쾌한 그의 보고에 노 대통령이 큰 호감을 가졌던 것이다. 보고 직후 그는 곧바로 청와대의 전화를 받고 2003년 5월에 외교통상부 통상교섭조정관으로 부임했다.

그는 통상교섭본부가 마련한 'FTA 로드맵'의 순차적 추진 방식과 전혀 다른 의견을 가지고 있었다. 외국에서 성장하고 교육받은 후 오랫동안 WTO 등에서 일했던 그는 자기주장과 표현이 분명한 사람이었다. 혼자서 생각만 한 것이 아니라 자신의 의견을 직간접적 의사교환 채널을 통해 청와대 내부 인사들과 대통령에게 계속 주장했다.

통상교섭본부 조정관이던 김현종이 노무현 대통령에게 "한·미 FTA를 당장 추진하는 것이 좋겠다"고 공식 보고한 최초 시점은 2003년 10월 21일 APEC 정상회담 때였다.

다음은 김현종의 저서 《김현종, 한미 FTA를 말하다》에서 인용한 내용이다.

20개국 정상들과 회의할 논지에 대해 보고하고 나서는 그 자리에서 "대통령님, APEC 말고 다른 사항을 좀 말씀드려도 되겠습니까?"라고 물었다.

"그렇게 하세요."

"제가 듣기론 이라크에 파병하는 것으로 알고 있습니다. 몽골이 175명을 파병하기로 했는데 이를 위해 미국에 내놓은 조건이 FTA를 하자는 것입니다. 우리도 미국에 FTA 마이너스 쌀을 요구하는 것이 좋지 않겠습니까?"

"FTA 마이너스 쌀이라뇨?"

"동맹을 강화하는 차원에서 우리에게 유리한 FTA를 하는 것입니다. 쌀 같은 민감
품목을 제외하는 자유무역협정을 하는 것입니다. 이라크를 침공한 미국 입장에서는
동맹국의 지지가 필요할 때입니다. … 이라크 파병을 요청한다면 우리는 한·미 FTA
를 요구하는 것입니다. 명분도 있고 실리도 얻게 됩니다."[13]

당시 노무현 대통령의 반응은 "당장 추진하겠다"는 것은 아니었다. "김 조정관
이 이야기하는 한·미 FTA를 잘 참고하겠다"고 답변했다고 한다.

멕시코 '타이어 관세'의 충격

참여정부 출범 후 순차적 추진이 아니라 신속한 동시다발 추진으로 FTA 정책을 전
환해야 한다는 것을 실감하게 한 결정적 사건이 발생했다. 2004년 1월 멕시코가
자국과 FTA를 체결하지 않은 국가에 대해 타이어 관세율을 대폭 인상한 것이다.

멕시코는 승용차, 버스 및 트럭용 타이어에 대한 관세를 종가세에서 종량세로
변경하면서 세율도 WTO 최대 양허 관세율로 인상했다. 관세제도 변경과 관세율
급등으로 수출량이 많았던 한국산 타이어의 실질 관세율이 최고 90%까지 높아
지면서 멕시코 현지의 수입가격이 두 배가량 오르는 비상사태가 벌어졌다.

멕시코 항에 이미 도착한 한국산 타이어는 반품과 수입지연 사태로 인해 컨테
이너 박스 13개 물량이 멕시코 항구에서 부산항으로 돌아올 수밖에 없었다. 이미
주문을 받아 생산을 완료한 타이어 제품도 수출중단 사태를 맞았다. 당시 현실화
된 추정 피해액이 총 500만 달러에 달했다.[14] 한국산 타이어의 신규 수입 주문이
전량 취소된 것은 더 큰 문제였다.

한편 멕시코와 경제동반자협정(EPA: *Economic Partnership Agreement*)[15]을 추진하

---

13 김현종, 2010, 《김현종, 한미 FTA를 말하다》, 홍성사, 39~40쪽.
14 〈물류신문〉, 2004. 2. 3.

던 일본은 이 조치 시행 직후인 2004년 3월 이를 적시에 체결해 제로 관세가 되는
바람에 타이어 수출이 급증했다. 한국 몫을 일본이 전부 가져간 셈이었다.

원래 멕시코가 한국에 먼저 FTA를 제안했는데 이를 거절한 이력이 있어 한국
으로서는 할 말이 없었다. 뒤늦게 한·멕시코 FTA를 다시 추진하기 위해 대통령까
지 적극적으로 나섰지만 멕시코는 아쉬울 게 없었다. "우리와 FTA를 추진하려면
멕시코에 현대차 공장을 세워 달라"는 조건을 달고 배짱을 부렸다.[16]

'FTA 로드맵' 수정: 동시다발 FTA 추진

2003년 말 참여정부는 저조한 경제 성적표를 받아들었다. 경제성장은 3.1%에
그쳤다. 낮은 성장보다 더 큰 문제는 일자리 3만여 개가 줄어들었다는 것이었다.
경제는 성장하고 수출도 늘어나는데 고용은 오히려 줄어드는 현상이 발생한 것이
다. 고용의 질도 나빠져 비정규직이 크게 늘었고, 지니계수가 악화되었으며, 중산
층이 줄어들어 양극화가 심화되었다. 외환위기를 거치면서 한국 경제가 '구조적
저성장'과 '고용 없는 성장'의 덫에 걸렸다는 분석이 현실화되었다.[17]

경제의 성장잠재력이 낮아진 데다가 대외적으로 중국이 큰 위협 요인으로 다
가왔다. 중국은 제조업의 산업구조가 한국과 유사했고 기술격차가 축소되고 있었
다. 최용석·차문중·김종일의 분석에서 2003년 말 기준으로 두 나라 수출을 비교
한 것을 살펴보면, 세계 시장 점유율 1% 이상인 수출품목의 경우 1980년에는 한
국이 210개, 중국이 0개였으나, 2003년에는 한국이 312개, 중국이 571개로 역
전되었다. 세계 시장 점유율 상위 5위 내 수출품목 역시 1980년에 한국이 68개,
중국이 0개였으나, 2003년에는 한국이 62개로 감소하고 중국은 305개로 급증
하여 한국을 압도했다.[18]

---

15 무역장벽 철폐 위주인 FTA와 달리 투자, 인적 자원 이동, 정부조달, 비즈니스 환경 정비, 국가 간 협력강
   하 등 다양한 경제협력 분야에 중점을 둔 협정이다.
16 결국 FTA보다 낮은 단계인 전략적 경제보완 협정에 만족할 수밖에 없었다.
17 〈대한민국 정책브리핑〉, 2008. 2. 14.

이러한 상황에서 2003년 말 기준으로 FTA 등 지역협정 체결국 간의 배타적 교역량이 전체 교역의 50%에 육박했다. 가뜩이나 줄어드는 한국의 수출 입지가 향후 더욱 좁아질 것은 불 보듯 뻔했다.

한편 '동북아 시대의 개막'이라는 정치적 신념하에 추진했던 한·일 FTA는 두 나라가 의견 차를 좁히지 못해 1년 넘게 거의 진척되지 않았다. 급부상하는 중국 경제를 경계한 일본이 중국과 주도권 경쟁을 벌이는 바람에 중·일 FTA나 한·중·일 FTA가 체결될 가능성도 희박해졌다.

결국 2003년에 마련했던 비용최소화 개념의 순차적 FTA 로드맵의 대대적 수정이 불가피해졌다. 산업 구조조정 및 통상제도 선진화를 통해 수출시장 확대와 생산성 향상을 꾀하고 향후 개도국과의 경쟁에서 우위에 서려면 미국 등 선진국을 포함한 거대경제권과 FTA를 적극 추진하는 정책전환이 필요함이 명백해진 것이다.

이에 따라 정부는 2004년 5월 기존의 순차적 FTA 로드맵을 전면 수정하여 발표했다. 수정·보완된 'FTA 로드맵'(버전 2.0)의 특징은 우선 동시다발적 FTA를 신속히 추진한다는 것이었다. FTA 후발주자로서 불리함을 극복하기 위해 다른 나라보다 더 빠르게 FTA를 추진하여 선두 대열에 끼어든다는 전략이었다.

둘째, 단순히 관세율 인하와 개방의 폭을 넓히는 낮은 수준의 FTA가 아니라 법과 제도, 관습 변화를 포함한 높은 수준의 포괄적 FTA를 지향한다는 것이었다.[19] "1990년대 이후 체결된 FTA는 무역장벽의 완화 및 철폐뿐만 아니라 서비스와 투자, 지식재산권, 경쟁정책, 정부조달 등 대부분의 통상규범을 포함하는 포괄적 FTA를 추진함으로써 '심층적 경제통합'(*deep integration*)을 향해 나아간다"는 당시의 시대적 상황을 반영한 조치였다.[20]

---

18 최용석 · 차문중 · 김종일, 2005, 〈중국의 경제성장과 무역증대가 한국 경제에 미치는 영향〉, KDI 연구 보고서 2005-04.
19 명진호 · 정혜선 · 제현정, 2014, "FTA 추진 10년의 발자취", 〈Trade Focus〉, 4월호, 한국무역협회.
20 박순찬(무역투자정책실 FTA 연구팀장), 2004, "FTA 시대의 개막: 동아시아 주요국의 FTA 추진 현황과 입장", 〈KIEP 세계경제〉, 5월호.

FTA 체결을 위한 절차 규정 제정

2004년 3월 9일 개최된 국무회의에서 외교통상부는 동시다발 FTA를 신속히 추진하기 위해 'FTA 체결 절차 규정'을 제정하고 추진계획을 보고했다. FTA의 효율적 추진을 위해 필요한 절차를 세부적이고 실무적으로 명료하게 규정한 내용이었다.[21]

'FTA 체결 절차 규정'의 제12조는 "(FTA 추진)위원장은 … 대외경제장관 회의에 자유무역협정을 추진하고자 할 경우 미리 공청회를 개최하여 그 결과를 대외경제장관 회의에 제출하여야 한다"고 하여 FTA 협상을 신속히 추진하는 과정에서 공청회를 통해 이해관계자의 의견수렴 절차를 충분히 거치도록 했다. FTA 추진에 대한 국민의 이해도를 높여 정치적 갈등비용을 줄이고 투명한 의견수렴이 이루어지도록 한 규정이었다.

또한 제16조는 "(FTA 추진)위원장은 … 자유무역협정 체결의 타당성이 인정되는 국가 또는 지역과의 자유무역협정 체결 협상의 개시에 관한 심의·의결을 대외경제장관 회의에 요청하여야 한다"고 하여 FTA 추진체계와 위계도 정비했다.

대외경제장관 회의가 FTA 추진을 위한 최고의 공적 의사결정기관임을 분명히 하는 한편 그 아래에 FTA 체결 과정을 실제로 담당할 'FTA 추진위원회', 'FTA 실무추진단', 'FTA 대상국 검토위원회' 등 세부 조직 구성 및 운영에 대한 규정도 만들었다.

이 규정에 따르면 'FTA 추진위원회'(위원장: 통상교섭본부장)는 관계부처 및 민간 전문가 30인 이내로 구성하여 FTA 전략과 추진 타당성, 협상안 등을 심의하는 상위조직이다.

또한 'FTA 실무추진단'(단장: 통상교섭조정관)은 관계부처 국장급으로 구성하여 FTA 추진에 관한 사항을 실무적으로 준비 및 협의하는 조직이다. 'FTA 대상국 검토위원회'(위원장: 민간 학계)는 대외 경제전문가 30인 이내로 구성하여 대상국과의 FTA 추진 타당성을 구체적으로 검토하는 역할을 맡기로 했다.[22]

---

21 FTA 체결 과정에서 투명성을 제고하기 위해 각 단계마다 FTA 추진에 대한 정보를 국민에게 제공하고 이해관계자의 의견을 충분히 수렴할 수 있는 절차를 포함시켰다.

40대 젊은 통상교섭본부장 발탁

신속하게 동시다발로 FTA를 추진하고 특히 미국이나 EU 등 통상 선진국과의 FTA를 피하지 않기로 한 결정은 엄청난 정치적 격랑을 각오한 결단이었다.

노무현 대통령은 2004년 6월 30일 당시 신임 총리로 취임한 이해찬에게 FTA에 대한 의견을 물었다. 그는 노무현 대통령과 정치적 운명을 같이하는 실세 총리였다. 이 총리는 "엄청난 비난과 저항이 있을 것이고 상당히 어려움을 겪겠지만 우리 경제를 향상시키고 경쟁력을 갖추어 나라가 한 단계 업그레이드되기 위해 (FTA를) 피하진 못할 것 같다"고 대답했다.[23]

노무현 대통령은 결심을 굳힌 직후인 2004년 7월, '동시다발 FTA 추진 전략'을 지속적으로 주장했던 김현종을 통상교섭본부장으로 발탁했다. "당신이 아이디어를 내고 주장했으니 주도권을 가지고 직접 추진해 보라"는 의미였다.

44세 젊은 나이의 장관급 통상교섭본부장이 탄생하게 된 배경이다.

한 달 후인 2004년 8월 30일, 김현종은 취임 직후 청와대에서 열린 제1차 대외경제위원회의(대경위)에서 "동시다발적 FTA 추진 전략과 전망"을 공식적으로 보고했다.[24]

"동시다발적 협상이라야 경쟁국에 비해 지체된 FTA 체결 진도를 만회할 수 있습니다. 또 단기적으로 부정적 무역수지 효과가 있는 FTA를 상쇄할 수도 있습니다. 협상 상대국의 경쟁국과 FTA를 추진하면 협상 상대국의 적극적 태도를 유도할 수 있고 특히 우리 스스로가 FTA 협상을 지속하는 모멘텀이 될 수 있습니다."

김현종은 더 구체적으로, "캐나다·멕시코·EFTA 등의 국가와 FTA를 우선 추진하며 외곽부터 접근하겠다"면서 궁극적으로는 미국과 일본, 중국, EU, ASEAN

---

22 명진호 외, 2014, "한국 FTA 추진 10년의 발자취", 〈Trade Focus〉, 13권 18호.
23 김현종은 저서에서 이 내용을 기술한 후 "그 두 분이 있었기에 나도 모든 것을 거침없이 추진할 수 있었다. 휘둘리고 눈치 보고는 할 수 없는 일을 해냈다"고 했다(김현종, 2010, 《김현종, 한미 FTA를 말하다》, 홍성사, 53쪽).
24 이하 내용은 김현종의 저서(김현종, 2010, 《김현종, 한미 FTA를 말하다》, 홍성사)에서 발췌, 인용했다.

등 거대경제권을 모두 포괄하는 '거대 FTA 네트워크' 구상을 역설했다. 이들이 한국 경제의 전체 교역에서 차지하는 비중은 90%에 육박했다.

이날 제1차 대경위 회의를 마무리하면서 노무현 대통령은 "거대경제권과의 FTA 추진이 개방정책에서 가장 핵심적인 부분이고 결국 우리가 가야 할 방향"이라고 결론 내리면서 김현종 본부장의 주장에 힘을 실어 주었다.

정부 부처 공무원들과 민간위원들이 함께 참석하여 FTA 추진정책 전반을 점검하는 대경위는 이후로도 지속적으로 운영되었다.

동시다발 FTA를 향한 발걸음이 빨라지면서 2004년 10월 정부는 외교통상부 내에 자유무역협정국 신설을 골자로 하는 직제 개정안을 대통령령으로 통과시켰다. 자유무역협정국에는 기능별로 정책과, 지역교섭과, 상품교섭과, 서비스교섭과 등 4개 과가 만들어졌다.

FTA국 설치를 계기로 외교통상부는 국민 의견수렴과 산·관·학 협력체제 구축을 통해 효율적 통상정책을 추진하기 위해 민간 전문가를 채용하고 타 부처와 인사교류 등을 적극 추진할 예정이라고 밝혔다.

캐나다를 교두보로 미국 공략

동시다발 FTA 추진에서 김현종 통상교섭본부장이 "외곽부터 쳐서 나중에 미국과 EU 등 거대경제권의 핵심으로 접근하겠다"고 했던 이유는 이들과의 FTA가 우리가 하고 싶다고 해서 곧바로 추진되는 것이 아니기 때문이었다.

김현종 본부장은 자신의 저서에서 조정관 시절 EU를 가장 먼저 FTA 협상 파트너로 염두에 두고 가능성을 타진했다가 면전에서 "우리는 별 관심 없다"는 거절을 당했다고 회고한다. [25]

2003년 6월 브뤼셀에서 열린 한·EU 경제공동위 수석대표로 참석했을 당시 EU 부집행위원장과 이야기를 나눌 때 "한국과의 FTA를 해 볼 생각이 없느냐?"

---

25 이하 내용은 김현종의 저서(김현종, 2010, 《김현종, 한미 FTA를 말하다》, 홍성사)에서 발췌, 인용했다.

고 묻자 "우리가 지금 하고 있는 FTA는 높은 수준의 3세대인데 한국이 어떻게 우리와 FTA를 하겠는가? 일본마저 3세대 FTA의 한 부분인 규격 상호 인정을 1년 이상 협상하다가 포기했다. (한국은) 지금까지 해온 대로 WTO에서 진행되는 다자협상이나 충실히 하는 것이 좋겠다"라고 답했다는 것이다.

통상교섭본부는 당장은 미국이나 EU와의 직접적인 FTA가 어렵다고 판단하고 우회적 접근을 선택했다. 2003년 10월부터 추진해온 한·싱가포르 FTA를 연내에 마무리짓기로 하는 한편[26] 캐나다 및 EFTA 국가와 FTA 추진 접촉을 동시에 시작했다. 가령 미국을 자극하기 위해 캐나다에 접근하고, EU의 관심을 끌기 위해 비EU 북유럽 경제권인 스위스·노르웨이·아이슬란드·리히텐슈타인 4개국으로 구성된 EFTA와 FTA를 추진하기로 한 것이다.[27]

캐나다와의 FTA 추진은 예상보다 쉽게 이루어졌다. 김현종 본부장이 노무현 정부의 개방정책과 FTA 적극 추진 방침을 설명한 후 "한국과 FTA를 추진하는 것이 어떠냐?"고 넌지시 운을 뗐더니 의외로 아주 적극적인 반응이 돌아온 것이다.

당시 캐나다는 싱가포르와 FTA를 추진했다가 실패로 끝난 후 다른 아시아 국가와 FTA를 체결할 필요성을 느끼고 있었다. 한국보다 일주일 앞서 일본이 FTA 추진을 제안했고 중국도 FTA 파트너로 고려하고 있었는데, 두 나라보다 부담이 덜한 한국이 FTA를 제안하자 얼른 받아들인 것이다.[28]

2004년 11월 칠레 산티아고에서 열린 APEC 정상회의에서 한·캐나다 정상은 FTA 추진에 합의했다. 2005년 1월에는 서울에서 한·캐나다 FTA 제1차 예비협상을 개최했다.[29]

---

26 한·싱가포르 FTA는 11월 사실상 타결되어 2005년 8월 4일 양국이 공석 서명했다.

27 외교통상부 보도자료, 2004. 8. 9.

28 김현종, 앞의 책.

29 정부는 이후 두 차례 예비회담과 FTA 체결 절차 규정에 따른 공청회를 개최했고(5월 6일) 제임스 피터슨(James Peterson) 캐나다 통상장관과 한·캐나다 통상장관 회담(7월 12~13일 중국 다롄에서 개최된 WTO 소규모 각료회의)에서 FTA 협상 추진을 공식 개시했다. 1차 협상은 7월 28일 서울에서 시작됐다.

한국 · 캐나다 정상회담(2005. 11. 18). 부산에서 노무현 대통령이 캐나다의 폴 마틴 총리(왼쪽)와 만나 양자 회담을 진행했다. 두 정상은 한 · 캐나다 FTA 협상을 조속히 타결짓기 위해 노력하기로 했다.

두 차례의 예비협상 때 양국은 FTA를 추진하는 데 있어 기본 원칙, 포괄 범위, 자유화 정도 등에 대해 자세한 정보를 교환했다.[30] 그 과정에서 "GATT 제24조 및 GATS(*General Agreement on Trade in Services*) 제5조에 부합하는 '실질적으로 모든 교역을 포함하는 높은 수준의 포괄적 FTA'를 추진한다"는 원칙에 합의했다. 공산품은 물론 농축수산물과 금융, 통신, 건설 및 유통 등을 포함하는 서비스 분야, 투자, 정부조달, 지식재산권, 경쟁 분야 등 교역 관련 모든 분야를 포괄하기로 한 것이다.

캐나다와 한국의 FTA 예비협상은 상당히 우호적인 분위기에서 진행되었다. 두 나라 경제가 비교적 보완적인 경제구조였기 때문이다. 캐나다는 제조업 생산기반이 약한 반면 서비스산업 및 광업의 비중이 상대적으로 높은 산업구조를 보유하고 있었다. 만약 한 · 캐나다 FTA가 체결되면 우리나라의 제조업 부문과 캐나다의

---

30 통관절차 및 원산지, 서비스 및 투자 등 12개 세부 분야별로 그동안 두 나라가 각각 체결한 FTA 협정상의 반영 내용과 새로운 진전 내용, 중점 고려사항 등에 대해 의견을 교환했다.

풍부한 천연자원 및 첨단기술 등 상호보완적 산업구조를 바탕으로 교역 및 투자가 크게 확대될 것이라는 기대가 컸다.[31]

캐나다는 원래 1차 FTA 추진 로드맵에서는 "중장기적으로 FTA를 체결할 국가"로 분류되었다. 그러나 멕시코의 타이어 관세 충격이 컸던 터라 멕시코와 미국 시장에 동시 접근할 수 있는 창구로서 캐나다와 FTA 추진이 시급하다는 의견이 나오면서 우선순위가 높아졌다.

김현종 본부장의 저서에서 다시 인용한다.

> 미국과 EU, ASEAN의 경우 외곽을 자극하는 접근이 최선이라고 판단했다. 동쪽으로 미국과 FTA 논의를 시작하기 전에 곡물, 쇠고기 등 한국에 대한 수출품목이 미국과 겹치는 캐나다와 한·미 FTA를 출범시키기로 작정했다. … 그럴 경우 미국이 자국의 일곱 번째 교역상대인 한국을 캐나다에 쉽게 빼앗기지 않으려 할 것이 쉽게 예상되었기 때문이다. 특히 농산물 업계를 대표하는 미 의원들이 가만히 있을 리 없었다.[32]

김현종은 통상교섭본부장이 되기 전부터 일관되게 한·미 FTA 추진의 중요성을 강조했다. 당시 대통령 정책실장을 지낸 김병준의 회고다.

> 김현종은 조정관 시절부터 날 찾아와서 "(FTA는) 미국부터 해야 한다"고 주장했다. 그래야 다른 국가들과 FTA를 협상할 때 우월한 위치를 차지할 수 있다는 논리였다. 깜짝 놀랄 만한 주장이었으나 설득력 있었다. 당시 정부에서는 한·미 관계만 떼어놓고 보곤 했는데, 김 조정관은 한·일, 한·중, 한·EU를 다 보고 난 후 "전략적으로 미국이 먼저다"라고 설명했다. 시나리오를 잘 짰다. 청와대는 김 조정관의 스케줄을 따라갔다.[33]

통상교섭본부장이 되고 대통령으로부터 통상정책의 주도권을 위임받아 자신

---

31 이홍식·이경희, "한·캐나다 FTA의 경제적 효과 및 대응 방향", 〈KIEP 오늘의 세계경제〉, 2005. 8. 3.
32 김현종, 앞의 책.
33 〈대한민국 정책브리핑〉, 2008. 2. 14.

한·미 FTA 예비접촉 시작 97

의 뜻을 실현할 수 있게 된 김현종은 취임 직후 가진 언론과의 인터뷰에서도 가장 먼저 한·미 FTA의 중요성을 강조했다.

현재 세계적으로 250여 개의 FTA가 발효 중이며, 미국의 FTA 체결국가와의 교역량은 1995년 30%에서 내년인 2005년에는 40%로 늘어날 것이다. 미국은 중국의 3배, 일본의 4배에 이르는 세계 최대의 수입시장이다. 1조 2,500억 달러에 이른다. 글로벌 시장에서 성공하려면 미국에서 인정받아야 한다. 그런데 한국의 시장점유율은 1990년 3.9%에서 2023년에는 2.9%로 떨어졌다. 몽골이 이라크에 파병하면서 미국에 요구한 게 바로 FTA다. 한·미 동맹 강화 차원에서도 미국과 FTA를 체결해야 한다.

최근 미국이 FTA 체결에 대해 구체적으로 제의했다. 한국이 농업 문제를 해결할 자신이 있으면 시작하자는 단계에 와 있다. 미국과 FTA를 체결하면 양국 수출이 100억 달러씩 늘어난다. 그 외에 무디스 · S&P 등의 국가 신용등급 상향조정, 자격증 상호인증 등 계량화할 수 없는 이득이 많다.[34]

그가 자신감을 가지고 한·미 FTA 추진을 언론에 강하게 주장한 이유는 2004년 5월 USTR 부대표가 한국과의 FTA 추진 가능성을 긍정적으로 언급하였기 때문이었다.

미국, 한국에 FTA 협상 추진 제안

한국은 동시다발 FTA 추진을 공식화하고 캐나다를 비롯하여 여러 나라와 FTA 추진을 위한 공식 접촉을 시작했다. 곧이어 2004년 9월 미국의 로버트 졸릭 USTR 대표는 "농업 분야 개방을 전제한다면 미국이 동북아시아 국가들과 FTA를 체결할 경우 일본보다 한국을 우선시할 것"이라고 FTA 추진 가능성을 구체화했다.

김현종 본부장의 회고에 따르면, 자신이 2004년 10월 워싱턴을 방문했을 때도

---

34 김현종(신임 통상교섭본부장) 인터뷰, 〈매일경제〉, 2004. 8. 22.

졸릭 대표가 "한·미 간에도 FTA를 해야 하는 것 아니냐?"고 먼저 운을 띄웠다고 한다. 다음 달인 11월 노무현 대통령이 칠레 산티아고에서 개최된 APEC 정상회의에 참석하여 한·캐나다 정상 간에 FTA 추진을 논의했다. 이때 같은 회의에 참석한 졸릭 USTR 대표가 김현종 본부장에게 따로 한번 만나자고 하고 한·미 FTA 협상 추진을 공식 제안했다.[35] 김 본부장으로서도 마다할 이유가 없었다. 한·미 FTA는 줄곧 그의 소신이었다. 양국 통상장관들의 한·미 FTA 논의가 급물살을 타기 시작한 때는 바로 이 무렵이다.

미국과의 FTA는 사실 그보다 훨씬 오랜 연원이 있다. 1988년 미 상원 재무위원회는 미국이 아시아 주요국과 FTA를 체결할 경우 예상되는 장단점 연구를 미국 국제무역위원회(USITC: *United States International Trade Commission*)에 의뢰했다. 다음 해인 1989년 1년간의 연구 끝에 의회에 제출된 〈아태지역 국가들과의 FTA 체결에 관한 검토 보고서〉는 아시아·태평양 국가 가운데 미국과 FTA를 체결하면 상호 시너지가 클 것으로 판단되는 후보 국가로 한국과 싱가포르, 대만, ASEAN 등을 꼽았다.

이 보고서는 "아태지역과의 FTA는 시장접근성 확대뿐만 아니라 지식재산권 보호나 투자 및 서비스 장벽 제거 등 포괄적 협정이어야 한다는 것"과 "경제발전에서 지나치게 격차가 큰 국가와의 FTA는 경제적·정치적 이유로 어렵기 때문에 어느 정도 규모가 있어야 한다는 것" 등 두 가지 원칙을 FTA 추진의 전제조건으로 제시했다. 이 두 가지 원칙에 비추어 볼 때, 대만과 싱가포르는 경제 규모가 너무 작고, ASEAN은 나라별로 경제 규모 격차가 커서 FTA 가능성이 희박하다는 부정적 평가를 내렸다.[36]

한국의 경우 경제적 측면에서 볼 때 미국 경제와 보완관계이고, 농산물 및 서비스시장의 잠재력이 높아 미국의 수출 증가를 기대할 수 있으며, 분쟁해결 장치를 마련할 경우 통상협상에서 예측성과 확실성을 제고할 수 있다. 따라서 한국이 가

35 김현종의 저서(김현종, 2010, 《김현종, 한미 FTA를 말하다》, 홍성사)에서 발췌, 인용했다.
36 정인교, 1998, 〈미국 FTA정책의 전개와 시사점〉, KIEF 정책연구 98-16.

장 바람직한 FTA 파트너가 될 수 있을 것이라고 분석했다.

다만 "정치적 민주주의를 이루는 과정에서 생겨난 반미감정이 (한·미 FTA 추진에) 가장 큰 장애 요인이 될 것이며, 한·미 FTA를 추진할 경우 자칫 반미감정으로 인한 정치적 손실이 경제적 이익을 넘어설 수 있다"고 보았다.[37]

미국, APEC의 전략적 관문으로 한국 주목

최초의 보고서가 나온 지 8년이 경과한 1997년에 또다시 한·미 FTA 추진 가능성에 대한 평가가 나왔다. USTR의 1997년 보고서에 따르면 "한국은 일본 다음으로 미국과의 교역 규모가 크고, 시장잠재력이 있으므로, APEC 전체의 역내 무역 자유화라는 큰 목적의 전략적 관문을 돌파하기 위한 FTA 추진 시 가장 가능성이 높은 국가"로 평가되었다.

특히 1993년 김영삼 정부 출범 이후 민주정부의 수립으로 반미감정이 크게 완화되었다. 1994년 이후에는 한국의 대미교역이 적자를 보인 데다가, 달러 확보를 위해 적극적으로 미국 시장을 개척할 필요성이 높아졌다. 따라서 한국 입장에서도 한·미 FTA는 필요한 선택이 될 것이라고 분석했다.[38]

이 같은 미국 내 평가에 따라 1999년에 주한미국상공회의소(AMCHAM Korea)가 클린턴 미 대통령에게 한·미 FTA 체결 추진을 요청했다. 같은 해 미 상원 재무위원장인 맥스 보커스(Max Baucus) 상원의원이 한국과의 FTA 추진법안을 의회에 상정하기도 했다.

한편 민간 차원에서도 연례적으로 열리는 한·미 양국의 재계회의에서 한·미 FTA 추진을 지속적으로 건의했다.

---

37 "[한미 FTA 타결] 한미 FTA의 A to Z: FTA의 의의부터 한미 FTA 추가협상 결과까지", 금융감독원 공식 블로그, 2010. 12. 6.

38 Inbom Choi and Jeffery, J. Schott, 2005, *Korea-US Free Trade Revisited*, Peterson Institute for International Economics.

김종훈　한덕수 초대 통상교섭본부장 이후 두 번째 통상교섭본부장이 황두연 씨였습니다. 황두연 씨가 상공부에서 중소기업국장 하시고 한국무역협회에서 부회장으로 계시다가 오셨습니다. 그분이 제가 APEC 기획단장직에 있을 때까지 쭉 계시다가 그만두셨습니다.

　그 후임으로 외부에서 온 분이 김현종 씨인데, 통상교섭본부장으로 왔을 때 나이가 아주 젊었습니다. 그분이 "FTA를 하려면 칠레 정도가 아니라 세계에서 제일 큰 나라하고 해야 우리도 좀 먹고살 거 아니냐"는 생각이 강했죠. 그래서 미국을 설득하기 위해 출장을 많이 다녔습니다. 그 당시에 USTR 대표는 롭 포트먼(Rob Portman)이라고 나중에 오하이오주 상원의원을 지낸 사람입니다. 그분과 김현종 대표가 만나서 서로 FTA에 관해 이야기했던 것 같습니다.

　사실 그전에 먼저 밑밥을 깔았던 사람들은 한·미 재계회의 멤버들이었습니다. 1990년대 중반, 1995년 정도부터 계속 줄기차게 한·미 재계회의에서 한·미 간에는 FTA가 있어야 하다고 이야기했죠. 한·미 재계회의가 끝날 때마다 FTA 협상을 시작해 달라는 요구를 양국 발표문에 집어넣었습니다.

　그동안에 재계 대표는 몇 번 바뀌었습니다. 제가 기억하기로는 한참 한·미 FTA 협상을 할 때 미국 측은 시티은행 빌 로즈(Bill R. Rhodes) 회장이었고 우리 쪽은 동양그룹 현재현 회장이었습니다. 그분 다음에는 효성 회장께서도 하셨죠. 아무튼 재계에서 돌아가면서 하셨습니다. 그분들이 한·미 재계회의를 하고 나면 FTA 협상을 시작해야 한다고 꾸준히 여러 차례 요구했지요. 한·미 FTA는 갑자기 그냥 툭 튀어나온 건 아니고 오랫동안 이런 식으로 양국 재계에서 주장해왔던 것입니다.

한·중 FTA 추진을 경계한 미국

이처럼 과거에 물밑에서 지속적으로 거론되었으나 크게 진척되지 않았던 한·미 FTA를 갑자기 미국이 추진해 보자고 적극적으로 나선 배경은 무엇일까? 여기에는 여러 가지 요인이 있는 것으로 분석된다.

첫째, 미국이 아시아 시장에서 중국의 급부상을 경계했다는 시각이다. 2002년 미국은 한국 수출의 약 20%, 수입의 약 15%를 차지했으나 증가세가 정체상태였다. 한편 중국(홍콩 포함)은 한국과의 무역량이 급증하여 한국의 최대 교역시장으로 등장했다.

미국이 중국을 경계했다는 사실은 미 의회의 2001년 USITC 보고서를 통해 알 수 있다. USITC는 2001년 보고서에서 "한·미 FTA는 그 자체로 양국에 상당한 경제적 이익을 가져올 뿐만 아니라 중국과 일본, ASEAN 등 전반에 영향을 미칠 것"으로 전망했다. 이어 "만약 한국이 미국 대신에 일본이나 중국과 FTA를 먼저 체결할 경우 미국 입장에서의 무역전환 불이익이 상당할 것"으로 평가했다. 정치·외교적 측면에서도 미국은 한국이 중국과 지나치게 가까워지는 것을 경계했다.

참여정부는 출범 초기부터 동북아 경제권 형성을 위해 노력했기 때문에 중국과의 외교적 협력에 공을 들였다. 2003년 7월 노무현 대통령 방중 시 양국 정상 간 합의에 따라 '한·중 경제통상협력 비전 공동연구'도 꾸준히 진행했다.

당시 회의 참석자의 면면을 살펴보면 중국이 한국과의 FTA에 진심이었음을 엿볼 수 있다. 한국 측은 홍종기 외교통상부 통상교섭조정관을 수석대표로 외교통상부, 재경부, 산업자원부(산자부) 등 유관부처 관계관 및 학자, 전문가들이 참석했다. 전국경제인연합회(현 한국경제인협회), 한국무역협회, 대한상공회의소 등의 민간 업계 인사들도 옵서버로 참석했다. 중국측에서도 이에 호응하여 차관급인 푸즈잉(傅自應) 상무부 부장조리를 수석대표로 정부 및 연구기관, 기업계 대표 인사들이 대거 참석했다.[39]

---

39 제3차 한·중 경제통상협력 비전 공동연구 회의 참석자들의 면면이다.

한·중 무역투자협력을 위한 중점 추진 분야와 구체적 추진 방안, 한·중 경제협력을 위한 중점 추진 분야와 구체적 추진 방안에 대한 종합보고서가 면밀히 검토되었다.

미국이 FTA 추진 의사를 한국 측에 공식적으로 언급한 시점은 한국과 중국 간에 한·중 경제통상협력 공동연구 제3차 회의가 11월 서울에서 개최될 무렵이었다. 한국과 중국의 FTA 논의가 더 깊어지고 진전되기 전에 미국 측이 전격적으로 움직인 것이다.

"미국이 FTA 협상에서 한국을 선택한 것은 경제적 측면보다 아시아 지역에서 중국의 영향력 확대를 견제하고 한·미 간 정치적 동맹을 강화하는 전략적 측면에서 더 중요한 의미가 있다"는 〈뉴스위크〉의 보도에서도 중국을 경계하는 미국의 심리를 엿볼 수 있다.[40]

아시아에서 세력을 넓혀 가는 중국을 선제적으로 견제하고 아시아·태평양 지역에서 외교 및 경제적 영향력을 강화하기 위해 미국이 한국을 FTA 파트너로 선택하는 수순을 밟았음을 짐작할 수 있는 대목이기도 하다.

부시 행정부의 공격적 통상전략

부시 행정부의 적극적 통상철학도 미국이 한국과의 FTA 추진을 고려하게 된 요인 중 하나였다. 부시 대통령이 크게 신임하여 통상정책을 맡긴 로버트 졸릭 USTR 대표는 NAFTA 협상 대표를 지낸 통상 전문가로 대표적인 자유무역 신봉자였다.

2001년에 47세의 젊은 나이로 USTR을 책임지게 된 졸릭은 '경쟁적 자유화'(competitive liberalization)[41]라는 개념을 미국 통상정책의 핵심전략으로 활용했고, 젊은 만큼 행동력과 실행력이 강했다. 2000년 이전까지는 FTA 정책에 비교적 소

---

40 〈한국일보〉, 2007. 5. 29 재인용.

41 프레드 버그스텐(Fred Bergsten)이 처음 주창한 개념이다. 미 행정부·재무부 출신인 그는 미 의회가 한시적으로(1991~1995년) 설치한 경쟁정책위원회 의장직을 맡아 미국의 국가경쟁력 강화정책 수립에 결정적 기여를 했다고 평가받는다.

극적이던 미국이 졸릭 USTR 대표 취임 직후부터 중남미와 중동 등 여러 국가들과 개별 FTA 체결에 나선 것만 봐도 그의 적극적 행보를 알 수 있다.[42]

특히 2002년 8월 부시 행정부가 무역촉진권한(TPA)을 통과시킨 후부터는 FTA 추진에 동력이 걸렸다. USTR은 2004년에 중남미 6개국과 FTA 협상을 타결했고, 예멘 등 중동 국가와도 적극적으로 FTA를 체결했다. 호주, 모로코, 페루 등과도 FTA를 추진했다.

당시 졸릭의 공격적 통상정책 행보에 대해 미국 민주당과 언론에서 비판적 시각도 많았다. 개도국과의 FTA를 적극적으로 체결하는 지역주의로의 회귀는 미국 기업들이 해외 저임금을 노리고 빠져나가는 사태를 야기하여 미국 내 일자리를 크게 감소시킬 것이며, 환경과 공공보건을 포함하여 미국의 통상과 안보에 중대한 위험을 불러오리라는 것이 비판의 핵심이었다.[43]

칸쿤 회의 결렬, 다자간 회의 진행의 한계

그 와중에 2003년 9월 16일 칸쿤에서 열린 DDA 각료회의가 결렬되었다. 회의 결렬 직후 EU는 칸쿤 회의에서 계속 강경 자세를 보인 나라들을 비판하면서, DDA 협상체제에 근본적 결함이 있다고 비판했다. 이에 브라질 등이 자신들의 입장을 정당화하는 기고문을 내는 등 실패에 대한 책임공방이 격화되었다. WTO 사무국이 나서서 사태수습을 위해 노력했지만, 이 시점부터 미국과 EU에서는 WTO보다 FTA 쪽에 더 무게중심을 싣고 추진하자는 발언이 이어진다.[44]

---

42 실제로 미국은 1994년 NAFTA가 발효될 때까지 단 두 개의 FTA 협정(1985년 이스라엘, 1989년 캐나다)만을 체결했다. 졸릭은 취임 이후 CAFTA(*China-ASEAN Free Trade Agreement*)를 비롯해 44개국과 자유무역협정을 동시다발적으로 추진하기 시작했다.

43 Bernard K. Gordon, 2003, "A High-Risk Trade Policy", *Foreign Affairs*, July 1. 기사 원문은 다음과 같다. "The current American approach to trade, over which he has presided, promises to severely damage U.S. foreign policy and trade. At the heart of the problem is Washington's unwise return to economic 'regionalism' – an approach evident in the many U.S. efforts now underway to build new bilateral or regional trade agreements with a number of small trading partners."

로버트 졸릭 USTR 대표는 칸쿤 회의 직후에 〈파이낸셜타임스〉와의 회견에서 "인도와 브라질 등이 경제적 실리보다 정치적 의제를 앞세운다"면서, "보아하니 WTO가 경제협상의 장이 아니라 정치적 항의를 위한 포럼으로 변질되고 있다"고 비꼬았다. 그러면서 "향후 미국은 의욕이 없는 나라들과 협상하는 데 시간을 낭비하지 않고, 의욕이 있는 지역과 자유무역을 위한 FTA 협상을 착실히 진행할 것"이라는 뜻을 분명히 했다. 언제 진도가 나갈지 시계제로인 다자간 협상보다는 지역별 자유무역협상을 공격적으로 확대하는 것이 더 유리하다고 본 것이다.[44]

미국은 과거에도 다자간 협상이 지지부진한 경우 지역무역협정을 통해 다자간 협상을 압박하는 수단으로 활용한 전례가 있었다. 미국 시장에 수출하면서도 다자간 협상에는 소극적이며 폐쇄성을 보이는 국가들을 겨냥하여 차별적이고 배타적인 FTA 체결 전략을 통해 이들을 다자간 협상의 무대에 복귀하도록 유도하는 전략이었다. 우루과이라운드가 정체상태를 보이자 멕시코를 선택하여 NAFTA를 체결했고, 브라질이 FTAA 참여에 미적지근한 반응을 보이자 칠레와 FTA를 체결하여 브라질을 자극한 것이 대표적 사례다. 실제로 미국의 각개격파로 MERCOSUR가 무력화될 것을 우려한 브라질은 FTAA 협상에 응하게 되었다.[46]

미국, FTA에서 안보 요소 적극 고려

그렇다면 미국의 FTA 추진 대상국 선정 기준은 무엇일까? 미국 일반회계청 (GAO: *General Account Office*)은 그 기준으로 "상대국의 무역 규모와 준비성, 정치적·법률적 성숙도, 개혁과 변화 의지, 미국의 경제적 실익, 미국의 무역자유화 목표와의 일치성, 미국의 외교정책적 실익과의 정합성, 의회나 민간 부문의 지원, 미국 정부 자원의 제약 등"을 들었다.[47]

---

44 김태곤, 2003, 〈DDA 농업 협상, 칸쿤 각료회의 결렬 이후 동향〉, 농촌경제연구원.
45 김흥률, 2002, 〈미국의 통상정책결정 메커니즘과 한국에의 시사점〉, 대외경제정책연구원.
46 김정곤, 2006, "미국의 FTA 체결 제도와 절차", 〈KIEF 세계 경제〉 4월호.
47 미국 일반회계청의 2004년 자료이다.

2003년 5월 16일 자 〈인사이드 US 트레이드〉에서 졸릭 USTR 대표가 제시한 FTA 대상국 선정 원칙도 비슷한 내용이었다. 특히 2001년 발생한 9·11 테러 이후부터는 대외 통상협상에서 외교·안보적 요소를 크게 중요시했다.

미국 행정부는 USTR 대표를 의장으로 한 무역정책실무협의회(TPSC: *Trade Policy Staff Committee*)에서 대부분의 통상정책 이슈를 논의한다. 이 협의회에는 정부 각 부처 외에 국가안전보장회의(NSC: *National Security Council*), 국무부와 국방부 등이 참여한다. 특히 9·11 테러 이후 이들 비경제 안보부처의 발언권이 강해졌다.[48]

실무기구에서 결정하지 못한 문제는 상위 논의기구인 무역정책 검토그룹(*Trade Policy Review Group*)으로 올라가는데, 이 역시도 안보부처의 영향이 커졌다. 통상 이슈를 결정하는 최상위 기구는 NSC가 주재하는 차관급 회의다. 통상 역시 궁극적으로는 국가안보 이슈라고 보는 것이다.

미국이 국가안보 이슈 때문에 FTA를 체결한 대표적 나라가 이스라엘이다. 또한 코스타리카와 엘살바도르, 과테말라, 온두라스, 니카라과, 도미니카공화국 등 6개 주요 중남미 국가들과 CAFTA를 추진한 것은 이들 국가의 민주주의와 미국의 안보이익, 이민에 대한 우려 때문이었다.

캐리비안 국가들(CBI: *Caribbean Basin Initiative*)과 미국의 경제협력은 이 지역으로부터 야기된 마약 밀반출과 이민 문제를 해결하기 위해 추진되었다. 2000년 10월 체결된 미국과 요르단 FTA는 중동 평화회담 프로세스에 요르단을 참여시켜 경제적 기반을 강화하려는 목적이었다.

그 반대의 경우도 있다. 미국과 외교정책 갈등을 빚는 국가는 통상에서 확실히 배제하는 것이다. 가령 미국의 핵추진 항공모함이 뉴질랜드 해역을 지나가지 못하도록 뉴질랜드 정부가 반대하자, 미국은 호주와 2004년 2월 8일 FTA를 체결하고 뉴질랜드와는 FTA 협상 추진을 거부했다.[49]

---

48 이 부분의 내용은 김정곤의 위 논문에서 주로 발췌하여 인용했다.

49 자세한 내용은 이준규, "미국 무역정책의 징치화 과정", 〈주간 이코노미 21〉, 2006. 3. 7 참조.

양자간 FTA를 지역통합에 활용

미국은 FTA 파트너를 선택할 때 해당 지역의 교두보가 될 수 있는 국가를 선택한다. 북아프리카에서는 모로코, 중동에서는 요르단과 바레인, 태평양 지역에서 호주 등 세계 전역에 걸쳐 다양한 지역의 거점국가를 선정해 FTA를 체결하면서 주변국들을 압박한다.[50]

미국은 또한 상대국이 WTO에서 미국의 입장과 견해를 같이하고, 미국과의 FTA가 상대국의 민주주의와 개방을 촉진하는 역할을 한다고 판단할 때 나름대로 선정 비중을 둔다.

1989년 캐나다, 2004년 호주를 제외하면 미국은 모두 개도국들과 FTA를 맺었다. FTA를 통해 개도국의 무역장벽을 제거하는 것이 해당 국가의 경제자유화를 촉진시켜 미국이 궁극적으로 추구하는 국제정치적·경제적 이익을 확대하는 데 도움이 된다고 보았기 때문이다.

WTO를 통한 다자간 협상의 진전에 한계를 느낀 미국 입장에서 한국은 자신들이 설정한 선정 기준에 걸맞은 충분한 조건을 가지고 있었다. 우선 당시 개도국이면서도 수출입 규모가 커서 FTA 추진에 따른 경제적 실익이 있었다. 또한 아시아·태평양 지역경제에서 중요한 국가로, 다른 아시아·태평양 국가들과의 FTA 체결을 위한 닻(anchor)이나 교두보 역할을 충분히 할 수 있었다. 미국이 한국과 FTA를 체결하고 나면 그 내용과 규정, 구조 등(basic rules and structure)이 지역 내 다른 국가들과의 FTA를 위한 기본 플랫폼이 되리라 기대할 수 있었다.[51]

당시 미국은 이미 싱가포르와 FTA를 체결했지만, 싱가포르는 경제 규모가 작아 아시아 지역의 앵커 역할을 하는 데 한계가 있었다. ASEAN에서 태국과 말레이시아를 FTA 파트너로 선택했으나 실패하자 자연스럽게 한국이 대안으로 떠올랐다.

한국은 또한 정치·안보적 측면에서도 미국과 긴밀한 관계를 맺고 있었다. 따라서 한·미 FTA를 통해 양국 관계를 강화하고 한반도 평화와 동북아 국제질서에 바

---

50 권오복, 2005, 〈미국의 FTA 추진 동향과 전략〉, 한국농촌경제연구원.
51 김정곤, 2006, "미국의 FTA 체결 제도와 절차", 〈KIEF 세계경제〉, 4월호.

람직한 영향을 미칠 수 있다는 점 등이 지적되었다.[52]

당시 미국 워싱턴 주재 한국대사관 경제공사였던 최석영은 미국이 왜 한국과 FTA를 추진하려 했는지 구체적 배경을 다음과 같이 분석한다.

최석영 미국의 FTA 추진 정책의 가장 핵심적인 요인을 살펴보면, 대외정책적 요소를 고려하는 것입니다. 미국은 동맹국이 아닌 나라와 FTA를 체결한 적이 없습니다. 동맹국이라고 해서 다 FTA를 체결한 것도 아닙니다. 미국이 가장 먼저 FTA를 체결한 나라는 동맹국인 이스라엘이었고, 그다음에는 FTA를 거의 하지 않다가 NAFTA를 체결했습니다. 그 이유는 멕시코가 단순히 지정학적으로 미국과 인접해 있기 때문만은 아닙니다. 그 당시 유럽의 경제통합이 이루어지고 있어서 미국 단독으로 통합된 유럽을 감당하기 어려울 것이라는 절박감이 NAFTA를 추진하게 한 요인이었습니다.

그렇다면 미국은 왜 한국을 FTA 파트너로 선택했을까요? 미국은 통상협상 대상을 선택할 때 항상 외교정책에 대한 고려(*foreign policy consideration*)가 최우선 순위인데, 우선 한국은 동맹국이니까 미국의 그 순위 안에 들어간 것입니다. 가령 미국이 호주와 FTA를 체결했는데, 뉴질랜드와는 FTA를 체결하지 않았습니다. 그 이유는 뉴질랜드가 남태평양의 환경보호를 위해 미국 핵잠수함이 남태평양 뉴질랜드 쪽으로 못 들어오게 해서 미국 대외정책과 충돌했기 때문입니다.

한국은 미국의 오랜 동맹국으로서 여러 가치를 공유했을 뿐만 아니라 경제적으로도 한국 시장은 활력이 있었습니다. 가령 미국산 쇠고기가 일본과 중국에는 잘 못 들어갑니다. 그런데 한국에 들어가면 동아시아 쪽의 다른 시장까지 넓힐 수 있다고 기대했습니다. 그럼 일본도 미국의 동맹국인데 왜 일본과는 FTA를 추진하지 못했는가? 일본은 비관세 장벽이 굉장히 높았고 시장이 더 폐쇄적이었습니다.

또 하나는 우리가 미국을 끌어들이기 위해 미국을 자극한 전략적 측면도 있습니다. 이이제이(以夷制夷)랄까, 성동격서(聲東擊西)랄까, 미국을 끌어들이기 위

52 강문성 외, 2004, 〈거대경제권과의 FTA 평가 및 정책과제〉, 대외경제정책연구원.

해 EU와 중국을 활용한 측면이 있죠. 우리가 2005년 9월에 한·미 FTA를 검토할 때 동시에 추진한 것이 한국과 EU FTA 타당성 검토였거든요. 또 당시 친한파였던 보시라이(薄熙來) 중국 상무장관 주도로 중국이 한·중 FTA를 추진하려고 노력하던 시점이라 우리가 한·중 FTA 타당성 검토도 같이 병행하여 진행했습니다. 보시라이는 중국의 친한파 실력자였고 미국에 강하게 '노'라고 할 수 있는 사람이었죠. 아마 그게 미국에 굉장히 큰 자극이 되었던 것 같습니다.

우리나라가 "미국과 중국 간 갈등이 있을 때 중간에 서서 힘의 균형자 역할을 해야 한다"고 하지만, 그건 외교를 잘 모르는 사람들 이야기입니다. 국제정치의 현실은 개인 간 심리 게임과 비슷해서 이 사람에게 관심을 유도하려면 다른 사람을 찔러야 합니다. 우리가 중국에게 대우받고 관심받고 싶다고 해서 중국에게 직접 애원해 봐야 잘 안 봐 줍니다. 그때는 미국을 활용해야 하죠. 반대로 미국에게 대우받으려면 미국 경쟁국인 EU나 중국을 활용해야 합니다. 당시 한·미 FTA가 개시된 것은 미국과 EU가 경쟁적으로 맞물려 돌아가고 미국과 중국이 또 같이 맞물려 돌아가는 상황이었기 때문에 가능했다고 봅니다.

'미국이 먼저냐, 중국이 먼저냐' 내부 격론

당시 180개 FTA가 세계 교역량의 50% 이상을 차지하고 있었다. 일본에서도 "앞으로 일본은 FTA를 중점적으로 추진해야 살아남는다"라는 취지의 보도가 나오기 시작했다. 따라서 한국 정부는 적극적으로 FTA를 추진해야 한다는 위기의식을 가지고 있었다.[53] FTA는 더 이상 피하지 못할 큰 시대적 흐름이었다. 동시다발로 FTA를 추진하고 차제에 가장 높은 벽인 강대국들과의 FTA도 불가피한 선택이라는 데는 이견이 없었다.

다만 강대국인 미국과 중국, EU 가운데 어느 곳과 FTA를 먼저 추진하는 것이 한국에 더 이익이 될지에 대해서는 참여정부 내에서도 다소 이견이 있었다. 한·미 FTA는 김현종 본부장 등이 강하게 드라이브를 걸고 있었지만, 부담스러운 미

---

53 김태곤, 2003, 〈DDA 농업 협상, 칸쿤 각료회의 결렬 이후 동향〉, 농촌경제연구원.

국보다는 중국이나 EU와 먼저 FTA를 추진하는 것이 좋겠다는 주장이 업계 일부에서 나온 것이다.

2004년 11월 6일 서울 명동 은행회관 14층 중회의실에서 이헌재 부총리 주재로 열린 제2차 대외경제위원회의에서는 산업연구원 등 3개 연구기관이 미국과 중국, EU 중 어느 국가와 먼저 FTA를 추진하는 것이 좋을지에 대해 각자의 연구 결과를 보고했다.

산업연구원은 중국과 먼저 하는 것이 좋겠다고 발표했고, 대외경제정책연구원과 무역연구소는 미국을 우선시했다. 연구원들은 추가 논의를 거쳐 최종적으로 결과를 취합하여 3차 회의 때 보고하기로 결론을 내렸다.

한 달여 뒤인 12월 16일 노무현 대통령이 주재한 제3차 대외경제위원회의에서 오영호 대경위 실무기획단장은 다음과 같이 보고했다.

산업연구원, 대외경제정책연구원, 농촌경제연구원, 해양수산개발원의 공동연구를 종합한 결과 미국과 먼저 FTA를 추진하는 것이 바람직하다고 결론이 나왔다. 물론 서비스업 민감도도 높고 일부 분야에서 강력한 반발도 예상된다. 그럼에도 미국은 시장 규모 면이나 제품의 경쟁력이 판가름 나는 수준 높은 시장이다. 제조업의 경우 반드시 필요한 시장이다. 농수산물의 전반적 민감도도 중국보다 낮다.

또 한·미 FTA는 글로벌 스탠더드를 구축할 수 있는 제도적 장치를 제공한다. 협상 개시만으로도 대외 신인도가 올라간다. 외교·안보 측면에서 의미 있다는 의견도 많다. 한·미 FTA를 참여정부 임기 내에 마무리짓는다는 구상이 바람직하다.

이날 종합보고를 들은 노 대통령은 "FTA가 일반화되면서 체결이 안 된 나라에서 우리 상품이 밀리고 추방 위기감이 들고 있기 때문에 FTA 부분은 2~3년 늦출 수 없는 과제"라며, "앞으로 이 방향으로 매우 적극적으로 추진하는 걸로 결정하겠다. 좀 더 심도 있게 논의해서 적절한 속도와 순서를 파악하고 비용과 손실을 최소화하자"고 결론을 내렸다.[54]

---

54 "제3차 대외경제위원회의에서 인사 말씀하는 노무현 대통령", 노무현 사료관, 2004. 12. 16.

왜 미국이 먼저였을까?

그렇다면 왜 연구기관들의 최종 종합토론에서 중국이 미국보다 우선순위에서 밀리게 되었을까? 중국은 농수산물과 중소기업 제조업 부문에서 강세였다. FTA를 통해 시장개방이 될 경우 가격경쟁력 면에서 한국 농수산물 시장과 중소기업이 감당하기 어렵다는 판단이 작용했다.

농업 분야의 반발을 잠재우려면 농업 부문에 재정지원이 불가피한데, 그 액수가 지나치게 클 경우 심각한 재정적자 문제에 봉착할 수 있다.[55] 이 같은 농촌 문제는 미국도 마찬가지였지만, 중국의 대한국 수출 구조나 성격상 중국과의 FTA가 한국 농촌에 더 큰 충격을 줄 것은 분명한 사실이었다.

자칫하면 중소기업들의 무더기 도산이 불가피해지는 것도 문제였다. 만약 노동력 이동이 포함될 경우 국내에 쏟아져 들어올 중국의 저임금 노동력이 한국 경제에 미칠 부정적 영향력도 상상할 수 없이 컸다.

미국의 경우도 여러 민감한 부문이 있었다. 그러나 전체적으로 보면 미국은 서비스업, 한국은 제조업에서 각각 비교우위를 보여 큰 그림에서는 보완적 관계가 가능하다고 판단했다.

또한 갈수록 심해지는 미국의 쌍무적 통상압력을 '고르디우스의 매듭'(*Gordian Knot*)처럼 단번에 끊어 내고[56] 근본적으로 해결하려면 차라리 속 시원하게 한·미 FTA를 추진하는 것이 낫다는 시각이 있었다. 미국은 한국의 대미 무역흑자가 커진 1980년대 중반부터 한국의 불공정 통상관행에 끊임없이 문제를 제기했다. 한편, 「미국통상법」 201조(긴급수입 규제), 232조(국가 안보), 301조(불공정무역 관행), 307조(지식소유권 침해) 등과 「미국통상관세법」 337조(불공정무역 관행) 등의 조항을 내세워 무역보복을 하곤 했다.

---

55 권오복, 2005, 〈미국의 FTA 추진 동향과 전략〉, 한국농촌경제연구원.

56 프리기아의 수도 고르디움에 있는 전차에 아주 복잡하게 얽히고설킨 매듭이 달려 있었는데, 이 매듭을 푸는 자만이 아시아를 정복할 자라는 말이 나돌았다. 그런데 알렉산더 대왕이 그 지역을 지나가다가 복잡한 매듭을 풀지 않고 단칼에 끊어 버렸다고 한다.

2003년에도 USTR은 한국 정부가 디지털 전환을 촉진하기 위해 보조금을 지원하는 정책을 문제 삼아 상계관세를 발동했다. 4월 15일 미국 상무부는 하이닉스 반도체가 50% 이상의 상계관세 부과대상이라는 예비보고서를 확정했다. 2003년 한 해에만 한국 수출품에 대해 23건에 달하는 반덤핑과 상계관세 제소가 있었다. 스크린쿼터와 금융서비스 분야, 의약가 산정 관행에서 과도한 규제나 정부 개입도 문제 삼았다.[57]

2003년 〈USTR 보고서〉에서는 한국의 부당한 무역과 규제 관행에 대해 무려 24쪽이나 할애하여 열거했다. 전 세계에서 한국보다 더 긴 곳은 일본, 중국, EU 등 세 나라뿐이었다.

이런 상황에서 "강대국과의 FTA가 불가피하다면 차라리 미국과 먼저 추진하여 이런 보복 위협에 끝없이 시달리지 말고 단번에 정리하자"는 주장이 나왔던 것이다.

결국 무산된 한·일 FTA

이처럼 한·미 FTA의 추진 가능성이 높아지는 사이에 참여정부가 출범 당시 크게 기대했던 한·일 FTA는 전혀 진전되지 못했다. 2003년 12월부터 여섯 차례에 걸쳐 한·일 FTA 협상을 진행했으나, 농산물시장 개방에 대해 일본은 완강히 불가론을 폈다. 한국에서는 공산품 관세철폐에 반대가 거세고 일본의 비관세장벽 해소 가능성이 낮아 의견접근을 거의 이루지 못했다.

박태호 당시에 우리가 잘 몰랐던 사실은 일본은 경제가 발전한 세계적 선진국이지만 상대적으로 개방에 아주 보수적이고 민감한 국가라는 것이었습니다. 특히 농산물은 전혀 추가적 개방을 생각하지 않았습니다. 일본은 자국이 꼭 필요한 농산물만 선택적으로 수입하고자 했습니다. 미국이나 호주 등이 일본에 농산물을

---

57 USTR, 2003, *National Trad Estimate Report*, pp.239~263.

수출하는 것도 반대하여 FTA를 추진하지 않았고, 한국 농산물 역시 수입하고자 하지 않았습니다.

우리는 일본과의 FTA를 통해 수산물과 농산물, 채소와 돼지고기, 닭고기 등을 많이 수출하고 싶었습니다. 그런데 이에 대해 일본의 입장이 단호해서 한·일 FTA 협상에는 거의 진전이 없었죠. 이러한 상황이 지속되자 결국 협상이 중단되었습니다.

더욱이 고이즈미 준이치로 전 총리의 야스쿠니 신사참배 문제로 한·중·일 외교 갈등까지 겹치면서 정부는 2004년 11월 결국 협상 중단을 최종 선언했다.

> 노무현 대통령은 원자바오 중국 총리와 정상회담을 가진 자리에서 일본의 역사인식이 문제라는 중국의 판단에 동의한다고 밝혔다. 한·중·일, 세 나라의 미래지향적 협력을 위해서는 일본 측의 태도 변화가 중요하다는 데 의견을 같이했다. 원자바오 총리는 중국은 여전히 한·중·일의 협력 강화가 세 나라의 공동 이익에 부합된다고 여기고 적극 노력할 것이지만, 달성 여부는 일본 지도자에 달려 있다고 말했다. 노무현 대통령은 지난 APEC 정상회의 때 고이즈미 총리에게 야스쿠니 참배는 안 되며, 역사는 바르게 가르쳐야 하고, 독도 문제를 일본이 거론해서는 안 된다는 세 가지 원칙을 말했다고 밝혔다.[58]

한 번 중단된 한·일 FTA는 이후 되살아날 계기를 찾지 못했다. 당초 참여정부가 한·일 FTA에 진심이었던 이유는 출범 당시 구상했던 한·중·일 FTA를 매개로 하는 동북아 경제권 활성화 및 평화 정착 구상과 관련이 있었다. 그런데 한·일 FTA는 전혀 진척을 보이지 않았고 복잡한 중국과 일본 관계 때문에 한·중·일이 함께 FTA를 추진한다는 당초 구상은 실현 가능성이 거의 없다는 인식이 명확해졌던 것이다.

이에 대한 권오규 전 부총리의 설명이다.

---

58 "한·중·일 정상회담 연기 중 판단 동의", e-영상역사관, 대통령 기록영상, 2005. 12. 12.

권오규 우리가 한·일 FTA를 추진하려고 사전 의사 타진을 할 때에 보니까 일본의 농업 개방 수준을 70% 정도로 잡고 있더라고요. 그러니까 원천적으로 FTA가 가능하지 않지요.

우리는 농업에 다소 어려움이 있더라도 돌파하겠다는 의지와 결단력이 있었는데 일본은 정치적으로 그걸 결정하지 못했습니다. 일본은 미·일 FTA 대신에 환태평양경제동반자협정(TPP: *Trans-Pacific Partnership*)에 매달렸습니다. 2016년 2월 4일 협상이 끝나기는 했는데, 미국 트럼프(Donald Trump) 대통령이 2017년 협약에서 탈퇴하는 등 말썽이 많았죠. 남은 국가들 위주로 2018년 12월에 비준이 되긴 했지만 사실 TPP는 출발부터 한계가 있었다고 봅니다.

TPP에 멕시코나 말레이시아, 뉴질랜드 등 농산물 부문이 강세인 국가들이 다수 참여했는데, 처음 출발부터 미국과 일본이 협상을 통해 농업 부문을 아예 제외하기로 한 것입니다. 일본이 아픈 부분이 농업이라면 미국이 가장 아픈 부분은 자동차거든요. 그래서 미·일 핵심 강대국들끼리 개방 의제에서 정치적으로 예민한 부문들을 아예 제외하기로 한 거죠. 그러니 설령 TPP가 진전된다고 한들 처음부터 한계가 있었던 것입니다.

가령 한·미 FTA에서는 자동차에 대한 미국의 수입관세를 10년에 걸쳐 매년 프로라타(*pro rata*)로 줄여서 10년 후 관세율을 0으로 만들기로 했습니다. 승용차는 미국 관세율이 2.5%밖에 안 되고 그나마 10년에 걸쳐 줄여 나가니까 미국 입장에서 어려움이 없었죠. 문제는 트럭입니다. 트럭 관세율은 25%로 매년 2.5%씩 인하하는데, 미국에서 인기 있는 SUV가 바로 트럭으로 분류되는 겁니다. 그러니까 우리나라 SUV 수출차량이 엄청난 개방효과를 누리게 되었죠. 결국 트럭 부문이 미국에서 정치적으로 문제가 되니까 나중에 우리에게 재협상하자고 한 것입니다.

그런데 일본은 농업 부문을 양보받는 대신 자동차 부문을 빼기로 미국과 합의했습니다. 어떻게 했느냐? 트럭과 SUV 관세율을 30년 만에 0%로 만드는 것이었습니다. 그것도 매년 일정 비율로 낮추는 것이 아니라 29년간 그대로 두었다가 30년 차에 한꺼번에 낮추기로 한 것입니다. 그건 사실상 개방하지 않겠다는 것이나 다름없는 것이죠.

2. 한·미 FTA 타당성 검토를 위한 예비협상

한·미 FTA 추진 예비실무 회담

FTA는 과거 GATT 체제와 같이 단순한 시장개방이나 관세인하 협상이 아니다. 양국 간에 무역규범과 비관세절차 등의 제도를 표준화해야 하고 정부조달, 공정거래, 지식재산권, 투자자 보호 등 법률적 영역을 포함하는 고도의 경제통합 과정이다. 따라서 사전 준비 없이 의욕만 가지고 FTA 협상을 시작하기는 어려웠다. 국가 간에 걸려 있는 정치적 위험도가 커서 "한번 시작해 봤다가 아니면 말고" 식으로 중도에 그만둘 수도 없었다.

한국과 미국 양측은 2004년 말, 장관급·실무자급 접촉을 통해 일단 6개월간 FTA 추진 절차와 효과를 확인하고, FTA 추진 시 예상되는 문제점이 무엇인지 미리 '견적'을 내기 위해 예비협의 성격으로 실무점검 회의를 몇 차례 열기로 했다. 이때 협의는 "본격적 FTA 협상 출범을 전제하지 않은 채 진행한다"는 데 양측이 동의했다. 정치적 부담 없이 열린 자세로 예비협의를 해보겠다는 것이었다.

이에 따라 2005년 2월 3일 한·미 FTA 사전 실무점검 협의를 위해 제1차 회의가 서울에서 개최되었다. 한·미 양국 정부는 이 회의에서 두 나라 FTA 추진 절차 및 현황과 이미 체결된 FTA 협정문의 주요 내용에 대해 논의했다. 한·미 FTA의 경제적 효과에 대한 전문가의 연구결과도 청취했다.

2005년 3월 28일에는 제2차 한·미 FTA 사전 실무점검 회의가 워싱턴에서 개최되었다. 한국에서는 이건태 외교통상부 지역통상국장을 수석대표로, 재경부, 문화관광부(문광부), 농림부, 정보통신부 등 관계부처 대표가 참석했다. 미국 측에서는 앤드루 퀸(Andrew Quinn) USTR 한국 통상담당 자문관을 수석대표로 국무부, 상무부, 농무부, 저작권청 등 관계부처 대표가 참석했다.

제2차 회의 때는 양측이 관세인하, 원산지, 통관절차, 지식재산권, 정부조달, 농업 등의 관련 내용 분석을 중심으로 서로 요구사항들을 일단 조건 없이 주고받았다. 한국은 파프리카, 감귤 등 우리 농산물의 대미 수출을 위해 미국의 조속한 국내 조치 이행과 미국의 비자 갱신 절차 강화에 따른 한국 기업인들의 애로사항 해소방안 강구 등을 요청했다. 반면, 미국은 지식재산권 보호 문제, 광우병에 따른 쇠고기 수입 금지 해제 등 농산물 문제를 제기했다. 통상 관련 국내 법규 제·개정 과정에서 투명성 제고, 보조금 문제와 통신 문제 등도 거론했다.

일단 양측의 요구를 전부 쏟아내 보는 회의였다. 서로가 상대방의 개방 의사는 어느 정도이고 어떤 불만이나 의도를 가졌는지 파악하는 정도의 수준, 본격적 권투 게임에 앞서 가볍게 잽을 날려 보는 정도였다.

한 달 뒤인 4월 28일과 29일 제3차 한·미 FTA 사전 실무점검 회의가 워싱턴에서 개최되었다. 이때는 양국이 제3국과 과거 체결한 FTA 협정문의 주요 내용[59]을 비교 분석하는 것에 중점을 두고 논의가 진행되었다.

한국에서는 이건태 외교통상부 지역통상국장을 수석대표로 재경부, 산자부, 정보통신부 등 관계부처 대표가 참여했다. 미국은 에이미 잭슨(Amy Jackson) USTR 한국담당 부대표보(補)를 수석대표로 하여 USTR, 국무부, 재무부 관계자가 참석했다. 세 차례에 걸친 실무점검 회의를 통해 한국과 미국, 두 나라는 각각 다른 국가들과 체결한 FTA 협정을 신중히 점검했다.

서울과 워싱턴을 오가며 3차에 걸친 회의에서 양국은 FTA가 서로에게 이익이 된다는 공통 인식을 갖게 되었다. 한·미 양국은 이후 워싱턴(2005. 9. 20), 제네바(10. 11), 부산(11. 16) 등에서 여섯 차례의 통상장관 회담을 통해 본격적으로 한·미 FTA 협상 출범을 위한 제반 문제를 긴밀히 협의해 나갔다.

미국 업계의 한·미 FTA 추진 반대

미국 입장에서 한국과 FTA를 추진하는 것은 분명히 적지 않은 부담을 수반했다. 우선 지역통합 성격인 EU와 NAFTA를 제외하면, 미국은 다른 지역 국가와 이렇게 큰 규모의 개별 FTA를 시도한 적이 없었다.

---

59 서비스, 투자, 금융, 통신, 전자상거래, 경쟁, 노동, 환경, 투명성 등에 관한 내용이다.

한국과 FTA를 추진한다고 하자 미국의 일부 업계는 환영했지만, 한국 기업들의 경쟁력을 두려워한 섬유와 철강, 전자제품 업체들은 바짝 긴장했다. FTA가 추진되기 시작하면 미국 업계가 반덤핑 및 상계관세 등을 지켜 달라고 행정부나 의회에 요구할 것이 확실했다. 이들 업계를 대변하는 미국 정치인들은 미국의 반덤핑법 개정을 반대하는 쪽으로 움직이거나 관세인하를 반대할 것이 분명했다. 미국 조야는 반덤핑법을 미국 시장을 지키는 핵심 수단으로 여겼으므로 만약 협상에서 반덤핑법을 건드리는 내용이 들어가면 이를 무조건 반대할 가능성이 높았다.

멕시코나 캐리비안 국가들, 아프리카 등과의 협상에서도 이것이 정치적으로 문제가 되었다. 한국처럼 나름대로 강한 경쟁력을 갖춘 국가와의 FTA에서는 이러한 문제들이 더욱 크게 부각될 것이라는 우려가 나왔다.

한·미 FTA 추진을 위한 예비협상 당시 워싱턴에서 그 분위기를 읽었던 최석영은 "미국도 한국과의 FTA를 두려워했다"고 말했다.

최석영 당시 우리나라에는 '세계 최강대국인 미국이 대체 한국을 두려워할 게 뭐가 있겠느냐?'고 생각한 사람들이 적지 않았습니다. 하지만 제가 현장에서 파악한 바로는 미국은 한국의 자동차산업을 굉장히 두려워하고 있었습니다. 디트로이트 등 미국 자동차 노조와 연결된 지역의 의원들은 굉장히 수세적으로 방어하고 가능하면 한국 자동차 수입을 저지하려고 노력했습니다. 대표적인 사람이 샌더 레빈(Sander Levin)이라는 미시건주 하원의원이었는데, 이 사람이 하원 세입위원회 간사 겸 무역소위원회 위원장이었어요.

특히 자동차 문제는 하원 무역소위원회가 좌지우지하는데, 한국 정치권에서는 이 사실을 잘 몰랐습니다. 한국 국회의원들이 워싱턴을 방문할 때도 하원 세입위원회에는 큰 관심을 기울이지 않았죠. 당시 하원 세입위원의 보좌관이 얼마나 됐는지 아십니까? 무려 100여 명으로 상상을 초월하는 인력이었죠. 더욱이 이들은 전문분야별 변호사이자 고도의 입법전문가로서 의원입법 지원활동을 하고 있었습니다.

우리가 미국 행정부와 협상했지만, 의회에 가 보면 이 사람들이 완전히 다른 시각에서 한·미 FTA 협상의 동태적 역학을 관찰하고 있었습니다. 그런데 우리가 의회에 직접 접근하는 걸 미국 USTR과 국무부가 아주 싫어했습니다. 자기네들의 약점을 한국 사람들이 알아차려서 집중 공략하거나 의회 관계자들이 한국에 이런 점을 알려 줄까봐 우려했던 것이죠.

당시 저의 역할은 이처럼 다양한 이해관계자들을 가능하면 많이 만나면서 미국의 자유로운 정보의 출구를 극대화하는 것이었습니다. 사실 협상 중에 미국도 한국 정치권의 여야를 여기저기 다 쑤시고 다니면서 정보를 수집하고 자국에 전달하는 건 마찬가지였습니다. 그들이 파고들지 못했던 조직은 한국의 강성 노조, 강성 농민들이었습니다.

한편 한국은 "미국과의 FTA를 추진할 만한 확실한 정치·경제적 타당성이 있는가?"를 집중적으로 검토했다.

미국은 우리나라의 3대 교역상대국이고, 우리나라는 미국의 7대 교역상대국이다. 만약 한국이 경쟁국들보다 먼저 FTA를 타결한다면, 기업들의 역량에 따라 이 거대 시장에서 얼마든지 시장 입지를 넓힐 수 있었다. 한·미 FTA를 통해 투명한 선진국형 제도 개혁을 기대할 수 있었고, 보다 많은 외국인 투자를 유치함으로써 선진국 진입을 앞당기는 것도 전망할 수 있었다.[60]

특히 우리나라가 뒤처진 서비스산업에서 선진국인 미국과의 FTA를 통해 국내 서비스산업을 고도화하고, 신성장동력을 확보하며, 지식기반 경제로 이행하는 계기를 마련할 수 있으리라고 기대했다. 고용이 한계에 달한 제조업과 달리 서비스업은 고부가가치 고용을 많이 늘릴 수 있는 부문이었다.

한·미 FTA는 경제적 측면에서 자유로운 시장개방과 교역 증대를 통해 후생효과 증진, 고용증가와 경제성장을 기대할 수 있었다. 나아가 양국의 외교·안보적 관계도 강화시켜 한반도를 둘러싼 동북아 지역의 질서 유지에 기여할 수 있을 것으로 기대되었다.

당시 한국에서는 효선이·미선이 사건 때문에 반미감정이 고조되고 있었다. 북

---

60 외교통상부, 2007, 〈2007년 외교백서〉, 4장, 178쪽.

한의 핵 위협에 대한 두 나라의 견해차로 미묘한 긴장관계도 형성되어 있었다. 한·미 FTA는 이 같은 부정적 정치 요인들을 없애고 통상과 투자에 큰 도움이 될 것이라고 평가받았다.[61]

동북아에서 한국이 주도하는 평화체제를 유지하려면 미국의 지지와 협력이 중요한데, FTA를 추진하면 사실상 두 나라가 경제공동체를 형성하는 효과가 있으므로 미국이 자국의 경제적 이익을 지키기 위해서라도 외교·안보적으로 한국에 더 신경을 쓸 것이라고 추측한 것이다.

"농산물시장 개방, 쌀은 예외" 결론

물론 위험 요인도 적지 않았다. 강대국과의 FTA 추진에 대한 원천적 불안감에 더해 미국과의 FTA 추진에서 가장 큰 위험 요인으로는 국내 농산물시장 개방 문제가 지적되었다.[62]

이에 대해 노무현 대통령은 "농수산물과 서비스 부문은 피해가 있다고만 할 것이 아니라 개방으로 영향받는 부분이 전체 GDP 중 얼마를 차지하는지 또 해당 산업 종사자 비중은 어떻게 파악하여 보완책을 실행해야 하는지 검토해야 한다. 그 비중이 크지 않으면 경제 전체 차원에서 끌고 나갈 수 있다고 생각한다"고 했다. 구체적으로 농산물시장 개방에 앞서 충분한 경쟁력을 갖추도록 2013년까지 총 119조 원을 투입하는 농업·농촌 종합대책을 수립하기로 했다.

정부는 농업 부문의 문제에 대해 "우루과이라운드 체결 이후 약 10년 동안 농산물 수입이 69%가 늘었으나 당시 우려했던 것처럼 우리 농업이 붕괴되거나 파탄 나는 사태에까지 이르지는 않았다"는 점을 지적했다.

"한국산 돼지고기와 닭고기는 덴마크나 대만, 미국 등의 물량공세를 막아 내기 힘들 것"이라고 우려했던 축산 부문의 경우도 시장 개방에 적응하며 일정한 자급 수준을 유

---

61 권오복, 2005, 〈미국의 FTA 추진 동향과 전략〉, 한국농촌경제연구원.
62 위의 보고서.

지했다. 개방 10여 년이 지난 2004년 쇠고기 자급률은 44.2%(1994년 54.6%), 돼지고기 86.9%(97.1%), 닭고기 90%(100%) 수준으로 비교적 잘 선방하고 있었다.

또한 수입이 늘어난 이상으로 수출이 증가했다. 농축산물 수출액은 1994년 9억 5,200만 달러에서 2004년 19억 2,100만 달러로 두 배가량 늘어났다. 1994년 농업 부문 GDP는 20조 7,000억 원에서 2005년에 24조 원으로 서서히 늘어났다.[63]

이러한 농업 부문의 꾸준한 성장은 정부가 농업 부문이 자립할 수 있도록 생산성을 지원한 결과다. 그동안 정부는 농업·농촌 발전계획(1998년)과 「농업·농촌 기본법」(1999년)을 시행하고 재원 확보를 위해 농어촌발전대책과 농특세를 신설했다. 단 예외적으로 "쌀은 반드시 유예가 필요하다"는 것이 노무현 대통령의 뜻이었다.

'무역촉진권한' 이슈

양국 이해관계자들의 복잡한 계산속과는 별개로, 만약 한·미 FTA가 성공할 수만 있다면 한국과 미국은 각기 통상교역에서 큰 비중을 가진 국가이므로 수많은 다른 나라들의 FTA에 있어 시금석이 될 것이며 한국과 미국 모두에게 큰 영향을 미치게 될 것이라는 점에 양측은 동의했다.

한국 시장에서는 일본과 중국이 영향을 받을 것이고 미국 시장에서는 한국보다 비중이 큰 캐나다와 일본, 멕시코, EU, 중국 등이 영향을 받을 것으로 예상되었다.

예비접촉에서 우리가 알게 된 중요한 사실 한 가지는 미국 내에서 USTR이라는 기관의 위상과 한계, 그리고 한·미 FTA는 추진될 경우 협상 종료 시점이 2007년 3월 말로 명백하게 정해진 '기한 한정' 협상이라는 점이었다.

한국에서 통상협상은 대체로 행정부에 주도권이 있다. 한마디로 대통령과 통상 관련 부처가 의회의 사전 통제 없이 주도적으로 통상 방향과 정책을 결정하며 협상 과정에서도 최대한 재량권을 가지는 것이다.

당연히 FTA 협상 때도 협상팀의 재량권이 크고 문제 발생 시 협상장에서 청와

---

63 이 내용과 통계는 "UR의 교훈"(〈대한민국 정책브리핑〉, 2007. 7. 30)에서 인용했다.

대까지 신속히 전달되어 효율적 결정이 이루어진다. 물론 그 과정에서 국민의 이해관계가 첨예하게 엇갈린 이슈에 대해 국회가 문제제기를 하고 정부에 방향전환을 촉구할 수 있으나, 이는 정치적 협상의 과정이며 엄밀하게 말해 법적으로는 조약체결 후 비준동의권만 보유하고 있을 뿐이다.[64]

이에 비해 미국 헌법은 "외국과의 통상을 규율할 권한과 책임이 미 의회에 있다"는 점을 명시적으로 규정한다. 미 의회는 대통령이 위임 권한을 행사할 때 USTR의 권한 행사 범위와 원칙을 위임 법률에 명시한다. 대표적 위임 권한이 '무역촉진권한'(TPA: *Trade Promotion Authority*)이었다.

즉, FTA 협상의 표면적 주체는 USTR이지만 이는 어디까지나 미국 의회가 부여한 무역촉진권한에 근거하여 제한적으로 부여받은 권한을 행사할 뿐이다. 따라서 협상 시작과 중간 과정에 의회와 지속적으로 협의해야 하고 당연히 USTR이나 미 행정부가 독자적으로 결정할 수 있는 운신의 폭이 좁다.

TPA의 전신은 1974년 제정된 통상법의 신속처리권한(*Fast Track Authority*) 조항이다. 당시 미 행정부는 이 법안을 활용하여 1979년 도쿄라운드, 1994년 우루과이라운드, 1987년 캐나다와의 FTA, 1992년 NAFTA를 성사시켰다.

신속처리권한은 20년 동안 한시법으로 운용되다가 1994년 4월 16일 시효가 끝났다. 2000년 취임한 부시 대통령이 WTO DDA 협상과 FTAA 미주자유무역지역 및 개별 국가와 FTA 등을 추진하기 위해 '양당이 합의한 무역촉진권한 입법'(Bipartisan Trade Promotion Authority Act of 2002, TPA)으로 명칭을 변경하여 의회에 다시 통상협상 권한의 행정부 위임을 요청했다.

TPA는 공화·민주 양당 합의로 2002년 미 의회 의결을 거쳐 2002년 8월 6일 부시 대통령이 서명하면서 발효되었다. TPA가 과거 신속처리권한과 다른 점은 USTR이 협상을 시작하기 전에 의회감독기구와 협의를 거치고 협상 과정에서도 의회와 긴밀히 협의하도록 하는 규정을 두었다는 점이다.

---

64 손태우, 2009, "미국 통상정책 및 수립에서의 미 통상대표부(USTR)의 법적 지위에 관한 연구", 〈법학연구〉, 50권 1호.

이를 위해 미 의회 상원과 하원은 각각 5명의 의원을 통상정책 자문위원으로 선임하고, 전문성이 필요한 특정 쟁점 혹은 협상에 관해서는 특별자문위원을 선임하여 USTR과 협의하도록 했다.

특히 하원에서는 세출세입위원회(*House of Ways and Means Committee*)가, 상원에서는 재무위원회(*Senate Finance Committee*)가 이를 책임진다. 한마디로 이 두 위원회가 FTA 협상에서 USTR을 움직이는 핵심적인 역할을 한다. USTR은 정기적으로 미 의회의 각 위원회에서 선발된 의원으로 구성된 의회감시단(*Congressional Oversight Group*)에 상세히 업무보고를 하며, 다양한 통상정책에 관해 의회와 수시로 협의한다.[65]

미국 행정부가 2002년 미 의회로부터 신속협상권을 보장받은 기한은 2005년 6월 1일이었지만 2005년 3월 30일 또다시 미국 의회에 2년 연장을 요청했다. 2005년 6월 1일까지 미국 상하 양원에서 연장 반대 결의가 채택되지 않았기 때문에 2007년 6월 30일까지 자동 연장되었다.

TPA에 따르면 USTR은 상하 양원에 분야별 협상 목표를 정리한 협상 의향서를 제출하고 협상 개시 90일 전에 미 의회와 협의해야 한다. 또한 행정부가 협상이 끝나면 완료된 협상을 90일 이내에 의회에 보고해야 한다. TPA 기한이 6월 30일이므로 한·미 FTA 협상을 반드시 끝내야 하는 법적 기한은 미국 동부 시간으로 3월 31일 자정까지였다.

APEC 정상회담에서 한·미 FTA 추진 합의

예비실무협상을 마친 한국과 미국, 두 나라는 2005년 9월 20일 통상장관 회담에서 "타당성 검토 결과 한·미 FTA를 추진하는 것이 서로 윈윈이 될 수 있다"는 결론을 내렸다.

미국은 한국 등 4개국을 FTA 우선협상 대상국으로 선정했다고 밝혔다. 한국은 한·미 FTA 추진에 대한 대국민 여론조사에서의 압도적 지지율을 기초로[66] 추진

65 손태우, 앞의 논문.

한 · 미 정상회담(2005. 11. 17). 노무현 대통령과 조지 부시 미국 대통령(왼쪽)이
경주에서 만나 정상회담 가진 뒤 그 결과를 설명하기 위해 기자회견장으로 향하고 있다.

을 전제한 정부 내부 회의를 거쳐 10여 차례의 국내 전문가 연구 및 세미나, 공청
회를 진행했다.

　2005년 11월 부산에서 열린 APEC 회의에서 한·미 양국은 정상회담을 갖고
FTA 협상 개시를 확인했다.[67] 다만 추진의 구체적 시점은 못 박지 않았다.

　김종훈 전 통상교섭본부장은 "그때의 기록을 보면 두 분이 구체적으로 FTA를
언제 시작할지 그런 것까지 자세히 이야기는 안 하셨다"고 설명했다.

김종훈　제가 한·미 FTA 협상 개시 바로 직전인 2005년 말까지 APEC 대사를
지냈습니다. 당시 부산 누리마루에서 27개국 정상들이 참석한 가운데 APEC 정
상회의가 열렸습니다. 그 바로 직전인 11월 17일에 경주에서 노무현 대통령과
부시 대통령, 두 분의 한·미 정상회담이 있었습니다. 그때 "양국 간의 경제협력

---

66 2004년 11월부터 시작된 대국민 여론조사에서는 전경련 조사에서 87%, 2004년 12월 무역협회 조사
　　에서 75%, 한국갤럽조사에서 80%의 찬성률을 나타냈다.
67 "2005년 제13차 APEC 정상회의 주요 논의 결과", 〈KIEP 뉴스레터〉, 8권 4호(2005년 12월호).

과 통상을 긴밀하게 강화하는 것이 양국 이익에 도움이 된다"는 점에 서로 동의하면서 "FTA 문제에 대해서도 긴밀히 협의해 나가면 좋겠다"는 이야기가 오갔습니다. 국가 정상 간에 상당한 의견접근을 이룬 것인데 그것만 해도 대단한 진전이었죠.

FTA 추진 공식 발표 2006년 초로 미뤄

한·미 양국 정상이 합의하고도 구체적 추진 기간이 나오지 않은 데는 이유가 있었다. 당시 미국 측은 TPA 기한에 따라 협상 기간이 1년 정도밖에 남지 않은 점을 감안해 2005년 11월 APEC 정상회의에서 양국 정상이 한·미 FTA 추진을 공식 발표하고 가능하면 빨리 협상을 시작하기를 원했다. 미 의회가 공화당 행정부의 FTA 추진에 우호적이지 않았기 때문이다.

바로 직전인 2005년 7월 미 하원에서 미국과 도미니카, 코스타리카, 엘살바도르, 과테말라, 온두라스, 니카라과의 중미 FTA 비준이 자칫 불발로 돌아갈 뻔했다. 당시 부시 대통령이 공화당이고 의회도 공화당 주도였는데도 찬성 217표, 반대 215표로 아슬아슬하게 비준을 통과시켰다. 겨우 두 표 차이에 불과했다.

미국 정부는 이 같은 사태가 반복되지 않도록 APEC 기간 동안 양국 정상이 의회에 단호한 추진 의지를 대외적으로 천명할 것을 원했다. 한·미 FTA는 단순한 개별 협상이 아니라 미국이 APEC이라는 큰 정치협력체 겸 거대경제권으로 진입하기 위한 전초전이라는 이미지를 연출하고 싶었던 것이다.

한·미 FTA 협상 추진 공식 선언을 2006년 초로 미루자고 요청한 쪽은 오히려 한국이었다. 정치적 논란이 명약관화한 한·미 FTA 출범을 공식화하기 이전에 국내에서 미리 정리할 주요 현안이 적지 않았던 것이다.

우선 쌀 문제가 있었다. "쌀 관세화를 2014년까지 10년간 유예하되 수입쌀의 의무수입 물량을 해마다 늘린다"는 내용의 WTO 쌀협상 비준안이 국회에 제출되어 있었는데, 정치적으로 아주 예민한 문제였다.

WTO에서 쌀시장 개방을 막기 위해서는 의무수입 물량을 늘리는 방법밖에 없다는 정부의 해명에도 농민단체 등은 '농업인 사망선고'라며 WTO 쌀협상 비준안을 격렬히 반대했다. 한·미 FTA 협상이 개시되면 농산물 수입개방 문제가 본격적으로 거론될 텐데 이를 WTO 쌀협상 비준안과 동시에 추진하는 것은 한국 정부에는 큰 부담이었다.

또 부동산 가격을 잡기 위해 「종합부동산세법」을 국회에서 통과시켜야 했다. 대통령 탄핵까지 갔던 행정수도의 지방 이전을 현실화하기 위해 지방으로 이전할 공공기관들의 이전 지역을 선정하는 문제도 연내에 반드시 해결할 급선무였다.

연내에 처리해야 할 문제들이 산적해 있었지만, 한·미 FTA 추진에 대한 노무현 대통령의 의지는 확고했다. "부존자원이 없고 내수시장 규모가 작은 것이 한국 경제의 숙명이다. 유일한 돌파구는 글로벌 시장 개척밖에 없었다. WTO가 무력화되고 FTA가 보편적 글로벌 통상 플랫폼이 된 현실에서 개방과 경쟁을 통해 체질을 개선하고 효율성을 높여서 살아남는 길 외에 다른 선택지는 없다"고 본 것이다.

FTA를 통해 시장개방이 논의될 때 가장 큰 문제가 될 것으로 예상되는 농업 부문에 대해서도 노 대통령은 어차피 닥쳐올 개방의 파고에 정면 대응하되 농촌 복지를 강화하기로 결심을 굳힌 상태였다.

노무현 대통령은 우리 농업이 개방은 피할 수 없지만 농촌과 농민이 개방의 파고를 이겨낼 수 있도록 할 수 있는 지원은 다하겠다고 강조했다. 노 대통령은 특히 쌀 농가 소득보전 등 쌀 산업 대책에 각별한 노력을 기울이고 있다면서 규모 있는 전업농 육성과 친환경, 고품질 농업을 통해 세계와 경쟁할 수 있도록 하겠다고 말했다. 노 대통령은 또 농촌을 교육과 복지, 의료가 잘 갖추어진 미래형 복합생활공간으로 발전시켜 농민들이 불안 없이 살고 은퇴한 사람들이 찾아와 여유로운 생활을 누릴 수 있도록 하겠다고 말했다.[68]

---

68 "잠실 올림픽 주경기장에서 열린 농촌사랑 도농상생 한마당에서의 노 대통령 축사", e-영상역사관, 대통령 기록영상, 2005. 10. 13.

한·미 FTA 예비접촉 시작

훗날 노 대통령은 "국민과 함께하는 수요자 중심 업무보고"에서 이렇게 말했다.

> 특단의 의지였다. FTA로 (나의) 정치적 입장이 얼마나 난감해지겠는가. 개인적으로 아무런 이득이 없다. 그런데 한·미 FTA는 다음에 어느 쪽이 정권을 잡아도 안 할 것 같았다. 정치적으로 손해이지만, 앞으로 국가의 산업과 경제적 문제에 있어 반드시 해야 한다고 생각했다.[69]

바쁘게 지나간 2005년 세밑

2005년 세밑에 노무현 정부는 그동안 주도했던 큰일들을 마무리지었다. 우여곡절 끝에 쌀협상 WTO 비준안이 2005년 11월 30일 국회를 통과했다. 공공기관들의 지방 이전을 위한 지역 선정이 12월 26일까지 완료된 데 이어 2005년 마지막 날인 12월 31일에는 말도 많고 탈도 많았던 「종합부동산세법」이 국회를 통과했다.

노무현 대통령은 이 무렵 담화에서 "10년 이내로 무역 1조 달러, 수출 5,000억 달러 시대를 열자. 중국 등과 수출 경쟁이 치열해지고 있지만, 혁신을 가속화하면 기초 체력이 더 튼튼해지고 장기적으로 수출 성장을 지속해 나갈 것"이라고 강조했다.[70] 한·미 FTA의 성공적 마무리를 염두에 둔 발언이었을 것이다.

2005년 말 한국의 대미 수출액은 413억 4,000달러로 총 수출의 13% 정도를 차지했고 미국의 대한국 수출은 305억 9,000달러였다. 한국은 미국의 농축산물 6대 시장으로서 2005년 기준 21억 9,000달러 상당의 농축산물을 미국으로부터 수입하고 있었다. 양국의 투자도 꾸준히 증가하고 있었다.

특히 2005년 말 한국은 10대 무역강국으로 올라섰다. 여세를 몰아 새해 벽두인 2006년 1월부터는 정부의 모든 역량을 다 기울여 본격적으로 한·미 FTA 협상을 시작해야 했다. 만약 FTA가 체결된다면 2005년 말 기준 1조 7,000억 달러의

---

69 "국민과 함께하는 수요자 중심 업무보고: 농·어업인", 노무현 사료관, 2007. 3. 20.
70 e-영상역사관, 대통령기록영상, 2005. 11. 30.

세계 최대 규모인 미국 시장을 먼저 선점할 수 있었다.

2005년 세밑 마지막 밤이 조용히 흘렀다. 그날 밤 자정, 2006년 새해를 알리는 보신각 타종 소리가 울려 퍼지자 국민들은 붉은 개의 해인 병술년(丙戌年)이 무탈하게 시작되기를 기원했다. 새해 벽두 한·미 FTA 추진이 공식 예고되고 본격적으로 협상이 시작되었을 때 한국 사회가 얼마나 큰 정치적 소용돌이에 장기적으로 휘말릴지 예상한 사람은 많지 않았다.

CHAPTER 4

한 · 미 FTA 4대 선결조건과
스크린쿼터 축소

1. 4대 선결조건 논란

통상현안 '불평 리스트' 교환

한·미 FTA 추진을 위해 2005년 세 차례에 걸쳐 진행된 예비실무 회의에서 양국은 무역장벽과 차별적 기준, 관세, 조달정책 등 여러 측면에서 자국의 '불평 리스트'를 만들어 주고받았다.

미국의 불평 리스트에는 쇠고기 수입재개, 스크린쿼터 축소, 자동차 배기량, 의약품 약가 산정, 지식재산권, 오렌지 수입 검역 등의 문제가 포함되어 있었다. 미국은 이 같은 통상현안 가운데 한국이 몇몇 문제 해결에 성의를 보여 FTA를 추진할 진정성을 가졌는지 보여 달라고 요구했다.

2005년 9월에 워싱턴에서 열린 한·미 통상장관 회담에서 랍 포트먼 신임 USTR 대표는 "한국이 스크린쿼터 철폐와 쇠고기 수입재개, 자동차 배출가스 기준 유예, 의약품 약가제도 변경 유예 등의 네 가지 이슈만 해결할 수 있다면 한·미 FTA를 시작해도 좋다는 결정을 내렸다"는 미국 정부의 입장을 전하였다.[1]

미국은 헌법상 통상권한이 의회에 있고, 협상의 효율성을 위해 그 권한을 TPA를 통해 행정부에 위임하는 방식을 취한다. 따라서 미국 측은 한국이 FTA 추진에 앞서 한·미 간의 주요 통상현안이 되는 문제들을 몇 가지 먼저 해결해 주어야 자신들이 의회와 업계에 한국의 진정성을 설득할 수 있다고 설명했다.

---

1 김현종, 2010, 《김현종, 한미 FTA를 말하다》, 홍성사.

'4대 선결조건' 요구가 나온 배경

이때 미국의 입장에 대해 한·미 FTA 미국 측 수석대표였던 웬디 커틀러의 설명을 들어 본다.

웬디 커틀러 (한국과 FTA를 추진한다는 사실이 공식화되면서) 미국 조야에서 "한국이 과연 FTA에 걸맞은 시장개방이나 구조개혁을 추진할 의지가 있는가?"에 대해 적지 않은 회의론이 있었습니다.

당시 미국이 보기에 한국의 가장 상징적인 무역장벽이 스크린쿼터제였습니다. 그전에 (1990년대 말) 우리가 한국과 양자간 투자협정(BIT: *Bilateral Investment Treaty*)을 추진하려 했는데, 스크린쿼터 이슈 때문에 그 협상이 무산되고 말았습니다. 그런 경험에 비춰 볼 때 한국이 (BIT보다 더 높은 수준인) FTA를 할 준비가 과연 되어 있는지 회의적일 수밖에 없었던 것입니다. 한국과 곧바로 본협상으로 가지 않고 예비협상을 시작한 이유가 바로 스크린쿼터뿐만 아니라 자동차 문제, 농업과 제약 부문 등 몇 가지 현안에 대해 한국이 정면 대응할 의지가 있는지 타진해 보기 위해서였습니다.

FTA에 걸려 있는 국가적 이해관계가 막중하기 때문에 일단 시작하면 반드시 성공적으로 마무리해야 하므로 우리가 그 점을 분명히 하고 싶었습니다. 만약 대책 없이 시작했다가 잘 안 되면 동맹국인 두 나라 모두에게 좋지 않을 것이기 때문입니다.[2]

홍은주 사전실무 협의가 몇 차례나 진행되고 그 후로 통상장관끼리도 두어 차례 더 만났는데, 통상현안 해결 요구 외에 또 어떤 이야기들이 오갔습니까?

웬디 커틀러 2005년을 전후하여 한·미 FTA 예비 접촉이 시작되었을 때 한국이 APEC을 자국에서 개최했습니다. 그때까지도 여전히 한국과의 FTA가 과연 가능할 것인지에 대해 미 의회는 물론 행정부에도 깊은 회의론(*deep skepticism*)을 가진

---

2 인터뷰 원문은 12장이 웬디 커틀러 인터뷰 전문 참조.

인사들이 있었습니다.

그래서 USTR은 한국과 여러 차례 비공식 접촉을 통해 미국이 당시까지 추진해온 FTA의 내용과 절차에 대해 챕터별, 조항별로 협상팀과 자세히 논의했습니다. 한국 측은 이 과정을 통해 FTA 추진에 대한 미국 측의 기대치에 대해 정확히 이해했고, 우리도 FTA를 본격적으로 추진하는 데 있어 한국 측의 의도와 진정성 그리고 협상이 시작될 경우 한국이 하게 될 일에 대한 이해도 등을 공유했습니다.[3]

2005년 9월 8일 김현종 본부장은 노무현 대통령의 중남미 순방 비행기 안에서 미국의 이 같은 요구를 보고했다. 노 대통령은 "(한·미 FTA가) 우리에게 반드시 필요한 것이라면 그렇게 해서라도 추진하자. 약속해 주시오"라고 지시했다. 김 본부장은 9월 19일 워싱턴으로 다시 날아가 대통령의 메시지를 전했다.

그런데 이 내용이 일부 언론에 흘러나가고 2005년 9월 대외경제회의 정부문건에 '4대 선결조건'이라는 표현이 등장하면서 국내에서 거센 논란이 일었다. 협상을 시작하기도 전에 미국이 요구하는 4대 선결조건을 들어주는 것은 과거 조공무역(朝貢貿易)이나 다름없다는 취지의 비판이 나왔다.

최석영　당시 미국은 "한국의 노무현 정부는 시민단체, 농민단체 등 세계화를 반대하는 세력을 정치적 기반으로 한다. 그런 배경을 가진 참여정부가 정말로 미국과 FTA 협상을 할 수 있을까?"라는 의구심을 많이 가지고 있었습니다. 그래서 미국 측이 내건 것이 바로 '4대 선결조건'이었습니다. 자동차, 쇠고기, 스크린쿼터, 의약품 약가산정 등 네 가지 이슈를 선제적으로 해결하여 한국이 정말로 개방할 의지가 있는지 보여 달라는 요구였습니다.

미국이 4대 선결조건을 요구하자 당연히 한국에서 논란이 크게 일었습니다. "미국과 협상해 보지 않고 그냥 갖다 바치는 것 아니냐?"는 반발이 국내에서 크게 일었죠. 한편 미국은 자기네가 요구하는 선결조건을 들어주지 않으면 한·미 FTA 협상 자체를 하지 않겠다고 주장했습니다.

---

3 인터뷰 원문은 12장의 웬디 커틀러 인터뷰 전문 참조.

홍은주 교수(왼쪽)와 인터뷰하고 있는 윤대희 전 국무조정실장.

4대 선결조건 vs 4대 통상현안

언론은 미국 의회조사국(CRS: *Congressional Research Service*) 보고서를 인용하여 "FTA 협상 시작도 전에 미국 측 요구에 따라 스크린쿼터, 쇠고기 수입, 자동차 배기량, 의약품 등 4개 분야를 미국 측에 자진 납세했다"는 비판적 기사를 쏟아 냈다.[4]

이 같은 기사에 대해 정부는 "4대 선결조건이라는 표현은 CRS가 미국 업계의 일방적 주장에 기초하여 사용하는 자의적 용어에 불과하다. USTR은 한·미 FTA 교섭 개시와 관련한 설명 자료[5]에서 이러한 통상현안 해결이 한·미 FTA 협상 출범의 전제조건이라고는 설명하지 않았다"면서 "4대 선결조건이 아니라 미국이 해결을 원하는 4대 현안일 뿐"이라고 해명했다.

한·미 간에 이미 오래전부터 논의되던 통상현안들로, 한·미 FTA와 상관없이 미국의 통상압력과 보복을 피하려면 어떤 형태로든 해결해야 할 문제라는 것이다.

---

4 〈월간중앙〉, 2005년 1월호.
5 USTR 홈페이지, 2006. 2.

윤대희(尹大熙)

1949년 인천에서 태어났다.
서울대 경영학과를 졸업하고 미국
캔자스대학에서 경제학 석사학위를,
경희대에서 경제학 박사학위를 받았다.
1975년 행정고시에 합격하여 경제기획원
재정계획과장, 주제네바 대표부 참사관,
재정경제부 국민생활국장, 기획관리실장
으로 일했다. 2005년부터 2006년까지
대통령비서실 경제정책수석 비서관을 지냈고,
2007년부터 2008년까지 국무조정실장을
지냈다. 이후 신용보증기금 이사장과
가천대 석좌교수를 역임했다.

당시 노무현 대통령을 보좌하여 이 의제를 다룬 윤대희 전 대통령비서실 경제정책수석비서관의 설명이다.

윤대희 2005년 9월 대외경제회의 정부문건에 '4대 선결조건'이라는 표현이 등장했습니다. 그러자 한·미 FTA를 반대하는 그룹들이 "정부가 이미 4대 선결조건을 미리 다 받아주고 한·미 FTA를 시작한 것 아니냐?"고 계속 문제 삼았죠. 이 때문에 정말 논란이 많았습니다. 당시 반대 그룹들은 "4대 선결조건이다", 정부는 "아니다. 4대 현안일 뿐이다", 서로 다른 주장을 했습니다.

실제로 네 가지 사안은 각각의 사안별로 훨씬 전부터 논의가 진행되었습니다. 한·미 FTA 때문에 갑자기 시작된 게 아니라 그전부터 한·미가 풀어야 할 현안이었던 것이죠. 스크린쿼터는 1990년대 말 김대중 정부 때부터 이미 이슈가 되었습니다.

쇠고기 문제는 2000년대 초반에 광우병이 발생하면서 주목받기 시작했습니다. 미국산 쇠고기 수입위생 문제가 제기되어 수입이 중지되었지만, 국제수역사무국(OIE)에서 광우병 발생 국가에 대한 쇠고기 교역기준을 완화함으로써 2004년 말부터 대다수 국가들이 '30개월 미만의 뼈 없는 살코기'를 수입하기로 합의했습니다. 한국도 FTA와 무관하게 2005년 12월부터 수입재개가 이미 예정되어 있었습니다.

의약품 분야는 오래전부터 통상현안이었는데, 여기에 건강보험 약가 문제가 새롭게 제기된 상황이었습니다. 미국에서 개발된 신약이라도 가격 대비 약효가 높은 의약품만 건강보험에 넣는 방식이었는데, 이에 대해 미국이 자꾸 반발하여 계속 문제가 되었습니다.

자동차 문제는 당시 우리가 미국에 엄청난 숫자의 자동차를 수출하면서 미국 자동차 수입은 얼마 하지 않았던 것에서 비롯되었습니다. 한국의 대미 자동차 수출은 연간 70만 대가 넘는데 한국에 들어오는 미국산 수입차는 연간 5,000여 대 수준이었습니다.

그나마 우리나라 환경부가 배기량을 기준으로 세금을 적용한다고 발표하자 미국이 아주 신경을 쓰고 있었습니다. 우리나라에서 환경공해를 줄이기 위해 취한 조치였지만, 결과적으로 차량 크기가 큰 미국 자동차가 불리하게 되었던 것입니다. 미국은 그걸 비관세 수입제한으로 간주하여 계속 문제를 제기하고 있었습니다.

이 문제들은 한·미 FTA와 무관하게 미국이 우리나라에 집요하게 해결을 요구하여 우리나라가 어떻게든 결정을 내려야 하는 통상현안이었습니다. 해결하지 않으면 보복성 조치가 미국에서 나올 테니까요.

미국 입장에서는 의회나 기업들에게 정치적으로 한·미 FTA의 당위성을 내세워야 하니까 협상 시작 조건이 이 네 가지 문제라고 항상 강조했던 것입니다.

4대 현안 가운데 의약품 문제는 '의약품 경제성 평가제도'가 보건복지부(복지부) 실무 차원에서 검토 중인 정도였기 때문에 사실 2005년 무렵에는 별로 부각되지 않았다.

자동차 배기량은 한국의 환경정책상의 이슈였다. "자동차 배기량이 클수록 환경에 더 나쁜 영향을 미치니 2006년부터 배기량에 따라 판매세를 차등 부과"하기로 했다. 너무나 당연해 보이는 이 조치가 문제가 된 것은 미국에서는 모두 대형 차

량만 수입되고 있었기 때문이다. 소형차 위주인 일본이나 유럽에 비해 대형 차량을 수출하는 미국에 일방적으로 불리한 과세체계라는 것이 미국의 시각이었다.

당시 한국의 대미 자동차 수출은 연간 70만 대가 넘었던 반면 한국에 들어오는 미국산 수입차는 연간 5,000대 수준에 불과했다. 그런 상황에서 배기량을 기준으로 고율의 세금을 부과하면 미국 차는 한국 시장에서 정말 설 자리가 없어진다는 것이다.

이 이슈는 미국 측의 강한 이의 제기로 이미 2005년 초부터 자동차 실무작업반 회의, 분기별 통상현안 점검회의 등을 통해 문제 해결을 위한 협의가 진행되고 있었다. 한편 미국산 쇠고기는 광우병 발생으로 수입이 중단되었다가 일본이 이미 '20개월 미만의 뼈 있는 살코기' 수입재개에 동의했고, 한국도 '30개월 미만의 뼈 없는 살코기' 수입재개가 2005년 12월로 예정되어 있었다. 그런데 미국이 자꾸 '30개월 미만의 뼈 있는 살코기' 수입을 요구했다. 한국 사람들이 LA갈비 등 갈비 부분을 좋아한다는 사실을 알고 있었던 것이다.

이런 문제들이 한·미 FTA 예비실무협상과 무관하게 이전부터 한·미 통상현안으로 꾸준히 논의되고 있었다. 그런데 실무선에서 쉽게 합의가 되지 않은 상태에서 '4대 선결조건'이니 뭐니 하며 자꾸 논란이 되었다.

노무현 대통령은 윤대희 경제수석에게 "이 문제를 어떻게 해야겠느냐?"고 의견을 구했다. 윤대희 수석은 "한·미 FTA와 무관하게 어차피 한·미 통상현안으로 되어 있으니 해당 부처와 의논하여 차제에 이걸 해결하고 가시지요"라고 건의했다.

2005년 10월 8일 노 대통령은 총리와 부총리를 비롯해 각 부처 장관들을 소집했다. 4대 현안과 한·미 FTA에 대해 공식적으로 논의하는 회의를 연 것이다. 예상했던 대로 찬반이 맞섰다.

총리와 부총리, 경제수석, 통상부처 장관들은 "한·미 FTA가 되면 단기간은 곤란을 겪을 수 있지만, 제도가 선진화되고 투명성이 제고되어 경제가 발전할 것이다. 미국이 요구한 몇몇 통상현안은 우리가 들어줄 건 들어주고 안 되는 건 안 된다고 차제에 정리하자. 그리고 여세를 몰아 FTA로 가자"고 했다. 직접적으로 해당 정책을 다루던 환경부와 문광부, 농림부 등은 계속 반대했다.

찬반 토론을 듣고 가끔씩 질문을 던지던 노 대통령이 회의 말미에 최종 결단을 내렸다. 노 대통령은 "실질이 없는 명분을 가지고 싸울 필요 없다. 4대 선결조건이라고 굳이 주장하면 그렇게 불러도 상관없다. 우리가 해결하고 넘어가자"고 결단을 내렸다.

이어서 "나도 걱정이 많고 여러분도 걱정이 많을 것이다. 하지만 우리가 거역할 수 없는 시대의 대세라고 생각하자. 우리는 미지의 세계에, 거친 경쟁이 존재하는 곳에, 불확실한 환경에 항상 몸을 던져왔고 기어코 성공했다. 그 자신감을 가지고 다시 한번 (한·미 FTA를) 해보자"라고 마무리했다.

윤대희 사실 대통령 입장에서 정치적 후폭풍을 생각하면 결단 내리기 힘든 일이었는데, 그렇게 말씀하고는 저보고 기자단에 가서 이 사실을 알리라고 했습니다. 제가 당시 청와대 춘추관에 가서 기자들에게 "관심이 높은 4대 선결조건을 우리 정부가 수용한다"고 발표했습니다.

반대 그룹들이 계속 그렇게 주장하니까 정치적 부담을 무릅쓰고 4대 선결조건의 해결을 모색하는 논의를 우리가 공식적으로 받아들이면서 한·미 FTA를 추진하겠다고 교통정리를 한 것입니다. 상당히 민감한 문제였는데도 노 대통령이 "아무 실질이 없는 명분 가지고 싸울 필요 없다. 4대 선결조건이라고 굳이 주장하면 그렇게 불러도 상관없다"고 결단을 내린 것입니다.[6]

이날 회의 이후 정부는 이른바 4대 현안에 대해 입장을 분명히 정리했다. 우선 자동차 분야는 1만 대 이하로 판매하는 제작사의 경우 배출가스 기준 적용을 2008년까지 2년간 유예하고, 이 문제를 한·미 FTA 본협상에서 논의하자는 입장으로 정리했다. 이 규제가 한국의 환경정책에 따라 만들어졌지만 주로 미국이 불이익을 받는 대상이 되었으니 아예 FTA 차원에서 논의해 보자는 것이다.

미국산 쇠고기 수입재개 문제는 국제수역기구의 권고안을 참고하여 미국에 수

---

6 자동차 배기량 문제는 결과적으로 2년 유예도 결론이 났다.

입재개 의사를 전하고 FTA와는 별개로 '수입위생조건 협상'을 병렬로 논의하자고 미국 측에 전달했다. 그런데 이 내용이 잘못 알려지면서 "곧 미국산 쇠고기 수입재개" 기사가 나오기도 했다.[7]

농림부는 이 기사에 대해 "지난 8월 31일 미국으로부터 제출받은 역학조사 결과보고서에 대한 전문가 검토가 완료되지 않은 상황이므로 우리 농림부가 가축방역협의회 개최는 물론 미국산 쇠고기의 안전성에 대해 결론을 내릴 수 있는 단계에 있지 않다"고 부인했다. 그러면서도 "미국산 쇠고기는 광우병 발생으로 잠정 수입 중단된 것이기 때문에, 위생상태 여부에 따라 수입이 재개될 수 있다"고 여지를 두었다.

2006년 1월 9일부터 13일까지 열린 기술회의에서 한국은 "30개월 미만 뼈 없는 쇠고기 수입"을 계속 주장하여 미국의 동의를 받아 냈다. 이때 합의문에 "뼈를 제거한 골격근육"만을 수입하기로 하고 'deboned'(뼈를 제거한)라는 표현을 썼던 것이 두고두고 문제를 낳았다. 양측 협상 대표들이 별생각 없이 동의한 이 표현의 해석을 둘러싸고 나중에 실제 뼈가 발견되자 전혀 다른 주장이 나왔던 것이다.

소를 도축하는 과정에서 작은 뼛조각이 섞여 들어간 것에 대해 한·미 양국은 첨예한 입장 차이를 나타냈다. 미국은 일부러 뼈를 섞은 것도 아닌데 도축 과정에서 작은 뼛조각 한두 개가 섞여 들어간 것이 무슨 큰 문제냐는 입장이었다. 반면, 한국은 자구(字句) 그대로 엄격히 해석했다. "뼈는 아무리 작아도 단 한 조각도 안 되고 오로지 살코기만 수입"하는 것으로 해석했던 것이다.

심지어 김현종 본부장도 회고록에서 "1년이 지나 실제로 미국산 쇠고기 수입이 재개될 때까지 누구도 깨닫지 못한 불씨였다"고 탄식했을 정도다.[8]

4대 선결조건 논란에서 가장 크게 문제가 된 스크린쿼터는 2000년대 들어 한국영화가 본격적인 경쟁력을 보이기 시작하면서 노 대통령이 스크린쿼터를 축소

7 "美 쇠고기 다시 수입", 〈조선일보〉 1면, 2005. 10. 21.
8 김현종, 앞의 책.

하기로 이미 결심한 상태였다.

요약하면, 자동차 배기량 문제와 약가 문제 두 가지는 한·미 FTA 협상 틀 속에 내재화하여 논의하고, 스크린쿼터 축소는 한국이 전향적으로 양보하며, 쇠고기 수입은 보건위생 이슈인 만큼 FTA와 별개로 논의하기로 교통정리 한 것이다.

김현종 본부장은 2006년 7월 국회에서 열린 한·미 FTA 특위에서 다음과 같이 발언했다.

미국이 4대 선결조건을 요구한 것은 사실이다. 그러나 정부 차원에서 이를 선결조건으로 간주하지 않았다. 미국의 요구를 들어줄 의사가 없었고, 들어줄 상황도 아니기 때문이다. (수용한 것이 아니라) 우리가 적절한 시간에 검토하겠다고 얘기한 것이었다. 자동차 배출가스 문제에 대해서는 우리의 환경기준을 유지하면서 1만 대 이하의 자동차를 파는 모든 회사에 똑같이 2년의 유예기간을 부여했다. 참고로 2004년 우리나라는 미국에 자동차를 101억 달러어치 수출하고 1억 달러어치 수입했다. 이 정도의 유연성을 발휘하지 않아 하이닉스 반도체처럼 상계관세나 반덤핑 관세를 받는다면 자동차 수출이 막힐 것을 고려한 조치였다.[9]

---

9 〈연합뉴스〉, 2006. 7. 31.

2. 스크린쿼터 연대기

146일 스크린쿼터제의 연원

FTA 반대 진영에서 "굴욕적 자진 납세"라면서 두고두고 문제를 삼은 '4대 선결조건' 가운데 사회적으로 가장 크게 주목받은 것이 스크린쿼터제 축소 문제였다. 영화는 문화와 가치체계의 영역이며, 문화는 국민 삶 속에 내재한 주권의식이므로 경제적 교환이나 타협의 대상이 아니라는 영화인들의 신념이 한·미 FTA라는 통상협상의 경제 현실과 정면으로 부딪힌 것이다.

'스크린쿼터라는 문화주권'을 지켜 달라면서 대국민 호소에 나선 사람들이 유명 영화인들이어서 다른 어떤 이슈보다 사회적 주목도가 높았다.

스크린쿼터 규제의 시작은 1966년으로 거슬러 올라간다. "한국 영화관들이 돈되는 미국영화만 계속 상영하지 말고 적어도 일정 날짜는 한국영화 상영에 배정해야 한다"는 규정(「영화법」 시행령 제25조)이 만들어진 것이다.[10] 이후 1970년과 1975년에 일부 내용이 바뀌었다.[11]

"극장은 한국영화를 연간 5분의 2 이상(146일) 상영한다"는 구체적 상영일수를 명시한 규정 개정이 등장한 때는 1984년 12월이었다. 왜 146일일까? 당시 영화인들의 목표는 극장에서 상영되는 한국영화의 시장점유율을 40%로 하는 것이었고 40%를 만족시키는 일수가 146일이었던 것이다.[12]

그러나 이러한 규정은 만들어지기만 했을 뿐이다. 전국 모든 영화상영관에 가서 실제로 한국영화가 상영되는지 여부를 365일 24시간 동안 감시할 인력이 없

---

10 "한국영화 상영 기준을 연간 6편으로 하되 2개월마다 1편 이상으로 상영하고 연간 총 상영일수는 90일 이상으로 한다"는 규제였다.

11 1970년 3차 「영화법」 개정 때는 연간 3편 이상, 총 상영일수 30일 이상이었고, 1975년에는 외국영화 상영일수 '2'에 대해 한국영화 '1'의 비율로 교대 상영하도록 했다(상영일수 121일).

12 한국영화 수급현황에 따라서 20일을 단축할 수 있고, 문화부 장관의 재량으로 20일을 추가 단축할 수가 있기 때문에 실질적 스크린쿼터 일수는 106일이었다.

었던 탓에 있으나마나 한 규정이 되고 말았던 것이다.

미국영화 직배와 영화관의 뱀 소동

스크린쿼터가 본격적으로 수면 위로 떠오르게 된 때는 1988년 미국영화 직배가 시작되고 이에 따른 위기감이 영화계에 확산되면서부터다.

1986년 제6차 「영화법」 개정에서 '외국인 및 외국 법인의 영화업 등록 금지' 조항이 삭제되면서, 1988년 미국 영화배급사인 UIP가 한국에 영화직배를 시작했다.[13] 생존의 위협을 느낀 영화계에서는 격렬히 반대했고, 영화관에 독이 없는 뱀을 풀어놓는 엽기적 소동까지 벌어졌다.

그러나 직배 할리우드 영화의 인기는 식지 않았다. 당시 수입되어 상영된 더스틴 호프먼 주연의 〈레인맨〉이 관객 40만 명, 해리슨 포드 주연의 〈인디아나 존스 3〉은 관객 50만 명을 동원하는 데 성공했다. 〈인디아나 존스〉와 〈레인맨〉을 관람한 관객 수는 상위 20권 안에 든 국산영화 5편, 〈행복은 성적순이 아니잖아요〉, 〈서울 무지개〉, 〈매춘〉, 〈달마가 동쪽으로 간 까닭은?〉, 〈그 후로도 오랫동안〉을 관람한 관객수를 합친 것보다 더 많은 것으로 집계되었다.[14] 1993년에는 스티븐 스필버그 감독의 〈쥬라기 공원〉이 UIP 직배로 들어와 그야말로 공전절후(空前絶後)의 대히트를 기록했다.

UIP 코리아 직배영화의 흥행이 이어지자 눈치를 보던 다른 할리우드 메이저 영화사들도 속속 한국에서 직접 배급을 준비하기 시작했다. 1989년 워너브라더스, 1990년 콜롬비아 트라이스타, 1993년 월트디즈니 등이 정부에 등록하고 국내 영업을 시작했다. 오랫동안 간접 배급을 하던 한국영화 시장에서 할리우드 영화 업자들이 본격적으로 직접 배급을 시작한 것이다.[15]

---

13 UIP는 미국 4대 영화사인 MGM, UA, 유니버설, 파라마운트의 작품을 세계 영화시장에 수출하는 다국적 영화배급 회사로 한국 상륙은 세계 42번째이다(〈시사저널〉, 1989. 11. 19).
14 〈시사저널〉, 1989. 11. 19.
15 "한류 연대기", 〈한겨레〉, 2022. 3. 7.

미국 영화사의 할리우드 영화 직접배급 시스템은 한국 영화계의 판도를 근본부터 뒤흔들었다. 가뜩이나 열악했던 한국영화 시장은 급속도로 영화제작이 위축되었다. 기존의 영화제작 가치사슬이 완전히 깨지면서 1990년 초까지 몇 년간 '죽음의 계곡'(*Death Valley*)을 건너는 위기의 시간을 보냈다.

한국 영화계의 붕괴를 두려워한 영화인들은 그동안 규정은 있지만 별 관심을 두지 않았던 '스크린쿼터'에서 자구책을 찾았다. 1993년부터 '스크린쿼터 감시단'을 구성하여 본격적인 감시에 들어간 것이다. 영화인들은 출연 일정이 없는 날에는 전국 영화관에서 직접 가서 스크린쿼터가 제대로 지켜지는지 감시했다.

스크린쿼터 감시단에 의해 적발된 영화관은 의무상영 위반일수 20일까지는 미달일수 1일마다 영업정지 1일을, 20일 이상 초과 시에는 미달일수 1일마다 영업정지 2일을 행정처분할 수 있었다.

헌재, "스크린쿼터 합헌" 판결

1995년 스크린쿼터 제도가 위헌 심판대에 올랐다. "「영화법」제26조 스크린쿼터제는 극장 경영주의 직업의 자유를 제한하는 것이므로 위헌"이라는 제소에 1995년 7월 21일 헌법재판소는 전원일치로 "스크린쿼터제는 합헌"이라고 판결을 내렸다.

스크린쿼터는 한국영화가 존재하고 발전할 수 있도록 제작과 상영의 기회를 주기 위한 것으로 '목적의 정당성' 원칙에서 볼 때 적합하다고 헌법재판소는 판단했다. 헌법 119조가 밝히는 개인과 기업의 경제적 자유, 창의성 존중, 경제질서에 모순되지 않으며 '방법의 적정성 원칙'과 '손해의 최소성 원칙' 및 '과잉금지 원칙'에도 반하지 않는다고 보았다.[16]

영화 제작자와 영화인들에게 힘을 실어 준 판결이었다.

---

16 서복순, 2011, "스크린쿼터제 규제법리에 관한 연구", 〈법학논총〉 18권 1호.

양자간 투자협정의 스크린쿼터제 논란

합헌 판결 이후 잠잠해지는 듯했던 스크린쿼터 문제가 다시 뜨거운 감자로 부각
된 시점은 1998년이었다. 그해 4월 미국영화협회(MPAA)의 윌리엄 베이커 회장
은 한국을 방문해 "스크린쿼터를 없애면 한국에 5억 달러 규모로 투자하겠다. 또
한국의 멀티플렉스 건설에 50만 달러를 투자할 테니 미국 자본을 투자해 만든 극
장에는 스크린쿼터를 부과하지 말아 달라"고 요청했다.

그로부터 석 달 후인 7월 21일 워싱턴에서 제1차 한·미 양자간 투자협정(BIT)
이 열렸다. 한·미 BIT는 원래 1994년에 미국이 먼저 제안했으나 한국의 소극적 반
응으로 보류되었다. 1997년 외환위기 직후 바닥난 외환보유고를 늘려야 한다는
한국의 절박한 필요에 따라 미국의 투자를 유치하기 위해 다시 시작한 것이다.

1998년 6월 한·미 정상회담에서 이 협정의 추진이 양국 정상 간에 합의되었다.
그 후 1998~1999년 기간에 총 다섯 차례의 공식 협상과 비공식 실무협의를 통
해 대부분의 문제에 합의했다. 그런데 협상 막판에 '한국영화 의무상영제'(이하
스크린쿼터) 축소가 결정적으로 발목을 잡았다.

실무협상에서 미국은 스크린쿼터 축소 혹은 폐지, 쌀 수입개방, 쇠고기 수입자
유화 등을 BIT 선행조건으로 제시했다. 나중에 한·미 FTA를 체결하면서 미국이
요구한 4대 선결조건 중 두 가지를 그때도 제시한 것이다.[17]

미국은 특히 "한국의 스크린쿼터는 BIT 표준협상안 제6조가 명기하는 '의무이
행 강제의 금지 규정', 즉 "일정 수준 또는 비율 이상의 국내 부품 사용, 국내산 재
화 및 용역의 구매, 사용, 또는 선호를 강제할 수 없도록 한 규정에 위반된다"고
지적했다.[18]

1998년 11월 21일 서울에서 개최된 한·미 정상회담에서 양국 정상은 연내에

---

17 〈오마이뉴스〉, 2006. 4. 10.

18 이 규정에 따르면 해당 국가는 자국 산업의 발전을 위한 여러 정책수단, 기술이전, 현지생산품 사용
의무, 국내 생산물의 수출 의무 등이 금지된다. 이 조항은 이후 '조항 8'의 내용으로 교체된다. 조항
8은 "각 조약국 정부는 상대국 투자자가 투자사업체를 창설, 취득, 확장, 경영, 관리, 운용할 때 어떤
의무나 약속도 강제로 이행하게 할 수 없다"는 내용을 담고 있다.

투자협정 협상을 마무리하기로 다시 합의했다. 이에 따라 문광부는 문화적 예외를 인정받으려면 현행 한국영화 의무상영일수의 축소 조종이 불가피하다는 명분을 내세워 2002년부터 92일로 축소하고 대신 현재의 상영일수 40일 경감 조항을 폐지하는 안을 제시했다.[19]

미국 측은 축소가 아닌 완전 폐지를 요구하며 이 협상안을 받아들이지 않았다. 이때부터 영화인들의 스크린쿼터 사수투쟁이 본격화되었다.[20] 1998년 12월 1일 광화문 정부종합청사에서 규탄대회가 열렸고, 영화인들은 명동성당에서 철야 천막농성에 들어갔다. 유명 영화인들이 거리에서 삭발식을 하고 눈물 속에 마이크를 잡았다.

이러한 강한 반발 속에 문광부는 국내 영화산업 보호와 문화정체성을 이유로 "스크린쿼터 제도를 현행 그대로 유지한다"는 입장으로 선회했다. 당시 한덕수 통상교섭본부장이 신낙균 문광부 장관에게 스크린쿼터 폐지를 건의했다. 그러나 신 장관은 1999년 1월 11일 "한국영화의 국내 시장 점유율이 40%를 넘을 때까지 스크린쿼터제를 현행대로 유지하겠다"고 다짐했다.

바로 직전인 1998년에 삼성경제연구소에서 "스크린쿼터가 폐지되면 5년 이내에 한국 영화산업이 5%대 점유율로 추락하여 괴멸될 것"이라는 보고서가 나오기도 했다.[21]

영화인들의 저항이 갈수록 격화되자 결국 국회가 손을 들어 주었다. 1999년 1월 5일 국회는 '한국영화 의무상영제 현행유지 촉구 결의안'을 채택했다. 당시 결의안은 한국영화 점유율이 40%를 넘을 때까지는 스크린쿼터를 유지해야 한다고 주장했다. 점유율 40%를 변화 기준으로 제시한 것이다.

정부는 "스크린쿼터제에 대해 5~7년의 유예기간을 두고 점진적으로 축소하거나 폐지하는 '일몰제 방식'을 적용하는 것도 고려할 수 있다"고 대안을 제시했다.

---

19 통상 관련 부처에서는 한국영화 의무상영일수 92일에 40일의 경감 조항을 적용하여 52일로 축소하자는 안을 제시했다(최병일, 2004, 356쪽).
20 "한국 영화 유통의 아킬레스건 … 스크린쿼터의 어제와 오늘", 〈매일경제〉, 2019. 9. 3.
21 김휴종, 1998, 〈스크린쿼터제와 한국 영화산업〉, 삼성경제연구소.

그러나 국회는 이틀 후인 1월 7일 새로운 「영화진흥법」과 「공연법」을 통과시켰다.

달러 유치가 절실했던 한국 정부는 1999년 6월 초 "영화진흥기금을 1,000억 원 이상 증대하여 인프라 구축을 강화하는 대신 스크린쿼터 일수를 2002년부터 단계적으로 축소해 나가자"는 대안을 다시 제시했다.

영화인들은 끝내 이를 받아들이지 않았다. 1999년 6월 18일 광화문 사거리에서 '스크린쿼터 축소 음모 저지를 위한 범국민 규탄대회'가 열렸다.[22]

가수 양희은의 〈상록수〉가 울려 퍼지는 가운데 원로 감독의 백발과 나이 어린 연극영화과 학생들의 머리카락이 한데 엉켰다. 흰 천을 깔아 놓은 삭발식장은 50여 명이 앉을 수 있을까. 장소는 비좁은데 신청자가 끊이지 않았다. 분위기는 한없이 비장했다.[23]

1999년 7월 박지원 문화부 장관은 김대중 대통령의 방미 일정을 앞두고 스크린쿼터 축소 방침을 발표했다. "협상에는 상대방이 있기 마련이며 또한 경제 상황이 어렵기 때문에 신축적 대응이 불가피하다"는 것이었다.

영화계는 극렬히 반발했다. 영화인들의 완강한 스크린쿼터 저항에 부딪혀 결국 한·미 투자협정 BIT는 2000년에 중단되었다.

한국영화 점유율 4년 연속 50%대 넘어

2000년대 초반 들어 한국영화는 많은 구조적 변화를 겪으면서 빠른 속도로 발전했다. 벤처자금을 비롯해 대기업이나 금융회사로부터 독자적 영화제작 투자자금이 유입되면서 한국영화 제작환경이 개선되었다. 한국영화 관객수는 1998년에 1,259만 명에서 2003년에는 5,820만 명으로 5년 만에 약 5배가량 늘어났다.[24]

---

22 1999년 10월 14일부터 23일까지 제4회 부산국제영화제가 열렸던 BIFF 광장에서 매일 오전 10시부터 밤 10시까지 '스크린쿼터 사수를 위한 백만인 서명운동'이 벌어지기도 했다.

23 "스크린 영토 사수 삭발 투쟁", 〈시사저널〉, 1999. 7. 1.

24 〈주간경향〉, 2023. 4. 24.

한국영화 〈괴물〉의 대흥행(2006. 7). 서울 삼성동 코엑스의 메가박스 영화관에서
한국형 블록버스터 영화 〈괴물〉을 보러 온 관객들이 인산인해를 이루고 있다.

　1999년 개봉한 영화 〈쉬리〉가 695만여 명 관객을 동원했고, 2001년 개봉한
〈친구〉가 818만여 명으로 역대 한국영화 최고 흥행기록을 갱신했다. 이어서 〈실
미도〉(관객 1,108만여 명)와 〈태극기 휘날리며〉(관객 1,175만여 명), 〈왕의 남자〉
(관객 1,230만여 명), 〈괴물〉(관객 1,302만여 명) 등이 연속해서 천만 관객을 돌파
했다.
　〈실미도〉는 거액의 자본이 투자된 할리우드 영화 〈반지의 제왕〉을 제쳤다. 〈왕
의 남자〉도 비교적 저예산으로 만들어졌지만 천만 관객을 돌파했다. 한국 관객들
이 무조건 할리우드 블록버스터를 선호하는 것이 아니며, 짜임새 있는 내용, 즉
콘텐츠가 흥행의 관건임을 단적으로 보여 주는 사례였다.
　이전에는 상상할 수 없던 천만 관객 동원 한국영화들이 속속 나오면서 한국영
화의 시장점유율도 1998년 25%에서 1999년 36%, 2000년 35.5%로 점차 높아
지더니 2001년에는 50.1%를 넘어서는 쾌거를 이룬다. 스크린쿼터제가 목표로
했던 40%선을 넘어선 것이다. 평균 상영일수도 156일을 넘어 스크린쿼터가 요

구하는 최소 기준일 146일을 훌쩍 넘겼다.[25] 이때부터 시작된 한국영화의 시장점유율 50% 선은 장기적 추세로 자리 잡았다.[26]

스크린쿼터 문제 수면 위로 재등장

한동안 잠잠하던 스크린쿼터 문제가 2003년 초 다시 수면 위로 올라온 것은 한·미 양자간 투자협정(BIT)이 재개되면서부터다.

2003년 3월 미국에서 EIC(*Entertainment Industry Coalition for Free Trade*)가 만들어졌다. 영화와 콘텐츠산업이 발달한 미국에서는 막강한 이익단체이자 대의회 로비 단체로서 목소리가 컸다. EIC는 "문화산업이 미국 GDP의 5%를 차지하며 그중 절반 이상이 해외 수익이라고 밝히면서, 국제통상협상에서 문화적 예외를 폐지하는 데 미국 정부가 앞장서야 한다"고 강력히 주장하고 나섰다.[27]

한·미 간에 한 나라의 기업이 다른 나라에 투자하려면 해당 국가로부터 그 투자를 보호받을 수 있는 제도를 담보받아야 하기 때문에 BIT 협정은 반드시 필요했다. 투자의 종류가 다양한 만큼 지식재산권이나 방송통신의 투자지분 문제 등 여러 현안이 걸렸다.

그중에서도 반대의 목소리가 가장 높고 국민들 눈높이에 가장 크게 부각된 문제는 여전히 스크린쿼터 축소였다. 이번에도 영화업계는 크게 반발했다. 1999년 스크린쿼터 투쟁을 위해 뭉쳤던 영화인들이 2003년 초에 다시 한번 대오(隊伍)를 정비했다.

---

25 한국영화 평균 상영일수는 2001년 143일, 2002년 147일, 2003년 151일, 2004년 170일, 2005년 170일이었다(외교통상부 보도자료, 2006. 2).

26 한국영화 시장점유율은 2001년 50.1%, 2002년 48.3%, 2003년 53.5%, 2004년 59.3%, 2005년 59.1%였다(외교통상부 보도자료, 2006. 2).

27 "한·미 투자협정과 스크린쿼터", 영화진흥위원회, 2003. 7.

참여정부, 문광부 장관에 이창동 감독 발탁

2003년 2월 말 노무현 대통령이 이끄는 참여정부 임기가 시작되었고 참여정부 초대 문화관광부 장관으로 영화감독 출신인 이창동이 기용되었다.

원래 소설가였던 그는 다소 늦은 나이인 40세에 영화계에 입문했고, 1997년 영화 〈초록물고기〉(한석규 주연)를 내놓았다. 이 영화는 그해 청룡영화제(작품상, 감독상, 남우주연상)를 비롯해 국내 영화제에서 상이란 상은 모조리 휩쓸었다. 할리우드식 영화문법과 다른 묵직한 울림을 주는 영화에 한국 사회가 반응한 것이다.

그가 2000년에 감독한 〈박하사탕〉 역시 청룡영화상과 대종상, 백상예술대상 등에서 크게 주목받았다. 2002년에는 세 번째 작품인 〈오아시스〉가 베니스영화제에서 특별감독상 등을 수상했다.

이창동 감독은 또한 1999년 BIT 협상 때 스크린쿼터 축소 반대에 연대 서명한 반대론자 33인 중 한 사람으로 이름을 올렸다. 33인 가운데 첫 번째가 〈서편제〉의 임권택 감독, 두 번째가 안성기 배우, 마지막 33번째가 젊은 이창동 감독이었다. 그는 2003년 초 BIT 협상이 재개되자 그때도 '스크린쿼터 사수를 위한 범영화인 비상대책위원회'에서 정책대변인을 맡았다.

이처럼 스크린쿼터 축소 반대에 앞장선 사람이 노무현 정부에서 초대 문광부 장관으로 발탁된 이유는 무엇일까?

홍은주 노무현 대통령과는 언제 처음 만나셨나요?

이창동 노무현 대통령과의 첫 만남은 아주 스치듯 지나가서 정확한 인상이 남지 않았습니다. 당시 후보자 시절 저녁에 저를 포함해 영화인 세 사람과 함께 만나기로 했어요. 그분은 선거운동 중이니까 분 단위로 쪼개서 다니던 때였죠. 그런데 제가 일 때문에 한 시간쯤 늦게 그 장소에 갔습니다. 너무 늦은 상태에서 약속장소에 막 들어서는데 그분은 저를 기다리다가 다음 일정 때문에 나오는 중이었습니다. 제가 너무 미안하고 당황한 상태라 무슨 특별한 인상을 가질 만한 상황이 아니었습니다.

홍은주 교수(왼쪽)와 인터뷰하고 있는 이창동 전 문화관광부 장관.

다음에 만난 것은 제가 감독한 〈오아시스〉 영화를 상영할 때였습니다. 극장에서 장애인들과 함께 장애 체험을 하는 기회가 있었는데, 그분이 그 자리에 오셔서 함께 장애 체험을 했습니다. 당시에도 저는 무대에 서 있었기 때문에 직접 만나지는 못하고 관객들에게 "오늘 이런 분이 오셔서 볼 것이다"라면서 진행하는 데 그쳤습니다. 한마디로 두어 번 만난 적은 있는데 자세히 서로를 알 시간은 없었던 거죠.

홍은주 어떤 인연으로 노무현 참여정부의 초대 문광부 장관이 되셨나요?

이창동 노무현 후보가 대선 과정에서 캠페인 할 때 문화예술계 사람들을 만나면서 "제가 당선되면 문광부 장관은 정치인이나 관료가 아니라 문화예술 현장에 있는 사람을 발탁해 현장 요구를 충분히 반영할 수 있도록 하겠다"고 공약했습니다. 선거 과정에서 약속했더라도 현실적으로 어려우면 포기하는 경우가 많은데, 노 대통령은 성격상 당신이 한 약속을 지켜야 한다는 굉장한 집착 같은 게 있는 분입니다. 참여정부 초기에 장관을 임명하는 과정에서 문화예술계의 여러 분야

150

이창동(李滄東)

1954년 대구에서 태어나 경북대
국어교육학과를 졸업했다. 신일고 교사로
재직하면서 1983년 〈동아일보〉 신춘문예에
당선하여 소설가로 등단했고, 〈한국일보〉
창작문학상을 수상했다. 1997년에
〈초록물고기〉로 영화감독에 데뷔하여
청룡영화제 감독상을 받았다. 2000년
〈박하사탕〉으로 대종상영화제 감독상을,
2002년 〈오아시스〉로 베니스영화제
특별감독상을, 2010년 〈시〉로 칸영화제
각본상을 받았다. 2003년부터 2004년까지
문화관광부 장관을 역임했다.

에서 추천받아 많은 사람이 교차 추천하는 인물을 우선 고려하기로 했다고 들었
습니다.

홍은주　당시 참여정부가 장관 선임에 도입한 국민추천제로 추천받았던 거군요.

이창동　그렇습니다. 특히 영화계에서 저를 많이 추천했던 것으로 압니다. 왜냐
하면 당시에 제가 '스크린쿼터 사수를 위한 범영화인 비상대책위원회'에서 정책
대변인을 맡았거든요. 언론이나 국민을 상대로 합리적으로 설득하려면 정책이론
이 뒷받침되어야 하기 때문에 스크린쿼터 정책을 개발하고 설명하는 자리였죠.
제가 정책적 측면에서 왜 스크린쿼터가 필요한지 공부를 많이 해야 했습니다.

스크린쿼터 제도가 만들어진 때는 1966년이었지만 그동안은 미국영화에 대해
수입상영 허가제였기 때문에 별로 문제가 안 되었죠. 1988년 미국영화 직배가 시
작되면서부터 스크린쿼터 문제가 수면 위로 올라왔습니다. 영화인들이 스크린쿼
터를 지키기 위해 본격적으로 위기의식을 느끼고 공동으로 행동하기 시작한 것은
1998년 후반기부터였습니다.

영화인 긴급기자회견(2003. 11. 6). '스크린쿼터 지키기 영화인 연대'는 긴급기자회견을 열고
한국의 문화주권을 노골적으로 침해하는 미국의 압력을 저지할 것을 촉구했다.

    당시 저는 영화 〈박하사탕〉을 준비하느라 바쁜 와중이라 반대 위원회에 잘 나
가지도 않던 시기였습니다. 그런데 대국민 성명서를 작성하려면 글을 자주 써야
하니까 소설가 출신인 제가 정책대변인으로 차출된 것입니다. 개인적으로 점점
더 깊이 스크린쿼터 이슈에 간여하게 된 것이죠.

    당시에 저나 문성근 씨는 소장 그룹이었고 배우 김지미 씨가 한국영화인협회 이
사장이었습니다. 그때 스크린쿼터를 지켜야 한다는 대원칙하에서 신구세대 영화
인이 모두 모여 한마음으로 공동투쟁을 했습니다. 그전까지 영화인들은 신구세대
간에 상당한 거리가 있었는데, 스크린쿼터 지키기 투쟁을 같이하면서 세대 간에
서로 화합하고 결합하는 계기가 마련되었죠. 그런 연유로 영화인들은 제가 스크린
쿼터를 지키는 데 중요한 수문장 역할을 할 수 있지 않을까 기대하여 신구세대를
불문하고 저를 장관으로 많이 추천했던 것으로 생각합니다.

    또한 스크린쿼터 지키기 운동이 처음에는 영화인 중심으로 시작되었지만, 이것
이 단순히 한국영화 지키기가 아니라 문화주권을 지키는 운동이라는 인식이 점차
확산되었습니다. 다른 문화예술계나 문화 관련 시민단체로도 널리 확산되면서 나

중에는 스크린쿼터 사수를 위한 문화연대로 확대 재편되었습니다. 그러다 보니 자연스럽게 저에 대한 문화예술계 전체의 기대가 공유되었다고나 할까, 저에 대한 추천이 늘어났다고 들었습니다.

대통령도 초기부터 저를 부를 의사가 있다고 전해 들었습니다. 솔직히 당시에 저는 정부에 갈 생각이 전혀 없었고 가서도 안 된다고 생각했습니다. 이기적이라고 할 수도 있는데, 저는 정부에 들어가는 게 정말 싫어서, 피할 수 있다면 피하고 싶었습니다. 연락을 안 받으려고 일부러 미국에 가 있기도 했습니다.

제가 자꾸 피하니까 나중에는 문화예술계 인사들을 이 사람, 저 사람 접촉했던 것 같은데 할 만한 사람은 다 고사했습니다. 결국 정치인 출신이 장관이 될 수밖에 없다는 이야기가 흘러나오자 문화예술계, 특히 영화계 사람들이 발칵 뒤집혀서 저를 차출했습니다. 할 수 없이 징집당하는 기분으로, 쓴잔을 받는다는 심정으로 문광부 장관으로 가게 되었습니다.

홍은주   문광부 장관으로 가게 되었을 때 한국문화나 영화에 대해 어떤 소명의식이 있었습니까?

이창동   아주 구체적이지는 않았지만 제 나름대로 중요한 시대적 소명이랄까, 참여정부의 한 사람으로서의 소명이랄까 몇 가지 중요한 포인트를 생각했습니다.

우선 시대가 변화하고 있었습니다. 문화산업 중심의 시대가 오고 있었어요. 그때만 하더라도 사람들은 말로는 '문화 콘텐츠 시대'를 외쳤지만 막연한 개념이었을 뿐이었죠. 이게 구체적으로 무엇을 의미하는지 잘 실감하지 못할 때였습니다. 그래도 문화예술계 내부에서 고민하던 사람들은 시대가 엄청나게 변한다는 것을 실감하고 있었습니다.

가령 당시 한류가 막 시작할 무렵이었는데, 일본에서 〈겨울연가〉 드라마 붐이 일어나 드라마 주인공 '욘사마'(배용준)의 인기가 굉장했죠. 일반인들은 그게 정확히 무엇을 의미하는지 체감하지 못하고 일시적이고 예외적인 일회성 현상으로 신기해하는 분위기였습니다.

청와대에서 이창동 장관(왼쪽)이 노무현 대통령에게 문광부 업무 보고를 하고 있다(2003. 4. 8).

그러나 영화계 현장에 있는 우리는 그 변화를 확실히 체감할 수 있었습니다. 일본이나 중국 가 보면 분위기가 과거와 확실히 달랐어요. 유사 이래 처음 일어난 일이었죠. 상시적 현상이 될 가능성이 있다고 보았고, 그러려면 미래를 위한 정책적 준비가 필요하다고 생각했습니다. 문화 콘텐츠 시대가 본격적으로 열리고 있는데 이걸 준비하는 국가 차원의 준비가 부족하다, 장관으로 가게 되었으니 그 준비를 반드시 해야겠다는 생각은 제가 분명히 하고 있었습니다.

2000년대 초반의 콘텐츠산업 활기

2000년 이후 국내 문화산업 전체 성장률은 21.1%, 영화는 14.6%였다. 같은 기간 우리나라 평균 경제성장률 6.1%를 훨씬 넘어서는 수치다. 영상문화산업의 총규모는 18조 5,000억 원이었다. 2002년 영화산업 매출은 약 1조 원 규모로 문화산업 매출 기여도가 5.5%에 이르렀다.[28]

---

28 김미현 외, 2003, 〈한미 투자협정과 스크린쿼터〉, 영화진흥위원회.

영상 콘텐츠는 다양한 채널로 확산이 가능하다. 영화가 한 편 잘 만들어지면 영화관 상영 후 방송과 비디오, DVD, 블루레이저 등 다양한 채널을 통해 롱테일(*Long Tail*) 판매가 가능하며 해외 판매까지 기대할 수 있다. 가령 2002년 영화산업 1조 원 매출 가운데 극장 매출은 65%이며, 나머지 35%는 비디오, DVD, 방송, 인터넷, 해외판매 등에서 매출이 발생했다. 영화의 OST 음악도 CD 판매 등을 통해 추가 매출을 만들어 냈다.

홍은주 실제로 참여정부가 출범한 2000년대 초반 무렵 '한국영화의 르네상스'가 시작되었죠. 당시 영화인들의 정서나 한국영화에 대해 평가해 주시지요.

이창동 한국 영화산업의 시대적 배경을 이해해야 2000년대 초반부터 한국영화계에 르네상스가 찾아온 이유를 알 수 있습니다.

저는 한국의 정치·경제·사회 변화의 중심에 있던 세대입니다. 1970년대와 1980년대의 문화지식인 사회에서 핵심적 가치나 주제는 바로 민주화였습니다. 한국 사회의 중심 화두와 에너지가 정치적 민주화뿐만 아니라 경제적 민주화, 제도적 민주화, 사회적 민주화 등에 집중되어 있었습니다.

그런 분위기속에서 제가 대학생활을 했죠. 사회에 나와 작가로 활동하던 때도 그 중심 화두에서 벗어나지 못했습니다. 굳이 현재 관점으로 이야기하자면 한국의 리얼리즘이 문단 전체의 화두였기 때문에 저 역시 우리 사회를 지배하는 가치 지향적 분위기에서 벗어나지 못했습니다. 사실 작가로서의 상상력조차 그 분위기나 화두에서 자유로울 수 없었습니다. "소설을 이렇게 쓰면 잡혀가지 않을까?" 걱정하는 정치적 외부 검열뿐만 아니라 "내가 명색이 작가인데 시대적 문제의식이나 화두를 벗어나 다른 글을 써도 되나?" 스스로 내부 검열을 할 정도였죠. 민주화라는 화두와 현실 문제에서 벗어날 수 없는 분위기였습니다. 우리 세대가 거의 대부분 그런 시기를 거쳤죠.

그러다가 1990년대 들어 정치적 민주화가 이뤄지면서 지식인 사회의 관심, 특히 문화예술계의 화두가 급격히 다른 쪽으로 바뀌기 시작합니다. 그중 하나가 영상에 대한 관심이었습니다. 1970년대와 1980년대에는 심층적 의식을 표현하는 핵심적 방식과 중심이 활자와 인쇄매체 위주였습니다. 활자를 통해 관념이나 의식, 내적 가치가 표현되고 소비되고 읽히면서 그게 가장 큰 힘을 발휘했죠. 그런데 영상 시대로 진입하면서 문학의 큰 조류에서도 신세대 문학이니 뭐니 하는 말이 나오고 문화예술계의 관심이 영상 시대에 옮겨가는 현상이 나타났습니다.

한국 사회는 사실 영상 문화의 주류화 추세가 많이 늦었습니다. 서구에서는 이미 1960년대에 시작되었던 현상이고, 포스트모던이니 뭐니 하는 변화가 지배적이었습니다. 그 기간 동안 한국은 정치적으로 억압되어 그런 데 관심을 기울일 만한 정신적 여유가 없었다고나 할까요. 1990년대에 정치적 민주화가 이루어진 후에야 마치 둑이 터지듯 영상에 관심이 높아졌고, 굉장히 많은 사람들이 영화계로 유입되었습니다.

홍은주 1990년대 초반에 문화 엘리트들의 영상 시대 진입이 활발히 이뤄졌군요.

이창동 그런 셈입니다. 요즘 한국영화가 굉장한 저력을 보이는데, 그 바탕을 이룬 사람들이 바로 그 무렵 영화계에 진입했던 감독이나 배우들입니다. 그런 시대적 배경을 이해하지 못하면 현재 한국 영화산업의 저력과 에너지를 이해하기 어렵습니다.

예전에는 한 집안에서 자식 한 명이 문학한다고 나서곤 했죠. 제가 기억하기로 1990년대에는 한 집안에 한 명은 꼭 영화하겠다고 나서는 자식이 있다는 말이 나왔습니다. 문화에 관심이 좀 있다는 사람이면 죄다 영화한다고 나설 때였어요. 시대의 급격한 변화와 민주화의 폭발적 에너지를 경험한 세대의 문화적 관심이 활자에서 영상과 영화라는 신선한 미디어로 이동하고 사회적 관심도 높아지게 된 것이죠.

또한 당시에 영화제작의 토대도 큰 변화가 일어났습니다. 과거에는 기존의 제작사들이 한국영화를 만드는 목적이나 경제적 유인이 미국영화의 수입과 밀접한 관련이 있었습니다. 과거에는 미국영화나 해외영화 상영은 수입허가제였습니다.

156

한국영화 몇 편을 만들어야 한 편의 미국영화 수입허가를 받을 수 있었고, 미국영화를 상영하면 무조건 돈을 벌 수 있었죠. 한국영화는 한마디로 미국영화 수입허가를 받기 위해 제작된 경우가 많았습니다. 특히 대종상 등을 받으면 더 우대받는 제도가 있었기 때문에 영화를 잘 만드는 목적이 대종상을 받기 위한 것인 경우도 많았습니다.

영화투자 제작 구조도 '투자-제작-배급'이 하나로 되어 있는 구조였습니다. 자기 극장을 가진 투자자가 영화를 만들기 전에 지방의 극장 업자들로부터 어음을 미리 받아 제작비를 확보해 영화를 만든 후에 만들어진 영화를 상영하는 방식이었습니다. 입도선매(立稻先賣)라고나 할까, 상영관이 정해져 있으니까 영화가 크게 망할 이유가 없습니다. 대부분 안전한 구조 위에서 영화를 만들고 그 영화가 대종상을 받거나 반공영화로 상을 받으면 그것도 쿼터로 인정해 주었으니 보너스를 받는 셈이었죠.

그런 안전한 구조에서 한국영화를 쭉 만들어 왔는데 1980년대 중후반부터 미국이 외화수입 규제에 대해 자꾸 시비를 걸기 시작했습니다. 본격적으로 영화산업에 위기가 온 것은 수입허가 규제가 철폐되고 1988년 미국영화 직배가 시작되면서부터였습니다.

홍은주 1988년 1월 미국의 유니버설, 파라마운트, MGM 등 할리우드 메이저 영화사들이 한국에 영화를 직접 배급·판매하기 위해 'UIP 코리아'라는 배급사를 만들었죠. 그때 이걸 반대하던 사람들이 1988년 9월 24일 첫 직배영화 상영관인 서울 시내 코리아극장, 신영극장 등에서 꽃뱀을 풀어놓아 '영화관 뱀 소동'이 벌어지기도 했습니다. UIP 코리아가 잘나가는 걸 보고 1989년에는 워너브라더스, 1990년 콜롬비아 트라이스타, 1993년 월트디즈니 등이 직배사 등록을 하고 국내 영업을 시작하기도 했죠.[29]

---

29 "한류 연대기", 〈한겨레〉, 2022. 3. 7.

이창동 그렇게 미국 영화제작사들이 한국에 들어와 영화를 직접 배급할 수 있게 되면서 한국영화와 미국영화가 보완적 관계가 아니라 직접경쟁 체제에 돌입했습니다. 그러자 미국영화 수입허가권을 얻으려고 한국영화를 제작하던 큰손들이 하나둘씩 영화계를 떠났고, 제작자가 없는 영화계는 그야말로 고사 직전에 이르렀습니다. 1988년에 미국영화 상영관에 뱀을 푼 사건은 영화관계자들의 절박한 위기의식을 보여 주는 상징적 사건으로 이해하면 될 것입니다.

홍은주 미국영화 직배로 한국영화 제작에 따른 투자 리스크가 커지니까 영화제작의 토대가 되는 자본 이탈이 대거 벌어졌던 것이군요.

이창동 네, 그렇습니다. 1990년대 초반의 영화계를 돌이켜 보면 참 기묘한 구조적 변화가 발생했습니다.

1988년 미국영화의 직배 이후 거의 대부분의 큰 영화제작사들이 문을 닫으면서 구세대의 영화제작자들이 영화산업 일선에서 완전히 물러났습니다. 실제 수치를 살펴보아도 한국영화 제작 편수 등이 1993년 무렵에 가장 낮았습니다. 투자사와 제작자는 하나둘씩 떠나가고 힘들게 영화를 만들어도 봐 주는 사람이 없으니까 상영관을 잡기도 어려웠죠. 평생 영화를 해온 사람들 입장에서는 최악의 상황이 발생한 것입니다.

다른 한편에서는 1970~1980년대의 민주화 경험을 거치고 치열한 문제의식을 영화적 문법으로 표현하려는 새로운 세대가 영화를 하겠다고 밀려들어오는 기묘한 변화가 일어났습니다.

1990년대 무렵 한국영화계는 분명한 단절이 있었던 시기라고나 할까, 세대 간의 간극이 아주 컸습니다. 문화 분야에는 항상 세대 차이가 존재하기 마련이지만 당시 한국 영화계만큼 세대 차이가 극명했던 적은 없었던 것 같습니다. 1988년 미국영화의 직배 사건이 결정적으로 작용해 구세대가 몰락한 반면, 1970~1980년대에 민주화 과정을 통해 강한 사회인식과 주체성, 자의식을 형성한 새로운 세대의 영화인력이 대거 진입하면서 간격이 커진 것입니다.

한편 산업적 측면에서도 당시에 엄청난 변화가 발생했습니다. 세계 영화계에서 영화가 단순한 문화현상이 아니라 새로운 미래 중심, 제조업을 넘어선 핵심 산업으로서 그 가능성과 변화가 인지되기 시작한 것입니다. 그 계기가 된 사건은 두 가지였습니다. 그때까지 영화는 극장에서만 상영했습니다. 영화관 상영이 끝나면 일반인들이 다시 볼 기회가 없으니까 수명을 다한 것이나 다름없었죠. 그런데 VHS 테이프가 가정에서 영화를 재생하기 시작하면서 가정용 홈비디오 시대가 열렸습니다. VHS 테이프는 NASA에서 우주공간 기록을 위해 개발한 것입니다. 그것이 홈비디오 시대를 열면서 과거에 영화관에서 내려지면 수명을 다한 것으로 알았던 영화들을 집안에서 언제든지 볼 수 있게 된 것입니다. 영화 콘텐츠가 극장을 벗어나 전 세계의 가정으로 퍼지면서 홈비디오산업이라는 굉장한 신산업이 펼쳐진 것입니다.

영화 콘텐츠에 대한 잠재적 수요가 홈비디오라는 하드웨어 개발을 자극했고, 하드웨어의 급속한 보급으로 영화 콘텐츠의 산업적·경제적 잠재력에 눈뜨게 된 것이죠. 그 결과, 영화산업의 경제적 이익과 파이도 엄청나게 커졌습니다. 국가적으로는 잘 만들어진 영화 〈쥬라기 공원〉(1993년 개봉) 한 편이 현대차 100만 대 수출보다 더 큰 이익을 창출하면서 콘텐츠 시장의 잠재력을 깨닫게 되었습니다. 일반인들은 막연히 인식했겠지만, 영화 현장에 있던 우리는 미래 시대가 제조업 중심에서 콘텐츠산업 중심으로 바뀔 것이며, 영화 콘텐츠가 웬만한 제조업보다 훨씬 수익성이 커질 것이라는 인식이 있었습니다.

미국의 GM이나 포드 같은 회사들로 상징되는 제조업은 대량생산을 많이 하면 비용절감이 일어나 수익을 높이지만, 대량생산을 한다고 제조원가가 급격히 줄어들지는 않지요. 그런데 잘 만든 콘텐츠는 추가적 제조원가가 거의 들지 않고 무한복제가 가능하잖아요? 그래서 〈쥬라기 공원〉 한 편이 자동차 100만 대 수출을 넘어선다는 드라마틱한 인식 변화가 생긴 것입니다.

지금 같은 디지털 시대까지는 상상하지는 못했지만, 홈비디오만으로도 영상산업의 엄청난 경제적 잠재력을 영화인들이 실감했습니다. 자본도 콘텐츠산업을 확보하는 데 열을 올리게 되었죠. 소니 같은 전자제품 회사는 미국에서 미국 콘텐츠 확보 경쟁에 뛰어들면서 '소니 픽처스'를 만들고 인수하기도 했습니다.

홍은주 영상사업이 '원소스 멀티유즈'로 큰돈을 벌 수 있다는 가능성을 보고 기업들도 영화산업계에 투자를 시작했지요?

이창동 대기업들이 그런 생각을 가져서 1990년대 초반에 삼성 등이 영상사업단을 만들어 콘텐츠 제작산업에 진입했습니다. 그때 제가 마침 〈그 섬에 가고 싶다〉라는 영화 시나리오를 쓰고 조감독을 맡고 있었습니다. 삼성전자 영상사업단에서 영화계 콘텐츠산업 진입을 위해 타진한 첫 번째 영화가 바로 제 영화라서 제가 직접 나서 협상도 하고 그랬습니다.

당시 영화산업에는 '대기업 진입 불가'라는 규제가 있었습니다. 진입장벽이 있어서 기업들의 직접투자가 안 되었기 때문에 제작 투자가 아니라 제작 지원 형태로 자금이 들어왔습니다. 현대, 쌍용 등 5대 기업이 다 제작 지원 형태로 투자가 들어왔는데, 제대로 선순환이 되지 못한 채 갑자기 외환위기가 터지면서 모두 다 물러났습니다.

홍은주 그 대기업이 떠난 자리를 메운 것이 벤처자금 아닙니까? 〈은행나무 침대〉 등 문화 콘텐츠도 벤처사업으로 인정받았는데요.

이창동 1990년대 후반 무렵 벤처 창업투자회사가 일부 들어왔고, 지금의 CJ나 오리온이 들어온 것은 그보다 좀 더 나중입니다. 그런 큰 변화의 조류에 떠밀렸다고 할까요. 한국 영화산업은 사회적 분위기와 세계 영화산업 패러다임이 바뀌는 변화를 경험했습니다.

영화산업의 가능성이 크다고 믿었지만, 당장 현실은 복잡하고 투자유치가 어려웠습니다. 영화제작의 큰손들이 영화계를 떠나는 상황에서 한국영화의 앞날이 불투명하고 제작 투자를 받기 어려웠으니까요. 그런 상황에서 한국영화의 명맥을 최소한으로나마 지키기 위한 노력으로 스크린쿼터 제도가 수면 위로 떠올랐습니다.

스크린쿼터는 사실 1967년에 이미 법과 제도가 만들어졌지만, 그때는 영화상영 현장에서는 유명무실했었습니다. 스크린쿼터가 지켜지려면 누군가가 영화관에 가서 그걸 하루하루 세 보고 일일이 확인해야 하는데 전국 영화관에서 누가 그걸 모니터링하겠어요? 법으로는 만들어졌지만 현실적으로는 모니터링이 불가능하여 사문화되어 있었습니다.

그런데 미국영화 직배가 시작되자 영화인들이 진정한 위기감을 느끼게 되었고 스크린쿼터를 새롭게 인식했습니다. 자본이 영화계를 떠난 후 한국영화는 만들기도 힘들고 어렵게 만들어도 상영이 잘 안 되니까 그때부터 스크린쿼터라는 제도를 활용해야 한다는 인식이 생겼던 것입니다. 영화인들은 스크린쿼터를 지키자는 자발적 운동을 시작했습니다. 전국 수백 개 영화관을 감시하려면 인력이 필요하니까, 1993년 무렵 스크린쿼터 지키기 감시단을 자발적으로 조직하여 영화인들이 자원봉사 차원에서 감시를 시작한 것이죠.

모든 극장의 모든 상영시간대를 감시는 못하더라도 일부를 모니터링하여 스크린쿼터를 지키지 않으면 고발하자 극장들이 영화인들의 눈치를 보기 시작했죠. 한마디로 스크린쿼터가 법제화된 것은 오래전이지만, 현실적으로 영화산업의 최소한의 안전판으로 기능하게 된 것은 1993년 무렵부터라고 보면 됩니다.

1997년 말 외환위기가 터지고 정부는 한 푼이라도 더 달러를 확보하는 게 절박한 상황이 되었습니다. 그래서 한·미 양자간 투자협정(BIT)이 시작되었는데 BIT에 참여한 단체 중에 MPAA라고 미국영화협회가 있었습니다. 미국은 MPAA가 산업단위 중 막강한 로비력을 가진 단체였습니다. 항공산업 다음이라고 들었습니다.

그 단체가 처음에는 한국 정부가 스크린쿼터를 폐지하면 한국 영화산업에 5억 달러를 투자하겠다고 제시했습니다. 위협보다는 나름대로 당근을 제시한 것이죠. 그 내용을 잘 살펴보면, 영화 자체에 투자한다는 것이 아니라 멀티플렉스 같은 영화시설에 투자한다는 것이었습니다. 잭 발렌티 회장이 "우리가 한국 와서 파이가 커지면 한국 영화인들도 먹을 게 많아진다"고 설득했습니다.

그게 뭐냐? 당시 한국영화는 극장이 많지 않았습니다. 멀티플렉스는 전혀 없었죠. 당시 제가 감독한 〈박하사탕〉이나 〈초록 물고기〉 등도 모두 단관 개봉이에요.

임권택 감독의 〈서편제〉가 당시에 엄청난 관객이 몰렸는데, 서울 단성사 한 곳에 20만 관객이 온 겁니다. 지금으로 치면 천만이 훨씬 넘는 관객일 것입니다. 그만큼 시장이 작았습니다.

반면, 미국은 멀티플렉스가 일반화되어 있으니까 한국의 멀티플렉스 영화관에 투자하여 미국영화뿐만 아니라 한국영화의 파이도 키워 주겠다는 것이었습니다. 사람들은 멀티플렉스가 뭔지도 모르고 파이가 커진다는 말에 집중해서 그럴듯하다고 여겼는지 그 논리를 신문 사설에서도 인용하고 그랬습니다.

영화인들 입장에서는 이 논리가 진정한 위기의식을 불러일으켰습니다. "미국영화를 직배하는 것만으로도 한국영화가 괴멸될 처지인데 앞으로는 멀티플렉스를 전국에 만들어 배급까지 독점하겠다는 말 아닌가? 이제부터 영화산업의 제작과 배급 틀 자체를 자기네 방식으로 가져가려 하는가?"

그때 어떤 느낌이었느냐? 저처럼 현장에 있는 보통 영화인은 매우 절박한 느낌이었습니다. 1988년 미국영화 직배 이후 한국영화가 고사하기 시작하자 1990년대 초반부터 영화인들은 스크린쿼터라는 가느다란 산소호흡기에 의존해왔습니다. 자발적으로 감시단까지 돌리고 간신히 명맥을 유지하면서 재기해 보려고 안간힘을 쓰는 상황인데, 그 생명줄도 이제 곧 끊어지겠다는 절박한 인식이었습니다.

당시 사람들이 "한국영화는 내 돈 내고 보기는커녕 돈 받고 보라고 해도 안 본다"고 할 정도로 한국영화가 외면받던 시절이었습니다. 그나마 스크린쿼터 덕분에 간신히 한국영화가 제작되는데 그걸 폐지한다? 그건 그냥 죽으라는 말이나 다름없었습니다.

더구나 당시 영화인들은 미국영화의 지배가 단순히 산업적 차원의 문제가 아니라고 생각했습니다. 세계적으로 직배가 시작된 나라들은 미국영화가 그 나라의 문화까지 장악하고 있으니까, 문화주권 차원에서도 이걸 지켜야겠다고 생각하면서 연구모임을 갖고 밤새 토론하며 문제의식을 공유했습니다. 그런 분위기 속에서 신구 영화인들이 간극을 딛고 하나로 뭉쳤습니다.

홍은주 당시 밤 9시 뉴스를 보니까 김혜수 씨나 한석규 씨 같은 유명 배우들이

마이크를 들고 성명서를 낭독하고 그러던데요. 삭발식도 있었고요,

이창동 김혜수 씨나 한석규 씨 같은 배우들은 원래 이런 데 잘 나서지 않는 분들인데, 중요한 문제라고 생각해서 머리띠 매고 마이크 들고 성명서 낭독에 나서게 된 것이죠. 여러 사람들이 머리도 깎고요.

당시에 BIT 협상 하던 분이 한덕수 통상교섭본부장이었습니다. 우리 영화인들이 면담을 신청해서 정부종합청사 테이블에서 만나 이분들과 이야기할 때 저도 갔습니다. 그런데 통상 쪽 계신 분들은 콘텐츠산업의 미래에 대한 인식이 우리와 많이 다른 것처럼 보였습니다. 스크린쿼터 철폐가 한국 영화산업에 어떤 영향을 미치고 어떤 성격의 문제인지를 통상협상 전에 분명히 이해해야 할 텐데, 이분들이 콘텐츠산업에 대한 이해도가 낮아 보였습니다.

영화 콘텐츠산업의 변화와 미래 먹거리에 논리적으로 접근하기보다는 "영화인들이 자기네 밥그릇 지키기 위해 스크린쿼터를 사수하려 하네"라는 식의 반응을 보이는 거예요. 그때 우리 영화인들이 "아니, 우리도 다 아는 콘텐츠 비즈니스의 잠재력을 왜 경제전문가들이 이해 못하지?"라며 어안이 벙벙했습니다. 뭐, 알고 있었다 해도 한국영화가 그럴 능력이 없다고 봤을 수도 있지만요. 아무튼 당시 통상 쪽에서는 스크린쿼터 철폐가 영화산업의 현재나 미래에 미치는 영향을 인식하는 경우가 거의 없는 상황이었습니다.

그런데 김대중 대통령은 콘텐츠산업의 잠재적 가능성을 알았거나 우리 논리를 공감했던 듯합니다. 나중에 전해 들었는데, 그쪽 대표가 와서 김 대통령이 이야기할 때 영화계가 전달한 논리로 상대방을 설득하여 5억 달러 투자는 없던 일로 했다고 합니다.

홍은주 그렇게 스크린쿼터를 지키는 문제가 고비를 넘겼지만, 2003년 BIT 협상에서 미국의 지속적 문제제기의 대상이 되었습니다. 한국 경제가 글로벌 가치사슬에서 역할이 커지고 투자가 늘어나다 보면 투자를 상호 보장하는 협정이 필요한 것이 사실이고요.

이창동　그게 간단한 문제가 아니었죠. "세계화 시대에 문화정책이 어느 정도까지 협상의 대상이 되어야 하나?"라는 고민을 내재하고 있었습니다. GATT 체제나 우루과이라운드, WTO 같은 다자간 협상을 할 때는 자연스럽게 문화 분야는 예외로 하는 것이 일정한 원칙처럼 간주되었어요. 미국이 너무 압도적이니까 문화만은 그 나라의 독특한 문화주권으로서 정책적 주체성을 인정하는 분위기가 지켜져 왔죠. 그런데 일대일 쌍무협상인 한·미 FTA에서는 미국의 입김이 강하니까 이런 주체성을 잘 인정하지 않는 분위기가 된 것입니다.

　우리가 스크린쿼터 관련하여 NAFTA 체결 이후 멕시코 영화 사례를 많이 연구했습니다. 그때 알아보니까 미국과의 협상에서 캐나다는 문화에 관한 내용을 지켰고, 멕시코는 지키지 못했습니다. NAFTA가 체결된 1993년 무렵 멕시코가 원래 30%의 스크린쿼터를 지키고 있었는데, 자유무역협정을 체결하면서 미국 시장을 노린 나머지 그걸 내줬습니다.

　멕시코가 어떤 생각을 했느냐? "방송은 언어가 달라서 자국 프로그램을 지킬 수 있을 것이다. 영화는 어차피 (할리우드와) 경쟁이 안 되는 분야이니까 내주자"고 판단했다고 합니다. 그래서 30%의 스크린쿼터를 단계적으로 낮추었죠. 그러자 그전까지는 멕시코 영화가 어느 정도 만들어졌는데 점점 줄어들어 몇 년 만에 멕시코 영화의 상영 비율이 1%도 안 되었답니다. 완전히 망한 거죠. 멕시코가 큰일 났다 싶어 다시 스크린쿼터 일수를 올리기로 하고 의회에서 법을 통과시켰지만, 그때는 이미 너무 늦어 그 후로도 멕시코 영화 제작 편수가 늘지 않았다고 합니다. 스크린쿼터를 지키려면 일단 영화 제작이 이뤄져야 하는데 영화산업이 궤멸해 버려서 제작 자체를 못 하는 상황이 온 겁니다.

　한 번 망하면 되돌릴 수 없다는 반증이라고 우리는 생각했습니다. 스크린쿼터라는 제도가 있다고 지켜지는 것이 아니라 영화가 만들어져야 지켜지는 겁니다. 영화제작 생태계가 붕괴되어 상영할 영화 자체가 만들어지지 않는데 나중에 스크린쿼터제를 되살리면 뭐합니까? 너무 늦은 거죠. 우리는 당시 한국 영화계 제작 생태계가 바로 그런 상황에 처할 것으로 우려했습니다.

　사실 제가 문광부 장관이 된 시점은 한·미 FTA가 시작되기 전이었습니다. 그

164

무렵 저는 스크린쿼터의 중요성을 당연히 알고 있었지만 FTA가 어떤 식으로 스크린쿼터 철폐의 압박으로 작용할지는 잘 몰랐습니다.

홍은주　당시 한·미 FTA를 추진하기 전에 미국이 스크린쿼터 철폐 등 4대 선결조건을 내세웠던 것은 어떻게 보셨나요?

이창동　제가 국회나 언론 분위기 등을 통해 미국의 스크린쿼터 철폐 압박은 분명히 알고 있었습니다. 스크린쿼터가 한·미 FTA를 체결하기 위한 선결조건이라는 것도 직간접적으로 전해 들었죠. 하지만 노 대통령이 저에게 "당신이 앞장서서 FTA 추진을 위해 스크린쿼터를 축소하거나 철폐해야 한다"고 요구한 적은 단 한 번도 없습니다.

아마 스크린쿼터 지키기 정책대변인을 지낸 제 이력을 잘 알았고, 장관이 된 것도 스크린쿼터를 지키라는 영화계와 문화계의 기대에 힘입었다는 점을 잘 알았기 때문이 아닐까 싶습니다. 스크린쿼터를 지켜야 하는 저의 정체성이 너무 분명해서 어차피 반대할 것이라고 생각했을 수 있죠. 아니면 FTA 때문에 스크린쿼터를 선제적으로 해결해야 한다면 저를 내보낸 다음 추진하겠다고 생각했을 수도 있습니다. 저는 두 가지 다 가능성이 있다고 생각합니다. 제가 장관을 그만두고 영화계에 다시 복귀했을 때 스크린쿼터 문제로 욕먹을까 봐 신경을 쓰신 것은 분명합니다.

노 대통령의 성격은 참 독특했습니다. 한·미 FTA를 추진하면 자신을 지지했던 정치적 계층이 모두 반대하고 돌아선다는 걸 분명히 알았는데도 한·미 FTA 추진은 대통령의 움직일 수 없는 신념이었습니다. 추진 의지가 아주 강했습니다. 문화예술계에서 영화계가 특히 노 대통령을 정치적으로 가장 뚜렷하게 지지했기 때문에 지지 기반인 영화계에 신경이 쓰였을 겁니다. 또 스크린쿼터 지킴이 같은 저라는 사람도 옆에 있었죠. 그런데도 대통령이 한·미 FTA를 반드시 관철시키려 한다는 걸 저는 바로 옆에서 확실히 느꼈습니다.

그래서 "이거 한·미 FTA는 도저히 피할 수 없겠다. 그럼 (영화계를 위해) 다른 대비를 해야 한다"고 생각했습니다. 제가 그걸 기정사실로 받아들일 무렵 2004년

5월 총선 이후 6월 말쯤 제가 그만두는 걸로 분위기가 형성되었습니다. "제가 나가겠습니다"라고 말한 것은 아니지만, 총선이 끝나고 개각이 있을 때 바뀔 걸로 자연스럽게 예상했죠. 제가 개각 대상이라는 언론 보도도 나왔습니다.

당시 대통령께서는 두 가지 생각을 했으리라고 추정합니다. 하나는 원래 제가 문광부 장관을 좋아서 하는 것이 아님을 알고 있으니까 그만 놓아 주어야지 하는 마음이 있었겠죠. 또 하나는 스크린쿼터 축소를 기정사실화하기 위해서라도 내보내야 한다고 생각했을 겁니다.

청와대 만찬장에서 터져 나온 스크린쿼터 문제

그런데 갑자기 이 문제가 앞당겨져 갑자기 공론화되는 사건이 발생했다. 2004년 6월 1일에 국제문화전문가단체(CCD) 대표자 회의가 서울에서 열렸다. CCD는 문화주권과 다양성을 지키기 위한 글로벌 운동가 단체였다. 한국 문화연대가 스크린쿼터를 지키기 위해 그 총회를 서울에서 유치한 것이었다.

6월 3일 대통령이 청와대 만찬에 이들을 초청했다. 각 나라에서 온 대표자들과 한국 문화인들도 참여한 만찬 자리였다. 헤드테이블에 대통령과 해외 단체 의장단 대표, 그리고 〈올드보이〉로 칸영화제 심사위원 대상을 받은 박찬욱 감독이 초대되었고, 이창동 문광부 장관이 배석해 있었다.

이창동 초청연설이 끝나고 건배한 후에 화기애애한 분위기 속에서 이런저런 이야기가 오갔습니다. 그때 로베르 필롱이라는 의장단 대표가 "한국이 스크린쿼터를 지키는 것은 세계적으로 모범적 사례이다"라고 이야기를 시작했습니다. 대표단은 자기네들이 왜 서울에 왔는지 목적을 분명히 알고 있으니까요.

그런데 대통령이 그 문제를 적당히 지나가지 않았습니다. 짐작하건대 자신은 분명히 스크린쿼터를 축소할 입장인데, 세계 문화단체가 모인 자리에서 마치 안 할 것처럼 덕담만 할 수 없었던 것 같아요. 이 사람들이 떠나고 난 후에 스크린쿼터 축소를 발표하는 게 마음에 걸렸던 듯합니다. 이분은 대충 그 자리를 모면하기 위해 좋은 이야기만 하는 보통 정치인들과는 마인드가 좀 다른 분입니다. 자기에게 불리한 이야기도 분명히 하는 분이었죠.

노 대통령은 그 자리에서 "스크린쿼터를 축소해도 한국영화는 괜찮을 것이다"라고 답변했습니다. 이건 대통령이 스크린쿼터 축소를 기정사실화한 것 아닙니까? 그러면서 박찬욱 감독에게 "박 감독, 스크린쿼터 축소해도 한국영화 자신 있죠?"라고 물었습니다. 박 감독은 당황해서 "자신 없는데요"라고 대답했습니다. 만찬 중에 한담을 나누던 자리였고 웅성웅성하는 분위기니까 그 말이 다른 사람들에게는 잘 안 들렸던가 봐요. 다른 대표단이 노 대통령이 정확히 무슨 말씀을 한 거냐고 물으니까 로베르 필롱이 "He said the screen quota reduction"이라고 전달했습니다. 갑자기 분위기가 싸해졌죠.

저는 "아이고, 이거 큰일 났다" 싶었습니다. 일단 담배 피울 것처럼 그 자리를 이석하여 한국영화의 대표성 가진 분들, 양기환 사무총장과 이춘연 영화인회의 이사장, 정지영 감독(위원장) 등을 밖으로 불러내서 헤드테이블의 상황을 설명했습니다. 사실 제가 그때 진짜로 당황한 건 우선 이게 FTA 협상에도 별로 좋지 않다고 봤기 때문입니다.

홍은주 패를 꺼내서 미리 다 보여 주는 셈이니까요?

이창동 그렇죠. 설령 축소하더라도 우리가 협상에 앞서 미리 기정사실화할 필요가 없잖아요? 그리고 우리가 스크린쿼터 축소나 철폐를 반대하는 걸 알고 이걸 지키도록 격려하기기 위해 한국을 찾아와 준 세계의 대표들에게 이런 식으로 이야기하는 것은 문제라고 생각하여 영화인들과 중지를 모았습니다.

제가 "이 자리에 온 외국인들에게는 절대로 이야기하지 말라"고 당부했죠. "어쨌든 이게 대통령의 발언으로 기정사실화된 셈이니까 이야기해도 내가 하겠다. 사실 이 문제는 군이 대통령이 직접 이야기할 사안도 아니다. 나는 어차피 6월 말에 나갈 사람이니까 내가 총대를 메고 이야기하겠다"고 설득했습니다. "어떻게 이야기할 건가?" 묻기에 "하루 이틀 뒤에 당신들이 나를 찾아와 면담한다고 해라.

그럼 내가 그때 공식화하는 발언을 하겠다"고 급히 의논을 끝냈습니다.

그날 저녁에 제가 바로 문광부로 들어가서 긴급회의를 하고 대책수립에 나섰습니다. 그전에는 사실 대비해야 한다고 늘 생각은 했지만 아직 공식적으로 문제 제기된 것이 없으니까 당장 논의는 시작하지 않았었죠. 그런데 그날은 긴급하게 대비책을 만들 수밖에 없었습니다.

스크린쿼터 축소에 따른 3대 원칙 발표

홍은주 스크린쿼터 축소 문제는 옛날부터 있었으니까 사실 대책이나 밑그림은 이미 다 마련되어 있었을 텐데, 그때 어떤 대책을 중점적으로 논의하셨나요?

이창동 당시에 우리가 긴급히 결정한 것이 문화주권을 지키는 주체적 결정, 다양성을 위한 정책전환, 스크린쿼터 연동제 등 3대 원칙이었습니다.

첫째, 스크린쿼터는 FTA 협상 과정에서 협상 조건으로 축소하는 것이 아니라 우리가 주체적으로 결정하는 것이라는 점을 분명히 하기로 했습니다. 그때까지 한국 문화계가 주장하던 문화주권 지키기, 즉 문화정책은 해당 국가가 주체적으로 결정한다는 원칙에 위배되면 안 되니까요.

둘째, 한국영화가 발전하려면 스크린쿼터처럼 상영일수를 확보하는 양적 목표보다는 향후 다양한 한국 영화가 제작되고 상영되도록 하는 데 정책적 역점을 두기로 했습니다. 즉, 영화진흥기금 등을 만들어 한국영화가 다양성을 확보할 수 있도록 정책적 전환 노력을 기울이겠다는 것이죠. 영화진흥기금을 마련하여 다양한 영화가 만들어지도록 지원하고, 독립영화나 비상업적 영화를 상영하는 예술영화 전용관을 전국적으로 적어도 100개를 설립한다는 목표를 세웠습니다. 당시에는 그런 예술영화 전용관이 몇 개 없었거든요.

셋째는, 그런 정책을 폈는데도 불구하고 만약 한국영화가 멕시코처럼 무너지면 다시 스크린쿼터 상영일수를 늘리는 연동제를 도입하는 것을 제시했습니다.

그런 식으로 제가 공론화하자 그야말로 난리가 났습니다. 사람들이 경위를 모

168

르는 상태에서 들으면, 영화인 출신 장관이 스크린쿼터를 지킨다고 좋은 말은 다 해 놓고 퇴임 직전에 자기 입으로 스크린쿼터 축소를 발표한 상황이니까요. 그때 저와 직접 이야기를 나눈 사람들은 갑자기 제가 스크린쿼터 축소를 앞장서서 발표한 경위를 알고 있었지만 제 요청으로 침묵을 지켜 주었습니다.

나중에 제가 장관직을 떠난 후 영화계 사람들 20여 명이 모여 제가 제시한 안을 가지고 "영화계가 받을 거냐, 말 거냐"를 놓고 토론했습니다. 제가 그때 이렇게 설득했습니다.

"한국영화의 절대 상영일수를 지키는 데 너무 기계적으로 포커스가 맞춰져 있는데 어차피 그게 불가능한 상황에 도달했다. 무조건 결사반대하기보다는 다양한 영화를 만들어야 하고, 그걸 위한 제도적 환경을 구축해야 한다. 이를 위해 우리가 요구를 많이 하고, 발전기금을 요청하며, 예술영화나 다양한 전용관을 확보하는 것이 현실적 선택이자 대안이 될 수 있다."

결국 토론 끝에 지금까지처럼 '결사반대' 쪽으로 결론이 났습니다. 일부 언론에서 저를 스크린쿼터 배신자로 묘사하기도 했지만, 영화계에서는 예상보다 저를 욕하지 않았습니다. 그게 어떤 경위에서 나왔는지 알 만한 사람은 다 아니까요.

이 과정에서 노 대통령이 상당히 언짢아하셨습니다. 뭐, 저한테 직접 화내신 것은 아니고 그냥 언짢다는 걸 표시했는데, 저는 그걸 저에 대한 배려라고 생각했습니다. 저는 곧 나갈 사람이니까 제 손에 굳이 피를 묻히지 않으려고 스크린쿼터 이야기도 일체 하지 않고 나름대로 크게 배려했는데 제가 제 입으로 발표해 버리니까 "곧 나가기로 예정된 사람이 무슨 오지랖으로 그랬느냐?"는 겁니다.

그날 대통령께서는 작심하고 헤드테이블에서 당신의 입으로 스크린쿼터 축소를 공식화하는 발언을 했던 거잖아요? 당연히 바로 그날 기사가 언론에 터질 것으로 예상했는데 제가 그걸 막고 며칠 후 제 입으로 공식화하니까 좀 황당하셨을 거예요.

나중에 한명숙 총리 시절에 노 대통령이 한참 힘들 때 문화예술인 몇 명이 모여서 "편한 사람들 만나서 마음을 터놓고 이야기나 하시죠"라고 말씀드린 적이 있어요. 그때 "FTA 스크린쿼터 축소 때문에 다들 내 곁을 떠난 줄 알았는데 이렇게 와 줘서 고맙다"고 하셨습니다. 인사치례가 아니라 진심으로 그렇게 말씀하셨습니다.

한국영화의 독특한 문법, '공동체 의식'

홍은주 2000년대 초반부터 한국영화가 무섭게 치고 올라와서 점유율 50%를 넘겼고 결국 스크린쿼터 축소로 이어졌습니다. 그 동력이 뭘까요?

이창동 한국 사회의 응축된 젊은 혁신의 에너지가 1990년대에 영상 시대로 넘어오면서 영화계에 많이 들어왔습니다. 이들은 영화 테크닉이 뛰어날 뿐만 아니라 사회적 공동체 의식을 뚜렷이 학습한 인력이었습니다.

영화란 워낙 개인적 작업이라 사실 그런 우수 인력들이 각자 일하면서 뿔뿔이 흩어졌을 수도 있었습니다. 그런데 우연히 "스크린쿼터를 지켜 내지 않으면 우리는 다 죽는다"는 절체절명의 목표하에서 공동체 의식이 아주 뚜렷해졌습니다. 배우와 감독, 제작자, 구세대와 신세대 영화인 등이 같은 목표하에서 함께했습니다. 같이 밤새워 토론하고 머리를 맞대는 모임을 계속하면서 서로가 서로에게 시너지가 되는 경험을 한 것입니다. 이는 전 세계 영화사에서 유례없는 동력이었습니다.

다른 나라 영화 관계자들이 "선진국들보다 훨씬 영상산업에 뒤처져 있던 한국이 갑자기 치고 올라온 이유가 뭐냐?"고 우리에게 물을 때마다 잘 설명하기 어려운 부분이 바로 이 점입니다. 한국 영화계를 하나로 묶는 공동체 의식과 시너지는 의도적으로 노력한다고 형성되는 것이 아닙니다. 흥행영화를 만들고 출세하고 유명해지는 개인적 목표를 넘어 영화계 전체의 발전을 위해 공동체적 목표를 향하는 에너지들이 그 안에 용출하고 있었던 것입니다.

가령 봉준호 감독의 〈기생충〉이 국제적 영화문법으로 빈부문제 등을 다룰 때 그건 자연스러운 문제의식이고 인식이었습니다. 그것이 다른 나라 영화들과 크게 차별화되는 요소입니다. 한국영화는 하다못해 범죄영화나 깡패영화, 좀비영화에서도 일정한 '공동체적 주제의식'이 자리하고 있습니다.

이건 절대로 다른 나라 영화에서 찾아볼 수 없는 독특한 요소입니다. 이런 식의 공동체 의식이 한국의 독특한 영화문법이 되고 영화 속 에너지가 되어 관객에게

소구력을 가지게 된 것입니다. 그런데 이건 스크린쿼터를 지키는 과정에서 형성된, 외국인들은 절대로 이해 못하는 한국적 현상이라고 생각합니다.

다시 길거리에 나선 영화인들

한·미 FTA에서 정부의 스크린쿼터 축소 방침이 밝혀지자 영화인들은 다시 길거리로 나섰다.

> 장맛비가 주룩주룩 내리는 광화문 네거리에서 안성기, 박중훈, 문소리, 김민선, 이은주, 김태우 등 팬들이 우상처럼 떠받드는 우리나라 톱스타들이 흠씬 빗물에 젖어서 주먹 쥔 팔을 허공에 내뻗으며 구호를 외쳤다. 그 뒤로 조연급 배우, 제작자, 감독, 스태프 등 300여 명의 영화 관계자들이 줄지어 구호를 외쳤다. 영화촬영의 한 장면이 아니라 100% 실제 상황이었다. 극장의 스크린에서나 볼 뿐인 스타들이라 대번에 수많은 시민들이 몰려들었다. 하굣길의 여고생들은 교복을 적시는 빗방울을 아랑곳하지 않고 이들의 주위를 맴돌며 환호했다.[30]

그러나 1999년과 달리 이번에는 한국영화가 상당한 경쟁력을 갖추고 있었기 때문에 대국민 설득력이 떨어졌다. 스크린쿼터 문화연대가 중심이 되어 지속적으로 '축소 반대'를 주장하고 시위도 벌였다. 하지만 각종 여론조사나 인터넷에 오르는 여론을 보면 스크린쿼터 축소나 폐지를 지지하는 비율이 8 대 2 또는 9 대 1 정도로 압도적 추세를 보였다.[31]

또한 정부도 단호하고 확고한 입장을 고수했다. 노무현 대통령은 이미 2004년 12월 16일에 열린 제3차 대외경제위원회의에서 다음과 같이 작심 발언을 했다.

---

30 〈대한민국 정책브리핑〉, 2004. 7. 21.
31 조희문(상명대 예술대학장), 2004, "스크린쿼터제, 한국영화 보호에 실익 없어", 〈나라경제〉, 8월호.

영화 부문은 (반대 여론에 대한 정부의 대응과 대책에) 좀 불만이 있다. 지난번 APEC에 가서 '이 부분을 열자'고 얘기한 것은 내가 나름대로 영화인들도 만나 보고 판단이 있어서 한 얘기였다. 저항이 강하리라고 예상하지만 정부가 의지를 가지고 단호하게 나가 줬으면 좋겠다.

대외경제위원회의 문건에 따르면, "2005년 9월에 열린 제5차 대경위 개최 결과, 미국이 제기하는 주요 현안은 주무 부처들이 10월까지 해결하도록 한다"고 명시했다. "제5차 대경위 이후부터 (4대 선결조건에 대한) 범정부 차원 협의는 거의 없이 통상교섭본부가 각 주무부처를 끌고 나갔다"는 증언에 비춰 볼 때, 제5차 대경위가 4대 통상현안의 방향을 최종적으로 결정지은 분기점이었던 것으로 보인다.[32]

최석영 국내에서는 유명 영화인들이 적극적으로 나서서 반대하는 바람에 스크린쿼터 축소 문제가 가장 크게 부각되었지만, 그것 외에도 곤혹스러운 문제가 많았습니다. 실제로 나중에까지 정치적으로 엄청난 이슈가 된 쇠고기 문제가 바로 초기의 4대 선결조건으로부터 촉발되어 계속 내연(內燃)된 문제였습니다.

한·미 FTA 추진과정에서 4대 선결조건 때문에 촉발된 엄청난 사회적·정치적 논란에도 한·미 FTA가 중단 없이 추진되어 체결된 것은 노무현 대통령의 뛰어난 결단 덕분이라고 생각합니다. 노 대통령은 한·미 FTA뿐만 아니라 아프가니스탄 파병과 같은 보좌관들 사이에서도 반대가 많았던 결정을 종종 내렸습니다. 이런 것들은 지도자의 뛰어난 안목이 아니면 내리기 어려운 결정들이었습니다.

특히 한·미 FTA에 대해서도 노무현 대통령은 주변 보좌관들이 다 반대했지만 흔들리지 않는 신념을 가지고 있었습니다. "우리나라 경제 시스템과 제도를 선진화하고 글로벌 경쟁력을 강화하는 데는 한·미 FTA가 굉장히 유용한 수단이 될 수 있다"는 확신을 가지고 추진했습니다.

---

32 〈한겨레〉, 2006. 8. 10.

스크린쿼터 축소에 따른 보완대책 발표

다음 해인 2006년 1월 26일 정부는 2007년부터 스크린쿼터를 146일에서 73일로 줄이는 정책을 발표했다. 1월 27일 문광부(정동채 문광부 장관)는 5년 동안 4,000억 원 규모의 한국영화발전기금을 영화계에 지원하는 등의 내용을 담은 스크린쿼터 축소 대책을 발표했다.

정부는 4,000억 원의 한국영화발전기금을 통해 비주류 예술영화, 독립영화, 다큐멘터리 등의 제작을 지원하고, 현재 10여 개에 불과한 예술영화 전용관을 100개까지 늘려 나갈 계획이다. 이와 함께 저예산 영화제작 전문투자 조합을 결성하는 한편, 해외진출 전략센터와 해외 공동영화 제작지원 등을 통해 시장 확대를 적극 도울 것이다. 재정지원 외에도 제작 · 배급사와 극장 간 수익분배율 개선, 영화제작 투자소득에 대한 세제 혜택 부여 등 제도적 개선을 추진하며, 열악한 환경에서 근무하는 영화 현장 인력의 처우 개선과 재교육에도 발 벗고 나설 계획이다.[33]

정부는 스크린쿼터를 축소하는 대신 '변화와 다양성'을 정책의 기본으로 삼고 자금지원과 제도적 조정을 하는 방식으로 정책기조를 전환했다. 양적 일변도에서 벗어나 문화적 다양성을 확산하는 데 지향점을 맞춘 것이다.

이 같은 정책은 "스크린쿼터가 유통 부문의 중요성을 과소평가하고 있으며 작품성이 뛰어나지만 규모가 작거나 흥행성이 낮은 영화들을 보호하는 데는 역할을 하지 못한다"는 지적에 따른 것이었다.[34]

---

33 선경철, 〈대한민국 정책브리핑〉, 2007. 8. 14.
34 "〈와이키키 브라더스〉, 〈라이방〉, 〈나비〉, 〈고양이를 부탁해〉 같은 영화들은 작품성이 뛰어나다는 평가에도 제대로 흥행하지 못한 채 밀려났다. 한때 '와라나고 살리기' 운동이 벌어졌지만 일시적 바람으로 그쳤다. 스크린쿼터 제도가 이들 영화를 보호하는 데는 별 역할을 하지 못했음을 확인시켜 준 사례다. 베를린영화제에서 감독상을 받았던 〈사마리아〉의 경우도 마찬가지였다"(〈나라경제〉, 2004년 8월호).

CHAPTER 5

한 · 미 FTA 본협상 추진

1. 한 · 미 FTA 추진 공식 선언

대통령의 신년 선언: "한 · 미 FTA 추진합니다"

2006년 1월 18일, 노무현 대통령은 신년벽두 대국민 연설에서 한·미 FTA 추진을 공식 선언했다.

"그동안 여러 나라와 자유무역협정을 추진해 왔습니다. 우리 경제의 미래를 위해서 앞으로 미국과도 자유무역협정을 맺어 나가야 합니다. 지금 대화를 시작했습니다. 조율이 되는 대로 협상을 시작하도록 하겠습니다."

대통령의 신년 선언 이후 한·미 FTA를 향한 일정이 바쁘게 진행되었다. 1월 26일 총리 주재로 고위당정 조찬협의회가 열려 4대 선결조건 및 협상 출범까지의 일정을 협의했다. 1월 31일 워싱턴을 방문한 김현종 통상교섭본부장은 포트먼 USTR 대표와 면담을 통해 한·미 FTA 추진을 최종적으로 확정지었다.

2월 3일, 미국 워싱턴 의회 건물에서 한·미 통상장관은 공동기자회견을 열어 한·미 FTA 협상 개시를 공식 선언했다. 협상 개시를 발표하는 자리에서 포트먼 USTR 대표는 "한·미 FTA는 포괄적 협정이 될 것"임을 천명했다. 배석했던 USTR의 다른 고위 관계자도 "우리가 한국 측과 협상할 FTA는 가장 높은 수준의 FTA로서 향후 모든 FTA의 기준이 될 것"이라고 밝혔다.

김현종 본부장의 워싱턴행은 미국의 공화당 행정부가 민주당이 다수인 의회의 지지를 이끌어 내기 위해 미국 정가와 기업계, 언론 등에 한·미 FTA 추진을 적극적으로 알리는 성격이었다.

같은 날 한국에서는 오전 10시에 외교통상부 본부 대사였던 김종훈이 한·미 FTA 협상단의 한국 측 수석대표가 되어 기자회견을 했다. 그는 반기문 외교통상부 장관으로부터 수석대표를 맡아 달라는 말을 듣고 고민하다가 이를 수락했다고 한다.

김종훈 당시 반기문 외교통상부 장관께서 "한·미 FTA를 추진하려 하는데 당신에게 수석대표를 맡기고자 한다. 당신 생각은 어떤가?"라고 물어왔습니다. 이게 보통 일이 아니라 "제가 사흘만 좀 생각해 보겠습니다"라고 말씀드리고 많은 지인, 후배, 선배들과 의논했는데 의견들이 딱 반반이었습니다.

우선 "나중에 협상 과정에서 문제가 생기면 책임만 지고 힘만 빠질 거다"라고 이야기하는 사람들이 있었죠. 또 어떤 사람들은 "어려울수록 해보는 게 공무원으로서 보람 있는 일 아니냐?"고 말하기도 했습니다.

그러다 문득 '설령 하다가 잘 안 되더라도 국가가 필요하면 공무원이 그걸 맡아서 하는 게 도리가 아닌가?'라는 생각이 들었습니다. 어려움이 예상된다고 해서 이걸 피하는 건 공직자로서의 자세가 아니니까 어떻게든 최선을 다해 보자고 결심했습니다.

한·미 FTA 선언의 의미

2006년 초에 선언된 한·미 FTA는 한국과 미국, 두 나라가 대등한 관계에서 추진하는 최초의 종합통상조약이었다.

구한말인 1882년 5월 22일, 조선은 미국과 최초의 통상조약인 '조미(朝美)수호통상조약'을 체결했다. 조선 역사상 최초로 서양과 맺은 근대적 통상관계로 이조약을 위해 태극기가 만들어지기도 했다. '최혜국 대우' 등 형식적 균형은 갖추었으나, 조선은 미국에 팔 물건도 변변한 배 한 척도 없던 터라 개항의 의미는 별로 없었다.

1945년 해방 이후부터 6·25 전쟁 기간 동안 미국은 신생 독립국 한국에 꾸준히 무상 경제지원을 했다. 지원 형태가 점차 무상에서 유상으로 바뀌면서 1956년 11월 한국과 미국 간에 한미우호통상항해조약이 다시 체결되었다. 이 조약 이후 미국은 대충자금(對充資金) 등을 통해 적지 않은 유·무상 경제지원을 해 주었고, 제도 개선에도 도움을 주었다. 그 대신 한국의 각종 거시정책에 지속적으로 관여하고 재정규율에도 간섭하는 등 '잔소리 많은 시어머니' 역할을 했다.

이후 한국의 경제발전이 장기간 고도화되고 1980년대에 한국 상품 수출이 대폭 증가하면서 한·미 통상관계는 새로운 국면에 접어들었다. 과거에 없던 통상 갈등이 생겨난 것이다. 미국이 여러 가지 통상보복 규정을 앞세워 "한국 경제가 발전한 만큼 시장을 좀 더 열라"고 요구했고, 한국은 계속 수세적으로 대응하면서 나타난 갈등이었다.

이런 상황에서 등장한 한·미 FTA는 한·미 관계가 한 차원 더 발전함을 의미하는 상징적 통상협상이었다. 한국 입장에서 미국은 경제적 측면에서나 안보적 측면에서 절대로 포기할 수 없는 시장이었다. 한·미 FTA는 장기화된 통상 갈등을 탈피하여 미국과 경제통합을 모색하고 도약한다는 긍정적 측면이 있었다. 한편 세계 최대 경제대국 미국을 상대로 수평적이고 대등한 관계를 모색하는 실험적 도전이라는 점에서 적지 않은 위험성도 내포하고 있었다.

한·미 FTA 정치역풍 정면돌파 예고

한·미 FTA로 시장이 통합되면 이익을 보는 산업 분야도 있지만, 경쟁력이 미국에 뒤처져 "통째로 삼켜질지도 모른다"며 두려워하는 분야도 당연히 있었다.

FTA를 통한 미국 시장과의 통합에서 한국 정부가 예상하는 시장 확장과 경쟁력 제고, 생산성 향상은 미래의 불확실한 동태적 기댓값이었다. 반면, 피해가 예상되는 분야는 현재적이고 즉각적이었다. 단순한 관세인하뿐만 아니라 제도와 규칙, 법까지 강제적 변화에 노출되기 때문에 엄청난 반발과 정치적 파장이 우려되었다.

노무현 대통령의 한·미 FTA 관련 신년 연설의 내용을 살펴보면, 이 같은 반발을 정면 대응하기로 한 단호한 결심이 읽힌다.

미래를 위해서 꼭 필요한 일은 반드시 하겠습니다. 뒤로 미루지 않겠습니다. 어떤 어려움이 있더라도 책임 있게 해 나가겠습니다. 임기 안의 성과에 연연하지 않고 멀리 내다보고 할 일은 뚜벅뚜벅 해 나가도록 하겠습니다. … 개방 문제는 거역할 수 없는 대세입니다. 적극적으로 대처해서 우리 경제를 선진화하는 기회로 삼아 나가겠습니다.

아니나 다를까. 한·미 FTA 협상 추진에 앞서 각계 여론을 수렴하기 위해서 2월 2일 개최된 공청회가 농민단체의 항의시위로 무산되었다.

언론보도에 따르면, 농민단체 회원 100여 명은 이날 오전 9시 30분쯤 공청회 시작에 맞춰 코엑스 회의장에 입장한 뒤 "한·미 FTA 졸속 추진 중단하라"는 등의 요구를 하면서 FTA 협상 추진 반대시위를 벌였다. 회원들은 "한·미 FTA, 한국 경제 완전 종속, 한국 농업 완전 파탄"이라고 적힌 현수막을 회의장 앞에 내걸고 한·미 FTA 협상 추진 포기를 촉구했다.

소란 속에 공청회는 세 차례나 정회를 거듭했고, 결국 통상교섭본부 측은 오전 11시 40분 무렵 회의 중단을 선언했다.[1]

김종훈 2006년 초 대통령이 연두 기자회견에서 한·미 FTA를 추진한다고 발표하고, 한 달여 뒤인 2월 2일에 한국무역협회에서 한·미 FTA 협상에 앞서 공청회를 열기로 했습니다. 공청회를 오전 10시에 시작했는데, 제가 공청회 장소에 도착했더니 FTA를 반대하는 플래카드와 만장(挽章) 깃발이 등장하고 단상은 벌써 점거되어 도저히 회의를 진행할 수 없는 분위기였습니다.

그때 제가 아주 낙담이 컸습니다. 들어 볼 말도 있었고 제가 하고 싶은 이야기도 있었는데, 공청회 자체가 성립이 안 돼 버렸으니까요. 제가 그 공청회를 전후해서 공식적으로 협상 수석대표 발령을 받았는데 "이걸 어떻게 해야 하나?" 고민이 많고 머리가 복잡했죠. 그 당시에 전철을 타고 광화문으로 돌아가다가 갈아타야 하는 환승 정류장을 놓쳐 지하철 속에서 두어 시간 헤매기도 했습니다.

공청회 무산에도 불구하고 정부는 이날 2월 2일 오후 권오규 부총리 주재로 대외경제장관 회의를 열어 한·미 FTA를 추진하기로 공식적으로 결의했다.

3월 6일, 한·미 FTA 추진을 위한 비공식 사전준비 협의가 외교통상부 회의실에서 개최되었다. 한국 측에서는 김종훈 한·미 FTA 수석대표를 비롯해 외교부, 재경

---

1 〈한겨레〉, 2006. 2. 2.

부, 농림부, 산자부 등 관계관들이 참석했다. 미국 측은 웬디 커틀러 USTR 대표보를 수석대표로, USTR 관계자들과 국무부, 농무부 등이 참석했다.

이날 양측은 협상 분과 구성 방안, 제1차 협상 개최 시기 및 장소를 포함한 협상 일정, 협정문 초안 교환 시기 등 향후 FTA 협상 추진 준비와 관련된 절차적 사항을 주로 논의했다. 협의 결과 "협상의 효율적 운영을 위해 분야별로 협상 분과를 설치하며 5월 초에 양측이 작성한 협정문 초안을 주고받는다. 이후 약 한 달간 검토하고 6월 5일부터 워싱턴에서 제1차 한·미 FTA 공식협상을 시작한다"고 합의했다.

제2차 협상은 7월 10일부터 4일간 서울에서 개최하며, 이후 9월과 10월, 12월에 한·미 양국에서 번갈아 가면서 후속 협상을 하기로 했다.

촉박했던 협상 시한

한·미 FTA는 그전에 추진된 한·칠레 FTA나 한·싱가포르 FTA, 중도에 무산된 한·일 FTA와 달리, 협상 마감 시한이 2007년 미국 동부 시간 3월 31일 자정으로 사전에 분명히 정해져 있었다. 1차 협상이 6월에 시작되기 때문에 실제 협상은 약 9개월밖에 남지 않아 시간이 매우 촉박했다.

끝을 미리 정해 놓고 협상이 시작된 이유는 미국 의회·행정부간 통상협상위임 제도인 무역촉진권한(TPA) 때문이었다. 미국은 통상권한이 의회에 있다. 무역촉진권한은 대외 무역협상에서 효율적 결과를 얻기 위해 미국 의회가 행정부에 부여하는 포괄적 협상 권한인데, 미 행정부가 의회에 결과를 보고해야 하는 시한이 2007년 3월 31일이었던 것이다.[2]

최석영 2006년 2월 3일에 한·미 양국이 FTA 협상 개시 선언을 했습니다. 몇 달간 준비한 다음 6월 초부터 협상을 시작했는데, 그 후 거의 한 달에 한 번씩 회

---

2 한·미 FTA 반대 진영에서는 바로 이 점을 들어 졸속 협상을 비판했다. "한·미 FTA가 아우르는 범주나 파급력, 이전 경험에 비춰 볼 때 협상 개시 1년도 채 안 되는 기간 안에 타결된다면 졸속이라 하기에 충분하다"는 것이다.

의를 했을 정도로 굉장히 빠르게 진행되었습니다.

그 이유는 미국의 특수한 법체제인 무역촉진권한의 시한 때문이었습니다. 미국 의회가 행정부에 부여한 패스트 트랙(Fast Track) 시한이 끝나는 시점이 2007년 6월 30일 자정입니다. 그 룰에 따르면 그 기한의 90일 전에 협상을 타결짓도록 되어 있습니다. 남은 기간은 의회에 보고해야 하니까요. 그러면 협상 시한이 6월 말이 아니라 3월 31일이 되어야 했습니다. 2006년 6월에 1차 협상을 시작했을 때 협상 시한은 사실상 1년이 아니라 다음 해 3월 31일이었던 것입니다.

당시에 과연 9개월 동안에 협상안의 그 엄청난 차이점을 극복하고 협상이 타결될 수 있을지 굉장히 회의적으로 생각하는 사람이 많았습니다.

FTA는 '전문가들의 전쟁'

FTA는 '전문가들의 전쟁'으로 불린다. 통상교섭본부 내에 전문가들로 구성된 '한·미 FTA 기획단'이 대대적으로 꾸려졌다. 협상의 대외적 총책임은 통상교섭본부이지만, 실제 협상은 제도와 실무, 유무형의 관행이 모두 포함된 전문적 내용이므로 경제 각 부처가 대거 참여해야 했다. 세계 최대 경제대국 미국과 FTA를 추진하는 국가 대사인 만큼 각 부처에서도 아낌없이 정예 인력을 협상단에 파견했다.

본격적 협상을 앞둔 4월과 5월, 정부는 외부 통상 전문가들도 특별 채용했다. 국내 변호사 및 회계사, 그리고 미국 로스쿨을 나와 미국에서 활동 중인 한국계 변호사들과 각 분야 박사급 인력이 대거 채용되었다.

협상 직전인 5월까지 충원된 인력을 살펴보면, 통상교섭본부 내 FTA국 직원이 33명, 한·미 FTA 기획단 24명, 통상법률지원 인력 19명, 그리고 북미통상과 인력을 합쳐 1차로 총 80여 명의 FTA 협상전문 인력을 갖췄다. 여기에 정부의 24개 부처가 파견한 통상인력까지 합쳐 한·미 FTA 협상 대표단은 130여 명으로 꾸려졌다.

전문성이나 규모 면에서 미국 USTR와 비교해도 별 손색이 없다고 자부할 만한 구성이었다. 나중에 협상이 진전되면서 추가로 인원이 더 늘어나 약 150여 명이 되었다.

김종훈 그때 제가 수석대표로서 가장 먼저 한 일은 외교통상부 통상교섭본부 안에 '한·미 FTA 기획단'을 만들어서 유능한 직원들을 영입한 것이었습니다. 기획단에 외부 전문가들도 많이 영입했습니다. 모두가 다 유능한 사람들이어서 통상교섭본부에 있던 직원들 가운데 나중에 민간기업으로 스카우트되어 나간 사람들도 많았습니다.

그러다 미국 USTR의 웬디 커틀러 수석대표가 협상을 위해 한국에 먼저 오고, 그다음에 제가 미국에 가면서 "우리가 언제부터 어떻게 협상을 시작한다"는 룰을 정했습니다.

그 후부터는 통상교섭본부뿐만 아니라 전체 정부 차원에서 협상단을 꾸렸습니다. 정부 협상단이 대부분 공무원들이고 늘 인사이동이 있다 보니 처음부터 끝까지 동일한 사람들로 유지되었는지는 모르겠습니다. 제가 협상이 끝날 때 마지막으로 가진 조직도가 8차 라운드를 하얏트에서 진행할 때의 것인데, 외교통상부가 30~40명이고 재경부까지 합치면 150여 명의 공무원이 협상에 대거 참여했습니다.

분과장들의 비상연락망을 만들어 제가 갖고 있다가 급할 때면 밤낮 가리지 않고 제 전화로 수시로 연락했습니다. 관계부처에 어려운 일이 생기면 제가 전화할 분들, 부총리, 관계부처 장관을 비롯해 담당 라인 명단을 모두 준비해 늘 넣고 다녔습니다.

이들은 많은 경제단체와 이해관계자들로부터 한·미 FTA에 대한 의견을 수렴했다. 한편 정부가 자체 추천한 인사와 공개 모집으로 선발한 민간 전문가가 동수로 '한·미 FTA 협상 전문가 자문단'을 구성하기로 했다. 한·미 FTA 협상 과정에서 반덤핑, 기술표준, 검사검역, 경쟁, 환경, 금융, 농업 등 분야별 전문지식이나 오랜 실무경험에 기초한 전문적 자문이 필요하다는 판단에 따른 것이다.

한·미 FTA 전문가 자문단은 학계, 재계, 연구소 및 관련 단체를 망라하는 223명(자체 선발 및 공개 모집)으로 구성·운영되었고, 한·미 FTA 협상 분과 구성과 일치하게 17개 분과로 나누어 4월 27일 외교통상부 대회의실에서 발족식을 가졌다.[3]

---

3 발족식에서는 17개 분과별 대표들의 위촉식과 함께 협상 준비 상황과 향후 협상계획 그리고 이에 따른 자문단 운영방침을 설명했다.

FTA는 민간기업의 이해가 직접적으로 첨예하게 맞물리는 현장이다. 경제 현장의 목소리를 협상에 반영하는 동시에 실물경제의 경험을 정부가 활용할 수 있도록 민간의 참여도를 높였다. 전경련, 대한상공회의소, 중소기업협동중앙회, 한국무역협회, 한국은행, 한국수출입은행에서 파견 온 직원들이 상근직으로 대거 합류했고, 외부 공모를 통해 다양한 통상 및 법률 전문가도 많이 충원했다.[4]

협상 준비체계 구축

인력 충원과 더불어 협상에 대비한 내부 의사결정 체계도 마련했다. 우선 양허안은 각 부처가 작성하고 이를 통상교섭본부와 재정경제부(현 기획재정부)가 조정하여 대외경제장관 회의(또는 경제정책조정회의)에 상정하여 심의·의결하기로 했다. 국내 보완대책 등 대내 관련 사항은 재경부가 총괄·조정하는 체제를 구축했다.

또한 한·미 FTA 추진을 위해 주간 점검회의를 열고,[5] 격주마다 대외경제장관 회의 또는 경제정책조정회의를 개최하여 관계부처 간 의견을 조율하기로 했다. 그 밖에 상황이 전개되는 데 따라 점검회의나 대외경제위원회의, 대외경제장관 회의 등을 수시로 개최하기로 했다.

정부는 한·미 FTA 협상 준비와 관련하여 다양한 관계부처로 구성된 대표단의 팀워크를 다졌다. 미국과의 FTA 협상에 대비한 분야별 협상 방향을 논의하기 위해 한·미 FTA 협상 대표단 워크숍을 4월에 개최하기도 했다.[6] 이때 워크숍에서는 미국이 과거에 체결했던 FTA 사례, 미국의 협상 패턴 등에 대한 검토가 이루어졌고 협상 분과별로 활발한 토의가 진행되었다. 세계 최대 경제권이자 통상 질서를 좌지우지하는 미국과의 FTA 대회전을 앞둔 자리였다. 책임감과 압박감 때문에 참석자들의 표정은 다들 무거웠다.

---

4 FTA국 실무 직원 중 22명은 산자부, 농림부를 비롯한 타 부처 전입 직원, 사법시험 또는 미국 변호사 자격증을 취득한 통상법률 전문가, 그리고 삼성전자와 같은 민간 부문에서 특채된 각계각층의 다양한 전문가로 구성되었다.

5 재경부 세2차관 주재로 관계부처 1급이 참석했다.

6 4월 7일(금)부터 8일(토)까지 양일간 경기도 소재 연수원에서 개최했다.

'네거티브 리스트' 방식의 FTA 양허안

과거 WTO 협상과 FTA 협상의 양허안을 비교해 보면 큰 차이가 있다. WTO 양허 표는 "우리가 이러이러한 분야에서 이런 품목을 어느 정도까지 시장개방을 하겠다"고 '포지티브 리스트' 방식으로 기재했다. 한편 한·미 양국이 주고받은 FTA 양허안은 '네거티브 리스트'로 기재하는 형식이었다. 한마디로 양허표에 사전에 기재하지 않은 분야는 무조건 개방하는 형식인 것이다.

따라서 한국 협상단의 가장 큰 고민은 한국 경제가 경험해 보지 못한 분야, 혹은 아직 발생하지 않은 상황을 어떻게 준비할 것인가였다. 아무리 꼭 필요한 일이라는 확신이 있더라도 가 보지 않은 길, 존재하지 않는 서비스, 시행해 보지 않은 법률과 제도를 미리 다 개방하는 것은 두려운 일이었다.

전문가들과 민간 실무자들이 모여 수많은 경우의 수를 모두 고려하여 '네거티브 리스트 유보안'에 담을 내용을 신중히 고민하고 선택했다. 빠르게 전체 구성을 마친 정부 대표단은 각각의 역할을 정하고 한국 측 협정문 초안을 마련하기 위해 쟁점별 협상 전략 검토에 들어갔다.

김종훈 지금 삼성전자 사장인 김원경 씨가 당시 기획단 과장이었습니다. 그 친구가 기획단 구성도 잘하고 통상기획을 아주 잘했죠. 당시에 제가 그 친구한테 두어 가지 사전 준비를 부탁했습니다.

"우리나라는 칠레하고만 FTA를 체결했지만 미국은 여러 나라와 FTA를 추진했을 텐데 가장 최근에 미국이 FTA를 체결한 나라가 어디냐?"고 물어봤더니 "싱가포르입니다"라는 겁니다. 그래서 "내가 좀 읽어 볼 수 있도록 싱가포르와 미국이 맺은 FTA 협상 결과 텍스트를 구해 달라. 그다음에 싱가포르 대사관을 통해 협상에 참여했던 사람들을 만나 미국과 협상할 때 뭐가 어려웠는지, 무엇을 주의해야 하는지 등 도움이 될 만한 이야기를 좀 들어 보라"는 게 저의 첫 번째 부탁이었습니다.

두 번째 부탁은 "미국은 FTA 협상을 위한 모델 텍스트가 있어서 그걸 상대국 사정에 따라 조금씩 다르게 적용한다. 우리도 칠레와 FTA 협상을 해본 경험을 바탕으로 한국의 FTA 모델 텍스트를 하나 만들자"는 것이었습니다. 그 두 가지를 김원경 당시 과장이 아주 열심히 유능하게 잘 준비해 줬어요.

싱가포르는 같은 아시아 국가라 동병상련의 마음이 있었는지 미국과의 협상 전략과 자국의 경험을 기꺼이 공유했다. 이것이 미국을 상대하는 데 큰 도움이 되었다.

한·미 FTA의 큰 방향 세 가지가 내부적으로 확정되었다. 첫째, 공산품 등 '경쟁 우위 분야'는 적극적으로 개방한다. 둘째, 서비스 등 '전략적 육성 분야'는 개방 원칙을 전제로 선별적으로 대응한다. 지식재산권 등 서비스 및 제도 개선 분야는 관련 분야 국제기준을 참조하여 한국 경제 선진화 차원에서 필요한 부분만 수용하는 것으로 입장을 정했다. 셋째, '취약 분야'인 농업의 경우 구조조정 촉진을 전제한 피해 최소화 차원에서 접근한다. 단 쌀은 식량주권 차원의 민감품목으로 강조하여 적극적으로 시장개방 예외인정을 받아 낸다는 전략을 세웠다.

미국은 FTA 협상을 할 때 모든 부문을 통합하는 높은 수준의 협상을 추진하되, 상대국의 민감품목에 대해서는 현실적 상황을 고려하여 예외로 두고 있었다. 호주와의 FTA에서도 원당(sugar)이 협상에서 아예 제외되었고, 쇠고기도 18년간 관세 유예기간을 둔 전례가 있었다.

노무현 대통령은 "최선을 다해 협상에 임하되 반드시 타결해야 한다는 실적주의에 매몰되면 국익을 손상할 수 있다. 마지노선은 반드시 지켜야 한다"는 협상 지침을 몇 차례 시달했다.[7]

김현종 본부장도 2006년 4월 기자회견에서 "그동안 한·싱가포르 FTA 협상에 10개월, 한·EFTA 협상에 6개월, 한·ASEAN 협상에는 9개월이 소요되었던 것을 감안할 때, 1년 내에 협상을 타결하는 것이 꼭 불가능한 일은 아니다. 시한에 쫓겨 무리하게 협상을 타결하거나, 반드시 지켜야 할 우리 입장을 포기하는 일은 결코 없을 것이다. 한·미 FTA 협상에 분명한 마지노선이 있는 만큼 우리의 마지노선이

---

7 대외경제위원회의, 2006. 2. 16; 인터넷 대화, 2006. 3. 23.

지켜지지 못할 경우 2004년 말 중단된 한·일 FTA 협상의 전철을 밟을 수도 있다"
는 점을 명확히 했다.[8]

한·미 FTA 명칭 'KORUS FTA'로 확정

인력과 진용을 갖추는 사이 한·미 FTA 관련 2차 비공식 예비협의가 4월 17일과
18일 양일간 워싱턴에서 시작되었다. 한·미 양측은 세부협상 분과 구성 방안에
합의하는 등 공식 협상을 위한 몇 가지 기본 틀을 확정했다.

양측은 우선 농업, 섬유, 상품무역 및 서비스와 제도 등 17개 협상 분과[9]와 2개
작업반(자동차, 의약품·의료기기 작업반)을 두기로 했다. 협상 중 생산되는 문서와
교환한 문서는 협정 발효 후 3년까지 비공개 문서로 취급하되, 보안 조치 전제하
에 국회 등 업무 유관자에게 공개하는 것은 서로 허용하기로 합의했다.

한·미 자유무역협정의 영문 공식명칭은 'KORUS FTA'로 정했다.

미국은 자국이 주도한 FTA에 늘 US를 먼저 쓰는 관례가 있어 US-Korea, 약칭 US
-KOR 라고 명명하려 했으나, 이건 US Corps(미군)이라고 들릴 우려가 있다고 해
서 한국 측이 반대했다. 그렇다고 Korea-US FTA는 약칭으로 읽을 때 KUFTA가
되는데 이건 미국 정치권을 분열시켰던 미국과 중남미 국가 간 FTA인 DR-CAFTA
협정으로 들릴 우려가 있었다. 결국 한국 측이 제시한 KORUS FTA로 합의를 보았
다. 합창이라는 뜻의 코러스(*chorus*)와도 발음이 같으니 잘될 것이라는 낙관적 희망
이 들어간 명명에 미국이 동의한 것이다.[10]

이 같은 예비협의를 끝내고 본격적 협상이 개시되기 한 달 전인 5월 15일 정부
는 "한·미 FTA 협상 목표 및 우리 측 협정문 초안"을 국회에 보고했다.

---

8 김현종 통상교섭본부장의 외신기자회견(2006. 4. 17) 내용에서 발췌했다.
9 농업, 섬유, 상품무역, 원산지, 통관, 동식물 검역, 무역 관련 기술장벽, 서비스, 금융, 통신, 투자, 전자상
  거래, 정부조달, 경쟁, 지식재산권, 노동, 환경, 분쟁해결, 투명성, 무역구제 등이다.
10 최석영, 2016, 《최석영의 FTA 협상노트》, 박영사.

김현종 통상교섭본부장의
한 · 미 FTA 협상 추진 외신기자회견

(한국프레스센터, 2006. 4. 17)

반갑습니다. 오늘 우리 경제의 미래에 중요한 영향을 미칠 한 · 미 FTA에 대해 여러분께 말씀드릴 수 있는 기회를 갖게 된 것을 기쁘게 생각합니다.

지난 2월 3일 미국에서 포트먼 미 무역대표와 제가 한 · 미 FTA 협상 개시를 발표한 이후 이에 대한 관심이 굉장히 높아지고 있습니다. 이런 관심에 부응하기 위해 이 자리에서는 한 · 미 FTA의 중요성, 출범 배경, 그리고 협상 전망을 말씀드리고자 합니다.

먼저 우리나라가 왜 FTA를 해야 하는지 말씀드리겠습니다. 제가 2003년에 정부에 처음 들어왔을 때 WTO 회원국 150개국 중에서 FTA를 체결하지 않은 국가는 몽고와 한국뿐이었습니다. 현재 180개 FTA가 체결되었고 세계 교역량의 약 50%가 FTA로 이루어지는 점을 감안해 보면, 우리나라의 개방정책은 세계적 조류에 상당히 뒤떨어져 있습니다.

개방 · 개혁정책을 추진하지 않으면 우리나라는 현재의 세계 11위 경제 규모와 경쟁력을 유지하는 것이 불가능합니다. 선진국들은 한발 앞서 나가고, 중국 · 인도 등 후발국들은 우리나라를 바짝 따라오고 있습니다. 이러한 상황에서 우리가 어떠한 통상정책을 펼쳐야 하는지 신중히 고민해야 합니다. 예를 들면, 현재 우리의 대중국 무역흑자가 하루에 1억 달러입니다. 그러나 무역협회 보고서에 따르면 이것이 2011년에는 무역적자로 바뀐다고 합니다.

약 1년 반 전에 금호타이어의 수출 컨테이너 13개가 태평양 한가운데서 다시 돌아온 적이 있습니다. 당시 멕시코가 25%의 관세를 FTA 미체결 국가에 한해서 50%로 올리는 바람에 200달러짜리 타이어가 250달러가 되어 수출되지 못한 것입니다. 일본은 멕시코와 FTA를 체결했기 때문에 아무 문제 없이 수출이 가능했습니다. 적어도, 금호타이어와 같은 일이 다시 있어서는 안 될 것입니다.

이러한 배경에서 우리 정부는 그간 칠레, 싱가포르, EFTA와 FTA를 체결했으며, 현재 ASEAN, 캐나다, 멕시코, 인도 등과 FTA 협상을 진행하고 있습니다.

그럼 왜 많은 나라 중에서 미국과 우리나라가 FTA를 추진해야 하는지 말씀드리겠습니다. 미국의 시장 규모는 1조 7,000억 달러로 세계 최대의 시장이며, 중국 · 일본 · ASEAN을 합친 1조 5,700억 달러보다 더 큰 시장입니다. 미국 시장에서 우리 상품의 점유율이 1% 증가햇을 때, 수출은 5.9%가 증가하고, GDP는 1.4% 증가합니다.

최근 주요국들의 미국 시장 점유율을 보면, 중국의 경우 10년 전 6.1%에서 14.6%로 상승한 반면, 우리나라는 3.3%에서 2.6%로 하락했습니다. 또한, 금년도 1/4분기 대미 흑자는 전년 동기 대비 25억 4,000만 달러에서 21억 9,000만 달러로 13.8% 감소했습니다. 한편 달러화에 대한 위안화 강세도 불구하고 중국의 대미 흑자는 지속적으로 증가하고 있습니다. 일본·인도 등 주요 경쟁국의 대미 흑자도 계속 증가 중입니다. 유일하게 우리나라만 2005년부터 감소 추세에 있습니다.

이러한 점을 감안하면 미국 시장에서 우리나라의 경쟁력을 회복하려면 새로운 통상 전략이 필요하다는 점을 알 수 있습니다.

그렇다면 한·미 FTA를 체결했을 때 기대할 수 있는 효과가 무엇일까요?

한·미 FTA 체결로 기대할 수 있는 가장 중요한 효과는 소비자후생 증가입니다. 국민소득으로 보면 1인당 약 30만 원이 증가하고, 4인 가족 기준으로는 연소득 120만 원이 증가하는 것입니다.

다음으로, 세계 최대의 미국 시장을 안정적으로 확보할 수 있습니다. 우리나라의 대미 무역흑자가 2004년에 150억 달러였고, 작년에는 100억 달러였습니다. 미국과 FTA를 체결하면 분석 방법에 따라 다소 상이한 결과가 나오기는 하지만, 우리나라의 무역수지를 개선할 수 있습니다.

또한 한·미 FTA를 체결했을 경우 우리나라에 대한 세계의 투자가 178억 달러 내지 223억 달러로 증가할 것이라고 예측됩니다. 이는 외국 자본 유치뿐만 아니라 선진 기술의 이전까지 포함된 것입니다. 고용 면에서도 10만여 명의 고용창출 효과가 기대됩니다.

앞서 말씀드린 기대효과들이 어느 정도 정확한 것이냐는 의문이 들겠지만, 미국과 FTA를 체결한 국가들을 살펴보면 명확히 알 수 있습니다.

멕시코의 경우, NAFTA 체결 이전 10년간(1982~1993년) 매년 평균 1억 달러이던 무역흑자가 체결 이후 10년간(1994~2005년) 매년 평균 253억 달러가 되었습니다. 미국의 대 멕시코 투자는 NAFTA 체결 이전에 10년 평균 27억 달러였는데, 체결한 다음인 1994년부터 2004년까지는 85억 달러로 증가했습니다.

칠레를 보면, 2003년에 FTA를 체결한 후 1년 사이에 대미 무역흑자가 10억 달러에서 11억 달러로 늘었습니다. 미국이 칠레에 투자한 액수는 3억 달러에서 10억 달러로 늘었고, 경제성장은 FTA 이후 3%에서 6%로 증가했습니다.

캐나다, 싱가포르, 이스라엘 등 미국과 FTA를 체결한 다른 나라에서도 무역수지, 외국인 투자 등의 개선 이외에 새로운 일자리가 증가하면서 공통적으로 실업률이 감소하는 것을 볼 수 있습니다.

미국 시장은 완전경쟁에 가까울 정도로 세계 모든 국가 제품들의 치열한 각축장입니다. 이러한 시장에서 관세철폐나 인하를 통한 가격경쟁력 개선은 우리 기업과 제품의 경쟁력을 높이는 데 매우 효과적입니다. 특히 섬유, 가죽류, 신발 등 일부 고관세 품목은 가시적 효과가 기대됩니다.

미국의 전체 품목 중 5% 이상의 고관세 품목은 2,900여 개이며, 그중 10~20% 품목은 681개, 20% 이상 품목은 159개에 달합니다. 예를 들어, 미국의 대표적 고관세 품목인 섬유는 가중평균한 관세율이 13.1%로 우리나라의 9.3%보다 높으며, 총 1400여 개 품목 중 10% 이상의 고관세 품목이 540여 개입니다.

이러한 고관세 품목의 관세를 낮출 경우 중국산과 같이 가격경쟁력이 높은 제품과 경쟁할 수 있습니다. 이외에 2.5~3% 관세에 해당하는 우리 주요 수출품목의 관세가 인하·철폐될 경우 수백 달러 내지 수천 달러의 가격경쟁력이 높아지기 때문에 미국 시장에서 중국·일본의 동종 상품보다 입지가 좋아질 수 있습니다.

한·미 FTA는 우리가 잃을 것은 확실한데, 얻는 이익은 없다는 비판이 있는데, 이는 양국 간 관세율을 비교한 단순한 논리입니다. 우리나라의 평균 관세율이 미국의 3배 수준인 것은 사실입니다. 하지만 미국의 시장 규모는 우리나라의 17배 이상이며, 양국 간 교역의 89%는 우리나라가 경쟁력 우위인 제조업 분야입니다. 그만큼 우리가 얻어 낼 것도 많다는 것입니다.

또한 우리는 한·미 FTA를 통해 우리 경제 시스템 선진화를 꾀할 수 있습니다. 단순한 양국 간 경제관계뿐만 아니라 전반적 한·미 관계를 강화시켜 준다는 점도 무시할 수 없습니다. 한·미 양국은 지난 50년간 민주주의와 시장경제, 그리고 인권 존중의 가치를 공유하는 동맹 관계를 유지해 왔습니다. 한·미 FTA를 통해 양국은 이러한 기존의 우호적 관계를 보다 포괄적인 파트너십으로 한 단계 더 발전시킬 수 있을 것입니다.

일부에서는 너무 갑자기 한·미 FTA를 시작했다는 비판이 있는데, 한·미 FTA 추진을 위한 정부의 결단에는 충분한 검토와 전략적 고려가 있었습니다. 미국과의 FTA 추진 타당성은 2003년 'FTA 추진 로드맵' 수립 단계부터 충분히 검토되었고, 이후 14회에 걸쳐 정부와 민간의 연구용역, 전문가 세미나와 토론회 등이 진행되었습니다. 재계에서는 이미 2000년부터 한·미 FTA 추진을 정부에 건의했으며, 갤럽의 설문조사 결과 국민의 80.4%가 한·미 FTA 추진을 지지했습니다.

2005년 상반기에는 세 차례의 한·미 FTA 사전실무점검 회의를 개최하여, 한·미 FTA 체결에서 양국의 관심 사항과 민감 분야에 대해 논의했고, 2005년 1년 동안 통상장관 회의를 6번이나 했습니다. 2004년 8월 이후에는 6회에 걸쳐 대외경제위원회의를 개최하여 대통령 주재로 업계 대표와 외부 전문가들을 모시고 논의했습니다.

한·미 FTA 협상 과정에서 제기될 핵심 쟁점들은 이미 대부분 파악된 상태입니다. 2001년부터 14회에 걸쳐 통상현안 점검회의를 해왔기 때문에 서로 이슈를 상세히 파악하고 있습니다.

이와 관련하여, 모든 FTA 협상의 핵심 이슈는 첫째, 관세인하 및 철폐, 둘째, 서비스 및 투자, 셋째, 지식재산권 분야입니다. 우선 한·미 지식재산권 문제는 1980년대 중반 이후 계속 주요 통상현안으로 제기되어 온 바 있습니다. 서비스·투자 관련 핵심 쟁점은 지난 1998~2000년 한·미 양자간 투자협정(BIT)과 2002년 이후 DDA 서비스 협상 과정에서 대부분 협의했거나 협의 중인 내용입니다. 또한 관세인하 및 철폐 계획은 칠레, ASEAN, 캐나다와 FTA 협상을 통해 쌓은 노하우를 가지고 있어 준비가 된 상태입니다.

다음으로 한·미 FTA 협상 방향과 전망에 대해 말씀드리겠습니다.

원칙적으로 양국 정부는 포괄적이고 높은 수준의 FTA를 체결하기 위해 노력할 것이며, 양국 모두에게 수용 가능한, 이익의 균형을 가져올 수 있는 FTA를 추진할 것입니다. 양국 모두 민감한 분야가 있으며 이러한 분야는 신중하게 접근해야 합니다. 농산물 및 일부 서비스 분야는 우리에게 민감한 분야입니다.

양국 정부는 미국의 TPA 법안이 2007년 7월 1일 종료됨을 감안하여 가능하면 3월 이전에 협상을 종료하기 위해 노력할 것입니다. 그러나 시한에 쫓겨 타결에만 급급하는 협상을 하지는 않을 것입니다.

그동안 한·싱가포르 FTA 협상에 10개월, 한·EFTA 협상에 6개월, 한·ASEAN 협상에는 9개월이 소요되었던 점을 감안할 때, 1년 내에 협상을 타결한다는 것이 꼭 불가능한 일은 아닙니다.

그러나, 시한에 쫓겨 무리하게 협상을 타결하거나, 반드시 지켜야 할 우리의 마지노선을 포기하는 일은 결코 없을 것입니다. 우리 마지노선이 지켜지지 않으면 한·일 FTA처럼 중단될 수밖에 없습니다. 협상 시한보다는 협상 내용이 중요합니다.

한·미 FTA 협상이 타결되면 최종 협정문은 양국 의회에서 비준동의를 얻어야 합니다. 협상 결과 전체적으로 양국 간 이익이 균형을 이루지 못하는 경우 의회 동의를 얻기가 어려울 것입니다.

저는 우리 국회에서 비준동의를 받을 수 있을 만큼 국내에서 지지를 얻을 수 있도록 양국 모두에게 윈윈이 되는 협상 결과를 도출하기 위해 최선을 다하겠습니다. 또한, 협상 결과가 모든 계층에 유리하지는 않을 것이므로 피해를 보는 계층을 위해 부총리를 중심으로 관계부처가 국내 보완대책을 준비해 나갈 것입니다.

(이하 생략)

2. 막 오른 한·미 FTA 협상

워싱턴의 제1차 한·미 FTA 협상

한·미 FTA 1차 공식 협상은 2006년 6월 5일 워싱턴에서 시작되었다. 김종훈 수석대표를 비롯한 협상팀은 비상한 각오 속에 워싱턴행 비행기를 탔다. 언론의 뜨거운 관심 속에 50여 명의 기자단도 취재 비행기에 동행했다.

팽팽한 긴장감이 감도는 가운데 1차 협상은 17개 분과 및 작업반이 미국 USTR과 상무부 회의실 등에서 분산 개최되었다. 여기서 제외된 정부조달 분과 및 무역기술장벽(TBT: *Technical Barriers to Trade*) 분과는 제네바에서 별도로 개최하기로 했다.

1차 협상 때는 구체적 협상보다는, 정보 교환, 기본 입장 설명 등 협정문 초안 내용에 대한 양측의 이해를 높이기 위한 협상을 진행했다. 당시 양측 주장을 보면 한·미 두 나라가 각각 어느 쪽에 관심을 두는지 분명히 나타난다.

가장 입장 차이가 컸던 분야는 섬유와 농업 및 위생검역(SPS), 무역구제 등이었다. 미국은 섬유에 대한 세이프가드 적용과 개성공단을 포함한 엄격한 원산지 기준을 주장했다. 한국은 반덤핑 조치, 상계관세 남용을 방지하기 위한 발동요건 강화를 주장했다. 농업 부문에서는 한국이 농산물 특별 세이프가드 규정 도입을, 미국은 관세율할당(TRQ) 관리 상세절차 규정을 제안했다.

위생검역은 관세인하 문제가 아니라 국민 건강 보호가 걸린 문제임을 인식했다. WTO 협정에 따른 국가별 검역기준의 인정, 통상현안 해결과 FTA 협상의 분리, 분쟁해결절차 배제 등의 원칙에는 합의했지만, 협의 채널 구성 문제에는 이견을 나타냈다.

협상 결과, 전체 15개 분과 중 11개 분과에서 통합 협정문을 작성했다. 나머지는 당분간 쟁점 위주로 논의를 진행하고, 추후 그 결과를 반영하여 통합 협정문을 작성하기로 했다. 약제 부문과 자동차 부문, 두 개 작업반은 만들어지지 않았다.

미국이 자동차와 의약품 분과를 따로 설치할 것을 요구한 탓이다.

이미 한 달 전에 상호 교환한 협정문 초안을 바탕으로 양측은 통합 협정문 작성을 시도했다. 하지만 농업, 섬유, 무역구제 등에서 끝내 접점을 찾지 못한 채 1차 협상은 결국 탐색전 성격으로 끝나고 말았다.[11]

홍은주 1차 협상에 임하기 전에 나름대로 큰 전략적 틀을 짰을 텐데요, 구체적으로 누가 어떻게 수립했습니까?

김종훈 당연히 협상 전략은 저 혼자 만들지 않습니다. 추진 계획과 필요성 등을 대외경제장관 회의에서 모두 보고했습니다. 한·미 FTA를 추진할 때 주로 권오규 부총리가 대외경제장관 회의를 오래 주재하셨습니다. 그다음에 정부가 바뀌고 2011년 비준을 위해 국회로 갔을 때는 윤증현 부총리, 강만수 부총리도 주재하셨습니다.

제가 그냥 백지를 대외경제장관 회의에 들이밀고 "여기에 전략을 만들어 주십시오" 하는 것은 아니었습니다. 나름대로 협상단에서 구상한 협상 전략을 만들어서 보고하면 대외경제장관 회의에서 장관들이 논의해서 수정하고 보완한 다음 "이런 식으로 진행하라"는 훈령을 줍니다.

대외경제장관 회의에서 협상단에게 지속적으로 아주 강조했던 훈령이 있습니다. 첫째, 큰 틀에서 우리나라는 제조업 분야가 강하니 미국 시장에서 우리나라 제조업의 개척 기회를 늘리고 점유 기회를 늘리라는 것이었습니다.

둘째, 농업 분야는 취약하니 농업에 대해서는 최대한 보호장치를 마련하면서 진행하는 게 좋겠다는 것이었습니다.

셋째, 서비스 분야는 웬만하면 미국의 요구를 받아들여서 우리 제도를 업그레이드하고 선진화하는 쪽으로 적극 활용하라는 것이었습니다. 사실 지금도 우리나라 서비스산업의 비중이 좀 약하지만, 그 당시 우리나라 서비스시장은 미국보다

---

11 한·미 FTA 홈페이지.

굉장히 열세였고 후진적이었기 때문입니다.

마지막은, 전체적으로 주고받으면서 이익의 균형을 맞추라는 것이었습니다. 줄 거 주고 받을 거 받아서 국민에게 "우리가 이만큼 주고 이만큼 받았으니까 밑지는 장사는 아니지 않습니까?"라고 말할 수 있게 하라는 것이었죠.

크게 봤을 때 그 당시 저희가 받았던 훈령은 이렇게 총 네 가지였습니다.

예를 들어 "우리 제조업 제품의 미국 시장 진출 기회를 늘리고 시장점유율도 늘리라"는 훈령을 받으면 그 같은 목표에 맞추어 협상했습니다. 하다 보면 협상에서 걸리는 것들이 있습니다. 그러면 그때그때 다시 가져가서 고치면서 협상을 다시 하곤 했습니다.

홍은주 쌀을 농산물에서 따로 분리하자고 대외경제장관 회의에서 특별히 언급한 적이 있었나요?

김종훈 쌀 문제는 대외경제장관 회의에 물어볼 필요도 없이 예외사항이었습니다. 원천적으로 쌀 문제는 대외경제장관 회의에서도 결정을 못 합니다. 쌀은 처음부터 죽어도 협상 대상이 안 될 것이라고 그냥 직관적으로 모두 다 알고 있었습니다.

홍은주 당시 미국 측 수석대표가 웬디 커틀러였습니다. 협상에 앞서 가장 먼저 수석대표들끼리 만났을 텐데 어떤 인상을 받았습니까?

김종훈 사실 웬디 커틀러와는 구면이었습니다. 제가 APEC에 있을 때 그분도 미국 APEC의 고위관리였습니다. 부산에서 APEC을 개최할 때는 우리나라가 주최국이고 제가 고위관리 회의 의장이었기 때문에 그때도 보았고 자주 만났죠. 아무튼 그전부터 자주 만났기 때문에 생전 처음 얼굴 보고 "초면인데 반갑습니다" 한 건 아닙니다.

서울에서 열린 제2차 한·미 FTA 협상에서 김종훈 한국 측 수석대표(오른쪽)와
웬디 커틀러 미국 측 수석대표가 서로 악수를 나누고 있다(2006. 7. 10).

홍은주 기본적 신뢰관계는 이미 어느 정도 형성되어 있었군요. 그래서 언론에
유명하게 등장한 "우리는 전생에 아마 글래디에이터였을 것이다" 같은 농담도 서
로 편안하게 주고받은 것이군요.

김종훈 그게 아마 협상 초중반쯤에 나온 이야기 같은데, 장소는 서울 롯데호텔
이었습니다. 롯데호텔에 구관 쪽에 객실이 있어요. 거기 30몇 층에 올라가야 하
는데 둘 다 너무 지쳐서 같이 엘리베이터를 기다리다가 엘리베이터 문이 열릴 즈
음에 둘이서 신세 한탄을 했습니다.

　"나도 어렵고 당신도 어렵고, 왜 이 고생을 하는지 모르겠다. 우리가 서로 미워
서 이러는 게 아니지 않느냐"고 얘기했더니, 웬디가 "우리가 전생에 무슨 죄를 지
은 거 아니냐?"며 반농담식으로 받더라고요. 그래서 제가 "아마 우리는 전생이 둘
다 글래디에이터, 검투사였을 거다. 검투사는 서로 죽여야 하지만, 이 협상에서는
당신도 살고 나도 살아야 하지 않느냐"고 이야기했습니다.

홍은주 각 분야별로 쭉 협상이 진행되었는데 그걸 총괄적으로 진두지휘하셨지요? 협상 과정에서 보고는 어떻게 이루어졌습니까?

김종훈 중요한 사안은 중간중간에 "지금 어떤 것이 난관에 부딪혔다"든지, "더 진전이 안 돼서 회의를 정회해야겠다"든지 그런 보고가 실시간으로 옵니다.

그런 경우가 아니면 일반적으로 그냥 쭉 협상을 하고 매일 저녁에 모여서 분과장 회의를 했습니다. 저와 분과별 수석대표들이 둘러앉아서 한 바퀴 쭉 돌아가면서 그날 진행된 이야기를 공유했습니다. 내용이 복잡하니까 거의 두 시간 정도 걸렸습니다.

그걸 듣고 나서 종합한 다음에 웬디와 나중에 둘이서 따로 만났습니다. 웬디도 똑같은 과정을 거쳐서 오는 거죠. 저는 우리 분과장들에게 들은 이야기를 토대로 하여 이건 미국 입장이 너무 경직되어 있는 것 같다든지, 아니면 분위기가 조금 안 좋게 흘러간다든지 제 나름대로의 생각을 말했죠. 웬디는 웬디대로 그런 생각을 갖고 와서 말했죠. 둘이 만나 각자의 이야기를 들어 보면 양측 간에 상당한 의견 차이나 거리가 있었습니다.

홍은주 한·미 FTA 협상을 할 때 통상 이슈가 워낙 많으니까 무엇부터 처리해야 할지 정하기 어려웠을 것 같습니다. 협상 우선순위가 어떻게 설정되었습니까?

김종훈 사람이 살면서 하루에 할 일이 많을 때 그걸 다루는 태도가 각자 다르지요. 사람에 따라 어떤 사람은 중요한 일부터 먼저 해치우고 남은 시간에 자질구레한 일을 하는가 하면, 어떤 사람들은 자질구레한 일부터 먼저 해치워 버리고 나머지 시간에 중요한 일에 집중하죠. 저는 후자 쪽입니다. 왜냐하면 자질구레한 일들이 해결되지 않은 채로 있으면 정말 핵심적인 다른 중요한 일에 집중이 잘 안 되기 때문입니다.

그래서 서로 쉽게 갈 수 있는 이슈들은 빨리빨리 해결해 버리고 그걸 의제에서 지워 낸 다음 진짜 핵심적인 이슈에 에너지를 쏟았습니다. 그런 식으로 한·미 간에도 서로 쉽게 정리할 수 있는 것은 가능하면 빨리 진전시켜 나갔습니다. 협상이란 한 번에 딱 끝나는 게 아니고, 몇 번의 과정을 거치다 보면 영어로 이른바 'making progress', 진전을 만들어 가게 됩니다.

돌이켜 보면, 진짜 중요한 이슈들은 마지막에 실무협상팀이나 양측 수석대표가 아무리 노력해도 결국 해결이 안 되고 끝까지 남았습니다. 쌀 문제가 그랬고, 농산물 대부분이 그랬고, 개성공단 원산지 문제나 자동차 문제도 그랬습니다. 미국에 있는 한국 기업 상사 주재원들의 비자 문제도 끝까지 해결이 안 됐습니다. 해결이 반쯤 될 듯 말 듯 하다가도 안 됐죠. 결국 안 되는 것은 끝까지 안 됐습니다. 안 되는 문제들을 오래 붙잡고 있으면 안 되잖아요? 그러니까 그건 뒤로 미루고 양측이 합의할 수 있는 것들을 먼저 처리했습니다.

한·미 FTA 협정문의 미국 측 초안, 한·미 FTA 협정문의 우리 측 초안이 있습니다. 한·미 FTA 사전실무점검 회의를 우리끼리 했던 결과물, 1차 협상 결과물, 또 이것도 한 300페이지 되죠. 이게 6월입니다. 1차 협상을 했던 통합 협정문, 1차 협상 결과 협정문, 그다음에 2차 협상 결과 협정문, 이런 식으로 쭉 해나가다 8차 협상 결과 협정문까지 있습니다.

제가 정부나 국회 보고용으로 이런 단계별 협상 결과를 다 모아 놓았는데, 눈짐작으로 거의 7,000페이지에서 1만 페이지 정도 되겠네요.

워싱턴 여론 형성의 복잡한 다이내믹스

1차 협상 당시 워싱턴 주미한국대사관 경제공사는 최석영이었다. 그는 미국 워싱턴의 한·미 FTA 협상 과정에서 미국 정계나 행정부, 이해관계가 얽힌 업계 분위기를 실시간으로 파악해 한국 측에 전달하고 한국의 협상 전략을 조율하는 역할을 했다.

한국 정부가 강조하고 싶은 내용이나 역정보를 미국 측에 직접 전달하기도 하고, 우회적으로 역정보를 흘리기도 했다. 수많은 이해관계자들의 얽히고설킨 정치적 역학관계를 파악하고, 그것을 적시에 전달하는 것이 그의 주요 업무였다.

최석영 한·미 FTA 협상을 시작할 무렵에 제가 워싱턴에 주미공사로 있었습니다. 그때 저의 역할은 비유하자면 양국이 전쟁할 때 전방초소의 전초병이었다고나 할까요. 한·미 FTA 협상은 워싱턴과 서울을 왔다 갔다 하면서 이루어졌는데 저는 적진의 한가운데서 근무하는 상황이었거든요. 저의 역할은 협상 내용을 정확히 파악하면서 서울에서 지시한 내용을 미국에 전달하고, 반대로 미국 측의 입장이나 진의를 알아내서 서울에 알리는 것이었습니다.

미국이라는 나라는 굉장히 복잡하고 입체적인 시스템으로 돌아가는 나라입니다. 우리 정부가 미국 행정부와 협상하면 다 끝날 거라고 생각하기 쉽죠. 하지만 사실 행정부는 의회로부터 권한을 위임받아 FTA 협상을 하고, 행정부와 의회 간에 파워게임을 합니다. 그 의회도 상원과 하원으로 나뉘어 있고, 의회나 행정부에 영향력을 미치는 저명한 싱크탱크나 언론이 있으며, 마지막으로 이해당사자들인 기업인, 노동조합 등이 있습니다. 기업인들도 FTA에 공세적 기업인들과 수세적 기업인들이 있죠. 한국에 진출하려는 기업들은 공격적이었고, 한국이 들어오면 자신들이 피해를 볼 것 같은 기업들은 방어적이었습니다.

이처럼 수많은 이해당사자들과 직간접적으로 연결된 핵심 플레이어들과 긴밀하게 관계를 맺으며 한국의 입장을 전달하고, 미국 측 의사를 파악해 국내에 전달하는 것이 저의 역할이었습니다. 제가 직접 협상장에 들어가지는 않았지만 나름대로 상당히 중요한 업무를 수행했다고 생각합니다.

당시 제가 주로 미국 의회 의원들과 보좌관들을 만났습니다. 그전까지 워싱턴에 있던 역대 경제공사들은 통상 관련 보좌관들을 만난 적이 거의 없었다고 해요. 주로 남북관계나 한반도 관련 이슈를 다루는 사람들만 만났었다고 합니다.

그때 미국 의회에는 경제와 통상을 담당하는 부서가 상원과 하원, 양쪽에 있었습니다. 맥스 보커스 의원이 위원장으로 있던 상원의 재무위원회, 찰스 랭글(Charles Rangel) 하원의원이 위원장으로 있던 세입위원회, 두 곳이 FTA 등 무역협정을 비준하는 데 핵심적 역할을 했습니다. 이 위원회들을 제가 지속적으로 접촉했는데, 행정부에서 하시 않거나 할 수 없는 이야기들을 디테일하게 설명해주는 경우도 상당히 많았습니다.

한 · 미 FTA 반대 원정시위(2006). '한 · 미 FTA 저지 범국민운동본부'를 중심으로 구성된
원정투쟁단이 미국에서 "한 · 미 FTA 결사반대"를 외치며 시위를 벌이고 있다.

1차 협상 직후인 6월 15일에 열린 한미경제연구소 주최 조찬에서 연사로 나선 맥
스 보커스 상원 재무위원장은 "한·미 FTA에서 쇠고기와 자동차, 의약품 문제가 미
국의 최대 관심사"임을 분명히 밝혔다. 상원 재무위원회는 FTA가 타결되면 의회비
준을 위해 반드시 통과해야 하는 가장 중요한 위원회이며, 맥스 보커스 상원의원은
그 위원회 위원장이었다. 그의 발언은 큰 무게가 실려 미국 USTR에 전달되었다.

'한 · 미 FTA 저지 원정투쟁단'도 방미

1차 협상이 진행되던 때 워싱턴에는 협상팀이나 보도진뿐만 아니라 한·미 FTA를
격렬하게 반대하는 진영에서도 많은 사람이 와 있었다. 노동자와 농민 50여 명으
로 구성된 '한·미 FTA 협상 저지 미국 원정투쟁단'은 6월 초 워싱턴에 도착하여
미국 워싱턴 라피엣 공원 등에서 6일간의 반대시위 일정을 시작했다.

　미국의 반세계화 진영 및 단체들과 연대한 약 200여 명의 시위대는 협상이 진

행되는 미국 무역대표부와 상무부 건물 주변에서 집회나 거리선전 등을 통해 FTA에 대한 한국 시민사회의 반발을 알렸다.[12]

한·미 FTA 협상팀의 회고다.

> 1차 협상 때 워싱턴에서 (FTA를) 반대하는 사람들이 방해를 많이 했는데, 10분 이상 협상장에 들어가지 못하기도 했다. 길을 가로막기도 하고 50미터를 따라오면서 북 치고 장구 치고 … . 그때 심하다는 생각이 들었다. 주장이 달라도 나라를 대표해 국익을 위해 다른 나라에 왔는데 … . 그때 미국 경찰이 집시법 위반사항이라며 처벌할까 물어보았다. 그래서 우리는 다 같은 국민이다, 주의 주장이 다를 수 있다, 이렇게 말해서 넘어갔다.[13]

초반의 협상 내용을 살펴본 한·미 FTA 반대 진영은 "이미 미국식의 '높은 수준의 포괄적 FTA'로 방향을 굳혔고, 처음부터 우려했던 노동자와 민중의 엄청난 피해가 현실화될 가능성이 높아졌다"고 비판했다.[14]

약제비 문제로 2차 협상 무산

제2차 한·미 FTA 협상은 다음 달인 7월 10일부터 14일까지 서울에서 열렸다. 2차 협상에서는 1차 협상에서 주고받은 양허안과 유보안에 대한 양측 입장을 교환했고, 양허 단계는 즉시 철폐, 3년 유예, 5년 유예, 10년 유예 등으로 기술적 구분을 정했다.

그런데 생각지 못했던 복병이 있었다. 복지부가 약가의 포지티브 시스템 도입을 골자로 하는 '국민건강보험 요양급여의 기준에 관한 규칙' 개정안을 마련하여, 7월 21일 입법예고에 들어간다고 발표한 것이다. 입법예고 기간은 20일이었다.

---

12 "FTA 저지 범국본, 4일~9일 집중투쟁 기간 선포", 〈Views & News〉, 2006. 6. 3.
13 〈대한민국 정책브리핑〉, 2007. 4. 6.
14 민주노총, 2006, 〈한미 FTA 1~3차 협상 종합분석과 평가〉, 정책보고서 2006-10.

약제비 문제는 원래 4대 선결조건에 들어 있었지만, 당시만 해도 실무자 선에서 논의되던 정도라 큰 걸림돌이 되지 않을 것으로 보고 그냥 넘어갔다. 그런데 복지부가 협상팀과 사전 조율 없이 개정안을 발표한 것이었다. 한국의 '꼼수 기습 발표'라고 생각한 미국 협상단이 협상 이틀 만에 협상장을 전원 퇴장하는 바람에 2차 협상은 결렬 위기로 치달았다.

한·미 FTA 협상이 제대로 시작되기도 전에 무산될 우려가 있다고 본 권오규 부총리는 7월 중순에 긴급하게 유시민 복지부 장관과 김현종 본부장 두 사람을 집무실로 불러 해결책을 논의했다. 논의 결과, 정부는 "포지티브 방식과 건강보험공단이 약가를 결정한다는 두 가지 원칙만 지켜진다면 세부 사항은 FTA의 틀 내에서 결정한다"는 내용을 미국 측에 전달했다.

한국 측이 '약제비 적정화 방안'의 건강보험 시행규칙 입법예고(안)에 대해 자세히 설명하고 미국 측과 의논하여 입법예고 기간을 20일에서 60일로 늘려 추가 논의하겠다고 하자 미국 협상팀도 한발 물러났다. 미국 측 협상팀은 "한국 정부가 추진 중인 선별등재 방식(*positive list*)을 미국 측이 수용하고, 이 제도를 2006년 연내에 실시하는 것에 대해 동의한다"고 알려왔다.[15]

'약제비 적정화 방안'과 관련한 양측의 팽팽했던 긴장이 풀리자 8월 15일 두 나라 정부는 주미대사관을 통해 제1차 관세양허안을 교환했다. 한국 측 관세 양허안은 상품, 농산물, 섬유 등 1만 1,261개 품목에 대한 관세철폐 계획을 포함하고 있었다. 다만 쌀을 포함한 농산물 민감품목에 대해서는 관세철폐 제외로 분류했다.

양국 정부는 서로 주고받은 관세 양허안을 놓고 8월 말까지 고심하였다. 양허안의 내용을 면밀히 분석하여, 본격적인 3차 협상의 대응 방안을 마련하기 위해서였다.

---

15 건강보험 '약제비 적정화 방안'(포지티브 리스트)은 2006년 12월 29일부터 시행되었다.

한·미 양측 모두 정치적 반대 여론 거세

파국으로 이어질 뻔한 2차 협상을 간신히 트랙에 되돌려 놓았는데, 3차 협상을 앞두고 한·미 양측에서 또다시 문제가 발생했다. 이번에는 미국의 법안이 문제가 되었다.

2006년 8월 칼 레빈 상원의원 등[16]이 「한국 공정무역법」(*South Korean Fair Trade Act*)이라는 명칭의 법안을 제출한 것이다. 한국 시장에서 연간 외국산 자동차 판매대수의 비중이 최소 20%에 도달했다는 사실을 미 상무장관이 미 의회에 확인하기 전까지는 한국산 자동차에 2.5%의 현행 관세율을 유지해야 한다는 내용이었다. 이번에는 한국 정부가 강하게 이의를 제기했고, 미 행정부는 이는 미국 정부 공식 입장이 아니라 의원 개인이 추진한 법안이라고 확인해 주었다.

8월 말에는 여당인 열린우리당의 한·미 FTA 관련 워크숍이 열렸다.[17] 노무현 대통령의 한·미 FTA 추진 결정에 여당인 열린우리당은 난감한 입장이었다. 일반적으로 여당은 대통령의 결단을 밀어주지만, 한·미 FTA는 열린우리당의 정치적 지지기반을 와해시킬 우려가 있는 아주 예민한 문제였다. 한·미 FTA를 결사반대하는 범국민운동본부(범국본)를 구성하는 주요 시민단체들은 대부분 열린우리당의 정치적 기반이자 지지자들이었다.

국회 내에 이미 한·미 FTA 특위가 구성되어 있었지만, 주로 찬성하는 의원들 위주였기 때문에 특위에서는 반대 목소리가 표면화되지 않았다. 그러나 이날 비공개 워크숍에서는 "졸속 추진, 일방적 추진 등 문제가 많다"는 날 선 불만들이 여과 없이 쏟아져 나왔다.

"미국은 그동안 약한 나라, 힘없는 나라와 FTA를 추진했는데, NAFTA 이래 우리나라가 가장 큰 나라다. 우리가 적극적으로 선택되었다기보다 미국이 좋은 협상 상대를 고르던 도중 우리가 전략적으로 말려들었다고 본다."

"IMF 이후 (미국 등지의) 투기자본이 한국에서 가져간 국부만 150조 원이다."

---

16 칼 레빈(Carl Levin) 상원의원과 데비 스태버나우(Debbie Stabenow) 상원의원이다.
17 송영길 열린우리당 한·미 FTA 특위 위원장과 김종훈 한·미 FTA 수석대표가 참석했다.

"미국은 전자·자동차·섬유가 아니라 금융·교육·의료 등 핵심적 서비스를 요구할 것이다."

"한·미 FTA 추진 과정이 애당초 비민주적 절차와 준비 부족, 의견수렴 미비 등으로 제대로 진행되지 않고 있다. 협상을 10개월 만에 끝내는 것은 문명국가에서는 불가능한 일이다. 국민 모두의 삶을 혁명적으로 바꾸어 놓을 한·미 FTA가 졸속으로 추진되는 것에 개탄한다."

반면, 찬성하는 의견도 없지 않았다. "한·미 FTA는 중국과 일본 사이에 끼어있는 한국이 어떻게 생존할지 불투명한 상황에서 대통령이 결단을 내린 것이다. 따라서 당이 의견을 잘 조율하여 책임 있게 뒷받침해야 국민들에게 안정적 지지를 얻을 수 있다고 생각한다"는 것이었다.

정부를 대표해 워크숍에 참석한 김종훈 한·미 FTA 수석대표는 "우리 경제가 성장동력을 계속 키우기 위해 개방의 길을 취한 것이 한·미 FTA 추진 배경이고, 우리가 미국의 문을 적극적으로 두드렸다"면서, "미국의 전략에 우리가 피동적으로 휘말렸다"는 주장을 반박했다.

그리고 "만약 국제 정세에서 짝짓기에 실패한다면 우리 시장은 공동화(空洞化)되고 위기가 올 것이므로 개방을 통해 국가경쟁력을 강화해야 한다"고 강조했다.

"참깨를 생각하면서 수박을 요구하다"

제3차 한·미 FTA 협상은 2006년 9월 초 미국 시애틀에서 다시 열렸다. 3차 협상에서는 관세 양허안에 대한 협상과 서비스·투자 유보안의 확인 작업이 진행되었다. 3차 협상 시점부터 양측은 서로의 양허안과 유보안을 기초로 상대방에게 양허안 개선을 요구하기 시작했다.

통상외교관들 사이에 회자되는 유명한 말이 있다. "속으로는 참깨를 생각하면서도 겉으로는 수박을 요구한다"는 것이다.[18] 통상협상에 임할 때 최종적으로는 현실적 목표를 생각하면서도 초반에는 상대방이 수용하기 어려운 큰 것을 목소리

---

18 최석영, 2016, 《최석영의 FTA 협상노트》, 박영사.

높여 요구한다는 의미다. 끈질기게 요구하다가 점차 현실적 목표로 수위를 낮추는 것은 협상 막바지쯤이다.

> 이해를 절충하는 데 있어 먼저 카드를 내놓으면 진다. 작은 칼은 몇 번 찔러 보지만 긴 칼은 남겨 두어야 한다. 샅바를 끝까지 놓지 말아야 한다. 씨름처럼 막판 샅바를 놓으면 진다. 끝까지 물고 늘어지는 근성이 필요하다.[19]

이 전략은 양측 모두에게 해당된다. 서로 들어주기 힘든 것부터 요구하여 기선 제압을 하려 했기 때문이다. 1차 협상부터 3차 협상까지 한국은 미국 상품과 섬유 양허안을 대폭 개선할 것을 요구했다. 한편, 미국은 한국이 제시한 농산물 양허수준의 개선을 요구했다.

또한 서비스와 투자 분야에서 한국 측은 미국의 항공 및 해운 서비스 전문직 자격 상호 인정 등 미국이 수용하기 힘든 주장을 했다. 미국 역시 택배서비스 법률과 회계서비스, 통신과 방송 서비스 개방 등 한국 측이 받기 어려운 문제들을 내세웠다.

저쪽에서 이쪽이 수용하기 힘든 사안을 요구하면, 한국 측도 미국 측이 도저히 받기 어려운 카드를 소매 속에 숨겨 두었다가 필요할 때 꺼내들었다. 서로 속마음을 숨기고 표정 연기나 블러핑(bluffing) 전략을 쓰면서 정교하게 진행하는 동태적 게임이었다.

대표적 사례가 개성공단 생산제품의 역외가공 인정 문제였다. 당시 미국은 북한과 아프가니스탄, 라오스, 쿠바 등 미국에 적대적인 국가에 '컬럼 2'(column 2)라는 고율관세를 적용하고 있었다. 만약 개성공단에서 생산 중인 한국 제품을 북한산이라고 판정하면 개성공단 입주 중소기업들은 수출이 어려운 상황이었다. 한국은 역외가공 개념을 적용하여 개성공단 제품을 한국산으로 인정해 달라고 요구했다.

미국은 내심으로는 개성공단은 한국 정부의 체면이 걸린 문제이므로 양보 카드를 사용해야겠다고 계산하고 있었다. 그러나 겉으로는 "개성공단은 한국이 정치

---

19 김종훈, 〈대한민국 정책브리핑〉, 2007. 4. 6.

적으로 접근한 것이므로 협상 대상이 될 수 없다"는 강경한 입장을 나타냈다.

3차 협상에서는 개성공단 이슈를 포함하여 쟁점들을 더 구체화하기는 했으나 서로의 기대에는 전혀 미치지 못하는 수준이었다. 한·미 양측 모두 기존 입장을 고수함으로써 실질적 진전을 거의 이루지 못한 채 끝나고 말았다.

비대칭 '양허 개방률' 논란

3차 협상에서 양허안을 교환하여 뚜껑을 열어 본 결과 한국의 즉시 철폐 비율이 80.1%인 데 비해 미국은 63.3%였다. 3년과 5년, 10년에 걸쳐 철폐되는 품목 비율은 한국이 18%, 미국은 35.2%였다. 미결정된 품목이 한국은 1.5%로 대부분 농수산물인 반면, 미국은 26.1%로 대부분 자동차와 자동차 부품들이었다.

한국이 미국보다 훨씬 더 높은 철폐 비율을 제시한 것에 대해 처음부터 너무 많이 양보했다는 내부 비판이 쏟아졌다. 반대론자들뿐만 아니라 관련 정부 부처들 사이에서도 "통상본부가 오판했다"는 의견이 나왔다. 국회에서도 "정부가 협상을 잘못하고 있다", "굴욕적이다", "우리도 미국과 개방 비율을 유사하게 맞추어야 한다"고 강도 높게 비난했다.

이에 대해 김현종은 "한국이 처음부터 즉시 철폐 비율을 높인 것은 관세철폐를 목표로 한 FTA 협상에서 명목적 우위를 점하기 위한 것이었다. 미국이 미결정으로 분류한 품목들은 대부분 협상카드로 쓰기 위한 것이기 때문에 이 품목들이 풀리면 우리보다 더 높은 87%까지 올라간다고 보았다"고 설명했다.[20]

그러나 국내의 비판 여론은 완강했다. 결국 김현종 본부장은 미국 측에 "단계적 철폐로 분류된 품목들을 즉시 철폐로 옮겨서 비율을 맞춰야 한다"고 주장하여 관철시켰다.[21]

---

20 김현종, 2010, 《김현종, 한미 FTA를 말하다》, 홍성사.
21 김현종은 이에 대해 "초반에 한국이 요구했던 '동일 개방률'은 협상이 막판으로 진행되면서 오히려 덫이 되었다"고 주장했다. 한국이 최종적으로 양허 개방률을 80%로 가져가자 이번에는 거꾸로 미국이 자신 들의 94% 개방률에 한국이 맞춰야 한다고 주장했던 것이다.

한·EU FTA 동시 추진[22]

FTA 협상 타결 시 두 나라 간에 보장되는 호혜성은 다른 국가들에는 엄청난 장벽과 불이익이 된다. 따라서 동일한 시장을 두고 다투는 경쟁국들 사이에서는 다른 참여자들의 행동이나 선택이 자국의 행동이나 선택에 상호 영향을 미친다. 한국이 미국을 공략하기 위해 캐나다와 먼저 접촉한 것이 대표적 예이다.

한·미 FTA에 최대한 전력을 집중해야 할 시기인 2006년 5월에 한국은 한·EU FTA 추진을 결정했다. EU와의 FTA는 EU가 먼저 접촉해왔다. 2004년 11월 한국이 먼저 FTA 추진을 주장했을 때 "EU는 한국과의 FTA에 관심이 없다"고 냉담한 반응을 보였던 피터 만델슨 EU 무역담당 집행위원장은 막상 한국이 미국과 FTA를 개시하자 태도를 바꾸었다. 2006년 5월 ASEAN 통상장관 회담이 열린 마닐라까지 김현종 본부장을 찾아와 "EU가 한국에는 두 번째로 큰 교역국이고 또 최대 투자국이다. FTA를 시작하자. 어렵다면 사전예비 협상이라도 시작하자"고 간곡하게 설득했던 것이다.

한·EU FTA를 한·미 FTA의 대체카드로 활용하기로 한 김현종 본부장은 두어 차례의 예비회담을 거친 후 2006년 가을 무렵 노 대통령 부부와 만찬에서 한·EU FTA 추진을 건의했다.

"한·미 FTA가 타결되더라도 미 의회가 비준하려면 시간이 걸릴 것이다. 그사이에 한·EU FTA를 체결하면 미국이 한국 시장을 빼앗기지 않으려고 비준을 빨리해 줄 것"이라고 설득했다. 노 대통령은 "잘 생각해서 당신이 결정하라"고 답변했다.

한국 입장에서 EU는 어차피 FTA를 추진해야 할 핵심 대상이었다. 더욱이 쇠고기나 농수산물, 경쟁정책, 지식재산권, 각종 서비스 등 여러 면에서 EU와 미국은 경쟁관계였기 때문에 EU와의 FTA 추진은 미국을 자극하여 양보를 받아 낼 만한 카드였다.

---

22 이하 내용은 김현종의 저서(김현종, 2010, 《김현종, 한미 FTA를 말하다》, 홍성사)에서 발췌, 정리했다.

한·EU FTA 협상 공식 출범(2007. 5. 6). 김현종 통상교섭본부장(오른쪽)과 피터 만델슨
EU 통상담당 집행위원이 공동기자회견을 열고 한·EU FTA 협상 출범을 공식 선언했다.

　한국과 미국을 단순 비교하면 미국이 경쟁우위 전략을 구사할 수 있다. 하지만
대체카드로 EU가 있는 한 미국 측도 무작정 자신들의 요구만 관철시키거나 시간
을 끌 수는 없었다.

　미국이나 EU는 한국을 단순한 하나의 국가로 보기보다는 동북아시아 진출의
교두보로서 의미가 있다고 판단했을 것이다. 한국도 한·미 FTA 협상에서 EU와
의 FTA를 대미 전략의 지렛대(leverage)로 사용할 수 있는 여지가 있었다.

　실제로 이 전략은 미국 측에 주효했던 것으로 알려졌다. 민주당 대선 후보 시절
한·미 FTA를 크게 반대하던 버락 오바마(Barack Obama)가 대통령 취임 후 태도
를 바꾸어 한·미 FTA 비준을 위해 노력했던 것이다. 한·EU FTA가 한·미 FTA보
다 나중에 추진되었는데도 먼저 비준이 이루어진 것에 자극받았기 때문이라는 것
이 웬디 커틀러 당시 미국 협상단 수석대표의 설명이다.

웬디 커틀러　그런 상황(미국 의회가 한·미 FTA 비준을 계속 미루는 상황)을 타개한 것은 한국이 영리하게도 EU와 FTA를 추진하고 EU와의 타결안을 미국보다 앞서 비준했기 때문입니다. 우리가 협상한 협정으로부터 유럽이 모든 이득을 가져가면 미국은 손해를 보게 될 것이라고 의회와 오바마 행정부를 납득시키는 데 도움이 된 것 같습니다.

오바마 후보는 대통령이 된 후 트럼프 대통령과 달리 한·미 FTA 자체를 깡그리 무위로 돌리는 쪽으로 결정을 내리지는 않았습니다. 그는 저와 USTR의 새 수장인 론 커크(Ron Kirk)를 불러 "현재 상태의 한·미 FTA 타결안은 상당한 결점이 있고 문제가 있으니 특히 농업과 자동차 부문에 대한 미국 내 우려를 반영하는 방식으로 문제를 해결하고 최종적으로 의회비준을 받을 수 있는 방안을 마련하라"고 지시했습니다.

새 대통령의 지시에 따라 우리는 약 1년여에 걸쳐 이해관계자들을 만나 의견을 수렴했는데 안 그래도 너무나 어렵게 끝낸 협상을 다시 하기로 하고 의견수렴을 하는 이 기간이 저에게는 참 힘들었습니다. 이해관계자들은 자신들이 협상장에서 직접 협상하는 게 아니기 때문에 "이랬어야 한다", "저랬어야 한다", "왜 이렇게 양보했느냐?" "왜 좀 더 버티지 못했느냐"고 쉽게 말합니다. 그런 말을 들으면서 내심 '당신들이 한번 협상장에 직접 들어가서 협상해 봐라. 과연 우리보다 잘했을까?'라고 생각했죠. 물론 그런 생각을 입 밖으로 꺼내 말하진 못했지만요(웃음).23

제주산 감귤 vs 몬태나 쇠고기

한·미 양국에서 번갈아 열린 협상에서 두 나라는 '어느 장소를 협상장으로 선정하느냐'는 것까지 상대방을 압박하는 수단으로 활용했다.

제주 출신 정치인들이 미국산 오렌지 수입에 예민하게 반응하자 한국은 4차 협상(2006. 10. 23~10. 27)에서 제주 감귤의 정치적 민감성을 알리기 위해 협상장

---

23 인터뷰 원문은 12장의 웬디 커틀러 인터뷰 전문 참조.

을 제주도로 정했다. 당시 미국산 오렌지 수입으로 감귤산업이 타격을 받을 것을 우려한 제주 현지 감귤 농민 시위대뿐만 아니라 전국에서 대규모 시위대가 협상장으로 몰려들었다.

협상이 열리는 신라호텔이 위치한 중문관광단지 삼거리에서는 협상 첫날부터 제주 현지 농민, 원정투쟁단 등이 대거 집결한 가운데 'FTA 협상 중단 원정투쟁 결의대회'가 열렸다. 시위대를 막기 위해 중문관광단지 전체에 걸쳐 대규모 경찰 인력이 배치되었다. 특히 협상이 열리는 신라호텔에 17개 중대 1,700여 명의 의병과 경찰이 집중 배치되었지만, 일부 시위대는 경찰의 저지선을 뚫고 중문관광단지 입구 사거리까지 진출했다. 이들은 도로를 점거한 채 연좌시위를 벌였다.

한편 어민들은 시위 장소를 바다 위로 넓혔다. 한국수산업경영인 제주도연합회 소속 선주 60여 명이 어선 40여 척에 나눠 타고 중문관광단지 앞 해상에서 시위를 벌인 것이다. 해경은 경비정 등 20여 척을 동원해 선박 시위를 가로막았다.[24]

한국 측은 이 정도로 오렌지 수입에 반대가 심하니 미국이 좀 양보하라는 뜻으로 제주를 협상 장소로 정한 것이다.

다음 5차 협상(2006. 12. 4~12. 8)에서는 미국 측이 한국 협상팀을 주요 쇠고기 생산지인 몬태나주의 빅스카이(Big Sky) 리조트로 불러들였다.

몬태나주는 미국 서부 쇠고기벨트[25]에 위치해 있고, 쇠고기 생산과 유통이 주력산업인 곳이다. 한·미 FTA 의회비준의 핵심 인사인 맥스 보커스 재무위원장의 지역구이기도 했다. 맥스 보커스 상원의원의 별명이 '미스터 비프'(Mr. Beef)였다. 한국에 쇠고기시장을 개방하라는 무언의 압력이 들어간 협상장 선정이었다.

협상을 하루 앞두고 맥스 보커스 몬태나주 상원의원은 이태식 주미한국대사와 협상팀 등을 리조트 식당으로 초대했다. 그는 만찬에서 두꺼운 스테이크를 썰어 먹으면서 "미국산 쇠고기는 뼈가 있든 없든 안전하다"고 강조했다. 그리고 급하게 배운 한국말로 "맛있습니다"를 다섯 차례나 반복했다. 그 자리에는 카우보이모자

---

24 〈농업인신문〉, 2006. 10. 30.
25 몬태나, 콜로라도, 네브래스카, 캔자스, 텍사스, 오클라호마주 등을 포함한다.

를 쓰고 부츠를 신은 지역 상공인들도 배석했다. 심리적 압박과 퍼포먼스를 겸한 자리였던 셈이다. 식사 후 연설에서 보커스 상원의원은 "한·미 FTA가 원만하게 타결되려면 미국산 쇠고기 수입장벽을 제거해야 한다"고 직설화법으로 말했다.[26]

당시 몬태나주 협상에는 여러 가지 에피소드가 있다. 몬태나주로 가는 직항이 없기 때문에 한국 대표단은 시애틀에서 내려 지역 비행기로 갈아타야 했다. 그런데 아무리 기다려도 대표단의 짐이 나오지 않았다. 일부 한국 협상팀은 당시 미국이 한국팀의 짐을 정밀 검사했던 것이 아닌지 의혹을 가지기도 했다고 기억한다.

미국이 9·11 테러 이후 외국에서 입국하는 사람들을 대상으로 공항에서 무작위로 정밀 검사를 했는데, 이상하게 한·미 FTA 협상을 하러 미국에 갈 때마다 우리 협상단은 대부분 정밀 검사에 걸렸습니다. 처음엔 우리가 운이 없나 보다 생각했지만 계속해서 몇 번을 당하니까 불안감이 들더라고요. 확증은 없지만 가능성이 상당히 있다고 봤습니다. 협상팀이 미국 출장 갈 때마다 우릴 잡아서 그걸 항의했더니 이름이 이상해서 잡았대요. 그래서 아시아인 중에서 테러리스트로 걸린 사람이 있으면 이름을 알려 달라고 항의한 적도 있습니다.[27]

몬태나주는 산이 많고 자연 경관이 빼어나게 아름다운 곳이다. 특히 빅스카이는 유명한 스키장이었다. 마침 12월이라 창밖에는 흰 눈이 쌓인 산 위에 리프트가 오가고 많은 사람이 스키나 스노보드를 즐기고 있었다.

그러나 실내의 협상팀들은 답답하기 짝이 없었다. 해발 2,000미터가 넘는 고산 지대라 공기가 희박하여 고산증도 겪어야 했다. 협상이 조금만 길어져도 답답하고 어지러운 증세가 나타났다.

한국팀에게 희박한 공기보다 더 어려웠던 것은 식사였다. 미국산 쇠고기가 얼마나 양질이고 맛있는지 강조하기 위해 삼시 세끼는 모두 쇠고기 요리가 제공되

---

26 〈중앙일보〉, 2006. 12. 5.

27 당시 협상팀 김용수(전 과학기술정보통신부 제2차관)의 증언(육성으로 듣는 경제기적 편찬위원회, 2022, 《코리안 미러클 7: 정보화 혁명, 정책에 길을 묻다》, 나남).

었다. 아침은 훈제 쇠고기, 점심은 햄버거, 저녁에는 구운 스테이크, 이런 식이었다. 결국 사흘쯤 지난 후 한국 협상단 전원이 리조트의 호화판 식당에서 사라졌다. 다들 방에서 매운 라면을 끓여 먹기 바빴다.

한국 협상팀을 몬태나에 초청해 '맛있는 쇠고기'를 많이 맛보게 함으로써 쇠고기시장 개방을 촉구하려는 것이 미국의 의도였다면 완전히 실패로 끝난 셈이었다.

무역구제 이슈가 불러온 협상 결렬 위기

한·미 FTA 협상은 "마지노선이 깨지면 협상을 결렬시킬 수도 있다"는 전제로 출발했다. 그런데 갈수록 악화되는 정치적 분위기 속에서 협상이 깨질 뻔한 일도 몇 차례 발생했다.

2006년 12월 4일부터 8일까지, 미국 몬태나주의 제5차 협상에서 14개 분과 및 2개 분과 작업반 회의가 개최되었다. 법 개정이 필요한 무역구제 관련 협상안은 서명 6개월 전인 2006 12월 31일까지 USTR이 의회에 보고하도록 되어 있었다. 이때 한국 측은 "무역구제 관련 한국 측의 주요 관심 사항(반덤핑 관련 5개 사항, 다자 세이프가드 적용 배제)을 수용하여 USTR의 의회보고에 포함시켜 줄 것"을 요구했다. 원래는 14개 무역구제 개선사항을 요구했다가 미국 측이 이를 받아들지 않자 5차 협상에서 5개로 대폭 줄여 다시 제안한 것이다.

당시 한국이 계속 요구한 '무역구제 비합산 조치'(*non-cumulation clause*)는 미국이 반덤핑 조치 발동을 위해 산업피해 판정을 할 때 한국 수출품을 다른 나라, 특히 중국 등과 분리하여 판정해 달라는 것이다. 가령 반도체는 한국이 직접 미국으로 수출하는 경우도 있지만, 중국이나 다른 나라 생산기지에서 생산하여 미국으로 수출하는 경우도 있다. 후자는 합산 여부가 아주 중요해진다.

이 문제가 부각된 것은 2006년 7월 3일 한국무역협회가 통상교섭본부에 보낸 대정부 서안을 통해 무역구제 조치의 필요성을 강조하면서부터였다. 무역협회는 이 서한에서 "많은 한국 기업은 미국과 FTA가 체결되더라도 미국 측의 자의적 반덤핑·상계관세 제도 운영으로 FTA의 실질적 혜택을 누릴 수 없을 것이라고 생각한다"고 우려를 나타냈다. 그러면서 "미국이 다른 나라와 FTA 체결 때 누적조항 제외 등 무역구제 제도 개선을 일부 수용한 사례가 있으니, 이걸 미국 측에 주장해 달라"고 요청했다.

김현종 통상교섭본부장은 비합산 조치 도입 여부가 미국의 산업피해 판정 시 중요하다고 판단하여 한국 측의 가장 중요한 이슈 중 하나로 미국에 지속적으로 강하게 요구했다. 심지어 한·미 정상회담 때 부시 대통령에게 이 문제의 해결을 직접 요청하기도 했다.

그러나 USTR은 "이 문제는 미국 통상정책 관련법을 고쳐야 하는 어려운 과제이며 현시점에서는 수용이 불가하다"는 완강한 거부 의사를 밝혔다.[28]

이 소식을 들은 김현종 본부장은 격분했다. 미국 측이 이 문제에 대해 전혀 성의가 없다고 판단하고 대신 미국 측의 주요 관심 분야인 자동차와 의약품 협상을 전격 중단하는 초강수를 두었다.

결국 5차 협상 당시 협상장에서 서로가 퇴장하는 등 협상은 한 치 앞을 내다볼 수 없는 상황으로 치달았다. 한국이나 미국이나 사실상 이때 진정한 협상 결렬 위기를 맞았다.

김현종 본부장은 5차 협상 이후 버시바우(Alexander Russell Vershbow) 주한 미국대사를 불러 다음과 같이 통보했다.

"이런 상황에서 6차 협상은 진행이 불가능하다. 협상할 생각이 있다면 기대 수준을 재조정해야 하는 고위급 회의가 필요하다. 나는 언제 어디서든 만날 용의가 있다. 그러나 반덤핑은 우리에게 중요한 과제이기 때문에 이에 상응하는 만큼 미국 측이 요구하는 것을 협상에서 제외할 것이다. 만약 미국이 이걸 수용할 수 없다면 협상은 끝이다."[29]

이 같은 한국 측 요구에 따라 고위급 회담이 미국 하와이에서 열렸는데, 여기에도 USTR 대표가 아니라 캐런 바티아(Karan Bhatia) USTR 부대표가 왔다.

---

28 USTR은 결국 12월 말의 미 의회 보고서에 이 내용을 포함시키지 않았다.
29 김현종, 앞의 책.

김현종은 자신의 회고록에서 "미국이 과연 FTA를 타결할 의사가 있는지 의심스럽고 한·미 FTA를 TPA 기한 연장의 수단으로 삼고 있는 것 아닌가 하는 생각을 굳히게 되었다"고 밝혔다.[30] 실제로 그는 하와이 협상 직후 협상을 깰 생각이 있었던 것으로 보인다. 회담 직후 노 대통령에게 "한·미 FTA를 결렬시키는 것이 낫겠다"는 의견을 개진했던 것이다.

당시 윤대희 대통령비서실 경제정책수석비서관의 증언이다.

윤대희 2006년 12월 초 5차 협상이 진행 중일 때 한·미 FTA를 계속할 거냐 말거냐의 분기점이 되는 사건이 발생했습니다. 대통령께서 인도네시아, 호주, 뉴질랜드를 국빈 방문하고, 필리핀 세부에서 열리는 제10차 ASEAN+3 정상회의에 참석하기 위해 출국했습니다. 첫 방문지인 인도네시아 방문 첫날 밤 대통령과의 만찬 때의 일로 기억합니다. 그 만찬에 참석했던 사람이 많지 않았습니다. 정세균 산자부 장관이 있었고, 김현종 본부장이 USTR 측과 하와이에서 회담 후 인도네시아로 날아와 회의에 참석했습니다. 윤태영 비서관이 기록하고 있었고요.

그날 김 본부장이 하와이 회담 결과를 보고하는데 "미국이 전혀 안 움직입니다. 무역피해 발생 시 구제 방식과 절차를 우리가 강하게 요구했는데 미국이 요지부동입니다. 이렇게까지 안 움직이면 결국 한·미 FTA를 중장기적 과제로 돌려야 하지 않겠습니까?"라고 보고하더라고요. 사전에 저에게 아무런 귀띔도 해 주지 않은 상태였는데, 갑자기 FTA를 그만두자는 의미로 해석할 수 있는 말을 듣고는 제가 순간 깜짝 놀랐습니다.

이게 보통 일이 아니구나 싶어 얼른 나서서 "대통령님, 이 문제는 대외경제장관 회의에서 부총리 주재로 논의하고 제가 나중에 결과를 보고하겠습니다"라고 하니까 정세균 장관께서도 "그렇게 하는 게 맞습니다"라고 옆에서 거들었습니다. 보고가 끝나고 밖으로 나와서 제가 "아니, 부처와 의논도 없이 그런 식으로 일방적으로 대통령께 보고하는 게 어디 있느냐?"고 뭐라고 했습니다. 만약 이 이야기

---

30 이상의 내용은 김현종의 저서(김현종, 2010, 《김현종, 한미 FTA를 말하다》, 홍성사)를 요약·서술했다.

가 협상팀에 흘러 들어가면 정말 큰일 아닙니까?

홍은주　협상팀이 만약 "윗선에서 협상 결렬까지 생각하고 있다"는 메시지를 받으면 진행될 일도 잘 안 되겠지요.

윤대희　그렇습니다. 김 본부장은 하와이에서 회담이 너무 안 풀린 데다 행정관료 출신이 아니니까 정부 업무가 어떻게 돌아가는지 잘 모르고 한 이야기라고 이해할 수도 있습니다.

아무튼 한국에 돌아와 변양균 청와대 정책실장과 저, 김현종 본부장, 셋이 청와대에서 이 문제를 논의했고 정부 차원에서 공식적으로 다시 한번 의견을 모아 보자고 했습니다. 그리고 권오규 부총리가 대외경제장관 회의에서 장관들과 논의한 끝에 FTA를 계속 진행하는 것으로 확고히 재확인했습니다. 저는 개인적으로 김 본부장과 제네바에서 오래 같이 일해서 아주 가까운 사이라 더 이상 말은 안 했지만, 당시 변양균 실장은 이 문제로 김 본부장을 많이 질책했습니다.

협상 전략 외부 유출 사건

5차 협상 직후의 한·미 FTA 결렬 위기를 넘기고 해가 바뀌었다. 2007년 1월 중순에 6차 회담이 예정되어 있었다. 그런데 회담 시작 직후인 1월 18일에 '한·미 FTA 협상 전략'을 담은 대외비 문건이 통째로 언론에 보도되는 사건이 발생했다.[31] 협상 과정에서 국회가 비공개를 전제로 자료를 요구하자 협상 전략과 진행 내용을 국회와 공유했는데, 어찌된 영문인지 이 내용이 외부로 흘러나가 언론에 실린 것이다.

이 가운데 특히 문제가 된 것이 5차 회담 때 자칫 협상 결렬을 야기할 뻔 했던 '비합산 조치' 조항이었다. 문건은 "우리 정부가 우리 수출기업의 반덤핑 제소 부

---

31 〈한겨레〉, 2007. 1. 18.

담을 완화하고 구제를 받을 수 있는 '비합산 조치' 등을 사실상 포기하기로 했다. 이걸 끝까지 관철시키는 대신 다른 조건을 요구하기 위한 협상카드로 활용할 것"이라는 내용이었다. 이걸 언론이 대대적으로 보도하면서 말썽이 된 것이다.

비합산 조치를 요구할 당시 한국이 확실히 파악한 USTR의 약점이 하나 있었다. USTR은 의회가 위임해 준 범위 내에서만 움직일 수 있으며, 특히 법을 고치라고 의회에 요구할 수 없다는 것이었다.

한국은 그걸 알면서도 비합산 조치를 계속 요구했다. 결정적 순간에 이걸 양보하는 시늉을 하면서 대신 우리가 양보할 수 없는 민감품목을 지키려는 아이템으로 활용하자는 전략이었다. 이 전략이 고스란히 언론에 노출된 것은 뼈아팠다. 또한 협상 시작 전에 3년간 비공개 조건을 걸어 두었는데, 미국 측이 자국 정치권에 숨기고 싶은 이야기까지 죄다 흘러 나갔으니 상대측에게도 미안하고 난감한 상황이 벌어졌다.

출처를 추적해 보니 정부가 1월 13일에 '국회 한·미 FTA 특별위원회'에 대외비로 제출했다가 회의가 끝난 후 곧바로 회수한 문건이었다.

당장 난리가 났다. 문건 유출이 누구의 책임인지 공방이 이어졌다. 정부는 국익을 심각하게 해친 경우로 판단하고 문건 유출 경위와 유출자를 가려내기 위해 강도 높은 조사에 들어갔다. 당시 특위에 참석했던 의원 14명과 보좌관 등이 유출 혐의자로 거론되었다. 의원들은 서로 알리바이를 대면서 자신과 무관하다고 부인했다. "정부가 문서 관리를 소홀히 해 놓고 국회에 유출 책임을 돌리고 있다"며 반발하기도 했다.[32]

김종훈 수석대표는 문건 유출 사건 때가 개인적으로 가장 자괴감을 느꼈다고 한 언론에서 밝힌 바 있다.

비합산 조치를 놓고 한창 딜을 할 때 문건 유출 사건이 터졌다. 한창 값을 올리고 할 때 그것(협상 전략 문건)이 공개되면서 상대가 우리 작전을 알게 됐다. 화가 조금 나

32 〈KBS 뉴스〉, 2007. 1. 23.

는 정도가 아니라 배신감을 느꼈다. 초반에 (한·미 FTA를 반대하는 쪽에서) 밀실 협약이니 뭐니 했는데, 협상을 어디 길바닥에서 할 수 있겠나? 문 닫아 걸고 하는 것은 당연한데 … . 국회의 정보공개 요구에 따라 '한·미 FTA 체결기획단'에서 표를 가져갔는데, 비밀문건 분류를 우리 국회에 강제할 수 있는 방법이 없었다. 미국은 정보를 유출하면 평생 책임지게 돼 있는데 우리나라는 그렇지 않다.[33]

사실 문서유출 사건은 이때가 처음이 아니었다. 2006년 11월 22일에도 "한·미 FTA 투자 항목의 주요 쟁점 '투자자·국가 간 분쟁해결제도'(ISDS) 정부 졸속 추진 논란"이라는 제목의 기사가 1면에 실렸는데, 이 역시 외교통상부가 작성한 문건이 흘러나간 것이었다.

그 보도가 나오고 일주일 후 김종훈 수석대표는 국회에서 이렇게 말했다.

특위에 비공개로 제출한 자료가 보도된 것을 협상단은 불편하게 생각하고 있다. 간접 수용 개념에 이견이 있어 오남용을 줄이고 공공정책의 여지를 확보하도록 범위를 축소하는 방향을 논의했다. 4차 협상에서 이를 제시했고 설득하는 중이다. 구체적 이슈에 대한 찬반 여론이 우리 내부에만 있으면 좋은데 미국 측도 이를 면밀하게 모니터링하고 있다. 미국 측을 앞에 두고 설전을 벌일 때 우리 입장을 상당히 축소시키는 역효과가 있다.[34]

진전 없이 끝난 6·7차 협상

2007년 1월 중순에 서울에서 열린 6차 협상(1. 15~1. 19)에서는 한·미 양측이 핵심 쟁점을 중심으로 본격적인 주고받기에 나섰다.

양측은 협상 기간 중 수석대표 간 연쇄회동, 수석대표와 일부 분과장이 참여하는 소규모 회동을 통해 협상 진도를 점검하고 쟁점의 절충 방향을 함께 논의했다.

---

33 김송훈, 〈대한민국 정책브리핑〉, 2007. 4. 16.
34 〈대한민국 정책브리핑〉, 2007. 2. 14.

상품, 금융 등의 분야에서는 상호유연성을 발휘하여 일부 진전을 이룬 것으로 평가되었으나, 무역구제, 자동차, 의약품 등 핵심 쟁점은 전혀 의견접근을 이루지 못했다.

상품 분야에서 미국 측은 18억 9,000만 달러(457개), 한국 측은 14억 2,000만 달러(569개) 규모의 품목의 관세를 즉시 철폐하기로 합의했다. 기타(*undefined*) 품목의 50%는 최장 10년에 걸친 철폐 대상으로 정하여 개선하기로 합의했다.

섬유 양허안 협상에서는 주요 관심 품목에 대한 즉시 철폐 및 원산지 기준 완화, 섬유 세이프가드 및 우회 방지 방안을 집중적으로 논의했으나 합의에 실패했다. 서비스·투자 유보안 협상에서도 절충 가능성을 모색했으나, 주요 쟁점에 대해서는 입장 차이를 좁히지 못했다.

특히 농산물 양허안에서는 세부 품목별로 양측 간 관심도 및 민감성 내용을 교환하여 향후 논의하자는 정도의 선에서 거의 진척을 보지 못했다.

미국 워싱턴에서 개최된 제7차 협상(2.11~2.14)을 앞두고 김종훈 수석대표는 "밥이 뜸들 때는 뭔가 냄새가 난다"면서 협상 진전을 위해 양측 모두 진지한 입장이라고 밝혔다.

실제로 노동, 환경, 전자상거래 등 일부 분과는 2~3개 핵심 쟁점을 제외하고 합의를 도출했다. 상품 양허안에서는 즉시 철폐 비율이 품목수 기준으로 85%에 이를 정도로 상당히 진전했다.

미국이 "법을 바꿔야 하는 사안이니 죽어도 받지 못하겠다"는 비합산 조치 대신에 한국 측이 무역구제위원회 설치안을 제시하는 타협안을 내놓았다.[35] 미국이 반덤핑 조사 전에 서로 협의하도록 하고, '무역구제위원회'를 설치하여 예비 판정과 최종 판정 사이에 양측이 서로 합의해 물량 조절을 하여 기각할 수 있도록 서로 한발 물러선 것이다.

김종훈 수석대표의 설명이다.

---

[35] 미국 측은 자신들이 할 수 없는 법 개정 사항이라며 비합산 조치를 양보하지 않았다. 한국 측은 다른 분야에서 유보받기로 하고 무역구제위원회라는 양국 간 상시협의기구를 구성하는 것으로 최종 합의했다.

결과적으로 비합산 조치를 못 얻어 냈다고 해서 우리가 무역구제에서 손해를 크게 봤느냐? 그렇지 않다. 최근 논문을 보면 양국 간 FTA가 체결되고 나면 가장 두드러진 현상이 반덤핑 제소가 절반 이상 줄어드는 것이다. 그만큼 시장 개방 폭이 넓어진다. 거꾸로 말하면, 관세가 계속 유지되고 비관세 보호 장치가 계속되면 그것이 반덤핑 조치의 소지가 된다. 그런데 FTA가 되면 개방구조가 넓어지기 때문에 상호 반덤핑을 쓸 수 있는 여지가 줄어드는 것이다.[36]

그 밖에 섬유 분야에서 미국 측이 새로운 수정 양허안을 내놓는 등 일부 다른 쟁점들에 대해서도 양측이 모두 조금씩 절충안을 내놨다. 그러나 그 외에 농산물 등 주요 쟁점들은 여전히 양측 모두 꽉 막힌 채 추가 진전이 없었다. 농업 분야 양허안이 뚜렷한 의견접근을 이루지 못했고, 농산물 세이프가드 및 관세율·할당(TRQ) 등도 이견이 지속되었으며, 쌀시장 개방도 예외로 인정되지 않았다.[37]

당시 미국은 쌀, 섬유, 모드 4 이슈(전문직 비자쿼터 문제), 개성공단 특례 인정 등을 한국 정부의 정치적 체면을 살려 줄 카드로 여기며 소매 속에 숨기고 있었다. 이걸 지렛대 삼아 다른 부문에서 양보를 받으려 했던 것이다.

미국 정부에서는 2006년 1월 한국과의 협상 개시 선언 이후 주한미국대사관의 브라이언 트릭(Brian Tric)이 올린 16쪽짜리 보고서 〈한국의 심리와 정치〉(*Korean Psychology and Politics*)를 주요 관계자들이 회람했던 것으로 알려졌다.

이들은 한·미 FTA와 관련한 한국 정부의 정치적 딜레마를 나름대로 이해했다. 내부적으로도 한국 정부의 체면을 살려 주는 대신 다른 것을 양보받을 방법을 논의했다. 결국 미국은 개성공단의 원산지 특례를 받아들였다.

그즈음 2006년 11월 미 의회 중간선거에서 민주당이 승리하여 다수당이 되었

---

36 김종훈, 〈대한민국 정책브리핑〉, 2007. 4. 6. 이 같은 합의에 대한 언론반응은 엇갈렸다. 대부분은 "무역구제와 자동차 세제: 의약품 약가정책, 섬유 원산지 규정과 쇠고기 수입 규제 완화 등에 대한 빅딜"이라고 보도했다. 한편 한·미 FTA에 반대해온 언론들은 "소탐대실 빅딜이 현실화되는 것이 아니냐"고 우려를 나타냈다. "무역구제로 연평균 15억 달러 이익이 생길 수 있지만 이것은 현재 요구안으로는 담보할 수 없다. 반면 자동차 세제와 약가 정책의 경우 부작용과 피해가 너무나 뚜렷하다"는 것이었다.
37 〈조선일보〉, 2007. 2. 15.

다. 2007년부터 공화당 부시 행정부는 민주당 의회의 지시를 받아야 하는 상황이
되었다.

미국의 진의 파악에 고심

7차 협상이 끝난 직후 2007년 2월 15일에 부시 대통령과 노무현 대통령, 두 정상
간에 전화 통화가 이루어졌다.

그 통화 내용을 분석하는 과정에서 "미국이 과연 TPA 시한인 3월 말까지 이
협상을 끝낼 의지나 진정성이 있는가?"라는 우려가 갑자기 한국 측에 확산되었
다. 당시 통화 내용을 분석해 보니 6자 회담 등 정치적 내용이 대부분이었다. 부
시 대통령은 한·미 FTA에 대해서는 "유연성 있는 협상 태도를 가져야 한다. 적
절한 시기에 FTA를 반드시 체결하겠다"는 원론적 의지를 표명하는 정도였다. 구
체적 현안도 언급하지 않았고, 타결 목표 시기를 TPA 종료 이전이라고 못 박지
도 않았다.

이에 따라 한국 측의 고민이 깊어졌다.

"협상의 핵심 쟁점이 별 진전이 없는 상태에서 시한이 얼마 남지 않았는데 부시
대통령이 구체적 시한을 언급하지 않은 이유는 뭘까?"

"3월 말 TPA 시한을 넘길 수도 있다는 뜻일까? 시중에 떠도는 의혹대로 미국
이 한·미 FTA를 TPA 연장 목적으로 활용했던 것에 불과한 것일까?"

"만에 하나, 3월 말 TPA 시한이 넘어가면 미국이 어떻게 나올 것인가? 한·미
FTA는 완전히 물 건너가는 것일까?"

통상협상 대표팀이 하루하루 피 말리는 협상을 계속하는 동안 막후에서 이 문
제를 두고 가장 고민하던 부처는 재경부였다. 당시 재경부 진동수 제2차관의 증
언에 따르면, TPA 마감 시간은 속절없이 다가오는데 협상이 큰 진전을 보이지 않
자 재경부는 협상이 타결되지 못할 가능성에 대해 내부 검토에 들어갔다. 통상협
상은 과정이며 그 결과는 경제정책 전반에 반영된다. 한·미 FTA는 타결과 동시
에 피해가 예상되는 부문에 적지 않은 재정 투입이 필요하며, 부문별로 디테일한

홍은주 교수와 인터뷰하고 있는
진동수 전 금융위원장.

예산계획과 대책을 세워야 했다. 그런데 아무것도 결정된 것이 없으니 타결이 안될 경우의 수순에도 대비해야 했다.

만약 한·미 FTA 협상이 끝나지 않은 상태에서 TPA가 종료될 경우 부시 행정부가 TPA 재연장을 위해 노력할 것으로 추정되었다. 그러나 연장의 키를 쥔 곳은 행정부가 아니라 의회였다. 당시 미 의회는 민주당이 주도했기 때문에 재연장 여부가 불투명했다.

재경부는 설령 의회에서 협상 시한이 연장되더라도 새로운 TPA는 다른 형태의 TPA가 될 가능성이 크다고 보았다. DDA용 TPA가 되거나 혹은 한·미 FTA를 급히 마무리하기 위해서 제한적 성격의 TPA가 될 가능성이 큰 것으로 파악했던 것이다.

비선라인 통해 협상의 진정성 파악

8차 고위급 협상을 앞둔 2007년 2월 하순 무렵 청와대와 재경부는 미국 NSC와 주한미국대사관, 정치인, 학자 등의 네트워크를 비롯해 동원할 수 있는 정보라인을 모두 가동하여 미국의 진정한 의도가 무엇인지 파악하고자 했다. 그 결과 "3월 말 TPA 시한 이전까지 한·미 FTA를 타결한다는 부시 대통령의 의지는 의심할 여지가 없다"는 내용의 답변을 미국 측으로부터 비공식적으로 받았다.

2월 15일 두 정상 간 통화에서 부시 대통령은 타결 목표 시기를 못 박지 않았다. 그 이유는 큰 방향성을 중시하는 부시 대통령의 스타일이며 협상 타결 의지 자체는 확고했다. 부시 대통령의 의지를 확인한 만큼 고위급 회담을 시작하기 전에 양자간에 절대로 양보하지 못할 사안을 서로 정확히 알릴 필요가 있었다. 공식 협상이 아닌 다른 라인을 통해 서로 진의를 파악하고자 했던 것이다.

재경부는 비선라인을 통해 "미국 측 섬유 양허안은 우리가 절대로 받아들이기 힘들다. 미국 측의 협상 의지나 진정성을 의심케 할 정도다"라는 뜻을 미국에 전달했다. 그리고 3월 8차 협상 전에 새로운 양허안을 마련해 달라고 강하게 촉구했다. 미국 측의 섬유수출 우회 방지에 대한 우려는 잘 이해하지만, 우회 방지를 한다는 명분으로 지나치게 많은 요구를 하여 우리 업계가 현실적으로 수용하기 어렵다는 점을 미국 측에 전달한 것이다.

또 미국이 요구하는 한국 자동차의 단일세제 개편에 대한 입장도 전했다. 이 경우 지방세가 1,000억 원 이상 감소할 것이 예상되는데, 중앙정부와 정치적으로 별개인 지방정부를 설득하는 것이 불가능하다는 점을 알린 것이다.

동시에 지금까지 FTA 협상을 진행하면서 발견된 여러 문제들에 대한 객관적 분석도 검토에 들어갔다. 그 과정에서 양국 간 상황인식, 커뮤니케이션 및 분위기 파악에 문제가 있음을 발견했다.

당시 미국은 민감한 문제들이 잘 해결될 것으로 낙관하는 분위기였다. 2월 중순 미국은 협상의 전체적 평가에서 "거의 막바지이며 성공적 종결 가능성이 높다"고 결론 내렸다. 반면, 한국은 협상을 지나치게 비관적으로 보고 있었다.

한·미 간 문화 차이도 있었다. 예를 들어 협상의 효율성을 중시하는 한국은 정부 각 분야 고위급 협상을 통한 빅딜 형식을 선호했다. 반면, 실무자를 중시하는 미국은 모든 문제가 실무협상 현장에서 해결되어야 한다고 보았다.

암울한 8차 협상 전망

치열한 물밑 접촉과 진의 파악 노력이 지속되는 가운데 2007년 3월 초, 8차 협상(2007. 3. 8~3. 12)이 서울에서 열렸다. TPA 시한은 3월 말까지였다. 협상 시한이 촉박해지면서 양측은 효율성을 높이기 위해 시기와 형식에 구애받지 않고 양측 수석대표와 분과장이 참여하는 '2 + 2 협의'를 수시로 개최하며 해당 분야 고위급 회담 등을 병행하기로 뜻을 모았다. 진전을 이루지 못한 자동차와 무역구제 방안(반덤핑 개선안), 의약품 등은 고위급 회의에서 빅딜 과제로 처리하기로 했다.[38]

양측 협상팀들이 받는 내부 압력도 높아졌다. 한국에서 반대 진영의 조직적 목소리가 커졌다. 미국에서도 8차 협상을 앞두고 중진 의원들이 부시 대통령 압박에 나섰다. 미국 상하원 중진의원 15명이 부시 대통령 앞으로 한·미 FTA 협상을 통해 한국 시장 내 미국 차 수량 목표를 설정하고 이를 미국 자동차 관세인하와 연계하도록 촉구하는 공개서한을 보낸 것이다.[39]

이에 대해 한국 측은 미 상무부 2006년 통계를 인용하며 "자동차 교역에서 미국은 대일본 432억 달러, 대캐나다 251억 달러, 대EU 229억 달러의 적자를 시현했다. 반면, 대한국 적자는 85억 달러에 불과하며, 미국 무역적자의 주원인이 아니다"라고 적시했다. 그리고 "이번 서한이 자유무역의 근본정신을 훼손하고 있으며, 관리무역(*managed trade*)에 근거한 보호주의적 내용을 포함하여 FTA 협상을 좌초시키는 요인(*deal-breaker*)이 될 것"이라고 경고했다.

---

38 〈동아일보〉, 2007. 2. 15.
39 2007년 3월 2일에 공개서한을 보냈다.

제8차 협상 결과 양측은 "상품, 서비스, 통신 분과는 협정문 내용에 대해 대부분 합의를 도출했다. 의약품, 투자, 금융, 지식재산권, 원산지, 노동 분과에서도 상당한 진전을 달성했다"고 발표했다.

그러나 농산물과 자동차, 섬유 문제 등 민감 분야는 여전히 진전을 이루지 못한 채 꽉 막혀 있었다. 서울에서 열린 8차 협상과 동시에 김현종 본부장과 수전 슈와브(Susan Schwab) USTR 대표가 워싱턴에서 고위급 회담을 갖는 등 막판 조율을 위해 본격적으로 노력했으나 막바지까지 평행선을 달렸다.

미국 측의 예외 없는 쇠고기시장 개방 요구에 한국 측은 "수입위생은 FTA 협상 의제가 아니다"라고 맞섰다. 한국 측의 자동차 관세 조기 철폐 요구에 미국 측은 자동차 관련 세제개편 요구로 버텼다. 협상 직후 정부는 "이견의 폭이 상당히 크고 타결 방향에 대한 공감대가 부족하다"고 인정했다.[40]

남은 시간은 많지 않았다. 한 달도 안 되는 시간 동안 과연 이렇게 많은 사안이 다 타결될 수 있을지, 그 가능성 대한 회의와 의구심이 암운(暗雲)처럼 짙게 깔려 있었다.

---

40 한·미 FTA 공식 홈페이지, 2007. 3. 13.

CHAPTER 6

한 · 미 FTA
막바지 협상과 극적 타결

1. 숨 막히는 막판 협상

'극적 타결' 혹은 '막판 결렬' 기로에 서다

TPA 시한[1]을 겨우 일주일 정도 남긴 2007년 3월 24일. 노무현 대통령이 중동 3개국 순방길에 나섰다. 사우디, 쿠웨이트, 카타르 등 중동 3개국을 순방하여 본격적에너지 자원을 확보하기 위한 외교 행보였다.

당시 대통령의 중동 순방에 대해 "협상이 깨지느냐, 마느냐 하는 중대한 고비를 맞은 시점에 대통령이 국내에 있지 않고 해외 순방을 간다"고 언론과 여론의 비판 목소리가 높았다. 청와대는 "대통령 순방은 오래전에 이미 결정되어 있어서 상대국에 외교적 결례가 되므로 취소할 수 없다"고 해명했다.

대통령이 해외 순방길에 오른 3월 24일 바로 그날, 한·미 FTA 고위급 협상이 서울 하얏트 호텔에서 시작되었다.

미국 측 캐런 바티아 USTR 부대표가 방한하여 김현종 본부장과 마주 앉았다. 한국 측 70여 명과 미국 측 60여 명의 대표단이 참가하여 상품, 원산지, 투자, 서비스, 금융서비스, 통신, 지식재산권, 총칙, 자동차 등 부문별 실무협상을 동시 다발적으로 속개했다. 동시에 그동안 별도 협상을 진행해온 농업 및 섬유 분과도 따로 고위급 협상 대표들이 참가하는 가운데 하얏트 호텔에서 일괄 개최하기로 했다.[2]

'극적 타결이냐, 막판 결렬이냐?'를 결정짓는 숨 막히는 순간이었다. 노 대통령은 중동 순방 중에서도 관계장관, 청와대 참모들과 숙소에서 매일매일 대책회의를 주재하며 협상팀으로부터 상황보고를 받았다.

그러나 연이은 고위급 회담에도 화끈한 협상 진전 소식은 들려오지 않았다. 계속 평행선을 달리고 있다는 보고만 반복해서 들어왔을 뿐이다. 핵심 문제들의 경우 서로 한 치의 양보가 없었고, 매일 똑같은 이야기를 대통령에게 보고할 수밖에

---

1 협상 시한은 3월 말이고, 의회 논의를 포함한 최종 시한은 7월 1일이었다.
2 한·미 FTA 기획단 보도자료, 2007. 3. 24.

없으니 참모진도 아주 난감했다.

그런 버티기 상황이 지속되자 한국 측이나 미국 측 모두 "이건 일선 협상팀으로는 풀 수 없겠다"는 부정적 결론에 이르렀다.

"협상 파트너가 안 보이는 이상한 협상"

한국 측이 합의가 어려운 통상협상을 어떻게 진행할지 내부적으로 고민하는 동안, 미국 측도 한국 협상팀이 대체 무슨 생각을 하는지 몰라 곤혹스러워했다.

웬디 커틀러   한·미 FTA 협상은 상대적으로 빠른 시일 내에 반드시 끝내야 하는 협상이라는 것이 다른 FTA와 차별화되는 요소였습니다.

이 같은 시간제한은 TPA 조항 때문이었죠. 그 기한 내에 협상안을 가져가야 의회가 협상 내용이나 자구에 시비를 걸지 않고 있는 그대로 통과 여부를 결정하기 때문입니다. 따라서 협상을 TPA 시한까지 끝내는 것이 양측 모두에게 아주 중요했습니다.

이렇게 협상 시한에 쫓기면서 협상 시한을 앞두고 마지막 주가 되었습니다. 그 당시에 몇몇 분야에서는 협상이 진척을 이루었지만, 여전히 너무나 많은 주요 이슈들이 미해결로 남아 있었습니다. 마지막 시점만 두고 이야기한다면 제가 참여했던 다른 어떤 협상과 비교하더라도 미해결 범위가 크고 리스트도 가장 길었다고 할 수 있습니다.

협상 마지막 주에 이르러 미국 측은 "우리가 시한 내에 FTA를 끝내고 싶기는 하지만 한국이 막판에 이 모든 미합의 이슈에 대해 한꺼번에 결단을 내리지는 않을 것"이라는 점을 인식했습니다. 그래서 시한 마지막 주에는 우리가 24시간 미팅을 하고 논의를 계속했습니다.

한국 대표단은 자체적으로 혹은 청와대와 많이 논의하는 것 같았는데, 솔직히 말해 우리는 한국 대표단이 자기네끼리 대체 무엇을 논의하는지 전혀 몰랐습니다. '우리가 원하는 정도의 과감한 결단을 내려서 성공적 합의를 도출할 수 있을지 여부를 궁리하고 있지 않을까?' 생각은 했습니다. 가끔씩 몇 시간 동안이나 우리 중 누구도 한국 대표단과 전혀 접촉하지 못했기 때문에 "협상 파트너가 안 보이는 참 이상한 협상"이라고 우리끼리 이야기한 적도 있었습니다. 막판 결단을 내리기 위해 협상단 자체에서 내부 논의를 하는 거라고 이해는 했습니다.[3]

미국이 먼저 움직였다!

TPA 협상 시한은 3월 31일이지만 그날은 토요일이라 30일 금요일 자정까지는 끝이 나야 했다. 그런데 협상 시한 이틀 전인 한국 시간 3월 28일 저녁까지도 협상에 별 진전이 없었다.

막판에 먼저 움직인 것은 미국이었다. 커트 통(Kurt Tong) 백악관 국가안전보장회의(NSC) 아시아경제 담당 국장이 한국 측 박선원 안보전략비서관(후일 국가정보원 제1차장)과 전화를 했다. 요지는 "오늘 미국이 자동차 분야에서 대폭 양보할 것이다. 미국 자동차 업계의 극심한 반발을 무릅쓰고 결단을 내렸다. 섬유와 개성공단에 대해서도 융통성을 발휘하겠다. 대신 한국은 쇠고기 문제를 우리가 납득할 수 있는 선에서 반드시 해결해 달라"는 것이었다.

이에 대해 양측이 논의한 후 같은 날 오후 해들리(Stephen Hadley) 백악관 국가안보보좌관이 노 대통령을 수행하던 백종천 외교안보실장에게 다시 전화를 했다. 이런 식으로 보좌관들의 사전 통화가 계속되었지만 이때도 더 물러날 수 없다는 양측 입장만 재확인했다.

결국 결단은 양국 정상이 내려야 했다. 한·미 양측은 중동 순방길에 있던 노무현 대통령이 3월 29일 밤 부시 대통령과 통화하는 것으로 협의했다.

미국 측이 먼저 전화했다는 소식을 전해 들은 김현종 본부장과 김종훈 수석대표 등은 내심으로 안도의 한숨을 내쉬었다. TPA 협상 시한이 얼마 남지 않은 상

---

3 인터뷰 원문은 12장의 웬디 커틀러 인터뷰 전문 참조.

황에서 서로가 양보 없이 버티기에 들어가자 누가 먼저 숙이고 들어오느냐는 '치킨 게임'의 양상이 된 셈인데 미국이 먼저 전화를 한 것이다.

당시 분위기에 대한 김현종 본부장의 회고이다.

결렬될 경우 한·미 동맹관계의 근간이 흔들릴 가능성이 있는 한·미 FTA 성사로 양국이 얻을 수 있는 이익 등을 감안할 때 양국 모두 결렬되는 것을 원하지 않는다는 점이 뚜렷이 보였다. 나의 이런 심증에는 구체적 사인이 있었다. 중동 순방 중인 노 대통령을 수행하여 카타르에 머물고 있는 백종천 외교안보실장에게 USTR이 아니라 미 외교안보보좌관이 FTA와 관련하여 전화했다는 것이다. 한·미 FTA를 보는 미국의 시각이 경제통상협상을 넘어 한·미 동맹 차원임이 확실했다. 미국 정부는 분명히 타결 의사가 있다는 뜻이었다.[4]

미국이 마치 통 큰 결단을 내린 것처럼 제시한 자동차 관세 양허안 내용은 "승용차 시장을 5년, SUV를 포함한 트럭 시장을 10년에 걸쳐 단계적으로 개방하겠다"는 것이었다. 한국의 기대에 못 미치는 수준이었다.

그러면서도 '의회의 강력한 입장'이라는 이유를 들어 "쇠고기 수입재개 시점을 한국 정부가 서면으로 약속해 달라"는 정치적으로 민감한 요구를 해왔다. 한국은 이걸 받을 수 없다고 판단했다.

결국 양국 정상의 전화 통화에서 무슨 이야기가 오가느냐가 중요한 분수령이 될 수밖에 없었다.

---

4 김현종, 2010, 《김현종, 한미 FTA를 말하다》, 홍성사.

노무현·부시, 두 정상의 긴급 전화회담

노무현 대통령과 부시 대통령 간 긴급 전화회담은 한국 시간으로 3월 29일 밤 8시 45분으로 결정되었다.

통화 직전 호텔방 거실에서 노 대통령과 외교부 장관, 산자부 장관, 경제수석, 홍보수석, 안보정책비서관, 청와대행정관, 통역사가 앉아 통화 전략을 논의했다. 8시 15분쯤 김현종 본부장이 전화해 대통령에게 "자동차와 부품을 비롯한 우리 주요 수출 공산품과 섬유를 조금 언급하시고, 쇠고기 수입위생조건에 대해 합리적 차원에서 해결할 의지가 있다고 말씀하시는 것이 좋겠습니다"라고 보고했다.[5]

당시 대통령의 중동 순방을 따라갔던 윤대희 전 경제수석이 양국 정상 간 전화통화 자리에 배석했다. 윤 수석에 따르면, 정상 간 통화에서 부시 대통령은 "미국 시간으로 3월 30일 금요일 오후 5시가 무역촉진권한(TPA)의 시한인데, 이건 절대로 바꿀 수 없다. 그러므로 그전에 한국 협상팀에게 유연성을 가질 것을 당부해 달라"고 가장 먼저 요청했다고 한다.

이에 노 대통령은 "한국 측의 요구, 즉 자동차 관세 유예 문제, 섬유 원산지 문제 등에 대해 미국도 유연성을 가져 달라"고 거꾸로 요청했다.

한편 쇠고기 문제는 노 대통령이 스스로 먼저 나섰다고 한다.

"쇠고기는 부시 대통령과 제가 풀어야 할 사안이라 내가 먼저 말씀드린다. 부시 대통령도 정치적으로 어려우신 것을 아는데 그건 우리도 마찬가지다. 그러니 국제수역사무국의 결정이 나올 때까지 기다려 보자. 나는 최선을 다해 이 문제를 해결하기 위해 노력하겠다. 같은 상태에서 미국산 쇠고기 수입을 하지 않고 있는 일본, 대만, 태국, 이런 곳들보다 우리가 과도하게 먼저 가지는 못하겠지만, 대통령인 내가 약속한다. 미국산 쇠고기가 다른 나라들보다 한국에서 더 불이익을 받지는 않게 하겠다. 그러니 나에게 그 문제는 맡겨 달라."

교착 상태로 꽉 막혔던 쇠고기 수입위생 문제는 여기서 일단 정리되었다.

---

5 김현종, 위의 책.

정상 간 통화 이후의 동상이몽

한·미 양국 정상 간에 통화가 이루어졌지만 어디까지나 큰 틀에서 약속한 것일 뿐이었고 구체적인 내용은 협상 실무 당사자들이 풀어야 했다. 한국 시간으로 밤 8시 45분부터 시작된 두 정상 간의 긴 전화 통화 직후 김현종 본부장과 바티아 USTR 부대표가 회의실에서 다시 마주 앉았다.

다음은 김현종 본부장의 회고록에서 발췌한 내용이다.

"자, 이미 목요일이다. 지금 밤 12시다. 협상 시한은 금요일 오늘 하루 24시간밖에 안 남았다. 이 많은 이슈를 24시간 안에 해결한다는 것은 불가능하지 않겠나?" 하고 김현종 본부장이 먼저 말문을 열었다.

"그렇다. 불가능하다."

"그럼 이 협상 깨지는 걸로 알고 가서 자라. 이제 더 이상 끌지 말자. 짐 싸서 워싱턴으로 돌아가라. 호텔비도 비싸고 잠도 못 자고 우리 모두 많이 피곤하다. 서로 최선을 다했으니 이쯤에서 그만두자."

두 정상 간의 통화가 이뤄졌으니 바티아 부대표는 내가 먼저 양보안을 가지고 나오기를 기대하면서 나왔던 것 같다. 나는 거꾸로 바티아 부대표가 워싱턴에서 새로운 지시를 받았을 테니 전보다 더 개선된 안을 제시할 거라고 생각했다. 동상이몽(同床異夢)이었다.

대화를 마치고 밤 12시경 방으로 돌아와서 며칠 만에 숙면을 취할 수 있었다. 문득 이런 생각이 떠올랐다. '적어도 헤비급과의 복싱에서 12라운드까지 가져갔다는 것만 해도 어디냐! 우리 국민만큼 FTA에 대해 많이 아는 국민은 없을 것이다. 지난 1년 사이에 세계화와 경쟁력에 대해 많이 깨닫게 된 것만 해도 얼마나 큰 소득인가 … .' 그러면서도 두 대통령이 통화로 어떤 돌파구가 마련되기를 기도하며 잠들었다.

새벽 4시 갑자기 전화가 왔다. 바티아 부대표가 만나자고 했다. 그러고서 안을 내미는데 3,000cc 이하 승용차는 3년 초과 5년, 타이어와 픽업트럭은 10년의 단계별 관세철폐 유예시한을 제시했다.

"겨우 이거 때문에 나를 새벽 4시에 불렀어? 관둬!"

어찌나 화가 나던지 서류를 팍 던져 버리니까 바티아 부대표는 자신도 할 만큼 했다면 벌떡 일어서더니 걸어 나갔다.

　방으로 돌아왔는데 아침 7시 30분에 또 만나자는 연락이 왔다. 못 이기는 척하고 다시 만났더니, 용량과 상관없이 자동차 관세철폐는 모두 3년, 타이어와 픽업트럭은 10년 안을 가져왔다.[6]

한·미 FTA 협상 48시간 연장

다음 날인 30일 오전 9시 중동 순방에서 귀국한 노무현 대통령은 청와대에 도착하자마자 잠깐의 휴식도 없이 김현종 본부장으로부터 협상 경과를 보고받았다. "아직까지 주요 분야에서 막혀 협상 타결이 어렵다"는 부정적 내용이었다.

　그런데 시한이 만료되기 바로 직전에 미국 측에서 갑자기 4월 2일 새벽까지로 협상 시한을 48시간 연장하자는 연락이 왔다.

　김종훈 한·미 FTA 수석대표는 "3월 31일 새벽 1시 시한을 앞두고 저쪽이 과연 데드라인을 연장할 것인지 몇 번 떠봤다. 우리가 가진 카드 중 몇 개를 주면서 저쪽 반응을 살폈다. 그런데도 타결 쪽으로 움직이는 모습이 보이지 않았다"고 기억한다.

　나중에야 미국 측이 먼저 연락해왔다. "48시간 더 협상하는 것이 어떠냐?"는 것이었다.[7]

김종훈　3월 30일이 금요일이었고 그날이 서로가 생각했던 시한이었습니다. 3월 31일은 토요일이었고 미국의 TPA 시한이 만료되는 날이어서 그 전날인 30일 오후까지 협상을 모두 끝내야 한다는 것이 양국 협상단 간에 명확한 언약은 없었지만 공유하던 인식이었습니다. 아시다시피 TPA가 끝나면 미국 행정부 조직의 하나인 USTR이 대외통상을 협상할 수 있는 권한의 근거가 없어지는 것입니다. 결국 TPA가 마감되는 그날이 협상의 마지막 날이라고 서로 예상하게 된 것이지요.

---

6 김현종, 앞의 책.
7 〈대한민국 정책브리핑〉, 2007. 2. 14.

3월 25일부터 시작한 이 협상이 정말 마지막 기회라는 각오로 시작했는데, 3월 30일 금요일 저녁이 될 때까지도 미결 사안이 수두룩했습니다. 자동차 관세철폐 방법도 해결 안 됐고, 농업도 굵직굵직한 사안들이 남아 있었고, 개성공단 문안도 초안 정도만 주고받은 상태에 불과했죠. 아무튼 미결로 남아 있던 것이 한두 가지가 아니었습니다.

당시 남산에 있는 하얏트 호텔에서 협상했는데 지금도 가끔 행사 때문에 하얏트 호텔에 가면 그때 생각이 납니다. 협상장에 들어와 문을 닫으면 방 안은 창문이 하나도 없는 공간이라 지금 밖이 밤인지 낮인지도 알 수 없을 정도였죠. 한번은 협상에 몰두해 있다가 시계를 보니 12시여서 점심이나 먹고 머리를 식히려고 나가 보니 낮 12시가 아니라 밤 12시인 경우도 있었습니다.

그렇게 막바지로 가면서 밤낮없이 실랑이를 계속하니까 다들 눈이 심하게 충혈되었습니다. 동료 직원들이 너나 할 것 없이 잠이 모자라 신경이 날카로워졌던 날들이었지요. 밖에는 보도진과 시위대가 진을 치고 있어 쉽게 나갈 수도 없었습니다. 제 머릿속에서는 협상이 깨질 수도 있겠다는 생각이 계속 들었습니다.

미국 측도 비슷한 사정이었지요. 미국 측에 "만약 TPA 시한을 넘기면 어떻게 할 것이냐?"고 물었는데 아무 대답도 없었습니다. '이거 정말 협상이 깨지는구나' 생각했죠.

그런데 30일 저녁 무렵에 웬디 대표가 연락해서 48시간이 더 있다고 했습니다. 30일이 금요일이고 TPA 시한이 토요일인 31일 밤 12시니까, 48시간 연장한다는 것은 결국 미국 동부 시간으로 주말인 토요일, 일요일까지 협상하자는 거였습니다.

미국의 공식적 설명은 "주말인 토요일과 일요일은 의회가 문을 열지 않기 때문에 금요일 오후까지를 협상 시한으로 삼았다. 그런데 현재 협상에 시간이 더 필요하다는 것을 의회 측에 잘 설명하여 일요일 오후에도 서한을 접수할 수 있도록 의회 행정직원을 내기시키기로 했다"는 것이었다. 이렇게 해석해도 괜찮은지를 둘러싸고 미국 측도 논란이 있어 법률 검토까지 했다고 덧붙였다.

한국 측은 이 같은 미국 측 설명을 믿지 않았다 "마감 시한은 협상과 협상 결과에 결정적이다. 시간이 정해져야 최종 양보 수준을 확정하고 마무리 수순을 구체적으로 정리할 수 있기 때문이다. 마감 시한의 존재와 변동 가능성에 따라 협상의 역동성이 확연히 달라진다. 통상협상에서 협상 시한을 앞당겨 상대방을 압박하여 일정한 양보를 받아 낸 다음 시한을 연장하여 추가 양보를 압박하는 협상 기법"으로 받아들였다.[8]

그 근거로 미국 측이 여러 차례 협상 시한 변경을 시도한 점을 들었다. 당초 양측이 합의한 시한은 미국 시간 3월 30일 자정이었다. 그런데 슈와브 대표가 그 시한을 3월 31일까지 24시간 연장하면서 "이게 마지막"이라고 했다.

3월 31일 아침에는 양측 수석대표 합의로 협상 시한을 4월 2일 새벽 1시(미국 시간으로 4월 1일 정오)로 다시 조정했다. 두 번째 변경이었다.

그럼에도 농업 부문이 완전히 교착 상태였고 잔여 쟁점이 많아 그 시간이 워싱턴 시간으로 4월 1일 밤 12시까지로 최종 변경되었다. 세 번째 변경이었다.[9]

비슷한 생각을 김현종 본부장도 했다고 한다.[10]

"과거 한·미 통상협상에서도 미국 측이 빈번히 시한을 연장하여 우리 측을 압박하는 전략을 구사한 점을 감안할 때 3월 30일이 진짜 마감일인지 의심했다. 내 계산으로는 2007년 6월 30일이 토요일이지만 토요일에 서명 못할 이유가 전혀 없었다. 그렇다면 이로부터 90일 전인 4월 1일 밤 12시, 한국 시간으로 4월 2일 오후 1시가 최종 마감 시간이라고 예측했다."

한국 측의 이 같은 불신이 미국에 전달되었는지 미국 측 수석대표였던 웬디 커틀러는 다음과 같이 해명한다.

웬디 커틀러 (협상 막판에 협상 시한이 이틀 늘어난 점에 대해) 한국 측에서는 우리가 아주 고의적으로 시한을 감추고 있다가 연장한 것으로 오해했던 것으로 알고

---

8 최석영, 2016, 《최석영의 FTA 협상노트》, 박영사.
9 최석영, 위의 책.
10 김현종, 앞의 책.

있습니다. 한국 측은 우리가 굉장히 교활하고 정직하지 못하게 행동했다고 생각하는데 그건 정말 아닙니다. 사실 우리도 그렇게 연장이 가능한지 몰랐습니다. 협상 시간이 좀 더 필요한데 정말 우리가 협상안을 전달할 마지막 시간이 언제인지를 의회에서 의논한 결과 그렇게 된 것입니다.[11]

협상 결과에 애를 태우던 사람들은 기자들도 있었다. 며칠 전인 3월 29일에 한·미 양국의 대통령이 전화 통화를 했다는 뉴스가 나오면서 양측이 '빅딜'을 통해 기한 내 협상을 타결할 가능성이 우세하다는 말이 잠깐 나돌았다.

그러나 31일 오후가 다가올수록 핵심 쟁점에서 도저히 합의를 보지 못하고 있다는 부정적 소식들이 하나둘 전해졌다. 이때부터는 타결이 시한을 넘겨 협상이 결렬될 것이라는 추측이 강하게 제기되었다.

기자들에게 "협상 기한이 이틀 연장되었다"는 공식 발표가 전해진 것은 31일 아침 7시 30분 무렵이라 이날 아침 신문들은 중구난방의 기사를 냈다. "밤샘 협상이 진통을 겪고 있으며 기한이 연장될 것이다. 그러나 타결 가능성이 높다"며 비교적 조심스런 보도를 한 언론이 있었다. 한편 일부 신문들은 1면 머리기사에 "FTA 협상이 타결되었다"는 대형 오보를 내기도 했다. '협상 타결'이라는 단정적인 제목에, 관련 해설기사와 사설까지 게재한 신문도 있었다. 시한 연장 사실을 모른 채 결과를 짐작해 쓴 오보였다.

막판에 만 이틀 시한이 연기되자 협상단은 말할 것도 없고 취재기자들도 말 그대로 피 말리는 시간을 보냈다. 기자들은 실시간으로 협상 소식을 듣기 위해 협상장 주변 곳곳에서 대기하다가 누가 밖으로 나오기라도 하면 한마디라도 듣기 위해 우르르 몰려들곤 했다.

청와대와 외교통상부, 재경부 등 핵심 관계자들은 아예 기자들의 전화를 받지 않았다. 누구도 단정적인 답변을 할 수 없었던 것이다.

---

11 인터뷰 원문은 12장의 웬디 커틀러 인터뷰 전문 참조.

숨 가쁘게 흘러간 4월 1일 하루

협상 마지막 날인 4월 1일 청와대는 하루 종일 급박하게 움직였다. 오전 9시 문재인 비서실장 주재로 수석·보좌관 회의를 열고 지금까지 협상 상황을 점검한 뒤 향후 일정 등을 논의해 노 대통령에게 보고했다. 오후에도 또 한 차례 점검 목적의 수석·보좌관 회의를 개최했다. 오후 4시부터 시작된 이 회의는 약 한 시간 정도 지속되었다.

윤승용 청와대 대변인은 4월 1일 오전 회의 직후 기자실을 찾아 "문재인 비서실장 주재로 열린 1일 회의에서는 남아 있는 주요 쟁점들을 정리하면서 협상 타결을 위해 각 분야별 대응책이 집중 논의되었다"고 전했다. 당초 1일로 예정되었던 대통령의 대국민 담화는 결국 2일 오후로 미루어졌다.

이날 밤 8시 무렵, 청와대에서 한덕수 한·미 FTA 체결지원위원장과 농림부, 산자부, 외교통상부, 협상팀은 물론이고 비서실장, 정책실장, 안보실장 경제수석 등이 모여 타결을 위해 최종 점검을 했다. 당연히 협상 타결이 끝내 안될 수도 있다는 경우의 수도 점검하고 대안 마련에 착수했다.

모두가 초조하게 대기하던 4월 1일 늦은 밤. 변양균 청와대 정책실장에게 한덕수 위원장으로부터 다급한 한 통의 전화가 왔다.[12]

"백악관에서 연락이 왔습니다. 최종 조건으로 몇 가지를 제시했습니다. 이것만 우리가 받으면 즉각 협상을 타결하겠다는 겁니다."

김대중 정부 시절 초대 통상교섭본부장을 맡았던 한덕수 위원장은 노무현 정부에서는 총리실 국무조정실장(장관급)과 부총리를 거쳐 당시 한·미 FTA 체결지원위원장 겸 대통령 특보를 맡고 있었다.

한덕수 위원장의 전언에 변양균 실장은 "그때 한덕수 위원장을 통해 미국이 제시한 내용들은 … 노 대통령과는 이미 안 되는 것으로 얘기가 다 돼 있던 내용이었다. 설사 협상이 결렬되더라도 양보할 수 없는 것들이었다"고 회고한다.

---

12 이하 내용은 "변양균 남기고 싶은 이야기"(《중앙일보》, 2022. 10. 27)에서 발췌했다.

그렇다고 곧바로 미국에 전화해서 "말도 안 되는 소리 하지도 말라"고 할 수도 없으니, 심사숙고하는 것처럼 보이기 위해 잠시 시간을 보냈다. 그러다가 한 위원장에게 다시 전화를 걸어 "대통령께서 안 된다고 합니다"라는 내용을 미국 측에 전달하도록 했다.

이날 밤에 변 실장은 노 대통령에게는 물어보지도 않았다고 한다. 다 아는 내용, 안 되는 사안을 가지고 굳이 밤늦게 노 대통령을 깨울 필요도 없었다는 이야기였다.

심야의 배짱 버티기

한국 측이 마지막 막판까지 배짱으로 버틸 수 있었던 것은 부시 행정부가 반드시 양보할 것이라는 '감'이 있었기 때문이었다. WTO의 DDA는 이미 물 건너갔고, 미국이 추진했던 태국 및 말레이시아와의 FTA도 무산되었다. 남은 것은 한국과의 FTA뿐이었다. 부시 행정부가 어떻게든 FTA 실적을 만들어 내려고 어느 정도 양보할 것이라는 확신이 있었다.

변양균 정책실장의 회고이다.

나는 속으로 자신이 있었다. 정작 급한 건 우리나라가 아니라 미국이었다. 조지 W. 부시 미국 대통령은 그전까지 내세울 만한 업적이 별로 없었다. 국내 정치는 엉망이었고 대외 정책에서도 비난을 많이 받았다. 한국 정도 되는 큰 나라와 FTA는 하나도 못했다. 부시로서는 한·미 FTA가 마지막 기회라 할 수 있었다.

2007년 상반기는 부시에게 중요한 고비였다. 미국 의회가 대통령에게 부여한 무역촉진권한(TPA)의 종료 시한이었다. 이때까지 협상을 타결하지 못하면 사실상 빈손으로 임기를 마쳐야 했다. 그러니 한·미 FTA 타결에 매달릴 수밖에 없다고 보았다. 노 대통령도 나와 같은 판단이었다.

미국으로서는 대단한 양보를 한 셈이었다. 뒤집어 보면 우리에게는 무척 유리한 결과였다. 당시엔 이런 점을 공개적으로 자랑할 수 없었다. 협상은 상대가 있다. 우리가 많이 가져왔다는 건 거꾸로 상대가 많이 양보했다는 뜻이다.

짐작건대, 미국 협상 실무자들은 커다란 좌절감을 느꼈을 것이다. '우리가 한국에 이렇게까지 양보해야 하나. 이게 다 부시 때문이다' 이렇게 생각했을 것 같다. 예컨대 픽업트럭과 같이 미국이 절대 양보할 수 없을 것이라고 보았던 부분까지 양보했다. 아니나 다를까. 그 후 미국은 새 대통령이 취임할 때마다 한·미 FTA 재협상을 요구했다. 버락 오바마 대통령도, 도널드 트럼프 대통령도 그랬다.[13]

막판 버티기에 들어가다

한편 같은 시간 협상장에서는 무슨 일이 있었을까? 미국 측은 자신들의 주요 관심사인 농업 분야에서 예외 없는 관세철폐를 요구했다. 반면 한국 측은 민감한 농업 분야를 지키고자 했다.

미국 측이 움직이지 않자 3월 31일 한국 측은 초강수를 던졌다. 미국이 탐내는 쇠고기시장을 장기간(15년)에 걸쳐 단계적으로 개방하겠다는 내용을 담은 관세 폐지안을 제시하고 협상장을 나가 버렸다.

'받거나 말거나' 식의 배짱이었다. '미국이 절대 농업을 놓치진 않을 것이다. 협상을 깨지는 못할 것이다'라는 판단이었다. 곧 미국 협상단이 전화를 걸어왔다. 협상이 이어졌다.

협상의 물꼬가 트인 것은 자동차 분야에서 미국 측이 3000cc 이하 승용차에 대한 관세를 즉시 철폐하겠다는 뜻을 밝혔을 때였다. 이에 '움직여야겠다'고 판단한 한국 협상단은 4월 2일 새벽에 방송과 통신 등 나머지 쟁점을 다루면서 농업 부문도 협상을 진행했다.[14]

막판 블러핑에서는 누가 더 다급하느냐에 따라 결과가 달라진다. 김종훈 수석대표는 "저쪽에서 48시간을 더 하자는 이야기를 듣고 내심으로 '미국이 협상을 깰 생각이 없구나. 그럼 더 버틸 수 있겠구나'라는 생각이 들었다"고 했다.

---

13 "변양균 남기고 싶은 이야기", 〈중앙일보〉, 2022. 10. 27.
14 "미국과 FTA 진짜로 하는 겁니까?", 〈대한민국 정책브리핑〉, 2008. 2. 14.

김종훈 그렇다면 우리 측이 좀 더 버티고 밀어붙여도 되겠는 계산이 섰습니다. 결국 마지막 10시간 안에 그동안 미해결되었던 난제들이 한꺼번에 해결되었습니다. 그때까지 의견접근을 하지 못한 채 묵혀 온 현안들에 대해 그간 서로 간에 주고받은 요구 조건들을 근거로 타협하는 식이었습니다. 그 배경이 된 결정적 추동력은 결국 양국 정상의 협상 타결 의지였다고 할 수 있습니다.

그 10시간 동안에 주고받은 주요 내용을 살펴보면 이렇습니다. 당시 남북관계에서 개성공단이 중요한 가교 역할을 했고, 그곳 생산품의 대미 특혜수출은 큰 의미가 있었으므로 이를 역외가공 개념을 도입해 정리했습니다. 우리 농산물은 최장 15년 유예를 받기로 했습니다. 대신 픽업트럭에 대한 미국 측 관세 25%는 2021년 1월 1일에 관세를 제로로 하는 걸로 최종 합의했으니까 당시 계산으로 하면 2007년부터 15년간 유예해 준 것입니다.

이 문제는 나중에 트럼프 대통령 시절에 산자부가 철강 문제를 협상하면서 다시 20년을 더 양보했습니다. 그게 2021년 일이니까 픽업트럭에 대한 미국 측 관세 25%는 2041년까지 연장되고 말았습니다.

새벽 동틀 무렵 극적 협상 타결

초조한 시간이 흐르는 가운데 4월 2일 새벽 동이 틀 무렵 극적 변화가 나타났다. 양국 외교안보팀들이 계속 막후에서 움직이면서 두 정상에게 보고하고 논의하던 중 미국 측에서 "이것이 우리의 최종 입장"이라면서 8개 세부항목, 종합하여 5개 항으로 압축된 내용의 통보를 한국 측에 전달했다.

당시 청와대 윤대희 경제수석의 증언이다.

윤대희 첫째, 우선 한국이 집요하게 주장했던 투자 분야에서 예외, 즉 한국이 요구하는 공공 질서상 예외와 국가 간 신속분쟁 해결절차 폐지, 이건 우리가 약소국으로서 일방적으로 당할 수 있다는 우려 때문에 반대했던 것인데 이걸 자기네가 받겠다, 다음에 제주도 감귤농장을 보호하기 위해 우리가 주장한 오렌지에 대한 긴급 세이프가드 도입 등도 자기네들이 받아들이겠다, 그 대신 여타 사항은 미국의 요구를 받아 달라는 것입니다.[15]

둘째, "자동차 합의 사항을 한국이 이행하지 않을 경우 자기네가 관세 수준을 협상 이전으로 되돌리겠다"는 내용이었습니다. 이건 '스냅백'(Snap Back)이라고 해서 한덕수 총리나 권오규 부총리 모두 통상업무를 오래 했으니까 잘 알고, 저도 제네바에서 통상했으니까 아는 내용이라 별문제 없이 넘어갔습니다.

셋째, 섬유 분야에서 한국 주장대로 원산지 규정이 적용되지 않는 물량을 배로 늘려 줄 테니, 대신 미국의 원산지 규정을 인정하고 중국의 우회수출을 막을 수 있도록 하는 조치에 한국 정부가 협조해 달라는 것이었습니다.

넷째, 자동차 관세를 즉시 철폐하면 미국의 3년 내 관세철폐율이 94%가 되므로 한국도 다른 상품들의 관세철폐 시기를 앞당겨 같은 비율을 맞추어 달라는 것이었습니다.

다섯째, 기간통신사인 KT와 SKT의 외국인 지분투자 제한을 요구하는 한국의 입장을 수용하겠으니, 대신 다른 통신사에 대한 투자는 100% 인정해 달라고 했습니다.

이 5개 조항이 USTR이 백악관에 건의해 부시 대통령이 받아들인 최종안이었습니다. 이를 받을지 말지 우리 측이 그날 밤 내로 결정을 내려야 하는 상황이었습니다.

미국 측이 보내온 최종 합의안 내용은 4월 2일 새벽에 한덕수 총리와 권오규 부총리, 그리고 청와대의 변양균 실장과 윤대희 수석, 김경수·윤태영·문영국 비서관까지 핵심 관계자 전원에게 전달되었다.

한국이 죽어도 안 된다고 버티던 문제는 대체로 수용된 셈이었다. 검토 후 서로 통화하여 "이 정도면 우리가 받을 만하다"고 의견을 종합 정리하여 최종적으로 노무현 대통령에게 서면 보고가 이루어졌다.

당시 청와대 전자문서 보고 시스템이 '이지원'(e-知園)이었다. 부총리와 정책

---

15 오렌지는 수입할당제를 문서화하여 농민들의 불안을 일정 부분 잠재웠다.

실, 경제수석실에서 모두 다 이 정도이면 받을 만하다고 의견을 내자 노 대통령이 최종 단안을 내렸다. 새벽에 갑작스레 이루어진 극적 협상 타결이었다.

2006년 2월, 한·미 FTA 협상 개시를 공식 선언 이후 1년 2개월이 경과한 시점이었다.

'한·미 FTA 협상 타결' 대국민 선언

아침이 밝아오자 남은 것은 정부의 공식 인정 절차였다. 과천 정부종합청사까지 가는 길은 너무 멀기 때문에 광화문 종합청사에서 한국 시간으로 4월 2일 오전 11시에 권오규 부총리가 대외경제장관 회의를 주재했다. 김현종 본부장은 협상장이 있는 하얏트 호텔에서 부총리 연락을 받고 급히 도착했다. 대외경제장관 회의에서는 논의를 거치고 절차와 형식을 갖추어 한·미 FTA 협상 타결을 위한 정부의 최종 결정을 확정했다.

권 부총리가 "미국 측에 우리가 5개 항을 수용하겠다고 통보해도 좋다"고 하자 김현종 본부장이 전화기를 들었다. 한국에 와 있던 USTR의 바티아 부대표와 통화가 연결되자 김 본부장은 "혹시 너무 늦은 건 아니지?"(*Is it too late?*)라며 농담으로 말문을 연 뒤 "한국이 미국 측이 보낸 최종 입장을 수용하기로 했다"고 통보했다.[16]

미국 시간으로 협상 마감 시한을 불과 한 시간 앞둔 시점에 이루어진 극적 타결 선언이었다. 전화를 받은 바티아 부대표는 "김 본부장으로부터 전화를 받고 긴장해서 수화기를 떨어뜨렸다"고 술회했다.[17] 미국 측도 그 정도로 긴장하고 있었다는 뜻이다.

통화를 마친 김 본부장은 다시 하얏트 호텔로 가서 한국 시간으로 4월 2일 오후 1시경 대국민 협상 타결을 선언했다. 이날 오후 4시에 열린 한·미 공동기자회견에서 정부는 협상 타결의 주요 내용을 설명했다.

---

16 김현종, 앞의 책.
17 최석영, 2016,《최석영의 FTA 협상노트》, 박영사.

한·미 FTA는 상품, 무역구제, 투자, 서비스, 경쟁, 지식재산권, 정부조달, 노동, 환경 등 무역 관련 제반 분야를 망라하는 포괄적 FTA이며, NAFTA 이후 세계 최대의 FTA이다. 2006년 말 기준 한·미 FTA 경제 규모(GDP)는 약 14조 1,000억 달러로 NAFTA의 15조 3,000억 달러, EU의 14조 5,000억 달러에 이어 세계 3위에 해당한다. 한·미 FTA가 성공적으로 발효되면 우리가 전 세계적인 FTA 체결 경쟁에서 매우 유리한 고지를 선점하게 된다.

또한, 한·미 FTA는 우리 기업의 세계 최대 시장[18]에 대한 접근성을 개선하고, 우리 경제 시스템 선진화의 촉진제가 되며, 대외신인도 제고를 통한 외국인 투자유치 증대에도 크게 기여함으로써, 우리 경제 전반에 새로운 성장동력을 제공할 것으로 기대된다.

2일 오후 2시 과천 정부종합청사에서 권오규 부총리 겸 재정경제부 장관 주재로 경제정책조정회의가 열렸다. 한·미 FTA 보완 및 피해 산업 대책 마련을 논의하는 자리였다. 이날 회의에는 농림부, 산자부, 복지부, 노동부 등 경제·사회 분야 장관들이 모두 참석했다.

"큰 장사꾼의 안목으로 협상했다"

그날 밤 9시 생방송 뉴스에서는 한·미 FTA 협상 타결에 관한 노무현 대통령의 대국민 담화가 발표되었다. 이 자리에는 권오규 국무총리 권한대행, 김현종 통상교섭본부장, 김종훈 한·미 FTA 한국 측 수석대표 등이 참석했다. 청와대 참모진으로는 변양균 실장을 비롯해, 윤대희 경제정책수석비서관, 김용덕 경제보좌관, 김선화 정보과학기술보좌관 등이 모두 배석했다.

노무현 대통령은 이날 담화에서 "한·미 FTA 타결은 오로지 경제적 손익 계산과 실익 여부만 따졌다. 미래를 내다보는 큰 장사꾼의 안목으로 협상에 임했다"고 강조했다. 예상되는 분야별 이익과 손해 대책 등도 국민들에게 상세히 설명했다.[19]

---

18 2005년 미국 수입시장 규모는 1조 7,000억 달러로 일본과 중국, ASEAN 수입시장을 합친 규모였다.
19 "노무현, 한미 FTA 타결 정치적 손해 무릅쓰고 내린 결단", 〈오마이TV〉, 2007. 4. 2.

노무현 대통령의 한·미 FTA 대국민 담화문 발표(2007. 4. 2).
한·미 FTA 타결 후 노무현 대통령은 청와대에서 대국민 담화문을 발표했다. 권오규 국무총리 대행을 비롯해
김현종 통상교섭본부장, 김종훈 한·미 FTA 수석대표, 윤대희 경제정책수석비서관도 자리를 함께했다.

　또한 한·미 FTA 추진 목적에 대해 "나 개인으로는 아무 정치적 이득이 없다. 정치적 손해를 무릅쓰고 소신과 양심에 따라 내린 결단이다. FTA는 정치나 이념의 문제가 아니다. 먹고사는 문제이다. 국가경쟁력의 문제이다. 민족감정이나 정략적 의도를 가지고 접근할 일이 결코 아니다"고도 해명했다. 그동안 한·미 FTA를 추진한 정치적인 의도에 대하여 쏟아졌던 음모론을 의식한 듯한 발언이었다.

　한·미 FTA 반대 진영에 대해서는 "반대하신 분들의 주장이 우리의 협상력을 높이는 데 큰 도움이 되었다. 이제부터는 국민의 뜻을 하나로 모아야 한다. 앞으로도 반대하실 분들이 있을 것이다. 그러나 반대하더라도 합리적이고 객관적인 근거에 기반해서 반대해 달라. 근거 없는 주장으로 국민들에게 너무 많은 혼란을 주었다. 합리적 토론이 필요하다"고 설득했다.

　다음은 노무현 대통령의 대국민 담화의 내용을 요약한 것이다.

244

노무현 대통령의
한·미 FTA 타결 대국민 담화문

(청와대, 2007. 4. 2)

오로지 경제적 손익 계산을 따지고 실익 여부만 보았다. 미국의 압력을 무시하고 원칙을 가지고 우리나라 이익을 지켜 냈다. 작은 장사꾼이 아니라 우리 경제의 미래와 중국을 비롯한 세계 시장의 변화까지 미래를 내다보는 큰 장사꾼의 안목으로 협상에 임했다.

FTA 타결로 미국에서 자동차와 섬유, 전자 등 우리나라의 주력 상품은 물론 중소기업 제품들까지 가격경쟁력을 가지게 되었다. 100조 원이 넘는 미국 조달시장 문턱도 낮아졌다. 새로운 도전의 기회를 가지게 되었다. 미국의 반덤핑 제소에 대해 우리 입장을 적극적으로 반영하는 수단도 확보하게 되었다. 개성공단 제품도 한반도 역외가공지역위원회 설립에 합의하여 국내산으로 인정받을 수 있는 가능성을 열어 두었다.

반대로 어려워지는 분야는 농업이다. 농민 이익을 지키기 위해 최선을 다했고 대부분 협상 결과에 반영했다. 돼지고기와 쇠고기는 10년, 닭고기는 10년 이상, 사과와 배는 20년, 오렌지는 7년에 걸쳐 관세를 인하하기로 하여 구조조정과 경쟁력 강화에 필요한 시간을 확보하였다.

만약 농산물 수입물량이 급증하여 소득이 급락하면 국가가 보전해 줄 예정이며, 폐업도 보상하겠다. 기술개발과 경쟁력 강화를 지원하여 전업농을 육성하겠다. 우리 농민의 60% 이상이 이미 고령자이므로 전업이 불가능한 농민은 복지제도를 강화하여 생활을 보장하겠다.

제약산업도 어려움이 있을 수 있다. 그러나 우리 제약업이 언제까지나 복제약품에만 의존하고 있을 수 없다. 연구개발과 경쟁력 강화를 지원하겠다.

FTA로 인해 구조조정 과정에서 실업이 발생하면 특별 분야로 인정하여 전업교육과 실업급여를 지원하며 국민이 불안해지지 않도록 제도를 강화하겠다. 어떤 일이 생기든 대응 가능하도록 만반의 준비를 갖추겠다.

법률과 회계 등 고급 서비스시장도 일부 개방된다. 이 부분에 대해 사실 나는 좀 더 과감한 개방을 지시한 바 있다. 왜냐하면 고학력 일자리를 늘리려면 고급 서비스 분야 경쟁력을 높여야 하기 때문이다.

교육과 의료는 전혀 개방되지 않았고, 방송 등 문화산업도 크게 열리지 않았다. 이 역시 아쉬운 대목이다. 문화산업도 미국과 경쟁하여 살아남아야 세계 최고가 될 수 있기 때문이다. … 그런데 이들 분야는 우리 협상팀이 방어를 지나치게 잘한 것 같다. 방어를 잘한 점은 칭찬해야 하는데, 솔직히 나는 좀 불만스럽다. 아마 비준 시의 어려움을 고려해 그렇게 한 것 같은데 좀 아쉽다는 생각을 지울 수 없다.

쇠고기 관세 문제는 FTA 협상 대상이지만 위생검역 문제는 FTA 협상 대상이 아니다. 위생검역 문제는 FTA 협상과 분리해 논의하기로 했다. 내가 부시 대통령과의 전화 통화에서 한국이 성실히 쇠고기 문제를 협상할 것이라는 점과 국제수역사무국의 권고를 존중하여 합리적 수준으로 개방한다는 의지를 가졌고 합의에 따른 절차를 합리적 기간 안에 마무리할 것이라고 약속한 바 있다.

왜냐하면 쇠고기 뼛조각 발견에 따라 한국 정부가 전량 검사와 전량 반송을 한 것에 미국이 불신을 가지고 있고, 쇠고기 수입과 절차의 이행에 관해 기한을 정한 약속을 문서로 해 달라는 미국의 요구가 있었기 때문이다. 나의 구두 약속이 쌍방의 체면을 살리는 적절한 타협점이었다고 생각한다. 이걸 무조건적 수입 약속이나 이면 계약이라고 해서는 안 될 것이다.

우리 국민 모두 선진국이 되기 위해 열심히 노력하고 있다. 그런데 선진국은 노력한다고 저절로 되는 것이 아니다. 계속 도전해야 한다. 지금까지의 성공에 안주하면 안 되고 일부 집단의 이익 지키기에 연연한다면 지키기는커녕 언제든 추월당하는 것이 엄연한 현실이다. FTA는 바로 그 도전이다.

우리 정부가 무엇이 이익인지 손해인지를 따질 역량도 없고 줏대도 없고 애국심도 자존심도 없는 그런 정부가 아니다. 나는 이번 협상을 지켜보면서 우리 공무원들의 자세와 역량에 대해 믿음을 가지게 되었다. 한·미 FTA는 우리가 주도적으로 준비하고 협상을 이끌어 냈다.

나 개인으로는 아무 정치적 이득이 없다. 정치적 손해를 무릅쓰고 소신과 양심에 따라 내린 결단이다. FTA는 정치나 이념의 문제가 아니다. 먹고사는 문제이다. 국가경쟁력의 문제이다. 민족감정이나 정략적 의도를 가지고 접근할 일이 결코 아니다. 협상 과정에서 찬반 양쪽 의견을 최대한 반영하려고 노력했다. 반대하신 분들의 주장이 우리의 협상력을 높이는 데 큰 도움이 되었다.

이제부터는 국민의 뜻을 하나로 모아야 한다. 앞으로도 반대하실 분들이 있을 것이다. 그러나 반대하더라도 합리적이고 객관적인 근거에 기반해서 반대해 달라. 근거 없는 주장으로 국민들에게 너무 많은 혼란을 주었다. 합리적 토론이 필요하다.

"긴장의 해방, 밀려오는 허탈감"

FTA 타결 후 공동기자회견에 참석한 협상팀은 모두가 초췌하고 부석부석한 얼굴이었다. 당시 수석대표인 김종훈은 "극심한 긴장에서 해방되었으나 밀려오는 허탈감을 감출 수 없었다"고 감회를 토로했다.

홍은주 고생해서 협상이 끝났으니 엄청나게 기쁘고 감회가 깊지 않으셨나요?

김종훈 이상하게도 협상이 끝나면 진짜 좋을 줄 알았는데 아무런 감정이 없었어요. 그냥 '이제 정말 끝났네' 싶고 허탈할 뿐, 특별히 기쁘거나 슬프다는 느낌은 안 들더라고요. 당시 대통령 기자회견에 배석했는데 "개방해서 성공한 나라도 있고 실패한 나라도 있지만, 개방하지 않고 성공한 나라는 없다"는 평범하면서도 깊이 있는 말로 국민들을 계도하고자 한 부분이 상당히 인상 깊었습니다. 그날 저녁 대통령께서 대국민 담화를 발표하고, 다음 날 출근해 언론 브리핑하면서 정신이 좀 들었죠. 그제야 '이제 정말 끝났구나'라는 감회가 새삼스럽게 밀려왔습니다.

홍은주 언론 평을 보면, 한·미 FTA 협상에서 '밀당의 고수'라고 묘사되어 있습니다. 실제로 통상 교섭을 잘하시는 분은 심리전에도 능할 것 같습니다.

김종훈 저는 사실 성격이 솔직 담백하고 직선적인 편입니다. 밀당을 잘 못해요. 초등학교 1학년부터 6학년까지 통지표에 담임선생님들이 쓰신 공통적 평가가 "매우 솔직 담백한 아이"란 것이죠. 그런데 협상을 하다 보면 저절로 밀당을 해야 했습니다. 일이 잘 안 되면 미국 쪽에 전달되라고 일부러 버럭 소리를 지를 수밖에 없었죠.
제가 보니까 미국 측 웬디 커틀러는 굉장히 능수능란하면서도 상대편 말을 잘 경청하고 유연성이 있었습니다. 또한 미국이 한·미 FTA에 굉장히 애착이 있고, 부시 대통령이 이걸 꼭 성사시키고 싶은 의지가 강하다는 것을 제가 몇 번이나 느꼈습니다. 그래서 제 입장을 만들 때 사안에 따라 3개 항목으로 나누었어요.

김종훈 한·미 FTA 수석대표의 외신기자클럽 초청 간담회(2007. 4. 13)

첫째, 내가 성사시킬 수 있겠다 싶은 것들입니다. 그 문제들은 협상이 중반 넘어가면서 확실히 이야기해서 어떻게든 풀려고 했습니다. 내가 함부로 이야기하면 안 되고 약속은 반드시 지켜야 하니까, 간을 좀 보다가 대외경제장관 회의에서 내락을 받아 이것은 내가 정리할 수 있겠다 싶으면 웬디에게 가서 내 선에서 정리할 수 있는 이슈들을 확실히 말하고 그 대신에 미국 측도 확실히 정리할 수 있는 것을 내놓으라고 했습니다. "해결 안 되는 것, 되는 것을 수두룩하게 늘어놓거나 뒤섞지 말고 협상 대표 선에서 신뢰를 바탕으로 서로 책임지고 미리 털어 낼 것은 다 털어 내자"고 요구하여 그런 식으로 빠르게 정리했습니다.

둘째, 중간쯤에 놓여 있는 이슈들입니다. 협상 타결이 될지 안 될지 모르겠지만, 하여튼 끝까지 노력해 보자는 것들이었습니다.

마지막으로, 아무리 노력해도 끝까지 안 되는 것들입니다. 예컨대 농업 부문에서 쌀, 고추, 마늘, 양파, 참깨 등은 우리가 절대로 양보할 수 없었죠. 그 외에도 양측이 죽어도 안 되는 것들이 몇 가지 더 있었어요. "이런 것은 서로 교환해 상쇄하자, 서로 더 힘 빼지 말고 그냥 정리할 건 하고, 남은 것 가지고 서로 최대한 누력해서 상쇄하여 주고받자"는 것이었죠. 그런 식으로 막판 48시간 전에 털어 낸 것이 많았습니다.

248

한·미 FTA 협상 타결 주요 내용

(한·미 공동기자회견, 2007. 4. 2)

1. 공산품 및 임·수산물 분야

먼저, 상품(공산품, 임·수산물) 양허에서는 정확한 계산에 시간이 다소 소요될 것이나 양측 공히 100% 관세철폐, 약 94% 조기 철폐(수입액 기준 3년 이내)를 통해, 향후 양국 간 실질 교역이 크게 증진될 것이다. 특히, 승용차, LCD 모니터, 캠코더, TV카메라, 오디오, 앰프, 폴리스티렌, 금속절삭가공기계, 이어폰, 에폭시 수지, 컬러TV 등은 단기간에 시장점유율이 확대될 것이다.

2. 자동차 분야

한국 주력 수출품목인 자동차에 대해 미국은 3000cc 이하 승용차(2003~2005년 대미 수출액 평균 66억 달러)와 자동차 부품(2003~2005년 대미 수출액 평균 14.4억 달러)의 관세를 즉시 철폐하고, 3000cc 이상 승용차는 3년, 타이어는 5년, 픽업트럭은 10년에 걸쳐 관세를 철폐하기로 했다. 한편, 양국 간 오랜 통상현안을 해결하고 한국 소비자의 자동차세 부담 경감과 자동차 내수 진작 차원에서 자동차 특소세를 발효 후 3년 내 5%로 단일화하고, 자동차세 단계를 현행 5단계에서 3단계로 간소화하기로 했다.

3. 섬유 분야

섬유 분야에서 미국 측은 한국 주력 수출품목에 대해 원사 기준 적용 예외(린넨, 여성 재킷, 남성 셔츠 등)를 부여하기로 했다. 아울러 미국 측의 우려를 반영하여 우회수출 방지를 위해 양국 간 협력을 강화하기로 했다.

4. 농산물·쇠고기 분야

농산물 분야에서는 한국 농업의 민감성과 미국의 시장접근 요구를 적절히 반영했다. 쌀은 양허대상에서 제외하고, 수확기 오렌지, 콩, 감자, 분유, 꿀 등은 현행 관세를 유지할 수 있도록 예외를 인정했다. 쇠고기, 돼지고기, 고추, 마늘, 양파 등을 포함한 주요 민감품목에는 세이프가드, 관세율할당(TRQ), 장기이행 기간을 부여해 국내 생산 농가의 피해를 최소화했다(쇠고기: 15년+세이프가드, 돼지고기: 최장 10년, 오렌지: 수확기 현행 관세·비수확기 7년).

5. 역외가공지역 설정

양국은 '한반도 역외가공지역 위원회'(*Committee on Outward Processing Zones on the Korean Peninsula*)를 설치하여 한반도 비핵화 진전 등 일정 조건하에서 역외가공지역을 지정할 수 있도록 협정문에 명시했다. 이를 통해 개성공단과 같은 남북경협지역에서 생산되는 제품을 한국산으로 인정받을 수 있는 중요한 토대를 마련했다.

6. 무역구제위원회 설치

무역구제위원회를 설치하여 양국 관련기관 간 정기적 대화 채널을 마련하기로 했다. 조사 개시 전 사전 통지 및 협의, 가격 또는 물량 합의에 의해 조사를 중단할 수 있는 제도에 합의했다. 상대국이 실질적 피해의 원인이 아닌 경우 다자 세이프가드 적용 대상에서 재량적으로 제외하기로 했다.

7. 서비스 · 투자 분야

서비스 · 투자 분야에서 한국 측은 교육 · 의료 · 사회서비스 등 공공성이 강한 부문은 포괄적으로 유보하되, 사업서비스 등 개방을 통해 한국 경제의 경쟁력 제고가 필요한 분야에 대해서는 단계적 또는 부분적 개방 계획을 마련했다. 협정 발효 즉시 '전문직 서비스 작업반'을 구성하여 양국이 상호 합의한 분야(엔지니어링, 건축설계, 수의)를 중심으로 전문직 자격 상호 인정 논의를 추진하기로 합의함으로써 전문직 서비스 종사자의 대미 진출 확대 기반을 마련했다.

8. 의약품 분야

미국 측 주요 요구사항인 신약 최저가 보장을 반영하지 않기로 하는 등 '약제비 적정화 방안'의 근간을 유지했다. 또 독립적 이의신청 절차 마련 등 건강보험 약가제도의 투명성 제고, 의약품 시험기준 및 복제약 시판허가 상호 인정을 위한 협의 개시 등을 합의했다.

9. 금융 분야

금융 분야에서는 경제위기 시 급격한 외화 유출입을 통제할 수 있는 안전장치인 일시적 세이프가드를 도입하기로 했다. 서민, 농민, 중소기업 지원 등 공적 역할을 수행하는 국책금융기관들(산업은행, 기업은행, 주택금융공사, 농협, 수협)은 협정의 예외로 인정하기로 했다. 아울러, 우체국 보험 및 일부 공제기관의 특수성을 인정하되, 금융감독을 강화함으로써 잠재적 부실 가능성을 축소시켰다.

제2의 개국 vs 굴욕적 협상

한·미 FTA가 타결된 이후 정치권은 제각기 다른 입장을 발표했다. 민주당과 민주 노동당, 민생정치모임 등은 졸속으로 협상이 타결되었다며 반대하는 입장이었다. 반면, 열린우리당과 한나라당은 한·미 FTA 타결을 환영했다.

언론 반응도 제각각이었다. 협상 타결 결과에 대해 보수 언론은 "제2의 경제개 국"이라고 평가했다. 한편, 진보 언론은 "굴욕적 협상 타결"이라고 정반대의 제목 을 뽑았다.

한·미 FTA 협상이 진행되는 내내 언론은 진보 진영과 보수 진영으로 나뉘어 대 립적 견해를 나타냈다. 심지어 광고에서도 이 같은 성향이 드러났다. 보수 언론은 "미국산 쇠고기, 안심하고 드셔도 됩니다"라는 미국육류수출협회의 전면 광고를 실었다. 반면, 진보 언론은 '전기, 가스 등 기간산업 개방 협상 중단'을 요구하는 전력 관련 노조들의 광고를 게재했다.

KBS가 당시 언론들의 행태에 대해 보도한 "이슈 & 비평"에 따르면, 보수 언론 진영은 미국과의 FTA 체결로 우리나라가 많은 것을 얻어 내 경제가 비약적 발전 을 이룰 것처럼 낙관 일변도로 보도했다. 반면, 진보 언론은 한국이 미국에 경제 주권을 아예 넘겨준 것처럼 비판적이고 비관적으로 보도했다.[20]

협상 타결 다음 날, 방송 3사와 신문 등에서 실시한 국민 여론조사 결과도 평가 가 오락가락했다. 협상 내용에 대해 충분한 교육과 이해가 없는 상태에서 실시한 여론조사였기 때문이다. 가령 미국에 유리하게 타결되었다는 답변이 52%였는데 FTA는 잘한 일이고 비준동의에 찬성한다는 답변도 66%로, 모순된 응답 결과가 나오기도 했다.[21]

조사 대상 35개 언론사 중 한·미 FTA에 특히 강하게 비판적 입장을 보인 언론 사는 5~6개사 정도였다. 〈미디어 포커스〉가 한·미 FTA 협상 과정을 취재 보도 한 기자들을 상대로 타결 내용을 어떻게 생각하는지 여부를 조사한 바에 따르

---

20 "이슈 & 비평", 〈KBS 뉴스〉, 2007. 4. 8.
21 〈한겨레〉, 2007. 4. 3.

면,[22] "협상 결과에 대해서는 대체로 만족한다"가 18명으로 52%를 차지했고, 불만족이라는 답은 전체의 43%인 15명이었다. 불만족이라고 답변한 기자들 가운데서도 절반 수준인 7명은 "불만족이긴 하지만 그래도 협정은 체결해야 한다"고 답했다.

협상에서 가장 잘한 분야를 뽑는 복수 응답 결과를 보면, 자동차 분야가 20명으로 가장 많았고 농업, 금융 등의 순으로 나타났다. 반면 협상을 잘못한 분야로는 무역구제와 섬유, 서비스가 각각 10명으로 가장 많았고, 그다음 농업, 투자 등의 순이었다.[23]

FTA 타결에 따른 보완대책 발표

다음 날인 4월 3일 노무현 대통령은 청와대에서 전 부처 장차관과 청와대 수석비서관 이상 고위 관계자, 국정과제 위원들이 참석한 가운데 FTA 관련 워크숍[24]을 주재했다. 대통령은 관련자들의 노고를 치하하면서도 "아직 한숨 돌릴 시간이 아닌 것 같다. FTA로 손해를 보는 국민도 있을 것이다. 손해 보는 국민들이 없도록 철저히 준비하라"고 당부했다.

같은 날 오전에는 정부 중앙청사에서 권오규 부총리가 경제정책조정회의를 열고 각 부처들이 제시한 한·미 FTA 국내 보완대책을 논의하여 의결했다. 4월 말까지 한·미 FTA 타결에 따른 부문별 영향을 분석하여 공식 서명이 이루어지는 6월 말까지 국내 보완대책을 구체화하기로 했다. 특히 한·미 FTA 타결로 피해가 예상되는 농업과 제약, 서비스업, 문화산업 등에 대해 언론의 각종 비판이나 업계의 우려를 참고하여 종합대책을 마련하기로 했다.

우선 정부는 한·미 FTA로 쇠고기, 감귤, 콩 등의 국내 가격이 떨어질 경우 소득

---

22 일간지 22개사, 방송국 9개사와 통신, 인터넷신문사 등 모두 35개사의 FTA 담당 기자 1명씩 35명을 대상으로 조사했다.

23 "이슈 & 비평", 〈KBS 뉴스〉, 2007. 4. 8.

24 "한·미 FTA와 한국 경제 워크숍", 2007. 4. 3.

을 보전하기 위해 소득보전직불 대상품목을 확대하기로 했다. 소득보전직불 대상 품목이 되면 수입량 증가로 시장가격이 기준가격보다 떨어질 경우 하락폭의 80% 수준까지 소득을 보전할 수 있도록 했다.

정부는 이해단체의 의견수렴 등을 거쳐 구체적 대상품목, 지급 요건, 지급 수준 등을 확정하기로 했다. 한·미 FTA로 경쟁력을 상실해 폐업을 희망하는 과수농가 에는 폐업지원금 지급 대상품목인 키위, 시설포도, 복숭아 등을 확대하여 폐업지 원금을 지급하기로 했다.

소득보전직불금과 폐업지원금 등의 지급을 위해 현행 「FTA 농어업 특별법령」 을 개정하고 1조 2,000억 원 규모로 조성할 예정인 FTA 이행지원금을 확충하기 로 했다.

축산농가 시설을 현대화하여 한우, 양돈, 가금 등의 생산성을 높이고, 수산업은 명태, 민어, 고등어 등 한·미 FTA로 피해가 발생할 수 있는 품목의 경우 소득감소 분에 대한 직불금을 지급할 계획이라고 밝혔다. 어업인에게도 원하는 경우 폐업 지원금을 지급하기로 했다. 정부는 이를 위한 재원으로 수산발전기금을 확충하기 로 했다.[25]

피해가 클 것으로 우려되는 다른 분야는 제약산업이었다. 복지부는 제약산업의 자체 경쟁력을 높이기 위한 종합대책을 마련해 발표했다. 향후 10년간 약 1조 원 을 제약산업 경쟁력 강화에 투자하기로 했다. 과학기술혁신본부는 그동안 논의된 범부처 신약개발지원 역할분담 방안의 실행대안을 중심으로 후보물질사업단 등 지원을 추진하기로 했다.

한편 재경부는 신약개발연구조합 및 혁신형 제약기업을 육성·지원하기 위해 연구개발비 세제지원 확대와 의약품 품질관리 시설투자에 대해 세액 공제 등을 포함하여 각종 세제를 손보기로 했다.[26]

문광부는 2006년 10월에 스크린쿼터 축소 이후 확정하여 발표한 '영화산업 중

---

25 25 〈한라일보〉, 2007. 4. 4.
26 청년의사 홈페이지, 2007. 4. 3.

장기 발전계획'을 적극적으로 시행하기로 했다. 영화제작 및 투자환경을 개선하고 투자와 제작, 유통 등에 이르는 영화산업 전반에 걸쳐 경쟁력을 높이기 위해 구조조정을 추진하며, 온라인과 오프라인을 포함한 콘텐츠 부가시장을 개발하기로 했다.

전자상거래 분야는 발전 초기 단계인 온라인 시청각콘텐츠산업이 미국과의 경쟁에서 밀리지 않고 향후 성장동력으로 자리매김할 수 있도록 종합적으로 지원하기로 했다. 디지털 문화 콘텐츠의 창작 역량을 높이기 위해 각종 투자 및 유통구조 개선과 세제·자금지원을 강화하는 한편, 저작권 보호체계를 정비하기로 했다. 영화 및 온라인 콘텐츠의 적극적 해외 시장 진출도 지원하기로 했다.

FTA 체결로 피해를 입을 가능성이 있는 기업 지원 대책을 비롯해 중소기업의 FTA를 활용한 해외 진출 촉진 및 컨설팅 지원 등 세부 방안도 마련하기로 했다.

FTA 체결과 관련하여 우려되는 각종 법적 허점도 정비하기로 했다. "한·미 FTA 협정문 안에서 저작권자가 포털 등 온라인서비스 제공업체에 자신의 저작권을 침해한 네티즌의 신상정보를 직접 요구할 수 있도록 함으로써, 정보·수사기관과 법원만이 절차에 따라 네티즌의 개인정보를 요구하도록 한「통신비밀보호법」과 충돌한다"는 비판이 제기되어 왔다. 이에 대해 "저작권자가 온라인서비스 제공업체에 신상정보를 청구할 때는 직접 청구할 수 없으며, 반드시 엄격한 행정·사법 절차를 거쳐야 한다"는 점을 분명히 했다.

향후 입법 시 저작권 침해 가입자의 개인정보 제공과 관련해, 개인정보 제공 절차, 제공 정보 범위 제한, 제공 정보의 다른 목적 사용 금지 등 보완책을 마련할 것이라고 밝혔다.

농업, 제약, 서비스, 문화 콘텐츠 등 취약 분야에서 생산성과 경쟁력을 높이기 위해 전 방위적 노력이 시작된 것이다.

2. 한 · 미 FTA 문안 수정 협상

미 의회의 '신통상정책' 복병

막판의 극적 협상 타결로 한숨 돌린 것도 잠시, 한·미 두 나라 내부의 정치적 분위기는 어두워졌다. 양국 모두 FTA 타결로 손해 볼 것으로 예상되는 분야는 물론 정치권에서 강한 반발이 쏟아졌다.

한국의 경우 FTA 반대 진영을 중심으로 비판이 비등했던 반면, 미국에서는 야당인 민주당이 반발의 핵심 세력이었다. 미국 USTR이 협상 결과를 산업통상자문위원회(ITAC)에 보고한 후 5월 24일 협정문을 공개하자 민주당은 "협상 타결 내용이 미국의 이익을 제대로 반영하지 못한다"면서 공개적으로 비난에 나섰다.

더욱이 당시 공화당인 미 행정부와 민주당이 다수인 미 의회 사이에는 2007년 1월부터 '신통상정책'(*New Trade Policy*)[27]이 논의되고 있었다. 신통상정책 협상의 배경은 이렇다.

부시 행정부가 추진한 주요 통상법안은 미국의 다양한 이해집단의 공격을 받았다. 심지어 공화당 의원들조차 공화당 행정부가 추진하는 주요 통상협상이나 무역법안에 대해 각자의 이해관계에 따라 분열된 양상을 나타냈다. 부시 대통령이 나서서 압박과 설득 양면을 노력해야 간신히 몇 표 차이로 통상법안을 통과시킬 정도였다.

2006년 말 선거로 민주당이 다수당이 되자 민주당의 목소리가 더 높아졌다. 민주당은 "미 행정부가 노동과 환경의 권리 및 의무에 우선순위를 두고 협상하며,

---

27 신통상정책은 미국 행정부가 대외 무역협상 과정에서 협상 상대국에 요구하는 기준을 제시한 것으로 핵심 노동 기준, 환경 및 지구 온난화, 의약품시장 접근, 노동 관련 정부조달, 항만 안전, 투자, 근로자 지원 및 교육 등 7개 조항으로 구성된다. 미국 경제의 만성적 무역적자와 경쟁력 약화를 완화하고 자유무역 확대로 인한 미국 내 고용 및 환경 측면의 부정적 영향을 최소화하려는 것이 신통상정책의 추진 목적이었다(이준규 · 고희채, 2007, 〈미국 민주당의 경제정책 방향 및 시사점〉, 대외경제정책연구원 연구자료 07-10).

의약품을 포함하는 의제를 반영해야 한다"고 주장했다. 기존 부시 행정부의 통상 협상안에는 이 같은 내용이 포함되어 있지 않거나 우선순위에서 밀려 있다고 주장했다.

2007년 1월부터 민주당은 본격적으로 자신들의 정책 방향과 의견을 부시 행정부의 통상정책에 반영하기 위한 협상을 개시했다. 1월에 시작된 행정부와 의회 간의 '신통상협상'에서 민주당은 구체적으로 노동, 환경, 의약품, 정부조달(노동 관련), 항만 안전, 투자, 근로자 훈련 지원에 관한 내용 등을 반영할 것을 요구했다. 공화당 행정부가 협상 요구에 응한 것은 한국보다 앞서 협상이 마무리되었는데도 비준되지 못한 채 의회에 계류되어 있던 페루와 파나마, 콜롬비아 FTA를 통과시키기 위해서였다.

의회의 복잡한 소집 및 논의 과정과 느린 의사결정 때문에 4월 초 한·미 FTA 협상이 종결될 당시에도 이 협상은 여전히 지속되고 있었다. 따라서 "만약 신통상 협상이 타결될 경우 의회에 계류되어 있는 페루와 파나마, 콜롬비아 FTA뿐만 아니라 이제 막 타결한 한·미 FTA에도 이 내용이 반영되어야 할 것"이라는 이야기가 흘러나오기 시작했다.

한국 기자들은 미국의 동향에 촉각을 곤두세웠다. 협상 타결 직후인 4월 12일, 웬디 커틀러 한·미 FTA 수석대표는 헤리티지재단 강연회에 나왔다. 한·미 FTA 재협상 가능성을 묻는 질문이 나오자 "미 행정부와 의회가 노동·환경 분야 등에 대해 논의 중"이라고 밝혀 새로운 내용이 한·미 FTA에 반영될 수도 있음을 시사했다.

이때부터 "미 의회의 합의문 수정 가능성 요구를 완전히 무시할 수는 없다. 미 하원의 과반수를 장악한 민주당은 한·미 FTA 합의문이 의회에 제출되면 30일간 검토 후 수정하겠다는 태도가 강하다. 미국 쪽에서 '재협상', '추가협상' 발언이 이어지고 있어, 특히 막판까지 미국이 강하게 요구해온 쇠고기는 물론 노동·환경 분야에 대한 협상이 있을 것"이라는 논조의 보도가 나오기 시작했다.[28]

---

28 〈연합뉴스〉, 2007. 4. 15.

이에 김현종 본부장과 김종훈 수석대표는 일단 대외적으로 "한 글자도 못 고친다"는 입장을 고수했다. 외교통상부 역시 "우리는 협상 타결 이후 새로운 제안에 대해서는 논의할 수 없다는 입장"이라고 부인했다.[29]

그러나 비슷한 시기에 재경부는 "협정 서명 전까지 양측 간 법률 검토 과정(*legal scrubbing*)을 통해 실질적 내용 변경이 아닌 기술적 문안 조정은 가능하다"고 미묘하게 뉘앙스가 다른 입장을 보였다. "특정 분야에 새로운 내용을 추가하거나 변경하는 것은 전체 협상 결과에 영향을 미칠 우려가 있기 때문에 불가능하지만, 기술적이고 미세한 내용의 추가나 삭제는 가능하다"는 것이었다.[30]

미국 측은 추가협상 가능성을 기정사실화하고 한국 정부는 부인하는 혼란한 상황이 지속되었다. 그러던 중 5월 10일 드디어 미 행정부와 의회 간에 신통상정책이 타결되었다.

5월 11일부터 관련 조항이 본격적으로 만들어지기 시작하면서 미 의회는 "신통상정책에 근거하여 현재 의회에 계류된 모든 FTA 협상 결과도 다시 논의해야 한다"고 공식적으로 주장했다.

같은 날 오전 버시바우 주한미국대사는 김현종 통상교섭본부장을 예방하여, 신통상정책 관련 상기 합의가 발표된 사실을 설명했다. 추가협상 요청이 미 정부의 공식 입장은 아니었으나 "신통상정책 내용을 페루 및 파나마와의 FTA에 우선 적용할 예정"이라고 발표했다. 한·미 FTA에도 동일한 기준을 적용할 것을 요구하는 것은 사실상 시간문제였다.

미국과 FTA를 추진했던 남미 국가들은 미국의 신통상정책을 수용한다는 입장이었다. 반면에 "추가협상은 없다"고 단호하게 부인하던 한국은 내부적으로 크게 당혹스러울 수밖에 없었다.

엄청난 정치적 후폭풍을 무릅쓰고 정치적 결단을 내려가며 간난신고 끝에 간신히 협상 타결을 보았다. 그런데 "우리가 「신통상법」을 제정했으니 이걸 반영하

29 한·미 FTA 기획단, 외교통상부 보도자료, 2007. 4. 15.
30 〈연합뉴스〉, 2007. 4. 15.

기 위해 협상을 다시 하자"는 미국의 주장을 받아들이는 것은 정치적으로 쉽지 않은 문제였다. "기존 협상안 서류의 잉크가 마르기도 전에 자신들의「신통상법」반영을 위해 다시 협상하자는 미국의 태도에 배신감을 느낀다. 정치적 부담을 가지면서 추가협상을 하느니 차라리 협상을 파기해야 한다"고 주장하는 사람들도 일부 있었다.

최석영   2006년 11월 선거에서 미국 의회의 중심이 공화당에서 민주당으로 넘어갔기 때문에 미국과 한국 양쪽 모두가 이 협상이 잘 안 될 것이라고 굉장히 비관적으로 보는 사람들도 많았습니다. 실제로 2007년 1월까지도 핵심 쟁점이 해결되지 않은 채 굉장히 많이 남아 있었습니다.

그래서 2007년 1월에 미국 측 수석·차석대표와 한국 측 수석·차석대표가 여러 차례 만나 협상 타당성 검토했습니다. 양측 사이에 굉장히 격렬한 의견들이 오갔습니다. 한국 측에서는 미국 측의 정치지형, 권력의 다이내믹스가 완전히 변한 것은 별로 인식하지 않고 "왜 협상이 빨리 진행되지 않느냐?"고 채근하는 상황이었습니다.

미국 USTR은 정치성향은 없는 조직이지만 현실적으로 미 공화당 행정부에 소속되어 있으니 입장이 곤란했겠지요. 민주당 의회가 공화당 협상자들을 강하게 압박해서 자기들 입맛에 맞지 않으면 협상이 더 진전되지 못하게 했으니까요. 당시에 가장 문제가 됐던 부분은 노동·환경 분야와 자동차 분야, 의약품 분야 등 몇 가지가 있었습니다. 그런 분야들은 민주당이 전통적으로 중요하게 여기는 주요 의제였습니다.

공화당은 3월 말까지 기한 내에 마무리해야 부시 행정부 업적이 되므로 한·미 FTA를 빨리 마무리하고자 했으나, 민주당은 부시가 개시한 FTA를 3월 말까지 타결해 주기 싫었을 것입니다. 협상 내용을 들어 보고 자기네 마음에 들지 않으니까 협상 자체를 깨고 싶었던 것으로 판단됩니다. 공화당 행정부에 기다리라고만 하고 자기들의 구체적 요구사항은 제시하지 않았습니다.

복잡한 정치적 상황에서 공화당 행정부가 우여곡절 끝에 4월 초 한·미 FTA 협상을 마무리지었는데 그해 5월 11일 의회가 '신통상정책'을 발표합니다. 여기에는 미국 내 자동차·노동·환경 분야의 요구사항들이 죽 나열되어 있었습니다.

결국 3월 말에 타결된 협상 내용을 6월 말에 의회가 서명하기 전에 고치지 않으면 안 되는 구조가 되어 버린 것입니다.

한국과 워싱턴 간에 펼쳐진 '할리우드 액션'

워싱턴에서 일어난 여소야대의 정치역학 변화를 민감하게 감지했던 최석영 공사는 정부에 "6월 말 이전에 어떻게든 서명하지 않으면 한·미 FTA는 TPA법의 보호를 받지 못하게 됩니다. 그러면 미 의회의 FTA 인준이 불가능해질 수 있기 때문에 「신통상법」에 따른 일부 수정 요구를 수용하되 이에 상응하는 대가를 요구하는 것이 좋겠습니다"라고 건의했다.[31]

대외적으로는 여전히 "단 한 글자도 못 고친다"고 부인하는 사이에 청와대에서 미묘하게 다른 논평이 나왔다. "한·미 FTA 추가협상 문제와 관련해 현재까지 미국 측으로부터 어떤 공식 제안도 없었다"면서도 "제안이 오면 국익에 보탬이 되는지를 검토해 대응할 것"이라고 밝힌 것이다.

그러자 "한국 정부가 내부적으로 재협상을 기정사실로 보고 법률적 검토 중"이라는 해설기사가 나왔다. "한국 정부가 법률자문을 의뢰한 미국 로펌이 미국의 재협상 요구를 수용하되 다른 분야의 양보를 받아 내라고 권고했다. 이에 따라 정부는 미국이 요구하는 노동·환경 분야 추가협상을 받아들이는 대신, 전문직 비자 쿼터 및 무역구제 강화를 대응 의제로 제시, 맞대응하는 전략을 마련 중이다"라고 설명했다.[32]

특히 한·미 양국 정부 대표단이 5월 29일부터 6월 6일까지 미국 워싱턴에서 한·미 FTA 협정문 용어와 표현의 일관성과 통일성을 확보하고 명료성을 강화하는 작업을 마무리하기 위해 검토회의를 진행했다. 이를 계기로 언론은 한·미 FTA 추가협상을 기정사실화했다.[33]

31 최석영, 2016, 《최석영의 FTA 협상노트》, 박영사.
32 〈조선일보〉, 2007. 5. 29.

홍은주 원래 미국의 TPA 규정에는 일단 협상이 마무리되면 의회가 점 하나도 못 고치게 되어 있다면서요? 그런데 어떻게 추가협상이 시작된 겁니까?

최석영 바로 그 점을 우리가 지적했습니다. 그런데 미국 USTR이 의회에 알아보더니, "민주당이 주장하여 고치자고 요구한 사항이니까 민주당 입맛대로 고치는 것은 의회가 허용해 주기로 했다"는 것입니다. 재협상이라고 하면 마치 협상을 다시 하는 것처럼 보이니까 미국이 우리에게 요청할 때 추가협상이나 재협상이라는 말 대신 '미세 수정'(*minor adjustment*)이라는 표현을 사용했습니다.

그런데 당시 김종훈 수석대표가 "나는 한 자도 못 고친다"고 브리핑에서 이미 선언해 버렸거든요? 김현종 본부장과 김종훈 수석대표가 저에게 "미국 쪽에 한 자도 못 고친다고 강하게 얘기해라. 정말 못 고친다"고 전달하라는 겁니다. 한국도 정치권 압박에 시달리다 보니 그렇게 얘기했어요. 미국은 미국대로 자국의 정치역학 있으니까 우리 주장만 일방적으로 내세우기가 어려웠습니다.

제가 "미국 쪽에 그렇게 이야기해 봐야 소용이 없다. 미국 정치권은 이미 민주당 중심으로 돌아가고 있으니까, 이 사람들 표현으로 '미세 수정'을 빨리 하는 것이 좋겠다"라고 설득했습니다.

사실 그런 미국 상황을 한국 고위 통상담당자들이 몰랐겠습니까? 다 알면서도 '절대 안 된다'고 버티고 싶은 부분이 있었을 겁니다.

홍은주 그게 정확히 무슨 뜻입니까?

최석영 우리가 서울과 워싱턴에서 자주 통화했는데 사실 미국과 한국 양쪽이 다 도청 가능성을 암묵적으로 인지하고 그걸 전제로 얘기하는 경우가 굉장히 많았습니다. 한국 측이 할리우드 액션처럼 서울에서 워싱턴에 있는 저를 마구 압박하는 것처럼 전화하면 저는 설득하는 역할을 했지요.

---

33 〈경향신문〉, 2007. 6. 14.

아마 미국 쪽이 어떤 경로를 통해서든 그걸 다 전해 듣고 있었을 것입니다. 그걸 아니까 우리가 그런 식의 할리우드 액션을 전화나 언론을 통해 여러 번 했습니다. 그만큼 협상이란 고도의 입체적이고 정치적인 게임이고 굉장히 복잡하면서 매일매일 피 말리는 작업입니다.

미국, 한·미 FTA에 노동·환경 등 추가 반영 요구

6월 16일 오후 1시경, 미국 USTR은 주미한국대사관을 통해 신통상정책 관련 내용을 반영한 협정 문안을 한국 측에 공식적으로 요청해왔다. "노동, 환경, 의약품, 필수적 안보, 정부조달, 항만 안전, 투자 등 7개 분야에 대해 현행 한·미 FTA 협정문의 관련 내용을 수정, 추가 또는 삭제하자. TPA가 6월 30일에 종료되므로 반드시 그전에 협상을 빨리 끝내자"는 내용이었다.

한국은 6월 19일 권오규 부총리 주재로 관계장관 회의를 개최한 후 미국 측의 제안 범위나 내용, 수준 등을 검토했다. 노동의 경우 미국과 FTA 협상을 맺은 나라들은 국제노동기구(ILO) 헌장에서 언급하는 5개 기본 노동권, 즉 결사의 자유와 단체교섭권, 강제노동 금지, 아동노동 철폐, 고용과 직업에서의 차별 금지 등을 국내 법령이나 관행으로 받아들여 집행하라는 것이 핵심이었다. 정부조달에 참여할 때 입찰 기업에 노동법령 내용을 준수하라고 요구할 수 있도록 하는 내용도 포함되었다.

환경 분야에서는 멸종 위기 동식물의 국제거래에 관한 협약 등 7개 환경 관련 국제협약의 의무를 이행하라고 요구했다. 보건 분야에서는 만약 에이즈(AIDS)나 결핵 등 치명적 전염병과 관련하여 개도국이 긴급 상황에 처했을 경우 개도국에서 직접 약을 생산·제조할 수 있도록 예외를 두자는 것이었다. 또한 FTA 협정 당사국의 어느 일방인 '필수적 안보'를 이유로 예외를 주장하면 서로 받아들여야 한다는 것도 포함되었다.

이 같은 미국 측 요구에 정부는 한·미 FTA나 업계에 실질적으로 미칠 영향과 협상의 균형에 미칠 영향 등을 종합적으로 고려하는 논의를 시작했다. 노동부는 당시 시행이 유보되어 있던 복수노조가 시비 대상이 되지 않을까 우려했다. 환경과 관련해서는 "일반적 보복 절차를 적용한다"는 구절을 우려했으나, 미국이 요구한 노동이나 환경 분야 내용 대부분이 한국 정부가 이미 법제화했거나 선진국을 지향하려면 원칙적으로 받아들일 수 있는 내용이라고 보았다.

정밀 검토 결과 「신통상협상법」은 노동보호 수준이 낮고 환경오염이 심각한 남미를 주로 겨냥한 내용으로 한국의 현행법 조항과 크게 모순되거나 충돌하는 내용은 많지 않을 것이다. 따라서 기 타결된 한·미 FTA 협상안의 핵심 내용을 변경하는 경우는 많지 않을 것"이라는 결론을 내렸다.

이에 따라 한·미 양국은 6월 말 두 차례(6.21~22, 6.25~26)에 걸쳐 미국의 신통상정책 관련 추가협의를 진행했다. 한국 측은 "노동·환경과 관련해 분쟁이 발생할 경우 미국이 꼬투리를 잡아 통상보복을 일삼지 않겠는가?"라는 우려를 전달했다. 미국은 "노동과 환경 관련 사항이 무역·투자에 미치는 효과가 통계적이고 구체적으로 입증될 수 있는 경우에만 분쟁해결절차에 회부한다"는 내용의 서한을 슈와브 USTR 대표 명의로 한국 측에 전달했다.

협상은 '주고받음의 균형'이 핵심이다. 미국 측 요구를 반영하는 대신 한국은 의약품 허가·특허 연계 관련 분쟁해결절차 적용을 협정 발효 후 18개월 동안 추가 유예하는 사항을 요구하여 미국 측 양보를 받아 냈다. 한국인의 미국 전문직 비자 문제도 해결했다.[34] 실제로 추가협상 이후 미국은 한국과 미국 비자면제프로그램(VWP)[35] 연내 가입 등 이행 조치에 대해 추후 협의를 계속했다.[36]

당시 상황에 대한 윤대희 경제수석의 증언이다.

윤대희 처음에는 우리가 "절대로 안 된다"고 버티다가 나중에는 "기존 협상의 기본 틀에 영향을 미치거나 큰 내용을 주고받는 재협상은 안 된다. 다만 새롭게

---

34 〈대한민국 정책브리핑〉, 2007. 6. 29.

35 VWP는 전자여행허가제(ESTA)로 여행 허가를 받으면 최대 90일간 비자 없이 관광 및 상용 목적에 한하여 미국을 방문할 수 있도록 허용하는 제도이다.

36 외교통상부, "(FTA 관련) 한 · 미 외교장관 회담 결과", 2008. 9. 23.

제기된 세부 의제를 일부 반영하는 미세 수정, 이것은 한번 검토해 볼 수 있겠다"는 것으로 입장을 정리했습니다.

6월 21일 웬디 커틀러 미국 측 수석대표가 공식적인 설명을 위해 방한했습니다. 6월 24일 오후 5시에는 권오규 부총리가 주재하는 관계부처 장관 대책회의를 청와대 서별관에서 개최하여 우리 측 요구사항을 정리했죠. 미국 민주당이 특히 집중적으로 요구한 것이 환경과 노동 문제였는데, 이에 대해 환경부와 노동부가 반대하다가 결국 원칙적인 선에서 수용하는 것으로 타협에 이르렀습니다. 당초 6월 26일 국무회의에 상정할 예정이던 '한·미 자유무역협정(안)'의 심의는 잠정 연기한 채 협상 결과를 기다리기로 결정했습니다.

우리 측 공식 입장이 정해진 후 6월 25일에 김현종 본부장이 워싱턴으로 가서 USTR의 수전 슈와브 대표 및 바티아 부대표와 담판했습니다. 우리 측 요구에 미국 측이 다시 자신들의 입장과 우리 측 요구에 대한 양보 사안을 정리해서 일괄 제안해 왔습니다. 어떤 식으로든 6월 30일 이전에 결단을 내려야 하니까, 미국 측의 안을 어느 정도까지 수용하여 문구에 반영할지 등을 의논하기 위해 한·미 양측이 그때 아주 바쁘게 움직였습니다.

6월 27일에 국무총리 집무실에서 관계부처 장관 회의를 개최했고, 같은 날 오후 6시 청와대 정무관계 수석비서관 회의에서 연쇄 논의를 했습니다. 다음 날인 6월 28일에도 대통령 관저에서 조찬회의가 잇따라 열렸고, 워싱턴에서는 송민순 외교통상부 장관과 해들리 백악관 안보보좌관 간 회담이 열렸습니다. 이렇게 통상과 안보 양쪽에서 논의가 진행되었고, 결국 타결에 합의했습니다.

미국의 TPA법에서는 기 타결된 협상 내용이 최종안이 되어야 한다고 했지만, 현실적으로는 미 의회 요구를 반영해야 했다. 양측은 이를 '이른 재협상'이라고 하지 않고 '미세 수정 협상'이라고 명명했다.

미 의회, "한·미 FTA 지지 못 한다" 찬물

추가협상을 모두 마무리하고 타결지은 뒤 최종 서명식은 워싱턴에서 열기로 했다. 추가협상 자체가 미국 측 요구였기 때문이다.

서명식에 참석하기 위해 김현종 통상교섭본부장, 김종훈 한·미 FTA 수석대표 등 한국 대표단이 6월 29일 출국했다. 6월 30일 오전 10시(미국 시간) 워싱턴 캐논빌딩에서 200여 명의 한·미 FTA 관계자들이 참석한 가운데 협정문에 공식적으로 서명하기 위해서였다.

그런데 공식 서명식이 예정된 바로 전날인 6월 29일에 미국 민주당이 찬물을 부었다. 민주당 하원 지도부 낸시 펠로시(Nancy Pelosi) 의장과 스테니 호이어 (Steny Hoyer) 원내 대표, 찰스 랭글 상원 세입위원장, 샌더 레빈 상원 무역소위원장 등이 연명으로 "자동차 분야의 비관세 장벽과 무역 불균형 문제가 해결되지 않는 한 현재 내용의 한·미 FTA 협정을 지지할 수 없다"고 전격 발표한 것이다.

이들의 한·미 FTA 협상안 반대 입장은 새로운 것이 아니었다. 2007년 3월 2일에도 민주당은 부시 대통령에게 "미국산 자동차의 한국 수출 증가 폭에 따라 한국산 자동차의 대미 수출에 특혜관세를 부여해야 한다. 미국의 승용차 관세 2.5% 철폐 시한을 15년 이상으로 늘리고, 한국의 기존 비관세 장벽을 철폐하며, 향후에 생겨날 비관세 장벽 대책까지 마련해야 한다"고 압박하는 서한을 보낸 적이 있었다.[37]

이는 미국의 고용감소 추세와 실질임금 정체로 어려움을 겪던 미국 자동차 노조의 입장을 반영한 것이다. "한국 자동차가 (관세철폐로) 미국 시장에서 경쟁력을 더 높일 경우 이것이 미국에 불리하게 작용할 것이며 (노동자들의) 절망적 분노를 증폭시킬 것이다"라며 한·미 FTA를 반대한 것이다. 하원의 찰스 랭글 세입위원장과 샌더 레빈 무역소위원회 위원장은 모두 미국 자동차 회사 포드와 크라이슬러가 있는 미시건주 출신이었다.

---

[37] U.S. Congress, 2007. 3. 2.

2007년 6월 초 힐러리 클린턴 상원의원은 연설을 통해 한·미 FTA의 자동차 부문 협상 내용을 비난했다. 이런 상황에서 임기 말의 부시 행정부가 정치력을 충분히 발휘할 가능성은 거의 없었다.

결국 캐논빌딩에서 열린 한·미 FTA 협상 서명식은 무언가를 성취했다는 기쁨보다는 향후 FTA 협상안의 암울한 미래에 대한 우려 속에서 진행되었다.

최석영　미국 측 요구에 따라 미세 수정을 했습니다. 그런데도 2007년 6월 30일 토요일 서명하기 하루 전날인 6월 29일 금요일에 민주당이 "상하 양원은 현재 타결된 한·미 FTA 내용을 민주당 측의 자동차 관련 요구를 수용하지 않을 경우 비준해 주지 않겠다"는 성명을 발표해 버렸습니다.

그러다 보니 6월 30일 추가협상 타결 서명을 할 때 미국 하원 의원회관인 캐논빌딩에서 서명하는데 양쪽 협상 대표들의 분위기가 전반적으로 좋지 않았습니다. 고생 끝에 옥동자를 낳았다고 생각했는데 미국 의회의 축복을 받지 못하는 애를 낳은 셈이 되었으니 분위기가 좋을 리 없지요. 좀 속되게 비유하면, 민주당 아버지가 자기가 아버지가 아니라고 부정하는 아이를 공화당 엄마가 낳은 것 같은 상황이 된 거잖아요?

그런 배경에서 최종 서명하고 난 후 미국의 한·미 FTA 협상장 분위기와 미국 언론의 반응을 보면 굉장히 분위기가 좋지 않았습니다. 양측은 몹시 고생했고, 한국은 미국의 추가 요구사항까지 일부 반영하는 성의를 보여 주었습니다. 그런데도 협상안이 비준될 것이라는 미래에 대한 보장이 없으니까 실제로 서명할 때 분위기가 무척 침울했던 겁니다.

한마디로 당시에는 미국 의회가 FTA를 비준할 수 있는 정치적 여건이 전혀 갖추어지지 않았습니다.

3. 미국산 쇠고기 수입 논란

세계를 휩쓴 '변성 단백질 프리온' 공포

한·미 FTA 협상이 체결되고 난 이후에도 한·미 양국에서는 이를 둘러싼 정치적 논란이 여전히 일어났다. 미국에서는 자동차 협상을 잘못했다는 불만이 표출되었고, 한국에서는 미국산 쇠고기 수입이 가장 큰 이슈로 떠올랐다.

한·미 FTA 협상이 시작되기 전인 2003년, 한국에 수입된 전체 쇠고기 수입량(29만 4,000톤) 가운데 미국산이 차지한 비중은 68%로 압도적 시장점유율을 보였다. 그런데 그해 12월 미국에서 이른바 '광우병'이라 불리는 '소해면상뇌증'(BSE: *Bovine Spongiform Encephalopathy*)에 걸린 소 한 마리가 나타났다.

이에 농림부는 2004년 5월 3일 미국산 쇠고기 수입을 전면 중단했다.[38] 한국뿐만 아니라 70개국 이상이 미국산 쇠고기 수입을 중단하거나 대폭 제한했다. 단한 마리의 소가 광우병에 걸렸다는 사실만으로 한국이 미국산 쇠고기 수입을 중단할 수 있었던 것은 '식품의 위생과 검역'을 국민 건강의 핵심 요건으로 인식한 WTO의 부속협정에 근거한 것이었다.

WTO 부속협정은 "인간이나 동식물의 생명 또는 건강을 위해 필요한 위생 및 검역 조치의 과학적 정당성과 명료성 및 예측가능성이 확실한 경우 회원국이 국제기준 등에 기초한 일반적 조치보다 더 높은 보호 수준의 위생 및 검역 조치를 도입·유지할 권리를 함께 인정한다"고 하여 수입규제를 인정했다.[39]

광우병은 1985년 영국에서 처음으로 발견되었다. 축산농가의 피해를 우려한 영국 정부는 1988년 6월 이 병을 신고대상 질병으로 지정했고, 감염된 소를 모두 도살했다. 그런데 양의 뇌질환 중 하나인 스크래피에 걸린 양고기 사료를 먹

---

38 농림부 고시 제2004-23호.

39 위생 및 식물위생 조치에 관한 협정(*Agreement on the Application of Sanitary and Phytosanitary Measures*) 제3조 2~3항.

은 소가 광우병에 걸리고, 광우병 쇠고기를 먹은 사람도 인간광우병에 걸릴 수 있으며, 프리온이라는 이 변성 단백질 물질은 끓이거나 오랫동안 불에 태워도 사라지지 않는다는 사실이 알려지면서 광우병 공포가 전 세계로 급격히 확산되었다.[40]

미국산 쇠고기 수입 전면금지 조치 이후 한·미 두 나라는 2005년 말 세 차례에 걸쳐 전문가 회의를 열었다. 한·미 FTA의 공식 선언 이전부터 미국은 한국의 쇠고기시장 개방을 집요하게 요구했다. "(미국은) 광우병 감염 확대를 막기 위해 세계적으로 가장 엄격한 규정을 운용하는 나라 중 하나"로 평가한 OECD 자료 등을 근거로 미국산 쇠고기 수입재개를 요청했다.[41]

미국산 쇠고기 전량 반품 소동

한국은 2006년 1월, 한·미 FTA 협상 발표와 동시에 "뼈와 내장 등 특정위험물질(SRM: *Specified Risk Materials*)을 완전히 제외한 30개월 미만 연령"[42]을 조건으로 미국산 쇠고기 수입을 재개하기로 합의했다. 2006년 3월 6일 「가축전염병 예방법」제34조 제2항에 근거하여 미국산 쇠고기 수입의 위생조건에 관한 고시를 제정·공포했다.[43]

'30개월 미만 소의 고기 부위'라는 조건부 쇠고기 수입에 대해 김현종 본부장은 2006년 4월 18일 기자회견에서 "FTA가 아니었더라도 우리나라는 WTO 회원국으로서 WTO 검역협정에 따라야 한다. 보편적 국제기준은 30개월인데 우리는 30개월 조건뿐만 아니라 뼈도 뺐다. 더 위험한 부분인 내장과 햄버거 고기, 차돌

---

40 최초로 이를 연구한 스탠퍼드대학의 스탠리 푸르시너 교수는 1997년 노벨 생리의학상을 받았다(이일하, "광우병 = 프리온이라는 패러다임", 서울대 생명과학부. 2011. 7. 9).

41 2004 OECD 육류 및 낙농그룹회의 자료, AGR/CA/APM/MD, 2004. 5. 6; 송주호, 2004, 〈세계농업〉, 4월호, 한국농촌경제연구원 재인용.

42 30개월령 미만의 소로 한정하고 소의 뇌와 눈, 척수, 머리뼈, 척추, 편도, 내장 부위와 이들로부터 생산된 단백질 제품 등을 완전히 제거한 경우로 한정했다.

43 "미국산 쇠고기 수입위생조건", 농림부 고시 제2006-15호.

박이까지 뺐다. 한·미 FTA 추진을 발표한 시기에 쇠고기 문제를 해결했기 때문에 둘이 연결된 것처럼 보이지만, 그 2~3주 동안 일본을 비롯한 많은 아시아 국가가 한국처럼 쇠고기 수입위생검역 문제를 풀었다"라고 답변했다.

이에 따라 2006년 10월부터 미국산 쇠고기 수입이 재개되었다. 광우병에 대한 막연한 불안감이 확산된 데다가 축산농가의 반발도 커지자 농림부는 그야말로 "뼈를 제외한다"는 위생검역 조건을 '문자 그대로' 엄격하게 적용했다. 수입 쇠고기에 섞인 '1cm가 안 되는 손톱만 한 뼛조각' 때문에 9톤에 가까운 엄청난 물량을 모조리 반품하는 과감한 조치를 취한 것이다.

당시 농림부 보도자료를 인용한다.

농림부 국립수의과학검역원은 지난 2006년 10월 30일 미국에서 수입된 쇠고기 8.9톤을 검역한 결과 뼛조각 한 개가 검출되었다고 발표했다. X-선 이물질검출기를 이용한 전수 검사 과정 중 살치살 한 박스에서 발견된 뼛조각은 1cm도 채 안 되는 작은 조각이었고(10mm×6mm×4mm) SRM 부위가 아닌 것으로 판단되었지만, 살코기만을 허용하기로 한 한·미 간 미국산 쇠고기 수입위생조건에 위반되어 검역 불합격 조치되었다.

농림부는 해당 작업장의 수출선적을 중단하고 해당 물건은 위생조건에 명시된 대로 반송 또는 폐기 조치할 것이라고 밝혔다. 또한 검역원은 뼛조각이 검출됨에 따라 미국산 쇠고기의 안전성에 우려를 표시하고 한·미 간에 합의한 수입위생조건을 철저히 준수해 줄 것을 미국 정부에 요구하기로 했다.[44]

농림부는 나아가 원래 우리나라에 단 한 대뿐이던 X-선 이물질검출기를 12대나 도입하여 전량 검사를 시작했다. X-선 이물질검출기에도 잘 걸리지 않는 작은 크기의 뼛조각까지 육안으로 모조리 찾아내 미국산 수입 쇠고기를 전량 반품했다.

당시의 기사를 추가로 인용한다.

---

44 농림부 보도자료, 2006. 11. 24.

지난 2006년 12월 1일 미국에서 수입된 냉장 쇠고기 10.2톤을 검역한 결과 뼛조각이 검출되었다고 검역원이 12월 6일 발표했다. 이번에 검출된 뼛조각은 X-선 이물질검출기 검사에서도 검출되지 않을 정도로 작은 크기(뼛조각 두께는 모두가 1mm 정도로 얇고 밀도가 낮아 X-선 이물질검출기 검사에서는 검색이 되지 아니한 것으로 판단됨)였으나, 일부 박스를 개봉하여 육안 검사를 한 결과 갈비본살 3개 상자에서 뼛조각 부스러기 7개가 검출되었다고 밝혔다. … 살코기 정형 작업 과정 중 칼에 의해 갈비뼈에서 얇게 잘려져 나온 것으로 추정되지만, 한·미 간 수입위생조건에 따라 해당 작업장의 수출선적을 중단하고 해당 물건은 위생조건에 명시된 대로 반송 또는 폐기 조치할 것이라고 밝혔다.[45]

'뼈 없는 살코기'에 대한 다른 해석

정부 간 협상에 따라 미국산 쇠고기의 수입 금지 조치를 해제하기로 합의했는데, X-선 검출기로 잘 걸리지 않는 얇은 뼈의 절편만으로 계속 전량 반품을 하자 미국은 이를 대표적 불공정무역으로 받아들였다.

한국 통상 관계자들까지 "미국 정부가 협상 과정에서 뼈 없는(deboned) 살코기라는 표현에 동의했을 때 갈빗대 같은 큰 뼈를 가리키는 개념으로 받아들였을 것"이라면서 "쉴 새 없이 쏟아지는 쇠고기를 기계통으로 절단하고 가공하는 작업 과정에서 뼛조각이 하나도 묻지 않도록 하는 것은 기술적으로 불가능하다. 그런데 한국이 샘플 검사가 관례인 교역에서 유례없이 X-선 전수 검사를 한 것은 이해할 수 없다"는 반응을 보였다.

위생검역의 최종책임 부처인 농림부도 적지 않은 고충이 있었다. "국내 정서상 철저한 전량 검사가 불가피하다. 만약 우리가 샘플 검사만 해서 유통시켰는데 쇠고기 수입에 불만을 품은 사람이 몰래 뼈를 넣은 뒤 미국이 약속을 어겼고 한국 정부는 국민 안전을 팽개쳤다고 주장하면 그 사태를 우리가 어떻게 감당할 수 있겠느냐?"는 것이었다.[46]

---

45 농림부 보도자료, 2006. 12. 21.

2006년 11월 중간선거에서 FTA에 반대하는 민주당이 미국 의회를 장악하면서 이 문제는 한·미 FTA의 막판 변수로 떠올랐다.

미국 정치권은 "땅콩만 한 뼛조각 하나만 있어도 반품하는 나라와 무슨 FTA를 추진할 수 있겠느냐?"고 반문하면서 한국 정부에 강력히 항의했다. "작은 뼛조각 하나 나왔다고 쇠고기를 모조리 돌려보낸다면, 한국산 자동차에서 인체에 해로운 물질이 하나라도 나올 경우 우리도 (자동차를) 전부 돌려보내겠다"고 반발했다.[47]

한·미 FTA를 중도에 그만두기에는 너무 먼 길을 온 상황이었다. 어떻게든 미국산 쇠고기 수입 문제를 해결해야 했다. 김병준 당시 청와대 정책실장의 회고다.

2007년 1월 다보스 포럼 특사로 다녀왔는데, 김 본부장과 함께 귀국했다. 쇠고기 문제로 시끄러울 때였다. 그때도 김 본부장은 "대통령이 흔들리고 있는 거 아니죠?"라고 묻더라. 그래서 "지금 물러설 수 없다. 사람들이 FTA를 꽃놀이패로 사용한다고 하는데 중단한다고 해봐라. 찬성 측과 반대 측 모두 난리칠 것이다"라고 답했다. 그랬더니 김 본부장이 "무조건 고(Go!) 합니다"라고 하더라.[48]

쇠고기 수입을 둘러싼 갈등이 지속되자 미국이 쇠고기 수입을 서면으로 보장해달라고 요구했다. 한·미 FTA 협상 시한이 임박한 3월 말에 이르자 노무현 대통령은 부시 대통령과의 통화에서 "과학적 근거와 국제적 추세에 따라 합리적인 선에서 미국산 쇠고기를 수입하도록 하겠다"고 구두로 약속했다.

쇠고기 수입과 뼛조각 반품 사건은 한·미 FTA와 병렬로 진행된 수입위생검역 협상의 이슈였다. 따라서 한·미 FTA 본협상이 타결된 이후에도 축산농가와 관련 업계, 반 FTA 시민단체, 농축산 전문가 그룹의 반발 강도가 여전히 높았다.

46 〈동아일보〉, 2006. 12. 5.
47 〈대한민국 정책브리핑〉, 2008. 2. 14.
48 위의 자료.

당초 농림부는 협상에 임하기 전에 생산자 단체의 의견수렴을 통해 상당히 보수적인 양허안을 마련했다. 그러나 협상의 막바지에 농업 문제로 인해 협상이 결렬되는 것을 피하기 위해 축산물을 포함한 대부분의 민감품목까지 양보하고 말았다. 이 같은 결과에 대해 축산농가를 중심으로 하는 농업계의 반발은 물론, 농림부 스스로도 "한·미 FTA는 전례 없이 전 품목에 걸친 관세철폐로, 중장기적으로 농업, 농촌, 농민의 해체적 위기를 피하기 어렵게 되었다"라고 말하고 있다. 반면에 미국은 협상 개시 전부터 협상 타결의 전제조건 운운하면서 요구해온 쇠고기 수입재개를 포함하여 농업 부문의 목표를 거의 달성했다고 볼 수 있다.[49]

미국은 2007년 5월 27일 국제수역사무국(OIE)의 평가에서 '광우병 위험통제국가' 지위를 회복했다. 미국은 OIE 기준에 따라 30개월령 이상 쇠고기 및 갈비를 수입하라고 추가로 요구하고 나섰다.

이에 대해 권오규 부총리는 박홍수 농림부 장관과 합동기자회견을 열고 "미국 정부가 자국산 쇠고기 수입위생조건 개정 협상을 요청했으며 우리는 OIE 권고를 존중해 협상에 성실히 임하겠다"고 밝혔다. 또한 "수입위생조건을 개정하기 위해 8단계의 위험분석 절차에 착수하되 1~5단계는 최대한 신속하게 진행해 시간을 단축하겠다"는 입장을 제시하면서 "추석 무렵인 9월쯤이면 모든 절차가 마무리되어 '뼈 있는 쇠고기'도 수입될 것으로 보인다"고 전망했다.

언론들은 "농림부 장관은 물론 부총리까지 나서서 서둘러 공식 입장을 발표한 것은 한·미 FTA 재협상을 압박하는 미국에 '신호'를 보내기 위한 것"이라고 분석했다. 그리고 "뼈 수입을 허용하는 대신 30개월 미만이라는 나이 제한을 유지하는 선에서 절충이 이루어지는 시나리오가 가장 유력하다"고 예측했다.[50]

농림부는 OIE 평가가 나온 직후인 5월 31일 미국산 쇠고기의 광우병 위험성 평가 등 수입 위험분석에 착수했다. 미국 측에 광우병 예찰 시스템, 사육 소의 개체식별 시스템, 소 월령 확인을 위한 치아감별 방법, SRM 관리, 도체 절단 시 척수로 인

---

49 조석진(영남대 교수·GSnJ 이사), "한·미 FTA 추진의 배경과 한국 축산업의 장래", FTA 강국 KOREA 홈페이지, 2007. 9. 11.

50 〈국민일보〉와 〈세계일보〉의 보도이다.

홍은주 교수(오른쪽)와 인터뷰하고 있는 민동석 전 외교통상부 차관.

한 교차오염 방지 조치 등에 관한 질문이 담긴 가축위생 설문서를 보냈다.

　미국 측 답변서를 제출받은 후 6월 30일부터 7월 8일까지 전문가들은 현장조사를 실시했다. 미국 현지의 소 사육농장, 도축장, 가공장, 사료공장 등에서 광우병을 일으킬 우려가 있는 육골분 사료 사용 여부, SRM 제거 및 처리 방법, 소 월령 확인을 위한 치아감별 방법의 신뢰성 등 미국 도축 시스템을 살펴본 것이다.

　이후 또다시 세 차례의 전문가 회의[51]와 세 차례의 가축방역협의회[52]가 개최되었다. 여기서 미국의 소도축 시스템 점검, 미국산 쇠고기 수입허용 범위에 대한 의견수렴과 한국 측 협상 대응 방안을 마련하는 등 사전 점검을 마쳤다.

　이 같은 절차를 거쳐 정부는 한덕수 국무총리와 권오규 부총리 주재로 두 차례 관계장관 회의를 열어 OIE 기준으로 쇠고기시장 개방안을 마련했다. 그리고 이를 통상교섭본부장을 통해 각각 수전 슈와브 USTR 대표와 버시바우 주한미국대사에게 전달했다.

---

51 2007년 7월 19일, 9월 11일, 9월 21일에 열렸다.
52 2007년 7월 25일, 8월 31일, 10월 5일에 열렸다.

272

민동석(閔東石)
1952년 전남 해남에서 태어났다.
한국외국어대 러시아어과를 졸업하고,
1979년에 외무고시에 합격하였다.
주제네바 대표부와 주미국대사관 1등 서기관,
외교통상부 통상기구과장, 기획예산담당관,
도하개발아젠다담당 심의관 등과 주휴스턴
총영사, 아중동지역경제협력대사를 지냈다.
2007년 한·미 FTA 농업 분야 고위급
대표를, 2008년 한·미 쇠고기 협상
수석대표를 맡았다. 2010~2012년
외교통상부 제2차관을 역임했고, 제19대
유네스코한국위원회 사무총장으로 일했다.

한·미 FTA 농업 분야 고위급 대표였던 민동석(후일 외교통상부 차관)의 설명이다.

민동석　예상대로 5월 말 OIE가 미국에 광우병 위험통제국가 지위를 부여했습니다. 권오규 부총리는 박홍수 농림부 장관과 함께 합동기자회견을 열어 3월 말 대통령이 미국 대통령에게 한 약속을 재확인하고, 국제기준에 따라 미국과의 협상에 성실히 임하겠다고 발표했습니다. 기자들의 질문에 답하는 형식을 취하면서 '추석 이전에 미국산 쇠고기가 국내에 들어올 수 있을 것'이란 기대감도 나타냈고요.

이에 따라 저는 미국산 쇠고기를 수입하기 위한 절차를 신속히 진행했습니다. 전문가들로 구성된 현지 시찰단을 미국에 보내 도축장 사료공장 등을 조사하도록 했죠. 2년 전에도 두 번이나 파견했는데 그때 또 보낸 것입니다. 당시 미국에 간 전문가들은 여러 차례 회의를 열어 "미국산 쇠고기로 인해 광우병에 걸릴 위험은 '무시할 만한 수준'이다"라는 평가를 내렸습니다.

저는 한·미 정상 간 전화 약속에 이어 국무총리와 부총리가 정부 입장을 정하여 대외적으로 통상장관의 직함을 가진 통상교섭본부장을 통해 미국 무역대표와 주한미국대사에게 전달했으니 쇠고기 문제가 곧 해결될 것이라고 예상했습니다.

9월 초 호주에서 열린 APEC 정상회담에서 노무현 대통령과 부시 대통령이 다시 만났다. 그때도 우리 정부는 미국 측에 OIE 기준 존중과 함께 미국과 일본·중국·대만의 협상 시기 및 내용에 보조를 맞출 것이라는 입장을 전달했다.

미국산 쇠고기 수입 전면 중단 사태

미국산 쇠고기 수입 논란은 갈수록 수그러들기는커녕 점점 악화되었다. 정부에서 미국산 쇠고기 수입재개가 가능할 것이라는 기자회견을 한 직후인 2007년 6월 22일부터 27일까지 수입된 미국산 쇠고기 3건, 42.4톤에서 이번에는 '갈비 통뼈'가 발견되었다. 손톱만 한 뼛조각이 섞인 것과는 다른 사건이었다. 농림부는 해당 물량을 전량 반송했고, 미국 내 3개 작업장에 선적 중단 조치를 내렸다.

한 달 뒤인 7월 29일, 미국에서 수입된 쇠고기 18.7톤, 1,176상자를 검역했다. 그 결과, 한 상자에서 수입위생조건상 광우병 특정위험물질(SRM)로 분류된 소의 척추뼈가 발견되면서 문제가 더욱 커졌다. 당시 OIE는 30개월령 미만 소의 경우 척추뼈를 SRM에 포함하지 않았으나, 한국의 수입위생조건은 OIE보다 엄격하여 30개월령 미만이라도 척추뼈를 SRM에 포함시키고 있었다.

농림부는 "척추 속 척수는 위험도가 높지만 척추뼈는 위험성이 낮고 우리 기준이 국제기준보다 더 높다"는 점을 인정했다. 그러면서도 7월 1일 주한미국대사관 관계자를 불러 "최근 수입위생조건 위반 사례가 계속 발생하고 있다. 미국 측에서 납득할 만한 근본적 재발방지 대책이 마련될 때까지 모든 미국산 쇠고기의 검역 중단 조치를 취하겠다"고 통보했다. 검역중단 상황에서는 미국산 쇠고기 수입이 가능하기는 하지만 수입된 물량은 검역 창고에 쌓인 채 유통되지 않는다.

수입위생조건 21조는 수입 쇠고기 중단 조건을 "미국의 방역 조치가 제대로 기능을 발휘하지 못해 미국 내 광우병 위험이 객관적으로 악화되었다고 판단되는 경우"로 명시했다. 미국은 이를 근거로 "미국에서 광우병이 발생하지 않고 있고 미국 내에서는 척추뼈를 T본 스테이크용으로 제한 없이 유통하고 있으니 문제가 없다"고 강하게 항의했다.

274

박홍수 농림부 장관은 "검역 차원의 문제이므로 한·미 FTA와 연계될 사안이 아니다. 관계장관 회의가 열렸지만 재경부나 외교통상부에서도 FTA 관련 얘기는 단 한 마디도 나오지 않았다"고 강경 입장을 고수했다.[53]

박 장관은 5월 권오규 부총리와 공동기자회견 때도 상당한 온도차를 나타냈다. "9월 추석 무렵 수입 가능"을 언급한 권 부총리와 달리 "수입위생조건을 논의하는 것은 현지 점검도 하고 시간이 걸리기 때문에 언제가 될지 모른다"고 기자들에게 모호하게 답변했다.

일부 언론도 사설 등을 통해 "신통상정책 발효를 빌미로 미국 측이 한·미 FTA 재협상을 요구하는 상황에서 (쇠고기) 검역기준마저 독자성을 상실한다면 한·미 FTA의 국회비준은 엄청난 저항에 휩싸일 수 있다"면서 "미국산 쇠고기 수입은 국민 건강을 우선 고려해야 한다"고 촉구하는 상황이었다.[54]

수입 쇠고기 속에서 뼈가 지속적으로 발견되자 2007년 10월 초 농림부는 결국 미국산 쇠고기의 검역 중단뿐만 아니라 수입까지 전면 중단하는 초강수를 두었다. 반품 사태가 선적 중단에서 검역 중단까지 점점 강도가 높아졌고 결국 전면 수입중단 사태까지 이른 것이다.

"미국산 쇠고기 수입 없이는 FTA 비준도 없다"

한국의 대응에 대해 당시 미국 행정부나 의회 역시 "쇠고기 문제 해결 없이는 한·미 FTA 비준도 없다"는 강대강 분위기로 맞섰다. 조지 부시 미국 대통령, 척 코너 미국 농무부 장관 대행, 맥스 보커스 상원 재무위원장 등 미국 행정부와 의회의 주요 지도자들이 여기저기서 비슷한 언급을 했다.

당시 한·미 FTA 추이를 지켜보던 미국 피터슨국제경제연구소(PIIE: *Peterson Institute for International Economics*)의 통상 전문가 제프리 숏(Jeffrey J. Schott)은 다음과 같이 밝혔다.

---

53 "미국산 쇠고기 검역 중단 … FTA와는 무관", 〈대한민국 정책브리핑〉, 2007. 8. 2.
54 〈서울신문〉, 2007. 5. 29.

쇠고기시장에 대한 주요 무역장벽은 FTA 조항에서 다루어지지 않고 있지만, 2003년 (미국의) 광우병 발생 이후 제정된 한국의 검역·위생 법규가 문제가 되고 있다. (미국을 광우병 위험통제국가로 지정한) OIE의 최근 결정에 따라 한국은 미국 육류제품의 위생검사를 갱신해야 할 것이며 아마도 이 과정이 진행 중일 것으로 생각된다.

여러 정치적 논의에서 명백해진 바와 같이 쇠고기 문제가 완전히 해결되지 않을 경우 미국 행정부는 한·미 FTA 이행법안을 의회에 제출하지 않을 것이다. 왜냐하면 한·미 FTA의 가장 강력한 지지자이자 다른 의원들을 설득할 사람이 미국 상원 재무위원회의 맥스 보커스 위원장이기 때문이다. 그는 자기 선거구(몬태나주)의 축산업자들을 강하게 의식하기 때문에 만약 쇠고기 문제가 해결되지 않을 경우 미국 내에서 한·미 FTA 법안 통과를 위한 정치적 절차를 진전시키지 않을 것이다.[55]

정부는 경색된 미국산 쇠고기 수입 문제를 풀기 위해 박홍수 장관을 경질하고 재경부 출신 임상규 차관을 농림부 장관으로 임명했다.

임상규 농림부 장관은 미국산 쇠고기 수입위생조건 협상을 앞두고 "국제적 기준에 비추어 볼 때 미국산 쇠고기에 현저한 위험이 있다는 얘기는 안 나왔다"면서, "안전이 담보된다면 어떤 적정 수준의, 국제 관행에 맞는 수준의 쇠고기 수입은 불가피한 측면이 있다"고 밝혔다.

그러나 임 장관의 발언은 한우농가와 국민건강을 위한 수의사 연대 등 반대 진영의 강한 반대 목소리에 묻혔다. 이들은 "한국 농림부 장관인지, 미국 농무부 장관인지 분간이 되지 않는다. 노무현 정부가 심장과 폐를 감싸 안아 생명과 호흡을 지켜 주는 갈비와 같은 정부의 역할마저 포기하지 않을지 걱정된다"면서, "역사에 오명을 남기지 않으려면, 또 가까운 미래에 인간광우병으로 가족과 친지가 희생되었다는 슬픈 소식을 접하는 일이 벌어지지 않으려면 미국산 쇠고기의 수입을 즉각 중단해야 한다"고 촉구했다.[56]

55 Jeffrey J. Schott, "Moving Forward on the KORUS FTA: Now for the Hard Part", 세계경제연구원·한국무역협회 초청 특강, 2007. 6. 21.

56 박상표(국민건강을 위한 수의사 연대 정책국장), "20년 후 당신의 딸이 광우병으로 쓰러진다면…", 〈프레시안〉, 2007. 10. 14.

한·미 FTA와 미국산 쇠고기 반대 여론은 끝이 없었다. 정부는 "동물성 사료금지 조치를 취한 1997년 8월 이후 출생한 소들 중 광우병에 걸린 소가 한 마리도 발견되지 않았다. 미국은 광우병 위험통제국가 지위에 올라섰고, 그 쇠고기를 미국인 3억 명이 매일 먹으며, 200만여 명의 재미동포와 유학생, 한국인 관광객들이 먹고 있다"고 해명했다. 하지만 반대 여론에 묻혀 국민에게 잘 전달되지 않았다.

결국 들끓는 비판과 대선 정국에서 미국산 쇠고기 수입을 위한 추가 절차는 중단되고 말았다.

민동석　2007년 12월 대선에서 패배하자 물러가는 참여정부는 더 이상 '뜨거운 감자'에 손을 대지 않았고 결국 공은 다음 이명박 대통령 정부로 넘어갔습니다. 쇠고기 문제는 이미 정치적 이슈가 되어 언제든지 폭발할 위험성이 있었고요. 그러나 쇠고기 문제가 해결되지 않으면 한·미 FTA 협상 결과가 미국 의회에 제출되지 않을 수도 있었기 때문에 새 정부는 선택을 해야 했습니다. 제가 보기에도 새로 출범한 정권이 쇠고기 문제를 해결하지 않고서는 미국의 신뢰를 회복하고 정상적 관계를 새롭게 출발시키는 것이 불가능해 보였습니다.

쇠고기 수입재개는 차기 정부로

노무현 대통령은 한·미 FTA 타결 직전 부시 대통령에게 "합리적 시기에 합리적 수준으로 쇠고기시장을 개방하겠다"고 약속했다. 타결 직후 기자회견에서도 이 같은 내용을 부시 대통령에게 약속했음을 국민에게 분명히 밝혔다. 그 후 강원도 축산농가 방문 때도 "FTA가 아니더라도 미국 소는 들어온다"고 말했다. 이런 점에 비춰볼 때, 노 대통령은 당시 미국산 쇠고기 수입이 불가피하다고 본 것이 분명하다.

그러나 쇠고기 수입재개 협상이 중단되면서 이 문제는 차기 정부의 과제로 넘어가고 말았다. 부시 대통령과의 통화에서 "쇠고기 수입재개 문제는 나에게 맡겨 달라"고 했던 노무현 대통령이 왜 임기 내에 이 문제에 대해 결단을 내리지 않고 다음 이명박 대통령 정부로 넘겼는지에 대해서는 여러 가지 추정이 나온다.

우선 노 대통령은 한·미 FTA 때문에 임기 중반과 후반에 그야말로 '한·미 FTA 의 덫'에 걸려 있었다. 자신을 대통령으로 만들어 준 지지층과 날마다 대립각을 세 웠고 FTA와 관련해서는 여당도 대통령 편이 아니었다. 일부 친노 의원들 외에는 여당 의원들도 한·미 FTA 반대 진영에 서 있었다. 날마다 한·미 FTA의 정치적 의 도를 의심하는 음모론이 떠돌았다. 노 대통령이 아무리 의지가 강해도 장기간의 정치적 비난에 직면하여 심정적으로 몹시 지쳐 있었을 것이라는 추측이 가능하다.

한편 참여정부가 결자해지(結者解之) 차원에서 쇠고기 수입 문제를 마무리하고 넘어가자고 건의한 통상 실무진도 있었다.

제17대 대통령 선거가 끝난 지 열흘 정도 지난 2007년 12월 말. 한덕수 당시 국무총 리의 주선으로 송민순 외교통상부 장관과 김종훈 통상교섭본부장이 청와대를 찾았다. 그 자리에는 권오규 부총리도 있었다. 한 총리가 운을 뗀 뒤 송 장관과 김 본부장이 노 무현 대통령에게 건의했다. 참여정부 업적인 FTA 비준을 위해 쇠고기 문제를 임기 전 에 풀도록 결단해 달라는 것이었다. 쇠고기 문제를 풀어 2월 국회에서 비준동의안을 처리하고, 미국 의회에서도 7월 전에 통과되도록 하자는 로드맵을 설명했다고 한다.

이 건의에 대해 노 대통령이 "당신들은 피도 눈물도 없느냐. 내가 만신창이가 돼 있 는데, 여기서 더 밟고 간다는 건가. 당신들은 관료이지만 나는 정치인이다"라고 격하 게 반응했다.[57]

그러면서 노 대통령은 "쇠고기 수입 문제는 어차피 예정된 수순이니 차기 대통 령에게 넘겨주어서 한·미 FTA의 미국 의회 비준을 압박하는 지렛대로 활용하도 록 하는 것이 좋겠다"고 했다.

2월 18일, 노무현 대통령과 이명박 대통령의 비공개 회동에서도 쇠고기 수입재 개 문제가 나왔다. 천호선 청와대 대변인은 이날 "쇠고기 수입 문제가 거론은 됐 지만 이 당선인이 구체적 요구를 한 것은 아닌 것 같다"면서 "쇠고기 수입과 한·미 FTA 비준 문제를 어떻게 볼 것인가에 대해 여러 가지 견해를 나누고 또 대통령께 서 가지고 계신 경험과 대처 방안 등을 조언하신 정도로 알고 있다"고 전했다.

---

57 〈중앙 SUNDAY〉, 2008. 6. 7.

CHAPTER 7

한 · 미 FTA 분야별 세부협상

농업, 금융, 약제, ISDS

1. 농업 부문 협상*

예민한 농산물시장 개방

한국 경제에서 농업 부문은 늘 아픈 손가락이었다. 부족한 자원을 산업 확산도가 높은 부분에 집중 투입하여 경제성장을 추진한다는 '불균형성장 전략'이 수립된 후, 수출공업화가 적극 추진되었다. 이에 따라 경제성장 초기에 농업은 정책의 주된 관심권 밖으로 밀려나 재원투입 우선순위에서 소외되었다.

어느 정도 경제성장이 이루어진 후에는 농업 부문에 대해 '시혜적 정책'이 지속되었다. 체계적 발전 전략을 세우고 농업 자체를 부가가치 높은 산업으로 육성하기보다는 단순 지원과 보호 위주로 일관하는 정책이 장기화되었다.

농촌 지역에 기반을 둔 의원이 다수이다 보니 농업정책은 왕왕 정치적 성격으로 변질되곤 했다. 추곡수매가와 수매량 결정은 정치권 세 싸움의 대상이었고, 해마다 늘어나는 양곡기금(糧穀基金) 적자는 소비자물가 상승 압력의 한 요인으로 지적되곤 했지만, 양곡기금을 통한 추곡수매를 줄일 수 없었다.

따라서 경제적 합리성에 기초한 농업정책 결정이 내려지기 어려웠다. 농산물과 식품가격이 아무리 많이 올라도 수입개방을 거론할 수 없었다. 그 정도로 농업은 예민한 분야였다.

---

* 편찬위원회 주 – 한 · 미 FTA에서는 17개 부문과 2개 작업반을 포함하여 총 19개 분야에서 협상이 진행되었다. 모든 분야가 다 의미가 있지만, 이 책의 분량상 당시 특히 우려가 컸던 농업과 금융, 약제 등 몇 개 부문만 선정하여 정리했다. ISDS는 10여 년이 지난 현재 시점에 투자자 · 정부 간 소송이 진행되고 있고 UN과 EU 등에서 개선 방안을 모색 중이므로 증언보다 이슈 위주로 별도로 정리했다.

"농산물시장 개방 불가는 절대적 숙명론?"

1982년 7월 7일 정부는 개방화 추세를 앞당기기 위해 관세정책 개편방안을 발표했다. 품목별로 모두 달라 복잡하기 짝이 없던 수입 관세율을 8%로 단일화하고 '수입예시제'를 시행하여 구체적인 수입개방 시기를 열거하겠다는 것이었다.

KDI가 경제기획원의 의뢰를 받아 수행한 이 관세정책 개편방안에는 사실 농산물 수입시장 개방안도 포함되어 있었다.

> 경쟁력 있는 농업 생산기반 확보(산업정책적 측면) 및 주곡자급 보장(식량정책적 측면), 농가소득 향상(사회정책적 측면) 등 세 가지 필요조건을 전제로 하여 주곡을 제외한 농업은 대외개방을 추진하여 국제 분업을 도모해야 한다. 국제경쟁력을 보유한 유망 농산물 품목에 대해서는 선별적이고 집중적으로 생산성 향상 투자를 지원하며 농촌의 공업화 및 서비스산업화를 촉진하기 위해 인력개발 지원, 사회간접자본 투자를 해야 한다.[1]

그러나 농산물 수입개방은 정치적 후폭풍이 예상되는 문제라 1980년대 초반의 1차 수입규제 완화정책에서 제외되었다. 2차 관세개편 때 재무부가 농산물의 40% 이상 세율을 20%대로 인하하는 시안을 준비한 바 있었으나 이 역시 농림부의 반대와 정치권의 우려로 막판에 취소되었다.

1983년 6월 11일 한국농업경제학회 주최로 열린 "농산물 관세정책의 조정방향" 심포지엄에서는 농산물시장 개방에 대한 당시 시대 정서를 엿볼 수 있다. 이자리에 참석한 농업 전문가들은 한목소리로 "국내 농업이 국제경쟁력을 갖추기 전까지는 대외개방이 절대로 불가하다"는 점을 천명했다. 이 토론회 분위기에 대해 당시 〈농민신문〉은 "우리 농업의 보호는 '절대적'이고 '숙명적'인 것이라는 분위기가 압도적이었다"고 전했다.[2]

---

1 양수길 외, 1982, 〈관세정책의 현황과 개편방향〉, KDI.
2 〈농업신문〉, 1983. 6. 11.

우루과이라운드의 농산물시장 개방압력

정부의 농산물시장 보호는 시대적 상황에 부딪혀 한계에 도달했다. 우선 미국이 한국에 본격적 시장개방 압력을 행사하기 시작했다. 한국이 쇠고기시장 등을 개방하지 않으면 한국 상품의 미국 시장 접근도 제한하겠다는 쌍무적 압력이었다. 1986년부터 개시된 다자간 통상협상인 우루과이라운드에서는 개방의 핵심 의제 가운데 하나로 농수산물시장과 서비스시장 개방 이슈가 부상했다.

농산물시장 개방 기조에 대해 농업 부문은 크게 반발했다. "과거 수출공업화 과정에서 농업 부문의 희생이 있었는데, 또다시 자동차나 전자제품 등 공산품 수출을 늘리기 위해 농산물시장을 내주려 한다"는 것이었다.

농산물 가격이 비싸면 도시민들의 생활이 어려워진다. 그런데 한국에서는 도시 사람들 상당수가 농촌 출신이라 부모가 사는 농촌에 대해 정서적 공감대가 형성되어 있었다. 또한 오랜 개방화 과정에서 농산물 분야는 웬만하며 예외로 하자고 대강 넘어갔던 관성도 작용하여 농산물시장 개방 반대 움직임은 당연한 것으로 간주되었다.

GATT '개도국 우대조항' 졸업

1988년 4월 노태우 정부는 우루과이라운드와 미국의 농산물시장 압력을 더 이상 방어하기 어렵다고 보고, 경제구조조정 자문회의를 설치하여 대외개방 문제에 대한 전향적 검토에 착수했다.

특히 초점을 둔 분야가 농업 구조조정과 농산물시장 개방이었다. 정부는 사료·원료·곡물의 수입쿼터제를 1988년 말까지 폐지할 것을 약속했다. 1991년 1월까지는 3단계에 걸쳐 쇠고기·오렌지·포도·사과 등 고가치 농산물과 밀·옥수수·콩 등 대량구매 농산물을 수입자유화하기로 했다. 그 이래로 높은 관세에도 불구하고 농축산물 수입자유화율은 1990년 말 84.9%에 이르렀고, 농축산물 수입액이 크게 증가했다.

이 같은 개방화 과정에서 농민단체들은 학생운동권 및 노동계와 연합하여 농산물 수입자유화 조치 반대를 외쳤다. 1990년 9월 7일에는 대전과 광주, 대구 등 전국 9개 지역에서 동시다발로 거리시위를 벌이기도 했다. 대전에서는 기습시위대가 계란 500개와 쇠똥이 담긴 비닐봉지 10여 개를 도로에 던졌고, 경찰은 최루탄으로 시위에 맞섰다. 전국 도로에서 시위자들은 '한국 농민 파탄', '농업 기반 붕괴'라고 외치며 비슷한 가두시위를 벌였다. 농경제학자들도 예외 없이 농산물 분야 수입개방 반대에 가세하였다.

1990년대 중반 들면서 상황은 더 나빠졌다. 미국을 비롯한 선진국들이 한국 등 개도국들이 GATT 체제 시절에 장기간 누려온 '개도국 우대조항'을 졸업해야 한다고 주장했다. 1994년 이전까지 GATT 체제에서는 농업 분야가 예외적으로 간주되었으나, 우루과이라운드 결과 합의된 WTO 다자규범의 틀 안에서는 이마저 쉽지 않게 되었다.

한국 정부는 1994년 WTO 양허안을 제출할 때 쌀의 관세화 유예를 받는 대신 최소시장접근(MMA) 물량을 확대하는 방식을 선택했다.[3] 주곡인 쌀이 갖는 정치·경제적 특성과 비교역적 기능을 고려해 관세화를 유예받는 대신 시장접근 물량을 설정하고, 2004년까지 국내 소비량의 4%를 의무적으로 수입한다는 내용이었다. 일단 2004년까지 개도국 지위를 인정받아 쌀의 관세화를 유예하고 관세화 유예 연장 여부를 재협상하기로 한 것이다.

2002년 도하라운드의 농산물 협상에서는 우루과이라운드보다 더 큰 폭의 농산물 시장접근 물량의 확대와 관세감축을 요구했다. 선진국의 농산물시장 개방압력의 크기에 비례하여 국내 농민단체의 반발도 거세졌다.

---

3 "쌀시장 개방: 협상 및 국내 대책", 대외경제정책연구원 보고자료, 2007. 1. 22.

뜨거운 감자가 된 한·미 FTA 농업 협상

이러한 상황에서 시작된 한·미 FTA 협상에는 미국 측의 농산물시장 개방 요구가 포함되어 있었다. 만약 한국 정부가 농업 문제를 협상 의제로 상정하는 것 자체를 꺼렸다면 FTA 협상은 시작되지 못 했으리라는 것이 미국 내 전문가들의 시각이다.[4]

한·미 FTA 협상을 할 때 농업 부문은 한국의 가장 '예민하고 아픈 손가락'이었다. 그래서 전체적 협상의 큰 전략으로 "제조업은 공격적으로 나가고, 농업은 민감품목을 최대한 수비한다"는 원칙을 세웠다. 특히 쌀은 '절대적 개방 불가' 원칙 지침이 초반부터 내려졌다.

한·미 FTA 예비협상에서 한·미 양측은 각자의 요구사항을 주고받았다. 한국 측은 "총 농가의 78%가 쌀농사에 종사하고 쌀농사가 농업소득의 46% 이상을 차지하고 있으니, 쌀은 민감품목이자 개방예외품목으로 인정해 줄 것"을 요구했다. 그러면서도 쌀을 제외한 모든 농산물은 일단 개방 협상이 가능하다고 했다. 내심으로는 최대한 많이 지켜낸다는 계산이었다.

농산물 분야는 세계 어느 나라나 민감한 분야다. 모든 농산물의 관세를 다 내리고 자유롭게 시장을 넘나드는 것을 허용하는 FTA는 어느 나라에도 없다. 따라서 한국 측은 이 정도는 관철시킬 수 있을 것으로 보았다.

농업 협상 수석대표, 외교통상부에서 차출

한·미 FTA 협상 추진이 결정된 후 농업 부문의 전문성과 중요성을 고려하여 수석대표와 교차수석대표 모두를 농림부에서 담당하기로 했는데, 협상대표를 하겠다는 적임자를 찾지 못했다. 한·미 FTA 협상이 선언되고 두 달이 지난 시점까지도

---

4 Jeffrey J. Schott, "Moving Forward on the KORUS FTA: Now for the Hard Part", 세계경제연구원·한국무역협회 초청 특강, 2007. 6. 21.

농업통상정책관 자리가 '폭탄 돌리기'로 인식되어 공석이었다. 1980년대 이래 20년 넘도록 지속된 예민한 분야라 아무리 잘 선방해도 욕을 먹을 것이 뻔한 자리였기 때문에 지원하는 사람이 거의 없었다.

박홍수 농림부 장관이 국무회의가 끝난 뒤 김현종 본부장과 함께 걸어 나오면서 "도저히 농림부에서 수석을 할 사람을 구하기 어려우니 외교통상부에서 농업 협상을 잘할 사람을 보내 달라"고 부탁했다.

통상교섭본부가 이를 승낙하면서 결국 외교통상부에서 수석대표를 차출하기로 결정했다. 통상외교관 자격으로 협상 수석대표를 맡기는 것이 아니라 아예 농림부로 발령하여 농림부 공무원을 수석대표로 선발하기로 했다.

문제는 누구에게 이 중대한 과제를 맡길 것이냐였다. 통상교섭본부에서 농업 부문 수석대표를 맡기기로 결정한 사람은 당시 미국 휴스턴 총영사로 일하던 민동석이었다.

민동석 당시 휴스턴은 일본과 중국에서 국가 정상이 방문하는 등 많은 공을 들였지만, 우리나라에서는 대통령이 중간 기착지로 방문한 적도 없을 정도로 관심이 적었던 때였습니다. 그래서 저 나름대로 한국과 텍사스 간 경제협력과 교역을 늘리려고 애쓰고 있었습니다.

최초로 텍사스주 정부·기업인 대표단을 한국에 초청하여 텍사스 주정부와 한국무역협회 산하 한·미 경제협의회(KUSEC) 간에 '한·텍사스 경제협력협정'을 맺었습니다. 또한 텍사스주에서 근무하는 주재원들이 미국비자를 발급받을 때 시간도 오래 걸리고 어려움을 겪는 것을 해결하기 위해 우리 총영사관이 비자발급 대상 기업인 명단을 텍사스 주정부에 제공하면 주정부가 주한미국대사관과 협력하여 신속하게 비자를 발급하는 삼각협력 시스템을 만들어 운영했습니다. 텍사스에 진출한 우리 기업인들은 주한미국대사관에서 까다롭게 굴지 않고 비자를 발급해 주니까 아주 좋아했지요.

그렇게 일하고 있는데, 하루는 김현종 통상교섭본부장이 전화해서 "한·미 FTA에서 농업 협상을 맡아 달라"는 것이었습니다. 그 전화를 받았을 때 미국 뉴올리

286

언스가 '허리케인 카트리나'로 완전히 물에 잠겨 1,836명이 사망하고 어마어마한 재산상의 피해를 입어 미국 역사상 최악의 재난 참사를 겪을 때입니다. 저는 재난 지역에 거주하는 동포들을 구호하느라 6개월간 밤낮없이 활동하여 기진맥진한 상태였습니다. 총영사 임기도 아직 1년여 남아 있었고요.

김현종 본부장은 민동석과 전화가 연결되자마자 "한·미 FTA 협상이 출범했습니다. 협상의 성패가 농업에 달린 것은 잘 아시죠?"라고 물었다. 민동석 총영사는 내심으로 '그걸 왜 나한테 묻나?' 싶으면서도 "당연히 잘 알고 있습니다"라고 대답했다. 그랬더니 거두절미하고 "즉시 귀국하여 농림부에 가서 책임지고 협상 수석대표로서 농업 부문 협상을 맡아 주시지요"라고 주문했다.

민 영사는 순간적으로 머릿속이 하얗게 변한 느낌이 들었다. 김 본부장의 말은 죽을 줄 뻔히 알면서도 전투 현장으로 가라는 명령이나 다름없었다. 자신도 모르게 "농림부에는 사람이 없나요? 왜 하필 접니까?"라는 말이 튀어나왔다. 김 본부장은 "무슨 그런 대답이 있나요?"라고 쌀쌀맞게 말하고 일방적으로 전화를 툭 끊어 버렸다. '노'라는 말을 인정하지 않는, 사실상 통보였던 것이다.

민동석 나중에 알고 보니 그게 김 본부장의 전략이었다고 해요. 제가 혹시라도 거절할까 봐 그렇게 퉁명스럽게 대했다는 겁니다. 제가 일종의 '통상 용병(傭兵)'으로 농림부에 차출된 것인데, 그때 정말 심각하게 고민했습니다. 당시 제 가슴을 열어 보면 아마 숯처럼 까맣게 타 있었을 겁니다.

왜냐하면 과거에 우루과이라운드 농산물 협상, 쌀시장 개방 협상, 중국과의 마늘 협상에 참여했던 협상 책임자들이 줄줄이 옷을 벗었던 사실을 제가 누구보다 잘 알고 있었기 때문이었습니다. 한·미 FTA 농업 협상은 그 규모나 파급력에서 과거의 우루과이라운드 협상이나 쌀 협상, 마늘 협상과는 차원이 다르기 때문에 그 협상을 맡은 저는 결과가 어떻든 개인적으로 희생양이 되는 것을 피할 수 없다고 생각했습니다.

민동석은 사무관 때부터 20년 넘게 여러 국제 농업 협상에 참여했고 스위스 제네바에 있으면서 우루과이라운드 협상에 참여한 적도 있었기 때문에 농업 협상의 어려움을 잘 알고 있었다.

우루과이라운드 당시 농민단체의 격렬한 항의가 벌어졌는데, 한국에서 온 한 농업인이 GATT 사무국에서 쌀 수입 반대를 외치며 칼로 자해하는 일이 일어났다. 쌀의 수입물량 문제가 국제협상 의제로 대두된 2003년 9월 멕시코 회의장에서는 전 농민단체 회장이 쌀 개방 반대를 외치며 자살하는 사건까지 발생했다.

나중에 그가 귀국하여 모 지방 도청에서 세계무역 추세에 관한 설명회를 할 때였다. 수십 명의 시위대가 설명회장에 난입하여 연단에 있는 민동석에게 쌀을 뿌리면서 욕을 해댔다. 단순히 상황을 설명하러 온 사람이 무슨 죄인가 싶지만, 민동석은 "통상외교를 수행하는 공무원 입장에서 '이것이 내가 짊어져야 하는 십자가'라고 생각했다"고 한다.5

그런데 뜨거운 감자인 한·미 FTA 농업 협상을 그가 맡게 된 것이다. 외교통상부 소속으로 협상하는 것도 아니고 농림부로 소속까지 옮기라는 심한 요구를 받았다. 눈 딱 감고 거절하면 어려움을 넘길 수 있었지만, 고민 끝에 그는 농림부행을 선택했다.

민동석 정말 고민되면서도 한편으로는 '오죽 나서는 사람이 없으면 나한테까지 전화했을까?'라는 생각이 들었습니다. 무엇보다 오랫동안 공직생활을 한 사람으로서 정부가 중요한 시점에 제가 필요하다고 부르는데 개인적 경력이 위험해질 것을 걱정하여 거절한다는 건 저의 평소 소신에도 맞지 않았습니다.

밤새 고민한 끝에 "김 본부장과는 과거에 같이 일도 했고, 이번에 특별히 부탁하는데 한·미 FTA 협상이 잘 타결되도록 도와야 하지 않겠나?"라고 아내와 의논하여 결론을 내렸습니다. 그리고 서둘러 짐을 싸서 혼자 귀국했습니다. 그때가 2006년 5월 말이었습니다.

---

5 민동석, 2010, 《대한민국에서 공직자로 산다는 것》, 나남.

농림부에 옮겨가서 일한 외교부 사람은 제가 처음이었습니다. 그러다 보니 우선 농림부 공무원들이 저를 반기지 않았습니다. 첫날 과천 농림부 청사에 출근하니 저를 보는 농림부 직원들의 눈초리가 심상치 않았어요. "우리 농산물시장을 미국에 갖다 바치려고 외교부 사람이 온 것 아닌가?" 의심하는 것 같은 분위기였죠. '협상을 시작하기도 전에 여기서 살아남기도 쉽지 않겠구나'라는 위기감을 느꼈습니다.

살아남으려면 절대 책잡히지 말아야겠다고 다짐했습니다. 협상 기간 동안 출퇴근 때 운전기사를 제공하겠다는 농림부 제의도 사양하고, 아내에게 자동차로 출퇴근을 도와달라고 부탁했습니다. 결국 농림부에서 일하는 2년 반 동안 아내가 매일 새벽과 한밤중에 운전하면서 저와 함께 출퇴근했습니다. 그 정도로 저는 절박한 심정이었습니다.

홍은주　새벽에 출근하고 한밤중에 협상이 끝나는 일도 부지기수인데, 아내분이 그 긴 시간 동안 매일매일 운전하느라 정말 고생이 심했겠습니다.

한·미 FTA 농산물 협상 개시

홍은주　농업 분야 협상이 가장 민감하고 치열했던 것으로 아는데, 어떤 각오로 임했고 어떻게 진행했습니까?

민동석　한·미 FTA는 노무현 정부의 최우선 국정과제 중 하나였기 때문에 반드시 협상을 타결시켜야 했습니다. 그런데 과거 경험에 비추어 볼 때 이번에도 농업이 전체 협상 타결에 걸림돌이 될 것이 분명해 보였습니다.

우리 농업이 입을 피해를 최소화하면서 한국 농업시장을 완전히 개방하려는 미국을 동시에 만족시키는 협상이 과연 가능할까? 처음부터 영화 제목처럼 '미션 임파서블'(*Mission Impossible*), 즉 실현 불가능한 과제라는 생각이 들었습니다.

미국은 세계 최대 농산물 수출국입니다. 미국이 처음부터 표명한 분명한 입장은 "쌀을 포함한 한국 농업시장의 완전한 개방과 모든 품목의 예외 없는 관세철폐"였습니다. 미국 입장에서 보면, 자국에서 제조업이 잘 안 되니까 대신 한국 농업 시장을 완전히 열고자 하지 않았겠습니까? 그래서 처음부터 예외 없는 농산물 시장 개방과 관세철폐를 요구한 거지요. 강하게 밀어붙이면 결국 한국이 손을 들 거라고 예상했을 겁니다.

우리나라의 입장은 미국과는 당연히 정반대였습니다. 미국이 우리나라에 수출하고 싶어 하는 주종 품목은 저의 입장에서는 반드시 방어해야 하는 민감품목이었지요. 전체 농산물 1,531개 품목 가운데 오렌지, 포도 등 과일과 식용감자, 쇠고기, 돼지고기 등 민감품목이 284개였습니다. 그 품목들을 하나씩 협상 테이블에 올려놓고 극단적으로 다른 양측 입장을 절충하여 합의를 이끌어 낸다는 것은 말 그대로 피를 말리는 과정이었습니다.

"쌀은 처음부터 개방예외품목"

농산물 가운데서도 쌀은 처음부터 개방예외품목이고 넘을 수 없는 마지노선이었다. 노무현 대통령은 2005년 10월 8일 한·미 FTA 관계장관이 모인 자리에서 이렇게 말했다.

"쌀은 한·미 FTA를 못 하면 못 했지, 한·미 FTA 협상 대상에 포함되지 않는 것을 전제해야 한다. 쌀 문제가 부각되면 한·미 FTA는 못 한다. 쌀은 지금 우리가 하고 있는 WTO 쌀협상 비준안과 동일하게 갈 수밖에 없다고 본다."

민동석 농업 분야 협상팀이 가장 신경 쓴 부분은 당연히 쌀이었지요. 쌀은 한국민의 주식이고 농가에서 차지하는 비중이 가장 클 뿐만 아니라 우리 농업의 취약성을 상징적으로 보여 주는 품목이기 때문입니다. 더구나 2004년에 WTO에서 '쌀 관세화 유예의 10년 연장'이라는 혜택을 받을 때 막대한 물량의 쌀을 의무적으로 수입하기로 약속했습니다. 우리나라는 FTA로 쌀을 추가로 수입할 여지가 더 이상 없었죠.

그래서 쌀은 아예 개방 대상에서 제외하고 민감한 농산물 품목은 반드시 관세철폐의 예외로 인정받아야 한다는 것이 처음부터 분명한 목표였습니다. 내용을 모르는 사람들은 "쌀은 처음부터 협상 대상도 아니었는데, 쌀을 협상 대상에서 배제하는 것을 가지고 무슨 생색을 내느냐? 쇼하는 거냐?"라고 저에게 비아냥거렸습니다.

사실 나중으로 가면서 미국의 쌀 추가개방 요구는 집요해졌습니다. 캘리포니아주는 물론이고 아칸소주 쌀 생산업자들도 한국에 쌀을 더 수출할 수 있게 해 달라고 미국 정부에 압력을 넣는 상황이었습니다. 미국 정부는 정부대로 한국과 같은 경제대국에 쌀을 예외로 인정해 주면 앞으로 일본, 중국 등 다른 나라와 FTA 협상할 때 한국 사례가 선례가 될까 봐 걱정하기도 했을 겁니다.

한번은 협상 테이블에서 미국의 크라우더 농업대사가 쌀시장 개방 제안서를 나눠주기에 제가 그 문서를 도로 전부 거두어들여서 협상 테이블에 털썩 내팽개치기도 했습니다. 그런 행동이 얼마나 비외교적인지 잘 알면서도 쌀 문제에 얼마나 단호한 입장인지 보여 주려는 나름대로 의도적인 행동이었습니다. 크라우더 대사도 그걸 아니까 그냥 멋쩍은 웃음을 짓더군요.

저는 미국이 2004년 호주와의 FTA 협상에서 설탕과 유제품 같은 민감품목을 예외로 인정해 준 사례를 언급하면서, 왜 한국에는 다른 잣대를 사용하느냐는 논리로 접근했습니다. 크라우더 대사가 그 후에도 몇 차례 더 쌀 문제를 제기했지만 저는 논의 자체를 거부했습니다.

쌀시장 개방 vs 존스 액트

미국도 사실 쌀이 한국에서 얼마나 정치적으로 예민한 품목인지 잘 알고 있었다. 그래서였을까? 미국 측은 7차까지 협상하면서 한 번도 쌀 개방 문제를 공식적으로 제기하지 않았다. 마지막 고위급 협상 기간인 3월 26일에 이르러서야 쌀시장 개방을 강하게 요구하기 시작했다. 한국이 받으면 좋고, 만약 미국의 쌀 개방 요구를 받아들이지 않으면 그 대신 다른 품목에서 양보를 얻어 낼 지렛대로 활용하고자 한 것이다.

그런데 한국에서도 나름대로 쌀시장 개방을 방어하는 전략을 하나 소매 속에 숨기고 있었다.

홍은주 미국 측이 끝까지 쌀시장 개방을 요구할 것에 대비해 '비장의 카드'가 있었다고 하는데, 그게 무엇이었습니까?

민동석 당시 김현종 수석대표는 미국이 끝까지 쌀 추가개방을 요구하면 「존스 액트」(Jones Act)로 대응할 것이라고 비장의 전략을 세워 놓았습니다. 「존스 액트」란 "미국 내에서 사람과 물자 수송은 미국에서 건조되고 미국이 소유하며 미국인 선원이 타고 미국 국기가 휘날리는 국적선만 할 수 있다"고 명시한 법입니다. 미국 내 화물 물동량의 97%와 미국 선원 일자리의 90%를 차지하고, 연간 100억 달러의 경제적 파급효과를 가진 규정이죠.

이것이 외국의 접근을 원천적으로 차단하는 독점적이고 배타적인 규정임에도 미국은 일찍이 GATT에서 예외로 인정받아 놓았어요. 우리는 만약 미국이 쌀시장 추가개방을 계속 요구하면, 한국도 해운 분야에서 경쟁력을 가졌으니 미국 연안 운항에 참여하겠다고 요구하여 미국이 받아들일 수 없는 조항으로 맞불을 놓자는 전략을 세웠습니다.

실제로 장관급 수석대표 간 최종 회담에서 이 담판이 이루어졌다. 김현종 본부장과 미국 측 바티아 USTR 부대표가 마주 앉고, 김종훈 수석대표와 민동석이 배석했다. 그 자리에서 바티아 수석대표가 다시 쌀시장 개방 문제를 꺼내자 김현종 본부장은 미리 준비한 「존스 액트」 카드로 대응했다.

"미국은 「존스 액트」를 1920년부터 유지하고 있다. 우리나라는 세계 조선시장의 40%를 갖고 있으니 당신들의 「존스 액트」를 철폐하라."

서로 받아들일 수 없다는 것을 뻔히 아는 가운데 카운터펀치를 주고받은 것이다. 결국 쌀시장 개방은 미국이 양보하는 것으로 정리되었다.

홍은주 외교부 공무원이 농림부를 대표해 협상하니까, 농림부 내에서도 협상 전략이나 협상안에 반대하는 목소리가 컸을 것 같습니다. 내부의 협조를 받기 위해 농림부와 커뮤니케이션은 어떻게 진행했습니까?

민동석 농림부와 외교부는 오래전부터 농산물시장 개방 문제를 놓고 사사건건 대립했습니다. 서로 입장이 다르니까 어쩔 수 없이 생기는 차이였습니다. 농림부는 무조건 농업 개방을 막아야 한다는 입장인 반면, 외교부는 국가 전체의 이익을 봐서 농림부가 일정 부분 양보해야 한다는 입장이었습니다. 그런 차이가 장기간 지속되니까 서로 불신이 커질 수밖에 없었죠.

그런 상황에 외교부에서 농림부로 혈혈단신 자리를 옮긴 저로서는 농림부 직원들의 신뢰를 얻는 일이 가장 중요하다고 보았습니다. 제가 농림부에 가서 농림부 직원들과 함께 일하면서 한 결심은 "외교부 옷을 벗고 농림부로 왔으니 이제부터는 가급적 농림부의 입장에서 생각해 보자"는 것이었습니다.

그러다 보니 미국과의 협상에 대비하여 매주 열린 관계부처 고위급 대책회의에서 제가 농림부 입장을 대변하는 역할을 했고, 공개적으로 외교부와 부딪히는 경우가 많아졌습니다. 외교부 입장에서는 저에게 서운한 마음을 갖기도 했겠지만 어쩔 수 없었습니다. 오죽하면 제 옆에서 회의를 주재하던 모 공무원 동료가 "협상 끝나고 외교부로 다시 안 돌아갈 거야?"라고 귓속말로 물어봤겠습니까?

제가 농림부 입장을 적극적으로 대변하는 모습을 보고 농림부 직원들은 점차 저에게 신뢰감을 갖는 것 같았습니다. 박홍수 장관도 기회 있을 때마다 "전장에 나가 싸우는 사람들과 좋은 관계를 가지라"고 농림부 직원들에게 당부하여 저에게 힘을 실어 주기 시작했죠. 그 후 점차 농림부와 외교부는 서로 긴밀하게 정보를 공유하고 협력하면서 원팀으로 일할 수 있게 되었습니다. 저로서는 정말 다행이었죠.

저는 기회가 있을 때마다 식량, 과일, 축산 등 개방 리스트에 오른 품목을 담당하는 직원들을 제네바든 워싱턴이든 협상장에 직접 가서 보라고 보냈습니다. 국제협상의 냉혹한 현실과 개방압력을 직접 경험해 보라는 의미였습니다. 그 후 만

나서 왜 한·미 FTA 협상을 할 수밖에 없는지, 왜 농업 분야의 개방을 피할 수 없는지 설명하고 이해를 구했습니다. 우리로선 피해를 최소화하면서 협상을 타결하는 것 외엔 다른 선택지가 없다는 점도 이해시키려고 애썼고요.

실무 직원들은 농업인 단체의 창구 역할을 하다 보니 대부분 개방에 부정적인 생각을 품고 있었죠. 하지만 글로벌 통상의 냉정한 현실을 경험하고는 농업인 단체장들을 적극적으로 설득하여 미국과의 협상에 대비한 개방안을 만드는 데 큰 도움을 주었습니다. 그들이 그런 역할을 해준 것에 지금도 고마움을 느낍니다.

"제주에선 감귤이 쌀입니다"

전국적으로 한·미 FTA 체결을 반대하는 집회와 시위가 연일 이어졌다. 2006년 11월 22일, 광주와 춘천에서는 시위 참가자들이 시청 유리창을 깨며 경찰과 대치했고, 대전에서는 경찰청 담벼락이 일부 무너졌다. 시위대들은 "정부가 협상에 반대하는 목소리를 외면한 채 타결에만 급급하고 있다"면서 "협정을 강행해서는 안 된다"고 주장했다. 우루과이라운드 때 들렸던 '농촌 붕괴' 목소리가 이때도 크게 들렸다.

지역마다 생산하는 농산물이 다르다 보니 반대하는 품목도 지역별로 제각기 달랐다. 특히 제주도에서는 미국에서 경쟁력이 높은 오렌지가 싼값에 대량으로 수입될 경우 제주 귤농사가 무너질 것을 두려워했다. 오렌지는 귤의 대체제가 될 수 있었다. 당도가 높았고 음료로서도 상당히 인기 있었다. 가격이 높은 것이 흠이었지만, 만약 한·미 FTA로 관세가 낮아지면 귤을 대체할 수도 있다는 우려가 커졌다. 제주도민들은 걱정이 커지자 서울로 원정시위를 오기도 했다.

홍은주　마지막 장관급 FTA 협상이 진행되는 도중에, 제주도에서 도지사가 국회의원, 감귤농업조합장들과 함께 하얏트 호텔 협상장으로 찾아왔었다고요?

민동석　미국과 한창 협상을 하는데, 외교부에서 제주도에 파견한 어떤 분으로부터 갑자기 전화가 왔습니다. 김태환 제주도지사가 국회의원과 감귤농업조합장들과 함께 서울로 올라갔으니 바쁘겠지만 잠깐 만나 달라는 것이었습니다. 직감적으로 '제주 감귤 때문이구나!' 짐작했지요. 미국산 오렌지가 쏟아져 들어오면 제주 감귤이 막대한 피해를 입으리라고 제주도민들이 생각하는 걸 잘 알고 있었거든요.

농업 분야 미국 측 고위급 대표인 크라우더 대사에게 양해를 구하고 호텔 지하에 내려갔더니 김 지사와 김재윤 국회의원, 조합장 등 5명이 별실에 대기하고 있더군요. 조합장들은 모두 삭발하고 머리에 '미국 오렌지 수입 반대'라는 띠를 두르고 있었습니다. 그들의 요구는 한마디로 "제주도에서 감귤은 육지의 쌀과 같으니 반드시 쌀처럼 예외로 취급해 달라"는 것이었어요.

제가 거기서 힌트를 얻어 협상장에 돌아가 "오렌지는 원점부터 다시 협상하겠다!"고 선언했습니다. 저의 '폭탄선언'에 미국은 물론 한국 대표들도 눈이 휘둥그레지더군요. 우리 대표들이 실무 차원에서 미국과 상당한 정도로 논의하고 이미 합의에 가까워진 상태인데 갑자기 원점부터 다시 협상하겠다면 어떻게 하느냐는 거였죠.

그런데 저는 쌀은 어떻게든지 막겠지만, 협상이 끝난 뒤 오렌지가 가장 큰 문제가 될 가능성이 높다고 봤습니다. 미국이 민감품목에 '예외 없는 관세철폐' 입장을 굽히지 않는데, 제가 오렌지에 대해 미국의 요구를 호락호락 들어줄 이유가 없지 않습니까? 그래서 제가 우리 대표들을 설득했습니다.

"미국이 쌀을 포함하여 한 가지라도 예외를 인정하겠다고 약속한 게 있는가? 그럼 왜 우리가 먼저 오렌지처럼 중요한 품목에서 양보해야 하나?"라고 물었어요. 그러면서 "모든 품목에 대한 최종 합의가 이루어지기 전까지 부분적 합의를 인정할 수 없다"는 원칙을 분명히 했습니다.

당시 저에게는 변변한 협상 지렛대가 없었는데 제주도 감귤 대표단과의 면담을 계기로 미국에 사용할 지렛대 하나를 얻은 셈이죠. 한국은 미국 오렌지 수출의 3분의 1을 차지하는 큰 시장이었고, 오렌지 주산지인 캘리포니아는 낸시 펠로시 같은 정치적 거물의 출신지이기도 했죠. 따라서 미국 정부는 오렌지를 중요성이 매우 큰 품목으로 여기고 있어서 제가 '오렌지 폭탄'을 하나 미국 측에 투척한 셈입니다.

농산물 협상 진전 없이 막판 공전(空轉)

한·미 FTA 7차 협상이 2007년 2월 11일부터 2월 14일까지 워싱턴에서 개최되었다. 농업 분과 협상은 12일부터 14일까지 사흘간 열렸고, 위생 및 검역 분과 협상은 2월 13일 하루 동안 진행되었다.

목표는 양허 수준의 차이를 어떻게든 대폭 좁히는 것이었으나, 민감성이 낮은 일부 품목을 제외하고는 거의 진척을 보지 못했다. 미국 측은 예외는 인정할 수 없다는 완강한 입장을 유지했다. 농산물 세이프가드 조항이나 수입쿼터에 대해서도 이견을 좁히지 못했다. 쇠고기 수입 등 위생 및 검역 분과는 FTA 타결 여부와 무관하게 다른 채널을 통해 협의를 계속하기로 의견접근을 한 것이 유일한 진전 사항이었다.[6]

결국 농업 협상은 여러 가지 핵심 쟁점이 해결되지 않은 채 막판까지 갔다. 협상대표인 민동석은 마음이 무겁고 초조했다. 시간이 얼마 남지 않았는데, 한국과 미국은 서로 입장 차이가 팽팽해서 접점을 찾기가 어려웠다. 결국 농업 부문이 한·미 FTA를 깨는 결정적 '딜브레이커'(deal-breaker)가 되는 것 아니냐는 걱정이 깊어졌다.

홍은주 2007년 3월 31일 토요일 새벽 1시까지 협상이 타결되지 않으면 한·미 FTA 협상이 결렬되는 상황에서 협상 시한이 이틀 연장되었습니다. 당시 급박했던 상황과 그때까지 타결이 미루어진 농산물 핵심 이슈에 대해 말씀해 주십시오.

민동석 협상은 2007년 3월 31일 새벽 1시까지로 미리 시한이 정해져 있었습니다. 그때까지 협상을 타결하지 않으면 한·미 FTA는 물 건너가는 것이라고 생각하여 막판에 시간에 쫓기며 협상했습니다. 그러다 보니 물을 수십 병 마셔도 계속 목이 타더군요. 신경이 예민해져서 음식도 잘 넘어가지 않았고요. 몸 안의 피가

---

6 〈FTA 뉴스〉, 2007년 3월호.

말라가고 있었습니다.

막판까지 크라우더 대사는 여전히 예외 없는 관세철폐를 요구하며 요지부동이었습니다. 저 역시 쌀을 비롯하여 민감한 농산물에 반드시 예외를 인정해야 한다는 입장에서 한 걸음도 물러서지 않았습니다.

내심으로는 갈등할 수밖에 없었지요. "만약 내가 양보하여 크라우더 대사의 요구를 들어준다면 전체 협상 타결에는 기여할 것이다. 하지만 우리 농업에 막대한 피해를 줄 것이다. 반면, 내가 끝까지 버티어 협상이 결렬된다면 농업인들로부터는 환영받을 것이다. 하지만 나는 한·미 FTA 협상을 결렬시킨 책임을 피할 수 없을 것이다. 어떤 경우에도 정치적으로 살아남기 어렵겠다"는 판단이 들었습니다. 아무튼 끝까지 버티는 것 외에 달리 선택의 여지가 없었습니다.

"협상 그만합시다!" 선언

하얏트 호텔 2층이 농업 부문 협상장이었는데, 한참 밤샘 협상을 계속하다가 문득 시계를 보니까 이미 협상 시한인 새벽 1시를 넘은 새벽 5시 15분이었다. 전날 협상을 시작한 지 어느새 20시간이 넘게 지난 상황이었다.

민동석 대표는 밤을 꼬박 새서 머리가 멍한 상태였지만 내심으로 의문이 들었다. '협상 시한이 이미 지났는데 주요 쟁점이 타결 안 됐으니 이제 어떻게 되는 걸까? 이 시점에서 결렬 선언을 해야 하나?'

"협상 그만합시다!"

마침내 민 대표가 협상 결렬을 선언하며 자리를 박차고 일어났다. 아무런 진전 없는 벼랑 끝 협상을 이제 그만 끝내기로 한 것이다. 한·미 FTA 협상이 농업 부문으로 인해 깨졌다는 책임을 온전히 지는 한이 있어도 어차피 양보 못 할 마지노선은 분명히 있었기에 내린 결단이었다.

그러면서도 입에서 깊은 탄식이 절로 흘러나왔다.

"결국 한·미 FTA 협상이 여기서 결렬되는구나!"

낙담한 심정으로 협상장 입구에서 밤새 기다리던 기자들에게 한마디 전했다.

"농업 협상은 결렬됐습니다!"

그런데 막상 밖으로 나와 보니까 놀라운 반전이 기다리고 있었다. 두 나라 수석
대표끼리 협상 시한을 이틀 연장하기로 이야기가 정리되었다는 것이다.

홍은주 협상 시한 연장 사실을 농업 협상장에서는 전혀 몰랐나요?

민동석 전혀 몰랐습니다. 아무도 알려 준 사람이 없으니 모를 수밖에요. 미국
측이 협상 시한을 연장한 근거는 이랬어요. 한·미 FTA를 체결하려면 미국 행정부
가 한국과 협상을 끝낸 후 의회에 90일 전에 보고해야 하는데, 그 기간을 계산할
때 근무일(working day)이 아닌 토요일과 일요일 이틀을 뺄 수 있다는 거였어요. 그
날이 금요일이니까 토요일과 일요일 이틀을 연장하여 월요일인 4월 2일 새벽 1시
를 새로운 시한으로 설정하기로 합의한 것이죠.

그 말을 듣고 저는 미국이 이틀간 시한을 연장할 수 있다는 걸 사전에 알고 협
상에 임했을 수도 있다는 생각이 들었습니다. '미국이 알면서도 숨긴 걸까? 그래
서 마지막까지 그렇게 요지부동이었나? 나는 그것도 모르고 밤새 협상을 했나?'
생각하니까 불같이 화가 치밀어 올랐습니다. '만약 내가 간밤에 시한에 쫓기어
대폭 양보하고 합의했다면 어떻게 되었을까?' 상상해 보니 등에서 식은땀이 흐르
더군요.

그런데 가만히 헤아려 보니 어쩌면 이게 반전의 기회가 될지도 모르겠다는 생
각이 들었습니다. 결과적으로 미국 측에 '비록 협상을 결렬시키는 한이 있어도
절대로 민감품목에서 양보할 수 없다'는 결연한 의지를 실제로 보여 준 셈이니까
요. 협상 전략 측면에서 보면 뜻밖에 얻은 엄청난 소득이었습니다. 변변한 협상
지렛대가 없던 저에게 상상치 못한 반전이 일어난 것입니다. 하늘이 도왔다고 생
각했죠.

다음 날 일요일 협상을 재개하려고 협상 테이블에 앉았는데, 크라우더 대사가
하는 말이 "협상이 연장될 줄 모르고 긴급한 약속을 해서 한국을 떠나야 한다"는
겁니다. 마지막 협상을 단 하루 남긴 상태였습니다. 갑자기 바티아 미국 측 수석

대표가 저를 만나러 오겠다고 연락이 왔어요. '미국의 장관급 수석대표가 왜 농업 분야 대표인 나를 만나자고 하지?' 의아하게 여기면서 둘이서 만났는데 그가 한 말의 요지는 이랬습니다.

"이번 한·미 FTA 협상에서 내가 수석대표이지만, 농업 부문 협상은 크라우더 대사가 전권을 가졌고 나에게는 결정 권한이 없다. 그가 떠나면 농업 협상은 더 이상 못 한다. 농업 협상이 결렬되면 전체 FTA 협상이 결렬될 것이다. 그러니 그가 떠나기 전에 빨리 타협해 달라."

한마디로 협상이 결렬되면 전적으로 제 책임이라는 경고가 담긴 말이었습니다. 사실 농업 협상은 크라우더에게 전권이 있다는 바티아 수석대표의 말은 맞았습니다. 지금은 둘 다 USTR에서 같은 차관급이지만 당시엔 크라우더가 훨씬 나이가 많은 데다가 차관(농무부)도 훨씬 오래전부터 역임했기 때문입니다.

제가 기가 막혀 바티아 수석대표에게 "크라우더가 떠나든 말든 그건 미국 측이 알아서 할 문제이다. 수석대표가 크라우더 대신 농업 협상을 하든지 다른 사람을 농업 분야 고위급 협상 대표로 임명하면 될 것 아니냐? 미국이 진정으로 빠른 합의를 원한다면 농업 부문에서 요구 수준을 낮추고 민감품목에서 예외를 인정해야 한다"고 반박했습니다.

결국 크라우더 대사는 떠나지 못하고 협상을 계속했고 막판에 우리 측 요구를 대부분 수용했습니다. 농업은 우리가 지키는 분야로, 막판에 우리가 죽어도 못한다고 하면 결국 그렇게 갈 수밖에 없거든요. 제가 농업 때문에 한·미 FTA를 깨게 될까봐 두려워한 것처럼, 미국도 농업 부문 때문에 전체 한·미 FTA 협상을 깰 수 없었던 것입니다.

그렇게 피를 말리듯 밀고 당기던 농업 분야 협상이 막판에 우리에게 상당히 유리한 상태에서 마무리되었습니다.

농산물 민감품목은 15년간 관세 예외

한·미 FTA에서 쌀은 아예 개방 대상에서 제외하고, 오렌지와 포도, 감자 등 대부분의 민감품목은 관세철폐 예외 인정(총 품목의 약 10%)을 받으며 철폐 기간을 15년 이상 장기간으로 설정했다.

국내외 가격 차이가 큰 콩, 감자, 분유, 천연꿀 등은 수입쿼터를 설정하고, 미국 과일이나 농산물 수입이 우리 농산물의 집중 출하기와 겹칠 경우 계절관세를 부과하여 수입을 어렵게 만들었다. 계절관세는 한·칠레 FTA에 적용했던 것을 원용하기로 했다. 협상이 끝난 후 언론은 농산물 협상에서 상당히 선방했다는 평가를 내렸다.

4월 2일 12시 40분 김현종 본부장은 민동석 대표 등 일부 고위급 대표들과 함께한 자리에서 바티아 부대표와 전화로 협상 타결을 공식 선언했다. 협상이 끝나고 과천으로 향하자 청사에 수십 명의 농림부 기자들이 기다리고 있었다. 기자회견에서는 약간의 당황스러운 에피소드가 있었다.

민동석 김현종 본부장이 협상 타결을 최종 선언한 후 하얏트 호텔에서 기자회견을 하는 동안 저는 과천 농림부 청사로 달려갔습니다. 박홍수 장관과 농림부 출입 기자 40여 명이 기다리고 있었습니다.

제가 협상 결과에 대해 개략적으로 설명하고 "저는 최선을 다했습니다. 우리 농업의 피해를 최소화했다고 생각합니다"라고 마무리했죠. 그런데 제 말이 끝나기가 무섭게 박 장관이 마이크를 잡더니 "제가 민 차관보의 말을 좀 수정해야겠습니다" 그러는 겁니다. "농업은 한·미 FTA 협상에서 가장 많이 피해 보는 분야인데 좀 더 피해를 줄이지 못한 것이 아쉽고 죄송합니다"라고 바꾸어 보도해 달라는 것이었습니다.

홍은주 좀 당황하셨겠습니다.

민동석 솔직히 그랬습니다. 협상은 제가 했고 협상 결과도 제가 발표했는데 장관이 제가 한 말을 바꾸어 달라고 하니 이해할 수 없었습니다. 장관의 말을 들으며 순간적으로 머릿속에 여러 생각이 교차하더군요.

농업인 출신이자 정치인이기 때문에 농민들을 의식하여 미안한 마음을 표현한 장관의 마음을 이해하지 못하는 것은 아닙니다. 하지만 협상이 결렬되는 최악의 상황까지 갈 정도로 버티면서 미국의 개방압력에서 민감품목을 지켜 낸 협상팀의 노력이 폄하되는 듯하여 안타까웠습니다. 언론이 선방했다고 평가하는 협상마저 농업인들이 피해를 많이 입은 것으로 인식시키는 태도가 바뀌지 않는다면 협상 대표는 늘 속죄양(贖罪羊)이란 올무에서 벗어나기 어려울 것이란 생각이 들었지요.

장관이 요구한다고 기자들이 제가 이미 한 말을 바꾸겠습니까? 언론은 제가 한 말을 그대로 인용하여 보도했습니다. 사실 한·미 FTA 협상에서 농업은 가장 민감한 분야였기 때문에 그만큼 언론의 관심이 컸어요. 저는 매일 협상이 시작되기 전과 오후 늦게 협상이 끝난 후에 취재기자들에게 그날의 협상 진행상황을 상세하게 브리핑했습니다.

홍은주 협상 과정을 언론에 정확히 알리고 소통하는 것은 만약의 오해를 불식시킬 수 있는 중요한 일이지요.

민동석 그렇습니다. 특히 저녁에는 TV 방송의 8시 뉴스 시각에 맞추어 늦어도 7시에는 브리핑했더니 기자들이 아주 다행으로 여겼습니다. 그런 노력 때문인지 협상 도중은 물론이고 협상이 끝난 후에 적어도 언론에서는 농업 협상에 대해 별로 비판적 보도를 하지 않았습니다.

2. 금융서비스 분과 협상

전환기의 한국 금융

한국 경제는 제조업의 경우 고도성장과 경제발전 과정에서 상당한 글로벌 경쟁력을 갖추게 되었다. 그러나 금융 부문은 자산운용의 효율성과 위험관리 등 여러 측면에서 발전이 다소 늦어졌다.

금융이 정부의 경제성장 목표에 따라 제조업을 지원하는 형태가 장기화되다 보니 내수 위주, 은행 담보대출 위주의 후진적 관행이 지속되었다. 금융기관들은 업권별로 분리된 규제 속에 온존하고 있었다.

1980년대 초반 들어 이 같은 규제적 금융시장 관행을 개선하기 위한 움직임이 본격화되었다. 정부는 점진적으로 금리자유화를 추진하는 한편 1980년대 후반부터 우루과이라운드를 통해 WTO가 요구하는 수준의 금융시장 개방을 양허안에 포함시켰다.

1996년 OECD 가입 때도 금융시장의 개방화와 국제화를 위한 각종 제도 개선이 추가적으로 이루어졌다.

한국 금융시장이 선진적으로 도약하게 된 결정적인 계기는 1997년 말 발생한 외환위기였다. 진정한 기회는 큰 위기 속에 숨어 있는 것일까? 국가부도라는 절체절명의 위기수습 과정에서 강도 높은 금융산업 구조조정이 이루어졌다. 금융기관별로 거시적·미시적 재무건전성 제고를 위한 위험관리 체계가 구축되었으며, 선진국형 금융과 자본시장 법규가 속속 도입되었다.

국내 자본시장의 외국인 투자제한도 대부분 철폐되었다. 채권시장은 1994년 중소기업이 발행하는 무보증 상장전환사채의 외국인 매입을 허용한 후 1997년 12월에 전면 개방했다. 주식시장은 1998년 5월 일부 공공성이나 보안성이 강한 예외종목을 제외한 외국인의 상장주식 소유한도를 폐지했다. 같은 해 7월에는 외국인의 비상장 주식투자도 자유화했다.

이런 조치 이후 국내 증시에 대거 유입된 외국인 투자자금은 주가지수 상승, 시가 총액 증가 등 국내 자본시장 규모가 커지고 선진화되는 데 큰 역할을 했다. 금융기관의 자산건전성과 수익성도 크게 개선됐다. 외환위기 당시 큰 고통 속에서 구조조정을 단행한 은행들은 1999년 간신히 8%를 넘겼던 국제결제은행(BIS) 기준 자기자본 비율을 2006년 말 12.8%로 높여 미국, 일본 등 선진국보다 더 높은 수준을 보였다.

은행의 BIS 비율이 높아진 것은 구조조정 이후 은행의 당기순이익이 크게 높아졌기 때문이다. 은행 부문은 2001년부터 흑자로 전환되어 한·미 FTA 협상이 개시되기 직전인 2005년에는 13조 5,000억 원이라는 사상 최고의 실적을 기록했다. 총자산순이익률(ROA)도 마이너스에서 1.27%로 돌아 영국(0.98%)이나 일본(0.74%), 캐나다(1.22%) 수준을 넘어섰다. 당시 한국보다 높은 국가는 미국(1.72%), 호주(1.62%) 정도였다.[7] 은행 수익성 개선과 함께 보험과 증권의 수익성도 동반 상승했고 규모도 같이 커졌다.[8]

외환시장과 외화자금시장도 법과 제도 면에서 선진화되었다. 환율제도를 변형된 고정환율제인 시장평균환율에서 자유변동환율제로 바꾸었다. 1999년 4월에는 「외국환관리법」을 폐기하는 한편 「외국환거래법」으로 대체했다.

2005년 말부터 기업들의 본격적 해외투자 활성화를 지원하기 위해 자본의 국경 간 이동을 더욱 자유롭게 보장했다. 2006년 5월에는 당초 2011년 완료할 예정이던 외환자유화 추진 일정을 2년 앞당기는 '외환자유화 추진 방안'을 발표했다.

내국인의 대외활동을 더 폭넓게 보장하기 위해 '기업의 대외진출 촉진과 해외투자 확대방안'도 추진하기 시작했다. 외환자유화가 기업의 해외직접투자나 금융기관의 글로벌 자산운용 포트폴리오 활성화로 이어지고, 투자에 따른 과실송금이 국내로 유입되면 국내 경제에도 도움이 된다고 판단했기 때문이었다.[9]

---

7 "최근 금융환경 변화와 은행의 대응 방안", 전국은행연합회 보도자료, 2007. 9. 7.
8 은행은 1999년 5조 4,000억 원에서 2005년 13조 6,000억 원으로 증가했고, 같은 기간 보험은 4조 4,000억 원에서 2조 5,000억 원으로, 증권은 9,000억 원에서 2조 6,000억 원으로 크게 늘어났다.
9 '경상수지 흑자, 자본유출 초과'라는 선진국형 국제수지 구조로의 전환을 기대한 것이다. 일본의 경우 지속적 해외투자로부터 벌어들이는 소득이 경상수지 흑자의 50% 이상을 차지한다.

홍은주 교수(오른쪽)와 인터뷰하고 있는 신제윤 전 금융위원장

　외환자유화 방안의 결단을 내린 것은 수출 호조로 국내에서 넘쳐나는 외화유동
성을 조절한다는 목적도 있었다. 단기 외채가 한꺼번에 빠져나가 위기를 겪었던
경험이 아직 생생한 시점에서 다소 모험이라는 평가도 있었다. 결과적으로는 외
환시장 교란보다 오히려 외환시장 안정에 기여한 것으로 평가되었다.

　이 같은 조치는 개방국가에 걸맞은 자본의 이동성을 제도적이고 체계적으로 보
장함으로써 아시아 금융허브로 나아간다는 정부의 목표와도 연계되었다.

한국 금융, 대전환기 직면

한·미 FTA 금융 부문 협상이 개시된 것은 외환위기라는 거대한 단층변화를 경험
한 한국 금융시장이 2000년대 초반 들어 개방화·글로벌화라는 큰 흐름으로 이제
막 선회한 시점이었다.

　한·미 FTA 협상 당시 금융 부문 수석대표였던 신제윤(당시 국제금융심의관, 후
일 금융위원장)은 당시 한국 금융시장 상황을 이렇게 기억한다.

신제윤(申齊潤)

1958년 서울에서 태어났다.
서울대 경제학과를 졸업하고,
미국 코넬대학에서 경제학 석사학위를
받았다. 1980년 행정고시에 합격하여
재정경제부 국제금융심의관, 대통령비서실
국민경제비서관, 재정경제부 국제금융국장,
기획재정부 국제업무관리관으로 일했다.
2011년부터 2013년까지 기획재정부
제1차관을 지냈고, 2013년부터
2015년까지 금융위원장을 역임했다.
이후 국제자금세탁방지기구(FATF) 의장과
외교부 국제금융협력대사를 지냈다.

신제윤 1985년 미국이 무역수지 개선을 위해 프랑스, 독일, 일본, 영국 등 G5 국가들과 환율 절상을 유도하기 위해 플라자합의를 추진했습니다. 이와 병행하여 후발로 치고 올라오는 국가들을 견제하기 위해 WTO를 추진하면서 상품 교역 자유화뿐만 아니라 서비스 교역 자유화를 진행했습니다. GATT 체제가 WTO 체제로 이행하는 과정에서 서비스 분야의 주요 구성이 금융이므로 금융자유화와 금융시장 개방의 물결이 쭉 진행됩니다. 구체적 금융시장 개방 요구가 미국에서 전달되기 시작한 거죠.

1990년대 초반 들어서는 한·미 금융정책회의(*Financial Policy Talk*)를 통해 우리나라에 지속적으로 개방 요구를 했죠. WTO 협상 과정에서도 금융서비스 부문 개방 요구가 있었습니다. 특히 OECD에 가입하기 전에도 당연히 금융 부문 개방이 논의가 되었고요.

당시만 해도 우리나라 대응 방식이 양허안 열거주의였어요. 구체적으로 항목을 지정해서 "이것, 이것만 개방한다"는 것이었습니다. 그런데 점차 열거주의로는 한계가 있었습니다. 대표적인 예가 당시 우리나라의 금융업권별 규제였습니다. 그때는 은행·보험·증권 등 금융업권별로 칸막이가 있어서 해당 업종은 그 칸막이 내에서만 금융서비스를 하도록 했는데, 미국 측에서 그런 칸막이 규제를 해제해 달라고 요구했습니다.

이를 계기로 "더 이상 열거주의로는 한계가 있다. 열거주의에서 포괄주의로, 포지티브 시스템에서 네거티브 시스템으로 바꾸자"는 논의가 내부에서 시작되었습니다. 어차피 개방 추세는 불가피했습니다. 선진국이 우리 금융시장에 들어오는 것을 상정한 수세적 규제보다는 개방 정도가 약하고 금융이 낙후된 개발도상국이나 중국에 진출하는 목적의 전향성을 가지려면 금융산업 전체에 대대적 개편방안이 필요하다고 보고 이걸 구체적으로 논의했습니다.

다행히 열거주의를 포괄주의로 재편하기 위해 2005년 무렵에 제가 국제금융심의관이 되었을 때 문홍성 당시 과장(후일 두산그룹 사장)을 필두로 이미 작업반이 구성되어 있었어요. 대표적 변화가 업권별 규제를 동일 업무에는 동일 규제를 적용하는 자본시장 통합법인데 16개 분야가 논의되었습니다.

전향적 포괄주의를 지향하며 금융시장 개방을 위해 2005년 8월부터 꾸려진 '금융제도개혁 작업반'은 재경부 금융정책국과 국제금융국, 금융감독위원회(현 금융위원회), 금융감독원, 한국은행 관계자, 그리고 외부 금융전문가, 법률 전문가들까지 참여하여 매주 만났다. 금융산업의 현실을 진단하고 향후 어느 부문부터 적극적으로 자유화해야 부작용은 최소화하면서 경제활성화에 도움이 될 것인지 논의하는 모임이었다. 이때 연구를 위해 참고했던 기초적 내용이 NAFTA에 포함된 금융협정문이었다.

10여 차례 금융제도개혁 논의를 계속하는 중에 정부가 한·미 FTA 추진을 공식화했다. 신제윤 심의관은 한·미 FTA 금융서비스 부문 대표를 맡아 달라는 통보를 받았다. 어려운 미션이었다. 여러 가지로 고민이 깊어졌다.

농업과 금융업이 한·미 FTA 최대 고민

한·미 FTA 추진 결정 이후 정부가 가장 우려하던 두 분야가 바로 농산물과 금융이었다. "적절하게 대응하여 잘 수비하라"는 원론적 지시가 내려왔다. 세계 최고, 세계 최대 금융국가인 미국과 일대일로 어떻게 적절하게 대응할 수 있을지 '견적'이 잘 나오지 않았다.

2005년 당시 한국의 시중은행 총자산 규모는 주요국의 10분의 1 수준에 불과했다. 증권회사의 경우도 미국 투자은행의 80분의 1 수준으로, 금융회사 규모가 금융 선진국에 비해 영세했다.

당기순이익이 높아지고 재무건전성도 높아졌지만 수익원이 담보대출이라는 전통적 영업 부문에 편중되어 있을 뿐이었다. 글로벌 지평에서 경쟁력을 가질 만한 자산규모나 운용능력, 위기관리 역량을 갖추지 못했다. 금융업 생산성은 2005년 기준으로 OECD 26개 회원국 중 19위로 하위권에 머물렀고, 금융회사의 위기관리 능력도 부족했다.[10]

2005년 기준 국내 은행의 해외 자산 비중은 2.3%로 주요 선진국 은행의 해외 자산 비중 20~90%에 비해 현저히 낮은 수준이었다. 당시에 언론이 매일 "한·미 FTA에서 가장 타격을 받을 분야가 한국이 낙후된 금융과 농업이다"라고 쓰는 상황이었다. 금융과 농업 분야에서는 공무원들이 협상대표 자리를 부담스러워했다.

따라서 한·미 FTA 협상 때 농업 및 금융 분야는 특히 전문성이 강조되었다. 원래 분과 협상 수석대표와 교차수석대표 중 한 사람은 외교부가 맡도록 되어 있는데, 농업과 금융은 두 자리 모두를 농림부와 재경부에서 맡았다. 농림부는 수석대표를 외교부에서 아예 영입해온 경우라 사실상 금융 부문이 유일하게 독자적으로 담당부처가 협상을 책임진 경우였다.

단적으로 보면, FTA 전체 협상에서 그 두 분야가 가장 어렵다고 평가되었다는 방증이었다.

---

10 이희영, 〈대한민국 정책브리핑〉, 2007. 8. 12.

한·미 FTA 대비 '금융 협상 TF' 구성

협상 전 가장 큰 고민은 미국 측이 무슨 생각을 하고 어떤 전략을 가졌는지 전혀 깜깜이라는 점이었다.

신제윤 심의관은 그동안 꾸려왔던 '금융제도개혁 작업반'을 '금융 협상 TF'로 이름을 바꾸고, 한·미 FTA 협상을 위한 전문가 그룹으로 활용하기로 했다. '금융 협상 TF'는 2006년 9월 3차 협상 직전까지 약 1년간 21차례 이상 협의를 지속했다. 한 달에 최소한 한두 번은 회의를 한 셈이다.

신제윤 그때 미국 금융시장은 글로벌 시계에서 크게 앞서 있었고, 우리 금융은 수세적이었습니다. 한·미 FTA 협상의 전체적 전략 기조는 "제조업이나 상품 관세에서 우리가 좀 얻어 내고, 금융과 서비스는 좀 양보하며, 농업은 끝까지 지킨다"는 것이었습니다.

사실 그전에도 여러 가지 FTA 로드맵이 만들어지긴 했지만 이때는 WTO 양허안 수준에서만 생각했던 것입니다. 한·미 FTA가 시작되면서 우리가 과연 미국이라는 초강대국을 상대로 금융을 어떻게 가져가야 할지 본격적으로 고민하기 시작했습니다.

기왕에 제가 협상책임을 맡았으니 무조건 열심히 해야 하잖아요? 그래서 자세히 내용을 들여다보니, 사실 우리 금융이 생각보다 개방이 많이 진전된 상태였습니다. 우리가 1996년 OECD에 가입했고, 외환위기 때 혹독하게 금융자유화와 개방체제를 받아들였기 때문입니다.

당시 제가 문홍성 과장과 의논하여 금융 부문 협상팀을 꾸렸습니다. 여러 가지 고민을 하다가 "미국과 협상해 본 사람들을 참여시키자"고 해서 한국 로펌의 국제변호사들을 많이 끌어들였습니다. 또 특이하게 발상의 전환을 해서 1993년 미국·멕시코 간 NAFTA 협상 당시 멕시코를 자문해 준 외국 로펌을 거의 무보수로 섭외하여 자세한 조언을 들었습니다. NAFTA 협정에서 관찰된 미국의 요구사항, 태도, 대응 방안 등을 자세히 듣고 리허설까지 할 징도로 나름대로 철저히 준비했습니다.

특히 문홍성 과장의 아이디어가 좋았습니다. 미국과 먼저 협상한 나라로 싱가포르와 호주가 있으니, 두 나라에 실무자들을 보내서 협상이 어땠는지 파악해 보자는 것이었습니다. 그거 참 좋은 생각이다 싶어 실무자를 보냈는데, 그들이 미국과의 협상 정보와 노하우를 많이 공유해 주었습니다.

홍은주   싱가포르가 왜 우리나라를 적극적으로 도왔을까요?

신제윤   미국이 워낙 금융강국이니까 모든 나라가 수세적이잖아요? 미국에 밀리는 국가라는 공통점, 그런 동지의식이 작용했는지 우리에게 이런저런 큰 도움이 될 만한 이야기를 해 주었습니다. 가장 도움이 된 핵심 포인트는 "한국이 지킬 걸 지키고 유보를 받으려면 미국 협상단이 의회에 요구할 수밖에 없는 조건들을 거꾸로 요구해라. 미국 협상단이 의회에 요구할 수 있는 권한이 거의 없으니까 그 점을 공략해라"라는 겁니다.

홍은주   무슨 뜻입니까? 좀 더 구체적으로 예를 들어 주시겠습니까?

신제윤   예를 들어, 보험의 경우 미국에서 각 주에서 주법으로 규정하고 있습니다. 협상하는 주체는 연방정부인데 "연방정부가 이렇게 협상했으니 각 주가 보험 관련법을 고쳐 달라"고 개별 주에 요구할 수 없어요. 그러니 보험에서 우리가 지키고 싶은 것이 있으면 주법을 고쳐야 하는 요구사항을 우리가 거꾸로 하라는 겁니다. 저쪽이 그 요구를 수용할 수 없으니까 그런 쪽을 파고들면서 "너희가 그걸 못 들어준다고 하니 우리도 안 된다"라는 식의 전략을 구사하라는 거죠.

홍은주   미국은 각 주별로 주법이 따로 있고 연방정부가 여기에 간섭을 못하니까 바로 그 점을 공략하는 것이 주효했겠습니다. 그러나 싱가포르 사람들이 직접적으로 그 포인트를 콕 집어 족집게 과외를 해 주지 않았을 텐데요(웃음)?

신제윤 직접적으로 우리에게 말해 준 것은 아니지만 여러 가지 설명을 듣는 과정에서 우리가 그 포인트에 대한 아이디어를 얻었습니다. 결국 나중에 협상 과정에서 그 전략이 상당히 도움이 되었죠.

홍은주 협상에서는 마주 앉는 사람이 어느 정도 권한 위임을 받았느냐가 중요하죠. 당시 금융서비스 부문 수석대표로서 협상 권한은 어느 정도 되었나요?

신제윤 저는 거의 100% 권한을 가지고 협상에 임했습니다. 당시 진동수 국제금융차관보께서 저에게 전권(*full leverage*)을 주었고, 권오규 부총리도 "선(先) 협상, 후(後) 보고하라"고 믿고 맡겨 주셨습니다.

바로 이 같은 권한위임과 신뢰가 협상의 승패를 결정짓는 중요한 요소 중 하나였던 것 같습니다. 나중에 협상하면서 보니, 저는 100% 권한을 가지고 잘 활용하는 데 비해 미국 재무부와 USTR 사람들은 독자적 결정 권한이 많지 않았습니다. 다른 나라들과 협상할 때 작성했던 템플릿에 있는 항목 그대로, 그야말로 매뉴얼대로 협상에 임했죠. 디테일에서는 여기 와 있는 국내 미국계 금융기관들로부터 받은 정보대로 그들의 요구사항을 반영하려 했습니다.

홍은주 금융 분야는 은행·보험·증권 등 업권별로 내용이 완전히 상이한데, 협상은 어떤 방식으로 진행했습니까?

신제윤 미국의 FTA 템플릿에 따르면, 우선 처음에는 양측이 요구하는 사항들을 적시하여 서로 교환한 다음, 협상이 시작되면 그걸 가지고 쟁점별로 논의를 시작하는 방식이었습니다. 가령 저쪽에서 우체국 금융 문제를 들고 나오면 우리는 소관 부처인 정보통신부 금융 부문 담당자가 배석한 상태에서 협상했습니다. 보험 이슈는 보험 전문가들과 금감위나 재경부 보험제도과에서 나와 저를 통해 답변하거나 상대방의 양해를 얻어 발언권을 얻어 답변했습니다.

그래도 결국 수석대표만이 발언할 수 있고 조정할 수 있는 권한을 가지고 있었습니다. 그런 식으로 신금융서비스, 국경 간 거래, 보험, 국책금융기관 등 쟁점별로 협상을 진행했습니다.

3차 협상부터 본격 논의 시작

1차와 2차 금융 협상은 한·미 양측이 서로 주요 관심사를 확인하고 그 내용에 따라 가볍게 잽을 날려 보는 정도였다. 3차 금융 협상부터 본격적으로 금융서비스의 구체적 개방수준을 논의하기 시작했다.

당시까지 우리나라는 WTO 양허표상에서 "국내에서 영위하고자 하는 금융서비스를 영위하는 외국 금융기관의 상업적 주재"만 허용하는 상태였다. 미국에 개방하게 되었으니 직접적 영향을 받는 금융협회 등 민간 의견을 수렴하고 반영할 필요성이 커졌다.

이에 따라 신제윤 대표는 2006년 8월 말부터 연쇄적으로 민간 금융협회와 개별 협의에 나섰다. 자산운용협회, 보험협회, 은행협회, 증권협회 등을 차례로 접촉하여 협회 차원 의견을 수렴했다. 그 외에도 민간 부문 전문가 및 이해관계자들의 의견을 적극적으로 구했다.

'금융 부문 민간 자문단'을 구성하고 '금융 분야 민간 자문회의'를 계속 개최했다. 여기서 매 협상 때마다 한국 측 준비 상황을 설명하고, 이에 대한 전문가들의 의견을 수렴하여 쟁점별 대응 방안을 마련하곤 했다.

'굿캅, 배드캅' 역할 분담

미국영화에는 '굿캅, 배드캅'(Good Cop, Bad Cop)이 자주 등장한다. '굿캅, 배드캅' 전략이란 범인을 취조할 때 악역을 맡은 경찰이 오랜 시간 동안 가차 없이 압박하여 심리적 부담을 잔뜩 주고 나면 착한 역할을 맡은 경찰이 말리는 시늉을 하면서 음식이나 커피를 주며 잘 달래서 자백을 이끌어 내는 기술이다.

이는 협상 전략으로도 자주 쓰인다. 수석대표인 신제윤 심의관과 문홍성 과장도 '굿캅, 배드캅' 역할을 나눠 하기로 계획을 미리 짰다. 실무를 맡은 문 과장이 악역을 맡아 협상장에서 한 치의 양보도 없이 논리싸움과 기싸움을 하다가 의견이 평행선을 달리면 사전에 약속된 적정 시점에 신제윤 심의관이 개입하여 약간 수위를 낮춘 대안을 제시하는 것으로 미리 전략을 세웠다.

고전적 전략이지만 실제로 한·미 FTA 협상장에서 해보니까 의외로 효과가 좋았고, 분위기가 누그러지기도 했다. 나중에는 쟁점별 협상이 교착 상태에 이를 때마다 미국 측에서 "무슨 좋은 대안이 없겠어요?"라고 신제윤 심의관을 돌아보며 물을 정도였다.

특정 사안에서 착한 경찰 역할을 맡은 신 심의관까지 "그 건은 죽어도 불가능하다. 양보할 수 없다(over my dead body)"라고 나서면 미국 측이 '이건 진짜 안 되는 건가 보다' 싶어 스스로 물러나곤 했으니 역할 분담 작전은 성공적이었던 셈이다.

신금융서비스 이슈

금융 분야에서 한·미 FTA 반대 진영이 꼽은 가장 큰 문제 중 하나는 미국이 압도적으로 우위에 있는 각종 파생상품 등 신금융서비스였다. "한·미 FTA로 미국발 금융위기를 일으킨 갖가지 파생상품들이 들어와 우리 금융시장을 교란시킬 것이다. 그런데도 자본유출입 규제 보장과 관련 규정이 미비하다"[11]는 '한·미 FTA 독소조항' 주장이 대표적이다.

신제윤   당시에 신금융서비스가 뜨거운 이슈였고, 학계나 언론에서도 강하게 이 문제를 제기했습니다. 저희도 협상 시작 전에 그 문제가 가장 어려울 것이라고 예상했습니다.

금융서비스 가운데는 양국에 공통된 서비스도 있지만, 한국에만 있는 것도 있고 미국에만 있는 서비스도 있습니다. 그것을 신금융서비스 개념으로 정의하여

---

11 〈경향신문〉, 2011. 7. 4.

분류하고, 그 부분을 어떻게 가져갈 것인지 많은 논의가 이루어졌습니다. 우리가 살펴보니 NAFTA나 미국·호주 FTA에서는 미국 신금융서비스에 대해 개방하는 쪽으로 이야기되어 있었습니다.

신금융서비스의 경우 우리가 조건을 내걸었습니다. 주석서에 "자국 법령에 없는 서비스는 안 되고, 만약 신금융서비스를 하려면 금융감독 당국의 인허가를 받아야 한다. 인허가를 받더라도 현지 법인 지점 등을 통해서만 공급이 가능하다"는 조건을 내세우고 끝내 버텨서 미국 측 합의를 받아 냈습니다.[12] 이를 명확하게 하기 위해 우리가 주석서에도 명시했습니다.

그 덕분에 금융 부문 협상을 잘했다고 제가 칭찬도 많이 들었지만, 지금 시간이 지나고 돌이켜 보니 사실 그건 당연했던 것 같아요. 그때만 해도 시장이 열리면 우리가 알지 못하는 모든 서비스가 한꺼번에 다 들어올 거라는 우려가 많았어요. 그런데 결국 무슨 금융서비스든 당연히 해당 국가 금융 당국의 인허가를 받고 법적 규제도 받아야 하잖아요.

자국 법령에 없는 금융을 어떻게 일반 소비자들에게 서비스합니까? 소비자 보호를 위해서라도 금융 당국이 자세히 들여다보고 인허가 여부를 결정할 것이고, 감독 당국도 다 들여다보고 판단하는 거잖아요? 일반 소비자와 관련된 금융서비스는 당연히 소비자 입장에서 판단하는 것이고, 미국도 소비자 입장에서 이야기하니까요.

그 부분은 어려울 것이라는 당초 예상과 달리 오히려 잘 해결되었습니다.

---

12 신금융서비스는 첫째 한국에 있는 미국 금융기관 현지 법인·지점 등을 통해서만 공급이 가능하고, 둘째 미국이든 한국이든 현행 금융법률이 허용하는 범위 내에서만 제공이 가능하며, 셋째 신금융서비스 허가 신청이 들어오면 각각의 금융 당국이 개개 상품별로 심사하여 판매 여부를 결정하는 허가제로 운영하기로 했다.

국경 간 거래 쟁점

미국 측은 한국에서 이미 영업하는 미국 금융기관들을 통해 한국의 사업 환경과 규제 차별 조항 등을 모두 사전에 철저히 수집하여 협상 내용에 반영하려 했다.

한국 협상팀은 이 같은 미국 측의 태도를 역이용하기도 했다. 평소 미국 금융기관들이 불평하던 내용을 조사하면 미국이 무얼 요구할지 짐작하고 미리 관련 조항을 찾아 두거나 대응 논리를 마련하는 식이었다.

또 한국에 진출한 미국 금융기관을 통해 미국 정부를 거꾸로 설득하도록 하는 방식도 활용했다. 이 방식으로 잘 해결된 대표적 사례가 국경 간 거래(cross border deal) 이슈였다.

신제윤 저희가 협상 시작 전에 신금융서비스와 함께 굉장히 방어하기 어려우리라고 예상했던 또 하나의 쟁점이 국경 간 거래였습니다. 한국에 현지 법인이나 지점을 두지 않은 채 미국이나 홍콩 등에 있는 미국 법인들이 한국 고객을 대상으로 직접 영업하는 것을 국경 간 거래라고 합니다. 이걸 허용해 달라는 요구가 가장 큰 문제가 될 것이라고 예상했던 것입니다.

실제로 국경 간 거래 협상이 까다로웠습니다. 그래서 우리가 협상할 때 한국에 현지 법인을 둔 시티은행을 설득했습니다. 당시 시티은행은 지점 형태에서 어렵게 현지 법인으로 바꾼 지 얼마 되지 않았을 때였거든요. 만약 국경 간 거래가 허용되면 시티은행은 굳이 한국에 법인을 둘 필요가 없습니다. 우리가 시티은행에 여러 경로를 통해 이런 의견을 계속 전달했습니다.

"당신들은 이미 한국에 많은 시간과 돈, 노력을 투자하여 현지 법인을 만들고 네트워크를 구축했다. 만약 국경 간 거래가 가능해지면 다른 금융기관들이 돈 한 푼 안 들이고 한국에서 마음대로 비즈니스를 할 수 있게 되니 무임승차하는 셈이다. 그러면 당신들만 억울하지 않겠나? 시티은행은 미국 금융 당국에 상당한 영향력이 있으니까 그 염려 사항을 전달하는 게 좋지 않겠는가? 당신들이 자사의 이익을 위해서라도 미국 협상단을 설득해 달라"는 내용이었습니다.

그것이 효과를 보았는지 어느 순간부터 협상단이 그 점을 더 이상 언급 안 하더라고요. 협상 끝에 기본적으로 적하보험·운송보험 등 B2B(*Business to Business*)는 본질상 국제업무이니까 가능하지만, 직접 한국 금융소비자들 상대로 영업하는 B2C(*Business to Consumer*)는 안 되는 걸로 결론을 내렸습니다.

한·미 양측은 금융서비스의 국경 간 거래의 경우 대외무역 촉진 및 기업활동 지원을 위한 부대 금융서비스에 한해서만 허용하는 것으로 합의했다. 국경 간 거래가 사실상 이미 허용되어 있는 대외 실물무역거래 촉진을 위해 필요한 무역 관련 보험서비스(예 : 수출입 적하보험)와 본질적 금융업을 지원하기 위한 금융 부수 자문 서비스로만 제한하기로 명확히 한 것이다.

해외에서 인터넷 등을 통해 금융서비스를 공급하는 국경 간 거래는 한정 개방하되 반드시 금융감독기관의 허가(*authorization*)를 받도록 요구할 수 있다는 조항도 넣었다.

중앙은행 지원 문제는 미국이 더 기피

홍은주 현지 법인을 설립한 은행이 만약 파산하거나 유동성 위기에 처할 경우, 중앙은행의 지원 문제는 어떤 논의가 있었습니까?

신제윤 어느 나라이든 중앙은행의 독립성은 아주 중요하지요. 미국연방준비제도이사회(FRB: *Federal Reserve Board*)에서도 WTO나 FTA 같은 국제통상 협상에서 중앙은행 문제를 언급하는 것에 아주 예민하고 거부 반응이 심합니다.

안 그래도 우리가 그 문제를 걱정했는데 오히려 FRB에서 파견한 사람이 통상 협상장에 나타나서 그 부분을 강하게 반대하고 나섰습니다. 이 사람들이 협상장 뒤쪽에 앉아서 관전하면서 "중앙은행 개입 문제는 FTA 협상에서 원천적으로 빼라"고 했을 수도 있겠죠. 미국 협상단이 먼저 우리에게 와서 중앙은행 관련 내용은 빼자고 해서 우리도 좋다고 얼른 찬성했습니다. 그리고 협정문에 중앙은행과 관련된 여러 가지 이슈는 차별적으로 하자는 내용을 넣었습니다.

대신에 국민연금 등 공적 자금 운용의 아웃소싱을 위한 외부 금융기관 선정 등 상업성을 가진 부문에서는 각 나라에 진출한 금융기관들이 어떠한 차별적 조치도 받아서는 안 된다는 개괄적 조항을 넣었습니다.

홍은주　한국은 당시 금융감독을 할 때 이른바 비공식 '창구지도'가 많았는데, 그건 문제가 안 되었나요?

신제윤　당연히 이슈가 됐습니다. 그 문제는 사실 우리 스스로도 투명성을 높이기 위해 개선하려던 것이라 미국 측 요구를 받아들였습니다. 모든 금융감독은 문서로 한다는 조항이 들어갔고 '비조치 의견서'도 반영했습니다. 비조치 의견서는 금융기관 현지 법인이 신청했는데 아무 조치 없이 가만히 뭉개고 있으면 인가받은 걸로 간주한다는 조항입니다. 그걸 우리도 이미 개선하려 했기 때문에 그 점도 보완했습니다.

공수(攻守)가 바뀐 특수은행 협상

어려우리라고 예상했던 신금융서비스와 국경 간 거래는 순조롭게 넘어갔는데, 협상 중반에 예상치 못한 암초에 걸렸다. 바로 산업은행과 수출입은행 문제가 불거진 것이다.

미국 협상단 중 특별임무팀이 있었는데, 어느 날 이들이 금융 협상장에 나타났다. 상호 신뢰를 쌓아 이야기하기 편한 기존 협상팀이 뒤로 싹 다 빠지고, USTR 고위급 인사들로 구성된 위압적 분위기의 협상팀이 들어선 것이다. 이들은 "산업은행이나 수출입은행이 자동차와 조선, 반도체 등 주요 산업 분야에서 민간기업 구조조정에 일체 개입해서는 안 된다"고 주장했다.

이 건에 관해 당시 실무협상을 맡았던 문홍성 과장은 다음과 같이 회고한다.

1차 협상에서는 미국 측 제안 내용을 처음 보았기 때문에 일단 검토한 후 다시 만나자고 하고 시간을 벌었습니다. 그리고 검토해 보니 이는 보조금 상계관세에 관한 내용이었습니다. 1990년대 초반 우루과이라운드 때 보조금 및 상계관세 협상에 참여했던 기억이 나면서 그때 쟁점들이 이상할 정도로 뚜렷하게 떠올랐습니다.

이거다 싶어 WTO 보조금·상계관세 협정문을 거의 똑같이 작성하여 2차 협상 때 한국이 역제안을 했습니다. 한국의 국책은행에 의한 구조조정 촉진은 WTO상 허용되는 내용이라는 점을 부각시켜 가며 우리 측 안대로 협상해 나가자고 주장했습니다. 미국 측 대표들이 당황하면서 자신들은 WTO 보조금·상계관세 전문가가 아니라 한국 측 제안을 검토하기 어려우니 전문가를 불러와서 다시 이야기하자고 후퇴했습니다. 공수(攻守)가 바뀐 거지요.

우리가 "미국 측 전문가 불러와 봐라. 우리는 협상할 준비가 다 되어 있다"고 계속 압박했더니, 결국 전문가를 데려오지도 않았고 물러났습니다. 전문가가 참석하면 자신들이 완패할 것을 알고 있었던 것 같습니다.[13]

신제윤　문홍성 과장이 WTO 양허안을 다 뒤져서 이 점은 협상 대상이 아니라는 조항을 찾아냈기 때문에 그 조항을 우선 활용했습니다.

또 한 가지 논리적 근거로 "당신들도 미국수출입은행(*US EXIM Bank*) 같은 특수목적 은행이 있지 않느냐? 예전에 항공산업 정리할 때 정부가 강하게 개입하고 관여해 구조조정하지 않았느냐?"라는 식으로 과거 미국 정부의 개입 사례들을 전부 찾아서 예로 들었습니다. "만약 당신들이 이걸 계속 문제 삼을 거라면 우리가 공통으로 어떤 경우에도 정부가 민감 금융기관에 개입하여 구조조정이나 합리화를 위한 대출알선이나 중재를 금지한다는 조항을 넣자"고 요구했습니다.

그 점이 바로 미국 측에 대한 핵심공략 포인트였습니다. 만약 이 조항을 넣으면 상대방이 협상이 끝나고 나서 상무부, 의회, 주의회 등을 모조리 찾아다니며 법을 고쳐야 합니다. 미국 협상단은 그런 권한이 전혀 없잖아요? 우리가 그런 부분을 파고들어서 잘 대응했습니다.

---

13 문홍성, 2021, "OB Interview: 한·미 FTA(금융서비스)", 재경회 회보 〈재경인 Platform〉, 287호 (2021년 4·5·6월호), 23~29쪽.

"당신들도 법을 못 고치는 것 아니냐? 그러니 우리도 법을 고칠 수 없다"는 논리를 내세웠습니다. 결국 우리 측 의도대로 잘 해결했습니다.

산업은행과 수출입은행은 예외로 인정받았다. 한국자산관리공사, 한국수출보험공사, 한국투자공사, 예금보험공사, 기술보증기금, 신용보증기금 등도 정부의 자체 기능으로 합의를 보아서 정부가 제공하는 지급보증, 손실보전 등의 혜택을 유지할 수 있게 되었다.

다만 금융 아웃소싱과 정부조달에 대해서는 내외국 금융기관을 동등하게 대우하기로 했다. 즉 국채발행시장에 참여하는 경우(*primary dealer*)나 국고취급기관(*fiscal account*), 한국투자공사(KIC)의 자산운용위탁(*asset management*) 등 상업성이 강한 분야에서 동등한 경쟁기회를 제공하기로 합의한 것이다.

"절대로 안 됩니다!"

당시 한국에 진출했던 미국 보험사들은 우체국 보험이 특혜를 누린다고 불만이 높았다. 미국 보험사들의 민원을 접수한 협상대표는 "우체국이 왜 보험업을 하느냐? 이걸 금지시키라"고 강하게 주장했다.

미국이 계속 강경하게 나오자 신제윤 심의관은 한국의 우체국 금융은 단순한 금융이 아니라 금융접근성이 떨어지는 계층에 대한 사회공공서비스 성격이라는 점을 강조했다. 금액제한이 있고 취급하는 보험 종류도 제한이 있다는 점도 덧붙여 설명했다. "만약 미국 측 주장대로 간다면 광화문 광장에 4만 대가 넘는 우편배달 오토바이가 몰려나와 결사투쟁을 할 텐데 이걸 감당할 수 있겠나?"라고 되물었다.

신 국장이 이것은 바로 "절대로 안 됩니다!"(*Over my dead body*) 이슈임을 분명히 밝히자 미국이 한발 물러났다. 일반 보험사와 마찬가지로 예금보험료를 내고 금융건전성 감독을 해 나가는 등 차별적 요소는 줄이는 선에서 타협을 본 것이다.[14]

마찬가지 논리로 서민·농민·중소기업 지원 역할을 수행하는 기업은행, 한국주

---

14 우체국 보험 위험관리 위원히 등의 심의·의결기구 위원의 절반 이상을 금감위가 추천·임명하고, 금감위의 우체국 보험 결산 및 상품 기초서류 심사와 금감위 의견을 우체국 보험이 준수할 의무를 명시했다.

택금융공사, 농협, 수협 등 국책금융기관들은 협정의 예외로 인정받았다. 농협·수협·새마을금고·신협공제는 3년 유예기간 동안에 민간 보험사와 동일한 지급여력(solvency) 기준을 적용하기로 합의했다.

신제윤　여러 특수 목적 금융기관 가운데 특히 우체국 금융이 문제가 되었습니다. 이게 아주 큰 이슈였습니다. 우체국도 금융기관 역할을 하는데 정부가 100% 원리금을 보증해 주니까요. 미국 입장에서 보면 한국에 진출할 때 예금보험료를 다 내고 들어오는데 우체국 금융만 다른 금융기관들과 차별적 대우를 하는 것은 부당하다는 주장이었습니다.

　우리가 "그 점은 당신들의 주장이 일리가 있다"고 받아들였습니다. 그래서 우체국 금융감독을 금융 당국이 하도록 하고, 기존 금융상품 가입자에게는 이미 약속했으니 어쩔 수 없지만 새로운 금융상품에 대해서는 이 같은 차별적 대우를 시정하겠다고 합의했습니다.

　사실 예전에는 도서지역이나 산간벽지, 아주 불편한 지역에 사는 분들이 금융기관 접근성이 거의 없었습니다. 정부가 그 문제를 해결해 주기 위해 우체국 금융서비스를 시작했고, 이분들을 안심시키기 위해 정부 보증을 해주었던 것입니다. 이제 교통이 발달하고 금융접근성이 개선되었으며 민간 금융기관도 예금보험 대상이니까 우리 쪽에서도 개편 필요성이 있었던 것이 사실입니다.

　한편 일부 조항은 이미 WTO에서 아예 템플릿으로 가져다 쓴 것도 있습니다. 가령 해외 금융법인 이사회에 특정 국가의 국민 채용을 절반 이상 요구하지 말라는 조항 같은 경우죠. 그건 WTO 협상 당시 독일 등 몇 개국에서 이사회의 절반 이상을 내국민으로 해 달라는 요구사항이 있었는데 그걸 의식하여 반영한 것이고, 특별히 절반 이하는 할 수 있다는 것은 아니었습니다.

홍은주　협상 대상 하나하나가 다 넘어야 할 산이었겠지만, 그중에서도 가장 어려웠던 쟁점을 꼽는다면 무엇입니까?

신제윤   여러 진통이 많았는데, 가장 어려웠던 시기는 우리 측의 한·미 FTA 협상안이 외부로 노출되었을 때였습니다. 우리 측 전략을 국회 FTA 특위에 비공개를 전제로 전달했는데, 그 문건이 어찌된 영문인지 외부로 흘러나간 것입니다. 우리가 국책은행들은 반드시 지키고 대신 신용정보업 등은 양보하겠다는 협상 전략을 세우고 그 문건을 제출했는데 이게 다 노출되어 버렸습니다.

그때가 2007년 1월 무렵이었는데, 그걸 언론을 통해 미국이 다 알게 되니까 우리의 약점이 다 노출된 것이지요. 역공도 당하고 굉장히 애먹었습니다. 나중에 들어 보니까 관계자 중 한 사람이 문건을 빼내고 복사해서 언론에 흘렸다고 합니다. 그 사람은 나중에 실형을 살았습니다.

신뢰와 유머의 힘

협상대표는 양국 정부로부터 권한을 위임을 받아 각자의 이해관계를 놓고 기싸움과 논리싸움을 한다. 하지만 협상하는 주체는 바로 사람이기 때문에 협상 초기부터 상대방과의 신뢰를 미리 쌓아 두는 것이 중요하다.

문홍성 한·미 FTA 실무대표는 "한국 측 수석대표인 신제윤 심의관이 미팅을 시작할 때마다 유머와 농담으로 협상장 분위기를 부드럽게 하고 긴장을 풀곤 했다. 그러자 미국 협상단이 이걸 아주 좋게 생각하여 '오늘은 무슨 유머로 시작하느냐?'고 묻는 등 분위기가 부드러워졌다. 상호 신뢰를 쌓아가자 설령 협상이 교착 상태가 되어 날카롭게 긴장관계가 계속되더라도 서로 얼굴을 붉혀 가며 다시는 안 보겠다고 날을 세우는 경우는 없었다. 나중에 협상 타결 후에 미국 대표단이 '신 대표의 유머 덕분에 협상이 잘되었다'고 했다"고 전했다.[15]

신제윤   협상 전략으로 협상을 시작할 때 양측이 공감할 수 있는 큰 원칙을 만들어 두면 편합니다. 우리가 협상을 위해 처음에 만나 인사하면서 "우리가 3C 원칙

---

15 문홍성, 2021, "OB Interview: 한·미 FTA(금융서비스)", 재경회 회보 〈재경인 Platform〉, 287호
    (2021년 4·5·6월호), 23~29쪽.

을 제시할 것이다. 상호 간에 그걸 받아들이자"고 선언했습니다. 별다른 건 아니고 우선 우애를 가지고(cordiality) 협력하여(cooperation) 조정해 나가자(coordination)는 이야기였는데, 그걸 반대할 사람은 아무도 없지요.

문건 유출 사건이 발생했을 때 제가 "우리가 우애와 진정성을 가지고 출발한 건데 유출 사건이 있었다고 해서 달리 보지는 말자. 지금까지와 같이 우애와 진정성을 가지고 잘 해나가자"고 설득했습니다. 그리고 "다시 한번 우애를 다지기 위해 술이나 한잔 같이하자"고 미국 팀을 설득해 술을 마시러 갔습니다.

당시 미국 측 협상대표는 킴벌리 클레멘트와 메리 비즐리로 두 명 다 여성이었습니다. 양측이 폭탄주를 돌리기 시작했을 때 저는 제가 당연히 이길 줄 알았는데, 알고 보니 이 두 사람도 술을 잘 마셨습니다. 특히 미국 USTR에서 나온 여성 가운데 한 사람이 치어리더 출신인데 주량이 정말 어마어마한 겁니다. 제가 그날 완전히 녹다운되었습니다.

아무튼 그 술자리가 성공적으로 잘 끝나서, 그전에도 사이가 나쁘지 않았지만 이후에도 큰 문제없이 협상을 잘 진행할 수 있었습니다.

위기 넘긴 세이프가드 조항

양측의 신뢰가 결정적으로 작용하여 기적처럼 잘 해결된 건이 바로 「외국환거래법」상의 세이프가드 조항이었다.

미국 측은 이전 FTA 협상에서 어느 나라에도 외환의 세이프가드 조항을 허용하지 않았기 때문에 한국에 대해서도 예외를 둘 수 없다고 주장했다. 그러나 몇 년 전 외환위기의 악몽 같은 기억이 아직 생생한 한국 측은 절대로 이 조건을 포기할 수 없었다.

신제윤 단기 세이프가드라고 해서, 한국의 「외국환거래법」 6조에 외화자금시장에 심각한 문제가 발생했을 경우 정부 당국이 외환 이동을 제한할 수 있는 긴급 조치 규정을 두고 있습니다. 미국이 이걸 아주 강하게 문제 삼았습니다. 이건 FTA

정신에 위배되니까 인정할 수 없다고 완강하게 주장해 결국 이게 협상 끝까지 큰 이슈가 되었습니다.

다음으로 한국 데이터의 해외 이전을 허용해 달라고 요구했습니다. 신용정보는 기업에나 개인에게나 다 민감한 정보입니다. 그런데 한국에 들어온 미국 금융기관들이 수집한 신용정보를 해외로 이전할 수 있도록 해 달라는 것이었습니다.

이 두 가지 이슈는 타결되지 못하고 결국 마지막까지 쟁점이 되었습니다. 사실이 문제 이전에는 비교적 원활하게 협상이 진행되었습니다. 어느 정도 여유를 가지고 쉬운 쟁점부터 해결해 나갔는데 세이프가드 조항과 데이터 해외 이전 부분이 끝까지 해결이 안 된 것입니다. 계속 합의하지 못한 채 뒤로 미루다가 거의 막판에 미국으로부터 간신히 양해를 받았습니다.

특히 한국에 경제위기가 발생할 경우 미국 투자자의 해외송금을 제한할 수 있는 '임시 세이프가드'(Temporary Safeguard) 조항을 관철시킨 것은 큰 성과였다.

상사중재와 관련된 국제법은 "국가가 자국의 필수적 안보이익을 보호하기 위해 필요한 조치를 취할 수 있으며 위기상황에 대응하여 국가가 취한 조치는 정당화된다"는 안보예외 규칙을 가지고 있다.[16]

그런데 실제로 상사중재 ISD에서 안보예외 규칙을 적용하려면 상당히 복잡하다. 우선 구체적으로 무엇이 안보이익이며 어느 정도가 되어야 위기상황인지 일일이 따져야 한다. 안보예외 규칙이 적용되기 위한 또 한 가지 조건은 정부의 조치가그 위기상황을 타개하기 위한 "유일한 조치"인지 여부다. 설령 압도적 위기상황이분명하더라도 정부의 조치에 다른 대안이 있다면 인정받을 수 없다는 뜻이다.[17]

---

16 미국·아르헨티나 BIT 제11조가 대표적 사례이다. 11조는 "이 협정은 당사국이 공공질서 유지, 국제평화 또는 안보 유지 또는 회복에 관한 의무 이행, 자국의 핵심적 안보이익 보호에 필요한 조치를 적용하는 것을 배제하지 아니한다"고 명시했다.

17 우르바세르 대 아르헨티나(Urbaser v. Argentina) 사건에서 중재판정부는 아르헨티나 정부의 비상조치가 2002년 1월 공포될 때 이를 뒷받침하기에 충분한 필요성 상태가 존재한 점을 인정했다. 하지만 정부 조치가 국가의 본질적 이익을 보호하기 위한 '유일한 수단'이 아니었다는 이유로 아르헨티니의 주장을 받아들이지 않았다(엄준현, "위기상황 관련 국제투자분쟁사례 연구", 〈통상법률〉, 2020. 8. 6).

외국인 투자가 많고 외화자금시장이 100% 개방된 한국의 경우 1997년 말과 같은 외환위기의 재발 가능성이 항상 존재한다. 만약 이와 같은 국가부도 위기 발생 시 한국에 들어온 미국 투자자금을 동결하거나 제한할 경우 나중에 엄청난 ISD 소송사건에 휘말릴 수 있다.

따라서 외환송금 제한이나 금지 같은 임시 세이프가드 조항을 미국으로부터 선제적으로 얻어 내기 위해 끝까지 노력한 것이다.

신제윤 한국 기업이나 개인이 달러로 미국에 투자하는 점에 대해서는 미국이 별로 문제를 제기하지 않았습니다. 미국 경제 규모가 크기 때문에 한국의 투자가 별로 영향을 미치지 못할 테니까요. 그건 이슈가 안 되었었습니다.

그들의 입장에서는 미국 기업이나 투자자가 한국에 투자한 원리금을 나중에 다시 가지고 나가려 할 때 규제가 없게 해 달라는 것이 핵심 이슈였습니다. 그래서 "어떤 경우라도 한국이 세이프가드를 적용하면 안 된다"고 강하게 주장한 것입니다.

한·미 FTA의 「외국환거래법」상의 세이프가드 조항이 설령 해결되지 않는다고 하더라도 자신들은 WTO의 ISD 조항으로라도 소송을 걸겠다는 강경한 입장이었습니다. 만약 우리나라에 외환위기가 발생하여 세이프가드를 발동해야 하는 경우가 생겼는데 미국 투자자들이 그걸 죄다 ISD로 가져간다면 문제가 굉장히 복잡하고 어려워질 겁니다.

홍은주 만약 그런 상황이 벌어진다면 정말 정책선택도 어렵고 사태수습도 괴로운 일이 되겠지요.

신제윤 그렇습니다. 우리가 세이프가드 조항만은 절대로 양보를 못한다고 해서 계속 결론이 미뤄졌습니다. 결국 실무선에서 해결이 안 되니까 막판에 미국 재무부의 클레이 로워리 차관보가 한국에 급히 날아오게 되었습니다.

미국 협상팀과 우리는 우애와 진정성을 가지고 처음부터 비교적 좋은 분위기에서 협상을 진행해왔고, 문건 유출 사고 이후 폭탄주를 함께하면서 서로 화해했던 경험이 있습니다. 그래서인지 협상팀에 와 있던 미국 재무부의 메리 비즐리 대표가 저에게 넌지시 귀띔해 주었습니다. "그 문제를 결정할 권한이 나에게는 없다. 이번에 방한하는 로워리 차관보가 재무부의 핵심 인사이고 그에게 결정권이 있으니 그를 설득하면 해결될 수 있다"라고 알려 줬습니다.

그때 진동수 차관, 김성진 차관보 시절이었는데, 제가 김성진 차관보와 함께 로워리 차관보를 만나 보니 사람이 합리적이고 정무적 감각도 있었습니다.

홍은주 어떤 논리로 로워리 차관보를 설득하셨습니까?

신제윤 "기축통화국인 미국과 달리 우리나라가 연성통화국이라 외환위기 때 엄청난 외환위기를 겪었던 것을 당신도 잘 알지 않으냐? 그러니 그 조항을 뺄 수가 없다. 만약 미국이 이 문제를 계속 제기하면 이게 바로 한·미 FTA 협상 자체를 깨는 '딜브레이커'가 될 것"이라고 강조했습니다.

"절대로 그런 일이 있어서는 안 되겠지만 만에 하나라도 외환위기가 또 발생한다면 설령 외환 세이프가드 조항이 있다고 하더라도 IMF 사태에서 당신들이 본 것처럼 한국이 빠져나가는 달러를 지킬 방법이 현실적으로 없다. 법 조항이라고는 하지만 사실상 심리적 마지노선을 의미하는 상징적 조항이다. 그걸 굳이 없앤다는 명문 조항을 우리에게 요구하는 것은 정치적으로 불가능하다. 사실상 모든 협상을 깨는 '딜브레이커'가 될 것이다"라고 설득했습니다.

로워리 차관보는 예상보다 흔쾌히 우리 측 요구를 구두로 승인해 주었습니다. 나중에 보니 우리나라를 아주 잘 아는 지한파였습니다. 그런데 아무리 차관보지만 구두 약속만으로는 불안하잖아요? 그래서 정식 문구를 요청했더니 그때 써 준 문구가 바로 "FTA의 어떤 조항도 한국의 「외국환거래법」 6조를 침해해서는 안 된다"는 내용이었습니다. 제6조가 바로 세이프가드 조항이에요. "FTA 모든 조항에도 불구하고 「외국환거래법」 6조를 건드릴 수 없다"는 걸 분명히 해 준 것입니다. 정말 고마운 사람이었습니다.

저희 금융 협상팀이 그 점은 나름대로 선방했다고 생각하는 이유는 미국이 다른 나라에는 절대로 세이프가드 조항을 허용하지 않았는데 유일하게 한국만 그 조항을 지켜낼 수 있었기 때문입니다. 제가 달러를 어느 국가에 투자했는데 여차하면 해당 국가의 정부가 그걸 가지고 나가지 못하게 규제할 수 있다는 것이 세이프가드 조항 아닙니까? 사실 외국인 투자자 입장에서는 무시무시한 규제거든요.

홍은주 투자자라면 누구나 그걸 납득하기 어렵겠지요.

신제윤 그런데 다른 나라와 달리 한국은 외환위기를 겪었다는 점을 부각시켰더니 미국이 한국에만 유일하게 양보한 것입니다. 그 점은 정말 로워리 차관보에게 고맙게 생각합니다. 제가 고마운 마음에 이후로도 지속적으로 연락하고 지냈습니다.

나중에 또 한 번 크게 신세 졌던 때가 바로 2008년 글로벌 금융위기 무렵이었습니다. 2008년 글로벌 금융위기 때 달러가 자꾸 빠져나가니까 한국이 미국 측에 한·미 통화스와프를 요청했습니다. 한·미 FTA 때의 인연이 있었고 고마워서 가끔씩 로워리 차관보와 연락하고 지냈는데, 마침 제가 차관보로 승진해서 이 사람과 같은 레벨이 되었을 때 글로벌 금융위기가 발생한 것입니다. 제가 로워리 차관보에게 연락하여 "한국에 달러 스와프를 지원해 달라"고 전화하고 이메일도 보내고 나중에 워싱턴에 가서 만나기도 했죠.

그때도 다행히 일이 정말 잘 풀렸습니다. 당시 그 사람도 글로벌 금융위기 수습하느라 엄청나게 분주할 때였는데도 저희에게 신경을 많이 써 주고, 중앙은행들 간에 통화스와프를 할 때 재무부에서 많이 지원해 줬습니다. 통화스와프 결정권은 중앙은행에 있지만 사실상 큰 위기 앞에서 미국 중앙은행도 재무부와 많은 교감이 있었을 때이니까요. 한·미 FTA 때의 좋은 인연이 계속 이어져서인지 결정적일 때 그런 도움을 받은 일이 있었습니다.

로워리와는 지금도 자주 연락하고 있고 친하게 지냅니다. 이 사람은 엄청난 지한파입니다.

교차보복도 미국이 양보

로워리 차관보 덕분에 첨예한 쟁점 가운데 하나였던 교차보복 건에서도 한국 측이 양보를 받아 낼 수 있었다.

원래 미국 측은 금융협정을 위반할 경우 반도체나 자동차, 조선 등 한국이 경쟁력이 있는 다른 부문에서 보복조치를 취할 수 있게 하자는 것이 일관된 입장이었다. 그런데 분위기를 잘 살펴보니 교차보복은 USTR에서 요구하는 것이지 정작 미 재무부 쪽은 오히려 강경하지 않아 보였다.

한국이 "교차보복을 하려면 등가성(等價性)이 있어야 하는데 금융협정을 위반한 걸 어떻게 계량화하여 다른 부문에서 보복조치를 한다는 것이냐?"고 끈질기게 물고 늘어졌다. 로워리 차관보가 일리가 있다면서 한국 측 입장을 받아주었다.

이에 따라 "금융 분야에서 협정 위반 시에도 한국의 대미 주력수출상품인 반도체·자동차·섬유 등 다른 부문에는 보복조치를 취할 수 없다"는 조항이 협정문에 포함되었다.

아울러 금융소비자·기관·시스템 안정을 위한 건전성 조치는 언제든지 실행 가능하다는 내용도 함께 적시했다.

한 · 미 FTA 협약 유보 조항, 데이터 해외 이전

신제윤 정말 막판까지 우리를 괴롭혔던 게 '데이터의 해외 이전 허용' 이슈였습니다. 가령 미국이 한국에 현지 법인을 만든다고 할 때 고객인 기업이나 개인의 데이터센터를 두어야 할 것 아니겠어요? 이번 카카오 사태 때 보았듯이 백업장치를 두어야 하죠. 그걸 한국에 두지 않고 인도나 홍콩에 데이터센터를 가지고 나가겠다고 강하게 요구하는 겁니다. 그 당시 미국 금융기관들이 해외로 비즈니스 아웃소싱을 했습니다. 가령 콜센터는 인도에 두고 데이터센터는 홍콩에 두고 그랬던 추세였죠. 이 문제에 대해 미국이 끝까지 아주 집요했습니다.

막판까지 갔던 두 가지 이슈 가운데 세이프가드 조항은 로워리 차관보가 와서

극적으로 해결이 되었습니다. 끝까지 해결이 안 되었던 것이 바로 데이터 부문이었습니다. 아마 민간 금융기관들이 저쪽 정부에 강하게 요구했겠죠.

결국 2년 유보 조항이 들어갔습니다. "당신들 말에도 일리가 있다. 그런데 현재 우리가 그 문제에 대해 전혀 준비가 안 되어 있다. 그러니 2년간 유보해 달라"고 요청해서 그렇게 결론이 났습니다. "우리나라 국민이나 기업의 인적 사항이 드러난 채 데이터가 넘어가면 안 되니까 전산으로 익명 처리하고 넘겨야 한다. 그런데 현재 우리나라 전산시스템상으로는 그런 처리가 안 된다. 전산시스템을 당장 바·꿀 수 없으므로 시간을 달라"고 해서 시간을 벌었습니다.

홍은주 2년 후에는 어떻게 되었나요?

신제윤 물론 2년 후에도 안 됐죠(웃음). 협상 타결 후 2년은커녕 지금 현재까지도 안 되고 있습니다. 그때 우리가 깨달은 것이 양국의 이해관계가 너무 첨예해서 도저히 어쩔 수 없을 때는 미루는 게 답이라는 것이었습니다. 일단 시간을 벌어 놓고 사태 해결을 시도하고, 나중에 2년 후가 되었을 때 평가해서 정 안 되면 또 그때 상황을 설명하고 시간을 벌면 되거든요.

그래서 금융기관이 보유한 금융정보를 해외 본점 및 금융정보 처리기관에 위탁·처리할 수 있게 허용하되, 개인정보 보호 등을 위한 감독체계 정비를 위해 유예기간(한·미 FTA 발효 후 2년 이내)을 두기로 하고 시간을 벌었습니다.

아무튼 지금 현재까지도 이 문제가 별다른 이슈가 되지 않고 있습니다. 왜냐하면 당시만 해도 미국이 콜센터나 데이터센터를 전부 인도나 홍콩에 두었는데, 지금은 상황이 완전히 변화해서 우리나라 정보통신이 발전하니까 IDC(*Internet Data Center*)를 한국에 두는 경우가 늘어났거든요. 아무튼 그때 '일단 연기'가 정답이었던 것 같습니다.

국경 간 교역 이슈

전통적 서비스업의 특징은 소비자와 공급자 간 대면거래를 전제로 한다. 따라서 과거에는 서비스업을 '비교역재'(non-tradables)라고 정의했다. 그런데 국경의 개념을 넘나드는 정보통신기술의 발달은 소비자와 공급자 간에 서로 얼굴을 보지 않아도 되는 신종 서비스산업을 탄생시켰다.

대표적인 예가 정보통신이다. 인터넷이나 화상전화, OTT(Over The Top) 등을 통해 대면하지 않아도 서비스의 소비가 가능해진 것이다. 가령 본사는 미국에 있는데, 방송 송출은 일본에서 하고, 그 방송 콘텐츠를 아시아 각 나라 시청자들이 안방에서 내려받아 소비하는 형태의 국경 간 교역 이슈가 등장했다.

금융 역시 서비스 분야이다. 한·미 FTA 협상 당시 국경 간 금융서비스 거래를 어떻게 처리할 것인지가 문제가 되었다.

신제윤 외화 펀드자산을 운용하기 위해서는 수탁관리 사무업무가 반드시 포함되어야 합니다. 미국 측에서 미국 금융기관들이 해외에서 신탁사무 업무 서비스를 할 수 있도록 해 달라고 요구했습니다. 우린 그걸 받을 수가 없었습니다. 수탁관리 업무에는 한국 투자자들의 민감 정보가 포함되어 있기 때문입니다.

원화펀드의 수탁관리 서비스야 우리나라 금융기관들이 늘 하는 업무이고 우리나라 수탁기관과 감독 당국만 들여다보니까 대한민국 법체계하에서 문제가 없습니다. 하지만 국경 간 거래의 경우 이게 문제가 됩니다. 한국 투자회사가 외화펀드를 운영하려면 수탁관리 사무를 담당하는 금융기관을 두어야 하는데 해외 금융기관에 이 신탁사무를 맡길 수 있도록 허용해 달라는 것입니다.

결국 투자펀드의 원화자산에 대한 해외위탁 서비스를 허용하지 않고 2년 후에 재협의하기로 유보했습니다.

한·미 FTA 금융서비스 분야 타결 이후 FTA 반대 진영에서는 "금융 개방화가 환투기를 야기해 외환시장을 교란시키고 통화관리를 어렵게 할 수 있으며 일부 계층의 자본도피 현상을 가속화할 것"이라며 비판의 목소리를 높였다. "초국적 자본이 국내 금융시장을 잠식하고 주요 상장기업들의 실질소유권을 장악해 경제주권이 상실되며 대대적 구조조정이 일어나 실업과 민생 불안정을 야기할 것"이라는 주장이 나오기도 했다.[18]

이에 대해 정부는 "첫째, 한·미 FTA는 매우 엄격한 조건하에서만 신금융서비스를 허용한다. 한·미 FTA는 우리 금융 당국이 현행 법령하에서 우리 금융기관에 허용하는 금융상품에 한해, 국내에 설립된 금융기관을 통해서만 공급토록 하고, 각 상품별 인허가제도까지 운영할 수 있도록 했다. 이를 통해 선제적으로 금융질서의 안정성을 확보한다.

둘째, 한·미 FTA는 금융소비자 보호, 금융회사 건전성 유지, 금융시스템 안정성 확보를 위한 건전성 조치를 협정의 예외로 인정한다. 그러므로 금융위기가 발생하더라도 이를 규제할 수 없다는 주장은 근거가 없다. 세계금융위기 이후 우리나라와 영국 등 G 20 회원국들을 중심으로 은행 부과금과 같은 건전성 조치를 도입했으나, 만일 FTA 등 국제협정에 위배되는 조치라면 도입이 가능했을지 의문이다"라고 설명했다.

"미국도 별거 없더라"는 자신감 생겨

한·미 FTA 협상 한국 대표단은 내심으로 많이 고민했던 초강대국 미국과의 일대일 협상에서 밀리지 않고 끝까지 선방하여 마무리하자, 이후 계속된 수많은 FTA 협상이 더 이상 두렵지 않게 되었다. 미국과의 협상 과정에서 공부를 많이 했고 국제적 금융과 통상협상 흐름을 깊이 이해하게 되었으며 자신감도 덤으로 얻게 된 것이다.

홍은주　당시 금융 분야와 농수산 분야가 험로로 예상되었는데, 가장 잘 지켜낸 협상 가운데 하나로 금융서비스 부문이 꼽혔습니다. 베스트 협상가라는 평가도 받

---

18 〈연합뉴스〉, 2007. 4. 4.

으셨는데 성공 요인이 무엇이라고 보십니까?

신제윤   저 개인적으로 뭘 잘했던 것은 아닙니다. 우선 우리나라가 외환위기 때 제도 개선이 많이 되었고, 다음으로 우리 대응팀의 능력이 좋았으며, 솔직히 운도 작용했다고 생각합니다.

예를 들어 당시 법무법인 태평양의 정의종 변호사가 대응팀에 있었는데, 이분이 미국의 유명 로펌인 클리어리와 접촉해서 우리가 거의 무료로 많은 법률적 도움을 받았습니다. 이 회사가 NAFTA 때 멕시코를 대리했던 법무법인인 데다가 한국과도 외환위기 당시 여러 인연이 있어서 정 변호사를 통해 큰 도움을 주었습니다. 또 싱가포르와 호주의 재무부 담당자들이 적극적으로 조언해 준 것이 잘 수용되었습니다. 미국 측 재무부 협상팀이나 로워리 차관보 같은 매우 합리적인 사람들을 만났다는 점도 저희가 아주 운이 좋았다고 생각합니다.

홍은주   한·미 FTA라는 큰 산을 넘고 나서 어떤 교훈을 얻으셨나요?

신제윤   한·미 FTA가 우리 경제에 중요했던 것은 그걸 통해 관세를 낮추고 우리 제품이 미국 시장에 진출할 수 있었기 때문만은 아니었습니다. 제가 볼 때 진짜 핵심은 국내 기업을 경쟁적 환경에 노출시켜 국내 산업이 더 긴장하고 단단해져서 경쟁력을 가지고 발전하도록 한 것, 그리고 선진국과의 FTA를 통해 국내 제도를 선진화한 것입니다.

또한 FTA 협상을 통해 얻은 가장 큰 장점은 미국과 대등한 관계가 형성된 것이라고 생각합니다. 저 개인적으로도 협상 시작 전에만 해도 많이 '쫄아 있는 상태'였고 긴장을 많이 했습니다(웃음). 특히 금융 분야는 미국과 일대일로 붙어 뭘 해본 경험이 단 한 번도 없었으니까요.

당시 글로벌 무대에서 전체적 국력이나 외교 역량을 보면, 미국이 주도하고 우리가 수세적으로 방어하는 정도였습니다. 그래서인지 미국이 한·미 FTA 협상 당시 대표단에 최고의 에이스를 보낸 것 같지는 않아요. 그냥 늘 하던 대로 협상팀을 보낸 듯합니다. 반면 우리는 일단 각 부처에서 미국에 대응하느라 대단히 열심히 준비했어요. 정부 내 공무원은 물론 외부에서도 최고 에이스들을 대거 영입하여 팀을 꾸렸습니다.

막상 협상을 시작해 보니까 미국이 그렇게 강하고 완벽한 나라가 아니고 우리가 근거를 제시하고 논리적으로 주장하면 쑥쑥 먹혀 들어가는 걸 알게 되었습니다. 그래서 저를 포함한 공직자들 입장에서도 한·미 FTA 협상은 자신감을 확 얻을 수 있는 계기가 되었다고 생각합니다.

'미국과의 통상협상, 막상 해보니 해볼 만하다', '우리도 할 수 있다', 이런 자신감을 바탕으로 그 후 다른 나라들과의 FTA 협상에서 우위에 설 수 있었습니다. 또한 개도국 진출과 G20 의장국 유치 등 국제무대에서도 활발하고 자신감 있게 나설 수 있었습니다.

홍은주　가장 힘센 국가와 한번 붙어 봤으니 그다음에야 상대적으로 쉬웠겠죠.

신제윤　그렇습니다. 당시 왜 가장 어려운 미국이랑 먼저 FTA 협상을 했느냐? 여러 가지 이유가 있었겠지만 결과론적으로 보면 저는 기왕 할 거면 가장 센 국가와 먼저 하는 전략도 좋다고 봤습니다.

그때 많이 나온 이야기가 "우리나라 축구대표단이 2002년 월드컵 시작 전에 축구 강호들과 평가전을 해서 많이 깨졌다. 하지만 그런 강팀들과 사전에 많이 경기해 보니까 막상 월드컵 본선 때 자신감 있게 경기할 수 있었던 것 아니냐"는 것이었습니다. 당시 축구 강호 국가와 평가전을 할 때 5 대 0으로 깨지자 히딩크가 '오대영' 감독이라는 비아냥도 일부 나왔지만, 결국 강호들과 직접 부딪혀 본 경험과 여세를 몰아 4강까지 진출했던 것입니다.

한·미 FTA도 비슷하다고 봅니다. 당시 우리가 미국과의 협상을 통해 정말 많이 배웠습니다. 공무원뿐만 아니라 민간 금융시장, 그리고 전 산업 분야가 다 선진화된 제도를 배우고 도입하고 학습했던 것 같습니다. 지나 놓고 돌아보니 그 배움이 정말 어마어마했어요.

홍은주   한·미 FTA 협상을 할 때의 전략을 한마디로 정리하신다면요?

신제윤   나중에 후배들이 다른 나라와의 FTA나 통상협상에 앞서 저에게 자문이나 의견을 구했습니다. 저는 당시 한·미 FTA 협상에서의 경험을 바탕으로, 우선 협상 시작 전에 양측이 합의할 수 있는 대원칙을 세워라, 급하면 그 원칙 중 하나를 내세워 상대방에게 어필하라고 이야기했죠. 가령 문서 유출 사고 때 우리가 우애의 정신을 내세워 미국 팀에 호소한 것이 그 사례라 할 수 있습니다.

둘째, 상대방의 한계와 약점을 파악하라는 것입니다. 가령 우리에게 미국 협상 팀이 어려운 것을 요구하면서 우리도 상대의 가장 아픈 약점을 공략하는 겁니다. 금융 분야에서 미국의 최대 약점이 바로 보험이었습니다. 미국에서 보험은 연방정부가 아니라 주정부에 따르도록 되어 있어 미국의 다른 주에서 온 보험 영업도 외국(*alien*)으로 치고 해당 주의 보험사만 국내로 취급해 주는 것입니다.

마침 제가 캘리포니아 보험감독청에 근무해서 규정집을 가져온 게 있었어요. 바로 그 조문을 들이대면서 "당신들은 각 주정부에 요구해 이 조항 고칠 수 있는가?" 물었어요. 그쪽에선 고칠 수도 없고 황당했겠죠. 그때 우리 입장을 설명했습니다. "당신들이 아마 이 주법을 못 고칠 거다. 우리도 마찬가지다. 정부가 행정부 차원에서 할 수 있는 것은 하겠지만, 국회에서 법까지 바꿔 달라고 요구하는 건 못한다. 완전히 우리의 권한 바깥의 문제다. 그리고 우리가 들어올 때 호텔 앞에서 데모하는 것 봤지 않나? 우리보고 매국노라고 한다."

마침 그 협상 직전에 킴벌리가 시위대가 든 팻말을 보고 "저게 무슨 말이냐?"고 저에게 물었거든요. "매국노(*traitor*)라는 뜻이다"라고 했더니 저를 굉장히 안쓰러운 표정으로 쳐다봤습니다.

아무튼 그런 모든 요소들을 최대한 우리에게 유리하게 활용하는 유연한 전략과 방법론이 필요합니다.

한·미 FTA 금융서비스 부문 최종협상 결과

(외교통상부 보도자료, 2007. 4. 4)

1. 협정문 주요 내용

1) 새로운 금융시장 개방 원칙 설정
- 일자리 창출 및 선진 금융기법 도입 등에 도움이 되는 현지 법인·지점 설립 등은 네거티브 리스트 방식(원칙적으로 전면개방 하되, 개방하지 않을 부분만을 나열하는 방식)을 통해 원칙적으로 전면 개방
- 단, 소비자 보호 등의 우려가 있는 국경 간 거래(미국의 금융기관이 한국에 현지 법인·지점 등을 설립하지 않고, 통신이나 인터넷 등을 통해 금융서비스를 공급하는 방식)의 경우에는 개방할 부분만 나열하는 기존의 포지티브 리스트 방식을 유지

2) 한·미 양국이 준수할 의무 제시
- 내국민 대우: 한국 정부는 미국 금융기관과 투자자를 한국 금융기관과 투자자에 비해 불리하게 대우해서는 안 됨
- 최혜국 대우: 한국 정부는 미국 금융기관과 투자자를 미국 이외 다른 나라들의 금융기관과 투자자에 비해 불리하게 대우해서는 안 됨

3) 건전성 조치의 협정 적용 예외 인정
- 금융 협정문에 있는 여러 의무사항들에도 불구하고 금융소비자, 금융기관, 금융시장의 안정을 위한 건전성 조치들은 실행 가능

2. 주요 쟁점별 타결 내용

1) 임시 세이프가드 조치 확보
- 경제위기 시 급격한 외화 유출입을 통제할 수 있는 안전장치 확보
- 외환위기 같은 경제위기 시 한국 정부는 외화 유출입을 통제할 수 있는 단기 세이프가드 조치(예: 자본거래허가제 등)를 발동 가능(미국은 그간 다른 나라와 체결했던 FTA에서 한 번도 단기 세이프가드 제도를 인정한 적이 없었음)
- 금융소비자·기관·시스템 안정을 위한 건전성 조치는 언제든지 실행 가능
- 농어촌·중소기업 등에 대한 정책 금융 지원 지속

2) 국책금융기관의 특수성 인정

- 서민 · 농민 · 중소기업 지원 등 공적 역할을 수행하는 국책금융기관들(산업은행, 기업은행, 주택금융공사, 농협, 수협)은 협정의 예외로 인정받음
- 수출입은행, 자산관리공사, 수출보험공사, 한국투자공사, 예금보험공사, 기술보증기금, 신용보증기금은 정부 자체 기능으로 합의
- 국책금융기관들이 공적 역할을 원활히 수행할 수 있도록 정부가 제공하는 지급보증, 손실보전 등의 혜택 유지 가능

3) 금융 부문을 이유로 다른 부문에 교차보복 금지

- 금융 분야에서 협정 위반 시 한국의 대미 주력수출상품인 반도체 · 자동차 · 섬유 등 금융 이외 부문에 보복조치를 취할 수 없음
- 한국(미국)이 금융협정 위반 시 미국(한국)은 금융에만 보복 가능
  (원래 미국 측은 상대국이 금융협정 의무를 위반한 경우, 농업 · 상품 등 타 업종에도 교차보복을 할 수 있는 방안을 주장했음)

4) 금융산업 · 감독 및 시스템 선진화

금융시장 교란 가능성을 최대한 방지하면서 금융산업 · 감독 및 시스템의 업그레이드를 추진 가능하도록 하여 동북아 금융허브 구축을 가속화함

① 신금융서비스는 미국(한국)에는 있으나, 한국(미국)에는 없는 금융상품 및 서비스로 다음의 엄격한 조건하에 허용하기로 함
- 한국에 있는 미국 금융기관 현지 법인 · 지점 등을 통해서만 공급가능
  (국경 간 거래를 통한 신금융서비스 공급은 불가)
- 한국 현행 금융법률이 허용하는 범위 내에서만 가능
- 한국 금융감독 당국이 신금융서비스를 개개 상품별로 심사하여 판매 여부를 결정하는 허가제로 운영 가능

② 대외무역 촉진 및 기업활동 지원을 위한 부대 금융서비스에 한해 금융서비스의 국경 간 거래 허용
- 한국에 현지 법인 · 지점 등을 설립하지 않고, 해외에서 인터넷 등을 통해 금융서비스를 공급하는 국경 간 거래는 한정 개방
- 대외 실물 무역거래 촉진에 필요한 무역 관련 보험서비스(예 : 수출입 적하보험)와 본질적 금융업을 지원하기 위한 금융부수서비스(예 : 기업 구조조정 자문, 보험 자문) 개방
- 한국에 국경 간 금융서비스를 공급하기 원하는 해외 금융기관이 한국 금융감독기관의 허가를 받도록 요구할 수 있음

③ 투자펀드의 원화자산에 대한 해외위탁 불허
- 현재 허용되지 않고 있는 한국에 조성된 펀드의 원화자산 운용의 해외위탁은 허용하지 않고, 2년 후에 재협의하기로 함
- 현재에 이미 허용되고 있는 한국에서 조성된 펀드의 외화자산 운용을 해외 자산운용사에 위탁하는 것은 허용

④ 금융정보 해외위탁 처리를 개인정보 보호 등을 위한 금융감독을 전제로 2년 유예 후 허용
- 금융기관이 보유한 금융정보를 해외 본점 및 금융정보처리기관에 위탁·처리할 수 있게 허용하되, 개인정보 보호 등을 위한 감독체계 정비를 위해 유예기간(한·미 FTA 발효 후 2년 이내)을 두고 개방
- 몇몇 건전성 조치들(개인정보 보호, 위탁받은 금융정보 재사용 금지, 한국 금융감독 당국의 해외 수탁기관 접근, 적정한 수준의 전산시설 유지)은 한국 금융감독 당국이 취할 수 있음
- 구체적 방식·절차 등은 유예기간 중 미국 제도의 연구 등을 통해 마련할 것임

⑤ 금융감독의 투명성과 예측가능성을 제고
- 미국은 한국 금융감독위원회·감독원이 스스로 추진 중인 금융감독 투명성 제고 노력을 높이 평가
- 금융감독기구가 행정지도를 할 때 의견수렴 절차를 거쳐야 하는 등 한국 금융감독의 투명성과 예측 가능성을 제고
- 향후 한국 금융기관들이 글로벌 경영을 하는 과정에서 발생할 수 있는 애로를 해소하기 위해 정부 간 대화 채널 마련
  - 은행·증권은 금융서비스 위원회에서, 보험은 보험워킹그룹에서 논의
  (미진출 한국 은행사) 뉴욕주 자산유지의무 비율(90%) 폐지 결정
  (미진출 한국 보험사) 재보험 담보요건 완화 관련된 미국 법 개정을 2007년 추진
  (미진출 한국 증권사) 미국 현지 법인 직원자격 요건 완화 및 상호 인정을 양국 협회에서 협의 중

5) 금융감독 당국 간 협력채널 확보
- 한국 소비자 보호 및 금융기관의 글로벌 경영을 지원하기 위해 금융감독기관(FRB, SEC 등) 간의 MOU 체결 등 협력채널을 구축·강화
- 한·미 금융감독 당국은 금융기관의 글로벌 경영 지원과 변화된 금융환경하에서의 금융감독 능력과 수준을 제고하기 위해 MOU 체결 등을 통한 정보교환 및 감독협력을 추진하기로 함
- 양국의 협력에는 국경 간 거래 시 발생할 수 있는 소비자 보호 문제 등의 해결도 포함됨

6) 주요 금융인프라의 외국자본에 의한 지배 가능성 배제
- 증권거래소 · 예탁결제원과 같은 주요 금융인프라 기업의 독점적 지위 유지 및 향후 외국인 투자지분 제한 권한 확보
- 증권거래소와 예탁결제원과 같은 주요 금융인프라 기업의 독점적 지위는 현행과 같이 유지(현재 유보),
- 주요 금융인프라 기업들이 추후 상장 등 기업이 공개되는 경우 외국인 투자지분을 제한할 수 있는 권한을 확보(미래 유보)

3. 국내 영향 평가 및 기대효과

1) 한 · 미 FTA 금융 협상의 부정적 영향은 제한적일 것으로 예상
- 한국 금융산업의 개방도가 이미 높고 인허가 산업으로서의 기본 속성으로 이번 협상결과에 따른 추가개방 폭은 작음
- 단기 세이프가드 도입, 국책금융기관들의 특수성 인정 등으로 한국 금융산업의 기본 인프라에는 큰 변화가 없음

2) 한국 금융시장에 장기적으로 긍정적 영향이 클 것으로 예상
- 금융회사의 경쟁력 강화 및 금융소비자후생 증가
- 현지 법인 · 지점 등에 대한 포괄적 개방, 신금융서비스의 개방, 위탁 가능한 후선 업무 확대 등으로 외국 금융사 진출 촉진 기대
- 새로운 영업 기법 유입 및 경쟁 촉진으로 한국 금융회사의 글로벌 경쟁력이 강화되고 궁극적으로 소비자후생 증가에 기여

3) 한국 금융감독 규제의 투명성 및 수준 제고
- 행정지도의 의견수렴 절차 준수 등으로 금융감독 규제의 투명성이 제고되어 금융 영업 환경이 개선
- 금융감독 당국 간 협력을 통해 금융기관의 글로벌 경영을 지원하고 변화된 금융 환경하에서 금융감독 능력과 수준을 제고

4) 금융산업의 건전성 제고
- 4대 공제(농협, 수협, 새마을금고, 신협), 우체국 보험에 대한 금융감독이 강화되어 민간 보험사와의 공정경쟁 기반이 마련되고 금융산업의 건전성이 높아짐

3. 의약품 · 의료기기 협상

'약제비 적정화 방안'을 둘러싼 긴장

보건복지부는 2006년 7월 '일부의 예외'[19]를 제외한 전체 약품을 대상으로 건강보험약가를 적용하던 '네거티브 리스트' 방식에서 경제성과 효과성이 검증된 우수 의약품에만 건강보험을 적용하는 선별등재 방식, 이른바 '포지티브 리스트' 방식으로 변경하겠다고 발표했다.

　포지티브 리스트 방식의 핵심은 첫째 정부가 가격에 비해 효능이 우수한 의약품을 자체 선별하여 여기에만 건강보험을 적용하며, 둘째 경제성 평가 등을 통해 보험급여대상 약제의 상한가격을 정한다는 것이었다. 이 제도 시행이 가시화되면 건강보험심사평가원의 '약제급여 평가위원회'에서 제약업체가 신청한 의약품에 대해 경제성과 급여 적정성, 급여기준 등을 평가하여 건강보험 대상을 정하게 된다.

　이 제도는 복제약품을 생산하는 국내 제약회사는 물론 고가의 신약을 생산하는 미국 제약사에게도 민감한 이슈였다. 국내 제약사들은 특정 약품의 특허권 만료 시 복제약을 생산하곤 했다. 그런데 해당 성분의 가격을 20% 인하하고 복제약의 효과성이 떨어지면 사실상 판매금지를 당하는 등 가격과 약효 두 가지 측면이 위원회의 정밀검증 대상이 되기 때문에 업계 반응은 매우 예민했다.

　미국 제약사 입장에서도 민감한 이슈였다. 미국에서 새로 개발되어 국내에 수입되는 신약의 경우 국민건강보험공단과 약가협상을 해야 한다. 신약의 약효 대비 경제성을 입증하지 못하면 건강보험이 적용되지 않는다. 설령 선정된다고 하더라도 협상에 따라 개발신약의 상한가가 정해지므로 미국산 수입의약품에 불리하게 작용할 수 있다.

　신약개발을 주도하는 거대 제약회사가 많은 미국은 "신약이 들어오지 못하게

---

19 질병 예방, 외모 개선 등에 사용되는 약품 일부가 비급여 대상이다.

막는 교묘한 제도적 장벽"이라고 보았다. 제약업계의 반발과 우려에 따라 미국 정부는 5월 1일에 항의서한을 보냈다.

그러나 복지부는 "포지티브 방식은 건강보험 재정의 건전성 유지를 위해 불가피하게 도입하는 것이며, 프랑스·호주·스위스·캐나다 등 선진국들도 이미 도입한 제도"라고 반박했다. 2006년 7월에는 '국민건강보험 요양급여의 기준에 관한 규칙' 개정안을 마련해 입법예고를 강행했다.[20]

미국 협상단의 단체퇴장 사태

2006년 7월, 서울 신라호텔에서 열린 제2차 협상에서 7월 11일 의약품·의료기기 분과 작업반 협의를 할 때 한국 측이 '약제비 적정화 방안'(DERP: *Drug Expenditure Rationalization Plan*)의 주요 내용 및 입법예고 추진 일정을 밝혔다. 미국 측은 "FTA 협상이 진행되는 중에 아무 논의 과정 없이 일방적으로 입법예고하는 것은 아예 FTA를 하지 말자는 것이 아니냐?"면서 강한 불만을 제기했다.

결국 미국 협상단이 약제비 협상은 물론 한국이 설치하자고 요구한 무역구제 및 서비스 분과 회의에도 불참을 통보하면서 단체로 퇴장해 버리는 사태가 발생했다.[21] 한국 측도 맞대응으로 7월 14일 개최 예정이던 상품 분과 및 환경 분과의 마지막 날 회의를 취소했다. 결국 2차 협상은 제대로 시작해 보지도 못한 채 파행으로 끝나고 말았다.

전만복 우리가 입법예고를 한다니까 미국 측에서 비상이 걸렸었나 봐요. 2차 협상 때 우리가 제도 시행의 필요성 및 정당성을 밝히면서, "대신 절차 문제는 미국 측의 충분한 의견을 듣고 투명하게 시행하겠다. 모든 국내외 제약업체에 비차별적으로 적용되는 것이다. 당신네 제약사들이 약효와 그 비용 경제성을 과학적으로 입증하면 아무 문제가 없다"고 설명했죠. 그런데도 한두 시간 이야기하다가

20 〈대한민국 정책브리핑〉, 2006. 7. 25.
21 이 분과는 미국이 요구한 의약품 분과의 카운터파트 격으로 한국이 요구한 분과였다.

미국 협상팀이 "'약제비 적정화 방안'의 취소 없이는 협상의 실익이나 의미가 없다"면서 협상장을 박차고 나가 버렸습니다.

외교통상부는 혹시 이 문제가 이제 막 시작되는 FTA에 걸림돌이 될까 우려하였다. 경제와 산업 전체 분야를 테이블 위에 놓고 협상을 진행하는 FTA에서 정부가 특정 분야에서 지나치게 강경한 입장을 분명히 나타내는 것은 다른 분야에 반드시 영향을 미친다. 어떤 분야를 지나치게 선명하고 강경하게 주장하면 상대방은 그걸 이용하여 다른 분야에서 훨씬 더 많은 양보를 받아 내려고 할 것이기 때문이다.

왜 하필 한·미 FTA가 막 시작된 시점에 이 법안이 발표된 것일까? 당시 보건복지부의 전만복 한·미 FTA 지원국장(후일 보건복지부 기획조정실장)은 "한마디로 우연"이라고 설명한다.

전만복 당시 '약제비 적정화 방안'은 한·미 FTA 협상 개시와 무관하게 오래전부터 건강보험 재정건전성 제고 방안으로 복지부가 장기간 검토하던 사안이었습니다. 우리는 이 제도 추진이 한·미 FTA 협상 개시와 관련되어 문제가 될 것이라고 생각하지 않았습니다. 복지부가 이전부터 내부적으로 추진했는데 하필 한·미 FTA 협상 개시 시점과 우연히 겹쳤다고 보는 것이 맞을 것입니다.

홍은주 오비이락(烏飛梨落)인 셈이었군요.

전만복 그렇다고 할 수 있습니다. 이러한 상황을 좀 더 분명히 하려면 당시 왜 '약제비 적정화 방안'을 추진하게 되었는지 정책 환경을 살펴볼 필요가 있습니다.

우선 1999년 이후 의약분업 도입이 현실화되면서 정부가 이에 반발하는 의료계에 여러 보완조치를 취하는 과정에서 건강보험 수가 반영 등 건강보험 재정지출이 늘어났습니다. 그 바람에 단기적으로 건강보험 재정이 적자가 나면서 그 책임으로 당시 장관이 경질되는 사태까지 벌어졌던 것으로 기억합니다.

홍은주 교수(왼쪽)와 인터뷰하고 있는 전만복 전 보건복지부 기획조정실장.

둘째로 2000년 초부터 저출산·고령화가 급속히 진행되면서 "건강보험 재정이 장기지속성을 가지려면 제도의 근본적 재설계를 통해 보험재정 안정화가 필요하다"고 인식하게 되었습니다. 그런 배경에서 참여정부 들어 건강보험 재정의 합리적 지출구조를 만들 필요가 있었습니다. 2004년 초부터 검토를 시작하고 세부 내용을 마련하여 2006년 말부터 시행한다는 계획을 수립했습니다.

이 '약제비 적정화 방안'이 한·미 FTA와 관련하여 예상치 못한 이슈가 되었습니다. 만약 문제가 되지 않았더라면 아마 DERP라는 영어 이름도 없었겠죠. 한·미 FTA 협상 당시 아주 뜨거운 이슈가 되는 바람에 영문 이름까지 얻었습니다. 명칭이 있어야 협상을 진행할 수 있으니까요.

홍은주 건강보험 재정을 건전화하기 위한 방안의 핵심은 무엇이었습니까? 그 것이 왜 미국의 반발을 샀는지요?

전만복 당시 우리가 분석했더니 건강보험 재정 중 약가 비중이 상대적으로 높은

340

전만복(全萬福)

1961년 강원도 홍천에서 태어났다. 강원대 행정학과를 졸업하고, 서울대에서 행정학 석사학위를, 미국 위스콘신대학에서 공공정책학 석사학위를, 경희대에서 행정학 박사학위를 받았다. 1983년 행정고시에 합격하여 보건복지부 국제협력담당관, 보험정책과장, 한방정책관을 거쳐서 한·미 FTA 지원국장으로 일했다. 2012년부터 2014년까지 보건복지부 기획조정실장을 역임했다. 이후 WTO 집행이사회 이사와 부의장을 지냈으며, 가톨릭관동대 대외협력부총장을 역임했다.

편이어서 이 부분을 줄일 필요가 있다고 봤습니다. 어떻게 줄여야 하느냐? 신약이든 복제약이든 약효 대비 경제성을 엄밀하게 따져 보고 평가해서 그 판단을 기반으로 건강보험공단이 최종 가격협상을 해서 그 협상을 통과하는 약만 건강보험 적용 대상 약제로 삼는 이른바 포지티브 리스트 방식을 채택하기로 한 것입니다.

실제로 이 조치를 도입할 경우 복제약보다 미국과 같은 다국적 제약사들이 생산해 수출하는 수입 신약이 중심이 됩니다. 과거에는 해외 신약이 우리 건강보험에 적용될 때 선진 7개국 약가를 중심으로 반영했기 때문에 약가가 높아지고 가격의 엄격한 관리가 어려운 상황이었습니다. 그런데 "우리가 이제부터 약물의 성과 대비 경제성 평가를 하겠다. 비용효과성을 판단하고 최종적으로 건강보험공단의 협상 과정을 거쳐 약가를 정하겠다"고 나서니까 미국 제약회사들이 크게 반발했던 것입니다.

우리는 '약제비 적정화 방안'의 연말 시행을 목표로 2006년 4월에 대통령에게 보고했습니다. 한·미 FTA 선언 직후였지만 그것이 한·미 FTA와 직접적 연관이 없다고 보았던 반면, 미국은 그걸 아주 중대하게 생각했던가 봐요.

왜냐하면 민영보험과 공영보험이 분리된 미국과 달리 우리나라는 대부분의 약가가 공영보험의 영역에서 결정되니까요. 시중 판매되는 일반 약품은 소비자가 약국에서 그냥 사니까 건강보험 재정과 크게 상관없지만, 의사 처방을 받는 전문의약품은 '약제비 적정화 방안'의 핵심 대상이 됩니다. 미국은 세계에서 가장 제약산업이 발달한 나라로 주로 혁신신약이 많다 보니 우리나라가 도입하는 '약제비 적정화 방안'이 미국 제약업계에 타격을 주리라고 예상했던 것으로 판단됩니다. 이 제도를 도입하면 설령 약의 안전성과 효과성이 입증된 신약이라고 해도 가격 대비 효과가 우수하여 건강보험공단의 협상 과정 등을 통해 가격 결정이 되어야 보험적용을 받을 수 있게 되니까요.

이 제도 도입이 고가의 신약을 한국에 판매하는 자신들의 발목을 잡기 위한 방안이라고 여겼는지 미국 제약업계가 USTR을 통해 정식으로 통상 문제로 제기했습니다. 하필 그 시점이 한·미 FTA 협상 출발을 전후한 시점이어서 일이 더 커진 것이죠.

홍은주 이 문제가 한·미 FTA 협상에서 어떻게 논의되었습니까?

전만복 미국은 "약제비 제도 변경은 한·미 FTA 협상이 타결될 때까지 기존 제도를 바꾸지 않기로 했던 약속을 어긴 것"이라고 반발하면서 이 방안을 추진하지 말라는 입장이었습니다.

반면에 우리는 건강보험 재정 적자 문제를 제시하면서 이건 국민의 복지와 건강을 위한 재정건전화 문제이고, 정부가 실시하는 공적 사회보험제도이므로 한·미 FTA의 논의 대상이 되지 않는다고 주장했습니다. "그렇다면 미국의 공공보험인 메디케어(Medicare)도 한·미 FTA 협상 이슈로 삼을 수 있겠는가? 당신들도 그렇게 못하지 않느냐? 한국도 '약제비 적정화 방안'은 공적 사회보험이니 FTA 대상이 절대로 될 수 없다"는 논리를 폈습니다.

또 양자간 무역협정이 개발도상국에서 의약품 접근성을 감소시키는 방향으로 지식재산권을 추구해서는 안 된다는 세계보건기구(WHO)의 권고 등을 예로 들었죠. 그러면서 공적 보험을 통한 국민들의 의약품 접근권을 통상협상 대상으로 삼아서는 안 된다고 주장했습니다.

미국은 "최종 소비 단계에서는 약의 처방과 구매가 공적 보험의 틀에 들어오지만, 민간 제약회사가 생산하고 판매하는 것이니까 민간기업의 관세나 통상과 연결된다. 제약회사가 생산한 수입약품에 대해 정부가 개입하여 일일이 재정효과성 분석을 하고 그걸 근거로 약값에 대해 매번 협상을 의무화하는 것은 필요한 약에 대한 접근성을 제한하는 것이다"라고 주장했습니다. 그리고 "당신네들이 그동안 가만있다가 왜 하필 이 시점에 한다고 하느냐, 하면 안 된다"고 강경하게 나왔습니다.

미국이 '약제비 적정화 방안'을 정식으로 통상 문제로 제기한 직후에 1차 협상이 시작되었습니다. 이때 양측이 한 치의 양보도 없어 팽팽한 긴장이 계속되었고, 각자 자신들의 주장만 하다가 끝났습니다.

홍은주 이 문제에 대해 한국 정부는 통일된 컨센서스를 가졌습니까?

전만복 그렇습니다. 우리 정부 내부에서는 "한·미 FTA도 중요하지만 이건 건강보험 재정의 건전성 유지와 국민 건강권을 지키기 위해 한·미 FTA와는 별개 이슈로 가는 것이 옳다. 대한민국 사회보험의 근간을 해치는 것은 안 된다"고 했죠. 정부 내 컨센서스는 분명했고, 정부 내에서 여러 차례 회의도 했습니다.

하필 한·미 FTA가 시작되자마자 이 문제가 크게 부각되니까 재경부나 외교통상부에서는 난감해했지만, 대통령을 포함한 정부 전체 입장은 분명했습니다. 그래서 우리는 12월 시행을 목표로 하여 대통령 보고한 후 7월에 입법예고를 강행했습니다. 미국이 당시에 한·미 FTA 협상장을 박차고 나간 이유는 그것이 당시 미국 측이 취할 수 있는 협상 전략이었기 때문이겠죠. 최대한 강공으로 나가야 이걸 막을 수 있다, 이렇게 판단한 것 같습니다.

우리도 정부 내에서 "이건 협상 대상이 아니며 추진되어야 한다"는 컨센서스를 가지고 있었거든요. 미국이 1차, 2차 협상에서 그렇게 강경하게 나왔지만, 우리도 우리 일정대로 진행하겠다고 미국 측과 강경한 입장으로 논쟁을 벌였습니다.

2차 협상 때 미국 측이 자리를 박차고 나가는 등 강공(强攻)으로 우리 측을 떠봤는데 우리는 이 문제는 절대로 양보할 수 없다고 완강하게 나갔죠.

결국 8월 초에 미국 측은 "한국의 '약제비 적정화 방안'을 수용할 테니, 대신 개별적 절차나 구체적 사안에 대해서는 좀 더 협상하자"고 입장을 바꾸었습니다.

홍은주 당시 입법예고 기간을 보니까 과거에는 20일이었는데 이때는 60일로 늘렸습니다. 이것도 미국이 요구한 것입니까?

전만복 미국이 '약제비 적정화 방안'에 대해 미국 업계 의견을 수렴하는 데 20일은 너무 짧다고 해서 우리가 60일로 늘리는 방향으로 진행한 것으로 기억합니다. 그 후 한·미 FTA 협상에서 기간 문제가 논의되어서 입법예고 기간이 대부분 60일로 늘어났습니다. 건강보험공단에서도 약가제도와 관련된 것들은 입법예고 기간을 평균 40일 정도로 길게 가져가는 배경이 되었습니다.

약가 적정화 방안 특별협상 개시

한국 측은 '약제비 적정화 방안'의 건강보험 시행규칙 입법예고(안)에 대해 자세한 설명 자료를 제시했다. 미국 측은 "한국 정부가 추진 중인 선별등재 방식을 수용하고, 이 제도를 2006년 연내에 실시하는 것에도 원칙적으로 동의한다"는 입장을 밝혔다.[22]

양측은 제2차 의약품·의료기기 작업반 협상 중단으로 진전되지 못한 사항을 추가적으로 협의하여 타 분과와 협상 진도를 맞출 필요가 있었다. '약제비 적정화 방안'의 추진 일정을 고려할 때, 미국 측과 협의를 거쳐 연내에는 반드시 시행되도록 해야 한다는 판단하에 3차 협상 전에 추가협상을 갖기로 했다. 또한 추가협상에서 2차 협상 때 논의하기로 예정되었던 사항을 비롯하여 양측의 관심 사항

---

22 '건강보험 약제비 적정화 방안'(포지티브 리스트)은 2006년 12월 29일부터 시행되었다.

모두를 포함시켜 실질적 협의를 하기로 했다.

이에 따라 '한·미 FTA 의약품·의료기기 작업반 회의'가 8월 21일과 22일 양일 간 싱가포르에서 개최되었다. 협상에 앞서 복지부는 "국민건강보험제도의 근간 은 반드시 지키며, 제도의 선진화 및 투명성 제고를 위해 필요한 부문은 가능한 한 합리적으로 수용한다"는 입장에서 협상에 임할 것이라고 밝혔다.

전만복 우리가 8월에 싱가포르의 한국대사관과 미국대사관에서 번갈아 가면서 협상했습니다. 그때 이 문제가 워낙 국민적 관심사다 보니, KBS, MBC, SBS 등 지상파 3사는 물론 〈연합뉴스〉 등 방송사와 통신사, 모든 메이저 신문사가 싱가 포르로 집결하여 대단한 관심을 보였습니다.

싱가포르 협상에서 미국 측이 우리 측에 '약제비 적정화 방안'의 수용을 전제로 어떤 구체적 이슈나 절차 등에 대해 협상하자고 요구할지 아직 모르는 상황에서 우리 측은 바로 직전에 타결된 미·호주 FTA를 열심히 분석하고 정리했습니다. 호 주 제약산업과 수입구조가 우리나라와 대체로 비슷했기 때문에 우리가 대응 차원 에서 그 내용을 열심히 연구한 것입니다. 그때 살펴보니 특허 관련 조항 등이 많 아서 우리가 미국이 대강 어떤 요구를 할지 예측하고 철저히 대비했습니다. 의약 품 허가와 특허 연계 문제, 신약 허가 시에 제출한 특허권자의 자료보호, 의약품 허가 검토에 소요된 기간의 보상적 연장, 강제 실시 요건의 제한 등을 주요 내용 으로 보고 준비했습니다.

막상 우리에게 내민 협상안을 보니, '약제비 적정화 방안' 관련 절차상의 문제 와 「특허법」상 지식재산권 문제 등 약 16개 사안이었습니다. '약제비 적정화 방 안'은 혁신신약이 부당하게 건강보험 약가등재 과정에서 차별이 발생하지 않도록 의약 및 약가제도의 투명성을 높이고, 비윤리적 영업관행을 개선하며, 선별등재 제도의 절차적 과정에서 혁신신약의 접근성을 보장하라는 등의 일반적 요구사항 이었습니다. 또 혁신적 신약의 가치와 가격 인정 등을 주장했습니다.

지식재산권 분야는 「특허법」에서 규정한 특허 및 자료보호 등과 관련된 내용이 몇 가지 포함되어 있었습니다. 이건 우리가 미국·호주 FTA를 통해 사전에 많이 연구했던 것들이었습니다.

홍은주 당시 한국과 미국 제약업계는 차이가 많아서 의약품 분야는 얼마나 잘 지키느냐가 협상의 관건이었을 것 같습니다.

전만복 그렇습니다. 당시 우리 제약산업은 주로 미국 등에서 특허약을 수입해 판매하거나 특허권 존속기간이 만료된 복제약을 생산하는 수준이었죠. 따라서 미국 의약품 분야는 일방적으로 '기울어진 운동장' 수준의 협상이었습니다. 우리 제약업계가 생산한 복제 의약품은 미국에 수출할 수 있는 구조가 아니니까 우리는 사실 미국 측에 거꾸로 요구할 만한 것이 별로 없었습니다.

최대한 미국 측의 요구사항들을 지켜내는 걸 목표로 했지만, 협상은 주고받는 거고 미국이 우리에게 요구하면 우리도 최소한 무엇인가 들어달라고 해야 할 것 아닙니까? 그래서 우수의약품 제조품질관리기준(GMP), 비임상시험관리기준(GLP), 복제의약품시판허가의 상호인증 등 세 가지를 요구했습니다.

싱가포르 협상에서는 우리와 미국 양측이 각자가 요구하는 내용의 필요성과 배경 등을 설명하면서 협상을 막판까지 끌고 갔기 때문에 실제 협상의 진전이 이뤄지지는 못했습니다. 이후 3차 협상부터 본격적으로 밀고 당기기가 진행되었습니다.

홍은주 미국 측이 요구한 16개 사항 가운데 우리가 합리적으로 수용 가능한 이슈는 무엇이고 절대로 받지 못한다고 판단한 이슈는 무엇이었습니까?

전만복 가령 약물경제성 평가나 가격협상 등과 관련하여 의견이 있을 때 이의 신청을 할 수 있도록 독립적 기구와 절차를 만들어 달라는 내용이 있었습니다. 이러한 부분은 우리가 수용할 수 있다고 봤습니다. 사실 국내 제약사들을 위해서도 그런 절차는 필요하니까요. 객관성을 보장하기 위해 민간 전문 검토위원들로 기구를 구성해 달라는 것도 받기로 했습니다. 다만 이 기구가 원심을 번복할 수 있는 권한까지 달라고 해서 그건 절대로 안 된다고 끝까지 지켰습니다. 약물경제성

평가와 건강보험공단 협상 절차의 도입이 자칫 무력화될 우려가 있으니까요

의약품 채택과 유통 및 사용 과정에서 투명하지 못한 점이 있으니 투명성을 제고해 달라, 한국에 리베이트 문제가 있는데 이런 비윤리적 영업 관행이 개선될 수 있도록 해 달라는 등의 요구도 우리가 얼마든지 수용할 수 있는 내용이었습니다.

반면에 미국이 요구한 16개 사항에서 우리가 절대로 수용할 수 없었던 것도 있었습니다. 바로 '약제비 적정화 방안'을 시행하되 미국 신약에 대해 약물경제성 평가와 가격협상의 도입을 연기해 달라는 주장이었죠. 그건 제도를 시행하지 말라는 이야기나 다름없기 때문이었습니다.

또 다른 이슈는 미국의 혁신신약에 대해 최저가 보장을 해 달라는 요구였습니다. 그건 우리가 약물경제성 평가를 하는 취지와 맞지 않으니까 볼 것도 없이 안 된다고 했습니다. 그리고 약가를 인플레이션을 반영하여 조정할 수 있게 해 달라는 요구도 했는데 이것 역시 받아들일 수 없는 것이었습니다. 왜냐하면 약의 가격은 혁신성을 기준으로 매겨지는데 신약이 나온 기간이 장기화되면 복제약들이 시장에 나올 수 있는 환경이 되기 때문에 약가는 하락합니다. 그런데 거꾸로 인플레이션을 감안하여 올려 달라는 건 말이 안 되잖아요? 그래서 끝까지 거부했습니다.

이런 이슈들은 3차, 4차 협상 중 중요한 이슈로 논쟁을 벌이면서 팽팽한 기싸움을 했던 것으로 기억합니다.

5차 협상은 미국 측이 쇠고기시장 개방 확대를 목적으로 미국 상원 재무위원장인 맥스 보커스 의원의 지역구이자 주요 쇠고기산업 지역인 몬태나주에서 열자고 주장하여 거기서 개최했습니다. 무역구제 분야의 진전을 위해 우리 측이 강공 전략의 하나로 의약품 분과를 같이 묶어 협상을 결렬시켜 버렸습니다. 이러한 논쟁과 지연 등으로 의약품 분야는 두 차례의 별도 추가협상이 있었습니다.[23] 이때도 우리는 아무것도 수용할 수 없다는 입장을 유지했습니다.

한국의 제약 유통제도를 선진화하거나 투명하게 만들고 비윤리적 관행을 개선하고 객관적 이의신청 절차를 도입하는 등의 사안은 받아들이기로 내심 입장을

---

23 서울·워싱턴 간 화상회의와 서울 회의가 열렸다.

정리했죠. 하지만 일단 아무것도 안 된다고 버티면서 미국 측으로부터 우리 측의 요구사항을 받아 내는 전략이 유효하다고 판단했습니다.

이렇게 5차 협상까지 쭉 진행됩니다.

홍은주 미국 측이 양보하지 않으려는 다른 이슈에서 양보를 받아 내기 위한 패키지 전략으로 의약품 협상이 진행된 것이군요.

전만복 그런 셈이죠. 양측이 서로 계속 요구만 하다가 실제 협상이 진전된 건 서울에서 열린 6차 협상부터였던 것으로 기억합니다. 2007년 1월 무렵이었는데 미국도 3월 말까지가 시한이니 시간이 없어서 그런지 그때부터 다소 전향적인 자세로 임하더라고요.

2월에 워싱턴에서 열린 7차 협상에서는 약물경제성 평가제도 시행 연기, 인플레이션을 반영한 약가 조정 등 우리가 도저히 받아들일 수 없다고 했던 것들을 미국 측이 알아서 철회했습니다. 우리가 요구하는 GMP와 복제의약품 상호 인정에 관한 부분도 긍정적으로 검토하겠다고 해서 빠르게 협상이 진전되었습니다.

당시 미국에서 2006년 말 의회 중간선거 결과 민주당이 다수당이 되면서 미국 보건의료제도와 건강보험제도 개혁을 추진하고자 했죠. 그런 의회의 공공의료 정책에 대한 태도가 우리에게 유리하게 작용했던 측면도 있었다고 생각합니다.

우리도 제약사 홈페이지를 통한 의약품 정보제공 등 투명성 제고, 비윤리적 영업 관행 개선, 독립적 이의신청 기구 설치 등의 요구사항들에 대해 수용 가능하다는 입장으로 선회했습니다. 품목 허가 시 제출된 약품의 안정성, 유효성 자료의 5년간 보장 등의 요구도 수용하기로 했습니다.

결론적으로, 정확하지는 않지만 당시 미국이 주장한 16개 의제 중에 대략 우리가 절반 정도는 수용하지 않았나 싶습니다. 이러한 사항들은 6, 7차 협상에서 대부분 타결되었고, 8차 협상에서는 거의 다 해결된 상태였습니다. 우리도 GMP와 복제의약품 상호 인정 등과 관련한 부분들을 받아 냈습니다.

종합하면 의약품 분야는 한·미 FTA 본협상, 즉 8번의 협상 중 두 차례의 협상 결렬과 세 차례의 추가협상 등을 합치면 총 11번 협상하는 과정을 거쳤습니다. 물론 초기 협상에서 가장 뜨거운 쟁점이 되었던 '약제비 적정화 방안'은 2006년 12월 우리 정부의 원래 일정대로 시행에 들어갔습니다.

홍은주 제약 분야나 지식재산권 분야는 워낙 전문적인 분야라 협상 과정에서 전문가들의 지원도 많이 필요했을 텐데, 당시 협상에 참여했던 다른 분들은 누가 있습니까?

전만복 약제 부문에서 여러 전문가들의 도움을 받았습니다. 8월의 싱가포르 협상 때도 자문위원들이 대거 함께 가서 회의에 같이 참석해 의논했습니다. 분과 협상에는 상당수 인원이 함께 들어갈 수 있으니까 자문그룹이 같이 들어가기도 했죠. 필요한 경우 브레이크 타임을 가지면서 집중 논의도 했지요. 당연히 우리 논의가 상대방 귀에 들어가지 않도록 조심했습니다.

자문그룹에는 당시 한국보건산업진흥원 전문연구원이었던 이의경 박사(후일 식품의약품안전처장)와 당시 건강보험심사평가원 김창엽 원장도 참여했죠. 특히 제약 특허 분야는 최원목 이화여대 로스쿨 교수로부터 관련 조언을 많이 받았습니다. 실무적 내용은 대부분 식약처와 복지부 약사 출신들이 백업해 주었습니다. 정부에서는 저 말고도 당시 최영현 건강보험 국장과 보험약가담당 맹호영 서기관, 양준호 사무관, 식약처 약사들이 함께 고생했습니다.

의약품·의료기기 분과라고는 하지만 당시에는 의료기기 특허나 지식재산권 문제가 별로 없었기 때문에 사실상 의약품 분과라 해도 과언이 아니었다. 의약품의 지식재산권 관련 조항 가운데는 의약품 특허와 자료 보호, 코로나19 같은 공중보건 위기 상황에서 의약품 특허를 제한하는 강제실시권 등이 주요 협상 의제가 되었다.

전만복 의약품의 지식재산권과 관련해서는 첫째, 의약품 품목허가 절차에 따라 특허권을 사용할 수 없었던 기간에 대해 특허 기간을 연장해 주고, 둘째, 품목허가를 받기 위해 제출한 안전성·유효성에 관한 자료를 일정 기간 보호하는 것, 그리고 복제약 허가와 특허 연계 문제 등이 논의되었습니다. 이 가운데 특허 기간 연장이나 개량신약을 낼 때 기존 약의 자료 보호 기간을 둔 것은 이미 시행되고 있었기 때문에 인정해 주는 데 별문제가 없다고 판단했습니다.

복제약의 허가·특허 연계제도 논란

당시 언론에서 가장 큰 문제가 된 것은 '복제약의 허가·특허 연계제도' 이슈였다. 1984년 미국은 「의약품 가격경쟁 및 특허 기간 복원법에 따른 복제약의 허가·특허 연계제도 법」을 제정했다.

이 법의 원래 취지는 "복제약이 오리지널 의약품의 임상실험이나 안정성, 효과성 자료를 자유롭게 참조할 수 있도록 하여 빠른 시간 내에 시장 진입을 할 수 있도록 돕자"는 좋은 취지로 만들어졌다.[24] 후발 의약품 제조회사들이 신약 특허권이 만료됨과 동시에 시장 진입을 할 수 있도록 돕기 위해 특허 만료 전에 임상시험을 진행할 수 있게 허용하고, 자신들이 만든 복제약이 기존 오리지널 신약과 '생물학적 동등성'(bioequivalence)이 있다는 자료만 제출하면 되도록 한 것이다.[25]

이 법의 예외조항, 즉 오리지널 약품 특허를 가진 제약사들이 소송 제기 시 30개월간 허가가 자동유예(automatic stay)되는 조항을 제약사들이 악용하는 경우가 많았다. 한국에서는 바로 이 점이 독소 조항이 될 것이라고 보고 반대가 심했다.

---

24 Drug Price Competition and Patent Term Restoration Act, 일명 Hatch-Waxman Act라 한다.
25 오인선, 2021, "의약품 허가·특허 연계제도에 관한 연구", 서울대 법학전문대학원, 이 논문에 따르면 'Roche Products, Inc. v. Bolar Pharmaceutical Co.' 소송사건에서 연방법원은 특허권 존속기간이 끝나기 전에 사전 준비를 했던 볼라사에게 특허를 사실상 침해한 것으로 보는 판결을 내렸다. 이 판결은 특허권자가 특허 존속 기간이 만료된 후에도 일정 기간 동안 시장 독점권을 유지할 수 있도록 허용한다는 의미를 담았다. 그러나 이 법에 '볼라 면제'(Bolar exemption) 조항(의약품 허가신청에 필요한 안전성, 유효성 실험 등을 실시한 행위는 특허 침해의 예외에 해당이 된다는 조항)이 담기고 법이 통과되면서 복제약의 시장 진출을 촉진하는 효과를 냈다. 즉, 후발의약품 제조회사들이 신약 특허권이 만료됨과 동시에 시장 진입을 위해 특허 만료 전에 임상시험을 진행할 수 있게 된 것이다.

홍은주　결국 이 조항은 어떻게 결론 났습니까? 나중에 한·미 FTA가 끝나고 발표된 보도자료를 보니 30개월은 우리가 받지 않았고, 결국 법원의 가처분 소송 판결 기간인 6개월에서 최장 10개월 정도 복제약 허가가 지연될 것으로 예상하셨던데요?[26] FTA 반대 진영에서는 이 기간도 찬성하지 않았지요?

전만복　오리지널 신약의 특허권 존속기간은 20년입니다. 신약의 특허 보호 기간이 끝나면 누구나 오리지널 약의 안정성과 유효성 자료를 이용하여 주성분, 제형, 함량, 안전성, 유효성, 용도가 동일한 복제약을 만들어 팔 수 있습니다. 한국 제약사들은 특허만료 4~5년 전부터 미리 준비를 시작하여[27] 특허가 끝나는 날 허가를 받아 바로 다음 날부터 판매를 시작하곤 했습니다.

그런데 만약 국내 제약업계가 복제약 허가를 신청했는데 특허를 가진 미국 제약사가 자기네 특허를 침해한 것이라고 문제 삼을 경우 법적으로 확실해질 때까지 복제약 판매를 금지하라는 제도가 바로 '복제약의 허가·특허 연계제도'입니다. 이 제도를 우리가 수용했습니다.

이걸 두고 협상 결과가 잘못되었다고 제약업계가 우려하고 범국본이나 의료계 시민단체들이 우리나라 제약산업이 다 망한다고 난리가 났습니다. 나중에 협상이 끝나고 나서 다른 분과는 그냥 넘어갔는데 이 건은 얼마나 피해가 될지 판단하겠다면서 국회에서 청문회 수준의 공청회까지 따로 개최했습니다.

당시에 변리사들도 찬성과 반대가 서로 엇갈렸습니다. 제약업계에 상당한 문제가 될 것이라는 쪽과 그렇지 않다, 다른 선진국에도 있는 제도이고 결국 한국 제약업계의 지식재산권 인식을 선진화하는 계기가 될 것이라고 주장하는 쪽도 있었습니다. 하도 난리가 나서 전문연구기관들이 손해를 추정해 봤는데 약 몇백억 원 수준의 피해가 예상되었습니다. 하지만 한국 제약회사들이 모조리 다 망하는 것처럼 문제 삼을 정도로 심각한 수준은 아니었습니다.

---

26 보건복지부 보도자료, 2007. 4. 2.

27 복제약 허가를 받으려면 해당 약이 복제약과 유사한 효능과 안전성이 있다는 '생물학적 동등성' 시험 등을 거쳐야 한다.

홍은주 당시 한국보건산업 진흥원의 추정치를 보면 복제약 출시가 약 9개월 지연될 경우 제약업체의 매출 손실이 향후 5년간 연 370억~790억 원 정도일 것으로 추정되었습니다.[28] 10대 제약사의 2005년 복제약 매출액이 3조 2,159억 원 수준이니까 국내 제약사 연 매출액의 0.4~0.7%로, 대단한 충격을 줄 정도는 아니었죠.[29] 다만 이것이 단순한 제약산업 영업 이익 문제뿐만 아니라 국민 건강권과 관련된 이슈라 아주 예민하게 반응했던 것 같습니다.

전만복 그렇습니다. 이게 한국에서 하도 문제가 되다 보니 한·미 FTA 타결 후 나중에 추가협상에서 시행을 18개월간 유예했습니다. 그러고 나서 한·미 FTA 비준이 예기치 않게 몇 년 늦어졌고 추가협상 때 우리가 자동차 관세를 양보하면서 대신 이 분야의 시행을 3년 추가로 유예했습니다. 상당한 시간을 번 셈이죠.

그런데도 2010년 재협상이 끝난 후 국회비준을 받을 때 이 제도가 도입되면 국내 제약사들이 모조리 다국적 제약사들의 소송대상이 되어 다 죽는다고 엄청난 비판이 계속되었습니다. 복제약 도입이 부당하게 지연되지 않도록 국내적으로 이행 가능한 방법을 마련하는 등 다양한 보완책을 내놓았는데도 반발이 컸습니다.

홍은주 이 제도가 2015년 3월 15일부터 시행되었고 지금 시점에서 보면 오랜 시간이 지난 셈인데, 실제로 제약업계에 미친 영향은 어떠했습니까?

전만복 제가 알기로는 특허 분쟁이 벌어진 일이 거의 없었습니다. 이 제도가 도입되니까 우리 제약사들이 특허 침해를 피하기 위해 여러 가지 노력을 했기 때문입니다. 복제약 허가에 앞서 특허 분석을 철저히 할 필요성이 있기 때문에 비용은 좀 더 들었겠죠. 대신 외국 오리지널 약품의 특허를 침해하지 않도록 피해 나가는 과정에서 각종 전문성을 높이는 효과가 나타난 것으로 압니다. 결국 국내 제약사

---

28 2007년 한국보건산업진흥원 추정치다.
29 보건복지부, 2007, 〈한·미 FTA 후속대책, 제약산업 경쟁력 강화방안〉.

들이 다 죽을 것이라던 우려와 달리 현재 망한 제약사는 하나도 없습니다. 지금 보면 오히려 제약사의 숫자가 훨씬 더 늘어났습니다.

보건복지부는 복제약 허가·특허 연계 및 자료독점권의 지식재산권 강화에 따라 병원과 의사들 대상의 후진적 영업 관행이 줄어들고, 연구개발 중심의 기술집약적 산업의 대두나 전문성 강화, 선진화 등의 무형적 효과를 기대했다.

'약제비 적정화 방안'이 전면 시행되고 지식재산권이 엄격해지면 동일 성분 의약품 중 일부만 보험급여 대상으로 등재되고 대다수 약품들이 퇴출될 것이기 때문에 단순 복제약 중심으로 영업하던 군소 제약회사들이 정리되고 제약 분야에 구조조정이 이루어질 것으로 기대했던 것이다.[30]

전만복 사실 복제약을 제조하는 제약사가 당시에 너무 많고 영세해서 우리가 내심 이 제도의 도입을 통해 어느 정도 우열이 가려지면서 경쟁력 있고 규모 있는 제약사들이 M&A를 통해 탄생할 것을 기대했던 것은 사실입니다.

그런데 지금 보면 그건 잘 안 되었습니다. 한·미 FTA를 통해 내심 기대했던 제약 분야의 대형화나 경쟁력 있는 신약개발 등은 기대에 미치지 못했다고 봅니다. 대신 우리나라 제약회사들이 다 망할 거라고들 그랬는데 제약회사 숫자는 오히려 더 늘어났습니다.

홍은주 당시 FTA 반대론자들의 예상대로 제약산업이 다 죽은 것은 아니지만, 경쟁을 통한 규모의 대형화도 기대만큼 이루어지지 않은 것이군요.

전만복 그렇습니다. 대신 제약산업의 투명성이 개선되고 선진화된 시스템으로 전환되었고, 허가·특허 연계가 계기가 되어 지식재산권 인식도 크게 개선되었다

---

30 2005년 기준으로, 제약회사 237개사 중 생산액 1,000억 원 이상인 업체는 22개 사에 불과하며, 48%인 114개사는 생산액 100억 원 미만의 군소업체들이었다(한국보건산업진흥원, 2007).

고 봅니다. 또 다국적 제약사들의 간섭이 심해지고 국민건강보험공단의 약가협상이나 건강보험심사평가원의 약물경제성 평가 등이 악영향을 받아 '약제비 적정화 방안'이 무력화될 것이라는 주장도 계속 나왔는데, 지금 보면 신약의 경제성 평가제도가 잘 정착했다고 평가할 수 있습니다.

한국 제약산업 구원투수 바이오시밀러

홍은주 전체적으로는 한·미 FTA 이후 우리나라 제약산업의 전체적 규모나 수출이 크게 늘어났지요?

전만복 그렇습니다. 의약품 분야의 공급망이 확대되었고, 2007년에는 개량신약이 겨우 19개였는데 2023년 5월 중반 무렵에는 38개로 증가했습니다.

가장 특징적인 변화가 당시에는 바이오시밀러(*biosimilar*)[31] 전문회사가 없었는데 지금은 셀트리온, 삼성에피스, 한미약품 등 여러 종류의 바이오시밀러 개발에 성공한 회사들이 속속 생겨났다는 것입니다.

바이오 의약품은 가격이 천문학적으로 비싸지만, 신장질환이나 암, 피부염, 자가면역 질환 등 난치병 분야에 새로운 치료법을 제시하고 있다. 그런데 바이오 의약품의 경우 기존 화학제재 약품과 달리 특허권 존속기간이 끝나더라도 복제약, 즉 바이오시밀러를 생산하기가 쉽지 않다. 살아 있는 유기체에서 제조되어 세포주의 종류나 배양, 정제 등 제조방법에 따라 변화할 수 있기 때문이다. 동일한 조건에서 제조하는 경우에도 동일한 안전성과 약효, 수율을 가진 바이오시밀러 제품을 생산할 수 있다는 보장도 없다.

미국도 FDA가 2009년에 제정된 「바이오 의약품 가격경쟁 및 혁신에 관한 법

---

31 바이오신약은 분자량이 크고 복잡한 구조를 가지며, 바이오라는 성격상 오리지널 신약과 완전히 동일한 복제약을 만들기 어렵다. 이미 특허가 끝난 바이오신약과 약효의 비교동등성이 입증된 의약품을 '동등생물의약품', 즉 '바이오시밀러'라고 한다.

률」(The Biologics Price Competition and Innovation Act)에 따라 바이오신약이나 바이오시밀러에 대해서는 신속심사절차를 도입했다. 환자들에게 효과적이고 안전한 바이오 약품을 좀 더 저렴하게 공급할 수 있도록 하기 위해서다.[32]

한국 기업들이 바이오시밀러를 개발할 수 있게 된 것은 따라서 제약산업에서 중요한 의미를 가진다.

전만복 2022년 말 바이오헬스 분야의 수출이 242억 달러(의약품 81억 달러, 의료기기 82억 달러)로 이미 수출유망 산업으로 자리 잡았습니다. 수출품 부문별로 반도체와 석유제품, 석유화학, 자동차, 일반기계, 철강의 뒤를 이어 7위를 차지했죠. 수출 증가율을 보더라도 반도체가 0.5%로 제자리걸음을 한 데 비해 바이오헬스는 13%가 넘는 가장 높은 성장률을 나타냈습니다.

이 같은 바이오헬스 수출 증가에는 바이오시밀러가 핵심 견인차 역할을 했습니다. 요즘 바이오 벤처도 크게 늘어났는데 향후 이들로부터 바이오시밀러 수준을 넘어선 혁신적 바이오신약이 탄생할 것을 기대해 봅니다.

홍은주 바이오산업이나 바이오시밀러산업은 국민 건강 측면이나 수출 측면에서 정말 중요하고 잠재적 성장성이 높습니다. 미국 FDA도 바이오시밀러에 대해서는 신속심사절차를 시행하고 있고요. 이 분야가 더 발전하고 R&D가 더욱 촉진되도록 법적·제도적·산업적 측면을 잘 살펴서 정책을 펴 나가야 할 것입니다.

---

32 "Review and Approval", 미국 FDA 홈페이지(https://www.fda.gov/drugs/biosimilars/).

4. 투자자 · 국가 간 분쟁해결제도(ISDS)

통상 및 투자 관련 국제법의 배경

18세기나 19세기에 항해를 통해 외국과 무역하거나 해외에 투자했던 사람들이 보호받을 수 있는 방법은 무력으로 상대국을 압박하거나 외교적 항의 및 쌍방교섭을 하는 방식 등이었다. 국력을 앞세운 강압적 외교의 시대였던 셈이다.

오늘날 같은 투자규범이 확립되기 전에는 '우호통상항해조약'(*Treaty on friendship, commerce and navigation*)이란 형태의 조약이 통상하던 국가들 간에 널리 체결됐다.[33]

20세기 중반 들어 국제통상이나 투자가 증가하면서 평화적 상사분쟁 해결의 필요성이 제기되었다. 국가 간 투자나 무역분쟁의 해결방안을 모색하기 위해 투자협정과 국제통상법 제정의 시대가 열린 것이다. 초기의 국제통상법은 조문이 불분명하거나 구체성이 부족했다.

1947년 GATT 체제 출범 이후 여러 경험과 사례가 축적되면서 국제통상법의 내용과 규정이 더 분명해지고 국제관습법(CIL: *Customary International Law*)으로 형태를 갖추어 나갔다.[34]

GATT 체제는 공정경쟁을 보장하고 수출입을 촉진시키기 위한 조치로 '내국민 대우'(*National Treatment*)와 '최혜국 대우'(*Most-Favoured-Nation Treatment*), 두 핵심원칙을 수립했다. 첫째, 내국민 대우는 국가가 국내 시장에서 외국 기업의 생산, 판매, 운영 등을 내국 기업과 차별하지 않고 대우하는 원칙이다. 둘째, 최혜국 대우는 한 나라가 어떤 외국에 부여하는 가장 유리한 대우를 제3의 국가에도 공평

---

[33] 1778년 미국과 프랑스 사이에 체결된 조약이 최초이다. 한국은 1957년 한 · 미 우호통상항해조약을 체결했다(이태호, 2023, 《해외투자자를 위한 투자협정 길라잡이》, 박영사).

[34] Yamashita Tomoko, "Procedural and Normative Competition between the WTO's Dispute Settlement and the Investor State Arbitration: Focusing on the National Treatment Principle", *Public Policy Review*, 16(5), August 2020, Policy Research Institute, Ministry of Finance, Japan.

하게 부여한다는 원칙이다. 각 나라가 불공정한 보호조치를 통해 자국 상품을 차별적으로 보호하는 것을 막아 자유무역을 확대한다는 정신에 기초한 것이다.

1980년대 중반부터 시작된 우루과이라운드로 1995년 출범한 WTO에서는 서비스는 물론 재산권, 특허와 저작권 등 무형의 지식재산권에 대해서도 상품과 마찬가지로 GATT의 내국민 대우와 최혜국 대우를 원칙적으로 적용하는 것으로 확대되었다.

국제상사 중재제도의 형성

자유무역의 원칙이 제대로 준수되려면 분쟁 발생 시 이를 중재할 수 있는 법적 기구가 반드시 필요하다.

두 나라 혹은 여러 나라가 얽힌 무역 및 투자에 관한 상사분쟁(商事紛爭, *Commercial Dispute*)이 발생했을 때는 몇 가지 애로사항이 있다. 우선 특정 국가의 법적 시스템이나 판결을 다른 일방이 온전히 신뢰하기 어렵고(당연히 그 반대도 마찬가지다), 상사분쟁의 특성상 가능한 한 신속한 해결이 필요하다는 점이다. 상사분쟁의 목표는 법을 통한 정의 구현이라기보다 경제적 이해관계의 빠른 해결이기 때문이다. 만약 상사분쟁 해결에 국내 재판처럼 시간을 끈다면 설령 재판에서 이기더라도 그사이에 피해를 입은 회사가 파산할 수도 있다. 따라서 국제상사분쟁을 해결하기 위해 국제법적 절차가 UN과 국제부흥개발은행(IBRD) 등 국제기구들을 통해 만들어지기 시작했다.

국제상사 중재는 몇 가지 유형으로 나뉜다. 첫 번째 유형은 민간과 민간기업 간의 상사분쟁 유형이다. 국적이 다른 민간기업 간 상사분쟁은 발생 시 신속한 해결을 위해 사전에 약정한 중재기구의 판단에 따라 단심제로 처리된다. 중재판정의 효력은 각 나라의 중재법과 국제조약인 '외국 중재판정의 승인 및 집행에 관한 UN 협약'(*The United Nations Convention on the Recognition and Enforcement of Foreign Arbitral Awards*)에 의해 보장된다.[35]

이 협약에 가입한 회원국들끼리는 어느 국가에서 판정을 받더라도 중재판정의 효력을 승인받는다. 강제성은 없지만 사전계약의 일부이기 때문에 법적 구속력이 있다. 일단 중재판정이 내려지면 그 결과를 근거로 해당 국가 법원에서 집행판결을 받을 수 있다. 한국은 1973년 5월에 이 협약의 42번째 회원국으로 가입했다. 상사 중재는 몇 달 안에 분쟁을 신속히 해결할 수 있고, 중재인 선정에 당사자들의 의견이 적극 반영되므로 적어도 당사자들의 의견이 중재부에 전달되지 않을 우려는 없다. 이러한 점에서 기업 간의 계약에 상사중재가 적극적으로 활용된다.

두 번째, 국제 통상분쟁의 유형은 당사자가 모두 국가인 경우이다. 이는 국가 간 외교적 협상력에 의거하여 해결하거나, 1995년에 출범한 WTO에 제소하여 해결할 수 있다. 1995년 출범한 WTO가 GATT 체제와 다른 점은 무역분쟁을 해결하기 위한 관할권을 갖고, 국제통상법(ITL: *International Trade Law*)에 따라 구속력 있는 최종 판결을 내리는 공식적 통상분쟁 해결기구를 가졌다는 것이다.

우루과이라운드 이후 WTO 출범을 계기로 세계 각국은 과거 GATT 체제하에서 드러난 각종 무역분쟁 해결 경험을 종합하여 국가 간 통상분쟁 해결을 위해 조직과 기구, 명문조항을 WTO 체제 내에 마련했다. WTO 기구를 통해 판정을 받으면 그것이 구속력이 있어 특히 효과적이다. WTO가 출범할 당시 한국이 적극적으로 WTO 회원국이 되고자 한 이유도 1980년 이후 미국이 「미국통상법」 301조와 슈퍼 301조를 동원하여 적극적으로 통상압력을 행사하는 데다가 한국이 수출하는 수많은 다른 국가들도 한국산 수출품에 걸핏하면 반덤핑 관세 부과를 일삼았기 때문이다.

마지막 통상분쟁 유형은 투자자·국가 간 분쟁(ISD: *Investor-State Dispute*)이다. 1960년 전후 선진국들 중심으로 "투자유치국 정부의 협정상 의무 및 투자계약에 위반되는 법의 제정이나 행정조치 등으로 다른 국가의 투자자가 부당한 손실을 입을 경우 발생하는 분쟁, 즉 ISD를 어떻게 해결할 수 있는가?"라는 문제가 제기되었다.

제2차 세계대전 종식 이후 선진국들이 식민지에서 해방된 신생국의 광물이나

---

35 전문 16조로 구성되었고, 1959년 6월 정식으로 발효되었다. 뉴욕협약이라고도 불린다.

유전개발 등에 대거 투자했는데, 해당 국가 정부가 갑자기 직접수용 혹은 국유화 조치를 취하는 경우가 발생했다. 선진국들은 투자자를 보호하기 위한 투자협정 규정이 필요하다고 주장했다. 대표적 예가 두 나라 간에 체결하는 양자간 투자협정(BIT)이다. BIT는 투자유치국 입장에서는 "자국 내 외국인 투자를 유치하기 위한 법적 안정성을 제공"하고, 투자자의 모국 입장에서는 "투자유치국에 진출한 자국 기업이나 투자자의 보호를 확보"할 수 있다. 국가 간 협의를 거쳐 체결되는 투자협정의 유용성과 필요성에 대한 인식이 높아지면서 BIT도 증가했다.[36]

특히 BIT에서 ISD 해결의 근거가 되는 국제법상 협약의 필요성에 따라 1965년 IBRD의 주도 아래 '국가와 다른 국가 투자자 간의 분쟁 조정 및 판결에 관한 협약'(ICSID Convention: *Convention on the Settlement of Investment Disputes between States and Nationals of other States*)이 만들어진다. 다음 해인 1966년에는 국제투자분쟁해결센터(ICSID: *International Centre for Settlement of Investment Disputes*)가 설립되었다.

ICSID 출범 이후 회원국들 간에 BIT나 통상·투자를 포괄하는 종합 협정인 FTA를 체결할 때는 ICSID에 근거해 투자자·국가 간 분쟁해결제도(ISDS: *Investor-State Dispute Settlement*)를 도입하는 것이 일반적 절차가 되었다.

ICSID는 설립 후 초기에는 별로 영향력이 없다가 1987년 영국 기업인 'Asian Agriculture Products Ltd.'가 스리랑카 정부를 제소한 사건 이후 존재감을 드러냈다. 1990년대 이후에는 BIT나 FTA가 급증함에 따라 ISDS 도입이 크게 늘어났다.

ISDS에서 ICSID 중재 이외에 이용되는 다른 중재 절차로는 UN 국제상거래법위원회(UNCITRAL: *United Nations Commission on International Trade Law*)에 의한 중재가 있다.[37]

---

36 1959년 독일이 파키스탄과 체결한 BIT가 최초였다(이태호, 2023, 《해외투자자를 위한 투자협정 길라잡이》, 박영사).

37 1966년 21차 총회 결의에 따라 만들어졌다. ICSID 협약 가입 회원국이 아닌 경우 UNCITRAL 중재규칙의 임의 중재(*ad hoc arbitration*)를 따를 수 있다. ICC 중재법원이나 기존의 상설중재기관(스톡홀름 중재협회 등)에서 중재를 규정하는 방식도 있다.

처음에는 BIT가 많았으나, 이후 FTA를 적극적으로 체결하면서 외국인 투자에 관한 투자유치국 의무와 투자자·국가 간 분쟁해결제도(ISDS)를 FTA 협정문 내 또는 후속 투자협정 형태로 규정하게 되었다. 한국이 미국과 FTA를 추진하기 전 2002년 말 전 세계의 투자보장 협정은 2,181개로 집계되었다.

한국은 경제발전 초기 경제개발에 필요한 차관 도입이나 직접투자를 적극 유치하기 위해 1967년에 ICSID 협약에 가입했다. 그 후 여러 국가들과 BIT 및 FTA 협상을 체결하면서 그 대부분에 ISDS를 두었다.[38]

투자협정상 ISDS의 근거원칙

ISDS는 "투자유치국 정부가 BIT나 FTA 협정을 체결하면서 맺은 의무나 투자계약, 투자인가상의 약정을 위반하는 행위를 하여 투자자에게 손실이 발생하는 경우, 투자자가 투자유치국 정부를 상대로 국제중재를 요청할 수 있도록 한 규정"으로 정의되며, BIT와 FTA 등 대부분의 협정문에 명시되어 있다.[39] 여기에는 구체적으로 무엇이 ISDS 대상인지 규정하는 '실체적 기준'과 분쟁 발생 시 이를 해결하기 위한 '절차적 요건'이 포함된다.

ICSID에 의한 ISDS 의무 규정에는 과거 GATT 때부터 정립된 원칙인 내국민 대우와 최혜국 대우 원칙,[40] '최소기준 대우'(*Minimum Standard of Treatment*) 원칙 등 크게 세 가지가 포함되어 있다. '최소기준 대우'는 "각 당사국은 공정하고 공평한 대우와 충분한 보호 및 안전을 포함하여, 국제관습법에 따른 대우를 적용 대상 투자에 부여하는 것"으로 정의된다. 더 구체적으로 살펴보면 다음과 같다.

---

38 한국의 경우 21개 FTA에 거의 대부분 투자자 보호 규정을 따로 두고 있으나, 한·EU, 한·중, 한·캄보디아 FTA는 예외이다(자세한 내용은 이태호, 2023, 《해외투자자를 위한 투자협정 길라잡이》, 박영사, 11쪽 참조).

39 ICSID, 2022, *ICSID: Convention, Regulations and Rules*, 2007년 체결된 한·미 FTA에는 11장 2절 규정으로 들어가 있다.

40 "투자유치국이 외국인 투자자와 그 재산에 대해 국제관습법 기준에 따른 최소한의 대우를 해주어야 할 의무"를 의미히는 원칙이다.

첫째, 세계의 주요 법률 체계에 구현된 적법절차의 원칙에 따라 형사·민사 또는 행정적 심판절차에서 외국인 투자자를 자국민과 동등하게 공정하고 공평하게 대해야 할 '공정·공평대우(F&ET: *Fair and Equitable Treatment*) 의무'이다. 둘째, 외국인 투자자가 받는 각종 물리적 위협에 대해 각 당사국이 국제관습법에 따라 요구되는 수준의 경찰과 사법적 보호를 해야 할 '보호와 안전 제공(*full protection and security*) 의무'이다.[41] 마지막으로 국가의 직접·간접수용(*expropriation*)으로 인한 피해 보상, 투자수익 및 원금을 자유롭게 외국으로 송금할 수 있는 권리 보장 등이 규정된다.[42]

ISDS 중재 조건

ICSID에 근거한 ISDS 중재는 몇 가지 조건하에서 성립된다. 우선, '투자자에 의한 구체적 투자'가 있어야 한다. 둘째, 투자협정에 위반되는 '국가의 행위'(*state act*)가 있어야 한다. 셋째, 중재 대상을 '투자자와 투자유치국 정부 간 법률상의 분쟁(*legal disputes*)'으로 제한한다.

또한 ISDS 중재 대상인 법률상의 분쟁은 "BIT나 FTA상 투자계약 및 투자 관련 국내 법규 또는 투자협정에 기초한 각 당사자의 권리, 의무에 관한 분쟁"으로 정의된다.[43] 이 규정에 따르면 정부와 개별 투자자의 협상이나 계약의 재교섭이나 이해관계 충돌, 경제상의 이익과 관련한 단순한 분쟁 등은 ISDS의 대상이 아니다.

가령 정부가 특정 사업이나 프로젝트를 발주하고 여기에 참여하는 외국 투자자와 계약을 맺은 후에 계약 당사자로서 계약을 위반하는 행위를 했다면 이는 계약상의 분쟁해결절차에 따르면 되는 것이고 ISDS의 대상이 되지 않는다는 것이다.

또한 분식회계나 투자에 대한 사실조사와 관련된 분쟁 등도 적용대상이 될 수 없다. BIT나 FTA 협약상 대상국가의 투자자를 보호하기 위한 직간접 의무 규정

---

41 한·미 FTA 제11장 5조의 내용을 인용한 것이다.
42 김여선, 2014, "국제투자법의 공정·공평 대우: ISD의 만능조항", 〈국제거래법 연구〉, 23권 2호.
43 ICSID, 2022, *ICSID: Convention, Regulations and Rules*.

위반만이 ISDS의 중재 대상이 되는 것이다.

가령 2019년 7월 말 현재 983건의 투자분쟁이 제기되었으나, 이 가운데 실제로 국가에 의한 투자위반 사항이 있는 것으로 판단되어 ICSID에 접수된 사건은 약 615건(62%)뿐이다.[44]

ISDS 중재 절차

투자자와 투자유치국 사이에 분쟁이 발생하고 투자위반 사항이 분명한 경우 양측은 중재판정을 따른다는 의사를 명시적으로 서면 제출하여 중재판정이 개시된다. 일단 서면동의서가 제출된 이후에는 불리하다고 해서 일방적으로 취하할 수 없고, 단심제로 진행되며, 협정 위반 판정이 결정되면 투자 대상국 정부는 투자자에게 중재판정부가 산정한 배상금을 지급해야 한다.

중재판정부는 분쟁 당사국과 중재소송을 제기한 투자자 각각이 선임한 1명과 분쟁 당사자가 합의하는 의장 중재인 등 3명으로 구성되어 심리한다.[45]

ISDS의 사법주권 논란

기업이 다른 나라에 투자하거나 공장 등을 건설하면서 법적 보호를 받고자 하는 것은 당연하다. 실제로 미국은 NAFTA에 ISDS를 명시한 이래 거의 대부분의 BIT, FTA에 ISDS를 요구했고,[46] 한·미 FTA에서도 처음부터 ISDS 도입을 요구했다. 초기자본이 없어 해외에서 자금을 조달하여 경제발전 재원으로 활용한 한국의 경우 ISDS의 개념이 확립되어 있는 편이었다.

그런데 한·미 FTA의 ISDS 도입 협상에 대해 경제정의실천시민연합(경실련)과 참여연대 등 시민단체들은 "ISDS가 한국 사법체계와 정부 정책 방향에 부정적 영향을 미칠 것"이라면서 반대에 나섰다. 이들이 지적한 문제는 ISDS 중재 대상이

---

44 "ICSID란?", 내한상사중재원 홈페이지.
45 만약 분쟁 당사자 간에 합의가 되지 않으면, ICSID 사무총장이 의장 중재인을 임명하도록 되어 있다.
46 다만 호주와의 FTA에서는 ISDS의 예외를 두었다.

되는 '국가의 행위'에 단순히 행정부 및 산하 공공기관의 행정행위뿐만 아니라 입법부에 의한 법률 제정, 사법부 판결 모두가 포함된다는 점이었다. ISDS가 "각국의 사법주권과 입법권, 행정권을 지나치게 제한한다"는 것이었다.[47]

이들은 다른 나라들의 ISDS 소송사건에서 ISDS가 법적 해결 기구로서 가지는 여러 가지 문제점들을 예로 들면서 적극적으로 ISDS 협상을 비판하는 활동에 나섰다. 이에 적지 않은 법조인들이 ISDS의 문제점을 우려하기 시작하면서 2007년 초부터 ISDS가 큰 논쟁거리로 부상했다.

시민단체 반대의 가장 큰 핵심은 ISDS 제도 자체가 형성된 역사적 배경에 있었다. ISDS가 1960년대 이후 개도국 정부의 법제도를 신뢰하지 않은 선진국 투자자들이 주도해 만들었기 때문에 투자자의 의무보다 투자유치국의 의무를 더 강조하고 결과적으로 투자자에게 유리하게 해석될 수 있다는 지적이었다.

ISDS상의 여러 가지 실체적 원칙이나 기준은 투자유치국의 공공정책 목표나 공동체 가치기준보다 투자자 보호에 중점을 둔다. 국민 건강과 보건, 위생, 환경 등 순수한 공공 목적의 정책이나, 부동산정책, 조세제도 등이라도 결과적으로 투자자의 이익을 침해하면 ISDS의 제소 대상이 될 위험이 있다.

시민단체들이 당시 제기한 ISDS의 또 다른 문제점은 한·미 FTA가 '투자'를 아주 넓은 의미에서 정의한다는 점이다. 이들은 "일반적 증권뿐만 아니라 저작권, 특허권, 식물 다양성에 대한 권리 등을 포함해 모든 유무형의 자산" 등이 투자 대상이 될 수 있기 때문에 투자와 투기의 구분이 모호해져서 상황에 따라 정부가 투기행위를 ISDS로 보호해 주는 결과로 이어질 수 있다고 우려했다.[48]

마침 1994년 NAFTA 발효 후 이 협정에 따른 미국 투자자들의 ISDS 사건이 급증하면서 주권국가로서 적절한 공공 목적의 규제권 행사가 가능할지 여부에 대한 우려가 개도국에 크게 확산된 시점이었다. 이 같은 개도국들의 부정적 시각이 한

---

47 정하늘 대표(국제법질서연구소 · 외국변호사), "국제재판에서 재심사되는 국내 법원 판결들", 〈법률신문〉, 2022. 8. 12.

48 〈프레시안〉, 2006. 2. 24.

국의 FTA 반대 진영에 반영된 것이다.

반대 진영의 비판과 주장에서는 상당수 법률가들의 지지를 얻어 FTA 협상 과정에서는 물론이고 한참 시간이 흐른 2011년 국회비준 때도 계속 ISDS 문제가 제기되었다.[49] 이를 인용한 언론 보도가 지속적으로 이어졌다.[50]

법무부도 ISDS의 여러 가지 문제점들을 인식하여 당초에는 FTA 협상에서 ISDS를 제외해야 한다는 의견을 통상교섭본부에 보냈다. ISDS에 대해 연구하는 특별 TF를 구성하기도 했다.

결국 정부의 내부 논의 끝에 법무부는 "ISDS의 FTA 논의 배제 의견"을 철회했다. 그 배경은 우선 ISDS가 우리 정부의 공공정책을 제한하는 요소가 될 수 있다는 점은 맞지만, 제도를 엄격히 적용하도록 협상하여 남소(濫訴)를 방지할 수 있다는 것이다. 둘째, 우리 기업들의 해외투자가 급증하는 시점에 현지국의 위법·부당한 조치로부터 우리 기업들을 보호하는 장치가 될 수 있다는 것이다. 셋째, 미국이 대부분의 FTA에 거의 예외 없이 ISDS 도입을 요구하기 때문에 만약 ISDS 배제를 우리가 끝까지 요구하면 한·미 FTA 자체가 결렬될 것이라는 근본적 우려도 있었다.

법무부의 ISDS 배제 의견 제시와 철회 과정에서 어떠한 논의가 진행되었을까? 당시 대통령비서실 경제정책수석비서관이던 윤대희의 설명이다.

윤대희 우리가 자동차와 섬유 등에 대한 미국 관세철폐를 주장한 반면, 미국은 한국이 곧 개방 시대에 진입할 테니 글로벌 비전을 가지라면서 투자분쟁 해결제도를 도입할 것을 자꾸 주장했습니다. 한·미 FTA가 통상 문제지만 ISDS는 법과 정부의 공공정책 문제에 영향을 미치기 때문에 진보 진영이나 시민단체, 법률단체에서 크게 문제 삼았습니다.

결국 청와대가 나섰습니다. 내부 논의를 하여 "미국이 ISDS를 요구하는 진의가 무엇이며 우리 정부가 어느 정도 선까지 수용할 수 있는지를 파악해야 하기 때

---

49 〈경향신문〉, 2007. 4. 10.

50 '투자자·국가 간 국제중재 회부' 위헌소지를 지적하는 보도가 이어졌다(〈서울신문〉, 〈세계일보〉, 〈한국일보〉 등의 2007년 4월 3일 자와 4일 자).

문에 이건 법무부가 책임지고 다뤄야 할 문제"라고 결론을 내렸죠. 민정수석이 천정배 당시 법무부 장관과 이야기해서 법무부가 이걸 정식으로 다루기로 하고, 외부 전문가들을 불러 TF를 만들었습니다.

당시 위원장이 변호사 출신 신희택 서울대 교수였는데 위원회가 이 문제를 검토하고 청와대에서 최초 보고를 했습니다. 그 결론이 "만약 미국이 요구하는 대로 그냥 가면 통상과 투자 분야에서 상당히 문제가 될 가능성이 있다"는 것이었습니다. TF가 청와대에서 대통령에게 보고할 때 저도 참석했는데 그 자리에서 제가 이렇게 물었습니다.

"미국이 투자를 하는 데 있어 필요하다고 하는 ISDS 문제를 어떤 형태로든 해결하지 않으면 한·미 FTA 협상 자체가 어려울 것 같다. 법무부나 TF가 판단한 대로 ISDS에 문제가 있는 것은 사실인데 만약 그렇게까지 심각하게 문제가 된다면 우리가 한·미 FTA를 포기할 수밖에 없다. 법무부는 한·미 FTA보다 ISDS가 더 중요하다고 보는가?"라고 질문했습니다. 나중에 법무부가 한·미 FTA 협상에 ISDS 문제를 포함시켜 협상해도 좋다고 입장을 정리하여 보내왔습니다.

사실 ISDS 문제 역시 노 대통령의 통 큰 결단으로 결론이 난 것이었습니다. FTA는 양쪽 이익이 균형을 이룰 때 합의가 되는 것 아닙니까? 우리가 주장하는 자동차나 섬유 등을 미국 측에서 양보하고, 미국이 한국에 투자하기 위한 전제조건으로 요구하는 ISDS 문제는 우리 쪽에서 받은 것입니다. 대신 ISDS 조건을 강화하기로 했습니다.

우리가 개방을 지향하지 않으면 몰라도 개방으로 가는 것이 확실한 방향이라면 ISDS 문제는 어떤 형태로든 해결해야 할 글로벌 스탠더드라는 분명한 입장을 가지고 있었습니다. 사실 한국이 체결한 칠레, 싱가포르, EFTA와의 FTA에도 이미 ISDS가 포함되어 있었죠. 특히 앞으로 추진될 중국, ASEAN과의 FTA에도 ISDS를 포함시켜야 해외에 진출하는 우리 기업들을 보호할 수 있다고 보았습니다. 아무튼 대통령의 결단과 청와대 참모진의 건의, 법무부의 양보와 대안 제시로 ISDS 이슈가 타결에 이르렀습니다.

"ISDS, 오히려 한국에 더 필요해"

당시 정부의 FTA 담당자들 사이에서는 법리 논쟁 이전에 현실적으로 한국에 ISDS가 더 필요하다는 주장도 나왔다.

한·미 FTA 체결 직후 우리나라의 미국 시장 누적 투자 규모는 185억 달러로 미국의 한국 누적 투자 규모의 절반가량이었다. GDP에서 차지하는 투자금액은 우리나라가 미국의 9배이므로 정부 정책 변경으로 투자가 위험에 처하는 경우, 경제에 미치는 영향은 우리 쪽이 훨씬 더 크다는 점에서 ISDS가 필요한 것은 오히려 한국이라는 것이다.[51]

실제로 한·미 FTA 협상 당시 국회입법조사처 조사에 따르면 2006년 한 해 동안 한국의 대미 투자액이 미국의 대한국 투자액을 넘어섰다. 그 추세가 지속되어 나중에 한·미 FTA 재협상이 있던 해인 2011년 6월에는 대미 투자 규모가 미국의 대한국 투자 규모를 85억 달러가량 상회하는 것으로 나타났다.[52]

또한 한·미 FTA 협상이 시작되기 전부터 한국 경제에 나타난 가장 뚜렷한 특징 가운데 하나가 한국 기업들의 공급망 해외 이전이었다. 비용절감과 해외 시장 진출 효율성을 위해 생산기지를 중국과 베트남 등 다른 나라에 옮기고 있었고, 이 과정에서 미국 시장에 직접 진출할 목적으로 한국 기업들이 생산기지 이전 투자를 늘리고 있었던 것이다.

윤대희 당시 청와대 경제수석실 입장은 ISDS 문제는 우리를 위해 더 필요하다고 보았습니다. 미국은 자국 투자자들이 불리하다고 생각하면 ISDS 말고도 한국 정부를 압박할 수 있는 수단이 많았습니다. 거꾸로 우리는 미국에 공장을 짓거나 투자했다가 불공정하게 손해 볼 경우 미국 행정부에 항의할 아무런 다른 수단이 없었죠.

---

51 〈대한민국 정책브리핑〉, 2007. 4. 4.

52 정민정(국회 입법조사관), 2012, "투자자·국가 간 분쟁해결제도", 〈한미 FTA 체결에 따른 주요 정책 및 입법과제〉, 국회입법조사처.

그런데 나중에 국회비준 과정에서 ISDS가 또다시 문제가 되더라고요. 그때는 김현종 본부장이나 저나 정부를 떠났고 협상 수석대표였던 김종훈 씨가 통상교섭 본부장이 되어 이 문제에 대응했습니다. TV 토론 등에서 엄청나게 문제가 되었는데 김종훈 본부장이 아주 논리정연하게 조목조목 답변을 잘했습니다.

사실 미국은 한·미 FTA의 ISDS가 아니더라도 한국 정부를 간접적으로 압박할 다른 수단이 얼마든지 있었다. 실제로 미국과 통상을 해온 정부 공무원들도 비슷한 인식을 공유했다. 한·미 FTA 협상에 참여했던 신제윤 전 금융위원장의 견해다.

신제윤 한·미 FTA 협상 타결 이후 ISDS에 대해 법조계와 학계, 언론이 많은 문제점을 제기했고 온 사회가 크게 반응했죠. 하지만 정부 내부에서는 사실 그게 큰 문제가 아니라고 봤습니다. 무엇보다 미국이 우리나라에 제동을 걸고자 하면 굳이 한·미 FTA의 ISDS까지 동원할 필요가 없습니다. 온갖 행정명령이나 반덤핑 등 다양한 통상보복 방식이 있거든요.

사실 ISDS는 한·미 FTA 때 갑자기 생긴 새로운 개념이 아닙니다. 그전에 우리나라가 다른 나라와 체결했던 양자간 투자협정, 즉 BIT에 이미 근거규정이 다 있었습니다. 가령 론스타가 외환은행 매각 건으로 우리 정부를 상대로 건 중재소송이 바로 한·벨기에·룩셈부르크 투자보장 협정에 근거한 것입니다.[53] 한·미 FTA에 근거한 ISDS는 미국계 헤지펀드 엘리엇이 2015년 제일모직과 삼성물산 합병과 관련하여 한국 정부를 상대로 제기한 소송이 처음입니다.

역설적으로 한·호주와의 FTA를 추진할 때는 호주가 ISDS를 의제에 넣는 것을 반대하여 FTA 협상이 지연되기도 했다. 한·호주 FTA를 진두지휘했던 박태호 전 통상교섭본부장의 설명이다.

---

53 론스타는 2012년 외환은행 매각 과정에 한국 정부가 부당하게 개입해 손해를 봤다며 2015년 국제중재를 신청했다. 2022년 8월 ICSID는 론스타가 제기한 손해배상 청구소송에서 한국 정부에 2억 1,650만 달러(2,817억 원)를 배상하라고 판정했다(〈서울신문〉, 2023. 6. 30).

박태호　미국과의 FTA 협상 때 ISDS가 그들의 협상 템플릿에 처음부터 들어 있어서 협상을 시작했는데, 이건 보는 각도에 따라 의견이 다릅니다. 우선 "오죽하면 기업이 미움받을 걸 알면서도 국가를 상대로 소송하겠냐?"는 입장이 있습니다. 반면에 그걸 다르게 보는 사람들은 "외국에서 거대한 다국적 기업이 들어와 우리나라 정책에 반대하고 ISDS를 통해 이를 무효화하게 될 경우 우리나라는 엄청난 행정적·사법적 혼란과 손해를 볼 것"이라는 주장을 폈습니다. 즉, 외국 기업이 우리나라에 와서 우리나라의 사회 및 환경 정책 등에 계속 국제중재를 제기하여 정책을 무효화할 수 있다는 것입니다.

저는 국가에 따라 이와 같은 상황이 아예 없다고 할 수는 없습니다만, OECD 회원국인 우리나라의 행정·사법 수준에서는 크게 우려할 만한 일은 아니라고 생각했습니다. 오히려 ISDS를 통해 우리 기업이 외국에 진출할 때 보호장치를 마련할 수 있어 필요한 항목이라고 생각했습니다.

우여곡절을 거쳐 한·미 FTA 때는 ISDS가 도입되었지만, 제가 통상교섭본부장이던 당시 진행한 호주와의 FTA 협상에서는 ISDS가 최대 쟁점이 되었습니다. 모든 분야 협상을 잘 끝냈는데, 호주가 마지막까지 ISDS를 수용할 수 없다는 입장을 견지하여 문제가 된 것입니다. 우리 입장에서는 한·미 FTA 체결 과정에서 ISDS가 필요한 이유에 대해 국민들에게 여러 가지 논리로 다 설명했기 때문에 이제 와서 호주와의 FTA에서 ISDS를 뺄 명분이 없었습니다.

알고 보니 호주는 ISDS에서 자국 정부가 패소한 사례가 있어 ISDS에 매우 부정적인 인식이 강했던 것 같습니다. 이를 해결하고자 저는 당시 호주 통상장관과 만나 한국 입장에서는 ISDS이지만, 호주에서 볼 때는 ISDS로 해석되지 않는 조항을 고안하자고 제안하기까지 했습니다.

홍은주　결국 그 문제가 어떻게 해결되었습니까?

박태호　ISDS 논의를 호주가 계속 반대해서 그때는 협상에 진전이 없었습니다. 제가 통상교섭본부장 임기를 마치고 대학으로 돌아온 후에 ISDS 도입을 반대하지 않는 당이 집권하면서 마침내 한·호주 FTA를 체결할 수 있게 되었습니다.

홍은주 호주와의 FTA에서는 오히려 우리 쪽이 ISDS를 도입하자고 압박했던 셈이군요.

한 · 미 FTA의 ISDS, BIT보다 적용 기준 엄격

시민단체와 법률가들의 강한 반대가 일자, 한·미 FTA 협상팀은 과거 BIT 때보다 훨씬 엄격하게 ISDS를 설계했다. 우여곡절 끝에 미국에 반덤핑 산업피해 추산에 관한 '비합산 조치'를 양보하는 조건으로, 한국은 신약 최저가 보장과 "투자자·국가 간 분쟁해결제도에서 부동산과 조세, 환경 등의 공공정책은 ISDS의 예외로 둘 수 있다"는 내용을 관철시켰다. 과거 BIT상의 ISDS는 선진 투자국들이 자국 투자자 보호를 위해 마련한 ISDS의 내용을 우리가 일방적으로 도입한 경우가 많았으나 FTA 협상에서는 더 엄격한 제한을 둔 것이다.

당시 수석대표였던 김종훈의 회고다.

미국이 절대로 이것(비합산 조치)을 못 받겠다고 할 때 우리는 계속 그걸 내놔라, 내놔라 해서 값이 엄청 높아졌고 미국이 여기에 엄청 부담을 가졌다. 값을 키워 놓고 난 다음 미국이 '도저히 안 되겠다'고 나오자 우리도 '절대로 내줄 수 없는 것'을 여기에 대응하여 덜어 냈다. 비합산 조치를 카드로 활용해 우리가 얻어 낸 것은 신약 최저가 보장과 투자자 · 국가 간 분쟁해결제도(ISDS)의 예외조항 등이었다. 저쪽에서는 신약 최저가 보장을 2차 협상 때부터 굉장히 강하게 요구했다. 그것 때문에 2차 협상이 파행되기도 했는데, 이때 약가 최저가 보장을 한국 측이 뺀 것이다. ISDS는 부동산과 조세는 빠지는 것이 좋겠다고 해서 이걸 빼는 식으로 해서 미국의 비합산 조치에 대응했다.[54]

---

54 김종훈, 〈대한민국 정책브리핑〉, 2007. 4. 6.

ISDS의 엄격한 적용 합의

나중에 타결된 한·미 FTA의 내용을 보면 "일련의 정부 행위가 그 목적 또는 효과에 비추어 극히 심하거나 불균형적인 때와 같은 드문 상황을 제외하고는 공중보건, 안전, 환경 및 부동산 가격 안정화와 같은 정당한 공공복지 목적을 보호하기 위해 고안되고 적용되는 당사국의 비차별적 규제 행위는 '간접수용'(indirect expropriation)을 구성하지 아니한다"고 명시했다.[55]

공익적 목적을 위해 투자유치국은 필요한 조치를 취할 수 있으며, "정당한 목적의 정부 공공정책에 대해서는 간접수용의 적용 배제사항, 예외사항 및 현재유보·미래유보 사항을 둔다"는 것이다.[56]

'간접수용'은 "국가에 의한 규제가 직접적으로 투자재산의 소유권을 직접 박탈하지는 않지만, 수용 및 국유화, 몰수 등과 동등한 또는 유사한 효과가 발생되는 행위"를 의미한다.[57] '간접수용'의 핵심은 정부가 공공 목적상 행위하는 것 자체를 막을 수는 없지만, 그에 따라 발생한 투자자 피해에 대해서는 '유효한 보상'을 해야 한다는 점이다. 따라서 만약 정부의 공공정책이더라도 간접수용에 해당할 경우 그에 따른 피해를 보았다고 생각하는 미국 투자자는 정부에 '유효한 보상'을 청구할 수 있다.

그렇다면 어느 정도가 간접수용이고, 간접수용에 따른 피해액수는 어떻게 산정해야 하는 것일까? 간접수용의 산정방식은 유일효과이론(sole effect doctrine)과 형량이론(balanced approach), 두 가지로 판단이 엇갈린다.

유일효과이론은 "정부의 규제조치로 인해 사익이 크게 침해되는 경우라면 아무리 공익가치가 우월하다고 하더라도 정부는 반드시 이에 대해 경제적으로 시가에 해당되는 보상의무가 있다"는 것이다. 반면 형량이론은 "재산권 침해를 따질 때 정부행위의 공적 성격이나 내용도 함께 고려해야 한다"는 이론이다.[58] 전자는

---

55 〈한·미 FTA 부속서〉, 11-나 수용, 제3항 나.
56 법무부 보도자료, 한·미 FTA 홈페이지.
57 김여선, 2013, "국제투자법상 간접수용에 관한 연구", 〈법과 정책〉, 19권 2호.

주로 개인의 권리와 재산권 보호를 중요시하는 서방 선진국이 주장하는 이론이고, 후자는 공동체적 가치를 중요하게 보는 개도국이 선호하는 이론이다.

한·미 FTA 간접수용의 내용과 판단기준은 미국 연방대법원의 판례이론의 '규제적 수용'과 매우 유사하다는 점을 들어 일부 언론이 "국회에 보고한 한·미 FTA 분야별 최종협상 결과에 따르면, 조세정책을 뺀 나머지 모든 분야는 예외적 경우에는 간접수용에 해당되는 쪽으로 규정된 것으로 알려졌다"는 내용의 보도를 하기도 했다.[59]

이에 대해 법무부는 "국민건강보험 등 법정 사회보장제도는 협정 적용 자체가 배제되어 있다.[60] 간접수용 범위를 미국 측 주장보다 축소하기 위해, 부동산 가격 안정화정책, 조세조치 등은 원칙적으로 간접수용이 아님을 규정했다. 간접규제의 인용은 정책과 목적 간의 비례성이 극도로 훼손된 경우 등으로 한정했다. 투자자가 공익을 위해 감내해야 할 범위를 넘어서는 '특별한 희생'이 발생했는지 여부(우리 수용법의 기본원리임)를 고려하도록 기재하기도 했다. 수용 범위에 관해 현존하는 협정문 중 가장 제한적인 내용을 규정했으므로 공공정책에 대한 미국 투자자의 남소를 상당 부분 예방할 수 있을 것"이라고 밝혔다.[61]

실제로는 어땠을까? ICSID에 따르면, 2012년 종결된 사건을 기준으로 42%가 투자유치국에 유리한 판정이 내려졌고, 31%가 투자자에게 유리한 판정이 내려졌으며, 27%는 화해로 종료되었다. 상당수 외국인 투자자들은 간접수용을 근거로 ISDS 제소를 하지만, 중재판례상 외국인 투자자의 간접수용 주장이 100% 인용되는 경우는 많지 않은 것으로 나타난 것이다.

한·미 FTA는 또한 실체법상의 기준인 '공정·공평대우'(F&ET) 조항이 매우 포괄적이고 모호해서 중재판정부의 주관이 개입될 여지가 많다는 비판을 수용했다. "공정·공평대우 조항이 국제관습법상의 최소기준 대우에서 요구하는 것 이상의

58 김승종(국토연구원 책임연구원), 〈월간 국토 용어해설〉, 2012. 3.14.

59 〈경향신문〉, 2007. 4. 10.

60 〈한·미 FTA 협정〉, 제13.1조 제3항.

61 외교통상부 보도자료, 2011. 11. 7.

대우를 요구하지 않으며, 이것이 민형사 또는 행정소송에서 적법절차에 따른 사법 정의를 거부하지 않을 의무"임을 명시한 것이다.[62]

당시 시민단체들의 적극적 문제제기는 ISDS에 대한 한국 측 협상력과 입지를 높이는 방향으로 작용하기도 했다. 대표적 예가 부동산정책 부문이다. 한국에서는 부동산정책이 경기조절과 경제성장의 수단으로 자주, 그리고 다양한 방식으로 쓰여 왔다. 참여연대와 경실련 등은 2007년 2월과 9월, '한·미 FTA와 한국의 부동산정책' 토론회를 개최하여 부동산정책이 간접수용으로 ISDS의 제소 대상이 될 경우 정부의 자율적 부동산 투기억제 대책이나 법 제정이 어려워질 것이라고 강하게 문제를 제기했다.

한·미 FTA 협상단이 2006년 6월에 미국과 주고받은 1차 협상 협정문 초안에서는 간접수용의 예외로 환경·공중보건·안전만을 규정했으나, 이후 협상 과정에서 정부는 토지수용 관련 분쟁을 국내 사법절차로 해결할 것을 제안했다. 최종적으로 한·미 FTA가 공개된 이후 내용을 보면 '부동산 가격 안정화정책'은 간접수용의 예외로 추가되어 있다. 협상팀 외부에서의 엄격한 검증과 문제제기가 한국 측의 협상력을 높이는 힘으로 작용한 것이다.[63]

한·미 FTA 협상 후 ISDS 대책

한·미 FTA 협상 타결 이후 법무부는 "투자자로부터의 제소 우려로 우리 정부의 공공 목적 규제정책이 위축되거나 배상책임을 지게 되는 것에 대비해 앞으로 정부주요 입법 및 정책 결정 시 사전에 법무부 자문·검토와 심의를 받는 외국 투자에 대한 '사전영향 평가제도'를 도입할 계획"이라고 밝혔다.[64] 정부 주요 입법 및 규

---

62 NAFTA 자유무역위원회(FTC: *Free Trade Commission*)의 해석 지침을 따른 것이다(유지연, 2018, "한·미 FTA와 투자자·국가 간 소송제도(ISD)에 대한 고찰", 〈산업연구〉, 42권 2호).

63 김원보, 2008, "한·미 FTA와 수용 및 보상", 〈법제연구〉, 1월호.

64 정민성(국회 입법조사관), 2012, "투자자·국가 간 분쟁해결제도", 〈한미 FTA 체결에 따른 주요 정책 및 입법과제〉, 국회입법조사처.

제, 정책방향을 결정할 때 사전에 법무부의 자문과 검토, 심의를 받기로 한 것이다.

예외적이긴 하지만, "일련의 행위가 그 목적 또는 효과에 비추어 극히 심하거나 불균형적인 때"와 같이 예외적 상황(*rare circumstances*)에서는 간접수용으로 인정될 수 있다는 단서 규정이 한·미 FTA의 ISDS에 담겨 있기 때문이다.[65]

이와 함께 해외 ISD 분쟁 사례를 집중 연구해 대응 방안을 수립하고, 이를 위해 재경부, 산자부 등 유관 부처와 민간 전문가로 구성된 민관 합동 TF를 운영하기로 했다. 2008년 출범한 '정부법무공단' 안에서도 전담기구를 설치·운영하여 외국 투자자의 제소에 전문적 대응체제를 마련했다.[66]

그럼에도 "한·미 FTA상 ISDS 조항이 독소조항이 될 수 있다"는 비판은 계속 논란이 되었다. 2011년 한·미 FTA 동의안의 국회비준을 앞두고, 상당수 사법부 법관들이 한·미 FTA가 공공정책 입법권한은 물론 사법주권을 침해한다고 지적했다. 이때에 여야의 공수(攻守)가 서로 180도 뒤바뀌었다.

2007년 4월 2일 협상 타결 직후 노무현 정부는 "ISDS는 세계적으로 보편적인 투자자 보호제도로 정착된 제도이다. '독소조항론'의 주장대로라면 우리나라뿐만 아니라 모든 국제사회가 독에 감염되어 있다는 말밖에 되지 않는다"고 해명하였다.[67]

한편 이명박 정부 시절에는 야당이 된 민주당이 태도를 바꾸어 "국익에 배치된다"며 재협상 없이는 비준 불가를 외치기도 했다. ISDS를 둘러싼 논란으로 한·미 FTA 국회 동의가 늦어지자, 이명박 대통령은 국회를 방문하여 "한·미 FTA가 비준동의되더라도 ISDS 조항을 폐기·유보·수정하기 위한 재협상을 미국과 시작하겠다"고 약속하기도 했다.

2013년 박근혜 정부 때는 한·미 FTA 재협상 불가 방침을 확정해 ISDS는 그대로 유지되었다. 2018년에는 트럼프 대통령이 일방적 요구로 한·미 FTA 개정안 협상이 시작되었다. 이때 한국 측은 의약품과 자동차 부문에서 미국 요구를 들어

---

65 〈한·미 FTA 부속서〉, 11-나. 3항-나
66 〈대한민국 정책브리핑〉, 2007. 4. 6.
67 〈한국일보〉, 2018. 12. 8.

준 대신, ISDS에서 우리에게 불리하게 작용할 수 있는 조항들을 제거하거나 보완하는 데 상당한 성과를 얻었다.

2018년 9월 24일 한·미 FTA 개정 협정문은 "투자자가 만약 투자유치국과 제3국 간 체결된 협정에 근거해 ISDS를 제기한 바 있다면 동일한 사건에 대하여 한·미 FTA를 내세워 다시 중복 제소하는 것을 금지한다"고 명시했다.

또한 중재판정부 검토 결과 투자자가 소송을 제기하는 근거가 약할 경우 신속히 소송을 각하할 수 있도록 하고, ISDS 청구를 제기하는 투자자에게 청구 원인에 대한 모든 입증 책임을 지도록 하여 남소 가능성을 줄였다.[68]

ISDS에 대한 국가별 입장 변화

ISDS 이슈는 현재진행형이다. 그동안의 운용 과정에서 국제적으로 여러 가지 문제가 제기됨에 따라 각 나라별로 혹은 UN을 비롯한 국제기구 차원에서 ISDS에 대한 대안을 모색하고 있다.

ICSID 제42조는 투자자 보호를 위해, ISDS 같은 준거법이 존재하지 않을 경우 국제법뿐 아니라 당사국의 국내법도 적용할 수 있도록 허용한다. 또한 BIT의 개별 투자보호협정 가운데도 ISDS를 위해 투자유치국의 법률을 적용할 수 있도록 한 경우가 다수 존재하므로 개정협상이나 추가협상을 통해 BIT나 FTA에서 ISDS를 개선할 수 있는 여지가 있다.[69]

미국의 경우 NAFTA을 고치는 과정에서 멕시코에 대해 ISDS를 제한적으로 허용하고, 캐나다에 대해서는 이를 폐지했다. 호주에 대해서도 예외를 인정했다. EU도 캐나다와의 FTA에서 ISDS 적용 기준을 크게 강화했다.

인도네시아는 2015년 6월 말로 기한이 만료되는 BIT를 재협상하거나 연장하지 않고 폐기했다.[70] 인도, 인도네시아, 남아프리카공화국, 에콰도르 역시 자국이

---

68 〈연합뉴스TV〉, 2018. 9. 4.

69 정하늘(국제법질서연구소 대표 · 외국변호사), "국제재판에서 재심사되는 국내 법원 판결들", 〈법률신문〉, 2022. 8. 12.

맺은 다수의 BIT를 연장하지 않았다.[71]

브라질의 경우 여러 중남미 국가와 아프리카 국가와의 투자협정에서 ISDS 대신 '투자협력과 촉진협정'(CFIA: *Cooperation and Facilitation Investment Agreement*)을 제시했다. CFIA는 투자자 보호와 투자유치국의 공공정책 존중이라는 균형적 모델을 제시한 사례로 평가된다.

중남미 남부공동시장(MERCOSUR) 지역 내 국가들 역시 투자의정서에서 ISDS 판정보다 상시적이고 예방적인 국제투자분쟁 해결기관 설치를 제시했다. 중재판정보다 분쟁 예방에 더 중점을 두고 투자와 관련해 발생하는 모든 문제 처리를 위해 공동위원회[72]와 고충처리기관(*Focal Points, Ombudsmen*)[73]을 제도화하기로 했다.

한편 남아프리카공화국 정부는 BIT의 수용 규정이 남아공의 국내법 정신과 배치된다는 판단에 따라 1994년 영국·남아공 BIT 이래 체결했던 다수의 BIT를 폐기했다. 직접·간접수용에 대해 BIT는 시장가치를 반영하여 '즉각적이고 적절하며 효과적인 보상'을 하도록 규정하지만 남아공 법원은 시장가치 이외에 취득 경위, 수용 목적 등을 고려해 보상액을 결정하므로 법적 판단이 상호 배치된다는 것이다. 남아공 정부는 그 대신 과거 BIT에서 규정했던 여러 가지 투자자 보호조항을 국내법 내부로 끌어들여 독자적인 「투자자보호법」(*Protection of Investment Act*)을 제정하여 2018년 7월 13일 발효했다.[74]

---

70 영국계 회사와 호주 협력 회사들이 인도네시아 정부의 광업정책을 이유로 ISDS 중재절차를 개시하고, 결국 20억 달러에 달하는 천문학적인 중재판정금을 내린 후 취한 조치이다(David Price, 2017, "Indonesia's Bold Strategy on Bilateral Investment Treaties: Seeking an Equitable Climate for Investment?", *Asian Journal of International Law*, 7, p.126.

71 Tania Voon and Andrew D. Mitchell, 2016, "Denunciation, Termination and Survival: The Interplay of Treaty Law and International Investment Law", *ICSID Review*, 31(2), pp.423~426.

72 공동위원회는 상호 투자 확대 기회 공유, 협정 이행 감시, 분쟁 예방, 이견 발생 시 해결책 마련 등을 담당한다.

73 고충처리기관은 투자유치국이 외국인 투자자와 지속적 의사소통을 통해 불합리한 규제나 분쟁을 예방하는 역할을 한다.

74 「투자자보호법」 제3조는 "남아공 국내법, 국제관습법, 그리고 남아공 헌법에서 인정하는 국제법을 적용한다"고 하여 BIT 협정에 따른 투자자 보호 기준이 남아공의 헌법 및 국내법 규정과 조화되는 선에서

UN의 ISDS 개혁 논의

UN 차원이나 OECD 차원에서도 ISDS 개혁 논의가 이루어지고 있다. UN 국제상거래법위원회(UNCITRAL)는 그동안 나온 광범위한 상사분쟁의 법적 경험, 그리고 문제점들을 바탕으로 ISDS 제소나 판결 과정, 조건을 엄격하게 하여 개별 국가의 공공정책과 투자자 보호 사이에서 적절한 균형을 이루기 위해 논의를 거듭하고 있다.

2017년 UNCITRAL는 작업 수행에 필요한 권한을 제3 실무작업반(*Working Group III*)에 위임해 'ISDS 제도 개혁을 위한 작업반'(*Investor-State Dispute Settlement Reform*)을 운영한다. 워킹그룹 III은 ISDS와 관련된 문제점을 적시하고 그것을 해결할 수 있는 개선 방안을 논의하며, 단계별로 개선 방안을 각 나라에 보내 의견이나 대안 등을 접수한다.

워킹그룹 III에 현재까지 제기된 ISDS의 문제점을 살펴보면, 우선 BIT나 FTA는 협약의 개별성과 다양성만큼이나 ISDS가 가지는 국가적 차이가 문제가 된다는 주장이 있다. 분쟁 대상이 되는 범위, 법적 절차, 해결 방식 등이 협약 당사자 국가들 간의 사전합의에 따라 다르다는 것이다. 또한 개별 ISDS가 WTO 제소 규정과 경합하거나 충돌하거나 동시 병행하는 경우도 있어 국제법 학자들 간에 양자를 일치시키려는 지속적 노력이 필요하다는 의견이 있다.[75]

ISDS의 대상이 된 호주 정부의 「단순 담뱃갑 포장법」의 경우 우선 담배생산 수출 국가들이 WTO를 통해 소송을 제기했다. 둘째, 홍콩에 법인을 둔 필립모리스 아시아가 홍콩·호주 간에 체결된 BIT에 규정된 ISDS를 통해 개별적으로 호주 정부에 중재를 제기했다.[76] 셋째, 호주 내에서 헌법소원이 제기되었다.

적용되도록 했다.

75 Verhoosel, Gaetan, 2003, "The Use of Investor-State Arbitration under BIT(Bilateral Investment Treaties) to Seek Relief for Breaches of WTO Law", *Journal of International Economic Law*, 6.

76 1993년에 체결되었다.

하나의 정책에 대해 세 종류의 소송이 동시에 제기되는 경우, 판결 결과가 제 각기 다르면 어느 판결을 따라야 하는지가 문제가 된다.[77] 중재판정이 내려졌는 데, 국내 재판 결과가 중재판정 결과와 반대로 나올 경우 어느 쪽을 따라야 하는 지 결정이 쉽지 않은 일이 발생할 수 있다. 여기에 그 국내 재판 결과를 다시 국 제사법재판소[78]나 EU 사법재판소, 유럽인권재판소[79] 등이 국제법을 근거로 재 심사하여 국내 법원의 판결을 뒤집고 원심인 중재판정이 옳다고 하는 경우까지 생기기도 한다.

대표적 예가 2023년 6월 3일 최종 판결이 내려진 BTS 홀딩 대 슬로바키아 정 부 간 소송(BTS Holdings v. Slovakia)이다.[80] 이 사건은 BTS 홀딩의 손을 들어 준 중재판정이 집행되자 슬로바키아 법원이 1심과 2심에 걸쳐 중재판정의 결과 를 뒤집었고 헌법재판소도 이를 기각했는데, 이 사건을 다시 국제판정부가 뒤집 은 사건이다. 헌법재판소를 포함한 슬로바키아 정부와 사법부가 만약 국제판정부 의 재심판결을 그대로 따르면 사법권이 뒤흔들리는 크나큰 망신이 될 것이다. 만 약 따르지 않는다면 EU로부터 막대한 경제적 불이익을 받게 될 것이다.

국가의 사법적 판결에 대하여 국제중재판정이 다른 판단을 내린 또 다른 예는 키르기스스탄 사법부가 확정 판결의 집행을 막는 사이에 키르기스스탄 국영기업

---

77 이 중재사건에서 ISDS는 PCA(*Permanent Court of Arbitration*)의 중재규정에 따라 심사되었다. 2015 년 12월 17일 중재판정부는 필립모리스 아시아가 호주·홍콩 투자보장 협정에 따라 소송을 제기하기 위해 본사를 스위스에서 홍콩으로 옮겼다는 점을 이유로 필립모리스의 제소는 ISD 대상이 아니라고 전원일치 판정을 내렸다.

78 국제사법재판소(ICJ)는 UN의 주요 사법기관으로 네덜란드 헤이그에 있다. 국제법(*international law*) 에 따라 국가에 의해 제소된 법적 분쟁을 해결하고, UN 기관과 특별 기구에 의해 제기된 법적 문제에 권고적 의견(*advisory opinion*)을 제시한다. UN 헌장(*Charters of UN*)에 따라 1945년 설립되었고, 1946년 4월에 그 업무를 개시하였다.

79 유럽인권재판소는 유럽평의회(*Council of Europe*)의 유럽인권협약(*European Convention on Human Rights*)에 따라 설립된 국제 법원이다.

80 BTS 홀딩이 슬로바키아 정부에 낸 ISDS에 대해 국제상공회의소(ICC: International Chambers of Commerce)의 국제중재재판소가 내린 중재 결과를 슬로바키아 법원이 뒤집는 판결을 내렸다. 그 판결 에 반발한 BTS 홀딩은 2017년 슬로바키아 법원 결정이 유럽인권협약에 위배된다며 유럽인권재판소에 제소했다. 2023년 6월 30일 유럽인권재판소는 슬로바키아 법원의 판결이 유럽인권협약에 위배된다고 판결했다(〈법률신문〉, 2023. 9. 3).

이 재산을 처분한 사건이다. 국내법에 의한 사법부의 판단과 국제중재재판의 판단이 달랐던 것이다. 이 판례에 대해 법무부는 중재판정부가 피소국 법원의 법해석 판단이 잘못되었다는 이유로 패소 판정을 내리는 경우는 아주 드물다고 설명했다. 키르기스스탄 사건은 주로 국제법과 일치성이 낮은 후진국 법원의 문제라는 것이다.[81]

워킹그룹 Ⅲ는 이처럼 다양한 쟁점과 논의를 바탕으로 ISDS의 규정과 규칙 등을 개선하는 노력을 계속하고 있다. 또한 중재인들에게 윤리규정 의무를 강화할 방침이다. 특히 법률전문가가 한 사건에서는 이를 대리하고 다른 사건에서 중재인으로 일하는 이른바 '더블 해팅'(double-hatting)을 막기 위해 정보공개 의무를 부여하고, 해당 사건의 외부 유출을 금지하며, 중재판정에서 과도한 비용을 청구하지 못하도록 했다.

국제투자분쟁해결 상설기관 설치 논의

최근에는 국제투자분쟁 해결을 위한 상설기관의 설치 여부가 중요한 ISDS 개선방안 중 하나로 논의되고 있다.[82]

OECD는 MAI(Multilateral Agreement on Investment, 1995~1998년) 협상에서 ISDS를 전담하는 상설기관 개설 등을 논의했으나 미국과 프랑스의 반대로 협상이 실패했다. 이후로도 ISDS 상소제도 도입, 판정금액 산정기준 공개, 병행절차 허락 유무 등을 논의 중이고, UNCTAD를 포함한 유관기관과 협력하여 규범 제정을 추진하고 있다. EU 차원에서도 상설기관 및 항소심 설치를 중심으로 하는 개혁안을 마련하고 있고 개별 협정에 이를 원용하기도 한다.

2018년 3월 6일 유럽사법재판소(CJEU: Court of Justice of the European Union)는 각 나라별 조약에 기반한 ISDS는 유럽법과 양립할 수 없다고 판결했다. 이 판결 이후, EU 회원국들은 2019년에 역내 EU 회원국 상호 간에 체결된 BIT를 모두 종

---

81 법무부 보도자료, 2007. 4. 18.
82 상설기관의 설치를 반대하는 국가들도 많다.

료시키고 대신 복수 국가들이 참여하는 조약으로 대체하는 데 합의했다. EU와 영국은 2022년 에너지헌장조약(ECT)을 개정할 때도 ISDS 규정을 배제했다.

EU는 또한 캐나다와 포괄적 경제무역협정(CETA: *Comprehensive Economic and Trade Agreement*)을 맺으면서 과거 FTA나 BIT 협상과 달리 ISDS의 적용에 훨씬 엄격한 기준을 도입하기로 했다. 한편, 상설 투자재판소를 설치하고 항소심 판정부(*Appellate Tribunal*)를 두어 중재판정에 재심을 신청할 수 있도록 했다.

역내 포괄적 경제동반자 협정(RCEP: *Regional Comprehensive Economic Partnership*)[83]에서도 ISDS 개선 논의가 시작되었다. RCEP에서 한국과 일본은 ISDS를 협정문에 포함시키자고 요구했지만, 인도네시아를 비롯한 ASEAN 국가들은 "ISDS가 공공정책보다 투자자의 이윤 추구를 우선하는 독소조항"이라며 반대하여 포함시키지 못한 것이다.

대신 RCEP에 '작업 계획'(*Work Program*) 조항이 포함되었다. 회원국들은 협정 발효 2년 내에 '투자자·국가 간 분쟁 해결'을 다루는 내용에 대해 추가협상을 하고, 협상 개시일로부터 3년 이내에 결론을 내려야 한다는 것이다.[84]

추가협상의 결론은 아직 예단할 수 없다. 절차와 내용 면에서 투자자 보호와 공공정책의 균형을 모색한 ISDS를 협정문에 넣거나 혹은 상설 투자법원을 도입하는 것 중 하나를 선택할 것으로 보인다.

한국의 ISDS 사례들

한국은 세계 10위권의 통상국가로서, 여러 나라들과 100여 건에 이르는 BIT와 FTA를 맺고 있다. 한국은 현재 국내로 들어오는 직접투자보다 해외공장이나 생산기지 건설 등 해외직접투자 규모가 거의 두 배에 이른다. 법무부에 따르면, 이 과정에서 한국 기업들이 사우디아라비아, 오만, 중국, 베트남, 키르기스스탄 등을

---

83 ASEAN 10개국, 한국·중국·일본 3개국, 호주·뉴질랜드 등 15개국이 참여한 협정이다.

84 "ASEAN 10개국 등과 체결한 RCEP 협정문 살펴보니 … '투자가·국가 간 중재' 빠졌다", 〈경향신문〉, 2020. 11. 23.

상대로 ISDS를 제기하여 상당수의 ISDS 절차가 이미 진행되었거나 진행 중이다.

한편 지금까지 해외 투자자들이 우리 정부를 상대로 제기한 ISDS는 총 10건이다.[85] 이 가운데 청구금액이 가장 컸던 소송이 론스타가 외환은행 매각과 관련하여 한국 정부에 제기한 ISDS로 무려 46억 7,950만 달러(한화 약 5조 9,710억 원)가 청구되었다. 오랜 심리 끝에 2022년 중재판정부는 한국 정부에 책임이 일부 없지 않다고 보고 2,925억 원을 배상하라고 판결했다. 그러나 론스타가 불복하여 2023년 7월 판정 취소를 신청했고, 한국 법무부도 2023년 9월 1일 판정 취소 신청을 제기했다.

한편 이란 다야니 가문이 한·이란 BIT를 근거로 한국 정부를 상대로 낸 ISDS은 한국 정부의 패소로 끝났다. 다야니 가문이 한·이란 BIT를 근거로 2015년 제기한 ISDS에서 중재판정부는 한국 정부 책임을 인정해 730억 원을 다야니 측에 지급하라고 2018년 판정했고, 정부는 영국 법원에 중재판정을 취소해 달라는 소송을 냈지만 2019년 12월 기각되었다.

이 중재판정에서는 판정부가 요구한 서류를 한국 정부가 제출하지 않았던 것이 패인의 하나였던 것으로 알려졌다. 중재판정부는 한국 정부에 2010년 12월에서 2011년 3월 사이 작성한 공적자금관리위원회 관련 서류 제출을 명령했다. 그러나 한국 정부는 '없는 서류'라고 주장하며 이를 내지 않았고, 결국 중재판정부로부터 '불리한 추정'을 받았다는 것이다.

이후 "서류 미제출로 인하여 불리한 추정을 받아 패소에 기여하게 된 것은, 실체를 떠나 절차에 있어 안일한 대응으로 인한 뼈아픈 결과"라는 반성이 나왔다.[86] 다야니 사건은 공공기관을 포함한 정부의 정책시행에 있어 투명성과 기록성이 중요하고, 향후 ISDS 중재사건에서는 국제법적 절차에 능통한 전문가가 ISD 소송 전면에 나서서 시의 적절하게 대응해야 한다는 교훈을 주었다.

한편 한·미 FTA상의 ISDS 규정에 근거하여 외국 투자회사에 의해 한국 정부가

---

85 〈조선비즈〉 기사(2023. 6. 21) 내용을 요약한 것이다. 10건 가운데 8건은 기업이, 2건은 기업이 아닌 개인 투자자가 제기한 소송이다(법무부 통계, 2023. 6. 21).

86 유지연, 2018, "한·미 FTA와 투자자·국가 간 소송제도(ISD)에 대한 고찰", 〈산업연구〉, 42권 2호.

제소된 사건은 두 건이다. 우선 헤지펀드 엘리엇이 삼성물산과 제일모직 합병 건으로 제기한 소송은 2023년 6월 중재판정부가 한국 정부의 일부 책임을 물어 690억 원을 배상하라고 판정했다. 역시 삼성물산·제일모직 합병 과정을 문제 삼은 미국계 헤지펀드 메이슨 캐피탈의 ISDS(2018년)는 심리가 진행 중이다.

이밖에도 ISDS까지 가지는 않았지만 서울시와 맥쿼리인프라 사이에 정부의 공공요금 정책이 문제가 된 경우도 있었다. 한국 정부가 물가상승이나 서민들의 교통요금 부담 가중을 우려하여 지하철 요금을 동결하는 경우 ISDS의 대상이 될 가능성이 있음을 보여 준 사례다.[87]

시민단체들이 집중적으로 문제 삼았던 부동산정책의 간접수용이 ISDS의 중재 대상으로 올라오기도 했다. 2017년 한국계 미국인이 "자신이 받은 주택 공유지분 보상금이 시세보다 낮은 공시지가를 기준으로 산정되어 한·미 FTA상의 공정·공평 조항을 위배했다"면서 한국 정부를 상대로 약 33억 원을 배상하라는 ISDS를 제기했다. 재산권을 중요시하는 미국에서는 시가보상을 원칙으로 한다는 점에 기초한 소송이었다.

이 사건은 제소자가 투자 목적으로 주택을 매입한 것으로 보기 어렵고 한·미 FTA 발효일인 2012년 3월 당시 미국 국적을 보유하고 있지 않았다는 사실이 밝혀져 ISDS의 대상이 아니라는 판정이 나왔다. 2020년과 2021년에도 한국계 미국인이나 한국계 캐나다인 등이 ISDS를 제기하겠다고 나섰다.[88]

따라서 향후 ISDS 판정에서 '공시지가를 시세에 맞게 산정해야 한다'는 미국이나 캐나다식 개념의 중재판정이 나올 경우 한국의 공공정책 체계를 뒤흔들 수 있는 문제가 될 수 있다는 우려가 나왔다.[89] 한국의 공시지가는 단순히 부동산 가격 산정뿐만 아니라 재산세와 각종 부동산 관련 세제, 국민건강보험료 산정 등에 광

---

87 지하철 9호선을 건설한 맥쿼리인프라와 서울시의 요금 갈등 때문에 이 문제가 일부에서 제기되었다. 법무부는 2012년 4월 23일 자 해명 보도자료에서 "맥쿼리인프라에 투자했던 미국 회사가 이미 지분을 다 매각하여 ISDS 대상이 아니며 사안의 성격상 '간접수용'에도 해당되지 않는다"고 부인했다.

88 2020년 한국계 미국인과 캐나다인이 공시지가로 인해 배상액 산정에서 불이익을 받았다며 ISDS 중재의 항서를 제출했다. 2021년엔 한국계 미국인이 한·미 FTA를 근거로 부동산 수용에 대해 ISDS를 제기했다.

89 노주희(경기국제평화센터장·변호사), 2021, "공시지가 논란이 'ISDS와 만났을 때'", 〈시사IN〉 710호.

범위하게 반영되기 때문이다.

2020년 8월 법무부는 ISDS 사건에 체계적으로 대응하고 분쟁을 사전에 예방하기 위해 '국제분쟁대응과'를 신설했다. 한편 국제투자분쟁 대응체계를 '관계부처 회의', '국제투자분쟁대응단'(2019년 신설)의 두 단계에서 '국제분쟁대응과'에 이르는 3단계로 정비했다. 2023년 8월에는 ISDS 대응 수위를 높여 법무부에 국제법무국을 출범시켰다.[90]

공식적으로 국제분쟁대응과를 신설한 것은 ISDS 사건이 지속적으로 늘어나는데도 사안마다 주무부처가 달라 효과적으로 대응하지 못한다는 반성 때문이었다. 2020년 8월 이후부터 정부는 그동안 제기된 ISDS 사건들의 주무부처를 법무부로 통일하여 다루고 있다.[91]

한국의 ISDS 대응 향후 과제

시민단체 등 일부에서는 "ISDS 절차가 사법주권을 침해하기 때문에 폐기해야 한다"는 주장을 지속한다. 하지만, 일반적으로 한국의 헌법이 국제조약에 있어 국제법과 ISDS 절차를 금지하지 않는 이상 사법주권을 침해하는 것은 아니라고 본다.

한편 "한국의 BIT나 FTA상의 ISDS가 너무 모호하다거나 지나치게 넓다는 비판이 있을 수 있지만 이는 실체법적 문제이다. 소송절차제도인 ISDS 그 자체의 문제점은 아니다. ISDS의 남소 가능성 역시 비단 ISDS뿐만 아니라 국내 소송법제에서도 발생하는 문제이므로, ISDS 제도에 특유한 문제라고 보기 힘들다"는 주장도 있다.[92]

글로벌 경제체제에 적극적으로 편입한 한국 경제 입장에서는 ISDS가 단순한 국제법적 논쟁의 문제가 아니라 냉정하게 마주해야 할 현실이다. 한국은 그 어떤 나라보다 많은 해외직접투자를 하고, 수많은 해외 생산공장을 두었기 때문이다.

90 〈동아일보〉, 2023. 8. 1.
91 〈시사저널〉, 2020. 8. 20.
92 주진렬, 2012, "한·미 FTA의 ISDS 조항 폐기론에 대한 고찰", 〈서울국제법연구〉, 19권 1호, 63~81쪽.

한국 기업들이 해외에서 불리한 대우를 받았을 경우 ISDS는 마지막 보루이다. 스스로를 보호하는 차원에서라도 ISDS의 국제적 개선 논의가 한국에 불리하게 흐르지 않도록 노력해야 한다.

UNCITRAL의 워킹그룹Ⅲ 등에도 적극적으로 참여하여 실체법과 절차법의 양 측면에서 합리적 대안을 마련하는 데 앞장서야 한다. 한국은 개도국에서 중진국을 거쳐 선진국으로 진입한 독특한 나라이므로 양측 입장을 모두 이해하고 중재할 수 있는 입장이기 때문이다. UNCITRAL의 워킹그룹Ⅲ에서는 ISDS 개선이 논의되지만 각 나라마다 입장이 달라 최종적으로 마무리하기까지 오랜 시간이 걸릴 것으로 예상된다. 그전에라도 ISDS에 적절하게 대응하기 위해 내부적 노력도 기울여야 한다.

적극적으로 해외 시장에 진출해야 하는 한국 기업들은 해당 국가를 상대로 한 ISDS에서 설령 이기더라도 큰 부담이 된다. 따라서 해당 국가의 공관과 기업이 현지 분위기, 규제 동향 등의 정보를 적극적으로 교류하여 분쟁 발생 이전에 대응하는 선제적 절차와 소통 노력을 강화해야 한다.

또한 ISDS 규정을 둔 각각의 BIT와 FTA에서 실체적 의무 규정과 ISDS 규정의 구체적 내용이 동일하지 않은 문제를 풀어야 한다. 협정상 정부조치 중 간접수용이 배제되는 유형을 열거하거나 예외적 상황을 구체적으로 규정하는 방식 등으로 과거 BIT 조약상 도입된 ISDS를 내용 면에서 개선해야 할 것이다.

특히 지방자치단체나 공공기관들은 중앙정부와 달리 국제투자 규범과 ISDS 제도의 중요성을 제대로 인식하지 못할 가능성이 높다. 이들이 국제규범을 인지하지 못한 채 지방주민들의 환경적·보건적 요구나 정치적 기류에 따라 공공정책을 입안하거나 혹은 뒤집는 경우가 발생할 수 있으므로 해당 이슈에 대해 교육을 강화해야 한다. 또한 지방자치단체의 특정 공공규제가 국제투자 규범에 맞는지 사전에 자문하는 절차를 의무화할 필요가 있다.

CHAPTER 8

한 · 미 FTA
정책조정과 막후조율

1. 한·미 FTA를 이끈 대외경제장관 회의

참여정부 2기 경제수장 권오규 부총리

2006년 노무현 대통령은 정권의 명운을 걸고 추진하는 한·미 FTA를 책임질 집권 2기 경제정책 수장으로 권오규 OECD 대사를 임명했다. 경제부총리는 한·미 FTA의 공식적인 최고의사결정기구인 대외경제장관 회의를 이끄는 수장 역할을 한다. 권한과 책임을 갖고 한·미 FTA를 둘러싼 부처 간 이견을 조정하고 추진하며 후속 대책을 마련하라는 뜻이 담긴 인선이었다.

노 대통령은 부총리 임명 두 달 전 그를 청와대로 미리 불러들여 한·미 FTA가 돌아가는 상황을 미리 알도록 했다. 짧은 한 달이지만 장관급 정책실장을 맡겨 부총리 임명 전에 격을 맞출 정도로 신경을 썼다.[1]

권오규 OECD 대사가 경제부총리로 내정된 것에 대해 관가에서는 다들 "그럴 줄 알았다"는 반응이었다. 첫째, 권 대사는 경제기획원 시절부터 개방화 및 대외 경제정책 수립, OECD 가입 실무 등 오랜 대외개방정책 경험이 있었다. 1990년대 초반 경제기획원 대외경제조정실 과장으로 있을 때 OECD 가입 실무를 맡았고, IBRD 경제조사관, IMF 대리대사, OECD 대사를 지내면서 국제 경험도 풍부하게 쌓았다.

둘째, 참여정부 초기에 정책수석을 지내면서 한·미 FTA 이후 한국 경제가 나아가야 할 선진경제의 구체적 방향성에 대한 대통령의 국정철학과 확신을 잘 이해하고 있었다. 필요하다면 한밤중이라도 언제든 대통령과 소통할 수 있는 가까운 관계라는 것도 중요했다.

당시 언론에 나온 권오규 부총리에 대한 소개 기사에는 노 대통령의 신임을 엿볼 수 있는 대목이 들어 있다.

---

1 2006년 6월 1일부터 2006년 7월 3일까지 권오규는 대통령비서실 정책실장을 역임했다.

업무 스타일이 깔끔하기로 정평이 나 있다. 업무보고는 물론이고 매사를 간결하고 핵심 위주로 신속히 처리하는 것을 좋아한다. 노무현 대통령도 권 실장의 이 같은 장점을 높이 평가하는 것으로 알려져 있다.

2004년 2월 강원도 지역 언론인 간담회에서는 당시 정책수석이었던 권 실장에 대해 "아주 실력 있는 공무원이다. 많은 부처에 상당히 센 말발을 갖고 있다"고 평가했다. 청와대의 한 핵심참모는 "권 실장의 보고서는 노 대통령이 칭찬을 아끼지 않을 정도로 아주 탁월하다"고 말했다.

권 실장은 2004년 하반기부터 OECD 대사로 일하면서 자신이 치밀하게 분석해 작성한 각종 자료들을 청와대에 보고했는데, 이들 가운데 통일 후 독일의 경제상황과 독일의 대연정 배경, 스웨덴식 복지국가에 대한 보고서는 일반에 공개될 정도로 노 대통령에게 깊은 감명을 주었다는 후문이다.[2]

노무현 대통령은 위계나 권위보다는 업무 위주로 사람을 만나고 일단 어떤 사람을 믿으면 권한과 책임을 주면서 끝까지 밀어주는 리더십 스타일을 가지고 있었다. 권오규 부총리는 대외개방 및 한국 경제의 방향성에 관해 대통령의 뜻을 잘 이해했고, 대통령이 그의 판단을 전적으로 신뢰했다는 사실은 관가에 잘 알려져 있었다.

한·미 FTA와 관련된 크고 작은 결정은 대부분 그의 선에서 이루어졌다. 김현종 통상교섭본부장이 협상 기간 동안 가장 많이 전화하고 의논하며 만났던 사람이 권오규 부총리였다. 권 부총리가 결정한 내용을 청와대나 대통령이 다시 뒤집어 혼선을 주는 일은 없었다.

---

2 〈연합뉴스〉, 2006. 7. 3.

노 대통령, 다양한 채널로 FTA 보고받아

홍은주 2003년 노무현 참여정부 출범 당시에 청와대 정책수석으로 가셨지요? 당시 한·미 FTA에 관한 대통령의 견해는 어떠했습니까?

권오규 2003년 초 참여정부가 출범한 지 얼마 안 된 시점이었습니다. 어느 날 노무현 대통령께서 저를 부르시더니 거두절미하고 "우리가 한·미 FTA를 꼭 해야 합니까?"라고 물으셨습니다. 제가 "꼭 해야 합니다"라고 답변했더니 "그럼 협상이 완료되는 데 대강 얼마나 걸릴까요?"라고 물으셨습니다. "한 2년 정도 걸릴 것 같습니다"라고 말했지요.

그리고 나온 것이 'FTA 로드맵'(버전 1.0)입니다. 전 세계 27개국과 FTA를 맺는다는 내용의 그 로드맵은 통상교섭본부에서 작성했습니다. 이 같은 사실에 비추어 볼 때 저는 노무현 대통령께서 한·미 FTA를 시작하기 훨씬 전부터 이미 다양한 채널을 통해 관련 보고를 들었고 그분 성격상 사전 스터디를 한 후에 저에게 최종적으로 다시 한번 확인했다고 생각합니다.

홍은주 한·미 FTA 예비접촉이 2005년 개시되었고, 2006년 초 노무현 대통령이 신년사에서 한·미 FTA 협상을 선언했습니다. 2003년에 그런 말이 나왔다면, 참여정부 초기부터 한·미 FTA 가능성을 대통령이 충분히 인지했다는 것이군요.

권오규 그렇습니다. 한·미 FTA 협상을 본격적으로 시작하기 전에 서로 관심 있으니 한번 해보는 것이 어떨지 의견을 교환하고 조율하는 기간이 상당히 있었습니다. 한국은 'FTA 로드맵'에서 이미 이야기가 나왔고, 당시 미국도 WTO 출범 이후 DDA 등 다자간 협상이 사실상 움직이지 않는 상태니까, 지역협상이나 양자간 협상으로 가자는 기류가 형성되었습니다.

그 무렵 20여 개국이 훨씬 넘는 국가들이 미국에게 FTA를 추진하자고 제의했다고 합니다. 그 나라들 가운데 한국은 경제 규모가 비교적 크면서도 상호보완적 요소가 있다고 판단해 미국에서 한국과 한번 FTA 협상을 해보자는 쪽으로 가닥이 잡혔던가 봐요. 마침 USTR 부대표가 한·미 FTA 한번 해보자는 의견을 공식적으로 냈고, 그걸 계기로 우리나라도 적극적으로 나서서 의견이 조율되기 시작했습니다. 상당 기간 동안 양측이 실무적으로 서로 의견을 조율했던 것입니다.

홍은주　한·미 FTA 예비접촉 기간 동안 OECD 대사로 가셨지요? 참여정부 정책수석비서관을 하신 지 1년이 좀 넘은 2004년 8월에 가신 것으로 기록돼 있습니다.

권오규　2004년 여름에 제가 OECD 가게 된 이유는 건강이 많이 안 좋아졌기 때문입니다. 17개 부처가 정책수석 소관이라 너무 힘들었고, 모든 대통령 행사를 따라다니며 스트레스가 심한 격무를 계속하다 보니 건강이 급속히 악화되었습니다.

원래 그보다 더 빨리 2004년 1월에 그만두려 했었는데, 문재인 민정수석(후일 제19대 대통령)께서 먼저 그만두시겠다고 선언하셨습니다. 이분이 과로와 스트레스로 이가 일곱 개나 빠졌어요. 두 사람이 동시에 그만둘 수는 없고, 저는 이가 빠질 정도는 아니니까 문 수석께서 먼저 그만두실 수 있도록 양보했습니다. 그래도 새 민정수석이 적응할 때까지 한 달 정도만 더 있으려 했는데, 3월 14일에 국회 제2차 본회의에서 노무현 대통령 탄핵을 소추하는 사태가 벌어져 정황상 또 나갈 수가 없게 되었습니다.

탄핵 사태 직후에 총선이 있었는데 그때 열린우리당이 압승해서 대통령께서 좀 더 마음 편히 업무를 볼 수 있는 정치적 환경이 조성되니까 제가 큰 부담 없이 물러날 수 있었습니다. 제가 대통령을 모시고 청와대에서 총선 결과를 새벽 1시까지 지켜본 후 다음 날 아침에 사표를 냈습니다. 마침 정책실장이 재경부 출신 박봉흠 실장이었는데 이분이 저를 잘 아니까 옆에서 "보내 주시지요"라고 거들어 주었습니다. 대통령께서 "건강이 좋지 않다니까 내보내 주기는 하지만 멀리 가지 말고 서울에서 쉬라"고 하셨죠.

그런데 그 무렵 이경태 OECD 대사의 임기가 끝나서 제가 그 자리로 가게 되었습니다. 7월에 OECD 대사로 발령받고 파리에 갔습니다.

외교행낭으로 전해진 '선진국 보고서'

한국 경제의 대전환을 구상하던 노무현 대통령은 마음이 급했다. 권오규 부총리가 OECD 대사로 간 지 약 두 달 후인 2004년 9월에 한국·프랑스 정상회담이 파리에서 열렸다.

국빈 방문으로 파리에 간 노 대통령 부부가 권오규 대사를 저녁 식사 자리에 불렀다. 노 대통령은 권 대사에게 "외국에 있지 말고 KDI 원장으로 국내로 돌아와 경제정책 수립을 도와주면 안 되겠느냐?"고 물었다. 난감한 얼굴로 권 대사가 답변했다. "제가 여기 온 지 두어 달밖에 안 되었는데요. 곧바로 돌아가는 것은 외교적으로도 문제가 있으니, 여기서 제가 KDI 원장 못지않게 정책적으로 보필하겠습니다."

그 약속을 지키기 위해 권오규 대사는 한국이 선진국이 되는 데 필요한 제도적 방향과 정책에 대한 보고서를 의제별로 정리해 외교행낭으로 대통령에게 보냈다. '선진국 클럽'이란 별명을 가진 OECD는 한국이 개도국에서 선진국으로 방향전환을 하기 위해 배울 지식과 제도, 경험이 방대하게 축적된 곳이었다. 그 기록 중 한국에 특히 필요한 내용을 정리해 대통령에게 전달한 것이다. 나중에 그걸 묶어보니 책으로 따지면 무려 17권이나 되었다. 그 모두를 손글씨로 썼다.

권오규 OECD는 선진국들이 가입해 있고 설립의 핵심 목적 가운데 하나가 바로 '회원국 간의 상호학습(*peer learning*)'입니다. 어떤 회원국이 "우리가 뭘 해보니까 그 결과가 이렇더라"고 다른 회원국들에게 경험을 알려 주는 겁니다. 누가 앞서서 추진한 제도나 정책의 결과를 보고, 좋은 제도는 본받고 그 과정에서 드러난 문제점은 사전에 제거하면서 서로 배우는 것입니다.

OECD 설립의 두 번째 목적이 '규칙제정'(*rule setting*)입니다. 가령 돈세탁 방지를 위한 협약, 세제와 관련된 내용 등이 있는데, 모범 규준이지만 사실 거의 대부분의 회원국에 강제되는 법규에 가깝습니다. 다국적 기업들의 탈세를 막기 위한 이전가격과세(*transfer pricing taxation*)의 최고 권위기구이기도 했죠. 자본자유화 코드도 명칭은 가이드라인이지만 사실상의 기속력이 있습니다.

OECD 설립 목적의 세 번째가 바로 회원국 간의 협상입니다. 가령 조선 협상을 생각해 봅시다. 대형 상선이 어떤 국가의 항구에 접안하더라도 그 배는 국내 영토가 아니라 공해상의 영역에 머무는 것으로 간주됩니다. 그렇다면 그 배에 보조가 들어갔을 경우 이걸 어떻게 볼 것인가? 물건이 들어오는 경우라면 관세를 부과하면 되는데 배는 관세라인을 넘지 않아 WTO가 다루지 못하는 영역이니까, 이런 문제는 어떻게 해결해야 하는가? 이런 문제들을 OECD가 다루어서 회원국 간에 이견이 없도록 협상하고 원칙을 세우는 것입니다.

OECD 가입 초기엔 한국이 아직 선진국 그룹에 속하지 못했기 때문에 선진국들이 논의하는 내용이 한국 경제 현실보다 훨씬 앞선 것들이 많았습니다. 한국에서 수많은 실무 대표단이 가서 이런 논의를 지켜보거나 보고받고 귀국했습니다. 하지만 한국 실정과 거리가 머니까 이 보고서가 담당 국장 선까지 올라가는 경우가 별로 없었고, 심지어 해당 과의 과장도 꼼꼼히 읽지 않는 경우가 많았어요. 당장 눈앞의 문제를 해결하기에도 하루가 바쁜데 선진국들이 한국 현실보다 훨씬 앞서 논의하는 걸 실무자들이 주의 깊게 읽고 선제적으로 정책에 반영하기는 쉽지 않지요.

그래서 제가 대통령께 직접 보고한 초점이 바로 "우리가 특정 산업 분야나 제도 발전을 위해 한국 현실과 OECD 논의를 매치하여 어떻게 선제적으로 정책을 수립할 수 있을까?"라는 데 있었습니다.

홍은주 큰 그림을 보고 정책방향을 세우는 것을 실무자 차원에서 하기는 사실상 불가능한데, 대통령을 설득하면 중장기적 방향설정이 가능하지요.

권오규 대사는 직원들에게 한국 경제가 직면한 대표적 의제를 제시하고 "OECD 선진국들은 과거에 이 문제를 어떻게 해결했는지 기록을 찾아 연구해 보거나, 해당 직원을 찾아가 만나서 해결책을 찾아보라"고 과제를 주었다.

OECD에서 이 문제를 다룬 전문가들 중에는 이미 퇴직한 직원들도 있었는데, 퇴직한 사람들까지 만나서 의견을 듣도록 했다. 그런 식으로 한국 경제가 돌파할 이슈들을 선제적으로 발굴하고, 그걸 시스템적으로 해결한 선진국들의 사례를 찾아보고 한국에 응용하는 방식으로 보고서를 작성한 것이다.

홍은주   이 보고서들을 일일이 손글씨로 써서 정리하셨다면서요? 왜 컴퓨터에서 이메일로 쓰지 않고 손글씨로 써서 외교행낭으로 보내셨나요?

권오규   국제기구의 자료나 통계 중에는 민감한 자료여서 일부 유출이 금지된 것도 있었기 때문에, 혹시 발생할 수 있는 정보유출 논란을 원천적으로 없애려는 목적이었습니다. 표지와 손으로 쓴 요약본 5페이지 정도, 본문 40페이지 정도를 작성하여 외교행낭으로 대통령께 보내곤 했습니다.

　이렇게 보낸 자료를 받으면 대통령께서 "우리가 다들 이걸 읽고 공유하자"고 말씀하셨던가 봅니다. 나중에 전해 들은 이야기로는 제가 보낸 OECD 보고서가 청와대 직원들의 필독서가 되었다고 합니다. 다행히 그때 제가 발굴해서 보낸 의제들이 연금개혁 문제를 제외하고는 대부분 나중에 정부 정책에 반영되었습니다.

한·미 FTA 추진과 새 부총리 기용

홍은주   2006년 개각 때 부총리 겸 재경부 장관으로 한국에 돌아왔습니다. 그런데 부총리가 되기 전 청와대에서 두어 달 근무하셨더라고요. 중간에 왜 경제수석 한 달, 정책실장 한 달을 잠깐씩 역임하게 된 것입니까?

권오규   2006년 1월부터 제가 개각 대상에 포함될 것이라는 말들이 들려왔지만 정작 청와대에서는 아무런 구체적 언급이 없었습니다. 그래서 저는 OECD 대사 재임 2년여가 되는 7월쯤에 공직에 사표를 내려고 계획했습니다.

　그런데 4월에 한국에 들어오라는 전화를 받았습니다. 노 대통령께서 한덕수 부총리 후임으로 저보고 부총리를 하라는 겁니다. 사실 크게 부담되지는 않았습니다. 부총리 자격이 거시와 금융, 대외 경험이 모두 있어야 하는 것인데, 저는 이 세 분야를 다 거쳐 봤으니까 나름대로 자신감이 있었습니다.

그런데 대통령께서 이렇게 말씀하시는 겁니다.

"당신이 해외에서 이제 막 들어왔으니 적응 기간을 가지는 것이 좋겠다. 일단 4월부터 5월까지 경제수석을 한 달 하고, 정책실장이 장관급이니 정책실장도 한 달쯤 하다가, 급이 비슷한 부총리로 가는 것이 좋겠다."

저의 적응 기간과 직급 등을 모두 염두에 두고 하신 말씀이었습니다.

스크린쿼터 문제와 영화인들과의 만남

홍은주 부총리가 되기 전 청와대에 있던 두 달 동안 한·미 FTA와 관련하여 어떤 일을 하셨습니까?

권오규 그 두 달 동안은 대통령을 보좌해 스크린쿼터제 문제 등을 해결하기 위해 노력했습니다. 당시 미국이 한·미 FTA 추진 선결조건으로 제시한 것이 쇠고기 수입과 스크린쿼터 철폐 등이었습니다.

그 두 가지 문제의 해결을 위해 노무현 대통령께서 여러 가지 결단을 내렸습니다. 우선 박홍수 축협조합장을 농림부 장관으로 임명해 현장 전문가의 시각으로 우리가 미국에 양보할 건 하고 대신 축산농가의 문제를 정부가 어떻게 해결해야 하는지 파악하라고 지시했습니다.

영화 문제는 이창동 감독을 장관으로 임명해 영화인들의 입장을 충분히 대변하면서 대응했습니다. 당시 스크린쿼터 축소 반대 33인 연대서명이 있었죠. 1번이 임권택 감독, 2번이 국민배우인 안성기 씨, 마지막 33번이 바로 이창동 감독이었는데, 이 감독을 문화부 장관으로 임명하신 겁니다.

그리고 영화인들을 청와대 식사 자리에 초청하여 그들의 의견을 자세히 들었습니다. 대통령이 초대하니 다들 '대통령이 우리를 불러 밥 한 끼 먹이고 스크린쿼터 철폐에 동의해 달라고 하는 것 아닌가?' 예상했겠죠. 실제로 식사 자리에 제가 배석해 보니까 대통령은 한 말씀도 안 하셨습니다. 그냥 영화인들의 의견과 주장을 묵묵히 듣기만 했습니다.

한 두어 달 지나서 또 식사를 대접하고 이야기를 들었습니다. 이때도 대통령은 주장과 의견을 청취하기만 하고 자신의 의견은 단 한 마디도 하지 않았죠. 그래도 그 자리에서 몇 분이 "대통령의 의지가 이렇게 강하니 영화 부문에 대한 투자와 정책 지원을 전제로 지지해 주는 것이 어떻겠는가?"라는 이야기가 나왔습니다. 물론 이때 이런 이야기를 꺼낸 분들은 노무현 대통령 지지자들이었을 겁니다.

제가 두어 달 후에 부총리 겸 재경부 장관으로 가자 이분들이 대통령이 아니라 저를 자꾸 부르시더라고요. 혹시 그런 저녁 자리에서 유명한 배우들을 볼 수 있을까 하는 개인적 사심도 없지 않았지만요(웃음). 아무튼 스크린쿼터 문제가 아주 예민 한 이슈라 이분들이 부를 때마다 제가 빠짐없이 참석해 영화계 요구사항을 주의 깊 게 청취했습니다. 한번은 안성기·박중훈 배우가 나온다고 해서 제가 이동하는 차 량에서 이 두 분이 형사 역으로 주연한 영화〈투캅스〉를 전부 보고 간 적도 있죠.

아무튼 그런 식으로 몇 번이나 만남을 가졌는데 이분들의 요구는 한마디로 "한· 미 FTA 협상에서 영화산업을 좀 더 강하게 보호해 주고 미국으로부터 지켜 달라" 는 것이었습니다. 그런데 그때는 이미 정부에서 영화산업에 충분한 자금을 투입하 고 있었습니다. 한국영화도 나름대로 경쟁력을 가지게 되어 스크린쿼터에서 지정 한 날짜 이상으로 상영되고 있었죠.

한·미 FTA 대외경제장관 회의의 역할

홍은주   한·미 FTA 협상 과정에서 대외경제장관 회의와 부총리의 역할은 무엇 이었습니까?

권오규   한·미 FTA 최종의사결정기관이 대외경제장관 회의입니다. 각 부처 장 관들이 이 회의에 참가해 한·미 FTA의 모든 교섭안을 최종 조율하는데, 그 의장 을 제가 맡았습니다. 협상 부문별로 어떤 협상 원칙을 가지고 임해야 하는지, 어 떤 것은 양보의 재량권이 있고 어떤 것은 절대로 양보하면 안 되는지, 그 지침을 대외경제장관 회의에서 최종 결정했습니다.

제52차 대외경제장관 회의(2006. 7. 21). 대외경제장관 회의에서 노무현 대통령을 비롯해
한명숙 국무총리, 권오규 부총리, 각 부처 장관들이 한·미 FTA 협상과 향후 대책을 논의하고 있다.

구체적 프로세스를 살펴보면, 우선 해당 부처에서 기본안을 가져오면 대외경제
총괄 및 조정 역할을 하는 재정경제부 대외경제국(현 기획재정부 대외경제국)이 검
토합니다. 그걸 제가 미리 한 번 본 후에 대외경제장관 회의에 최종적으로 올려서
그 회의에서 결정을 내리는 것입니다.

협상 기간 동안은 처리해야 할 일이 아주 많아서 대외경제장관 회의가 빈번하
게 열렸습니다. 거의 주당 2~3회 열렸죠. 특히 서울에서 협상할 때는 하루도 빠
짐없이 개최한 날도 많았습니다. 미국에서 협상할 때는 출국하기 전에 우리 측 최
종협상안을 의논하기도 하고, 협상 진행 도중에 바로 피드백을 받아 장관회의에
서 조정안을 확정해서 새로 지침을 내주는 역할도 했습니다.

홍은주 대외경제장관 회의에서 각 부처가 다들 자기 부처 이해관계를 지키기
위해 주장했을 것 같은데 힘들진 않으셨나요?

노무현 대통령과 권오규 부총리(오른쪽)가 대외경제장관 회의를 마치고 함께 걸어 나오고 있다(2006. 7. 21).

권오규   경제 분야의 경우 부총리가 최종 결론을 책임져야 하니까, 대통령과의 소통이 중요하고 특히 대통령의 권한위임 리더십이 중요합니다. 다행히 당시 모든 장관들이 부총리가 대통령의 의중을 정확히 파악한다고 인지했던 것 같습니다. 그래서 제가 최종적으로 이야기하는 것이 곧 대통령의 뜻이라고 여겨서 부처 이견 조율에 어려움이 별로 없었습니다.

우리가 최후까지 버텨야 할 선, 양보해도 괜찮을 선 등은 결국 대통령이 최종 결단을 내려야 하잖아요? 제가 그 선을 정리해 주면 그게 곧 대통령의 의중이라고 인식하는 상황이었기 때문에 회의가 아주 효율적으로 진행되었습니다. 제가 조정하거나 지시하면 다른 경제부처 장관들이 그걸 곧 대통령의 뜻으로 알아들었기 때문에 대외경제장관 회의를 이끌면서 최종 조정자로서 크게 힘든 경우는 없었습니다.

한·미 FTA 협상이 진행되는 기간 동안 제가 전화를 24시간 개방했습니다. 협상단이 밤낮없이, 어떨 때는 새벽에라도 저한테 의사결정을 묻는 전화를 하고 제가 해당 부처 장관과 논의하여 결정을 내렸죠. 그걸로 우리 쪽 입장이 최종 확정되곤 했습니다.

홍은주 대외경제장관 회의를 이끌 때 가장 어려운 협상 분야는 무엇이었나요?

권오규 농업 분야였습니다. 한·미 FTA 막판 타결에서도 가장 어려웠던 분야가 농업이었습니다. 언론보도를 보면, 당시 김현종 본부장이 새벽에 협상장에서 사라져서 청와대 간 걸로 되어 있죠. 사실은 최종 결정을 내리기 위해 저와 상의한 것이었지요.

홍은주 농업은 유난히 민감한 품목이고 종류도 많은데, 그걸 어떻게 일일이 다 가려서 조정하셨습니까?

권오규 농업 부문 개방 문제는 사실 상당한 긴 연원이 있습니다. 농업 개방이 본격적으로 문제가 되기 시작한 시점이 1986년 우루과이라운드 때였습니다. 이후 WTO가 출범하고 추가적 농산물시장과 서비스시장 개방을 위해 DDA 협상이 다시 가동되었습니다. 이때 이미 중국과 인도가 가입하고 브라질 등 신흥개도국들이 목소리를 내면서 다자간 협상을 통한 농산물시장의 추가개방이 사실상 불가능해지니까 미국이 이 문제를 지역협상으로 바꾸기 시작했습니다. 그래서 NAFTA를 추진했고 나중에 캐나다까지 포함하여 미국·멕시코·캐나다 간 협정(USMCA: *United States-Mexico-Canada Agreement*)으로 바뀌었죠.

그걸 보면서 우리가 "가만히 있다가는 큰일 나겠다. 우리도 향후에는 지역협상으로 갈 수밖에 없겠다"고 생각했죠. 최초로 시도한 것이 1998년 11월에 추진하여 2004년 4월 1일부터 발효된 한·칠레 FTA였습니다.

우루과이라운드를 마감하는 과정에서 선진국들의 농업 부문과 관련 제도들을 우리가 다 검토하면서 들여다보았습니다. 미국과는 「미국통상법」 301조나 슈퍼 301조를 앞세운 쌍무협상을 진행하면서 미국의 의도나 제도를 속속들이 파악했습니다. 한·칠레 FTA를 하면서는 수많은 농산물 가운데 무엇은 열어도 되고 무엇은 민감품목이니 절대로 안 된다는 것을 이미 모두 정리해 두었습니다. 한·칠레 FTA 때 정부가 농업 부문 경쟁력을 높이기 위해 40조 원을 투입하기로 했죠. 그걸 계기로 해서 농업 구조조정의 방향성도 이미 결정되어 있었습니다.

한마디로 긴 개방 과정을 통해 농업 부문은 한·미 FTA에 대해 나름대로 준비가 되어 있었습니다. 실제로 한·미 FTA가 타결된 후 경쟁력 상실이 예상되는 농수산 분야와 일부 제조업 분야에 대해 부총리로서 110조 원 규모의 FTA 이행 및 구조조정 지원금을 조성했습니다.

홍은주 미국산 쇠고기 수입 문제는 수입검역 및 위생과 관련된 문제라 한·미 FTA와 분리하여 논의했지만, 결국 그게 걸림돌이 되어 한·미 FTA 협상이 늦어졌고 양국 정상 간에 전화 통화도 했지요?

권오규 쇠고기 문제가 참 어려웠습니다. 가령 갈비를 자르다 보면 뼛조각이 고기에 섞여 들어가는 경우가 왕왕 있잖아요? 그런데 검역에서 뼛조각이 하나라도 발견되면 그걸 가지고 시민단체들이 강하게 문제를 삼으니까, 당시 농림부가 미국산 쇠고기를 전량 검사하고 작은 뼛조각이 하나라도 있으면 전부 반품하곤 했습니다. 한·미 FTA를 하려면 이 점을 반드시 해결해 달라고 미국 측에서 요구했습니다. 그 문제를 어떻게 할 것인지 양국 정상 간에 조율이 필요했고, 그래서 노무현 대통령과 부시 대통령의 쇠고기 문제 관련 통화가 이루어진 것입니다.

농산물 협상은 그래도 비교적 조용히 끝났는데 쇠고기 수입 문제는 나중에까지 두고두고 문제가 되었습니다. 한·미 FTA 체결 후 제가 나중에 국무총리 권한대행을 한 달 정도 했을 때였죠. 농민단체에서 쇠똥을 뿌리러 용인에 있는 우리 아파트에 몰려온다는 정보 보고가 있었나 봐요. 당시 전경버스 1개 중대가 용인의 우리 아파트를 지킨 적도 있고, 용인 서장이 관심을 가지고 들여다보고 제가 출근할 때면 경호차량들이 따라붙기도 했습니다. 그래도 실제로 안 좋은 일이 벌어지지 않은 것은 박홍수 농림부 장관께서 쇠고기 수입 문제로 반발하는 분들을 진정시키려고 많이 노력하셨기 때문입니다.

의약품과 금융 분야의 선방

홍은주 한·미 FTA 때 미국과 가장 크게 차이 나는 부문이 의약품이어서 가장 큰 문제가 되리라고 세간에서 이야기했었죠. 실제로는 어땠습니까?

권오규 협상 시작 직전에 우리 측이 "건강보험에 포함되는 약품을 사전에 열거하는 포지티브 리스트 제도를 시행하겠다"고 발표해서 미국 측의 반발이 약간 있었죠. 하지만 우리가 잘 설명해서 미국이 한발 물러났고, 실제로 협상이 진행되는 과정에서 거의 문제가 되지 않았습니다. 일본과 유럽 등의 사례를 사전에 다 검토해서 미국에 합리적으로 설명했기 때문에 논란이 된 부분이 별로 없었습니다.

당시에 복제약과 건강보험 약가 이슈 등은 유시민 복지부 장관이 다 알아서 자체적으로 잘 교통정리를 했습니다. 당시 대외경제장관 회의에서 조정해야 할 사안이 한 건도 올라오지 않았던 것으로 기억합니다.

그리고 우리가 이미 복제약 관련 시스템과 제도를 전환해 둔 상태라 당초 우려와 달리 제약 문제로 크게 홍역을 치르지 않고 넘어갔습니다. 과거에 미국이 쌍무협상 과정에서 의약품 제조 문제를 제기해 시스템 개혁이 이미 이뤄졌던 것이죠.

가령 미국에서 특허가 종료된 복제약(*Generic Drug*)은 화학 성분 자체가 너무 쉬워서 한국 제약사가 복제약을 만들면 가격이 10분의 1로 떨어집니다. 특허가 끝난 오리지널 약품이 한국에 들어와 복제약과 가격경쟁이 전혀 안 되니까 미국이 이걸 문제 삼았습니다. 사실 화학적으로 동일 성분이라고 해도 그 약이 오리지널 약품과 동일한 약효를 나타내는지 아닌지는 아무도 모르는 일이잖아요? 그러니까 미국이 "한국 제약사가 만든 복제약이 동일한 약효인지, 인체에 유해하지 않은지 등에 대해 동등성 입증(*efficacy test*)을 하라"고 요구했습니다.

그런데 막상 미국 요구로 그걸 시작하니까 거꾸로 그게 수입약품의 제도적 걸림돌로 작용하게 되었습니다. 약을 우리 것만 테스트 하는 것이 아니라 미국 것도 테스트해야 하잖아요? 당시 수만 개의 약품들이 있는데 우리가 아무리 검사예산을 늘려서 많이 테스트하더라도 최종 결과를 내는 데 시간이 아주 오래 걸립니다. 1년에 1,000여 개 정도로 대폭 늘린다고 하더라도 복제약 종류가 수만 개가 있으니 이걸 다 하려면 10년, 20년 부지하세월이죠. 300여 명의 약사들이 약 테스트를 하기 위해 무료 봉사하러 복지부에 나오곤 했지만 그걸로는 어림도 없었습니다.

결국 미국이 안 되겠다면서 GMP(*Good Manufacturing Practice*)라는 제도 도입을 한국에 요구했습니다. 그 결과 K-GMP가 도입되었습니다. 그게 뭐냐? 선진국 제약회사가 약의 제조 과정에서 지켜야 할 베스트 프랙티스(*best practice*)와 프로토콜을 한국 제약회사가 그대로 지키도록 하는 제도입니다. 그 과정에서 한국 제약회사의 낙후되었던 제약 시스템이 글로벌 스탠더드로 확 도약하게 되었습니다.

지금 우리나라에서 코로나19 검사키트를 만들어 전 세계에 수출하고 인증이 가능해졌습니다. 약품제조에서는 선진적 시스템을 인정받아 삼성바이오로직스나 SK바이오사이언스 등이 글로벌 백신 제조사로 굴기했지요. 그 계기가 된 것이 당시의 복제약 제조 시스템의 선진화였습니다. 당시 그걸 우리가 이미 도입한 상태였기 때문에 한국 제약사들의 복제약 제조가 크게 문제 될 게 없었습니다.

홍은주　한·미 FTA에서 금융 부문은 어땠습니까?

권오규　한·미 양국이 FTA를 추진한다니까 많은 사람들이 막연히 가장 우려했던 분야 중 하나가 금융 부문이었습니다. 그런데 나중에 협상이 끝나고 제가 가장 선방했다고 손꼽은 5개 부문 중 하나가 바로 금융 부문이었죠. 금융 담당이 당시 재경부 신제윤 국제금융심의관이었습니다. 협상이 잘되었다는 것은 우리가 마지노선으로 정한 것보다 훨씬 더 한국 입장과 한국 금융시장을 잘 지켜냈다는 뜻입니다.

한국 금융시장이 미국에 비해 많이 낙후되었다고 하지만, 우리가 이미 오랜 기간에 걸쳐 금융시장 자유화와 개방화를 추진했습니다. 1980년대 초부터 금융시장 자유화를 일부 추진했고, 이자율 자유화도 장기적으로 정착시켰습니다. OECD 가입 당시에는 이미 경상계정, 자본계정 자유화를 약속했습니다. 가입 당시 자본계정 자유화 유보율이 45%였지만 그걸 몇 년에 걸쳐 다 풀겠다고 약속했고, 실제로 그 약속대로 꾸준히 약속 이행이 이루어졌습니다.

더욱이 1997년 12월 외환위기를 겪으면서 IMF로부터 달러 자금을 지원받을 때 선제조건으로 외환시장 자율화와 외화자금시장 개방, 금융자율화 등을 약속하여 시행에 들어갔습니다. 이런 몇 차례의 사건들을 계기로 금융 부문도 나름대로 준비가 충분히 되었다고 저는 판단합니다.

나중에 한·미 FTA 협상을 할 때 미국이 기대했던 것과 달리 한국 금융시장에 별로 먹을 게 없다는 걸 알았을 거예요. 우리가 이미 금융시장 진입장벽을 크게 낮추어 국내 금융사들에게 인허가를 많이 내주었기 때문이죠. 많은 국내 금융기관이 설립되어 시장에 진출했고, 증권·보험사도 수십여 개가 영업하여 포화상태였습니다. 미국 금융기관들이 한국에 들어와 봐야 먹을 게 별로 없는 상황이었지요. 나중에 미국 금융사들이 일부 국내 증권·보험사를 인수하거나 독자적으로 진출했지만, 대부분 국내 영업을 포기하고 다시 빠져나갔습니다.

그리고 우리가 국제금융센터(KCIF) 등을 통해 글로벌 금융시장 동향도 자세히 파악하고 있었습니다. 참여정부가 2003년 12월 동북아시아 금융허브 구축을 위한 7대 과제를 제시하면서, 글로벌 금융시장 진출의 핵심 수단 중 하나를 만들기로 하고 재경부와 한국은행이 각각 50억 원씩을 출자하여 KCIF를 설립했습니다. 초대 원장은 학자 출신이라 이걸 달러자금 운용 목적보다는 연구소 개념으로 생각했던 것 같습니다. 정부의 설립 의도는 그게 아니었어요. 원장이 바뀌고 난 후 "KCIF를 어떻게 가져가야 하느냐?"고 방향성을 저에게 묻기에 "우선 우리 한국에 맞는 핵심 국제금융 정보부터 파악하라"고 조언했습니다.

제가 외환위기 직후 IMF 대리이사를 지냈을 때 이규성 재경부 장관 등에게 한국 금융에 도움이 될 만한 정보를 종합한 국제금융 보고서를 자주 팩스로 보냈습니다. 이걸 나중에 이규성 장관이 전부 모아서 박스에 보관하고 있더라고요. 그 보고서가 나중에 책 두 권으로 나왔습니다.

제가 재경부에 제공했던 보고서를 작성할 때 정보의 원천이 여러 가지였습니다. 첫째가 IMF 스태프들에게만 공개되는 블루 페이퍼였고, 둘째가 〈옥스퍼드 애널리티카〉(Oxford Analytica)였습니다. 이건 〈파이낸셜타임스〉와 연합하여 만드는 유료 보고서인데, 하루에 약 5개 아이템이 올라옵니다. 형식은 어떤 '사건(event) - 그

사건의 정치·경제적 의미 – 결론'으로 구성되어 있습니다. 어떤 국제적 사건이 발생하면, 그 사건이 가지는 정치적·경제적 함의가 무엇인지 분석하고, 결론은 어떻다는 내용이었죠. 이게 유료 서비스로 고객사에 맞춤형으로 제공됩니다.

또 〈닛케이〉(Nikkei)와 〈블룸버그〉(Bloomberg)가 유료로 제공하는 금융정보 소스들도 종합하고 판단하여 매일 서울에 보고했습니다. 혹시 문제가 생기지 않도록 그때도 전부 직접 손으로 써서 팩스로 전송했습니다. 당시 외환위기 수습 과정이라 국제금융 정보가 꼭 필요하니까 이규성 재경부 장관은 물론 강봉균 경제수석, 진념 장관, 이헌재 금융감독위원장, 전윤철 장관 등이 이걸 다 받아 보셨습니다. 나중에는 재정부 1급들이 이걸 알고 저에게 따로 보내 달라고 요청하기도 했습니다. 우리가 그 정도로 미국 등 국제금융 쪽 정보를 자세히 파악하고 있었습니다.

"오랜 개방화 통해 FTA 백신 맞았다"

홍은주　한·미 FTA 당시에 나왔던 가장 큰 비판이 "미국은 여러 나라와 FTA를 추진한 강대국인데 우리나라는 전혀 준비 없이 세계 최강 경제대국과 일대일로 맞붙었다"는 것이었습니다. 지금 하시는 말씀을 들어 보니까 우리나라가 한·미 FTA 추진 전에 미국과의 양자간 협상 등을 통해 상당한 정도의 예방백신을 미리 맞았고 나름대로 제도적 준비도 되어 있었던 것 같습니다.

권오규　저는 한·미 FTA 예비협상 초기에 OECD에 있었기 때문에 구체적으로 어떤 내용이 오갔는지는 잘 모릅니다. 하지만 우리나라가 이미 1980년대 초부터 20여 년 동안 미국과 쌍무협상을 계속해온 이력이 있음을 알고 있습니다. OECD에 가입할 때도 OECD 규범을 적극적으로 따라서 개방을 추진했으며, 우루과이라운드 이후 WTO에도 적극적으로 가입했습니다. 또 한·칠레 FTA를 추진하고 체결했죠. 이런 과정이 힘들었지만, 바로 그 덕분에 한·미 FTA가 시작되었을 때 우리나라가 이미 상당한 수준으로 FTA 준비가 되어 있었다고 판단합니다.

시대적으로 가장 멀리 거슬러 올라가 보면 역사적으로 1960년대 초반 제1차

경제개발 5개년계획 중반쯤에 수입대체 정책에서 대외지향형 수출공업화 정책으로 확실히 방향을 전환했습니다. 1970년대 후반부터는 개방화와 자유화를 지향하기로 거시정책 방향을 확정했습니다. 1978년 4월 17일이 바로 자율화·개방화 정책 기조를 대통령이 공식적으로 채택한 날입니다. 이날이 한국 경제사에서 아주 의미 있는 날이어서 제가 날짜까지 정확히 기억합니다.

시장개방은 보통 교역상대국과 주고받는 과정에서 이뤄지는데, 우리나라는 스스로가 독자적으로 추진한 것이 특징입니다. 당시 품목예시제를 통해 수입개방 일정을 공시했고, 수입품목의 복잡했던 관세율을 단일화하여 평균 8%로 내렸습니다. 다만 일본 상품에 대해서는 우리가 아직 힘에 부친다고 생각하여 수입선 다변화 정책을 통해 일정 부분 규제했습니다.

자율화와 개방정책은 수십 년간 지속된 폐쇄적 경제정책의 방향을 180도 바꾸는 것이기 때문에 이해관계 그룹의 반발이 매우 컸죠. 심지어 정부 내에서도 아주 많은 반대와 진통이 있었습니다. 하지만 이렇게 수입개방을 추진하는 가운데 우리 상품의 국제경쟁력이 높아지고 3저 효과가 나타나면서 1980년대 중반 무렵 대미흑자가 큰 폭으로 증가했습니다.

홍은주   그 시점부터 미국이 한국을 '제2의 일본'으로 경계하고 통상압력을 높이기 시작한 것이죠?

권오규   그렇습니다. 1980년대 중반부터 미국과 「미국통상법」 301조와 슈퍼 301조 협상을 했습니다. 그 과정이 아주 괴롭기는 했지만 역설적으로 우리나라가 수많은 제도의 선진화를 추진하는 계기가 되었습니다. 가령 우리나라에서는 관세율을 8%로 낮추고 수입을 대폭 개방했는데도 제도의 벽에 부딪혀 수입이 구조적으로 어려운 경우가 많았습니다. 무역기술장벽(TBT)이라고 해서 검사와 인증, 표준 문제 등이 해결이 안 되었기 때문에 수입 절차가 까다롭고 시간이 오래 걸렸죠. 미국 측이 「미국통상법」 301조와 슈퍼 301조 협상을 하면서 이런 문제를 우리나라에 강하게 제기했습니다.

대표적인 예가 통관 이슈였습니다. 배로 수입물량이 들어왔는데 그 엄청난 물량을 우리나라 세관이나 검역에서 작심하고 다 검사하자고 들면 사실상 수입이 어렵잖아요? 당시 우리가 수입억제를 위해 의도적으로 그런 측면이 아주 없지 않았겠지만 그게 아니라도 검사절차나 시스템이 낙후된 요인이 컸습니다. 그래서 미국이 TBT 문제를 제기했습니다. 보세 창고에 너무 많은 수입물량이 쌓여 있어 검사하기 위해 꺼내기도 어렵고, 농산물 같은 경우는 시간이 경과하면 다 상해 버려서 경제성이 없어지는 문제가 생기니까 미국이 "당신들이 검사제도 자체를 바꾸라"고 요구해왔습니다.

"우리도 많이 노력하는데 한계가 있다"고 하니까 그때 "EDI(*Electronic Data Interchange*)라는 데이터와 문서의 표준화 시스템을 도입하라"고 우리에게 요구했습니다. 가령 공해상에 배가 뜨면 항구에 도착하지 않아도 그 배와 관련된 정보, 즉 화주나 배에 선적된 물건의 종류와 수량, 위험한 물건 등에 대한 전자정보가 사전에 우리나라에 미리 전달되는 시스템입니다. 우리나라에서는 그 정보를 사전에 보니까 배에 실린 모든 물건을 다 검사할 필요 없이 그중에서 중요하다고 판단하는 부분만 검사하면 되죠.

통관절차 효율화 시스템이 최초 도입된 시점은 1992년 무렵입니다. 옛날에는 기업들이 수입품을 들여올 때 사람이 나와 그걸 일일이 조사했어요. 그런데 EDI 시스템이 본격 도입된 후부터는 세관원이나 관세사나 수입상 등이 아예 항만에 나타나지 않게 되었습니다. 전자적으로 모든 업무가 처리되고 세관원은 해당 선박에서 문제 되는 부분만 집중적으로 보고 나머지는 그냥 통과시키니까 모든 통관 검역 절차가 효율화되고 빨라졌죠.

그런 식으로 우리나라가 1980년대와 1990년대 내내 미국에 시달리면서 비관세 장벽 등 온갖 분야에서 제도적으로 상당한 선진화와 표준화를 이루었습니다.

홍은주　그런데도 한·미 FTA를 바라보는 시각이 달라서 국내에서 많은 반발이 있었습니다. 한·미 FTA가 타결된 후에도 엄청난 반발이 계속되었고 국내 비준도 잘 안 됐지요. 한·미 FTA 타결 이후에 일어난 일들에 대해 말씀해 주십시오.

권오규 한·미 FTA 협상 타결을 발표한 날은 대외경제장관 회의를 개최하고 기자회견을 하고 아주 바쁘게 돌아갔습니다. 그 후에도 적지 않게 분주했습니다. 협상 문구 문제를 좀 더 정교하게 다루기 위해 협상팀이 미국으로 갔고, 비준안을 국회에 제출하는 등 정부 부처가 바쁘게 움직였습니다.

제가 당시에 한 달 정도 국무총리 권한대행을 했는데 총리실에 가 보니까 국내 반발을 줄이기 위한 5개 반을 두고 총리가 총괄반장을 맡고 있었습니다. 총리실에서 다룬 것은 주로 경제 이슈가 아니라 사회갈등 문제였습니다. 당시 총리 비서실장이 윤대희 씨이고 홍보반장이 홍영표 씨(후일 더불어민주당 국회의원)였는데, 이분들을 중심으로 각 반마다 시민단체나 이해관계자들을 만나 힘든 설득을 많이 했습니다. 제가 한 주에 두 차례 정도 관련 회의를 주재했습니다.

국회에 비준안을 제출했지만, 그해 연말이 대선이라 국회에서 신경을 쓰지 않아 회기가 끝난 후 비준안이 폐기되었습니다.

미국 의회, 한미 FTA 비준에 관심 없어

홍은주 2007년 10월 19일부터 미국 워싱턴에서 개최된 G7 재무장관 회의와 IMF·세계은행 연차총회 참석을 계기로 방미 기간 동안 적극적으로 미국 측 비준을 촉구하셨다는 기사가 있습니다. 당시 미국 분위기는 어땠습니까?

권오규 한국 측도 그렇고 미국 측도 그렇고 각각 회기가 끝나기 전에 비준을 촉구하기 위해 미국에 간 것입니다. 제가 미국에 갈 때부터 비준이 쉽지 않을 것이란 이야기를 들었는데, 실제로 가서 직접 현장 분위기를 보니 진짜 어렵겠다는 느낌을 받았습니다. 맥스 보커스 상원 재무위원장을 비롯해 미국 상하 양원의 한·미 FTA 관련 주요 인사들을 모두 만났는데, 이 사람들이 한·미 FTA에 별 관심이 없고 내용도 잘 모르는 것 같았습니다. 잘 모르니까 저와 만나서 이야기할 때 보좌관 7~8명을 사무실에 대기시켜 놓고 내용을 물어보는 겁니다.

민주당이나 공화당이나 당 차원에서는 별 관심이 없고 의원 개개인의 출신 주산업에 어떤 이익이나 피해가 생기는지만 관심 있었습니다. 가령 제가 만난 한 의원은 지역구에서 자동차산업을 하니까 자동차 재협상만 이야기해요. 그래서 제가 "한국에 법인을 둔 GM의 한국 생산량이 100만 대가 넘는다. GM의 미국 본부 입장에서는 꼭 미국 공장만이 아니라 전 세계의 어느 공장에서 생산하느냐를 전략적 차원에서 다루는 것 아닌가? 한국에서 싸고 질 좋게 생산된 GM 차가 다시 미국에 들어와 팔리면 좋은 것 아니냐?"고 반박했던 기억이 납니다.

백악관의 NSC 담당자도 면담했습니다. 미국 NSC는 우리나라와 달리 전체 직원이 300명이 넘는 거대한 조직입니다. 대통령이 의장이지만 안보보좌관이 실질적으로 이끌어 갑니다. 거기의 2인자가 경제 담당인데 아주 젊어요. 보좌관도 없이 혼자서 제가 있는 호텔로 찾아왔는데 만나 보니까 정말 스마트하더라고요. 메모고 뭐고 전혀 보지 않고도 머릿속에 모든 통계가 다 들어 있는 것 같았습니다. 한·미 FTA를 포함해 대여섯 가지 한·미 간 경제 이슈 조항들을 조목조목 정연하게 이야기했습니다. 저 역시도 한·미 간 이슈는 모두 다 머릿속에 정리되어 있으니까, 그 사람이 물어보는 내용을 즉석에서 답변하고, 미국 측 입장이 뭔지 묻기도 했습니다. 그런데 이 사람도 한·미 FTA 비준을 자기네가 책임지겠다, 아니다 그런 입장을 밝히지 않았습니다.

언론의 경우 〈워싱턴포스트〉와 〈뉴욕타임스〉 두 군데와 인터뷰했습니다. 한·미 FTA를 통해 두 나라가 모두 혜택을 얻을 수 있다는 점, 미국 기업들의 투자 기회가 확대된다는 점, 한·미 FTA 조기 비준의 필요성 등을 설득했습니다.

"노 대통령, 실용적 경제리더였다"

홍은주 한·미 FTA를 노무현 대통령이 추진한 것에 대해 "좌회전 깜빡이를 켜고 우회전했다"는 세간의 말이 있었습니다. 실제로는 어떤 분이었습니까?

권오규 노무현 대통령을 가까이서 지켜보면서, 저 개인적으로는 이분이 근원적으로 국가발전에 바탕을 둔 실용적 리더이지, 이데올로기를 바탕으로 정책판단을 내리는 분이 아니라고 봤습니다. 〈변호인〉이라는 영화에서 묘사된 것처럼 이분이 부산에서 변호사를 하다가 어떤 개인을 변호하는 과정에서 인권 변호사의 길을 걷게 된 것이지, 경제나 국가안보 문제에서 본인이 특정 이데올로기에 사로잡혀 그쪽으로 경도된 분이 전혀 아니었습니다. 국가가 잘되려면 어떻게 방향과 진로를 잡아야 한다는 자신만의 뚜렷한 생각과 가치관이 분명했습니다.

시장에 대한 지나친 정부 개입도 경계했습니다. 예를 들어 아파트 원가공개제도 같은 경우도 대통령은 "각 기업마다 원가절감 노하우가 있을 텐데 그걸 정부가 다 내놓으라고 하는 것은 과도한 정부 개입"이라면서 부정적 입장이었습니다.

홍은주 하지만 결국 그 안이 나왔던 것으로 기억합니다.

권오규 그건 사회적 요구사항을 기업 현실에 반영한 절충안이었습니다. 정부 요구에 따라 건설업체가 원가를 공개하는 방식이 아니라, 건설업체가 이미 지방자치단체에 내는 정보공개 서류들이 있는데 그걸 중앙정부가 요구할 수 있는 방식으로 해서 기업의 직접규제를 최소화하려 했습니다. 다행히 민주당에서도 몇몇 분이 이 같은 내용을 잘 이해하고 협조해서 그걸로 정리되었습니다.

한·미 FTA도 비슷합니다. 2003년 참여정부 출범 당시 노 대통령의 경제적 의제에 '개방형 통상국가'라는 개념이 들어 있었습니다. 이분의 생각 속에 그 같은 방향성이 뚜렷이 자리 잡고 있었기 때문에 한·미 FTA 협상을 추진하기로 결단을 내렸던 것 같습니다. 우리나라는 자원이 없고 가진 건 사람뿐이니까 근원적 한계를 돌파하기 위해 개방과 통상, 글로벌 시장 진출의 경쟁력이 중요하다는 확고한 방향성이 있었습니다.

그 연장선상에서 동북아 금융허브 구축도 노 대통령이 낸 아이디어였습니다. 금융인재 육성을 위해 카이스트 금융전문대학원을 개설하고, 시장개방을 더 확대하며, 우리가 축적한 달러를 무기 삼아 글로벌 자산운용 시장에 진출해야 한다는 것 등의 아이디어가 이미 참여정부 초기에 다 수립되어 있었고, 이후에 정책에 반영되어 시행되었습니다.

2. 청와대의 한·미 FTA 대응

슬라이딩 도어즈

한·미 FTA 협상 당시 청와대 내에서 권오규 부총리와 손발을 맞춰 가며 대응했던 사람은 윤대희 경제수석이었다.

경제부총리는 경제정책의 공식적 총책임을 지는 자리이고, 경제수석은 청와대 내 지근거리에서 대통령의 최종 의사결정을 보좌하는 자리이다. 한·미 FTA 협상 같은 중요한 사안에 대해 만약 부총리와 경제수석, 두 사람의 생각이나 의견이 다르면 배가 산으로 갈 수도 있었다. 다행히 두 사람은 경제기획원 시절부터 오랫동안 대외조정 업무를 진행하여 손발이 맞았고, 개방을 통한 한국 경제 발전의 방향성에 대해서도 신념이 같았다.

윤대희 수석은 한·미 FTA 예비회담이 한창 심도 있게 논의되던 무렵인 2005년 8월 청와대 비서관으로 갔다. 한·미 FTA 1차 협상이 막 시작된 2006년 6월에는 경제수석이 되어 한·미 FTA 추가협상이 끝날 때까지 노무현 대통령을 보좌했다.

그는 원래 영국 재경관으로 가기로 되어 있었는데 우연히 스위스 제네바로 근무지가 바뀌는 바람에 WTO 협상에 참여하고 국제통상 현장에서 일했다. 그때 제네바에서 매번 전문을 써서 보고할 때마다 "급격히 확산되는 지역주의에 대비해야 한다"고 강조했다. 그런 경력이 노 대통령이 그를 경제수석으로 발탁한 배경이었다고 알려졌다. 영화 〈슬라이딩 도어즈〉(*Sliding Doors*)처럼 만약 예정대로 영국 재경관에 갔더라면, 청와대에서 한·미 FTA 업무를 담당하지 않았을 것이다.

윤대희 수석은 "개인적으로 가장 고통스러운 시간이었지만, 역사에서 큰 획을 그은 사건의 한가운데 있었던 것이 개인적으로 한·미 FTA와 인연이 있지 않았나, 어쩌면 FTA에서 무슨 역할을 하라는 운명이 아닌가 싶기도 하다"고 토로했다.

미국과의 FTA, 어차피 건너야 할 강

홍은주 참여정부 당시 처음 청와대에 들어가셨을 때 어떤 분위기였습니까?

윤대희 제가 처음에는 청와대 경제정책비서관으로 갔다가 경제수석으로 발탁되었습니다. 당시 여러 경제정책 의제가 있어서 워낙 바빴지만, 그중에서도 제가 수행했던 가장 큰 프로젝트가 한·미 FTA였던 것은 분명합니다.

참여정부 들어와 자유무역협정에 대한 준비가 대대적으로 이루어졌습니다. 2003년에 'FTA 로드맵'을 만들었죠. 2004년에는 FTA 실무추진위원회에서, 추진위원회, 최종적으로 대외경제장관 회의로 이어지는 자유무역협정 체계와 절차 규정을 만들기도 했습니다.

당시 노 대통령은 한국의 경제발전 방향에 대한 철학이 확고했습니다. "한국이 동북아 경제 중심 국가로 나아가려면 개방 외에는 방법이 없다. 그 방법 중 FTA의 적극적 추진이 가장 중요한 핵심과제다"라는 생각이 분명했습니다. 한·미 FTA는 개방을 향해 나아가야 한다는 큰 방향과 국가의 미래를 고려해 볼 때 지도자 입장에서는 당연한 선택이었습니다. 경제관료들도 그런 방향에 대해 건의를 많이 했습니다.

미국의 통상압력에 정면돌파 선택

홍은주 처음에는 순차적 FTA를 선택하기로 하여 미국이 우선순위에서 밀려 있다가 미국과의 FTA를 조기에 선택한 이유가 무엇이었습니까?

윤대희 우리나라에는 미국이 큰 시장인데, 이미 1980년대부터 미국의 통상압력이 갈수록 높아져 수많은 어려운 현안 논의가 계속되고 있었습니다. 2001년 이후에는 심지어 분기별로 통상현안 점검회의를 개최했습니다. 그런 일이 자꾸 쌓이다 보니 '미국의 통상압력을 이벤트별로 회피하는 데는 한계가 있다. 정면돌파를 해야 하는데 그러려면 FTA를 추진할 수밖에 없다'는 인식이 현실화되어 FTA가 조기에 성사되었다고 봅니다. 당시 통상 문제를 담당했던 사람들 모두가 미국, 일본이나 중국, 유럽, ASEAN 등 5대 지역경제권 가운데 미국은 어차피 건너야 할 강(江)이라고 봤습니다.

홍은주 2006년 초에 노무현 대통령이 신년사에서 한국 경제가 직면한 여러 가지 문제점을 적시하고 한·미 FTA 추진 의사를 밝혔습니다. 이것이 어떤 의미가 있다고 보시나요?

윤대희 2006년 초 노무현 대통령의 신년사는 정부에서는 아주 획기적인 일이었습니다. 보통 신년사 연설을 하고 연두 기자회견을 하는 형식인데, 그때는 대국민 발표를 했습니다.

　신년 대국민 연설을 위해 거의 두 달 이상 준비했습니다. 정부 차원에서 양극화 문제를 최초로 제기한 것이 그 신년 연설이었죠. 그 외에 청년실업, 양질의 일자리 창출, 저출산·고령화 등 현재 진행형인 한국 경제의 현안에 대해 정면으로 문제를 제기하고 심도 있게 대안을 모색하기 위해 정부의 단호한 결심을 표명한 것이 그 연설이었습니다.

　그리고 대국민 연설의 거의 마지막에 이르러 한·미 FTA를 하겠다고 노 대통령께서 선언했습니다. "개방 문제도 거역할 수 없는 대세입니다. 적극적으로 대처해서 우리 경제를 선진화할 수 있는 계기로 삼아야 합니다. 우리는 그동안 여러 국가들과 자유무역협정을 추진했습니다. 우리의 미래를 위해 미국과도 자유무역협정을 맺어야 합니다. 지금 이미 대화가 시작되었습니다만 조율이 되는 대로 정식으로 협상을 시작하도록 하겠습니다."

　2006년 신년사에서 '양질의 일자리 창출'을 이야기했는데, 이를 만들어 낼 수 있는 것이 바로 서비스산업이고, 그걸 가장 고도로 발전시킨 국가가 미국입니다. 서비스와 금융·회계·법률 등 제조업 지원 비즈니스 서비스를 발전시켜 양질의 일자리를 만들려면 한·미 FTA가 필요하다고 우리는 생각했습니다. 산업 구조조정과 제도개혁이라는 목표도 달성하고요. 한·미 FTA 협상의 시작이 대외경제장관회의에서 공식화되었고, 그 후 약 1년 4개월여에 걸쳐 협상이 추진됩니다.

홍은주   한·미 FTA 협상은 단순히 한두 개 부처만이 아니라 여러 경제부처에 걸쳐 광범위하게 진행되었습니다. 한국 경제구조 전체에 영향을 미치는 문제라 대통령부터 청와대, 협상팀과 정부 관련부처 공무원까지 원팀을 유지하면서 유기적으로 연결되어야 하니 복잡하고 어렵지 않으셨나요?

윤대희   그렇습니다. 한·미 FTA는 당시 누가 보더라도 어렵고 힘들었습니다. 협상이 부문별로 17개 분과(negotiating group)나 되었고, 두 실무협상팀(working party) 합쳐 모두 19개 의제가 동시 다발적으로 진행되었으니까요. 2006년 5월 우리 정부가 국회에 제출한 협정문 초안과 협상 목표는 상품무역 6개 분야, 서비스·투자 6개 분야, 기타 경쟁, 정부조달, 지식재산권, 노동, 환경 등 5개 기타 분야, 분쟁해결과 투명성 보장 등 5개 일반사항 등으로 총 22개 챕터로 구성되었습니다.

이후 진행된 한·미 FTA 협상에서 역할 분담을 살펴보면, 전체 협상의 큰 그림이나 방향성, 지침은 대통령이나 총리, 청와대 정책실, 부총리 등 경제장관들이 협의하여 결정했지만, 협상장에서의 디테일은 협상팀에 위임했습니다. 실무협상 책임자는 김현종 통상교섭본부장과 김종훈 수석대표였지만, 이분들이 대통령께 직접 전화 통화로 보고하는 그런 체제가 아니었습니다. 매일 그날의 회담 상황이 보고되면 청와대가 중간에서 이걸 받아 종합적으로 분석하여 대통령께 보고했습니다. 또 국익 극대화를 위한 중요한 협상 전략은 관련부처 장관들과 의논하고 조율하여 대통령의 결심을 끌어내기도 했습니다.

미국 USTR, 협상 재량권 크지 않아

홍은주 미국 USTR이 슈퍼 301조를 내세운 쌍무협상 때는 저승사자 같았는데, 한·미 FTA 협상 때 보니까 의외로 재량권이 별로 없는 것 같았다는 이야기를 들었습니다. 반면에 우리는 협상 재량권이 컸고요.

윤대희 FTA 협상 진행 과정에서 보니까 미국 통상팀이 가장 눈치 보는 것이 산업체와 의회였습니다. 제가 제네바에서 근무했을 때 미국과 진행하는 금융이나 주류 협상을 보면 해당 산업의 주요 기업체 직원들이 협상 현장에 와 있더라고요. 공무원들이 수시로 그 사람들과 협의하는 것을 보았습니다.

홍은주 정경유착을 경계하는 우리로서는 상상하기도 힘든 일입니다.

윤대희 그렇죠. 우리 같으면 기업인들이 국가 통상협상 현장에 나타나는 것 자체를 바람직하지 않게 보겠죠. 미국은 그렇지 않았어요. 기업인들의 이해를 통상협상에서 철저히 대변했습니다. 통상협상의 목적은 결국 상대국가의 시장에서 기업이 나아갈 길을 열어 준다는 것이니까, 어찌 보면 그게 맞는지도 모르지요. 사실 EU와 지식재산권 협상을 할 때도 보니까 EU도 전부 해당 산업의 기업인들과 의논했습니다.

　미국 실무협상단 이야기를 들어 보면, 노골적으로 "우리는 재량권이 없다. USTR이 지시한 대로 하는데, USTR은 의회 눈치를 보고, 의회는 산업계 의견을 충실히 받아서 반영한다"고 말하곤 했습니다. 어찌 보면 재량적 권한이나 범위가 우리보다 작은 듯했습니다.

FTA에서 외교안보 라인의 활약

홍은주 미국은 9·11 테러 이후에 외교안보 라인의 힘이 강화되어 통상 문제도 외교안보적 측면을 강조했습니다. 한·미 FTA 협상 과정에서도 외교안보 라인이 큰 역할을 했다면서요?

윤대희 사실 처음부터 미국이 아시아 최초의 FTA 파트너로 한국을 선택한 과정도 외교안보적 측면이 있습니다. NAFTA 이후 경제권다운 경제권은 한국이 처음이었는데, 부시 행정부가 한·미 FTA 성사에 큰 관심을 가진 것으로 우리가 파악했습니다. 당시 25개나 되는 국가가 미국과 FTA를 맺고자 했는데 미국은 왜 한국을 선택했는가? 미국은 일본과 중국, 러시아 관계를 볼 때 동북아시아에서의 안보 측면에서 한국과 경제적 유대가 필요하다고 봤던 것 같습니다. 안보 등을 종합적으로 고려하고 한반도의 지정학적 입장에 따라 한국을 FTA 파트너로 선택한 것이죠.

그래서 협상 전체 과정을 보면, 바깥에서는 통상팀과 경제부처들이 움직였지만 협상의 막후에서는 외교안보 라인이 크게 기여했습니다. 1년 4개월에 걸친 협상의 주요 과정과 고비고비마다 미국과 한국의 안보팀이 막후에서 움직였습니다. 정치와 경제가 복잡하게 얽힌 현안을 종합적으로 분석하고 풀어내는 데 외교안보 라인이 큰 역할을 했습니다. 서로 자주 통화하면서 미국은 자국의 관심사를 전달했고 그건 우리도 마찬가지였습니다. 미국 해들리 보좌관이 전화해서 미국의 관심 사항이 이러이러하다고 설명하면 백종천 안보실장이 전화를 받아 미국의 정치적 분위기와 진정한 의도를 파악했고, 노 대통령은 그걸 듣고 종합적으로 판단하곤 했습니다. 저쪽도 마찬가지였을 겁니다.

특히 협상이 꽉 막혔던 막판에는 외교안보 라인의 역할이 결정적이었습니다. 막후에서 부지런히 움직여서 양국 정상을 설득하고 최종 결론을 이끌어 냈습니다. 협상의 최종 단계에서 막판 두어 번은 스티븐 해들리 국가안보보좌관과 백종천 외교안보실장이 서로 자주 통화했고, 박선원 보좌관과 커트 통 NSC 아시아 담당 국장이 통화하기도 하면서 아무튼 바쁘게 움직였습니다.

홍은주 협상의 여러 이슈 가운데 쉬운 문제들은 합의가 되었지만, 어려운 문제들은 해결되지 못한 채 막판까지 미루어졌습니다. 마지막까지 타결되지 못한 것들은 어떤 문제들이었습니까?

윤대희 협상 타결 시한 바로 직전에 점검해 보니 농산물, 쇠고기, 자동차, 섬유에 대한 관세 등 막판까지 합의되지 못한 문제가 상당히 많았습니다.

가령 섬유는 원산지가 문제였습니다. 만약 한국 기업이 중국에서 섬유를 싼값에 사들여 미국에 수출하는 경우 중국의 우회수출을 막을 수 없습니다. 그러니까 한국 제품의 원산지에 제한을 가해야겠다는 것이었습니다. 반대로 자동차는 우리가 미국 차의 배기량 문제를 해결해야 했는데, 환경단체들이 난리가 나서 미국의 요구를 반대했습니다.

또 정보통신 기업의 투자지분이 문제가 되었습니다. "SKT나 KT 등 기간 통신사들에 대한 경영권 지분투자를 반대하는 것은 자기들도 이해하겠다. 대신 다른 정보통신 분야는 100% 지분투자를 허용해 달라"는 것이 미국의 요구였습니다. 이것도 우리가 끝까지 동의를 못했습니다. 통신은 단순한 서비스가 아니라 정보서비스이니까요. 특히 가장 큰 문제는 쇠고기 수입이었습니다. 우리는 쇠고기 수입에 따른 위생조건은 별도라고 계속 주장했습니다.

홍은주 협상 시한이 거의 끝나갈 무렵까지 협상이 진전이 잘 안 되다가 노무현 대통령의 중동 순방 기간 동안에 한·미 FTA 협상과 관련해 한·미 정상의 전화 통화가 있었고, 그걸 계기로 큰 고비를 넘겼습니다. 당시 대통령 순방을 따라가셨다고 들었는데 구체적으로 어떤 일이 있었습니까?

윤대희 대통령의 중동 순방 날짜가 하필 한·미 FTA 시한 바로 직전이었습니다. 그래서 말들이 많았지만 순방 일정은 한참 전에 결정되었기 때문에 외교적 결례를 범하지 않으려면 예정대로 떠나야 했습니다.

대통령의 중동 순방 하루 전인 3월 24일 오후, 권오규 부총리와 김현종 통상교섭본부장, 그리고 청와대의 변양균 정책실장과 제가 참석한 가운데 한·미 FTA 협상 현황과 향후 대응 방향에 대한 대통령 종합 보고가 있었습니다. "그동안 많은 진전이 있었지만 농산물과 저작권, 의약품 분야에서 미국 측의 요구가 완강합니다. 우리 쪽도 섬유와 자동차 부문, 방송통신과 개성공단 원산지 인정 문제 등 상당 부분 미타결 이슈가 있습니다"라는 취지로 김현종 본부장이 종합 보고했습니다.

원래 저는 해외 순방에 동행하지 않고 서울에서 마지막 협상을 진두지휘하고 조정하려는 의도로 국내에 남아 있기로 했습니다. 그런데 막판에 다들 "청와대 내부에서 한·미 FTA 내용을 잘 아는 참모가 대통령 곁에 있어야 한다"고 해서 순방에 따라 나갔습니다.

당시 대통령의 순방 일정이 너무 빠듯해서 참모가 있다고 해도 대통령과 이야기할 수 있는 시간은 조찬 때밖에 없습니다. 대통령은 하루 종일 상대방과 미리 정해진 외교 일정을 소화하고 저녁 만찬도 했습니다. 또 중동 쪽은 유난히 만찬이 늦게 시작하여 늦게 끝나니까 제가 옆에 같이 다니더라도 어떤 이슈를 심도 있게 대통령께 보고하고 의견을 들을 시간이 없었습니다. 거의 자정이 넘어 호텔방 들어가면 서울에서 김대기 비서관(후일 윤석열 대통령 비서실장)이 정리해 보낸 것을 받아서 보고하고 협의한 후 새벽쯤에 눈을 잠깐 붙이고는 다시 조찬에서 의논했습니다. 당시 송민순 외교부 장관 등이 배석하여 조찬을 함께하면서 의논했습니다.

큰 문제들의 경우 양측이 서로 막판까지 양보하지 않으니까 전혀 진전이 안 되었습니다. 매일 똑같은 이야기를 대통령께 보고하려니 난감했습니다. 그런 버티기 상황이 지속되자 우리 측이나 미국 측 모두 "이건 정상끼리 통화해서 풀어야 한다. 일선 협상팀은 풀 수 없다"고 인식하게 되었습니다.

홍은주 더 급한 쪽에서 움직였을 것 같은데, 누가 먼저 전화했습니까?

윤대희 먼저 움직인 쪽은 미국이었습니다. 3월 28일 커트 통 NSC 아시아 담당 국장이 우리 측 박선원 안보전략비서관에게 전화했습니다. 통화 요지는 "오늘 미국이 자동차 분야에서 대폭 양보할 것이다. 미국 자동차 업계의 극심한 반발을 무룹쓰고 내린 결단이다. 섬유와 개성공단에 대해서도 융통성을 발휘하겠다. 대신 한국은 쇠고기 문제 등을 우리가 납득할 수 있는 선에서 반드시 해결해 달라"는 것이었습니다.

이에 대해 양측이 논의한 후 같은 날 오후 해들리 백악관 국가안보보좌관이 당시 대통령을 수행하던 백종천 외교안보실장에게 다시 전화했습니다. 이 같은 외교안보보좌관들의 사전 통화 때도 서로 물러날 수 없다는 양측 입장만 확인한 채 진도가 나가지 않았습니다.

결국 중동 순방길에 있던 노무현 대통령이 부시 대통령과 통화하기로 했습니다. 그때 일정이 아주 바쁘고 시차가 있다 보니 양국 정상의 통화 일정을 정하는 것도 녹록지 않았습니다. 제가 그때 메모를 확인해 보니까 대통령께서 카타르 정부의 요청에 따라 신도시 방문 일정이 있었는데 아무리 바삐 돌아와도 현지 시간 오후 2시 15분이나 되었습니다. 김현종 본부장에게서 미해결 사안들을 다 받아 제가 종합해서 사전에 보고하고 2시 45분에 호텔방에서 통화하기로 했습니다.

당시 호텔방에는 송민순 장관과 백종천 외교안보실장, 그리고 제가 옆에서 전화 통화를 듣고 있었습니다. 정상 간 통화에서 우리는 노 대통령 말씀만 듣지 저쪽 부시 대통령이 무슨 말을 하는지 모르니까 옆에서 메모 혹은 귀띔을 하거나 건의 또는 조언을 할 수 없었습니다.

나중에 종합해 보니까 저쪽에서는 우선 협상 시한을 들고 나왔다고 합니다. 협상 시한을 꼭 지켜야 한다고요. 쇠고기는 저쪽이 서류로 공식 요구를 했는데, 노 대통령이 스스로 먼저 "국제수역사무국(OIE) 결정을 기다려 본 후 미국산 쇠고기가 다른 나라들보다 한국에서 더 불이익을 받지 않게 하겠다. 그러니 나에게 그 문제를 맡겨 달라"고 해서 풀었습니다.

홍은주 그때 쇠고기 문제가 왜 양국 정상 간 통화에서 거론될 정도로 큰 이슈가 되었습니까?

윤대희 쇠고기 문제가 미국의 최대 관심사가 되었던 이유는 축산업을 주로 하는 몬태나주의 상원의원인 맥스 보커스가 미국 재무위원장이었기 때문입니다. 한·미 FTA가 의회비준을 받으려면 보커스 의원을 통과하지 않으면 안 되는 상황이었습니다. 미국 입장에서는 제조업 경쟁력이 한국보다 떨어지니까 제조업보다 농업 분야 수출을 늘리고 싶어 했죠. 특히 쇠고기 등의 수출을 크게 기대하고 있었습니다. 한국이 미국산 쇠고기에서 작은 뼛조각 하나가 발견되었다고 전량 검수, 전량 반품을 하니까 아마 속이 많이 탔을 겁니다. 한국 시장에서 미국산 쇠고기가 호주산, 캐나다산 등과 경쟁하고 있었거든요.

홍은주 광우병 파동 전엔 미국산 쇠고기 수입 비중이 50%가 훨씬 넘었다고요?

윤대희 우리나라가 자동차나 전자제품을 컨테이너에 실어 미국으로 수출한 것처럼 미국 축산업자들은 쇠고기를 수출하기 위해 한국으로 컨테이너선에 실어 보냈습니다. 그걸 전수 조사하고 거기서 조그마한 뼛조각 하나 발견되었다고 그걸 전량 반품하여 돌려보내니까 미국 축산업계가 얼마나 부글부글 끓었겠는지 한번 입장을 바꾸어 생각해 보면 이해할 수 있을 겁니다.

홍은주 쇠고기는 일반 제품과 달리 유통기한이 있고 태평양을 선박으로 오가는데, 오랜 기간이 경과한 채 반품되면 자국 내에서 팔기도 어려웠겠네요.

윤대희 그런데 정부나 고위층에서 그렇게 하라고 시켰던 것이 결코 아닙니다. 참여정부는 잘 아시는 것처럼 출범 초기부터 권위주의에서 벗어나 우리 행정의 탈권위적·탈중앙적 움직임을 추구할 것을 천명했던 정부였습니다. 행정의 민주화와 투명성 등을 강조하던 터라 일선 행정부처들이 의논하여 자율적으로 결정하도록 했는데, 그러다 보니 일선 검역 공무원이 재량으로 그렇게 했던 것입니다.

당시 제가 정말 애먹었던 것이 바로 그 점이었습니다. "왜 그 문제를 청와대가 조정을 못하느냐?"는 비판을 많이 들었죠. 그런데 검역 문제는 국민의 건강주권과 관련된 이슈이고, 관세청, 복지부, 농림부 등 여러 부처의 최일선 행정기관들이 모두 관여된 문제라 누가 한쪽에서 전량 검사와 전량 반품을 해야 한다고 강하게 주장하면 나머지도 그쪽으로 기울 수밖에 없었습니다.

미국은 참여정부의 그런 입장을 이해하지 못했습니다. 버시바우 미국대사가 그 문제를 해결해 보려고 저를 자주 찾아왔습니다. 그때까지 우리 정부는 쇠고기 검역 문제를 FTA와 별건으로 처리한다는 방침이었습니다. 그런데 미국 측이 "OIE에서 미국을 광우병 위험통제국가로 판정할 예정이니 쇠고기 수입 예상 시기를 공식 문서로 통보해 달라. 그러지 않으면 FTA 협상을 타결할 수 없다"는 강경한 입장을 보였습니다.

결국 중동 순방 때 정상 간 전화 통화에서 노 대통령이 승부사적 기질을 발휘하여 쇠고기 문제 해결을 구두로 약속한 후 부시 대통령에게도 우리가 요구하는 자동차, 섬유, 개성공단, 무역구제 부문에서 통 큰 결단을 요구했습니다. 그렇게 큰 것이 풀리니까 다른 문제들도 저절로 풀리게 되었습니다.

TPA 시한 앞두고 미국 측이 막판 양보

홍은주 중동 순방에서 한국에 돌아와 협상 막판에 상당한 상황 반전이 있었습니다. 그때 무슨 일이 있었는지요?

윤대희 3월 30일 아침에 우리가 중동 순방에서 돌아와 서울공항에 도착했고 거기서 헬기로 청와대로 직행했습니다. 오전 10시부터 청와대 회의를 시작해 협상 결과를 종합해서 관계장관들에게 보고받고 우리가 끝까지 요구할 부분과 적절히 타협하거나 양보할 쟁점들을 정리했습니다. 3월 30일로 되어 있는 협상 시한에 대해서도 장시간 회의했습니다.

저녁 8시쯤 그날 밤 협상을 지휘할 전권을 달라고 정책실이 대통령께 요청했고, 대통령이 그러라고 했습니다. 변양균 정책실장으로부터 그 이야기를 들었는데 막판까지 타결이 안 된 이슈들이 적지 않아서 협상 시한을 그대로 넘기게 되나 보다 하고 굉장히 초조했습니다. 백척간두(百尺竿頭)에 서 있는 것 같은 느낌이었죠.

막상 협상 시한을 넘겼더니 이번에는 미국 측이 초조해져서 주말인 토요일과 일요일은 의회가 문을 열지 않기 때문에 금요일 오후를 시한으로 삼았던 것인데, 협상 상황을 의회 측에 설명하여 일요일 오후에도 서한을 접수할 수 있도록 행정 직원을 대기시키기로 했다는 것입니다. 4월 2일 새벽 1시까지 협상 시한을 이틀 연장할 수 있게 된 것입니다.

31일 밤에 청와대 서별관 회의실에서 관계장관 회의가 다시 열렸습니다. 이날도 양측의 핵심 쟁점 중에서 절대로 양보할 수 없는 부분과 양보해도 되는 내용을 다시 점검했습니다.

4월 1일 오전에 해들리 안보보좌관이 다시 백종천 외교안보실장에게 전화를 걸어서 양측이 좀 더 유연하게 대응하자는 취지의 통화를 했습니다. 그때의 통화 기록을 보면, 미국이 바짝 몸이 달아 있는 것이 환히 보인 반면 백종천 실장은 오히려 느긋하게 대응한 것으로 평가되었습니다. 미국이 여러 차례 먼저 전화하고 청와대에서 나서 달라고 요구한 것은 미국이 이 협정을 반드시 체결해야 하는 처지라는 것을 보여 주는 시그널이죠. 우리 협상팀이 얼마나 버텼으면 미국 협상단이 백악관 안보 채널과 대통령까지 총동원해 청와대에 도움을 청했겠습니까?

시간은 우리 편이라는 감(感)을 잡았기 때문에 청와대는 "그만하면 됐다. 이쯤에서 마무리짓자"는 뉘앙스를 절대로 협상단에 내려보내지 않았습니다. 대통령은 오히려 협상팀에게 실익을 따져 소신껏 협상하라고 독려했죠. 협상이 체결된 후에 그 결과의 뒷감당은 자신이 지겠다고 하면서 협상팀에 힘을 실어 줬습니다.

이날 밤 8시에 청와대에서 한덕수 한·미 FTA 체결지원위원장과 농림부, 산자부, 외교부, 협상팀, 비서실장, 정책실장, 외교안보실장, 경제수석 등이 다 모여서 최종 점검을 했죠. 당연히 우리는 협상 타결이 끝내 안될 수도 있다는 것을 전제했습니다.

홍은주 협상 결렬을 둘러싸고 '음모론'이 있었다고 하는데, 그럼에도 협상 결렬 상황까지 고려했었던 것이군요.

윤대희 그렇습니다. 한·미 FTA 협상은 출발 당시 세부원칙(modality)부터 정하는 것이 중요했죠. 세부원칙은 일괄타결 방식(comprehensive and single undertaking)으로 가기로 했습니다. 전체가 합의되어야 하나의 문서로 결론이 나는 방식이다 보니까, 협상 막판의 막판까지 살얼음판을 내딛는 것이나 마찬가지였습니다. 가령 오렌지 문제가 타결되지 않으면 그동안의 협상 전체가 틀어질 가능성도 있었죠. 자동차 관세 문제도 미국이 계속 거부하니까 그걸로도 협상이 깨질 수 있었습니다. 그래서 당시 우리는 협상이 깨질 가능성을 항상 염두에 두고 시나리오를 검토하곤 했습니다.

협상이 타결되든 막판에 결렬되든 대통령께서 4월 2일 대국민 담화를 발표하기로 했기 때문에 4월 1일 밤샘 협상이 진행될 당시 우리는 막판에 안될 가능성에 대비한 시나리오도 함께 만들었습니다. 협상이 결국 타결되지 않았을 경우도 배제하지 않고 결렬되었을 때의 초안도 대통령 철학을 반영하여 만들었습니다.

그러다 보니 제가 협상 막판에는 언론으로부터 오는 모든 전화를 사양했습니다. 언론은 "한·미 FTA가 타결되는 거냐, 아니냐?"가 관심사니까 자꾸 그걸 물어보는데 실제로는 바로 전날까지도 안될 수 있다고 봤고 결과는 저도 잘 모르니까 전화를 받을 수 없었습니다. 그래서 원래 마감 시한 날짜인 30일 다음 날 신문에 "한·미 FTA 협상 타결"로 오보를 낸 언론도 많았습니다. 그 이틀 후에 정작 FTA가 타결되니까 어떤 언론은 "제2의 개국", 또 어떤 언론을 "굴욕적 협상 타결"이라고 헤드라인을 뽑으면서 아주 상반된 반응을 보였습니다.

홍은주 4월 2일 새벽에 미국 측이 자국의 최종 입장이라고 해서 8개 세부항목, 종합하면 5개 항으로 압축되는 내용을 통보했다면서요?

윤대희 네, 그 5개 조항이 USTR이 백악관에 건의해 부시 대통령이 받아들인 최종안이라면서 이것을 받을지 말지 우리가 그날 밤 결정해 달라고 했습니다.

그 연락을 받고 제가 외교부에 도착한 미국 측 전문을 번역하지 말고 원문 그대로 청와대와 총리, 부총리에게 보내 달라고 요청했습니다. 외교부가 번역하고 정리할 만한 시간도 사실 없었을 뿐만 아니라 번역하는 과정에서 오역이 발생할 가능성도 있었기 때문이죠. 무엇보다 사용한 단어들을 직접 읽어 봐야 뉘앙스를 제대로 판단할 수 있다고 생각했습니다.

4월 2일 아침에 한덕수 총리와 권오규 부총리, 청와대의 변양균 실장과 저까지 그걸 받아 읽어 보고 서로 통화하고 검토하여 "이 정도면 우리가 받을 만하다"고 의견을 종합 정리하여 최종적으로 대통령께 보고했습니다. 결과적으로 섬유 원산지 문제나 자동차 관세인하 문제는 미국이 양보했고, 우리는 배기량 문제와 같이 결과적으로 미국에 불리하게 되는 이슈를 유예하기로 약속했습니다.

그러고 나서 정부 절차를 반드시 밟아야 하기 때문에 권 부총리에게 대외경제장관 회의를 주재하도록 요청했습니다. 과천 종합청사까지 가는 것은 너무 머니까 광화문 종합청사 부총리실에서 오전 11시 만났습니다. 김영주 산자부 장관, 변재진 복지부 차관 등이 오고, 김현종 본부장은 협상장이 있는 하얏트 호텔에서 와서 최종적으로 형식을 갖춰 정부 문서를 확정했습니다.

드디어 4월 2일 밤 9시 생방송 뉴스에서 대통령이 협상 타결을 공식 발표했습니다. 저를 포함한 청와대 참모진들이 옆에 배석했지요.

홍은주   이때 김현종 본부장의 전화 통화 상대가 누구였습니까?

윤대희   미국 USTR 부대표인 캐런 바티아가 한국에 와 있다가 전화를 받았습니다. 바티아는 인도계 미국인 남성으로, 나중에 미국 정권이 민주당으로 바뀌니까 정부를 떠나 GE 부회장으로 갈 정도로 굉장히 명민한 사람입니다. 바티아 부대표와 관련하여 미국의 치밀성을 엿볼 수 있는 에피소드가 하나 있습니다.

2006년 10월 하순 무렵 하루는 버시바우 주한미국대사가 "이번에 워싱턴에서 온 인사를 한 사람 만나 달라"고 저에게 요청해 왔습니다. 청와대 참모 일부가 USTR 부대표는 격이 낮은데 굳이 경제수석이 직접 만날 필요가 있느냐고 말렸죠. 하지만 그때 수석을 지내면서 제 원칙이 "만나자는 사람을 가능하면 다 만나서 모든 이야기를 들어 본다"는 것이었기 때문에 오라고 했습니다. 제가 바티아를 만난다는 사실을 대통령께 미리 보고하고 국익이 손상되지 않는 범위 내에서 설명하는 것도 허락받았습니다.

그때 버시바우 대사가 청와대에 방문하여 데려온 사람이 바로 바티아 부대표였습니다. 당시 바티아가 30대로 아주 젊은 나이였는데 8차 협상 때문에 한국에 온 것입니다. 제가 이야기를 다 들어 보니까 한마디로 한·미 FTA 이슈들에 대한 한국 측 의사를 재확인하는 것이었습니다. 버시바우 대사가 원로 외교관인데 바티아를 수행해서 청와대와 국회, 반대 그룹과 시민단체들도 다 만났습니다.

그때 제가 '바티아가 총리, 장관, 국회의원까지 전부 만나서 의중을 파악했지만 진짜 최종 의사결정권자인 대통령의 의중을 파악할 길이 없으니까 청와대로 나를 만나러 와서 대통령의 속내를 타진하려는 것이구나'라고 느꼈습니다. 청와대에서 대외적으로 공표한 것도 있지만 진짜 속내는 모르고, 어떤 입장인지도 모르니까 그걸 파악하러 온 것이죠.

바티아 부대표가 "한·미 FTA를 타결시키고자 하는 미국의 의지는 확실한데 한국은 어떠냐?"고 묻기에, "우리도 강하다. 대통령이 자신의 핵심 지지 세력의 반대를 무릅쓰고 정치적으로 큰 위험을 감수하면서 추진하는 것 아니냐?"고 확인해 주었습니다. 그다음에 "그러니 우리도 대국민 설득용으로 뭔가 내세울 것이 필요하다"고 설득했습니다. 그때 제가 두 가지를 우선 제시했습니다. "첫째, 쌀 문제는 절대로 협상 대상이 될 수 없다. 쌀 문제가 테이블 위에 올라가는 순간 한·미 FTA 협상은 바로 끝이다. 둘째, 개성공단 생산제품의 원산지를 인정해 달라. 우리가 뭔가 국민에게 미국이 양보했다고 설명할 것이 필요하다. 이걸 꼭 백악관에 전달해 달라"고 했죠. 바티아가 "잘 알겠다. 그 내용을 백악관에 전달하겠다"고 하고 한국을 떠났습니다.

그다음 해 3월 마지막 협상 때 바티아가 USTR 부대표로 최종협상을 위해 한국에 왔습니다. 제 생각으로는 미국에서 바티아 부대표를 한국에 미리 보내 사전에 진의 파악이나 상황 파악을 하고 최종협상을 지휘하도록 하기 위해 조치했던 게 아닌가 싶습니다.

미국의 추가협상 요구

홍은주 한·미 FTA 협상이 극적으로 타결되기는 했으나 사실은 그 후에도 미국 민주당의 주장에 따라 추가협상 요구가 있었다고요?

윤대희 네, 우선 미국에서 추가협상 요구가 왔습니다. 2007년 5월에 미국 의회가 '신통상정책'을 발표하고, 이 내용을 아직 비준되지 않은 통상협상에 반영해야 한다고 했죠. 미 행정부가 이걸 받아들여서 2007년 6월 16일 자정 무렵에 추가협상을 하자고 요구한 것입니다.

미국 측은 자신들이 제기한 내용을 설명하기 위해 웬디 커틀러 수석대표를 6월 21일부터 22일까지 서울에 파견했습니다. 핵심 내용은 노동과 환경, 보건, 필수적 안보, 정부조달, 항만안전, 투자 등 7개 분야였고, 행정부가 보유한 TPA가 6월 30일에 종료되므로 반드시 그전에 협상을 끝내자는 입장이었습니다.

우리는 절대로 안 된다고 버티다가 나중에 "기존 협상의 기본 틀에 영향을 미치거나 큰 걸 주고받는 재협상은 안 된다. 다만 새롭게 제기되는 작은 세부 의제는 한번 검토해 보겠다"는 것을 전제했어요. 김현종 본부장이 6월 25부터 26일까지 워싱턴에서 USTR 수전 슈와브 대표 및 바티아 부대표와 담판했습니다. 한국에서는 6월 24일 오후 5시 권오규 부총리가 주재하는 관계부처 장관 대책회의를 청와대 서별관에서 개최하여 우리 측의 요구사항을 정리했습니다.

이에 대해 미국 측이 다시 자신들의 양보사항을 정리하여 일괄 제안했습니다. 6월 27일 국무총리 집무실의 관계부처 장관 회의, 같은 날 오후 6시 청와대 청무관계 수석비서관 회의, 6월 28일 대통령 관저 조찬회의를 잇따라 열어 미국 측 입장을 어느 정도까지 수용할지 의논했습니다.

추가협상이 진행되는 사이에도 송민순 장관과 해들리 백악관 안보보좌관 간의 회담이 열리는 등 통상과 안보 양측에서 논의가 진행되었습니다. 미국 민주당이 특히 집중적으로 요구한 것이 환경과 노동 문제였어요. 이에 대해 환경부와 노동부가 반대하다가 결국 원칙적인 선에서 큰 문제없이 타협에 이르렀습니다.[3]

한·미 FTA 추가협상을 위해 서울에 온 웬디 커틀러 미국 측 수석대표(오른쪽)가
김종훈 한국 측 수석대표와 나란히 협상장으로 향하고 있다(2007. 6. 21).

　결국 모든 협상과 재협상이 끝난 후에 2007년 6월 30일 미국 시간으로 오전
10시(한국 시간 밤 11시) 워싱턴 캐논빌딩에서 한·미 양국은 FTA 서명식을 갖고
협정문에 공식 서명했습니다. 15개월간의 자유무역협정 대장정이 마무리된 것
입니다.

---

3 노동의 경우 기본노동권에 관해 ILO 헌장에서 언급하는 5개 기본권, 즉 결사의 자유와 단체교섭권,
　강제노동 금지, 아동노동 철폐, 고용과 직업에서의 차별금지 등을 국내 법령이나 관행으로 받아들여
　집행하라는 것이 핵심이었다. 환경은 멸종위기 동식물의 국제거래에 관한 협약 등 7개 환경 관련 국제협
　약 의무를 이행하라는 요구였다. 보건 분야는 WTO 지식재산권 협정에도 불구하고 AIDS나 결핵 등
　치명적 전염병을 예방하기 위해 개도국이 긴급상황 시 이를 생산 제조할 수 있다는 것이다. 필수적 안보
　에 대해 미국이 제안한 내용은 협정 당사국의 협정상의 의무에 대해 필수적 안보를 이유로 예외를 주장하
　면 받아들여야 한다는 것이었다. 정부조달 분야에서 미국의 주장은 입찰 기업에 노동법령 내용을 준수하
　라고 요구할 수 있다는 것이었다.
　　대부분 한국 정부가 이미 법제화했거나 원칙적으로 받아들일 수 있는 내용이었다. 그러나 한국 노동부
　는 당시 시행이 유보되어 있던 복수노조가 시비대상이 될까 봐 염려했고, 환경에서는 일반적 보복절차를
　적용한다는 내용을 우려했다. 이에 대해 노동·환경 분쟁은 무역투자 효과가 입증되는 실질적 경우에만
　제소하겠다는 미국 통상장관의 공식 서한을 받는 것으로 양측이 타협했다.

국회 한·미 FTA 특위 구성

홍은주 FTA 협상을 타결했으니 국회비준을 받아야 하는데, 국회에서는 어떤 움직임이 있었습니까?

윤대희 그렇습니다. 4월 2일 한·미 FTA 협상 타결 직후에 부분 개각이 있었는데, 저는 적어도 추가협상이 마무리될 때까지는 청와대에서 경제수석 자리를 지켜야 한다고 생각했습니다. 무려 19개 분야나 되고 아주 방대한 내용의 업무를 새로 온 수석이 추가협상을 위해 처음부터 파악하도록 하는 것은 국민과 대통령, 국회에 대한 도리가 아니라고 생각했습니다. 그래서 끝까지 추가협상을 마무리하고 나서 장관급인 총리실 국무조정실장으로 갔습니다.

그 후부터는 한·미 양국 모두 국회비준 작업이 시작되었습니다. 국회에서 벌어진 정작 더 큰 이슈는 FTA로 피해를 입는 분야, 즉 농업이나 수산, 어업 등의 분야에서 피해보완 대책 내놓으라는 것이었습니다. 그때 아주 힘들었습니다.

그래도 그때 비교적 잘 정리된 것은 국회에서 경제를 잘 아시는 분들의 지지가 컸기 때문입니다. 당시 열린우리당 시절인데, 협상이 비준을 받으려면 국회의 협조 없이는 불가능하잖아요? 국회에 보고하니까 국회에서 약 20여 명으로 구성된 한·미 FTA 특위를 만들었습니다. 홍재형 의원이 위원장이었고, 송영길 의원과 윤건영 의원(한나라당)이 간사를 맡았죠.

이분들이 청와대 만찬도 하고 대통령과 토론도 하면서 이슈를 잘 정리했습니다. 대통령과 가장 강하게 토론한 분이 심상정 의원이었습니다. 심 의원이 가장 심하게 반대 목소리를 높이니까 대통령께서 그걸 인내심을 가지고 듣고서 하나하나 쟁점별로 답변했습니다. 그때 제가 옆에서 지켜보았는데 두 분 다 참 대단했습니다.

"한·미 FTA는 생존의 문제"라고 반대 진영 설득

홍은주 한·미 FTA는 범국본을 필두로 처음부터 끝까지 조직적 반대가 아주 컸습니다. 이분들을 어떻게 설득하셨나요?

윤대희 한·미 FTA 협상을 시작해서 추가협상이 끝날 때까지 제가 한·미 FTA를 반대하는 시민단체 사람들을 정말 많이 만나서 설득했습니다. 청와대 밖으로 나가서도 만나고, 한번은 경제수석실에 찾아오겠다고 해서 "어서 오십시오" 하고 두어 시간 동안 이분들의 주장을 들은 적도 있습니다.

그때 청와대로 찾아오신 분이 박석운 '한·미 FTA 저지 범국민운동' 집행위원장인데, 서울 법대를 나와 시민운동을 하시는 분이었습니다. 또 한 분은 김승호 씨로 서울 상대 출신으로 저보다 1년 선배인데 평생 노동운동을 하신 분이었습니다. 김승호 씨는 대학 때 같이 연구모임을 해서 나름대로 대화 채널이 열려 있고 신뢰도 있었습니다. 그래서 제가 대통령께 "이분들이 청와대에 직접 와서 이야기한다는데 제가 한번 들어 보겠습니다"라고 보고했더니 "아, 만나세요. 제가 그렇게 하라고 늘 강조하지 않습니까?"라고 흔쾌히 승낙했습니다.

경제수석실 일부는 "반대 진영을 왜 청와대까지 오게 해서 만나느냐?"고 반대했지만, 제가 개의치 않았습니다. 이분들의 입장을 청취하고 왜 한국 경제의 미래를 위해 한·미 FTA를 하지 않으면 안 되는지 그 당위성을 말했습니다. "한·미 FTA는 단순한 경제통상 회담이 아닙니다. 중국과 일본, 러시아, 북한 등과 불안정한 동북아 정세 속에서 안보까지 포함한 종합적 시각으로 보아야 합니다. 또 대한민국의 미래를 결정짓는 매우 중차대한 결정입니다. 결코 쉬운 회담은 아닙니다. 정치·경제·외교 등 모든 측면에서 세계 최강의 패권국가인 미국과 FTA를 추진하면 선진적 제도를 도입하고 경쟁을 통해 기업의 경제체질 혁신을 도모할 수 있습니다. 국가경쟁력을 높일 수 있으며 궁극적으로 양질의 일자리를 창출할 수 있습니다"라고 장시간 설명했습니다.

홍은주 한·미 FTA 반대가 워낙 거세니까 정부의 한·미 FTA를 지원하는 민간 추진위원회가 있었다고 하는데 어떤 역할을 했습니까?

윤대희 중간 협상 과정에서 정말 많이 도와준 조직이 한·미 FTA 체결지원위원회였습니다. 이 위원회 위원장이 당시 한덕수 전 부총리였습니다. 그때 제가 보니까 김현종 본부장과 김종훈 수석대표가 일선 협상책임을 맡아 협상도 하고 국회가 부르면 가서 답변도 했는데 물리적으로 그걸 양립하는 것이 불가능했습니다. 그 과정에서 문건 유출 사건도 발생하여 난리가 났고요.

그래서 대외적 토론이나 설명, 대국민 홍보를 지원해 주는 민간위원회를 만들겠다고 대통령께 건의했습니다. 초대 위원장을 모시려 하자 FTA가 뜨거운 감자이다 보니 진보 진영과 보수 진영 모두 사양해 고민했습니다. 마침 한덕수 부총리가 막 부총리 임기를 마쳤을 때라 "저분이 최적임자인데 우리가 괜히 딴 데 물어봤다" 싶었죠. 회의가 끝나고 변양균 실장과 "우리가 한번 말씀드려 보자"고 상의했습니다.

제가 직접 말씀드리면 개인적으로 너무 부담을 느끼실까 봐 김대기 비서관을 보내 말씀드렸는데 "다른 계획이 있다. 스탠퍼드대학에 가기로 했다"고 확고히 사양 의사를 표명하셨다는 겁니다.

그런데 아무리 생각해 봐도 이분만한 적임자가 없는 것 같아 2~3일 후 김 비서관에게 또 가서 삼고초려 하라고 했습니다. 김 비서관이 또다시 가서 말씀드렸는데 이때도 도저히 안 된다고 하셨습니다. 변양균 실장과 상의 끝에 대통령과의 만찬 자리를 마련했습니다. 대통령께서 한 부총리 부부를 초대해 식사하면서 이 자리에서 요청하니까 한덕수 부총리가 그 역할을 받아들이셨습니다. 막상 받아들인 후에는 정말 열심히 도와주셨습니다.

한·미 FTA 체결지원위원회에는 한덕수 위원장을 비롯해 민간위원 7명과 정부위원 6명 등 14명으로 구성되었습니다.[4] 반대하는 단체의 숫자가 워낙 많으니까,

---

[4] 민간위원에는 이희범 한국무역협회 회장, 손경식 대한상공회의소 회장, 김용구 중소기업협동조합 회장, 이정환 양곡정책심의위원회 위원장, 송보경 소비자단체 이사, 김화중 한국여성단체협의회 회장 등과 함께 언론계에서 〈매일경제〉 장대환 회장이 위촉되었다.

이 사람들을 다 만나고 설득하느라 어찌나 위원장이 시달리는지 도저히 안 되겠다 싶더라고요. 보좌할 사람이 필요하다고 보고, 총리실 시민사회비서관인 홍영표 씨를 재경부 소속의 차관보급으로 발령하여 보냈습니다. 홍영표 씨가 워낙 열심히 하는 데다가 대우차 노조위원장 출신이라 반대 그룹을 설득하는 역할을 잘했습니다.

이분이 나중에 정부일이 끝나고 2008년 제18대 총선에서 인천 부평 국회의원에 출마했습니다. 한·미 FTA 때 너무 고생시킨 것이 미안해서 제가 한번 찾아갔더니 저를 보자마자 "아이고 힘들어 죽겠습니다" 해요. 알고 보니 대우차 노조에서 "한·미 FTA 원흉이 왔다"고 낙선운동을 편다는 것이었습니다. 그래서인지 그 선거에서 홍영표 씨가 떨어졌습니다. 나중에 한나라당으로 당선된 분이 「공직선거법」 위반으로 당선무효형을 선고받으면서 2009년에 보선이 치러졌는데, 그때 당선되어서 결국 현재 4선 국회의원이 되었습니다.

윤대희 장관은 한·미 FTA 추가협상까지 끝난 후 총리실 국무조정실장으로 가서도 설득할 수 있든 없든 한·미 FTA에 대한 부정적 여론을 수습하기 위해 끝까지 애썼다.

그는 한·미 FTA 반대를 외치는 외부 인사들을 만날 때마다 "한·미 FTA는 선택의 문제가 아니라 생존의 문제, 시대적 변화와 도전에 대한 응전"이라고 설명했다. "EU, NAFTA, ASEAN 등 전 세계적으로 확산되는 지역주의 공포를 넘어서기 위한 결정이었고, 세계 최대 경제강국 일본과 중국 사이에 낀 한국이 세계화 시대에 어디에도 소속되지 못하는 외톨이가 되는 운명을 탈피하기 위한 몸부림"이라고 설명했다.

쇠고기 문제 해결 못하고 차기 정부로 넘겨

홍은주　한·미 FTA 협상이 타결되고 난 후에도 끝까지 심각한 사회적 문제로 남은 것이 쇠고기 수입위생 이슈였습니다. 노무현 대통령 재임 기간 중에 해결하지 못하고 차기 정부로 넘기게 된 이유가 무엇입니까?

윤대희　저는 그때 청와대를 떠나 국무조정실장으로 가 있었는데 끝까지 책임지는 자세를 보이는 것이 좋겠다 싶어 회의에 참석했습니다. 이날 회의 분위기가 아주 무거웠습니다. "쇠고기 수입위생조건 문제를 새 정부 이전에 타결짓고 가자"고 일부에서 건의한 점에 대해 대통령께서 "내가 정치적 지지층이 이반되는 등 온갖 부담을 무릅쓰면서 타결짓고 여기까지 왔다. 마지막으로 남은 이 문제까지 나더러 해결하라고 하는 것은 너무하지 않으냐?"면서 아주 섭섭해했습니다.

　그런데 제가 이해한 바로는 노 대통령의 뜻은 이것 외에 좀 더 정치적이고 실무적인 다른 뜻이 있었습니다. "어차피 한·미 FTA는 미국 의회비준을 받아야 하는데, 그때 미국 의회가 뭘 추가로 요구할 것이다. 미국 의회가 요구할 때 새 정부도 뭔가 제시할 만한 카드가 있어야 한다. 비준 조건으로 내놓을 좋은 카드가 쇠고기 수입재개이니 이 문제는 새 정부에서 미국 의회용 비준 카드로 활용하는 것이 맞다고 본다"고 확실히 말씀하셨습니다.

홍은주　한·미 FTA 협상이 진행된 기간에 청와대에 계시면서 긴박했던 순간을 맞을 때마다 대통령께서 올바른 결정을 내리도록 보좌하는 역할을 하셨습니다. 이에 대한 개인적 소회가 있으십니까?

윤대희　우선 개인적으로 공직생활에서 가장 큰일이고 힘든 일인 동시에 보람찬 일이었다고 생각합니다. 제 삶에서 가장 많이 고민하고 불면의 밤을 보내면서 괴로운 선택을 했던 시기이기도 합니다.

　노 대통령은 국가와 경제의 발전을 많이 고민하던 분이라 정치적으로 큰 결단을 내려 한·미 FTA를 추진하기로 한 것입니다. 저는 큰 정치적 부담을 무릅쓰고 한·미 FTA를 추진하여 타결까지 이끌어 냈던 노무현 대통령이 시대에 맞는 훌륭한 리더였다고 생각합니다. 여기저기서 하도 반대가 심하니까 이분이 대국민 토론회에서 "만약 하지 않는다면 그다음 대안이 뭐냐? 미국이 중국이나 일본과 먼저 FTA를 한다고 가정했을 때 우리 국민들이 어떻게 반응하겠는가?"라고 반문한 적도 있었습니다. 저는 경제수석으로서 그런 대통령의 고충을 이해하고 대통령과 협상팀을 연결하는 좋은 가교이자 조정자(coordinator) 역할을 충실히 수행하기 위해 노력했습니다.

또 다른 소회는 협상 과정에서 우리 공무원들의 사명감과 우수성을 많이 느꼈다는 것입니다. 우리가 협상을 워낙 잘 이끌었기 때문에 미국이 나중에 자꾸 추가 협상하자, 재협상하자고 나온 거잖아요?

홍은주 역사에서 큰 획을 그은 사건의 한가운데 있었던 것에 대해 개인적으로 소회가 있으신가요?

윤대희 지금도 가끔씩 그때를 돌이켜 보면, 한·미 FTA와 무슨 인연이 있지 않았나, 어쩌면 FTA에서 무슨 역할을 하라는 운명이 아니었나 싶습니다. 원래 제가 영국 재경관으로 가기로 되어 있다가 스위스 제네바로 가는 바람에 WTO 협상에 참여하고 국제통상 현장에서 일하게 되었거든요.

WTO의 경험이 한·미 FTA 추진을 지원하는 데 있어 큰 도움이 되었습니다. 제가 제네바에서 전문을 써서 보고할 때 "WTO뿐만 아니라 급격히 확산되는 FTA 지역주의에 대비해야 한다"고 매번 강조했는데, 결국 한·미 FTA를 청와대에서 담당하게 되었으니까요. 사실 저의 그런 경력이 노 대통령께서 저를 나중에 경제수석으로 발탁한 배경이 아닐까 싶습니다.

저는 그때 만약 정치적 반대로 인해 미국과 FTA를 강하게 추진하지 않고 실기했더라면 그 뒤에는 정말 안되었을 것이라고 봅니다. 마침 그때 미국 측은 TPA를 따라 90일 전에 의회에 통보해야 했기 때문에 시한에 쫓기고 있었습니다. 어떻게든 기한 내에 협상 결과를 도출하려 했죠. 그래서 우리가 상당 부분 미국으로부터 양보를 이끌어 낼 수 있었던 것입니다.

실제로 그 후 정치 변화를 보면, 미국은 오바마 대통령 정부가 들어서고 한국도 이명박 대통령 정부가 들어섰습니다. 만약 그때 한·미 FTA 협상이 끝나지 않아 전혀 입장이 다른 두 정부가 처음부터 다시 FTA 협상을 시작하려 했다면 현실적으로 어렵고 요원했을 것입니다.

CHAPTER 9

한 · 미 FTA, 갈등의 정치학

1. 격화된 한·미 FTA 반대운동

한·미 FTA 협상, 이중전선 형성

내수시장이 작고 부존자원이 적은 한국은 개방화가 숙명이나 다름없지만 개방화 정책은 끊임없는 긴장과 갈등을 불러일으켰다. 개방화 자체는 한국 경제에 필수적인 요소일지라도 개방화 결과 이익을 보는 집단과 손해를 보는 집단이 일치하지 않기 때문이다. 개방으로 얻게 되는 이익의 일부를 손해를 보는 분야에 지원한다고 하더라도 상호등가성을 측정하기가 어렵다.

개방화로 이익을 보는 계층은 조용히 침묵하는 반면, 손해를 보거나 손해를 예상하는 집단은 다양한 수단을 통해 필사적으로 저항한다. 손해 집단의 목소리가 더 크게 들릴 수밖에 없는 것이다.[1]

더욱이 FTA는 일반적 개방화 정책과는 궤를 달리하는 고도의 경제통합이다. 다른 국가와 자유로운 교역과 통상을 하는 과정에서 경제 및 관련 제도 전반이 표준화되어 근원적 제도 변화를 수반한다. 따라서 기존의 관세동맹이나 무역협정, 투자협정에 비해 정치적으로 훨씬 민감한 통상협정이기도 하다.

각 분야별로 경쟁이 치열해지고 생산요소에 불리한 영향을 미칠 수 있기 때문에 같은 산업 내에서도 적대적 기류가 광범위하게 형성될 수 있다. 특히 협상 과정에서 일자리에 예민한 노동 부문이나 국민 건강과 관련된 의약·보건, 환경·농업 분야의 반발까지 겹치면 급격한 정치적 사건으로 점화될 가능성이 높다.[2]

2005년 한·미 FTA 예비실무 접촉이 시작된 후 2012년 비준에 이르기까지 오랜 과정을 종합하면, 대외적으로 초강대국 미국을 상대로 한 협상전선과 동시에

---

1 홍수정·김기형, 2007, 〈한·미 FTA에 대한 투-레벨 게임이론의 적용〉, 한국정책분석평가학회 ;《한국 정책분석평가학회 학술대회 발표논문집》재인용.

2 크루저는 FTA의 이 같은 정치적 측면에 대해 경고하는 논문을 썼다(Anne Osborn Krueger, 1995, *American Trade Policy*, Washington DC: American Enterprise Institute).

한 · 미 FTA 전면 재검토 촉구 시국선언 대회(2010. 11. 3).
국회 본청 앞에서 사회단체, 야당 의원, 시민들이 FTA 반대를 외치고 있다.

대내적으로는 불확실성에 노출된 수많은 이해관계 집단의 격렬한 정치적 반발이라는 이중전선이 형성되어 있었다. 퍼트넘(Robert D. Putnam)이 '양면게임 이론'(*Two-Level Games Theory*)에서 설명하는 통상협상의 전형적 양상이 나타난 것이다.[3]

미국 협상팀도 국내외 이중전선에 노출된 것은 마찬가지였다. 하지만 미국 입장에서는 한국과의 FTA는 수많은 FTA 중 하나에 불과하여 정치적 주목도가 상대적으로 낮았고, 대외 통상협상과 대내적 비판 사이에 시차가 있어 한국 협상팀보다는 이중고 스트레스가 덜했다. 미국은 의회가 큰 원칙을 세우고 협상 과정과 타결 자체를 협상팀에 일임하는데, 나중에 비준을 받기 위해 의회로 갔을 때 비로소 치열한 정치적 논쟁과 타협 과정을 거치는 형태였다.

한국과 미국의 차이에 대한 웬디 커틀러 수석대표의 설명이다.

---

3 퍼트넘은 FTA 등 국제협상은 국제 레벨과 국내 레벨 두 가지 협상이 상호 연계되어 있으며 양면게임의 양상에 따라 서로 결과에 영향을 미친다고 보았다(Putnam, Robert D., 1988, "Diplomacy and Domestic Politics: The Logic of Two-Level Games", *International Organizations*, 42(3)).

웬디 커틀러 당시 제가 봤을 때 한국과 미국이 크게 다른 점은 한국의 경우 협상 과정 자체에 큰 관심이 집중되었다는 것입니다. 저를 포함한 협상단이 한국에 올 때마다 미디어의 전면에 보도되곤 했고, 호텔 앞에서는 수많은 반대자들의 시위가 벌어졌습니다. 창밖을 내다보면 1,000여 명의 시위대들이 몰려와 당장 협상을 중단하고 미국으로 돌아가라고 외치곤 했습니다.

미국은 (한국과는 양상이) 좀 다릅니다. 협상의 진행 상황에도 일부 관심이 쏠리긴 하지만, 협상이 다 끝나고 나서 의회비준을 받으려고 할 때 훨씬 더 많은 정치적 관심이 집중됩니다.

두 나라 간에 관심이 쏠리는 시점이 다르다는 것을 인지했기 때문에 협상 당시 제 협상 파트너인 김종훈 수석대표가 받는 정치적 압력이 저보다 훨씬 높을 것이라는 점을 짐작했습니다.

물론 당연히 미국에서도 노동조합이나 자동차산업, 그리고 한국에서 비즈니스를 하는 것이 폐쇄적 산업규정 등의 이유로 너무나 어렵다고 여기는 다른 제조업에 이르기까지 한·미 FTA에 대해 많은 반대가 있었습니다. 저 역시 정치적 압력을 받고 있었습니다. 하지만 사실 진짜 더 큰 압력은 나중에 협상이 끝나고 나서 협상안을 들고 미국으로 돌아가서 의회비준을 받으려고 했을 때 발생하였습니다.[4]

한·미 FTA 협상, 시작 전부터 험로 예고

한·미 FTA 추진 방침이 공식화되고 공청회가 열리기로 한 2006년 2월 2일에 한·미 FTA를 반대하는 농민단체들이 몰려들어 공청회가 무산되었다. 공청회 장소인 코엑스에는 "한·미 FTA, 한국 경제 완전 종속, 한국 농업 완전 파탄"이라고 적힌 현수막들이 내걸렸다.

정부가 한·미 FTA 추진 준비를 서두르던 당시, FTA를 반대하는 진영 역시

---

4 인터뷰 원문은 12장의 웬디 커틀러 인터뷰 전문 참조.

2006년 3월 28일 '한·미 FTA 저지 범국민운동본부'를 출범시켰다. 범국본 출범에는 농민단체, 시민단체, 노동계, 문화계 등 전국 270개 단체가 참여했다. 이후 추가 가입이 이루어져 5월 무렵에는 300여 개가 단체가 참가했다.

한·미 FTA에 대해 "제2의 한일합방"이라고 규정한 범국본은 "졸속적이고 비상식적인 FTA 협상을 범국민적 항쟁으로 반드시 저지할 것"이라고 선언했다. 2006년 4월 15일에는 '한·미 FTA 저지 범국민대회'를 개최했다.

이들은 1차 협상이 벌어진 6월 초 워싱턴에 100여 명의 원정투쟁단을 파견하여 '신자유주의 반대·부시 반대 국제연대의 날' 행사와 '1차 본협상 저지 총력결의대회'를 개최했다.[5] 투쟁단은 미국 USTR에 인접한 라피엣 공원에서 꽹과리를 쳐가며 협상 기간 내내 시위를 벌였다.

범국본은 단순한 반대나 항의시위로 일관한 것이 아니다. 진보성향 전문가들과 함께 정교한 반대 논리를 만들었고, 이를 언론에 공급하여 대국민 설득을 지속했으며, 정치권과도 연대했다.

개방을 둘러싼 한국 사회의 오래된 갈등

당시 범국본의 구성과 성격은 다양했고 잘 조직화되어 있었다. 그들은 우선 한·미 FTA로 피해를 입을 것으로 우려되는 농업 분야에 활발히 참여했다. 전국농민회총연맹, 한국농산물중도매인조합연합회, 한국양봉협회 등 농민단체들이 대표적이다.

이 농민단체들은 1980년대 초반에 미국산 쇠고기 수입과 담배 시장 개방 압력부터 시작해 우루과이라운드와 WTO 농산물시장 개방 협상, 한·칠레 FTA에 이르기까지 20여 년간 개방에 따른 위기감을 공유하면서 오랫동안 연대를 지속하고 있었다.

특히 농산물 경쟁력이 높은 칠레와 FTA를 추진하는 과정에서 한국포도생산자

---

5 환경운동연합 홈페이지, 2006. 5. 19.

협의회와 대한한돈협회 등 주로 품목별 협회 중심의 21개 단체로 구성된 '전국농민단체협의회'(이하 농단협)가 반대 전선의 전면에 섰다.[6] 2002년 11월에는 "농민집회로는 광복 이후 최대 규모"라는 6만여 명이 모여 쌀 수입개방 반대와 한·칠레 FTA 국회비준 저지운동을 벌이기도 했다.

그 후 농단협은 한·칠레 FTA 비준 과정에서 정부가 농민 피해를 최소화하는 법률적·정책적 지원 방안을 제시하는 보상안에 합의했다. 그러자, 농단협 내에서 한·칠레 FTA를 계속 반대하던 일련의 급진적 농민단체들이 떨어져 나와 2003년 5월 전국농민연대(이하 전농연)를 조직했다.[7]

전농연은 2004년 1월 6일 노무현 대통령에게 "한·칠레 FTA의 비준은 농업에 막대한 피해를 줄 것"이라며 비준 재검토를 요청했다. 노무현 대통령은 "농업 개방은 이미 거스를 수 없는 대세"라면서 이를 받아들이지 않았다.

전농연은 이후 전열을 재정비하여 2004년 말부터 추진 움직임을 보인 한·미 FTA에 더욱더 강한 반대 전선을 형성했다. 한·칠레 FTA보다 한·미 FTA가 한국 농업에 더 큰 충격을 줄 것이라고 예상한 것이다. 이들은 한·미 FTA를 방어하지 못하면 수문(水門)이 열리는 것처럼 걷잡을 수 없을 사태가 일어날 것이라고 보았다.

일반적으로 농산물이 수입되면 도시 소비자들에게는 이익이다. 하지만 우리나라의 많은 도시민들은 농산물시장 개방이 당장 내 부모와 친척, 친지들의 문제였기 때문에 농민들에 대한 정서적 연대감이 있었다. 또한 경제발전 역사 속에서 피해를 입은 소외계층의 문제라는 인식 때문에 농민단체의 개방 저항은 자연스럽게 대학생 및 민주화 세력과 결합되었다.

---

6 최태욱, 2006, "자유무역협정의 정치경제: 한국의 FTA 정책과 이익집단 정치", 〈서울대학교 세계정치〉, 6권.
7 전농, 한농연, 가농(한국가톨릭농민회) 등 9개 농민단체로 구성되었다.

개방화와 반대 진영의 연대

문화 콘텐츠 관련 단체들 역시 범국본을 구성하는 주요 세력이었다. 스크린쿼터 문화연대와 한국영화인협회 등 영화인들을 주축으로 한 각종 문화 협회들이 대거 범국본에 합류했다.

1988년 할리우드 영화 직배를 둘러싸고 시작된 영화인들의 위기감이 1998년 한·미 BIT 협상 때 논의된 스크린쿼터 축소에 대한 격렬한 반대시위로 이어져 영화인들을 단일대오로 뭉치게 했다.

한·미 FTA 추진의 4대 선결조건 중 하나로 스크린쿼터 축소가 대두되었을 때 이를 반대하기 위해 '스크린쿼터 사수 범영화인 비상대책위원회'의 기치 아래 한데 뭉쳤던 영화 유관단체들[8] 대부분이 한·미 FTA 저지를 위해 범국본에 합류했다.

영화단체가 아니면서도 스크린쿼터 지키기에 장기간 힘을 보탠 단체가 '우리 영화 지키기 시민사회단체 공동대책위원회'였다. 민주노총, 경실련, 민예총, 전교조, 환경운동연합 등 22개 시민·사회단체가 연대한 이 단체는 후일 한·미 FTA 저지 범국민운동을 주도한 핵심 조직이다. '스크린쿼터 사수 범영화인 비상대책위원회'의 소속 단체들은 자연스럽게 이들과 합류했다.

분야가 다르고 생각이 상이한 수많은 단체들이 어느 날 갑자기 모여 단일대오를 형성하고 짜임새 있게 조직화되기는 쉽지 않다. 노무현 정부가 한·미 FTA 협상을 출범시켰을 때 강한 연대감으로 뭉친 잘 조직화된 한·미 FTA 반대 단체(범국본)를 맞닥뜨린 이유는 과거 스크린쿼터 철폐 반대운동이나 농산물수입개방 반대운동을 둘러싸고 이들이 오랫동안 교감하고 생각을 공유하며 행동을 함께했기 때문이다.

여기에 공공 성격의 단체들도 한·미 FTA 반대 진영에 합류했다. 이들은 한·미 FTA로 경쟁체제에 내몰려 정부 지원을 상실할 것을 우려했다. 김대중 정부 당시

---

8 스크린쿼터 문화연대, 영화인회의, 시네마떼크협의회, 독립영화협회, 한국영화제작자협회, 영화진흥위원회 등이 소속한 단체였다(김미현, 2003, 〈한·미 투자협정과 스크린쿼터〉, 영화진흥위원회).

재정개혁과 정부 구조조정 과정에서 공공기관들이 대거 민영화되자 이 같은 추세에 저항하던 사람들이 한·미 FTA 진영에 가세한 것이다.

시장통합으로 경쟁에 노출되어 기업도산과 실업이 발생할 것에 위기감을 느낀 노동계도 합세했다. 노동계는 "한·미 FTA가 미국식 신자유주의에 따른 무한경쟁을 통해 구조조정과 고용불안 상시화를 불러올 것"이라고 보았다.[9]

한국 경제가 추진해온 오랜 개방의 역사 속에서 피해를 입을 것으로 예상되는 분야의 사람들이 위기감 속에서 서로 강하게 연대하면서 한·미 FTA 추진 때 범국본으로 빠르게 조직화되었다. 개방화로 기대되는 잠재적 가치는 동태적 미래이고 불확실한 데 비해, 개방화로 당장 눈앞에 닥친 피해와 두려움은 구체적 현실의 문제였기 때문이다.

실제로 범국본에 적극 참여한 상당수 단체들은 한·미 FTA가 불러올 '미지의 불확실성'에 대해 지극히 현실적 걱정을 했던 것으로 보인다.

> 현재 전체 방송 시간의 1%를 신작 국산 애니메이션으로 의무 방영하는 총량제가 실시중인데 (한·미 FTA) 협상 체결로 전면 폐지될 경우, 기존 30분 분량 26부작 기준 시 약 28편이 제작되던 것이 연간 4~5편 정도만 형식적으로 제작될 전망이다. 이렇게 되면 약 5,600명의 인력이 애니메이션 업계를 떠나야 하며 만화, 캐릭터 등 관련 산업을 포함할 경우 1만 명가량이 일자리를 잃게 될 것으로 보인다.[10]

반세계화 이념 공유한 NGO 합류

범국본이 형성되는 과정에서 '반(反) FTA 논리 제공'과 '대국민 설득' 등 중요한 역할을 담당했던 것이 경실련와 민중연대와 같은 비정부기구(NGO) 시민·사회단체였다. 직접적 이해당사자가 아닌 시민단체들이 한·미 FTA 반대 전선에 가세한 것은 선진국 주도, 다국적 대기업 주도로 재편되는 당시 세계화 방식을 반대한다

---

9 한국노총, 2006, 〈FTA 바로 알기 및 부문별 피해 사례〉.
10 신성식 우리만화연대 사무국장의 설명이다("한·미 FTA", 참여연대 홈페이지).

는 강한 신념을 공유했기 때문이었다.

이들은 "전 세계가 하나의 생산 및 교환시스템으로 통합되어 이윤 극대화를 추구할 경우 노동안전과 고용이 위협받고, 환경이 파괴될 것이며, 대기업에 밀려 중소기업이나 영세 소기업들이 사라지게 될 것"이라는 입장이었다. 특히 개방을 강요당하는 후발 개도국의 경우 "강대국의 압력에 의해 자주적 결정권을 잃고 산업 간 격차와 기업 간 격차, 빈부격차가 심화될 것"이라는 시각을 가지고 있었다.[11]

NGO 단체들은 한·칠레 FTA나 한·미 FTA 반대운동을 이끌었다. 농산물시장이나 서비스시장 개방 반대란 하위 산업 부문의 이해를 반세계화란 상위 가치체계로 편입시켜 개방 반대에 도덕적 당위성과 정당성을 부여하는 역할을 했던 것이다.[12]

이념적으로 반세계화를 외치는 NGO 단체들은 전 세계적으로 연대하여 실력을 행사하곤 했다. 1999년 6월 독일 쾰른에서 열린 G7 정상회담이 세계 금융체제의 '시장기능 확대'를 논의하기로 하자, 시위대 3만 명이 '인간띠'를 만들어 건물을 포위한 것은 반세계화 운동을 주도하는 시민단체가 세상에 존재감을 알린 계기가 되었다.[13]

같은 해 12월에는 21세기 세계 무역규범을 마련하는 뉴라운드를 출범시키기 위해 WTO 각료회의가 미국 시애틀에서 열렸으나, 세계 각국에서 몰려든 5만여 명의 반세계화 시위대가 대표단의 회의장 진입을 막으면서 무산되고 말았다.[14] 2001년 7월 스위스에서 열린 제네바 정상회담에서는 전 세계에서 몰려든 시위대 20만 명이 경찰과 충돌하여 사망자가 나오는 사태까지 벌어졌다.

김대중 정부하에서 서구의 신자유주의가 국내에 속속 이식되고 대량해고와 구조조정이 이루어지자 한국에서도 시민단체들을 중심으로 반세계화 이념을 공유하게 되었다. 환경운동연합, 민주사회를 위한 변호사모임, 참교육학부모회 등

---

11 "The Antiglobalization Movement", www.encyclopedia.com.

12 박혁묵 외, 2006, 〈한·미 FTA 추진 과정을 통해 본 외교통상정책과 국내 협상: 국내 협상의 갈등 양상과 한계 요인 분석〉, 국회 외교통상통일위원회 보고서.

13 〈매일경제〉, 1999. 2. 19.

14 〈조선일보〉, 1999. 11. 30.

진보성향 단체, 그리고 통일연대 등 반미 단체가 범국본에 가세한 이유다.

　여기에 세계화의 폐해를 비판하고 이론적으로 뒷받침하는 진보성향 학자들이나 전문가들이 범국본의 자문단으로 대거 참여했다. 한·미 FTA 반대 전문가 집단에는 참여정부를 만드는 데 기여했던 인사들도 다수 포함되어 있었다.[15]

다양한 한·미 FTA 반대 논리

범국본이 내세운 한·미 FTA 반대 논리는 다양했다. 한·미 FTA 협상의 구체적 윤곽이 알려지기 이전 범국본의 초기 비판 가운데 하나는 "한국이 너무 준비 없이 강대국 미국과의 FTA를 서두른다"는 것이었다.

　범국본은 "FTA가 문제가 아니라 미국과의 FTA가 문제"라고 지적했다. "웬만한 나라와 FTA를 맺으면 득이 많다. 이는 교과서에도 나오는 말이다. 하지만 한·미 FTA는 특수하다. 다른 나라는 미국과 같은 정도의 FTA를 요구하지 않는다. 미국과의 FTA는 득보다 실이 더 많다"고도 했다.[16]

　"200킬로그램(미국)과 20킬로그램(한국)이 싸우면 200킬로그램이 당연히 승리하는 것이다. 200킬로그램과 20킬로그램이 싸우는 그 자체가 반칙이다. 요구해서도 안 되고, 응해서도 안 된다. 그런데 미국이 그것을 하자는 것이다. 우리 정부는 좋다고 따라가는 것이다"라는 비유도 등장했다.[17]

　실제로 미국은 2005년 말까지 수많은 나라와 FTA 협상을 타결해서 충분한 준비가 되어 있었다.[18] 반면 한국의 FTA 추진 현황을 살펴보면, 타결된 국가는 칠레와 싱가포르, EFTA 등 규모가 작은 경제권뿐이었다. 그런데도 경험이 적은 한국

---

15 이정우 경북대 교수나 경제1분과 인수위원으로 동북아시대위원회 기획조정실장을 거쳐 국민경제자문회의 사무차장을 지낸 정태인 성공회대 교수 등이 그들이다.

16 "미국과 FTA 진짜로 하는 겁니까?", 〈대한민국 정책브리핑〉, 2008. 2. 14.

17 장대현(한·미 FTA 저지 범국민운동본부 조직투쟁팀장), 2006, "집중기획: 이제 한·미 FTA 저지는 우리의 몫이다! Ⅱ", 〈월간 낙농우유〉, 10월호.

18 미국은 이스라엘, NAFTA, 요르단, 모로코, 바레인, 칠레, 싱가포르, 호주, CAFTA, 코스타리카, 엘살바도르, 과테말라, 온두라스, 니카라과, 도미니카공화국, 오만 등과 FTA를 체결했다.

이 미국 측 일정에 따라 협상 시한을 1년여로 미리 정해 두고 미국 주도의 의제와 조건을 바탕으로 '기울어진 운동장' 상태에서 출발했다는 것이다.

참여정부의 초기에 경제정책을 설계했던 인사들까지 왜 한·미 FTA 반대 진영에 합류했는지 이정우 교수는 언론과의 인터뷰에서 다음과 같이 설명한다.

> (한·미 FTA는) 졸속으로 급작스레 정부 내에서조차 소수 사람들을 중심으로 충분한 논의 없이 추진하고 있다. 산·관·학에서 2~3년 정도 연구를 진행하고 나서 추진하는 게 원칙이다. 상대가 미국이다. 미국은 협상의 1인자다. 집요하게 협상안을 관철한다. 협상장에서는 냉혈동물이 되는 나라인데, 한·미 동맹 강화 같은 순진한 선의는 반영될 수 없다. 철저한 준비를 해야 하고 독소조항을 빼야 한다. 호주가 ISDS (투자자가 정부를 제소할 수 있는) 부분을 뺀 것 같은 지혜가 필요하다.
>
> 미국과 맺으려는 FTA는 말이 FTA지, 실제로는 경제통합이다. 실제 내용을 보면 그런 성격이 있다. 유럽과 달리 미국은 '아메리칸 스탠더드' 경제 체제를 강요한다. 성급하게 강한 상대와 준비 없이 씨름을 하면 얻을 이득은 불투명한 반면, 입게 될 피해는 명백하다.[19]

범국본은 NAFTA를 사례로 들어, "캐나다는 복지정책 실현에 차질을 빚을 정도이며, 멕시코의 경우에는 공공기관 민영화로 대기업 독과점이 심해졌고 빈부격차가 심각해졌다"고 강조했다. 이어서 한국도 FTA가 체결되면 농업과 중소기업이 망해 대량실업 사태가 발생할 것이고 미국 투기자본의 놀이터가 될 것이라고 주장했다.

이들의 시각에서 보면, 한·미 FTA는 초강대국 미국의 다국적 대기업들이 개도국인 한국의 경제와 기업들을 자연스럽게 인수하는 과정으로 인식되었다. 2007년 들어 ISDS 협상이 진행될 때 '행정주권·사법주권 상실' 논란이 벌어진 것도 이 같은 인식의 일부였다.

---

19 〈한겨레〉, 2006. 7. 10.

범국본의 대(對)여론전

한·미 FTA 협상이 본격적으로 추진되자 동시에 반대 진영의 시위 역시 기자회견, 결의대회, 퍼포먼스, 항의시위 등으로 더욱 공격적으로 확산되기 시작했다. 한·미 FTA 1차 협상 때 워싱턴 원정시위에 이어 2차 협상 때도 광화문에서 대규모 반대시위가 있었다.

2차 협상 당시 한덕수 부총리 겸 재정경제부 장관과 6개 관계부처 장관은 '제2차 한·미 FTA 협상 반대시위 관련 담화문'을 공동 발표했다.[20] "이번 한·미 FTA 협상은 우리나라가 세계 속에서 다시 한번 도약할 수 있는 발판을 마련하는 중요한 시험대가 될 것이므로 협상이 원만히 진행될 수 있도록 힘을 모아 달라"고 호소했다.

그러나 FTA 반대시위는 더욱 격렬해졌다.[21] 각 협회들의 릴레이 시국선언과 노동계 공동기자회견, 총궐기 전야제뿐만 아니라 한·미 FTA 저지 범국민대회, 한·미 FTA 장례식과 한·미 FTA 저지 촛불집회, 한·미 FTA 규탄 집회와 한·미 FTA 저지 결의대회 등이 거의 매일 개최되었다.

언론도 갈라졌다. 진보성향 신문들은 반대 여론을 집중 보도했다. 방송의 시사 프로그램들은 3차와 4차 협상 이후 "깨어진 약속, 캐나다 FTA", "얼굴 없는 공포, 광우병" 등을 방송했다.

범국본이 주도하는 집회 참가자들이 종로와 광화문, 서울역으로 행진을 시작하여 경찰과 대치하는 상태도 지속되었다. 나중에는 반세계화 국제연대가 함께 참여하는 시위도 열렸다.

---

20 반기문 외교부 장관, 천정배 법무부 장관, 이용섭 행자부 장관, 박홍수 농림부 장관, 이상수 노동부 장관 등이 공동으로 발표했다.
21 〈대한민국 정책브리핑〉, 2006. 7. 7.

법률적 · 제도적 측면으로 비판 확산

한·미 FTA에서 다루는 협상 내용이 점차 밝혀지자 범국본에 참여한 진보성향 전문가들은 농업이나 영화 등 특정 산업에 대한 단선적 이슈에서 벗어나서 법률적 측면과 제도적 측면, 공공성 측면의 문제점 위주로 비판의 외연을 확장시켜 나갔다.

2006년 하반기부터는 서비스산업 개방에 따른 공공서비스 후퇴론이 급격히 퍼져 나갔다. 범국본 소속 단체들은 "한·미 FTA가 건강보험체계 위협, 단위 농협 통폐합, 기간산업 사유화, 정보통신업 개편, 공공성 후퇴 등을 불러올 수 있다"고 주장했다. 또한 구체적이고 직접적인 피해를 교육하는 데 나서기도 했다.[22]

한·미 FTA 저지를 위한 공공서비스 공동대책위원회가 출범하는 등 공공서비스시장 개방을 반대하는 여론이 거세졌다. 민영화로 전기와 수도세 등 공공요금이 급등하고 교육시장이나 의료시장을 영리화할 것이라는 불안감이 급속히 확산되었다.

이에 대해 정부는 미국 측에 요청하여 "교육이나 의료서비스 분야는 아예 개방의 논의 대상이 아니며, 공공서비스(전기, 수도 등) 민영화나 경영권 개방 문제 등도 논의하지 않겠다"며 진화에 나섰다.[23]

범국본은 2007년 초반부터 "한·미 FTA가 단순한 수출입 협상을 넘어 국내 법률을 자동으로 개정함으로써 공공정책 주권에 개입하는 협상"이라는 점을 알리는 데 주력했다. 이때부터 ISDS 도입으로 사법적 주권 이슈가 비판 여론의 핵심으로 떠오른다.

---

22 한국노총, 2006, 〈FTA 바로 알기 및 부문별 피해 사례〉.
23 7월 중순 서울에서 열린 제2차 한·미 FTA 협상 때이다.

국민여론조사 찬반양론 팽팽

범국본은 한·미 FTA에 대해 자세히 알기 어려웠던 국민들을 대상으로 지속적 설득과 반대 여론전에 나섰고, 일정 부분 국민들의 여론을 바꾸는 데 성공했다.

이는 당시 언론의 여론조사 추이에서 확인된다. 2005년 11월 전경련의 한·미 FTA에 대한 여론조사 결과 응답자의 87%가 한·미 FTA 추진에 찬성한 것으로 나타났다. 12월의 무역협회 조사에서는 75%, 다음 해 2월 중소기업협회 조사에서는 80%의 찬성률을 나타냈다.

그런데 막상 워싱턴에서 한·미 FTA 1차 협상이 진행 중이던 6월 7일 〈한국일보〉의 여론조사에서는 응답자의 58.1%가 한·미 FTA에 찬성하고, 29.2%가 반대하는 것으로 나타났다. 2차 협상 무렵인 7월 9일 MBC의 여론조사에서는 찬성이 42.6%, 반대가 45.4%로 오히려 역전되었다.

8월의 KBS 여론조사에서는 찬성과 반대가 각각 54.6%, 45.4%로 반전되기는 했다. 그러나 그 전해 갤럽 조사에서 20%가 채 안 됐던 반대 의견이 45%를 넘어선 것은 초기에 잘 모른다거나 무응답한 사람들이 상당수 반대 진영에 합류했음을 의미한다.

박혁묵이 국회에 제출한 보고서는 2006년 이후 각종 여론조사에서 한·미 FTA 반대 의견이 약 45%를 전후하여 일정하게 유지되고 있다는 점에 주목했다. 이 보고서는 "이 정도만 되어도 FTA 반대운동의 충분한 동력이 된다. 이와 유사한 반대 분위기로 한·칠레 FTA의 체결·비준을 1년 이상이나 지연시킨 적이 있다. 최소한 무역촉진권한(TPA)이 예정한 기한은 넘길 수 있을 것이다. 이러한 정황은 한·미 FTA의 성공적 체결·비준의 전망을 어둡게 하고 있다"고 분석했다.[24]

---

24 박혁묵 외, 2006, 〈한·미 FTA 추진 과정을 통해 본 외교통상정책과 국내 협상: 국내 협상의 갈등 양상과 한계 요인 분석〉, 국회 외교통상통일위원회 보고서.

국회의원 일부 비상시국회의 결성

범국본은 대(對) 국회 설득에도 앞장섰다. "FTA는 단순한 관세인하 협상이 아니라 법적·제도적·문화적으로 돌이킬 수 없는 거대한 변화를 일으키는 협상인데도 사전에 충분한 여론 조성이나 국내 협상 없이 정책결정권자가 일방적으로 거대경제권과 동시다발 FTA 협상을 선포했다"고 비판했다.[25]

또한 범국본 정책자문단은 "한·미 FTA 17개 분야 협상 테이블에서 논의되는 쟁점들은 국내 법률 총 1,163개 중 약 15%에 달하는 160개 이상의 법률과 연관되어 있다. 그러나 정부는 그 목록을 국회에 보고하지 않았다. 협상 과정에서 국회는 법안의 개폐에 대한 고유 권한을 행정부에 백지위임한 셈"이라고 주장하면서 국회를 통한 조직적 저지운동에도 착수했다.

이를 위해 여야 의원으로 구성된 '한·미 FTA를 연구하는 국회의원 모임'(이하 연구모임)이 결성되었다. 이 연구모임은 시간이 지난 후 국회의원 60여 명이 참여하는 '한·미 FTA 졸속체결에 반대하는 국회의원 비상시국회의'(이하 국회 비상시국회의)로 확대되었다.[26]

격렬한 반대에도 불구하고 2007년 4월 2일 한·미 FTA 협상이 타결되자 범국본은 이때부터 국회비준에 반대하기 위해 구체적 대응에 들어갔다. 통합 협정문 등의 정보공개를 청구하고, 4월 24일 60여 명의 전문가들과 더불어 〈한·미 FTA 협상 종합평가 및 분과별 평가보고서〉를 발표했다. 한편 국회 비상시국회의와 범국본 정책자문단은 "국회가 반드시 검증해야 할 한·미 FTA 75대 주요 과제"를 선정하여 발표했다.

---

25 "한·미 FTA", 참여연대 홈페이지.
26 2007년 2월의 일이다.

2. 노무현 정부의 FTA 딜레마

"좌회전 깜빡이 켜면서 우회전했다"

국제협상을 추진하는 정부는 일반적으로 국내의 반발과 정치적 위험을 최소화하는 접근 방식을 선호한다.

김대중 정부가 추진했던 한·칠레 FTA가 대표적인 '손실최소화' 접근법이었다. 칠레의 경우 쌀이 주식이 아니므로 쌀시장 개방이 문제가 되지 않을 것이며 과일 등 농산물도 수확기가 정반대라 계절관세로 위험을 통제할 수 있다고 보았다. 국가 간 FTA 체결이 거스를 수 없는 시대적 당위이며 한국 경제의 미래라고 생각하면서도, 국내적 반발을 의식하여 가능하면 경제적 손실과 정치적 갈등이 적은 방식을 선호한 것이다. 협상이 추진되고 나서 국내 반발이 심화되자 한·칠레 FTA 협상을 장기간 중단시키기도 했다.

노무현 참여정부는 김대중 정부로부터 FTA의 신속 추진이라는 당위적 목표와 동시에 세력화된 반세계화 연대의 유산을 동시에 물려받았다. 노무현 정부도 초기에는 손실최소화 접근법을 취했다. 미국이나 EU 등 까다로운 상대를 중장기 과제로 미루었다. 칠레 다음의 FTA 상대국으로 싱가포르를 선택했으며, 상대적으로 서로를 잘 안다고 판단한 일본과 FTA를 먼저 추진했다. 만약 일본이 농산물시장을 FTA 협상 대상으로 하는 유연성을 발휘했다면 한국의 FTA 추진 일정은 전혀 다른 양상으로 전개되었을 수도 있다.

그러다가 노무현 정부는 동시다발 FTA 추진과 거대경제권과의 FTA 추진 등 '이익 극대화' 접근법으로 전면 선회했다. 국내적 비용을 감내하는 한이 있어도 통상 결과에 따른 이익을 단숨에 극대화하겠다는 결정을 내린 것이다. 이러한 선택의 결과로 세계 최대 경제권이자 한국과 안보 측면에서 필수적인 미국과 FTA를 추진하고 EU와도 FTA를 추진했다.[27] 한국이 미국이라는 거대한 골리앗을 협상 파트너로 눈앞에 둔 순간 정치적 갈등비용이 최대화되는 것은 시간문제였다.

한·미 FTA는 여당과 야당, 진보와 보수 진영, 모두에게 환영받지 못했지만 특히 여당에 큰 난제를 던졌다. 한·미 FTA를 결사반대하던 사람들은 주로 노무현 대통령의 지지 세력인 진보 진영이었던 것이다. 진보 진영은 노 대통령의 한·미 FTA 추진 결심에 대해 일제히 "미국의 압력에 굴복하여 신자유주의적 정책에 앞장섰다", "정치적 욕심 때문이다"라며 비난을 쏟아 냈다.[28]

한·미 FTA를 통한 개방화의 총론을 찬성하는 사람들 가운데서도 일부는 추진 시점의 문제를 제기했다. 하필 정치적 동력이 떨어지는 집권 후반기에 한·미 FTA를 추진하여 국회비준을 통과시키지도 못하고 온 나라를 갈등의 회오리에 휩쓸리게 했다는 것이다.

노무현 대통령이 "좌회전 깜빡이 켜면서 우회전했다"는 우스갯소리가 한참 나돌기도 했다.

중간평가 성격의 지방선거에서 여당 대참패

한때 '바보 노무현'의 대통령 만들기에 열심이던 진보 진영 인사들은 한·미 FTA 추진이 발표된 후 태도가 변화했다. "한·미 FTA 저지 투쟁은 민중을 외면하고 민주주의를 파괴하는 노무현 정권에 대한 반대투쟁을 의미한다"고 하면서 정면으로 노무현 정부를 비판했다.[29]

2006년 9월에는 '한·미 FTA 반대를 위한 범국민서명 운동본부'가 출범했다. 이들은 노무현 대통령이 대선에서 획득한 득표수인 1,201만 4,277표보다 1개 더 많은 한·미 FTA 반대 서명받기 도전에 나섰다.

진보와 보수 모두로부터 환영받지 못한 한·미 FTA를 고집스럽게 끌고 나간 것은 노무현 대통령의 정치적 고립을 야기하였다. 2006년 5월 지방선거에서 여

---

27 최태욱. 2006, "한국의 FTA 정책 결정 과정"(*South Korea's FTA Policy-making Process*), 〈한국과 국제정치〉, 22권 2호, 87~118쪽.

28 한·미 FTA 체결자문위원회 간담회, 2006. 8. 11.

29 한국노총, 2006, 〈FTA 바로 알기 및 부문별 피해 사례〉.

당이 전체 광역지방자치단체장 선거에서 단 한 석만 빼고 대참패를 기록했던 것이다.

당시 여당은 열린우리당이었다. 열린우리당은 호남 신주류와 친노 진영을 주축으로 지역주의를 타파하고 개혁과 혁신을 내세우며 구 새천년민주당에서 2003년 11월 11일 갈라져 나온 정당이었다. 노 대통령 탄핵사태 직후인 2004년 4월 15일에 열린 17대 총선에서 152석의 거대 여당이 되었다.

따라서 한·미 FTA가 출범할 때만 해도 상당히 우호적인 정치적 뒷받침을 받을 수 있었다. 그런데 바로 2년여 뒤인 2006년에 치러진 지방선거에서 완전히 참패한 것이다.

명색이 여당인데도 열린우리당은 광역단체장 1석(전북지사)과 기초단체장 19석을 차지하는 데 그쳤다. 대통령이 집권 후반기에 접어든 데다가 2005년 4월과 10월 재보선 선거에서도 패배하여 어느 정도 예상은 했지만 실제 결과는 매우 참담했다.

반면 야당인 한나라당은 광역단체장 12석을 비롯해 기초단체장 155석, 광역의원 557석, 기초의원 1,621석을 얻었다. 제주도지사가 무소속이 당선된 것을 제외하면, 부산·경남이나 대구·경북 등 전통적 한나라당 강세 지역은 물론 서울시장과 경기도지사, 충청남도와 충청북도 지사, 대전시장 등 과거 표심이 엇갈렸던 거의 대부분의 지역에서 한나라당은 크게 약진했다.

이때의 지방선거는 많은 논란과 이해관계자들의 반발 속에서 이른바 '4대 개혁법안'[30]과 한·미 FTA를 추진하던 노무현 대통령에 대한 정치적 중간평가의 성격을 가졌다고 할 수 있다.

---

30 국가보안법 폐지 및 대체, 과거사 진상규명 법안(과거사법), 사립학교법(사학법), 언론개혁법 등이다.

"노 대통령 리더십은 책임윤리나 현실주의"

노무현 대통령이 "좌회전 깜빡이를 켜고 우회전"을 한 이유는 무엇일까? 그가 자신의 정치적 지지 세력이 강력히 반대하던 한·미 FTA를 추진하다 집권 후반기에 정치적 고립을 자초하게 된 이유는 여러 정치학자들의 학문적 분석대상이 되었다.

박용수는 "국가 이익에 기반한 한·미 FTA에 대한 인식, 국가 전략 기조에 기초한 일관되고 적극적인 추진, 개방화와 양극화 해소 전략의 병행, 한·미 FTA와 한·미동맹이라는 안보 이슈 연계 배제 등의 사실에 비추어 볼 때, 노무현 대통령의 리더십은 책임윤리나 현실주의에 가깝고, 예상되는 정치적 불이익을 감수하는 비정치성에 기반한다"고 분석했다.[31]

실제로 한·미 FTA 협상을 추진하기 이전에 노무현 대통령도 고민이 적지 않았던 것으로 보인다. 노 대통령이 읽은 책 목록에는 2004년 11월에 출간된 《한·미 자유무역협정(FTA) 체결 가능성에 관한 연구》 등이 포함되어 있었다.[32] FTA의 필요성과 정책 건의를 재경부나 외교통상 공무원들로부터 수동적으로 받아들인 것이 아니라 스스로 책을 읽고 연구했다는 뜻이다.

노무현 정부 후반기 정책실장인 김병준은 이렇게 회고한다.

처음에는 대통령도 '이러다 나라를 팔아먹는 게 아닐까'라는 걱정을 했다. 세계 최대이자 최강인 시장과 경쟁하는 것 아닌가. 나도 겁이 벌컥 났다. 그러나 대통령은 '개방하지 않고 발전하는 국가는 없다'는 신념을 갖고 있었다. 폐쇄하면 망하는 외길이지만, 개방하면 우리 노력 여하에 따라 성패의 갈림길을 선택할 수 있다는 것이었다. 대통령은 '협상하다 정 아니다 싶으면 안 하면 된다는 전제 아래 한번 해보자'면서 결심했다.[33]

31 박용수, 2011, "노무현 대통령의 한·미 FTA 추진 이유: 대통령 리더십을 통한 접근", 〈고려대학교 평화연구논집〉, 19권 1호, 39~74쪽.
32 장근호, 2004, 《한·미 자유무역협정(FTA) 체결 가능성에 관한 연구》, 홍익대 동북아기업경영연구소, 이 책의 4장 미국의 대외통상정책은 1) 미국 통상정책의 결정구조 [① 통상기구와 통상정책의 결정 과정, ② 통상정책에서 민간의 역할, ③ 2002년 무역촉진권한(TPA)의 의의)와 2) 미국 통상정책의 변화와 특성(① 1980년 이후 미국의 FTA 정책, ② 현행 FTA 정책과 우리나라에 대한 시사점] 등을 다루었다.

5년 단임 대통령으로서 부담이 적은 손실최소화 FTA를 추진하면서 시간을 벌고 몇 년 버티다가 더 큰 FTA 숙제는 차기 정부로 넘기는 선택지도 있었다. 하지만 그렇게 안전하고 보수적인 선택은 노무현 대통령의 스타일이 아니었다.

2006년 한·미 FTA 추진을 발표한 직후에 가진 취임 3주년 연설에서도 노 대통령의 강한 의지가 잘 드러난다.

현실의 하루하루를 관리하는 것도 중요하고 미래의 비전도 중요하지만, 이미 눈앞에 드러나고 조만간 다가올 미래의 위기를 못 본 체하거나 미룰 수는 없습니다. 2006년 올해부터는 대통령 지지도를 안정적으로 관리해야 한다는 의견도 있었고, 한편으로는 지방선거가 다가오는데 정치적 논쟁을 유발할 새로운 과제는 피해야 한다는 계산도 있었습니다. 그러나 우리는 문제를 회피하지 않기로 결정했습니다.[34]

어차피 넘어야 할 산이라면 가장 높은 미국의 벽부터 넘어 버리자고 결심한 이후 노 대통령은 격렬한 반대 여론과 정치적 역풍을 각오한 듯했다. 제1차 한·미 FTA 추진 공청회가 무산된 직후 열린 제6차 대외경제위원회의[35]에서 "국내의 이해관계와 저항 때문에 주저앉는 일이 없도록 확고히 가자"고 다시 한번 강조했다.

취임 3주년 회담 때는 "어지간하면 한·미 FTA를 다음 정부로 미루어 볼 수 없을까 생각했다. 하지만 기회는 한 번 넘기면 보통 10년이 가야 돌아온다"고 토로하기도 했다. 상당히 긴 시간 동안 고민했음이 읽히는 대목이다.

"개방 안 하고 성공한 나라는 없다"

노무현 대통령이 FTA 추진을 결심하게 된 배경에 대해 "정치적 욕심이다", "미국의 압력에 굴복했다"는 등의 말이 나왔다. 2006년 8월 11일 한·미 FTA 자문위원

33 "미국과 FTA 진짜로 하는 겁니까?", 〈대한민국 정책브리핑〉, 2008. 2.14.
34 노무현 대통령 취임 3주년 대국민 담화문, 2006. 2. 26.
35 2006년 2월 16일 청와대에서 개최했다.

회 간담회에서 노 대통령은 이렇게 해명했다.

> 제가 무슨 생각으로 추진했건 간에 저의 의도와 상관없이 한 · 미 FTA가 필요하냐, 아니냐, 국가와 개인에게 무슨 이익이 되는가 하는 본질적 문제를 생각하는 것이 중요하다. … 나 개인으로는 아무 정치적 이득이 없다. 정치적 손해를 무릅쓰고 소신과 양심에 따라 내린 결단이다. FTA는 정치나 이념의 문제가 아니다. 먹고사는 문제이다. 국가경쟁력의 문제이다.

김종훈　노무현 대통령이 "한 · 미 FTA를 우리가 추진해야 한다"고 발표하니까 내부에서는 굉장히 반대를 많이 했어요. 그래도 노 대통령은 그분 나름대로 확실한 소신이 있었습니다.

　미국이 한 · 미 FTA를 하기 위한 전제로 4대 선결조건을 제시했을 때도 야당이나 시민단체가 "우리가 미국에 굴종 외교한다"는 식으로 시비를 거니까 노 대통령은 "그렇게 이야기하려면 하라고 하세요. 저쪽에서 그렇게 요구해 오는 것이 맞긴 맞습니다. 그런데 그렇다고 우리가 양보할 건 아닙니다. 4대 선결조건으로 시비할 거 없습니다. 그렇게 표현하라고 하십시오. 그쪽에서 요구하는 건 사실이고 그렇다고 우리가 양보하는 것은 아닙니다"라고 하셨습니다.

　투박하지만 아주 단순한 설명, 그런 방식이 그분의 장점이었지요. 사실 그분 말씀이 맞는 게 협상 시작도 하기 전에 미리 갖다 바쳤다고 말들이 많았지만 그때 스크린쿼터 축소만 선결되었을 뿐 다른 것들은 결국 전혀 선결되지 않았습니다. 약제비 건도 나중에 계속 협상 대상이 되었고, 특히 쇠고기는 정권이 바뀐 이후까지 문제가 됐죠.

　협상이 타결된 2007년 4월 초 저녁에 청와대에서 대통령께서 담화문을 발표했는데, 제가 그 자리에 배석했습니다. 그때 담화문 중 제가 아주 인상 깊게 기억하는 구절이 있습니다. "개방해서 성공한 나라도 있고, 개방해서 실패한 나라도 있다. 그런데 개방 안 하고 성공한 나라는 없다."

한·미 FTA 결렬 위기와 음모론

2006년 12월 초 5차 협상이 진행 중이던 때 한·미 FTA를 계속할 것인지 말 것인지 분기점이 되는 최초의 사건이 발생했다. 3월 30일에도 협상 시한을 하루 앞두고 협상 결렬 이야기가 나왔다. 중동 해외 순방에서 막 돌아온 노무현 대통령에게 김현종 본부장이 협상 결렬 안을 꺼낸 것이다.

그는 "현재까지 전반적으로 평가할 때 미국 측의 경직된 자세로 전체 협상 타결이 극히 불투명하다. 농산물, 자동차, 섬유, 쇠고기 검역, 개성공단 등 핵심 쟁점에서 상당한 이견이 있으며, 투자와 방송, 지식재산권, 원산지, 무역구제 등 여타 분야 협상도 교착 상태다"라고 협상 진행 경과를 보고했다. "정 안 되면 협상 결렬을 선언하자"는 방안도 건의했다.

청와대 정책실장이던 변양균은 회고록에서 한·미 FTA 결렬 안에 자신이 처음으로 노무현 대통령 앞에서 자제력을 잃고 벌컥 화를 냈다고 술회했다.

2007년 3월 말의 일이다. 하루하루가 살얼음판 같았다. 한·미 FTA 협상 때문이었다. 협상 마감 시한이 코앞이었다. 마지막 협상장은 서울 남산 하얏트 호텔이었다. 우리 대표단은 미국 측과 팽팽한 줄다리기를 하고 있었다. 호텔 바깥엔 협상 반대시위대가 몰렸다.

김현종 통상교섭본부장이 청와대로 들어왔다. 노무현 대통령에게 최종협상 경과를 보고했다. 청와대 정책실장이던 나도 배석했다. 보고 내용을 살펴보고 깜짝 놀랐다. 너무 황당했다. 김 본부장이 가져온 안에는 '협상 결렬'이 들어 있었다. 협상을 더 해보다가 정 안 되면 우리 쪽에서 결렬을 선언하자는 식이었다. 이건 시중에서 떠도는 '음모론'과 같은 맥락이었다. …

나는 벌컥 화를 냈다. "이게 말이 됩니까. 이 부분은 빼라고 했는데 왜 그대로 가져왔습니까? 우리가 진정성도 없이 정략적으로 했다는 겁니까?" 협상하다 보면 상대를 압박하기 위해 결렬 가능성을 내비칠 수도 있다. 그건 협상 전술일 뿐이다. 그런데 김 본부장의 안은 전술적 얘기가 아니었다. 실제로 협상을 결렬시킬 수도 있다는 거였다. 나는 '있을 수 없는 일'이라고 목소리를 높였다. 대통령 앞에서 이렇게 흥분하기는 처음이었다.[36]

변양균 정책실장은 회고록에서 "협상이 결렬될 경우 즉각 책임 있는 네 사람을 해임하시라.[37] 자진 사표가 아니라 결렬 책임을 물어 해임해야 한다"고 대통령에게 건의했다고 밝혔다.

그러나 정작 한·미 FTA의 공식 최고의사결정기구인 대외경제장관 회의나 권오규 부총리는 수없이 김현종 본부장과 소통하고 의논하는 과정에서 단 한 번도 공식적인 협상 결렬 건의를 들은 적이 없다고 회고한다.

권오규 부총리는 "김현종 본부장이 협상 결렬을 다목적 카드로 활용했던 것 같다. 한·미 FTA는 국내적으로도 반발이 컸기 때문에 '협상 결렬 카드'를 활용하여 국내의 양보를 얻어 내기도 하고, 동시에 미국 협상팀을 향한 할리우드 액션으로 활용하는 목적도 있었던 것으로 보인다"고 했다.

협상을 시작할 때는 최선을 다해 진행해야 한다. 하지만 양측이 도저히 접점을 찾지 못하고 평행선을 달리거나, 주고받기식 협상의 저울추가 균형을 회복하지 못한 채 계속 기울어진 상황인 경우가 있다. 이를 대비해 '협상 결렬'을 최종 선택지의 하나로 반드시 남겨 두어야 한다.

상대방이 어디까지 양보할지 알 수 없기 때문에 치열하게 수싸움을 해야 하고 상대방이 끝내 양보를 거부하여 최종적으로 균형을 맞추지 못하면 결렬을 선언할 수 있어야 하는 것이다. 노무현 대통령 자신도 "절대로 양보 못 한다고 생각할 경우 내가 책임질 테니 협상을 끝내라"고 말하곤 했다.

그런데 왜 청와대 관계자들은 김현종 본부장의 협상 결렬 건의에 알레르기 반응을 보였을까? 그것은 바로 시중에 떠도는 '한·미 FTA 결렬 음모론' 때문이었다. 일부 보수 진영은 노무현 대통령이 대선 과정에서 한·미 FTA를 '조커 카드'로 활용할지도 모른다는 음모론을 제기하면서 정치적 의도를 의심했다.

한·미 FTA 협상이 교착 상태에 빠질 때마다 한·미 FTA 음모론이 계속 되살아

---

36 "변양균 남기고 싶은 이야기: 진영을 넘어 미래를 그리다 – ④ 긴박했던 한·미 FTA 협상", 〈중앙일보〉, 2022. 10. 27.

37 변양균 실장은 회고록에서 이 네 사람은 청와대 정책실장인 자신과 권오규 부총리, 박홍수 농림부 장관, 김현종 통상교섭본부장이라고 했다.

났다. 시중에 떠돌던 음모론은 구체적으로 어떤 내용이었을까?

윤대희　그때 상황을 회고해 보면 노 대통령 지지 세력은 한·미 FTA를 반대하고 노 대통령 반대 세력은 이걸 찬성하는 이상한 일이 벌어졌습니다. 그래서 노 대통령의 경제적 소신이나 철학을 잘 알지 못하는 사람들이나 한·미 FTA 반대 그룹에서 음모론이 그럴듯하게 확산되었습니다.

음모론의 핵심은 "노 대통령이 한·미 FTA를 추진하는 게 뭔가 이상하다. 이게 도저히 진보 정권 의제가 될 일이 아닌데 참여정부가 한·미 FTA를 추진하고 있으니 다른 숨겨진 의도나 음모가 있는 것이 분명하다. 한·미 FTA에 진정성은 없고 정치적으로 이용하려는 목적이 있다. 가령 반대 여론의 목소리가 피크에 달했을 때 미국이 도저히 받아들일 수 없는 조건을 제시하여 결정적으로 한·미 FTA의 판을 깰 것이다. 결단의 순간에 협상 결렬을 선언하면 지지계층을 집결시키고 국민들에게도 결단력 있는 모습으로 비쳐져서 큰 인기를 끌 테니 그걸 차기 대선에 활용할 것이다"라는 것이었습니다.

이런 음모론이 그럴듯하게 자꾸 유포되니까 제가 이걸 보고받고 나서 대통령께 말씀드리지 않을 수 없었습니다. 당시 노 대통령은 격식 같은 걸 별로 따지지 않는 분이라 보고할 일이 있으면 언제든 보고하러 갔습니다. 한번은 대통령이 피곤하셨는지 집무실 옆 골방에서 잠깐 낮잠을 자고 있었는데 제가 불쑥 보고하러 갔습니다. 피곤해서 잠깐 졸고 있는 분을 깨운 셈이니까 아주 민망했지요. 그런데 대통령이 웃으면서 "아이고, 내가 이런 모습을 보여서 미안합니다"라면서 보고를 받았습니다.

그때를 돌이켜 보면 보좌진에게도 대통령 집무실이 열려 있어서 전혀 인의 장막이 없었고, 청와대 수석이 아무 때나 필요하면 자연스럽게 보고할 수 있는 분위기였다고 생각합니다.

홍은주　그런 음모론이 떠돌았기 때문에 당시 한·미 FTA 실무협상팀과 정무적 판단을 맡은 청와대 핵심 참모진 사이에 약간의 인식 차이가 있었던 것이군요.

윤대희 그렇습니다. 협상팀은 '협상 결렬 카드'를 써서라도 높은 수준의 FTA 합의를 이끌어 내고자 했습니다. 반면, 대통령을 보좌하는 입장에서는 조금 낮은 수준의 FTA, 즉 서로 민감한 분야는 개방을 유예해서라도 반드시 합의를 이끌어 내는 것이 현실적 대안이라는 속내를 가지고 있었습니다.

음모론이 횡행하는 상황에서 만약 한·미 FTA가 막판에 결렬되어 타결이 안 된다고 가정해 보십시오. 대통령이 양측 모두에게 격렬히 비판받아서 정치적 곤경에 빠지게 됩니다. 진보 세력들은 "어차피 안 될 걸 괜히 한·미 FTA를 시작해서 진보 진영을 완전히 분열시켰다"고 맹비난하겠죠. 음모론을 신봉하는 정치적 반대 진영이나 야당에서는 "그것 봐라, 말만 꺼냈지, 안 할 줄 우리가 뻔히 알고 있었다"고 그럴 것 아닙니까?

그러니 정무적 입장에서는 굳이 높은 수준의 FTA가 아닌 낮은 수준의 FTA라도 반드시 성사시켜야겠다고 생각할 수밖에 없었습니다. 그것이 변양균 실장이나 저나 김대기 비서관이 공유한 일관된 입장이었습니다.

그런 상황에서 대통령께서는 음모론에 좌고우면하지 않고 흔들림 없이 한·미 FTA를 타결시켰습니다.

노무현 대통령은 웬만한 비난 여론은 신경 쓰지 않고 대범하게 넘어가거나 상대방을 설득하려는 편이었다. 그러나 "정치적 목적으로 한·미 FTA를 추진한 것"이라는 음모론에는 심한 알레르기 반응을 보였다. 윤대희 수석이 시중에서 떠도는 음모론을 보고했더니 노 대통령은 "아니 일국의 대통령을 그 정도로밖에 안 봅니까? 국가 차원의 중차대한 문제를 정략적으로 이용하는 그런 수준으로요?"라면서 정말 실망하는 모습이었다고 기억한다.

음모론을 의식한 듯 노무현 대통령은 기회가 있을 때마다 한·미 FTA는 정치적 고려 대상이 아니라 철저히 경제적 판단에 근거하여 추진했다는 점을 강조했다. "저는 결코 정략으로 정치를 하지 않습니다. 정치를 시작할 때도 대통령에 당선되고 난 뒤에도 저는 원칙대로 정치하고 원칙대로 경제 법칙에 따라서 경제하고 이렇게 해왔습니다"라고 역설했다.[38]

458

한·미 FTA 협상 타결 직후 가진 대국민 기자회견에서도 "아무 정치적 이득이 없이 정치적 손해를 무릅쓰고 소신과 양심에 따라 내린 결단입니다. FTA는 정치나 이념의 문제가 아닙니다. 먹고사는 문제입니다. 국가경쟁력의 문제입니다. 정략적 의도를 가지고 접근할 일이 결코 아닙니다"라면서 한·미 FTA가 정치적 의도로 해석되는 것을 강하게 부인했다.[39]

협상 결렬에 대비한 '플랜 B'

청와대 팀은 모두가 사실 협상이 막판에도 깨질 수 있다는 점을 잘 알고 있었다. 여기에 대비한 '플랜 B'를 마련해야 했다. 정부는 협상 마지막 날까지 '협상 타결'과 '협상 결렬' 두 가지 시나리오에 따라 기자회견 내용을 준비했다.

홍은주   만약 협상 타결이 안 되었을 때 발표하려던 초안은 무슨 내용이었습니까?

윤대희   대강 기억하기로는 "개방은 외부의 압력에 의해 하는 것이 아니라 우리 스스로의 필요에 의해 하는 것이다. 개방 없이 일류 국가가 된 나라는 없다. 비록 협상이 타결되지는 못 했지만 지금까지 합의한 것을 토대로 나머지 미합의 사항을 계속 협상해 나갈 것이다. 지금까지 노력이 무의미한 것이 아니다. 한·미 FTA에 반대하는 사람들도 좁은 민족주의나 정략의 틀에서 벗어나 넓은 시야를 가져야 한다"는 취지의 내용이었습니다.

당시 노 대통령의 철학은 일관되게 "모든 개방이 성공할 수는 없다. 그러나 개방 없이 성공한 나라는 없다"는 것이었기 때문에 그런 내용으로 준비한 것입니다.

---

38 "노무현 대통령 개헌 관련 기자 간담회", 2007. 1. 11.
39 "노무현 대통령의 한·미 FTA 협상 타결 대국민 담화", 2007. 4. 2.

3. 한국과 미국의 달라진 정치지형

"FTA, 타결 이후가 진짜 어려운 국면"

한·미 FTA 타결 후 부시 행정부 임기가 1년 반 정도 남아 있었다. 한국 정부는 어떻게든 부시 대통령 임기 내에 미 의회가 한·미 FTA를 통과시켜 줄 것을 기대했다.

실제로 한·미 FTA 추가협상 이후 부시 행정부는 차근차근 비준 절차를 밟았다. 「미국통상법」규정[40]에 따라 부시 대통령은 협정 서명 후 90일 이전에 국제무역위원회(USITC)에 협상의 상세한 내용을 제공했다. 해당 FTA 협정 내용이 미국 경제에 미칠 영향에 대해 종합 분석에 나선 USITC는 9월 20일 〈한·미 FTA의 경제적 영향 보고서〉를 미 대통령 및 의회에 최종 제출했다. 7개의 챕터와 요약, 참고자료 등으로 구성된 이 보고서에서 USITC는 한국과의 FTA가 미국 경제에 도움이 될 것이라고 종합 결론을 내렸다.[41]

그러나 한·미 FTA 협상 체결 직후 방한한, 미국 피터슨국제경제연구소(PIIE)의 시니어 연구원인 제프리 숏은 특별강연회에서 의미심장한 발언을 남겼다.

"한·미 FTA는 협상이 끝난 지금부터 진짜 어려운 국면에 진입하는 것이다."[42] 미국 재무부 관리출신인 그는 도쿄라운드 때 미국을 대표하는 통상협상가였다. 이때는 USTR과 국무부 등의 고문이자 한·미 FTA 시작 전 타당성 보고서를 낸 전문가였다.

그의 진단은 곧 현실로 증명되었다. 민주당이 다수인 미 의회에서 한·미 FTA의 타결안은 도저히 받아들일 수 없는 내용이라면서 반대한 것이다. 한·미 FTA 협상이 한창이던 2006년 11월 미국의 중간선거 결과 야당인 민주당이 압승하여 상하 양원을 모두 장악하게 되었다. 외국과의 통상 확대가 미국의 일자리와 경제

---

40 「미국통상법」, Section 2104(f).

41 USITC, 2007, 〈한·미 FTA의 경제적 영향 보고서〉, 주미국대사관 경제과.

42 Jeffrey J. Schott, "Moving Forward on the KORUS FTA: Now for the Hard Part", 세계경제연구원·한국무역협회 초청 특강, 2007. 6. 21.

적 이익을 침해한다는 입장인 민주당이 의회의 다수당이 된 사건은 향후 한·미 FTA 비준이 험로를 헤쳐 나갈 것임을 예고하는 사건이었다.

또한 무역에 큰 영향을 미치는 신농업법안과 민주당의 주 관심사인 무역조정지원제도의 연장 표결, 도하 세계무역협상 타결에 대비한 무역촉진권한 연장 여부 등 중요한 법안들이 줄줄이 의회 표결을 기다리고 있었다. 따라서 한·미 FTA 등의 비준은 미 의회 우선순위에서 한참 밀려 있었다.

노무현 대통령 지지율 20% 아래로 추락

한·미 FTA 체결이 끝난 후 한국에서는 훨씬 계산이 복잡하며 길고 힘겨운 '한·미 FTA 협상 정치시즌 2'가 기다리고 있었다. 국내의 격렬한 비판과 정치적 무게를 견뎌야 하는 가혹한 시간이기도 했다.

정부 여당에 대한 정치적 지지가 바닥에 떨어진 것이 가장 큰 문제였다. 노무현 대통령의 국정수행 지지율은 계속 낮아져서 한·미 FTA 막바지 협상 무렵인 2007년 1월에는 20%도 채 안 되는 상황이었다.[43]

노 대통령은 8월 28일 한·미 FTA의 국회비준을 앞두고 청와대에서 한·미 FTA 관계자들을 초청해 오찬을 함께했다. 이 자리에서 "(한·미 FTA가) 체결은 됐는데 비준이 남았다. 우리의 비준이 참 어려운 상황"이라며 현실적 어려움을 토로했다.

"(한·미 FTA 비준의 걸림돌은) 첫째, 이해관계의 문제, 둘째, 유연성 없는 낡은 사고, 셋째, 불안감이다. 경험하지 않은 미지의 세계는 불안하다고 느낀다. 큰 배가 가라앉는데도 파도가 무서워 보트를 내리지 못하는 사람들이 있다. 미래의 불확실을 두려워하는 것"이라고 설명하기도 했다.

또한 "FTA 비준동의안 제출 자체가 정치적 이득이니 아니니 난리인데 이런 것을 가지고 정치적 이해관계를 따지는 것은 옳지 않다. 우리 국민은 그것에 휘둘릴 정도로 가볍지 않다. 모든 주변 사람들이 자기 이해관계에 따라 멈추라고 한다.

---

43 CBS · 리얼미터 공동조사, 2007. 1. 8~10.

이쪽저쪽 다 마찬가지다. 대통령이 하는 일 중에 선거용이라고 지적한 것이 열 손가락으로도 모자랄 것이다"[44]라면서 한·미 FTA가 대선 국면에서 정치 논쟁에 휘말려 비준이 늦어지는 것을 아쉬워했다.

대선 후보들의 한 · 미 FTA 공약 제각각

2007년 유력 대선 후보들의 한·미 FTA에 대한 입장은 제각각이었다. 여당 후보들은 반대하거나 모호한 입장인 반면, 야당 후보들은 오히려 찬성하는 의견을 냈다.

당시 KBS에서 대선 후보들을 중심으로 인터뷰한 내용에 따르면, 여당의 유력 대선 후보군이었던 김근태·천정배 의원은 한·미 FTA에 대해 정부를 강하게 비판하며 비준을 저지하겠다는 입장을 나타냈다. 한편, 열린우리당 대선 후보였던 정동영 후보는 '선 검토, 후 입장 정리'라는 애매한 태도를 보였다.[45]

> 정부의 브레이크 없는 질주를 저지하기 위해 행동해야 할 시간입니다.
> (김근태 열린우리당 전 의장 인터뷰)
> FTA 타결은 반국익 · 반민생 · 반민주적인 제2의 을사늑약 … .
> (천정배 민생정치모임 의원 인터뷰)

반면 한나라당의 이명박 전 시장과 박근혜 전 대표는 FTA 협상 타결을 국익을 위한 결단으로 평가했다.

> 국가 미래를 생각할 때 개방은 불가피한 것이 아닌가 생각한다.
> (이명박 전 서울시장 인터뷰)
> 국익 차원에서 대통령의 결단을 높이 평가한다.
> (박근혜 한나라당 전 대표 인터뷰)

---

44 "노무현 대통령 "FTA 비준동의안 놓고 정치적 이해관계 따지는 것 옳지 않아", 〈대한민국 정책브리핑〉, 2007. 8. 29.
45 "정치권, 'FTA 타결'에 입장 제각각", 〈KBS 뉴스〉, 2007. 4. 3.

한덕수 국무총리 FTA 비준 관련 담화문 발표(2007. 9. 7). 한덕수 국무총리는 대국민 담화에서 한·미 FTA는 선진 통상국가로 거듭나기 위한 중요한 전환점이라며 그 필요성을 강조했다.

"미국보다 우리가 빨리 비준할 필요 있나?"

참여정부는 "한·미 FTA 협정을 임기 내 마무리함으로써 책임 정치를 구현할 필요가 있다. 설사 무슨 일이 있어서 끝내 비준이 안 되고 FTA가 무산되는 한이 있더라도 우리는 우리가 해야 할 도리를 다해야 한다"고 강조했다.[46]

2007년 9월 7일 정기국회 개회에 맞추어 한·미 FTA 비준동의안이 국회에 제출되었다. 한덕수 국무총리는 이날 한·미 FTA 비준동의안의 국회 제출에 앞서 담화문을 통해 "가능한 한 빨리 우리 기업들과 국민들이 한·미 FTA로 인한 선발(先發)의 이익, 선점의 혜택을 누릴 수 있도록 해야 한다"며 "이를 위해 한·미 FTA는 조속히 발효되어야 한다"고 강조했다.

당시 국회비준 여부를 묻는 기자들의 질문에 가장 일반적인 대답이 "미국보다 우리 국회가 먼저 비준을 통과시킬 필요가 있느냐?"는 것이었다. 정부는 "우리가

---

46 〈대한민국 정책브리핑〉, 2007. 8. 29.

먼저 국회비준동의를 완료하면 미국에 압박을 가해 비준을 앞당기는 효과를 가져올 수 있다. 뿐만 아니라 자동차 등 일부 분야의 재협상 논란을 사전에 차단하는 효과도 노릴 수 있다"고 국회에 요청했다.[47]

대한상공회의소와 한국무역협회 등 업계도 "한·미 FTA가 조기 비준된다면 경제의 불확실성에 따른 투자 위축 등 부작용을 제거할 수 있고, EU 등 다른 국가들과의 FTA 협상에서 우리나라의 협상력이 증대되는 효과를 기대할 수 있다"고 밝혔다.[48]

"우리나라보다 먼저 미국과 FTA를 체결한 페루, 파나마, 콜롬비아 등은 모두 자국 국내 비준을 마치고 대통령이 미국 의회를 찾아가 비준을 설득하고 있다. 우리나라도 FTA를 발효시키려면 이득이 큰 우리가 먼저 적극적으로 움직여야 한다"는 주장도 나왔다.[49]

대선 국면에서 국민 반대가 적지 않은 한·미 FTA를 비준하는 것은 국회도 부담이었다. 무엇보다 국회비준을 위해 선제적으로 움직여야 할 열린우리당이 소극적이었다. 야당인 한나라당 의원들 가운데 오히려 FTA 찬성파가 있었지만, 이들도 역시 대선 국면에서 굳이 말 많고 탈 많은 한·미 FTA에 적극 나설 이유가 없었다.

결국 국회 상임위(외교통상통일위원회)에 상정되어 있던 한·미 FTA는 "미 의회의 비준과 연계해서 처리해야 한다"는 의견이 대세를 이루면서 대선 국면에서 추가 논의가 사실상 중단되었다.

---

47 "한·미 FTA 내용 변경 가능성 없다", 〈대한민국 정책브리핑〉, 2007. 9. 13.
48 대한상공회의소, 2007, 〈한·미 FTA 조기 비준이 필요한 10가지 이유〉.
49 "한국 국회, 한·미 FTA 앞발 앞서 비준해야", 주미국대사관, 2007. 9. 12.

신구 대통령의 FTA 비준 공동 노력

2007년 12월 대선에서 당선된 사람은 이명박 대통령 후보였다. 새 정부의 인수 과정에서 정책 인수인계와 관련하여 이명박 대통령 당선인과 노무현 대통령은 적지 않은 갈등과 대립을 보였다. 그러나 한·미 FTA의 당위성과 조기 비준의 필요성에는 큰 이견이 없었다.

2008년 2월 4일 이명박 당선인은 노무현 대통령과의 청와대 만찬 회동에서 "한·미 FTA를 추진하고 체결한 것은 정말 잘하신 일인 것 같다. (노 대통령) 임기 중에 이 한·미 FTA 비준안이 통과되었으면 좋겠다. 나도 한나라당 의원들을 설득하겠다"고 했다. 노무현 대통령도 "제가 큰 도움이 될지는 모르겠지만 그런 뜻에 공감하고 FTA 비준을 위해서 마지막까지 최선을 다하겠다"고 답했다.

김종훈 신임 통상교섭본부장은 2008년 2월 16일 기자들과의 오찬 간담회에서 한·미 FTA 비준 시기와 관련하여 "참여정부에서 시작한 일이므로 참여정부 임기 내에 처리되는 것이 바람직하다고 본다"고 밝혔다. 그는 "한·미 양국이 모두 국회 비준동의 절차가 남아 있는데 정치 일정 등이 섞여 있어 복잡하다"면서, "꼭 미국이 우리보다 먼저 비준동의를 통과시켜야 한다고 보지 않는다. 우리가 먼저 통과시켜 미국을 압박하는 것도 한 방법"이라고 밝혔다.

지속적으로 논란이 이어진 미국산 쇠고기 수입 문제에 대해서는 "한우 가격이 폭락하지 않고 시장점유율도 유지하는 등 부정적이지는 않다"면서, "우리가 OIE 회원국인 만큼 (미국과의) 쇠고기 수입위생조건 개정은 서로 신뢰를 갖고 협상해야 한다"고 말했다.[50]

노 대통령과 이명박 당선인은 2월 18일 국정현안 의견교환을 위한 비공개 회동 자리에서도 한·미 FTA의 2월 내 처리를 위해 끝까지 협력하기로 했다.

그러나 이날 국회 상임위원회에 상정될 예정이던 한·미 FTA 관련 회의는 또다시 무산되었다. 청와대를 떠날 짐을 꾸리던 참여정부는 마지막으로 17대 국회 회

---

50 〈대한민국 정책브리핑〉, 2008. 2. 5.

기 내 한·미 FTA 비준동의를 촉구하는 대변인 논평을 냈다.

오늘 한·미 FTA가 외교통상통일위원회에 상정될 예정이었으나, 이것마저도 회의 개최 자체가 무산되었다. 매우 개탄스러운 일이다. 하루가 아쉬운 상황에서 상정해 논의하는 것 자체도 방해하는 것은 이해할 수 없는 일이다. 정부는 다시 국회가 한·미 FTA 비준동의안 처리를 위해서 제반 절차와 심의를 신속히 진행시켜 줄 것을 당부한다. 가급적 2월 임시국회에서 본회의 의결까지 마칠 수 있기를 희망하고, 만약에 2월 중 처리하기가 힘들다면 3월 중에는 임시국회를 열어서 반드시 처리하는 것이 17대 국회의 책임을 다하는 것이라고 생각한다.[51]

결국 정권 교체기의 어수선한 상황 속에서 한·미 FTA는 국회 문턱도, 미국 의회 문턱도 넘지 못했다. 협상안의 비준 책임은 차기 이명박 대통령 정부로 고스란히 넘겨졌다.

---

51 〈대한민국 정책브리핑〉, 2008. 2. 18.

CHAPTER 10

새 정부로 넘겨진
한 · 미 FTA 비준

1. 이명박 정부의 한·미 FTA 비준 고민

첫 미국 순방 핵심 의제, 한·미 FTA 비준

이명박 대통령은 후보 시절부터 한·미 FTA 찬성 의사를 분명히 밝혔다. 당선자 시절인 2008년 2월 13일에는 방한 중이던 에반스 리비어 코리아 소사이어티 회장 일행을 접견한 자리에서 "한·미 FTA가 양국 의회에서 조기 비준되어야 한다. 한·미 관계를 한 단계 더 발전시키는 데 한·미 FTA가 중요한 계기"라고 강조했다.

대통령 취임 직후에도 "새 정부에서도 FTA는 가장 중요한 통상정책 중 하나로 추진될 예정"임을 명확히 밝혔다.[1] 2008년 4월 미국 순방을 통한 한·미 정상회담의 목표 가운데 하나도 한·미 FTA의 미국 의회비준 촉구였다.

이명박 대통령 취임과 동시에 한·미 정상회담이 성사된 것은 대통령직 인수위원회가 상반기 중 4강 외교를 마무리한다는 계획을 세우고 미리 준비했기 때문이다. 방미의 목표는 21세기 전략동맹 관계설정 및 한·미 동맹 복원 등 정치·외교적 측면도 있었지만, 무엇보다 FTA를 향후 5년의 경제성장 동력으로 삼는다는 것이었다.[2] 후보 시절 '747 경제공약'[3]을 약속한 새 정부 입장에서 가장 가시적이고 빠르게 경제성과를 낼 수 있는 방법이 한·미 FTA라고 보았다.

이 대통령은 2008년 4월 15일(현지 시간) 뉴욕에 도착한 뒤, 미국 투자가와 기업인 등 900여 명이 참석한 한국투자 설명회에서 연설했다. "기업하기 좋은 환경을 만들기 위한 한국의 노력 중 하나가 적극적인 FTA 전략이며, 그 전략에서 가장 중요한 것이 한·미 FTA"라고 밝혔다.

또한 "한·미 FTA 비준에 이어 한·EU FTA가 금년 내 타결된다면 한국은 명실상부한 동아시아 투자의 관문으로 자리매김할 것"이라며, "앞으로 중국, 일본과

---

[1] 김한수 FTA 추진단장, 내외신 브리핑, 2008. 2. 28.

[2] 〈중앙 SUNDAY〉, 2008. 6. 7.

[3] 경제성장률을 7%로 높이고 10년 내에 1인당 국민소득 4만 달러 시대를 열어 G7에 버금가는 세계 7위권의 선진대국을 만든다는 것이 747 공약의 주요 내용이다.

의 FTA까지 체결된다면 한국은 세계 4대 경제권 모두를 연결하는 중심 관문 역할을 하게 될 것"이라고 강조했다.

미국 내 '지한파' 인사들의 모임인 '코리아 소사이어티' 만찬에서도 이 대통령은 한·미 FTA 체결의 중요성을 일관되게 강조했다. "미국이 FTA를 승인하면 한국 국회도 할 준비가 되어 있다"면서, "올해 FTA를 맺으면 한·미 관계가 포괄적 동맹관계로 발전할 수 있고 한국뿐만 아니라 양국에 모두 도움이 될 것"이라고 밝혔다.

딕 체니(Dick Cheney) 미 부통령, 구티에레스(Carlos Gutierrez) 상무장관 등과 함께한 워싱턴 방문 3일 차 일정도 한·미 FTA 비준을 위한 노력이 상당 부분을 차지했다. 미국 상하원 지도자들과 가진 간담회에서도 FTA를 강조했다.

미국 의회의사당에서 열린 하원 지도부와의 간담회에는 낸시 펠로시 하원의장과 호이어 하원 원내대표 등이 참석했다. 상원 간담회에서는 해리 리드 민주당 상원 원내대표와 미치 매코넬 공화당 원내대표, 조셉 바이든 외교위원장, 맥스 보커스 재무위원장 등이 자리를 함께했다.

미 의회, 콜롬비아 FTA 비준 거부

당시 한·미 양국은 2009년 1월 1일 FTA 발효를 목표로 비준을 추진하고 있었다. 미국 의회에는 한국보다 6개월 정도 앞서 서명한 미·콜롬비아 FTA , 미·파나마 FTA 이행법안 처리 문제가 걸려 있었다.

협정의 서명 순서대로 처리하는 것이 원칙이므로 콜롬비아나 파나마와 FTA가 비준되어야 그다음에 한·미 FTA 처리가 가능했다. 미군 살해 혐의로 미국과 정치적 마찰을 빚은 파나마와 순서를 바꿔 한·미 FTA부터 처리할 가능성도 있었다.

부시 미국 대통령도 한국이나 콜롬비아와의 FTA 비준에 집중할 것이라고 밝혔다. 데이너 페리노 백악관 대변인은 2008년 4월 4일 정례 브리핑에서 부시 대통령이 전직 통상담당 각료와 의원 등 20여 명과 만나 한국, 콜롬비아와의 FTA 체결의 중요성과 의회비준 필요성에 대해 논의했다고 전했다.[4]

미 의회가 한·미 FTA를 비준하면 미국의 동아시아 경제권 진입을 위한 교두보로 작용할 것이다. 따라서 부시 대통령은 자신의 치적을 쌓기 위해서라도 임기 내에 처리하고자 할 것이라고 한국 정부는 관측했다.[5]

만약 미국 의회가 부시 행정부의 희망대로 움직여 준다면, 한국도 17대 국회가 5월 말 이전에 비준동의를 처리해 주리라고 기대할 수 있었다. 17대 국회는 한·미 FTA 특별위원회를 두고 관련 현안을 모두 파악하고 있었기 때문에 마음만 먹으면 얼마든지 빠른 속도로 비준안 처리가 가능했다.

그런데 한국의 희망 섞인 기대에 찬물을 끼얹는 사태가 발생했다. 이명박 대통령의 방미 직전인 4월 14일, 낸시 펠로시 하원의장을 비롯한 민주당 지도부가 미·콜롬비아 FTA 비준동의안 처리를 거부했다. 이어 "시간 압박을 받기 싫다"면서 90일이라는 TPA의 관련 규정까지 고쳐 버렸다. FTA에 부정적인 민주당의 태도가 분명히 드러난 사건이었고, 한·미 FTA의 비준 가능성까지 어둡게 만든 '징후'였다.

하지만 이때까지도 한국은 "콜롬비아의 여러 가지 마약 문제나 노조 지도자에 대한 탄압, 이런 것들을 민주당 지도부에서 문제를 삼았다. 한국은 콜롬비아와 다르다"면서 희망을 버리지 않았다.

콜롬비아 FTA 처리가 거부된 날 김종훈 통상교섭본부장은 KBS 라디오와의 인터뷰에서 "미국 행정부나 의회가 쉽게 이야기해서 '너 죽고 나 죽자'는 식으로 같이 손잡고 절벽에서 뛰어내리는 그런 우(愚)를 범할 것으로 보지는 않는다. 지금도 뒤에서 협의를 계속하고 있다. 콜롬비아보다는 한국이 전략적으로나 경제적으로나 훨씬 중요하기 때문이다"라고 설명했다.

수전 슈와브 USTR 대표가 "한·미 FTA를 연내에 제출하지 않을 수도 있다"고 언급한 것에 대해 김 본부장은 "한·미 간에 FTA는 지난 NAFTA 이후에 가장 의미 있는 협정인데 콜롬비아 때문에 이렇게 절차상 자꾸 막아서는 그런 전략을 (미 의회가) 구사한다면, 중요한 (한·미 FTA) 협상도 희생될 수 있지 않느냐는 쪽의 압박성 발언이었던 것으로 저는 보고 있다"고 낙관적으로 해석했다. 민주당을 압박하기 위한 부시 공화당 행정부의 전략으로 본 것이다.[6]

---

4 YTN, 2008. 4. 4.
5 〈한국일보〉, 2008. 4. 4.

2. 미국산 쇠고기 수입 파동

한 · 미 FTA 비준의 관건, 쇠고기 협상

2008년 1월 대통령직 인수위원회에 제출된 외교통상부 업무보고 문건은 "쇠고기 수입 문제는 한·미 FTA가 아니더라도 국제기준에 따라 반드시 해결해야 할 문제"라고 기술하면서 "대통령 당선인의 방미와 한·미 FTA 비준 문제 등이 있기 때문에 쇠고기 수입 문제는 인수위원회 차원에서 정리가 필요하다"는 의견을 제시했다.

한·미 FTA 비준의 핵심 인사는 민주당 상원 재무위원장인 맥스 보커스 의원이었다. 대표적인 쇠고기 생산지 몬태나주 출신인 그는 기회가 있을 때마다 "미국산 쇠고기의 전면 수입개방으로 한국이 최소한의 성의를 보이기 전에는 한·미 FTA의 미 의회 상정이 불가능하다"는 점을 분명히 했기 때문이다.

1월 31일에는 버시바우 주한미국대사가 "미국산 쇠고기 수입 문제 해결이 한·미 FTA의 미국 의회 승인 전제조건"이라는 점을 당선자 진영에 전달하기도 했다.

이명박 대통령 취임 행사에 참석하기 위해 특사단을 이끌고 방한한 라이스 (Condoleezza Rice) 미 국무장관은 유명환 외교통상부 장관을 만난 자리에서 미국산 쇠고기 수입개방 문제를 공식적으로 제기했다.[7] 미국 특사단에는 앤디 그로세타 미국 축산육우협회 회장도 있었다. 미 축산육우협회 회장의 방한은 우연이 아니라 미국 정부의 명확한 의도하에 이루어졌음을 짐작할 수 있는 대목이었다.

미국이 전한 일련의 메시지를 통해 이명박 대통령 정부는 한·미 FTA 비준이 미국산 쇠고기 수입재개 문제와 밀접하게 연계되었음을 인식했고, 2008년 4월 한·

---

6 〈안녕하십니까? 백운기입니다〉, KBS1 라디오, 2008. 4. 14.
7 유명환 장관의 국회 청문회 증언, 〈신동아〉, 2008. 7. 10.

미 정상회담에 앞서 쇠고기 수입 문제를 해결할 결심을 굳혔다.

김종훈 통상교섭본부장도 "현실적으로 비준 권한을 가진 미국 의회가 쇠고기 협상 타결 없이는 비준 논의를 할 수 없다는 강경한 입장이다. 따라서 이것이 해결된다는 것이 전제된다면 이번 대통령님의 방미를 계기로 미 행정부나 업계가 전반적으로 전면에 나설 경우 (한·미 FTA 비준에) 상당한 정도로 분위기가 개선될 수 있다"고 했다.[8]

연구소 등에서도 "2008년 4월로 예정되어 있는 이명박 대통령의 미국 방문 이전에 국회비준과 쇠고기 협상을 끝냄으로써 우리가 할 일을 다 했다. 미국 측으로 공을 넘겨 의회비준의 책임을 차질 없이 이행하도록 하는 수순을 밟는 것이 최선의 전략이다"라고 했다.

(쇠고기 협상 완료는) 혹시 있을지도 모르는 미 의회의 (한·미 FTA) 재협상 요구를 차단시킬 수 있는 효과적인 사전 포석이 된다. 미국의 FTA 정책에 대한 신뢰 약화로 미국이 다른 국가들과 FTA 협상을 추진하는 것이 난관에 부딪칠 것이고 역동적인 동북아 경제권과의 통합도 지연될 것이다. 특히 한국이 EU에 이어 일본, 중국과도 FTA를 추진할 가능성까지 고려하면 미국의 불이익은 더욱 커질 것이다. 한국이 그 책임을 다하는 것을 전제로 미국은 부시 대통령을 필두로 해서 미국 재계와 여론 지도층이 합심해 한·미 FTA가 반드시 올해 안에 미 의회에서 비준받을 수 있도록 최대한의 노력을 경주해야 한다.[9]

이명박 대통령은 방미 직전 자신의 심경에 대해 나중에 이렇게 밝혔다.

대통령에 당선된 뒤 마음이 급했다. 취임 1년 내에 변화와 개혁을 이루어 내지 못하면 성공할 수 없다고 생각했다. 한·미 FTA 비준이야말로 성장잠재력을 높이는 지름길의 하나인데, 미국산 쇠고기 수입을 계속 거부하면 한·미 FTA가 연내에 처리

---

8 김종훈 본부장 발언, 〈안녕하십니까? 백운기입니다〉, KBS1 라디오, 2008. 4. 14.
9 이경태(KIEP 원장), "방미 전 한·미 FTA 비준돼야", KIEP 홈페이지, 2008. 2. 28.

될 가능성은 거의 없다고 보았다. 대통령으로서 이런 절호의 기회를 놓치고 싶지 않았다. 아무 노력도 하지 않고 기회의 문이 닫히는 것을 그냥 바라보고만 있을 수 없었다.[10]

대통령 방미에 맞춰 쇠고기 협상 시작

한·미 양국 정부는 2008년 4월 11일부터 18일까지 미국산 쇠고기 수입위생조건 개정을 위한 협상을 열기로 했다. 4월 19일에는 이명박 대통령과 부시 대통령의 정상회담이 열리기 때문에 사실상 18일까지 빠르게 결론을 내리기로 암묵적 시한이 정해진 협상이었다.

이때 한·미 쇠고기 협상을 주도한 사람은 한·미 FTA에서 농업 분야 고위급 대표를 맡았던 민동석이었다.

홍은주 한·미 FTA 농산물 협상에서 정치적 휘발성이나 위험성을 충분히 경험했습니다. 특히 쇠고기 문제는 2007년 노무현 정부 때부터 뜨거운 논란이 있었는데, 왜 또다시 쇠고기 협상 대표 자리를 맡았습니까?

민동석 2008년 초에 저는 외교부에 복귀할 생각이었습니다. 당초 농림부에 온 목적인 한·미 FTA 농업 부문 협상 임무를 완수했고, 농림부에 온 지도 2년이 가까웠으니까요. 유명환 외교부 장관 내정자를 만나 복귀 의사를 밝혔고, 유 내정자도 동의했습니다.

그런데 미국산 쇠고기 수입 협상이 또다시 뜨거운 현안으로 떠오른 겁니다. 한·미 관계에서 쇠고기 문제가 해결되어야 한다는 당위성에 의문을 제기하는 사람은 없었습니다. 하지만 국민 정서와 사안의 민감성 때문에 아무도 협상대표를 맡겠다고 나서는 사람이 없었죠.

---

10 "대통령의 연설", 〈매일경제〉, 2022. 8. 20.

미국산 쇠고기 수입 협상(2008. 4. 11). 과천 정부청사에서 열린 미국산 쇠고기 수입 관련 협상에 참석한 민동석 농식품부 농업통상정책관(오른쪽)과 엘렌 텁스트라 미국 농무부 차관보가 악수를 나누고 있다.

　정운천 장관이 이명박 정부의 초대 농림수산식품부(농식품부) 장관으로 부임했는데, 저를 부르더니 "미국과 쇠고기 협상할 사람이 없다. 당신이 맡아 달라"는 겁니다. 한·미 FTA 농업 협상 때도 농림부 안에서 나서는 사람이 없어 외교부에서 차출되어 고생했는데, 왜 또다시 위험한 쇠고기 협상 대표를 맡아야 하느냐, 정말 고민을 많이 했어요.

　결국 장관에게 "협상의 성패를 떠나 어차피 돌을 던질 텐데, 제가 맞겠습니다"라고 말했습니다. 정 장관은 고맙다고 하며 바로 유명환 외교부 장관에게 "민동석 차관보는 쇠고기 협상을 끝낸 후에 외교부로 복귀할 것"이라고 전화하더군요. 제가 협상대표를 맡는다고 하니까 "한·미 FTA 협상 대표들이 모두가 공적을 인정받아 영전했는데, 당신은 왜 여기 남아서 돌을 맞으려 하느냐?"며 진심으로 걱정해 주는 출입기자도 있었습니다. 그런데 이미 말한 대로 저는 항상 '공직자가 힘들다고 책무를 회피한다는 것은 도리가 아니다'라고 생각했습니다.

　당시 쇠고기 문제 해결을 더 이상 미룰 수 없는 상황이었다고 저는 봤습니다.

이미 4년을 끌어온 현안인 데다 6개월 전 참여정부 때 1차 협상을 개최한 후 여러 국내 정치상황 때문에 이제야 2차 협상을 개최하게 된 것이었습니다. 쇠고기 교역도 완전히 중단된 상태라 미국 정부는 의회로부터 쇠고기 문제를 빨리 해결하라는 압박을 받고 있었어요. 더구나 당시 협상은 사실상 상대에게 '패'를 다 보여주고 하는 거나 마찬가지였습니다. 노무현 대통령이 그전에 부시 대통령과의 전화 회담에서 "합리적 기간 내에 과학적 근거와 국제적 기준에 맞춰 미국산 쇠고기 수입개방 문제를 내가 풀어 나가겠다"는 의사를 전달했기 때문입니다.

그런데 나름대로 공직자로서 책무를 다한다는 각오로 협상을 떠맡기로 한 그 결정이 나중에 제 인생에서 가장 힘들고 고통스러운 시기로 이어질 줄은 당시에는 상상도 못했습니다.

미국, OIE 규정에 따라 쇠고기 수입 요구

4월 11일 농식품부 대회의실에서 민동석 등 한국 측 협상 대표단은 엘렌 텁스트라(Ellen Terpstra) 농무부 차관보를 수석대표로 한 미국 대표단과 마주 앉았다.

미국은 '광우병 미확인 위험국가'에 포함되었다가 도축 시 특정위험물질(SRM) 제거를 의무화하고 육골분 사료금지 조치를 내리는 등 엄격하게 제도를 개선했다. 이를 인정받아 2007년 5월 27일 국제수역사무국(OIE: *Office International des Epizooties*)[11]으로부터 '광우병 위험통제국가' 지위를 획득하게 되었다.

이에 따라 한·미 쇠고기 협상이 재개가 되었을 때 미국 측은 "한국이 쇠고기 수입위생조건을 OIE 수준으로 맞추어 달라"고 분명히 요구했다. OIE의 기준[12]은 위험통제국의 경우 수출이 금지되는 SRM은 "30개월 이상 된 소의 뇌, 눈, 척수, 머리뼈, 척추 및 모든 연령의 소의 편도와 내장 등"이라고 구체적으로 적시했

---

11 동물과 동물성 제품의 수입위생 및 검역 조치와 관련하여 표준·지침·권고를 하는 기관이다. 당시 OIE 는 광우병 위험성의 평가기준 및 각국의 쇠고기 수입 등과 관련하여 여러 통계 및 실험 자료를 바탕으로 '경미한 위험국가', '위험통제국가', '미확인 위험국가' 등 세 가지로 분류했다.
12 'OIE 육상동물 위생규약', 제2, 3, 13장, 제14조.

다.[13] 즉, 30개월령 미만 소이면서 뇌, 눈, 척수, 머리뼈, 척추, 편도와 내장 부위 등을 제거한 경우라면 모든 부위의 거래가 가능하다는 것이다.

미국은 "한국이 광우병에 대해 특별히 OIE 국제기준보다 높은 보호 수준의 위생·검역 조치를 도입할 만한 과학적 정당성 등을 입증하지 못하는 한 OIE 국제기준에 따라야 한다"면서 "한국이 30개월 이상 된 소라도 갈비 등을 수입해야 한다"고 주장했다.

한편 한국 측 협상대표단에게 전달된 정부 훈령은 이전 정부 때와 마찬가지로 "우선 30개월 미만의 뼈 있는 쇠고기부터 수입을 허용한다. 만약 미국이 강화된 사료금지 조치[14]를 이행하거나 공표하면 30개월 이상 쇠고기의 수입도 허용한다"는 단계별 접근 방안이었다.

정부가 쇠고기 수입 협상을 할 때 OIE의 권고 규정을 기준으로 보았던 점은 쇠고기 협상 전에 이루어진 김종훈 본부장의 언론 인터뷰에서도 일부 확인이 된다. "30개월 미만의 뼈 없는 살코기만 수입하는 마지노선을 지킬 수 있는가?"라는 질문에 김 본부장은 "30개월 미만의 뼈를 제외한 살코기라는 것은 굉장히 강한 기준으로 저는 알고 있습니다. 많은 나라들이 그렇게 강한 조치는 취하고 있지는 않지요"라고 답했다.

그는 "소가 어릴수록 병원물질에 감염되었을 가능성이 낮다는 것이 과학 논리지만, 30개월 이상 혹은 그보다 더 늦은 소도 더 많은 부위를 떼고 나면 안전하다고 하니 그 부위를 어떻게 (제거)할 것인지에 초점을 두어야 한다. 미국 같은 경우에는 광우병이 인간에게 전이되어 발병한 사례는 거의 없다는 것이 과학적 사실

---

13 OIE의 이 규정은 소해면상뇌증의 원인 물질인 변형 프리온 단백질이 주로 SRM 부위에 축적되기 때문에 SRM의 범위를 정하고 이를 안전하게 분리·제거할 필요가 있다고 했다. 또한 30개월령 소를 기준으로 정한 것은 소해면상뇌증의 원인 물질인 변형 프리온 단백질이 SRM 부위에 축적되는 데에 상당한 시간이 걸리며, 통계상 전 세계적으로 소해면상뇌증에 감염된 소의 90% 이상이 30개월령 이상의 소로 알려져 있었기 때문이다.

14 '사료금지 조치'란 소와 같은 반추동물에서 나온 단백질을 다른 동물의 사료로 사용하지 못하게 금지한 것이다. '강화된 사료금지 조치'는 반추동물은 물론이고 닭이나 돼지 등 반추동물이 아닌 다른 모든 동물의 사료로도 사용하지 못하게 하는 조치이다.

이다"라고 강조했다.[15]

문제는 일반 국민들의 인식이었다. 2006년 하반기 이후 작은 뼛조각 하나만 발견되어도 전량 반품하던 일들이 언론을 통해 널리 알려졌던 터라 국민들의 머릿속에서 '안전한 쇠고기 = 30개월령 미만의 뼈 없는 살코기'라는 공식이 확고히 뿌리내린 상태였다.

광우병은 늙은 소에게서 발생한다. 소가 30개월령이면 사람 나이로 10세 정도의 어린 나이에 불과한데도[16] 30개월령 이상이면 무조건 늙은 소로 여겼고 뼈는 단 한조각도 섞여 있으면 안 된다는 믿음이 강했다.

민동석 우리 입장에서 더 큰 문제는 "30개월 미만의 뼈 없는 쇠고기만 안전하다"는 국민들의 인식을 바꾸는 것이었어요. 우리나라 국민에게는 광우병 위험성이 무시할 만한 수준이라고 하면서, 미국에는 광우병 위험성을 강조해 최대한 막아 내야 하는 이율배반적 논리가 당시 저로서는 무척 곤혹스러웠습니다. 결국 객관적 기준과 과학적 근거에 바탕을 두고 협상하는 것이 안전성 문제에 대한 시비나 정치적 비판을 최소화하는 길이라고 판단했습니다. 다만 협상을 타결한 후에도 축산업계가 반발할 가능성이 크고 무엇보다 쇠고기 문제가 정치적으로 이용될 좋은 재료라는 게 우려되었습니다. 그래서 우리의 수입위생 기준이 OIE 기준보다는 더 높은 수준이 되도록 양보를 받아 내는 것이 최선이라는 생각으로 협상에 임했습니다.

미국의 텁스트라 대표는 "한국 정부는 지금까지 국제기준을 준수하겠다고 대통령이 약속했다. 왜 약속한 것을 지키지 않느냐? 한국에 수입되는 미국산 쇠고기는 미국인 3억 명이 먹는 것과 똑같이 안전하다"라며 처음부터 공세적으로 나왔습니다. 그리고 협상을 빨리 마무리하자고 독촉했어요. 저는 아무리 불리한 상황이라도 그대로 백기를 들 수 없어 "대통령이 무슨 약속을 했더라도 우리 국민들

---

15 김종훈 본부장의 발언. 〈안녕하십니까? 백운기입니다〉, KBS1 라디오, 2008. 4. 14.
16 이문한, 2013, "광우병: 소가 미친 다른 이유", 〈서울대학교 명예교수회보〉, 9호.

은 미국산 쇠고기에 대해 불안감을 가지고 있다. 그리고 이 협상은 나에게 전권이 있다. 한·미 정상회담이 코앞에 있어도 나는 협상을 중단할 권한이 있다. 세계적 판매 기준이 있더라도 결국 구매자에게 선택할 권리가 있는 것 아니냐?"며 맞섰습니다.

홍은주 협상 당시 가장 핵심적인 쟁점이 무엇이었습니까?

민동석 미국 측은 "설령 광우병에 걸린 소라도 SRM이 많이 들어 있는 뇌와 척수, 내장 등만 제거하면 식용으로 아무 문제가 없다는 것이 과학적으로 증명된 사실"이라고 했어요. 이 부분만 제외하면 살코기뿐만 아니라 소 전체 부위 수입을 허용해야 하다는 입장이었습니다. 저는 SRM이 들어 있을 가능성이 큰 부위는 수입하지 않겠다고 반박했습니다.

또 한 가지 쟁점이 된 이슈는 미국 도축 시스템에 대한 동등성 인정 여부였습니다. 미국 측은 그런 위험물질은 자국의 도축장과 가공장에서 철저히 제거한다면서 미국 검사 시스템을 한국이 동등하게 인정하라고 요구했습니다.

결국 쟁점은 크게 세 가지로 좁혀졌습니다. 첫째, 미국의 도축 작업장을 승인하는 문제, 둘째, 미국산 쇠고기 제품에 연령을 표기하는 문제, 셋째, 미국에서 광우병이 추가로 발생할 경우 수입을 금지하는 문제였습니다.

첫째는 소도축 시 위험물질 제거가 관건인데, 한국에 쇠고기를 수출할 자격을 가진 미국 내 작업장을 누가 선정하느냐는 문제였습니다. 미국은 "일본을 비롯하여 전 세계 65개국이 인정하는 WTO 기본 원칙, 즉 '동등성 원칙'을 지켜라. 미국이 인정하는 작업장을 한국이 그대로 인정하라"고 요구했습니다. 반면에 저는 우리가 직접 미국 현지에 가서 작업장을 조사하여 한국에 수출할 자격을 가진 작업장을 지정하겠다고 주장했습니다. 미국 작업장이 쇠고기를 안전하게 다루는지 검사하여 국민에게 확신을 주어야 한다는 이유였죠.

둘째, 저는 한국에 수출하는 쇠고기 제품에 연령을 표시하라고 요구했습니다. 30개월이라는 월령(月齡)이 중요했습니다. 예를 들어, 같은 등뼈라도 30개월 미만 소의 등뼈는 SRM이 아니지만, 30개월 이상 소의 등뼈는 SRM이라 금지대상이 잖아요? 따라서 한국에 수출하는 쇠고기 제품에 30개월 이상인지, 미만인지를 표시해 달라고 요구했습니다. 텁스트라 대표는 도축할 때 30개월 이상 소는 파란색 표시로 구분하여 SRM을 철저히 제거하고, 30개월 이상 등뼈는 미국에서도 금지대상이라 철저히 제거한다고 주장했습니다. 도축이 끝난 다음에는 월령을 구분하지 않고 국내에서 판매하고 수출제품도 동일하다면서 한국에만 연령을 표기해야 하는 국제규범은 없다는 것입니다.

셋째, 저는 미국에서 광우병이 추가로 발생하면 우리나라가 수입을 금지할 수 있는 근거규정을 수입위생조건에 포함해야 한다고 요구했습니다. 하지만, 미국은 그걸 민감하게 받아들였습니다. 미국은 광우병이 발생해 미국산 쇠고기 수출이 전면 중단당한 뼈아픈 경험을 되풀이하고 싶지 않았을 겁니다.

협상이 연일 난항을 거듭하자 수전 슈와브 USTR 무역대표는 텁스트라에게 "진전이 없으면 철수하라"는 지시를 내리기도 했다. 한국 측 역시 "그렇다면 우리도 협상을 중단한다"고 맞받으면서 강경하게 대응했다.

민동석 논란 끝에 결국 다음과 같이 결정했습니다. 첫째, 작업장 승인 문제에 대해서는 미국이 수입위생조건 발효 후 최초 90일간은 한국 정부에 작업장 승인권을 부여하되, 그 기간이 지나면 WTO 원칙에 따라 한국이 미국의 작업장에 동등성을 인정해 주기로 했습니다.

둘째, 한국에 수출하는 쇠고기 제품에 연령을 표시하는 문제는 미국이 일정 부분 양보했습니다. 미국은 수입위생조건 발효 후 180일 동안 티본스테이크 제품에 30개월 미만 소에서 생산되었음을 확인하는 표시를 상자에 부착하기로 했습니다. 티본스테이크가 SRM인 30개월 이상의 등뼈가 아니라는 점을 확인시켜 주기 위해서였습니다.

셋째, 미국에서 광우병이 추가로 발생하는 경우, 미국은 즉시 철저한 역학조사를 실시하고 그 결과를 한국 정부에 알리며 한국과 협의하기로 타협했습니다. 만약 광우병의 추가 발생으로 미국의 광우병 위험통제국가 지위가 하향 조정될 경우 한국은 즉시 미국산 쇠고기와 쇠고기 제품 수입을 중단시킬 수 있도록 했습니다.

홍은주 당시 기록을 보니까 1년 전인 2007년 5월 이후부터 오랜 시간 동안 전문가 검토와 미국 현지 출장 등을 거쳐 미국의 소도축 시스템 실태를 파악하고 점검해왔습니다. 그 후에는 미국 정부와 수입위생조건을 개정해 제1차 한·미 전문가 기술협의를 거친 것으로 되어 있습니다. 이 결정에서 전문가들의 의견을 참고하셨습니까?

민동석 네, 농림부에는 전문가 그룹이 있어서 당연히 그들과 의논했습니다. 이 전문가들은 미국 도축 현장도 수차례 시찰하여 미국 도축장의 위생 실태도 점검했고, 전문가 회의에서 미국산 쇠고기의 광우병 위험성은 무시할 만한 수준이라고 저에게 확인시켜 주었습니다.

정부, "OIE 기준 존중했다" 발표

쇠고기 위생검역조건 협상은 2008년 4월 18일 새벽 5시에 끝났다. 이명박 대통령과 부시 대통령의 캠프 데이비드 회담이 예정된 4월 19일 하루 전의 일이었다. 한국은 1단계로 30개월령 미만 소의 경우는 뼈를 포함하여 쇠고기 수입을 허용하고, 2단계로 미국의 사료금지 조치가 강화될 때(〈연방 관보〉 공포 시) 30개월령 이상의 쇠고기도 수입을 허용하며, 30개월령 미만 소의 부위 중 수입이 금지된 SRM 범위를 축소하는 것을 골자로 한 협상안에 합의했다.

당시 협상 결과에 대해 정부는 다음과 같이 설명했다.

OIE는 위험통제국의 경우 30개월 이상 쇠고기라도 SRM을 제거하면 안전하기 때문에 교역할 수 있다고 규정했다. 또한 특정 국가가 OIE 기준보다 강한 조치를 취하기 위해서는 그에 대한 과학적 근거를 제시해야 한다고 규정했다. 우리가 OIE 기준을 번복할 만한 다른 과학적 근거를 제시하지 못했기 때문에 협상에서 OIE 기준을 존중하기로 결정했다. 미국이 강화된 사료금지 조치를 취하고 있고 도축 과정에서 수의사의 검사를 통과한 건강한 소가 선별되어 도축되며, 도축·가공 과정에서 SRM을 모두 제거하기 때문에 정상적 도축·가공 과정을 거친 30개월령 이상 소의 고기도 안전하다.

곱창 중에서 위험성이 높은 회장원위부는 철저히 제거되어 수입될 것이며, 미국에서 도축 시에 회장원위부가 위치하는 소장 끝에서 50cm를 포함하여 모두 2m를 의무적으로 제거하여 위험 부위는 모두 제거된다. 통관 단계 검역 과정에서도 부산물에 대해서는 해동검사, 조직검사 등의 방법을 통해 SRM 혼입 여부를 철저히 확인할 것이다.

쇠고기 협상 타결 직후 미국의 분위기가 확실히 부드러워졌다. 4월 19일(미국 시간) 이명박 대통령과 부시 미국 대통령은 캠프 데이비드에서 공동기자회견을 열어 "양국 의회가 올해 안에 한·미 FTA를 비준하도록 모든 노력을 다하기로 두 나라 정상이 합의했다"고 밝혔다.

수전 슈와브 USTR 대표는 22일(미국 시간) "한·미 FTA를 9월 말 이전에 통과시키는 것을 목표로 대의회 설득 작업 등을 벌여나갈 계획"이며, "자동차 문제로 한국과 FTA 재협상을 할 필요는 없다"고 말해 부시 대통령의 발언을 뒷받침해 주었다.[17]

한·미 FTA의 연내 비준이 가능할 것이라는 희망이 높아진 것이다. 이명박 대통령은 귀국길에 일본에 잠시 들러 가진 기자간담회에서 "한·미 FTA에 대한 양국 의회비준이 올해 안에 될 수 있을 것이라고 생각한다"고 밝혔다. 이 대통령은 이날 일본 도쿄 데이고쿠(帝國) 호텔에서 열린 수행 기자단과의 조찬간담회에서 미국 대선 결과가 한·미 FTA 비준에 미칠 영향을 언급했다. "조지 부시 대통령이 노력하고 있고, 민주당 버락 오바마와 힐러리 클린턴 후보 등도 결국 국익을 생각할 것"이라고 전망했다.[18]

---

17 〈연합뉴스〉, 2008. 4. 24.
18 〈연합뉴스〉, 2008. 4. 24.

악화된 미국산 쇠고기 수입 여론

정부의 쇠고기 수입 협상 내용이 구체적으로 알려지자 국내 여론이 급격히 부정적으로 흐르기 시작했다.

정부는 해명을 반복하고 과학적 근거를 제시하면서 설명했다. 그러나 정부의 협상 타결이 "국민 건강권을 고려하지 않은 졸속 협상"이라는 비판이 나오면서 국민적 여론이 급격히 악화되었다. 미국산 쇠고기 수입 반대 파동이 그야말로 '쓰나미'처럼 한국 사회를 덮친 것이다. 어느 정도 역풍을 각오했으나 협상했던 한국 정부는 물론 그 조건을 요구했던 미국조차 깜짝 놀랄 정도로 국민들의 저항이 거셌다.

"미국산 쇠고기, 과연 광우병에서 안전한가?"[19]라는 방송에서는 힘없이 주저앉는 '다우너'(Downer) 소의 영상을 보여 주어 시각적 충격을 주었다.[20] '인간광우병'로 사망할 가능성이 있는 것으로 추정되는 여성의 어머니 인터뷰 등이 보도되기도 했다.[21] 각종 언론매체들과 SNS 등을 통해 비판 여론이 빠르게 확산하기 시작했다.

하필 미국의 도축 시스템의 위생 문제나 과학성 등에 대해 미국 내에서조차 강하게 문제가 제기되던 시점이었다. 미국 도축장에서 SRM이 포함된 부위를 제거하는 규정을 위반한 경우가 많다는 사실이 알려졌던 것이다. 미국 동물보호단체인 '휴메인 소사이어티'(Humane Society)의 다우너 소 학대 동영상 공개 사건과 그에 따른 미국 의회의 청문회 개최, 동영상이 촬영된 캘리포니아 도축장 폐지와 도축 소 리콜 명령 소식까지 알려졌다. 광우병 소에 대한 막연한 공포심이 만연한

---

19 "미국산 쇠고기, 과연 광우병에서 안전한가?", 〈PD 수첩〉, MBC, 2008. 4. 29.

20 기립 불능 다우너 소의 원인은 다양하다. 광우병도 포함되지만 원인의 대부분은 대사성 질병이다. 이때 방송 진행자가 다우너 소 영상이 나오는 중에 "광우병 걸린 소"라고 표현했으나 이 부분은 방송사가 진행자의 잘못임을 자체적으로 밝히고 사과한 바 있다. 방송 내용에서도 "이 중에 광우병 걸린 소가 포함되었는지는 단정할 수 없다"고 했다.

21 방송 중에 미국에서 변종 CJD(인간광우병)가 의심된다고 소개된 환자는 미국 질병통제예방센터(CDC) 예비조사 결과, 변종 CJD가 아닌 것으로 밝혀졌다.

미국산 쇠고기 수입 반대 촛불집회(2008. 5. 2).
서울 청계광장에서 열린 '쇠고기 수입 반대' 촛불집회에 수많은 시민이 운집했다.

상황에서, 미국산 쇠고기 위생에 관한 부정적 소식이 전해지자 국민들의 불안감은
날로 커져 갔다.[22]

촛불집회로 이어진 쇠고기 수입 반대시위

결국 쇠고기 수입 반대시위는 정권 탄핵을 외치는 촛불집회로까지 이어졌다. 5월
1일 제1차 촛불집회에는 참여자 1만여 명이 집회장에 몰려들어 곳곳에서 발언을
이어갔다. 5월 2일에는 다수의 인터넷 카페 주최로 서울 청계광장에서 쇠고기 수
입 반대 촛불문화제가 열렸다.

　오랫동안 한·미 FTA를 반대하던 진영도 촛불집회에 가세했다. 5월 6일 12개
시민사회단체 주도로 서울 광화문 프레스센터 19층에서 열린 '긴급 시국회의'에
무려 1,500여 개나 되는 전국 단체들이 합류했다.

---

22 임도빈·허준영, 2010, "사회갈등의 확산 메커니즘에 관한 연구", 〈행정논총〉, 48권 4호.

그 후 촛불시위대가 경찰과 대치하는 심각한 국면이 무려 100여 일이나 지속되었다. 인터넷과 SNS에는 출처를 확인하기 어려운 광우병 괴담이 끝도 없이 나돌았다.[23] "미국인들도 자국 소를 못 믿어 뉴질랜드 소를 수입해 먹는다", "미국에서 고양이나 강아지 사료로도 안 쓰는 30개월 이상 된 쇠고기를 한국에 팔려 한다", "미국 소를 이용해 만든 화장품이나 생리대만 사용해도 광우병에 걸린다", "광우병 쇠고기를 썬 칼이나 도마를 씻어 낸 물을 통해서도 광우병이 감염될 수 있다" 등이었다.

정부는 미국산 쇠고기에 대한 국민의 오해를 불식시키기 위해 급히 진화에 나섰다. "첫째, 미국에서 발생한 광우병은 3두(이 중 1두는 캐나다산)에 불과하다. 둘째, 1997년 동물성 사료 사용을 제한하면서 그 후 태어난 소는 광우병이 발생한 사례가 없었다. 셋째, 미국 내에서는 '변종 CJD'(v-CJD: *variant Creutzfeldt-Jakob Disease*)[24] 환자가 발생하지 않았다. 미국에서 신고된 인간광우병 환자 3명 중 2명은 영국에서, 1명은 사우디아라비아에서 감염된 것이다"라고 해명했다. "방송에서 변종 CJD(인간광우병)가 의심된다고 보도된 미국 환자는 미국 질병통제예방센터(CDC) 예비조사 결과, 변종 CJD가 아닌 것으로 밝혀졌다"고 했다.

그러나 정부의 공식 해명은 이미 인터넷을 통해 들불처럼 확산된 국민적 공포와 불안을 잠재우지 못했다. 촛불시위가 불러온 갈등은 시간이 갈수록 걷잡을 수 없이 커져서 '100만 촛불 대행진'이 벌어진 6월 10일을 전후하여 정점에 이르렀다. 촛불시위 초반에는 비폭력적이던 시위 양태도 점차 과격 폭력시위 혹은 가두시위로 일부 변화하는 양상을 보였다.

---

23 강귀웅, 2009, "정책불응과 학습: 미국산 쇠고기 수입사례를 중심으로", 행정학 석사학위 논문, 서울대 행정대학원.

24 변종 CJD는 광우병에 걸린 소의 위험물질(변형 프리온 단백질)이 오염된 식품을 먹어서 생기는 질환으로 변형된 단백질인 프리온이 우리 몸의 중추신경에 축적되어 뇌에 광범위한 손상이 생기면서 다양한 신경증상을 보이는 퇴행성 뇌질환인 일반 CJD와는 다른 질병이다.

촛불파동의 복합적 성격

당시 미국산 쇠고기 수입을 반대하는 진영에서 합리적 비판도 나왔다. "첫째, 한국 정부가 동물성 사료금지 조치를 취하겠다는 미국의 말만 믿고 광우병 위험이 큰 30개월령 이상 쇠고기와 뼈 등을 수입해 국민 건강권을 미국에 넘겼다. 광우병 위험의 판단 주체가 우리 정부가 아니라 미국 또는 OIE로 되어 있어 국민의 생명과 건강에 대한 검역주권을 포기했다"는 것이다.

그러나 '검역주권 포기' 주장만으로는 당시 거리를 휩쓴 거센 반대의 수준과 촛불집회가 가진 복합적 성격을 온전히 이해하기는 어렵다. 임도빈과 허준영 등은 당시 갑작스럽게 불타오른 촛불집회의 복잡한 성격에 대해 "위험 이슈는 그 자체가 갖는 내재적 복잡성(complexity), 불확실성(uncertainty), 모호성(ambiguity)의 특성으로 인해 위험에 관한 일반 대중의 이성적 판단을 마비시키고, 공포심과 혐오감과 같은 감정적이고 정서적인 대응을 유발하는 경향이 강하다. 일단 위험 이슈가 사회적 쟁점화된 경우에는 그와 관련한 갈등 자체가 통제 불가능한 방향으로 흘러가며 결국 치유하기 어려운 파괴적 갈등으로 귀결될 가능성이 높다"고 분석했다.[25]

'인간광우병'은 발병 원인이 명확히 규정되지 않았으며, 잠복기가 대단히 길어 식별이 어렵다는 등의 특징으로 복잡성과 불확실성의 요인이 된다. 또한 어린 자녀에게 먹이는 음식과 관련된 식품위험 이슈는 모든 국민의 예민한 관심거리이기 때문에 본질적으로 정치적 휘발성을 가지기 쉽다.

여기에 이명박 대통령이 취임하자마자 서둘러 주도한 여러 가지 정책에 대한 정치적 반발 기류가 더해졌다는 분석도 있다. 의료 민영화와 수월성 위주 교육정책 등 찬반 입장이 극명하게 갈리는 정책들을 쏟아 내자 이에 대한 반발이 수면 아래에서 부글부글 들끓다가 쇠고기 사태를 계기로 함께 터져 나왔다는 것이다.[26]

당시 거리를 행진하던 시위대가 쇠고기와 무관한 이슈들, 예컨대 '경부대운하

---

25 임도빈 · 허준영, 2010, "사회갈등의 확산 메커니즘에 관한 연구", 〈행정논총〉, 48권 4호.
26 "광우병 위험 쇠고기 수입 반대 촛불집회: 어둠은 촛불을 이길 수 없습니다", 참여연대 홈페이지, 2014. 12. 31

백지화', '주요 공공서비스의 사유화(민영화) 백지화', '방송독립 사수' 등을 주장한 것을 보아도 촛불시위의 다양한 측면을 이해할 수 있다.[27]

인터넷을 통해 확산된 '신갈등사회'

당시 촛불집회의 또 다른 특징은 수많은 10대 청소년들이 가세하였다는 점이다. 5월 3일에 개최된 촛불집회는 참여 인원 중에 무려 60~70%가 청소년이어서 기성세대를 깜짝 놀라게 했다.

이때 집회에 참여한 청소년들은 2000년 이후 한국 사회에 급속도로 퍼져 나간 초고속 인터넷과 휴대폰, SNS를 일상 속에서 활용하고 정보전달이나 상호 커뮤니케이션의 핵심 수단으로 삼은 첫 세대다. 이들은 촛불집회 참여를 독려하는 메시지를 인터넷과 SNS, 모바일 등을 통해 접했고 이에 반응했던 것으로 알려졌다.[28]

이때의 촛불사태에 대한 여러 가지 분석 중 하나로 "과거 장기화된 권위주의 정부하에서 사회적 갈등을 제도적 기구를 통해 공식적으로 해결하는 방식을 제대로 정착시키지 못했다. 그 상태에서 갑작스럽게 민주화가 진행되었는데, 갈등을 해결할 수 있는 정치적 제도는 이에 걸맞게 발전하지 못하면서 사회 분규가 일상화되는 문제점이 드러났다"는 해석도 있다.[29]

"갈등은 민주주의와 장기적 발전, 그리고 진정한 사회통합을 위해 배제되면 안 될 요소"로 정의된다.[30] 하지만 적절히 해소되지 못하거나 통제되지 못할 때는 사회적 불신을 키우고 여론을 양분화하며 정책의 경제적 이익에 못지않은 비용을 야기한다. 갈등을 합리적으로 해결하는 정치적 제도가 부재한 상황에서 갈등 표출 방

---

27 김철규·김선업·이철, 2008, "미국산 쇠고기 수입 반대 촛불집회 참여 10대의 사회적 특성", 〈경제와 사회〉, 80호, 40~67쪽.

28 박치성·명성준, 2009, "정책의제 설정 과정에 있어 인터넷의 역할에 관한 탐색적 연구: 2008년 미국산 쇠고기 재협상 사례를 중심으로", 〈한국정책학회보〉, 18권 3호, 41~69쪽.

29 OECD에 따르면, 한국 민주주의 지수는 1986년까지 최하위인 0이다가 1987년 갑자기 8로 상승했다 (삼성경제연구소, "한국의 갈등과 경제적 비용", 〈CEO Information〉, 710호, 2009. 6. 24).

30 김호기, 2007, "사회갈등과 거버넌스", 〈현대사회와 문화〉, 1집 1호.

식이 다양하고 폭발적이며, 여러 시민운동 형태로 제도화된 '신갈등사회'가 만들어졌다는 것이다. 이에 따라 물리적 충돌과 정치적 혼란이 커졌고, 합리적 논의와 타협이 불가능한 상황이 종종 나타난다. 촛불사태도 그중 하나라는 분석이다.[31]

쇠고기 사태 수습 노력

한·미 FTA 수석대표였던 김종훈은 이때 통상교섭본부장으로 일하고 있었다. 그는 5월 13일과 14일에 연속으로 국회 외교통상통일위원회에 출석해 정부 입장을 설명했다. 14일에 시작된 청문회는 다음 날인 15일 새벽까지 진행되었다.

새벽에 집에 잠깐 돌아갔다가 옷만 갈아입고 곧바로 다시 출근한 김종훈 본부장은 버시바우 대사를 통해 "미국 측과 재협상을 희망한다"는 의사를 미국 측에 전달했다. 그리고 곧장 워싱턴으로 출장 가서 수전 슈와브 USTR 대표와 추가협상을 시작했다. 당시 슈와브 USTR 대표는 유럽과 중동을 순방 중이었기 때문에 서울과 유럽, 워싱턴 간에 긴급 삼각협상이 벌어졌다.

15일부터 19일까지 협상을 마친 양측은 한·미 통상장관 간에 서한을 교환하는 형태로 "미국에서 광우병 추가 발생 시 미국산 쇠고기 수입을 중단할 수 있는 권리를 한국이 가진다"는 점을 확인했다.

슈와브 대표가 김종훈 통상교섭본부장 앞으로 보낸 서한을 보면 "GATT 20조 및 WTO 동식물검역협정(SPS 협정)에 따라, 국민 건강을 보호하기 위해 필요한 조치를 한국이 취할 권리를 인정한다. 또한 미국은 내수용이든 수출용이든 SRM 제거에 차이가 없으며, 검역 과정에서 위반 사항이 발생하면 한국 검역당국이 관련 조치를 취할 권리를 확인한다"고 명시했다.[32]

당시 재협상에서 검역주권 문제를 해결했다는 것이 외교통상부의 설명이었다.

---

31 조대엽, 2009, "신갈등사회와 정당정치의 위기", 〈한국과 국제정치〉, 25권 1호.

32 광우병 위험물질(SRM) 차이와 관련하여 내수용과 수출용 쇠고기에 동일한 미국 규정을 적용하고, 한국에 수출된 쇠고기의 동 규정 위반 발견 시 한국 검역 당국이 수입위생조건 23조(해당 쇠고기 반송 및 검사비율 증대)와 24조(2회 위반 시 검역 중단)에 의거해 필요한 조치를 취할 수 있는 권리를 인정한다고 밝혔다.

이명박 대통령 대국민 담화 발표(2008. 5. 22). 이명박 대통령은 대국민 담화에서
쇠고기 수입 문제와 관련해 국민을 이해하려는 노력이 부족했다고 인정하면서 고개 숙여 사과했다.

이 서한을 받은 직후인 5월 22일 이명박 대통령이 대국민 담화를 발표했다. 이
대통령은 "정부가 국민들께 충분한 이해를 구하고 의견을 수렴하는 노력이 부족했
다"고 사과하면서, 정부 고시에 추가협의 사항을 반영해 실시하겠다고 약속했다.

5월 29일에는 정운천 농식품부 장관이 과천 정부종합청사 합동브리핑센터에
서 미국산 쇠고기 수입 조건을 담은 개정안을 확정하고, 미국산 쇠고기의 검역·검
사 대책과 국내 축산물 안전관리를 위한 종합대책을 발표했다. 여기에는 미국산
쇠고기 안전관리 대책, 국내 축산물 안전관리 대책, 국내 축산업 발전대책 등 다양
한 내용이 담겨 있었다.

그러나 이러한 조치만으로 이미 격화된 국내의 반발을 잠재우기에는 역부족이
었다. 미국산 쇠고기 수입을 반대하는 진영에서는 "추가협상에서 30개월 미만 연
령 제한이나 동물성 사료 규제 강화 문제는 언급조차 되지 않았다.[33] 또 정부가
주장하는 '광우병 발생 시 수입 중단'조차 미국이 국민 건강에 영향을 미친다고
인정할 때만 가능하도록 되어 있다. '검역주권이 명문화'되었다는 주장은 허구"
라고 일축했다.[34]

---

33 광우병의 직접적 원인은 1970년대부터 영국을 비롯한 서구 각국에서 반추동물인 소에게 효율성과 비용
절감을 위해 먹이기 시작한 육골분 사료인 것으로 알려졌다.

미국산 쇠고기 수입 잠정 중지

6월 2일, 농식품부는 여당인 한나라당의 요청을 받아들여 미국산 쇠고기 수입위생조건 대한민국 관보 게재 유보를 행정안전부에 요청했다. 이에 따라 개정된 미국산 쇠고기 수입위생조건의 발효와 국내 창고에 대기 중인 미국산 쇠고기의 검역도 자동적으로 연기되었다.

정운천 장관은 기자회견을 열어서 "국민들께서 가장 우려하시는 30개월 이상 쇠고기는 수출을 중단하도록 미국 측에 요청했다. 미국 측으로부터 답신이 올 때까지 수입위생조건의 고시를 유보하겠다. 당연히 미국산 쇠고기에 대한 검역이 중단되고 현재 국내에 대기 중인 물량에 대해서도 검역이 중단된다"고 밝혔다.

이때부터 쇠고기 수입 재협상을 위해 정부의 전 방위적 노력이 가시화되었다. 이명박 대통령은 6월 3일 오전 국무회의를 주재한 자리에서 "국민이 원치 않으면 30개월 이상 된 쇠고기 수입 중단은 당연한 것"이라고 강조했다.

6월 7일 저녁 8시 10분에 이 대통령과 조지 부시 미국 대통령은 20분간 전화 협의를 가졌다. 이날 통화에서 이 대통령은 "미국산 쇠고기 안전성에 대해 한국 소비자들이 불안해하고 있다. 30개월 이상의 쇠고기가 수입되지 않도록 한국민이 신뢰할 수 있는 실질적이고 효과적인 방안을 강구해 달라"고 요청했다.

이에 부시 대통령은 "한국민의 걱정과 우려를 충분히 이해한다. 한국에 들어가서는 안 될 물건이 수출되지 않도록 하겠다"고 확언하면서, "이와 관련하여 한국에 30개월 이상의 쇠고기가 수출되지 않도록 구체적 조치를 마련하겠다"고 약속했다.

---

34 2008년 5월 2일부터 8월 15일까지 촛불집회 및 시위 건으로 1,476명이 입건되었다. 검찰은 이 중 1,050명을 약식 기소하고 165명을 불구속 기소했다(〈사회화와 노동〉, 2008. 5. 22).

미국산 쇠고기 수입위생조건 재협상

한·미 양국 정상이 6월 7일 전화 통화를 통해 추가협상을 하기로 합의한 후 6월 9일 아침 일찍 정부 실무협상 대표단이 미국으로 떠났다. 같은 날 청와대 외교안보수석과 여당 대표단도 함께 떠났다. 이때의 협상이 단순한 통상이나 위생 협상이 아니라 한·미 동맹 차원에서 정치적·외교적 물밑작업이 동반되는 상황이었음을 보여 주는 대목이다.

미국에서 쇠고기 위생조건 재협상이 막 시작되던 당시 한국에서는 정부의 재협상 발표 등 사태 진정을 위해 다각도의 노력을 진행했다. 그러나 시위는 더욱 악화되는 양상을 나타냈다. 6월 10일에는 대학생들이 동맹휴학을 했고, 회사원들과 주부들까지 대거 가세했다.

이날 한승수 총리를 비롯한 내각이 대통령에게 일괄 사의를 표명했다. 만약 협상이 잘못되면 출범 초기부터 이명박 대통령 정부의 국정수행을 마비시키고 국가 전체가 거대한 혼란과 갈등 속에 빠져드는 결과로 이어질 우려가 있었다. 워싱턴에 온 한국 협상팀의 분위기가 무거웠다.

워싱턴에 도착하여 우선 외교안보수석이 백악관 등과 협의를 시작했다. 김병국 전 외교안보수석 일행은 10~12일 현지에 머물면서 크리스토퍼 힐 차관보, 데니스 와일더 NSC 아시아 담당 국장, 제프리 제임스 부보좌관 등 여러 사람들과 면담했다. 그 자리에서 "쇠고기가 더 이상 검역이나 위생 문제가 아니라 한·미 관계 전반의 문제로 확산되고 있다. 따라서 미국은 이 협상을 한·미 동맹 차원에서 접근해야 한다"고 설득했다.

정부 대표단과 여당 의원들은 미 농무부와 찰스 그래슬리(Charles Grassley) 상원 재무위원회 간사, 찰스 랭글 하원 세입위원장, 척 헤이글 상원의원 등을 만나 추가협상의 불가피성을 미국 측에 전달했다.

이러한 물밑작업을 통해 양측은 "쇠고기 추가협상은 한국 소비자의 신뢰를 회복할 수 있는 수준이 되어야 한다. 한국 FTA 비준에 부정적 영향을 주어서는 안 된다. 미 대선 기간에 부상할 수 있는 업계나 의회의 반발, 통상마찰의 위험성을 최소화해야 한다. 현재 미국이 다른 나라와 벌이는 쇠고기 협상에 피해를 주어서는 안 된다"는 등의 네 가지 원칙에 우선 합의했다.

곧이어 김종훈 통상교섭본부장이 미국으로 출발했고, 6월 13일부터 USTR과 공식적 협상을 벌였다. 미국 USTR은 처음에는 한국 측 요구에 난색을 보였다. "USTR은 다른 나라와도 협상해야 한다. 이것이 전례가 되면 유사한 전례에 따라 양보하지 않을 수 없기 때문에 절대 수용할 수 없는 안"이라면서 받지 않으려 했다. 김종훈 본부장은 교섭을 중단하고 중도에 귀국할 뻔했다.

촛불 앞세운 벼랑 끝 협상 전술

김종훈 통상교섭본부장은 당시 협상에서 촛불을 앞세운 '벼랑 끝 전술'을 내세웠다. 서로 얼굴을 붉히고 험한 말까지 나오던 시점에 미국을 한발 물러나게 한 것은 실시간 뉴스로 전달되는 '성난 촛불 민심'이었다.

김 본부장은 쇠고기 추가협상을 위해 비행기에 오르면서 서류가방에 사진 한 장을 가져갔다. 쇠고기 재협상을 촉구하는 촛불시위 중 최대 인파가 모인 6월 10일 당시 현장을 담은 큰 사진이었다. 그걸 협상 테이블 중간에 두고 중간중간에 교착상태가 될 때마다, "이 사진을 봐라, 이 사진이 당신들이 주장하는 과학적 설명으로 이해가 될 사진이냐?"고 이야기했다고 한다.

워싱턴에 가기 전에 "협상단의 의견이 평행선을 달리면 청와대 외교라인이 백악관 라인을 재가동해서 백업하기로 한다. 만약 그 정도 선에서도 해결하지 못하면 대통령이 직접 나서서 담화나 특별기자회견 형식으로 합의의 돌파구를 마련한다"는 전략을 세웠다. 그리고 협상 막바지인 6월 17일에서 20일까지 계속 통상협상팀과 외교라인이 서로 의견을 조율했다.

외교안보수석도 귀국 일정을 늦추고 협상 추이를 계속 지켜봤다.

이명박 대통령의 대국민 기자회견

협상이 지속되는 가운데 이명박 대통령은 6월 19일 대국민 특별기자회견을 열었다. 여기서 "국민들이 원하지 않는 한 30개월령 이상의 미국산 쇠고기가 우리 식탁에 오르는 일은 결코 없을 것"이라면서, 이를 위해 "미국 정부의 확고한 보장을 받아 내겠다"고 약속했다.

또한 "미국 부시 대통령에게 한국 정부는 미국 정부가 직접 30개월 이하 수출 쇠고기를 보장하는 제도를 요구하고 있다. 미 정부가 이걸 보장할 수 없으면 쇠고기를 수입할 수 없다는 강한 뜻을 표시했다"고 설명했다.

이 대통령은 "청와대 비서진은 처음 시작하는 마음으로 대폭 개편하겠다. 내각도 개편하겠다. 첫 인사에 대한 국민의 따가운 지적을 겸허히 받아들여 국민의 눈높이에 모자람이 없도록 인선에 최선을 다하겠다. 어떤 정책도 민심과 함께해야 성공할 수 있다는 것을 다시 한번 절실히 느꼈다"고 말했다.

이명박 대통령이 대국민 담화를 발표하고 이틀 후인 6월 21일 한·미 양측은 새로운 쇠고기 수입위생조건에 합의했다. 이전 협상 내용과 달라진 핵심 내용은 "첫째, 30개월 이상 쇠고기 수입을 금지한다. 둘째, 30개월 미만의 소라고 해도 뇌, 눈 등 일부 SRM은 수입을 차단한다. 셋째, 문제가 발생하면 한국 정부가 미국 도축장에 대한 조사 및 처분권을 갖는다" 등이었다. 한국 측이 요청한 핵심 내용이 상당 부분 수용된 합의안이었다.

우리로서는 기대 이상의 양보를 받아 낸 셈이었다. 급박하게 돌아가는 한국의 정치적 상황에 미국 측이 크게 놀라 긴급히 협조한 결과였다. 미국 측 협상대표였던 웬디 커틀러의 증언이다.

웬디 커틀러 쇠고기 시위는 처음에는 별문제가 안 될 것처럼 시작되었다가 너무나 급속하게 시위가 커졌고 갈수록 심해져서 미국 측도 깜짝 놀랐습니다. 우리로서는 이 이슈가 얼마나 심각해질 것인지, 한국의 쇠고기시장 재개방에 있어 반대 여론이 얼마나 강한지를 평가하거나 측정하는 것이 쉽지 않았습니다. 다만 한 가지 확실한 것은 설령 양국이 이미 합의를 끝냈다고 하더라도 합의에서 우리가 한 발 물러나 양보하는 것이 한국 측에 굉장히 중요하다는 것을 깨달았죠.

쇠고기 재협상이 열렸는데 이게 굉장히 스트레스가 많고 긴장된 협상이었습니다. 워싱턴에서 열렸지만 매일 아침 한국에서 벌어진 시위 관련 보도를 읽은 후 협상을 시작하곤 했습니다. 한국에 양보해 주는 쪽으로 합의하기로 했지만, 우리 역시 무역 관련 부문이나 기업들이 우리를 주시하고 있었고 협상의 원칙을 고수해야 하는 부분이 있었습니다. 다른 나라들도 미국산 쇠고기 수입제한을 하고 있어 협상 중인데, 만약 우리가 이 원칙을 양보하면 협상 중인 다른 국가들에게 선례가 되기 때문입니다.

우리는 미국산 쇠고기가 안전하다고 믿었고 동물검역의 안전성을 책임진 OIE 의 인정을 받은 상태였습니다. 그리고 우리가 파악하기로는 당시 한국의 거리에서 벌어지는 시위가 명목상으로는 미국산 쇠고기 수입 반대를 내세우지만, 내면으로는 쇠고기 외에 수많은 다른 정치적 이슈를 내포하고 있다고 봤습니다.

그래도 나름대로 한국 측의 요구를 받아들여 김종훈 대표가 서울로 돌아가서 나름 선방했다고 말할 수 있는 정도의 합의에 이르렀습니다. 최초에 합의했던 것보다는 완화된 조건에 합의한 것입니다.

당시에 우리가 보니까 이 문제의 취재를 위해 미국을 방문한 한국 언론인들이나 협상단이 식사 때마다 미국산 쇠고기를 잘 먹고 있었어요. 그걸 보면서 한국에서의 시위가 순수한 시장보호주 때문인지 아니면 미국산 쇠고기의 문제점을 인터넷을 통해 확산시키고 있는 루머 때문인지 이해하기 어려웠습니다. 제가 볼 때 당시 협상은 인터넷에서 불확실한 정보를 양산하여 퍼트리고 그것이 협상에 영향을 미친 최초의 협상이었던 것으로 보입니다.[35]

---

35 인터뷰 원문은 12장의 웬디 커틀러 인터뷰 전문 참조.

쇠고기 원산지 표시 강화

협상 타결 내용 발표와 함께 강화된 보완 조치도 나왔다. 정부는 24일 '쇠고기 음식점 원산지 표시 관리대책'과 추가협상 결과를 반영한 '미국산 쇠고기 검역검사 지침'을 발표했다.

우선 쇠고기를 원료로 조리한 음식에 모두 원산지 표시를 의무화했다. 중대형 음식점은 물론 국민 대다수가 즐겨 찾는 소규모 음식점까지 규모에 관계없이 모든 음식점에 적용하도록 했다. 청소년들이 많이 소비하는 패스트푸드점의 햄버거, 미트볼 등도 원산지 표시 대상에 포함되었다. 학교, 병원, 기업체 구내식당, 군부대 등 집단급식소에도 쇠고기 원산지 표시를 의무화했다.

집단급식소 가운데 개정된 법이 적용되지 않는 50인 미만의 영유아 보육시설 및 유치원 등에는 보건복지부, 교육과학기술부 등이 해당 부처의 내부 관련규정을 반영해 원산지 표시를 하기로 했다.

농산물품질관리원, 검찰, 경찰, 식품의약품안전청 및 지방자치단체 등이 합동 단속을 실시하여 실효성을 높이기로 했다. 특히 농산물품질관리원의 특별사법경찰 관리를 종전의 600명에서 1,000명까지 확대키로 했다.

또 미국산 쇠고기에 대해 '한국 QSA 프로그램에 따라 생산되었다'는 내용의 수출검역 증명서를 갖추도록 했다. 만약 검역 과정에서 광우병 위험물질이 발견될 경우 개봉검사 비율을 3%에서 10%로, 검사대상을 3개 상자에서 6개 상자로 늘리기로 했다.

이 같은 내용을 반영한 '쇠고기 및 쇠고기 제품 위생조건'이 수록된 〈대한민국 관보〉 제16779호가 6월 26일 오전 공개되었다. 이날 관보는 각 정부기관에 배포됨과 동시에 정부 홈페이지에 정식 게재되었다.

촛불집회 진정 국면

미국산 쇠고기의 핵심 쟁점들이 해소되자 국내 분위기도 달라졌다. 특히 7월 5일을 기점으로 4개 종단(천주교, 불교, 개신교, 원불교)이 연합하여 평화적 촛불집회를 개최했다. 그리고 8월 15일 100회 촛불집회를 끝으로 쇠고기 파동은 진정 국면에 접어들었다.

정부는 9월 11일에는 〈가축전염병 예방법〉을 법률 제9130호로 개정하여 소해면상뇌증(牛海綿狀腦症)이 발생한 국가로부터의 쇠고기 수입규제 등에 관한 내용을 포함시켰다. 이 같은 법률 개정에 대해 진보신당은 "국민 생명·신체의 안전에 관한 헌법상의 보호의무 위반" 여부를 가려 달라고 위헌소송을 제기했다.

헌법재판소는 "이 사건 고시상의 보호조치가 완벽한 것은 아니라 할지라도, 관련 과학기술지식과 OIE 국제기준에 비추어 볼 때 국민의 생명·신체의 안전을 보호하기에 전적으로 부적합하거나 매우 부족하여 그 보호의무를 명백히 위반한 것이라고 단정할 수 없다"라면서 이를 기각했다.

이 사건 고시는 미국산 쇠고기 수입과 관련하여 미국에서의 소해면상뇌증 발병 이후 그 위험상황에 대응하고자 취해진 보호조치로서, 수출국인 미국에서의 위험상황과 국제무역 환경 그리고 관련 과학기술 지식 등에 기초하여 합리적 범위 내에서 그 보호조치의 내용을 정할 수밖에 없는 것이다. 또한 OIE 국제기준은 소해면상뇌증 발병 위험과 관련한 SRM의 범위 등에 관한 과학적 연구 결과에 기초한 것이다. 미국이 2000년 7월 OIE로부터 소해면상뇌증 위험통제국가 지위를 획득한 점과 미국산 쇠고기의 수입과 관련한 위험상황 등과 관련하여 개정 전 고시 이후에 달라진 여러 요인들을 고려하고 지금까지의 관련 과학기술 지식과 OIE 국제기준 등을 종합하여 보호조치를 취한 것이라면, 이를 들어 피청구인이 자의적으로 재량권을 행사했다거나 합리성을 상실했다고 하기 어렵다 할 것이다.

그리고, 최근 들어 미국에서 소해면상뇌증이 추가로 발병되었음이 확인되지 아니하고 소해면상뇌증에 대한 위험통제 조치에 특별한 문제점이 발견된 적이 없다. 이 사건 고시에 따른 SRM의 수입허용 범위를 비롯한 제반 수입위생조건을 보더라도 소해면상뇌증 감염 우려가 있는 미국산 쇠고기의 국내 유입을 막기 위해 여러 보호 조치를 마련하고 있다고 보인다. 뿐만 아니라, 그 밖에 이 사건 고시를 보완하기 위해 〈가축전염병 예방법〉이 개정된 데다가 추가로 검역 및 검사 지침과 음식점의 원산지 표시제 등이 시행되었다. 이러한 점을 종합해 보면, 이 사건 고시상의 보호조치가 완벽한 것은 아니라 할지라도, 쇠고기 소비자인 국민의 생명·신체의 안전을 보호하기에 전적으로 부적합하거나 매우 부족하여 그 보호의무를 명백히 위반한 것이라고 단정하기는 어렵다 할 것이다.[36]

"온몸이 떨리는 공포"

촛불집회가 격화될 때 모자를 눌러쓰고 거리에 나와 시위 현장을 지켜본 쇠고기 협상대표 민동석은 회고록[37]에서 "나는 평생 처음으로 온몸이 떨리는 공포를 느꼈다. 하루에도 몇 번씩 바위산에서 뛰어내리고 싶었다"고 했다.

그는 "이미 진실을 말할 단계가 아니었다. 나의 가족의 생명에 관한 문제였다. 어렴풋이 이건 단순한 쇠고기 수입 문제가 아니라는 자각이 떠올랐다. 나도 모르는 사이에 이 사회의 엄청난 태풍의 눈 속에 내가 있었던 것이다"라고 적었다.

상황은 개인이 잘잘못을 소명하고 통제할 수 있는 영역을 한참 벗어나 있었다. 거대한 정치적 소용돌이였다.

민동석 전국적으로 촛불시위가 벌어지는 가운데 테러 위협 때문에 마스크에 모자를 눌러쓰고 광화문과 시청 앞 시위 현장에 여러 차례 가 보았습니다. 제 이름을 적은 인형이 화형식을 당하고 이름 밑엔 '매국노'라는 딱지가 붙어 있었습니다.

평생을 공직자로 살면서 정치적 위험을 무릅쓰더라도 험한 일을 회피하지 않고 최선을 다해 살았는데 그런 일을 당하니 말할 수 없이 비통하고 참담한 마음이 들더군요. 인터넷에 제 휴대폰과 사무실 전화번호가 뜨고 '폭탄 문자를 보내자'는

---

36 헌법재판소 전원재판부, 2008 헌마 419, 2008. 12. 26.
37 민동석, 2010,《대한민국에서 공직자로 산다는 것》, 나남.

선동이 난무했죠. '죽이겠다'는 협박도 끊임없이 왔습니다. 합리적 소통은 원천적으로 불가능했고요.

그 지경이 되니까 정부도, 여당도, 청와대도 모두 쇠고기의 안전성에 대해서는 입을 다물었습니다. 그동안 정부의 용역을 받아 그것을 검토하고 미국 현장까지가 보았던 전문가, 학자들도 집단적 뭇매를 맞겠다고 나서는 사람이 없었어요.

결국 대통령이 국민에게 사과했습니다. 국민과 소통이 부족했다고 반성하는 내용이었습니다. 대통령이 사과하자 청와대 수석들이 일괄 사표를 내고 총리와 장관들도 모두 사직서를 제출했죠. 저도 사직서를 제출해야 했습니다.

30년 공직생활을 하면서 국가를 위해 힘든 일도 피하지 않겠다는 원칙 하나만 붙들고 죽어라고 일했습니다. 그런데 공직자에게 생명처럼 귀중한 명예가 한순간에 땅에 떨어지고 마치 들판에 내버려진 폐자동차 같은 신세가 되었습니다.

홍은주 한국이 1980년대 초부터 본격적 개방정책을 시작했는데, 그 과정에서 적극적 개방론자들이 어려움을 참 많이 당했습니다. 1980년대에도 농업시장 개방을 주장했던 학자에게 '쇠똥 세례'가 쏟아졌고, 개방화를 주장한 관료에게는 '매국노', '미국 CIA 스파이', '제2의 이완용' 등의 비난이 쏟아졌습니다. 이런 일은 어려운 통상협상을 담당한 누구에게라도 닥칠 수 있습니다.

오랜 외교관 생활과 한·미 FTA와 쇠고기 협상 경험에 비추어 회고해 볼 때 한국에서 개방화와 통상협상은 어떤 의미를 가진다고 생각하십니까?

민동석 제가 총영사로 일하던 미국 휴스턴에는 MD 앤더슨 암센터(*MD Anderson Cancer Center*)라는 세계적으로 유명한 암센터가 있습니다. 그 병원에서는 특별한 경우가 아니면 좀처럼 링거 주사를 놓지 않습니다. 링거는 환자의 식욕을 감퇴시켜 스스로 이겨 낼 힘을 잃게 한다는 것이 이유이지요. 환자가 통증을 호소한다고 진통제만 처방해 준다면 그 환자는 머지않아 진통제 없이는 견디지 못하고 갈수록 더 많은 진통제가 필요할 겁니다.

진통제와 링거 주사만 주는 의사처럼 우리 정부의 농업정책은 농민 달래기에 급급한 측면이 많았다고 봅니다. 추곡가(秋穀價) 인상과 쌀 관세화 유예가 경쟁력을 약화시키는 대표적인 '정치적 처방'이었죠. 그것은 농민을 살리는 정책이 아니라 결국에는 저항력을 잃고 죽게 만드는 정책입니다. 힘들고 아파도 스스로 이겨내고 일어설 수 있게 힘을 길러 주는 것이 올바른 치료법입니다.

외부 자극이 없는 경쟁력 향상이란 불가능합니다. 미꾸라지 통에 메기를 넣어 생명력이 커지게 하는 이치이지요. 개방을 통해 농업 체질을 강화하고 경쟁력을 길러야 합니다. 우리 것을 무조건 보호하고자 하면 결국 그것이 부메랑이 되어 우리 발목을 잡을 것입니다.

홍은주　향후 유사한 통상협상을 할 후배들에게 어떤 충고를 하고 싶으신가요?

민동석　첫째, 저는 공직자들이 어떤 어려움을 겪더라도 옳다고 생각하는 바를 끝까지 지켜 주었으면 합니다. 저는 '공직자인 내가 바로 서야 대한민국이 바로 선다'고 믿습니다. 자기 앞에 놓인 길이 좁고 험하더라도 꿋꿋하게 나아가길 바랍니다. 한·미 FTA 협상 때도 한국이 미국에 종속된다느니 하는 공격이 많았지요. 비준을 추진하는 가운데 국회에 해머가 등장하고 최루탄 가스가 터졌지요. 그런데 나중에 트럼프 대통령은 한·미 FTA가 미국에 '재앙'이라고 했어요. 미국에 재앙이면 역으로 한국에는 유리한 협상이었다는 뜻 아닐까요?

둘째, 공직자들이 우리나라의 진정한 국가 이익이 무엇인지 깊이 생각하고 대외관계를 다루어 주면 좋겠습니다. 우리가 물건을 팔면 상대국의 물건도 사 주는 것이 국가관계에서 당연한 이치입니다.

셋째, 쇠고기에 손톱만 한 부스러기 뼈만 섞여 있어도 전량 반품했던 '뼛조각 사건'처럼 국가관계에서 책잡히는 행동을 하지 않았으면 합니다.

넷째, 협상 타결 후에 국내 협상에도 철저히 대비해야 합니다. 갈수록 외국과의 협상보다 국내 협상이 더 어려워지고 있습니다. 쇠고기 수입처럼 민감한 문제도 국민 건강과 관련된 사안은 국민들에게 좀 더 터놓고 적극적으로 설명하면서 안심시키고 설득하려고 노력해야겠지요.

초임 대통령을 위로한 부시 대통령

한국에서 '음식점 원산지 표시제' 시행으로 쇠고기 원산지 표시가 의무화된 다음 날인 2008년 7월 9일 일본 홋카이도에서 G8 정상회담이 개최되었다. 한·미 정상은 G8 확대정상회의, 확대정상 오찬회의, 양자 회담 등에서 무려 세 차례나 만났다.

당시 8년에 걸친 임기 말이던 부시 대통령은 온갖 파란을 겪은 노련한 정치인이 었다. 그는 쇠고기 수입위생조건 문제로 정치적 격랑과 어려움을 겪은 임기 1년 차 대통령 이명박에게 "인생이란 시련과 도전의 연속이다. 의도한 대로 쉽게 되지 않는 법"이라면서 "임기 초에 어려움 겪은 게 전화위복이 될 것"이라고 덕담을 건 넸다.[38] 그리고 "한·미 FTA의 의회 통과를 약속할 수는 없지만 나의 임기 내에 이 뤄질 수 있도록 최선을 다해서 추진할 것"이라고 약속했다.

그러나 부시 대통령의 약속은 끝내 지켜지지 않았다. 미국 상원에서 한·미 FTA 를 다룬 핵심 인사인 맥스 보커스 미 상원 재무위원장은 한·미 쇠고기 재협상이 끝난 후 성명에서 "한·미 양국이 쇠고기 추가협상을 통해 4월 18일 협정 내용을 실질적으로 변경하는 불행한 선례가 만들어졌다"고 불만을 토로했다.[39]

미국에서 2008년 하반기에 본격적 대선 레이스가 시작된 것도 걸림돌이었다. 크리스토퍼 파딜라 미국 상무부 국제통상 차관은 "한·미, 한·콜롬비아 FTA의 미 의회비준동의 절차가 지연되는 것은 미국의 대선 레이스 때문"이라고 분석했다.[40] 찰스 랭글 미국 하원 세입위원장도 "한·미 FTA 비준 논의는 11월로 예정된 대통령 선거가 끝난 뒤에나 가능할 것"이라고 밝혔다.

미 하원 FTA 비준의 핵심인 랭글 위원장이 이 같은 입장을 밝히자 한·미 FTA 의 미 의회비준이 부시 행정부 임기 내에 이루어지기 힘들 것이라는 예측은 기정 사실화되었다.

---

38 "한·미 정상 FTA 반드시 연내 비준 노력", 〈대한민국 정책브리핑〉, 2008. 7. 9.
39 〈연합뉴스〉, 2008. 6. 23.
40 〈연합뉴스〉, 2008. 6. 20.

CHAPTER 11

재협상과 비준을 향한 역정

1. FTA를 둘러싼 미국 정치의 복잡성

달라진 미국의 정치지형

자유무역 확대 신념을 가진 부시 공화당 행정부와 달리 민주당은 FTA나 WTO 등 세계화에 부정적이었다. 미국 민주당은 노동과 인권의 가치를 내세우며 환경기준 강화를 요구하는 정당이고, 노동단체와 환경보호론자들을 정치적 지지기반으로 두었기 때문이다.

그렇다고 해서 민주당이 FTA를 무조건 반대하는 것은 아니었다. FTA를 어느 행정부가 추진했느냐에 따라 의회에 상당한 온도차가 존재한다. 1994년 발효된 NAFTA의 경우가 미국 내 정치역학에 따라 FTA 비준이 달라진 대표적 사례다.

NAFTA 추진 당시 미국과 멕시코 간에 현실적 이해관계가 복잡하게 얽혀 있었기 때문에 협상 초기부터 미국 내 반대 여론이 높았다. 멕시코에서 싼 수입상품이 미국 시장에 몰려들 경우 미국 소비자후생은 높아지겠지만, 미국 내 특정 산업이 피해를 입을 것이 명백했다.

또한 미국과 멕시코와의 임금 및 노동환경 격차 때문에 멕시코 노동자들이 높은 임금과 좋은 노동환경을 찾아 대거 미국으로 몰려들 가능성도 있었다. 일자리에 대한 우려로 반대 여론이 높아지자 민주당은 조지 부시 대통령(공화당)이 추진한 NAFTA에 결사반대했다. 북미 3국 정상 간 공식 합의에도 민주당은 부시 행정부의 체면을 전혀 봐주지 않았다.

그런데 대선에서 민주당 클린턴 후보가 대통령으로 당선되자 의회 분위기가 달라졌다. 후보 시절 NAFTA를 반대했던 클린턴은 대통령이 되고 나서는 NAFTA를 지지하는 입장으로 돌아섰다. 민주당 정치인들은 클린턴 대통령 집권 이후 노동권 보호와 환경기준 규범을 채택하는 보완협상을 거친 후 NAFTA 비준에 동의했다.

2년 뒤인 1996년에는 그 반대 상황이 벌어졌다. 클린턴 대통령이 NAFTA를 중남미 지역 전체로 확장하기 위해 노력했으나, 1995년에 의회 상하원 모두 공화당이 다수당 위치를 차지하면서 이를 반대하여 추가적 FTA 추진의 동력을 잃게 된 것이다. 당시 공화당은 클린턴 행정부의 대외 통상정책 및 추가적 자유무역협정에 대해 미국이 너무 많이 양보한다면서 비판의 목소리가 높았다. 아예 신속추진권도 회수해 버렸다.[1]

한마디로 행정부와 의회가 당이 다르면 행정부가 추진한 통상정책이 의회에서 동의나 비준을 받기 어려워지는 것이 미국의 독특한 정치환경이다. 한·미 FTA 협상 타결 직후에도 비슷한 현상이 나타났다. 미국에서 민주당이 다수당을 점유하면서 공화당 행정부가 추진한 각종 FTA 비준을 거부한 것이다.

최석영 한·미 FTA가 타결된 후 비준이 늦어진 가장 큰 요인은 정치적 지형 변화였습니다. 우선 행정부 쪽의 변화를 보면 대통령이 공화당에서 민주당으로 바뀌었습니다. 한·미 FTA 협상 개시는 공화당 부시 정부가 했는데 나중에 민주당 오바마 정부로 바뀌었습니다. 또한 의회 쪽의 변화를 보면 부시가 협상을 개시할 때는 미국의 상하 양원을 공화당이 모두 장악하고 있었습니다. 행정부·상원·하원, 이른바 '쓰리 하우스'(Three Houses)를 공화당이 다 장악한 상황이었죠.

그런데 한·미 FTA가 한창 진행되던 2006년 11월 중간선거에서 상원·하원이 민주당 쪽으로 모두 뒤집어졌습니다. 미국 의회가 상하 양원 다 민주당 세상으로 바뀐 것은 엄청난 정치지형 변화를 불러왔고, 결국 한·미 FTA 협상 비준을 힘들게 하는 요인이 되었습니다. 미국의 통상은 의회의 권한입니다. USTR은 기본적으로 의회에서 협상 권한을 위임받는 것에 불과한데, 그 위임을 해 주는 주체가 바뀌었으니까요.

즉, 미국 측 FTA 수석대표는 공화당인데 2007년 1월부터 민주당 세상이 되자 의회에서 공화당 협상 담당자들에게 "FTA 협상을 끝내지 말고 우리가 추가 지시를 내릴 때까지 기다리라"고 했던 것입니다. 그래서 한국이 2007년에 미국의 추가 협상 요구까지 들어주었는데도 한·미 FTA를 비준해 주지 않았습니다.

---

1 왕윤종, 1997, 〈미국 클린턴 제2기 행정부의 대외통상정책〉, KIEF 정책연구.

미국을 강타한 서브프라임 금융위기

임기 내에 한·미 FTA 비준을 매듭짓고자 했던 부시 행정부의 노력에도 불구하고 2008년 미국에서 FTA 비준이 늦어졌다. 그 결정적 이유는 미국에서 '서브프라임 금융위기'가 발생하여 금융기관과 실물 부문 연쇄파산 사태로 이어졌기 때문이다. 대공황 이후 최악의 금융위기를 맞은 미국은 금융기관이나 공기업들의 연쇄 부도사태를 수습하느라 정신이 없어 다른 문제에 신경 쓸 여력이 거의 없었다.

1990년대 초반에 장기간 경기침체를 경험한 미국은 2000년대 초반에 IT 버블이 붕괴되면서 어려움을 겪자 초저금리와 달러강세 정책을 채택한다. '강(強)달러'로 수입물가가 낮아지자 물가상승 부담을 던 상태에서 미국연방준비제도이사회가 2003년 6월 25일 기준금리를 1.0%로 낮추는 등 저금리 정책을 장기화했다.

미국 가계는 소비를 늘렸고 기업은 투자를 늘렸으며 수입수요의 증가로 경상수지 적자가 커졌다. 미국의 경상수지 적자는 개발도상국의 경상수지 흑자로 이어졌고, 개도국의 달러 자금이 다시 미국 시장에 흘러들어오는 글로벌 불균형하에서 미국 경제는 부채를 통한 지속성장을 거듭했다.[2]

장기화된 대중적 낙관이 저금리와 맞물리면서 미국 주택시장에 투기 붐을 일으켰다. 주택 가격은 끝없이 올랐고 심지어 신용등급이 정상등급보다 낮은 비우량 등급(subprime) 사람들조차 주택투기에 합류했다. 은행들은 미래의 주택 가격 인상분을 미리 감안하여 현재 주택 가격 이상의 돈을 빌려주었다.

그러나 아무리 긴 잔치도 언젠가 끝나는 법이다. 붐-버스트 사이클(boom-bust cycle)의 끝은 미국을 비롯해 전 세계에 심각한 후폭풍을 불러왔다. 이것이 바로 '미국발 서브프라임 글로벌 금융위기'다.[3]

---

2 미국 국채를 대거 매입한 주체가 대미국 수출에서 흑자를 낸 개도국들이었다.

3 모기지 대출을 담보로 발생한 유동화 증권과 신용부도 스와프에서 뇌관이 터지면서 미국 경제와 금융시장은 대공황 이후 최대 공포와 위기상황에 몰렸다. 정상등급 이하(서브프라임) 부동산 담보대출을 기초자산으로 하여 구조화 금융상품을 만들고 여기에 신용보강이라는 그럴듯한 껍데기를 씌워 마치 정상적 금융자산인 것처럼 위장하여 판매한 금융상품이 글로벌 폭풍을 야기한 것이다("글로벌경제에 대한 진단과 향후 전망", 한국투자증권, 2008. 1).

2008년 들어 공공성이 강한 미국 모기지 보증업체 페니메이와 프레디맥의 파산위기가 불거졌다. 9월 15일에는 미국 4위 투자은행인 리먼브라더스가 파산했다는 충격적 뉴스가 터져 나왔다. 곧이어 미국 2위 투자은행인 메릴린치 역시 유동성 위기를 견디지 못하고 BOA(Bank of America)에 매각되었고, 미국 최대 보험사인 AIG도 파산 위험에 몰렸다.

금융 부문 위기가 실물 부문 위기로 확산되었고,[4] 주가폭락은 미국 개인소비 지출과 산업 생산을 위축시켜, 2008년 말 미국 실업률은 7.2%에 달했다. 결국 실업률은 2009년 10월 10%대까지 치솟았다. 미국인들은 홈리스를 양산한 월가에 대한 배신감으로 '월가 시위'(Occupy Wall Street)를 벌이기도 했다. 엄청난 숫자의 미국인들이 이에 호응했다.

이 같은 서브프라임 위기의 정치적 책임에서 자유롭지 못했던 부시 행정부는 한·미 FTA 비준을 의회에 촉구하기 어려운 입장이었다.

미 대선 주자들, 한·미 FTA에 불만족

2008년에는 미국 대선이 예정되어 있었다. 서브프라임 금융위기에 책임이 있는 공화당 후보들은 지지율이 낮을 수밖에 없었다. 반면, 민주당의 힐러리 클린턴이나 버락 오바마는 지지율이 높아 유력한 대선 주자로 거론되었다.

이들은 TV 등 각종 언론매체에서 한·미 FTA를 반대하는 입장을 분명히 밝혔다. 오바마 후보는 "한·미 FTA가 비준을 받으려면 자동차 등 미국이 손해를 크게 본 부문을 반드시 재협상해야 한다"는 입장이었다. 한편, 힐러리 클린턴 후보는 아예 분명하고 노골적으로 반대했다. 만약 힐러리가 당선될 경우 한·미 FTA 비준은 물 건너갈 것으로 보는 견해가 많았다.

---

4 미국 실질 GDP 성장률은 2008년 1분기에 -0.7%를 보인 이후 2분기에는 다시 플러스로 전환했다. 그러나 3분기 -2.7%를 기록한 데 이어, 4분기에는 -5.4%, 2009년 1분기에는 -6.4%를 기록하면서 하락 폭이 커졌다.

클린턴 전 대통령은 과거 대통령 출마 당시 NAFTA 비준에 우려의 목소리를 냈으나, 나중에 대통령이 된 후에는 NAFTA를 포용하며 통과시켰다. 그러나 힐러리 클린턴 상원의원의 (한·미 FTA 비준 반대) 입장은 너무 직선적이고 달리 해석할 수 있는 뉘앙스가 없기 때문에 (만약 나중에 대통령이 되었을 때) 반대 입장에서 선회할 수 있는 유연성이 거의 없다.[5]

결국 11월에 치러진 대선에서는 미국 최초의 흑인 대통령으로 버락 오바마가 당선되었다.

미국, 자동차 부문 재협상 요구

한·미 FTA 비준의 전제조건으로 재협상을 내건 것은 오바마 대통령 후보뿐만 아니라 하원 민주당 지도부의 공통된 의견이었다. 낸시 펠로시 하원의장과 스테니 호이어 원내 대표, 찰스 랭글 세입위원장, 샌더 레빈 무역소위원장 등은 "자동차 분야의 비관세 장벽과 무역 불균형 문제가 해결되지 않는 한 현재와 같은 한·미 FTA 협정을 지지할 수 없다"고 발표했다.

이 가운데서도 특히 자동차 재협상에 방점이 찍힌 이유는 미국의 글로벌 금융위기 발생과 밀접한 관련이 있다. 금융위기가 발생하자 금융기관들이 신용긴축에 들어갔고, 소비자 신용 감소로 타격을 받은 대표적 내구재 분야가 자동차였다. 높은 금리와 대출긴축으로 2009년 들어 미국을 대표하는 3대 자동차 회사 가운데 크라이슬러와 GM이 차례로 파산보호 신청을 했다.[6] 완성차 업계의 파산 충격이 자동차 부품업체들에까지 미쳐 미국 대형 자동차부품 공급업체인 비스테온과 메탈다인도 비슷한 시기에 파산보호 신청을 했다.

미국 정부와 의회는 GM과 크라이슬러 등 주요 미국 자동차 기업들을 구제하기

---

5 Jeffrey J. Schott, "Moving Forward on the KORUS FTA: Now for the Hard Part", 세계경제연구원·한국무역협회 초청 특강, 2007. 6. 21.

6 크라이슬러가 2009년 4월, GM이 2009년 6월 파산보호 신청을 했다.

위해 미 의회의 「긴급경제안정화법」에 근거하여 2008년 9월 긴급히 부실채권 완화 프로그램인 TARP(*Troubled Asset Relief Program*)를 통해 직접 개입한다. 미 의회는 TARP 프로그램의 일부로 AIFP(*The Automotive Industry Financing Program*)라는 이름하에 추가 자금을 조성하여 자동차 기업의 긴급 유동성 지원과 공장 폐쇄, 노동계약조건 재조정 및 해고나 감원 등의 구조조정을 지원했다.[7]

미국은 특정 산업 분야나 기업에 정부가 직접 지원하는 전례가 많지 않다. 자동차산업의 경우 워낙 파장이 광범위하고 고용에 미치는 영향이 크다 보니 직접 개입하여 살려낸 것이다. 반시장적 성격이 강한 조치였기 때문에 미국 조야에서도 비판과 논란이 적지 않았다.

이러한 배경에서 미국 정부는 자동차 재협상을 요구한 것이다. 거액의 재정을 직접 투입하여 도산 위기에 빠진 자동차산업을 간신히 살려 냈는데, 한·미 FTA의 비준으로 한국 자동차 수출이 더욱 늘어날 경우 미국 자동차 회사들의 경쟁력에 심각한 타격이 있을 것으로 보았던 것이다.

김종훈 2008년에 한·미 FTA 비준이 늦어진 이유는 우리나라보다 미국 쪽에 있었습니다. 미국 쪽 비준을 받는 것이 중요한데, 미국 의회에서 전혀 비준해 줄 마음이 없었습니다.

2008년에 미국 월가발 글로벌 금융위기가 발생하고 나서 가장 어려웠던 산업 가운데 하나가 미국의 자동차산업입니다. 그 당시 미국 자동차 회사에 구제금융(*bail-out*)을 지원하느라 정부 예산이 엄청나게 들어가던 때입니다. 2008년에 오바마 후보가 한창 대통령 선거 캠페인을 하러 다니던 때가 금융위기 기간 중이었어요. 그러다 보니 "한·미 FTA가 잘못됐다. 특히 자동차 챕터 협상이 잘못됐다. 내가 반드시 고치겠다"고 선거 공약을 하고 다녔습니다.

---

7 US Department of the Treasury, "Troubled Assets Relief Program(TARP)", https://home. treasury.gov/data/troubled-assets-relief-program.

한국 내에서 한·미 FTA 재협상이 불가피한 것 아니냐는 불안감이 커지자 김종훈 통상교섭본부장은 "재협상은 없을 것"이라고 잘라 말했다.[8] 그는 오바마 당선자가 그간 한·미 FTA에 부정적 시각을 보인 데 대해 "선거 중에는 강한 메시지가 전달되어야 하므로 여과되지 않은 말이 있게 마련"이라고 설명했다. 또한 "미국 국제무역위원회(ITC)도 한·미 FTA 발효 시 미국의 수출과 수입이 늘고 GDP도 100억 달러가량 늘어난다는 검토 의견을 내놓고 있다"는 점을 들어 한·미 FTA가 미국에도 이익이 된다는 입장을 피력했다.

오바마 행정부, 한·미 FTA 조건부 찬성 선회

오바마는 2008년 대선 당시에는 한·미 FTA에 부정적인 입장이었으나, 대통령에 당선된 이후에는 한·미 FTA에 대해 재협상 조건부 찬성으로 선회했다. 서브프라임 위기로 무너진 미국 경제 회복을 위해 교역 확대 필요성을 인정하고, 한국과의 동맹관계 강화와 아시아 지역에서의 존재감 확대 필요성 등을 두루 고려한 포석이었다.

반면 한국 입장에서는 재협상 요구에 응하기 어려웠다. "왜 일본보다 FTA를 앞서 시작하여 매를 먼저 맞느냐"는 집요한 비판에 대해 "시장을 선점하기 위해서"라는 이유를 내세웠다. 그런데 한국에 가장 유리한 수출 분야인 자동차를 재협상하는 것은 명분이 약했다.

미국 측에서 보내는 자동차 재협상 시그널에 대해 한국 정부는 여러 차례에 걸쳐 "한·미 FTA 재협상은 불가능하다",[9] "재협상은 사리에 맞지 않으며 정부는 적절하지 않다는 입장을 견지한다"[10]는 등 재협상 불가 방침을 여러 차례 밝혔다.

---

8 KBS 라디오 방송, 2008. 11. 6 ; "한·미 FTA 재협상은 없다", 〈한겨레〉, 2008. 11. 6 재인용.
9 〈MBC 뉴스〉 인터뷰, 2009. 1. 14.
10 〈KBS 뉴스〉 인터뷰, 2009. 2. 4.

김종훈　당시 저는 국회에 계속 불려 다니면서 몹시 시달렸습니다. 오바마 대통령이 당선된 뒤 자신의 공약대로 "한·미 FTA 재협상, 특히 자동차 협상 내용을 고쳐야 한다"고 주장하는 것은 비밀이 아니었습니다. 미국이 "재협상할래? 안 할래?"라고 우리에게 묻는 게 아니라 무조건 고쳐야 한다고 밀어붙인다는 사실은 천하가 다 아는 사실이었습니다.

그러니까 국회나 언론이 자꾸 저한테 그 문제를 물었는데, 일단 저는 절대 못 고친다고 버텼습니다. 나중에 어떻게 되든 일단은 못한다고 버텨야 하지 않겠습니까? "미국이 저렇게 강하게 나오니까 우리가 고치겠다", 그럴 수는 없잖습니까? 그래서 "점 하나도 못 고칩니다"라고 계속 버텼습니다.

최석영　한국은 "추가협상을 해서 서명까지 한 것이기 때문에 이제 정말 한 글자도 고칠 수 없다"는 강경한 입장이었습니다.

그럴 수밖에 없었던 것이 한국은 2007년 9월에 이미 국회비준동의서를 제출해서 협정문이 이미 국회에 간 지 한참 지난 시점이었거든요. 정부가 이제 와서 국회에 그걸 다시 내놓으라고 할 수도 없었습니다. 또 여러 미국 전문가들이 한국에 와서 한국이 버티면 미국이 양보할 것이라고 희망적인 얘기를 계속하기도 했죠. 미국에 또다시 양보하면 안 그래도 복잡한 국내 정치권에 빌미를 주게 되니까 한 글자도 고칠 수 없다고 계속 버텼던 것입니다.

그러던 중에 2008년 말 대선에서 미국 대통령이 민주당의 오바마 대통령으로 바뀌었습니다. 대통령까지 민주당으로 바뀌니까 그전에 협상을 개시했을 당시 공화당이 장악하고 있었을 때와 완전히 다른, 정치적 천지개벽이 이뤄진 것이죠.

더욱이 민주당 오바마 정부는 전임 부시 정부가 추진한 모든 정책은 죄다 적폐라고 봤습니다. 당시 민주당 정부 기조를 농담 삼아 ABB라고 했습니다. 그게 뭐냐면 'Anything But Bush'였어요. 부시가 한 정책은 모두가 적폐고 다 지워야 하기 때문에 부시 정부가 체결한 한·미 FTA 역시 안 된다는 분위기였습니다. 또 민주당 의회 쪽에서는 여전히 자동차 부문에 불만이 많았습니다.

미국, 재협상 기정사실화 수순 밟아

한국 정부는 내심으로는 FTA가 어떻게든 미 의회를 통과하려면 일정 부분 미국 측 요구를 들어줄 필요가 있다고 인식하고 있었던 것으로 보인다.

〈위키리크스〉가 입수한 2009년 2월 12일 자 문건을 보면, "한국 정부가 공식적으로는 재협상 불가를 유지하고 있지만, 일방적인 (한국의) 양보로 간주되는 것을 피할 수 있다면 미국과 재협상 논의가 가능할 것"이라는 취지의 보고가 담겨 있다.[11]

2009년 7월, 미국 USTR은 연방관보에 자국 이해관계자들을 대상으로 "한국과의 FTA 관련하여 의견을 주길 바란다"는 공고문을 실었다. "한·미 FTA가 무역과 투자에 미칠 영향, 미국의 노동자·농민·기업과 소비자에게 미칠 경제적 비용과 편의, 특별한 관심사를 다루기 위한 추가조치 등 세 가지 분야에 대한 의견을 접수하겠다"는 내용이었다.

접수 기간은 공고일로부터 2009년 9월 15일까지 50일간이었다. 주한미국대사관이 2009년 9월 미국에 보낸 외교 전문에 따르면 이 기간 동안 500여 건의 건의사항이 들어온 것으로 알려졌다. 미국 측은 이미 이때부터 한·미 FTA 재협상을 기정사실화하고 그 절차에 돌입한 것이다.[12]

오바마 대통령은 2009년 11월 18일과 19일 양일간 한국을 방문했을 때 이명박 대통령에게 한·미 재협상을 공식 요청했다.

김종훈　APEC과 양국 정상의 양자 방문,[13] G20, 토론토 환경정상회의 등을 통해서 제 기억에 이명박 대통령과 오바마 대통령이 2009년과 2010년에 국내외에서 한 5, 6차례 만났던 것 같아요.[14] 오바마 대통령이 우리나라에 2009년과 2010년[15]

---

11 스티븐스 주한미국대사가 힐러리 클린턴 국무장관에게 기밀로 보낸 전문, 〈위키리크스〉, 2009. 2. 12.
12 〈한겨레〉, 2012. 3. 20.
13 2009년 11월 18~19일, 이명박 대통령의 초청으로 오바마 대통령이 한국을 방문했다.
14 이명박 대통령과 오바마 대통령은 가장 자주 만난 정상이다. 총 7회를 만났다.

한·미 정상회담(2009. 11. 19). 2009년 11월 18일 한국에 온 오바마 대통령은
환영 행사에 참석한 후 11월 19일 1시간 동안 이명박 대통령과 단독 정상회담을 가졌다.

연속 두 번이나 방문했습니다.

2009년 11월 방문은 실무 방문 성격이니까 거창하게 뭘 했던 것은 아니고, 이
명박 대통령이 소수만 참석하는 식사 자리를 몇 차례 마련했습니다. 미국이 요구
하는 한·미 FTA 재협상이 중요한 현안 중 하나이니까 이명박 대통령이 저를 그
자리에 참석시켰습니다.

하루는 라운드테이블 오찬이 있었는데 몇 사람 없고 6명 정도 참석했던 것 같
아요. 그 자리에서 오바마 대통령이 "한·미 FTA 자동차 부문을 재협상해서 고쳐
야 한다"고 요청하니까 이명박 대통령이 저를 보면서 "김종훈 본부장 담당이니
까 김 본부장에게 이야기하라"고 그러시더라고요. 그랬더니 오바마 대통령이 저
를 간절한 눈초리로 한참 보더라고요. 실제로도 저에게 "잘 부탁한다"고 말씀하
셨습니다.

---

15 2010년 11월 11~12일, 서울 G20 정상회의 참석차 두 번째로 방문했다.

한국도 재협상 가능성 신중히 검토

2009년 11월 오바마 대통령의 한국 방문 이후 한국에서도 "차제에 수면 아래로 가라앉은 한·미 FTA를 어떻게든 되살려 내야 한다"는 기류가 형성되었다.

특히 미국의 자동차 수입관세는 2.5%에 불과하지만 달러 대비 엔화 약세가 분명해지는 시점이라 한·미 FTA 비준이 이루어져야 일본 자동차보다 경쟁우위를 확보할 수 있었다. 자동차 관세 시한에서 다소 양보하더라도 비준을 빨리 받아 내는 것이 더 실리가 있다고 보았다.

김종훈 통상교섭본부장은 한국이 미국의 한·미 FTA 재협상 요구에 대해 구체적으로 어떤 것을 추가로 양보하고 대신 무엇을 받아 내야 할지 내용을 점검하기 시작한 시점은 2010년 3월 무렵부터였다고 한다.

2010년 3월 하순 김종훈은 짐을 싸들고 혼자서 한·미 FTA 관련 자료를 잔뜩 챙겨서 경기도의 어느 절에 들어가기로 했다. "미국으로 가서 아무래도 재협상을 해야겠다"고 결심하고 생각을 정리하기 위해서였다.

상대국에서 정치적 쟁점이 된 부문은 거꾸로 우리 측에는 장점이 된다. 미국의 주장대로 자동차 부문에서 좀 양보해 주고 그 대신 우리 쪽에서 받을 것을 받아 내는 실리를 챙겨야 한다고 보았다.

김종훈　재협상의 물꼬를 어떻게 터야 할지, 무얼 내주고 무얼 받아 내야 할지 머리를 싸매고 좀 구상하려고 직원들에게도 "내일 하루만 나를 찾지 말라"고 말해 놓고 전화도 받지 않기로 했습니다. 하얀 종이에 까만 글씨로 협상 타결했다는 내용이 있고 이 내용에 대해 "점 하나도 못 고친다"라고 말해 놓은 게 있는데, 미국 측이 집요하게 대통령까지 나서서 재협상을 요구하니 이걸 어떻게 가져가야 하나 고민이 많았거든요.

그걸 해결하려고 경기도 어디에서 칩거하면서 고민을 막 시작하려는 판에 전화기가 계속 울리는 거예요. 전화를 안 받겠다고 제쳐 놓았는데도 계속 울리니까 중요한 일인 것 같아서 받아 보았죠. "연평도에서 큰 사태가 벌어졌다"고 하면서 관런 뉴스 영상이 막 뜨고 그러더라고요. 그게 제가 재협상하러 미국행 비행기 타기 이틀 전 상황이었습니다. '출장 간다고 비행기표를 끊어 놨는데 전쟁이 나는 걸까? 그러면 협상이고 뭐고 필요 없을 것 아닌가?' 생각하기도 했죠.

아무튼 사태를 파악하기 위해 당장 서울에 가려고 경기도에서 택시를 타고 광화문으로 가자고 그러니까 기사분이 저를 알아보셨습니다. 경기도에서 광화문까지 3만 원인가 나왔는데 이분이 "고생하십시오"라면서 고맙게도 택시비를 절대로 안 받으시는 겁니다.

그렇게 안보 문제와 통상협상이 겹치는 상황이 벌어졌습니다.

미국의 국가별 무역장벽보고서(NTE)

한국에서 천안함 피격사건이 발생한 직후 미국 USTR은 2010년 3월 31일 〈국별 무역장벽보고서〉(*National Trade Estimate Report on Foreign Trade Barriers*, NTE 보고서)[16]를 발표했다.

NTE 보고서(총 609쪽)에서 한국 관련 사항은 16쪽 분량이었다. 여기에 "한·미 FTA는 지난 17년간 미국이 체결한 FTA 중 경제적으로 가장 중요하다"고 평가한 내용이 있다. 이 보고서는 "한·미 FTA 비준 및 이행 시 미국의 8번째 교역국인 한국과 동맹을 강화하며 아·태 지역에 대한 미국의 의지를 확인하는 계기가 될 것"이라고 강조했다.

한·미 FTA에 대한 미국 오바마 행정부의 분위기를 보여 주는 문구였다. 오바마 행정부는 "(한·미 FTA 비준과 이행을 위해) 자동차와 쇠고기를 포함한 다수의 통상 현안을 해결하려고 한·미 양측이 지속적으로 노력해야 할 것"이라고 강조했다.

한·미 양국 모두가 재협상 과정을 통해 한·미 FTA를 살려 내야 한다는 분위기가 형성되었음을 확인할 수 있다.

---

16 〈국별 무역장벽보고서〉는 1988년 「미국종합무역법」(*Omnibus Trade and Competitiveness Act of 1988*)에 의거해 USTR이 미국 업계 의견 등을 기초로 작성하여 매년 3월 말 의회에 제출하는 연례 보고서이다

토론토 정상회담서 한·미 FTA 재협상 합의

그로부터 두 달 후인 2010년 5월 18일, 김종훈 본부장은 미국을 방문해 론 커크 USTR 대표와 한·미 통상장관 회담을 갖고 현안을 점검하는 한편, 양국 정상들의 한·미 FTA 진전 의지를 구체화하는 방안에 대해 의견을 교환했다.

이때 방문에서 김 본부장은 미국 상원 재무위원회의 맥스 보커스 위원장, 찰스 그래슬리 간사(공화당, 아이오와), 미국 하원 세입위원회의 샌더 레빈 위원장(민주당, 미시간)과 존 태너(John Tanner) 무역소위원회 위원장(민주당, 테네시) 등을 만났다. 한·미 FTA 비준의 열쇠를 쥔 핵심 인사들을 모두 만나 한·미 FTA 비준에 대한 미국 측 분위기를 직접 파악한 것이다.

고위급 점검회의를 거친 직후인 6월 27일, 캐나다 토론토에서 열린 G20 정상회담을 계기로 오바마 대통령과 이명박 대통령이 한·미 FTA 추가협상을 공식 논의했다.

오바마 대통령은 "한·미 동맹이 굉장히 중요하기 때문에 한·미 FTA는 해야 한다고 생각한다. 그런데 미국의 이해당사자들이 줄기차게 요구하는 내용이 있으니 그걸 한국이 좀 받아달라"고 요청했다. "만약 11월로 예정된 G20 서울 정상회의 이전에 양국 간 FTA 협의를 마무리할 수 있다면 수개월 내에 미 의회 인준을 적극 요청할 계획이다"라고 밝혔다.

이에 이명박 대통령은 "우리 통상대표, 미국의 FTA 협상 카운터파트와 이야기를 잘 해보도록 하겠다"고 답변했다. 그해 11월 11일로 예정된 한·미 정상회담 전까지 가능한 한 마무리짓도록 노력하자는 데 잠정적으로 합의한 것이다.

2. 한·미 FTA 재협상

일본 센다이 비공식 재협상 접촉

토론토 G20 정상회담에서 양국 정상이 재협상에 합의함에 따라 7월 29일 김종훈 통상교섭본부장과 론 커크 USTR 대표 사이에 전화 통화가 이루어졌다. 미국이 재협상에서 구체적으로 무엇을 요구하는지 파악하기 위해 2010년 9월 23일 최석영 FTA 교섭대표는 웬디 커틀러 USTR 대표보와 일본 센다이에서 한·미 FTA 재협상 관련 비공식 접촉을 가졌다.

홍은주 왜 한국이나 미국이 아니라 일본 센다이였습니까?

최석영 제가 워싱턴에 있다가 2009년 4월 귀국해 DDA 협상대사를 10개월 정도 하고 2010년 6월에 한·미 FTA 재협상 교섭 대표를 다시 맡았습니다. 그래서 2010년 9월에 일본 센다이에 있는 한국 총영사관에서 미국 USTR의 웬디 커틀러 협상대표와 처음 만났습니다.

왜 하필 일본의 센다이냐? 당시 언론이나 정치권의 눈에 띄면 재협상을 둘러싸고 굉장히 피곤한 상황이었습니다. 그런데 마침 웬디 커틀러가 APEC 회의를 계기로 도쿄에 와 있다고 해서 "도쿄에서 북쪽으로 두 시간쯤 기차를 타고 올라가면 센다이라는 곳이 있다. 거기로 오라"고 했죠. 저는 서울에서 센다이로 바로 비행기를 타고 가서 하루 종일 얘기를 나눴습니다.

홍은주 센다이에서 처음에 무슨 이야기를 나누었나요? 당시 미국의 업계나 노조, 의회에서 자동차, 섬유, 노동, 환경 등 다양한 FTA 수정 요구가 제기되었는데, 미국의 요구는 어디에 집중되었습니까?

최석영　센다이 한국 총영사관에서 웬디 커틀러를 만난 날은 일요일이었어요. 우리는 대화할 때 기록에 남기지 않는 '비대화(non conversation) 협상' 방식을 택했습니다. 이는 통상 기법 중 하나이죠. 만약 공식적으로 기록에 남기거나 문자를 남기게 되면 그 내용에 기속(羈束)되기 때문에 필기도구 없이 구두 대화를 하면서 상대편이 원하는 것을 알아차리고 또 내가 원하는 방향을 저쪽에 전달하는 협상 초반 수준의 대화입니다. 이걸 우리가 센다이에서 하루 종일 한 것입니다.

우선 미국이 원하는 걸 하나하나 이야기하면, 그에 대해 제가 기억에 의존해 한 시간 동안 "그렇다"(Yes) 혹은 "아니다"(No) 방식으로 하나하나 계속 답변했습니다. 원래 협상에서는 상대방에게 10을 얻으려면 100을 요구하지 않습니까? 그러니까 90을 깎아야 하죠. 그때 웬디가 처음에는 쌀시장 개방을 요구하고, 쇠고기 수입도 추가로 요구하고, 이것저것 온갖 것을 요구하는 겁니다. 점심때까지 미국 측이 요구하는 것을 일단 다 들어 보았죠. 그다음 김종훈 본부장에게 전화해서 "미국이 이렇게 황당한 요구를 하는데 계속 회의를 해야 할지 모르겠다"고 말했더니, 김 본부장이 "당장 집어치우고 돌아오라"는 겁니다.

우리가 우동 한 그릇을 같이 먹고 오후에 다시 회의를 시작했죠. 제가 "서울에서는 그런 식이면 당장 협상을 깨고 들어오라고 한다. 미국 측이 정말 원하는 것이 무엇인가?"라고 물었습니다. "녹음을 안 하니까 서로 솔직히 진짜 의도를 이야기해 보자"고 설득했죠. 그랬더니 웬디가 회의장에서는 얘기할 수 없으니 밖에서 산책하면서 이야기하자고 합니다. 아마 한국 총영사관 관내이니까 혹시 우리 측에서 몰래 도청할 수 있다고 추측한 것 같습니다. 우리가 대외협상을 할 때는 상대를 아무리 믿어도 그 믿음의 증거를 확인할 필요가 있지요. '신뢰하되 확인하는 것'(Trust but Verify)이 협상의 기본이니까 저도 그쪽 입장을 이해했습니다.

날씨가 좀 우중충한데도 밖에서 둘이 산책하면서 이야기했습니다. 사실 그런 식의 솔직한 대화가 오가지 않으면 실제로 공식 테이블에서는 협상 방향을 잡기 어렵습니다. 웬디 커틀러가 "미국 USTR이 움직일 수 있는 폭이 굉장히 좁다"면서 자신들의 정치 상황을 설명하더라고요. 실내 회의장에서는 감을 잡을 수 없었던 협상 방향을 제가 이해하는 데 큰 도움이 되었습니다.

산책하면서 대화하다 보니까, 미국 측이 여러 가지를 이야기하지만 결국 협상에서 원하는 우선순위 1, 2, 3위가 무엇인지 감을 잡았죠. 특히 당시 미국 측의 핵심적 관심은 자동차 쪽에 있다는 걸 알아차렸습니다. 제가 파악한 바로는 미국 측 관심사 1번은 자동차였고, 2번은 의약품이었어요. 쇠고기 부문도 좀 더 개선하고 싶어 했는데, 제 그 자리에 "일단 쇠고기 문제는 우리가 절대 못 받는다"고 딱 잘라 거절했습니다.

아무튼 그날은 그에 대한 최종적인 답을 주지 않고 일단 모든 것을 들은 다음 "재협상할 때 요구 내용이 많으면 우리는 협상을 못 한다. 최소한의 의제만 가지고 협의하겠다"고 우리 측의 기본 입장을 전달했습니다. 그리고 만일 자동차 이슈에 대해 재협의하게 된다면 대신 미국은 한국에 무엇을 내줄 것인지 물어봤습니다. 협상에서는 '주고받기'가 반드시 있어야 하기 때문이죠.

우리는 원래 돼지고기를 요구했습니다. 당시 미국산 돼지고기 수입 금액이 상당했거든요. 한국에 수입되는 돼지고기 가운데 유럽에서 오는 건 냉동 돼지고기였고, 미국에서 오는 삼겹살은 다 냉장 고기였습니다. 특히 우리가 가장 많이 수입하는 것이 항정살이라고 하는 돼지고기 목살입니다. 그 돼지고기의 관세철폐 기간을 연장하는 문제를 미국 자동차 문제와 연결시키기로 하고 협상에 임했습니다. 당시 25%였던 높은 돼지고기 수입 관세를 철폐하지 않고 더 오랫동안 유지하고 싶었기 때문입니다.

그러고 나서 협상을 몇 번 더 했는데 '자동차-돼지고기' 이슈 말고도 걸려 있는 쟁점이 열몇 가지가 더 있었습니다. 그걸 다 따로 논의하지는 않습니다. 협상하는 것이 마치 저울의 균형 맞추는 것과 비슷해요. 가령 이쪽에서 10그램짜리 무언가를 저울에 올려 두면 저쪽에서 그것과 같은 무게인 다른 것을 올려야 저울이 균형이 맞춰지죠. 5그램만 얹어 놓고 그 대신 다른 것을 같이 얹어서 10그램을 맞추면 그게 맞네 아니네 하면서 비교 형량하는 과정에서 핵심 이슈 말고 다른 모든 것들이 거론되는 것입니다.

518

정상회담 시한을 넘기다

2010년 9월 말 센다이에서의 최초 회동 이후 한·미 양국은 거의 2주일에 한 번씩 집중적으로 협상했다. 같은 해 11월 11일에 한국에서 한·미 정상회담이 예정되어 있었기 때문에 가능하면 그 시한에 맞추어 보자고 협상을 서둔 것이다.

우선 김종훈 통상교섭본부장이 10월 7일 파리에서 드미트리우스 마란티스 USTR 부대표와 비공식 협의를 가졌다. 브뤼셀에서 개최한 ASEM 정상회담(10. 4~5), 한·EU 정상회담과 한·EU FTA 서명 행사(10. 6)에 참석한 후에 이루어진 비공식 접촉이었다.

이날 협의에서 미국은 자동차의 시장접근에 관한 기초적 구상과 미국산 쇠고기의 한국 시장접근 확대 등 몇몇 의견을 비공식적으로 표명했다. 표면상으로 여러 가지를 언급했지만 결국 자동차와 쇠고기 문제가 핵심이라는 사실이 분명해졌다.

이에 한국은 2007년에 이미 서명된 FTA 협정문을 수정하는 것은 바람직하지 않기 때문에, 이익의 균형을 반영하여 상호 수용 가능한 합의를 도출해야 하며, 한·EU FTA와 균형 유지가 필요하다는 등 협상의 전제조건과 원칙을 제시했다. 특히 쇠고기 위생검역 문제는 FTA와는 별개의 이슈로 논의 대상이 될 수 없다는 점을 다시 한번 분명히 강조했다.

한국에서 벌어진 미국산 쇠고기 파동의 충격을 잘 알고 있던 미국은 이 사안을 양보했다. 이후 양측 간 협의와 노력은 자동차 분야에 대부분 집중되었다.

10월 26일에는 김종훈 통상교섭본부장이 미국 샌프란시스코에 건너가 론 커크 USTR 대표와 한·미 FTA에 대해 협의하는 통상장관 회의를 열었다. 이후 서울에서 실무급 협의를 거치고, 그 직후 한·미 통상장관 회의를 가졌다.[17]

최석영 센다이 이후로도 한·미 양측이 여러 차례 만나 협상했습니다. 김종훈 본부장과 미국 측이 프랑스 파리에서 만나고, 미국 샌프란시스코에서도 만났습니

---

17 각각 2009년 11월 4~7일과 2009년 11월 8~10일이다.

다. 11월 11일 한·미 정상회담 전까지 협상을 끝내는 것을 목표로 사전 조율을 하기 위해 미국 협상단이 서울에 미리 들어와 사전 협의하고 계속 협상하는데, 암만 해도 그 차이가 좁혀지지 않았습니다.

그때 미국이 오판한 것이 한국에 오바마 대통령이 방문하여 정상회담을 앞두고 있으니까 한국 측이 양보하리라고 기대했던 것이죠. 우리는 미국 측의 상당한 양보가 없는 한 미국 측 시한에 맞춰 줄 생각이 전혀 없었거든요. 협상 진도가 나가지 않아 정상회담 전날인 11월 10일에 우리가 밤 12시까지 회의했습니다. 통상교섭본부장과 6명이 회의하는데, 우리 쪽에서는 김종훈 본부장, 저, 청와대 안보보좌관 1명, 미국 측은 USTR의 웬디 커틀러와 안보보좌관이 앉아서 자정까지 계속 회의를 이어갔죠. 결국 그날 밤 회담이 결렬되었습니다.

정상회담 날 당일인 11월 11일 새벽 3시쯤 웬디 커틀러에게 전화가 왔어요. 돼지고기 품목을 몇 가지 얘기하면서 "우리가 그걸 양보할 테니까 한국이 받을 수 있겠느냐?"고 물었습니다. 돼지고기 품목을 보니까 우리가 미국에서는 거의 수입하지 않는 것들이었어요. 한마디로 양보를 빙자한 사기를 치는 것이나 다름없었죠. 김종훈 본부장과 의논한 다음 "그 제안을 못 받겠다. 없는 일로 하자"고 통보했습니다.

사실 웬디 커틀러도 혼자 결정해서 제안한 것이 아니라 미국 쪽 장관, 백악관 보좌관 의논해 결정한 것이었습니다. 미국은 아이오와주에서 주로 돼지고기를 수출하는데, 아이오와주 상하원 의원들의 목소리가 아주 커서 USTR이 함부로 결정하지 못했던 겁니다.

홍은주 미국에 여러 주가 있어서 제각기 자기네 주력 산업에 유리한 주장을 하니 그쪽도 의견을 모으는 것이 쉽지 않았겠습니다.

최석영 그렇습니다. 미국 측 협상 당사자들은 협상의 마지막 순간까지 어떻게든 간격을 좁힐 수 있도록 온갖 노력을 다하느라 그런 제안을 했을 거예요. 그런데 우리가 난처한 입장은 이해하지만 절대로 받을 수 없으니까 결국 협상이 결렬되었습니다.

　아마 정상회담을 앞두고 결렬된 협상이 많지 않을 것입니다. 다음 날이 정상회담인데 미국 측도 자기네 대통령한테 보고할 게 없게 되어 그다음 날 정상회담 분위기가 아주 썰렁했습니다.

홍은주　당시 협상 과정에서 기술적 전략으로 동원했다는 'What if' 대화법은 무엇입니까?

최석영　'What if 대화법'이란 앞서 언급했던 우리가 한·미 FTA 협상의 실마리를 이끌어 낸 비대화 협상처럼 하나의 구두협상 기법입니다. "만약 네가 1을 양보하면 나는 2를 양보하겠다", "만약 내가 이걸 양보하면 너는 그 대신 무엇을 양보할래?"(*What if I concede this, what will you offer us?*)라는 식으로 주고받는 구두 연습을 해보는 것입니다.

　외부 사람들은 협상 대상품목이 공산품만 해도 1만 2,000개이고 농산물까지 합치면 1만 4,000개에서 1만 5,000개나 되는데 그걸 하나하나씩 따져서 어떻게 몇 달 만에 협상을 끝내느냐고 의아해합니다. 실제로는 1만 4,000개를 모두 다 'What if 대화법'으로 협상하지 못하니까 비슷한 것들끼리 덩어리를 묶어 합니다.

　'What if 대화법'과 동시에 '역공학'(*reverse engineering*)을 하기도 합니다. 협상 당사자들끼리 앉아서 "너는 어디를 마지막 랜딩존(*landing zone*)으로 생각하느냐?"고 서로 대화하는 것이죠. 농산물, 공산물, 서비스, 일반 규범 등 쭉 깔아 놓은 품목이 많으니까 "우리는 이게 마지노선이다. 이 이상은 절대로 안된다"는 등 최종 한계선을 서로 이야기해 보는 겁니다. 그래서 어느 정도 상대방의 랜딩존이 정해지면 그 직전 단계가 어떻게 된다는 식으로 지퍼를 거꾸로 죽 올리는 것 같은 과정을 계속하다가 중간에 어긋나면 그 지점부터 다시 시작하는 것입니다. 그런 식의 대화와 협상 과정이 수없이 내내 반복된다고 보면 됩니다.

메릴랜드에서 재협상 재개

11월 11일 양국 정상회담 시한은 넘겼지만, 기왕에 시작한 한·미 FTA 재협상은 마무리해야 했다. 2010년 11월 30일부터 12월 3일까지 한·미 FTA 재협상을 위한 통상장관 회의가 메릴랜드주 컬럼비아시에서 개최되었다.

김종훈   "내가 FTA 재협상 문제는 반드시 풀어야겠다" 싶어서 미국으로 날아갔습니다. 그리고 재협상 장소를 메릴랜드주 컬럼버스라는 곳으로 정해서 USTR 쪽에 통보했습니다.

홍은주   메릴랜드는 워싱턴에서도 꽤 떨어져 있잖아요?

김종훈   협상의 심리 작전상 제가 그렇게 하자고 했습니다. 미국 USTR 건물에 가보면 굉장히 협소하고 작습니다. 손님들이 앉아서 대기할 수 있는 장소가 아예 없고, 여유 공간도 없어서 방문객들이 사무실 밖 복도에 쭉 늘어서서 기다려야 하는 경우가 많았습니다. USTR 협상단은 거기가 자기네 본거지인데 외국 대표단이 USTR에 오면 그냥 쭉 줄을 세워 기다리게 하는 경우가 허다했습니다.

다른 나라에서 외빈이 찾아오면 "당신들이 찾아온다고 했으니 들어오라"고 허락은 하지만, 한국처럼 외국 손님을 마중 나와 응대하는 법이 절대로 없습니다. 방문객이 누구를 만나러 갔는데 들어가지도 못 하고 대문 앞에 서서 기다리게 하는 것은 어떤 경우에도 예의가 아니잖아요? 예의를 갖추려면 상대편이 문 앞에 나와서 영접해 데리고 들어가든지 해야 하는데, 이런 식의 예의를 갖춘 미국 사람은 거의 없습니다.

우리가 그전에 USTR 방문하면 누군가 나와 안으로 데려가는데 그다음에는 사무실 앞에 세워 놓았습니다. 자기네 일 끝날 때까지 기다리게 하고 알아서 목마르면 물 찾아 먹어라 이런 식이었습니다. 그러니 일단 거기서부터 힘이 빠집니다. 그다음 회의장에 우리를 집어넣고 또 한참 기다리게 하죠. '이 사람들이 기선 제압하려고 우리를 일부러 이렇게 대하는 것 아닌가? 이런 게 작전일 수도 있겠다'고 생각했습니다.

그때 제가 "우리가 불러내야지, 가급적이면 USTR은 안 들어가겠다. 우리가 미국 USTR 사무소에 들어가는 대신에 미국 사람들로 하여금 보따리를 싸서 USTR 밖으로 나오게 해야겠다"고 결심했습니다. 미국 협상단이 비행기나 차를 타고 4시간쯤 오는 거리에서 만나겠다고 전략을 세운 것이죠. 그리고 워싱턴에서 차로 4시간쯤 가야 하는 메릴랜드주 컬럼버스라는 작은 마을을 협상장으로 정했습니다.

미국까지 장시간 비행기를 타고 워싱턴에 도착한 뒤 다시 차로 한참 가야 하니 우리도 체력적으로 굉장히 힘들었죠. 어쨌든 거기 가서 짐을 풀고 "당신들이 여기로 와서 협상하자"고 제가 요구했습니다. 그러니까 미국 측 협상팀도 4시간 동안 차를 타고 짐을 다 꾸려서 잘 준비해 왔습니다.

홍은주　당시 협상은 어떻게 진행되었습니까?

김종훈　그때 우리가 밤낮없이 만나서 회의했습니다. 우리는 주로 농업과 쇠고기, 돼지고기 문제가 있었고 미국 측은 자동차 이야기를 했기 때문에 산자부 쪽 사람 몇 명과 같이 갔습니다. 우리 쪽 사람들과 미국 쪽 사람들까지 협상단이 약 20명쯤 되었는데 수시로 만나 이야기했습니다. 헤어진 다음에 또 생각난 것이 있으면 전화해서 다시 만나는 식으로 수시로 만났습니다. 밤낮없이 만나다 보니 약 일주일간 회의하면서 20번 이상을 대면한 것 같습니다.

그런데도 이야기가 잘 진행되지 않았습니다. 결국 자동차가 문제였죠. 처음에 미국 쪽이 얘기한 것은 우리 쪽이 8%였고 미국 쪽이 2.5%였는데 그것을 5년 안에 양측이 다 없애는 것이었습니다. 그런데 저쪽에서 하는 이야기가 우리 8%는 즉시 없애고 자기들 2.5%는 10년을 가져가겠다는 겁니다. 그게 미국의 초안이었죠. 우리가 안 된다고 했더니, 그럼 미국이 8년 가져갈 테니까 필요하면 우리는 3년쯤 가져가라는 식으로 얘기가 오갔습니다. 그러니 이야기가 잘 풀릴 수 없었지요.

미국이 자동차를 그렇게 밀어붙이니까 우리가 어느 선에서 좀 양보해 주어야겠다고 생각했죠. 협상이란 서로 주고받는 것이니까 우리에게 가장 필요하고 어려웠던 농업 부문에서 양보를 받아야겠다고 결심했습니다. 또 한 가지 복제약 특허·허가 연계 이슈가 있었어요. 복제약품을 시판하는 것이 특허와 연계되어 있는 문제가 우리 제약산업에 상당한 족쇄가 된다는 얘기를 들어서 그것을 좀 유예해야겠다는 복안을 가지고 있었습니다.

'진실의 순간'

미국 컬럼버스에서의 협상은 좀처럼 진도가 나가지 못했다. 협상이 계속 결렬되자 미국은 사정이 아주 급해졌다. 오바마 대통령의 순방이 예정되어 있어 해외로 나가야 했던 것이다. 미국 입장에서는 자국의 자동차 업계 회장들이 백악관을 찾아와 매일 진을 치고 앉아 있다시피 했기 때문에 순방 전에 이 문제를 어떻게든 해결하고자 했다. 사정이 급해져서인지 미국 측은 인내심이 줄고 조급한 모습을 보였다.

최석영 그런 압박을 받아서인지 하루는 우리가 미국 USTR과 백악관 안보보좌관과 함께 협상 테이블에서 계속 이야기를 주고받는 도중에 미국 측이 갑자기 "한국이 계속 이렇게 나오면 우리가 '조지 워싱턴'을 빼겠다"고 하는 겁니다.

처음에는 무슨 뜻인지를 몰랐습니다. '무슨 협상 품목 중 한 가지인가?' 잠깐 어리둥절했습니다. 알고 보니 조지 워싱턴은 당시 우리나라 서해 연평도 사건 때문에 서해에 들어와 있던 미국 항공모함을 지칭하는 것이었습니다. 우리 측은 물론이고 그걸 말한 사람도 너무 큰 걸 내뱉었다고 생각했는지 조용해져서 협상장 분위기가 갑자기 싸늘해졌습니다. 아무도 무슨 이야기를 할 수 없는 얼어붙은 분위기로 한동안 있었죠. 양쪽이 다 "우리가 좀 진정하고 다시 이야기하자"고 해서 한동안 휴식시간을 가진 후에 다시 협상을 시작했습니다.

결론부터 이야기하자면 나중에 생각해 보니 그때가 바로 '진실의 순간'(moment of truth)이었던 것 같습니다.

홍은주　'진실의 순간'이 무슨 뜻입니까?

최석영　협상이 최악의 바닥을 치고 서로 갈 데까지 가서 더 이상 어찌해 볼 수 없는 순간이 역설적으로 협상 재가동의 동력이 되는 때입니다. 협상 상대편의 인내심이 바닥나면 비이성적인 행동을 하게 되고, 비이성적 행동을 하는 상황까지 가면 상대편이 마지노선에 도달했다는 것을 짐작할 수 있습니다. 그게 바로 진실의 순간인 것입니다. 더 이상 서로 밀고 당기기 위한 허풍이 통하지 않고 밑바닥 진실을 서로 이야기하고 타결할 수밖에 없는 그 순간에 도달했음을 말하는 것입니다.

캄캄하게 불 꺼진 협상장 미스터리

협상 마지막 주 어느 날 밤이었다. 밤 10시쯤 미국 협상단 있는 건물 쪽을 건너다 보니 그날따라 깜깜하고 아무도 없는 듯했다. 당시 협상장은 지역의 작은 리조트 호텔이었는데, 중간에 뜰과 프런트, 회의실 등이 있고 양측에 숙박용 윙(wing)이 하나씩 있는 형태였다. 한국 협상단이 묵는 한쪽 윙에서 보면 다른 쪽에 불이 켜져 있는 것이 다 보이는 구조였다. 중간에서 만나 회의하고 헤어지면 이쪽이나 저쪽이나 서로 왔다 갔다 하는 게 다 보였다. 그런데 그날은 저쪽 윙의 불이 완전히 꺼진 채 깜깜했던 것이다.

'혹시 이 친구들이 이제 가망 없다고 판단해서 모두 철수한 것 아닌가?'라는 생각이 들었다. 기분이 싸해졌다.

김종훈　우리가 깜짝 놀라 호텔 측에 "미국 협상단이 다 어디 갔느냐?"고 물었더니 "조금 전에 차를 타고 모두가 호텔을 나갔다"는 겁니다. 제 머릿속에 딱 떠오른 생각이 '이 친구들이 김종훈이가 말을 안 듣는다고 백악관에 고자질하러 갔구나'라는 것이었습니다. 그때가 미국 시간으로 밤 11시니까 서울은 거의 점심때였습니다.

점심시간인데도 청와대 부속실장에게 제가 전화했습니다. 미국에서 분명히 전화할 것 같으니 대통령께 잘 말씀드려 놓아 달라고요. 그러고 나서 전화 내용이 어땠는지 궁금해서 계속 기다렸는데 저에게 아무런 연락이 없었습니다. 한국의 점심시간이 다 끝나갈 무렵이 되었는데도 연락이 없어서, 제가 다시 전화했더니 미국에서 30분쯤 뒤에 전화한다고 했다는 거예요. 보통 대통령 두 분이 통화하면 중간에 통역을 넣고 해서 30분 정도 하니까 한 시간 후면 한국에서 전화가 오겠거니 예상하고 또 기다렸죠.

그런데 아무리 기다려도 연락이 없었습니다. 미국 시간으로 새벽 1시가 다 되어 가는데 현장에 나와 있는 저에게 아무 연락을 안 해 주니까 좀 섭섭했습니다. 다시 한국에 전화했더니 지금 이명박 대통령이 오바마 대통령과 45분째 통화 중이라는 겁니다.

홍은주 양국 정상이 뭔가 이견이 있어 전화 통화가 길어졌다는 뜻이네요.

김종훈 그렇습니다. 통화가 끝나면 누구든지 연락해 달라고 부탁하고 기다렸더니 20분쯤 후에 대통령께서 저에게 직접 전화를 주셨습니다. 그때가 2011년이니까 10년도 넘은 이야기입니다. 그때 대통령께서 하신 말씀이 "오바마 대통령이 전화해서 같은 이야기를 '반복, 삼복, 사복, 오복'을 하더라"는 것입니다. 저는 '반복, 삼복, 사복, 오복' 같은 그런 어법을 그때 처음 들었습니다(웃음).

오바마 대통령이 같은 이야기를 계속 반복해서 하는 바람에 통화 시간이 길어졌다고 말씀하시면서 "자네가 알아서 좀 조정을 잘해 보라"고 말씀하셨습니다. 그래서 '오바마 대통령이 정치적으로 이 문제를 그만큼 중요하고 절박하게 생각하는구나' 깨달았습니다.

그 직후에 미국의 백악관 공보실에서 경제보좌관을 하다 나중에 USTR 대표가 된 마이클 프로먼(Michael Froman)과 당시 USTR 대표였던 론 커크 등 몇 명이 백악관에 가서 한밤중에 오바마 대통령에게 보고하는 사진을 배포했습니다. 백악관에서 그걸 배포한 이유는 "오바마 대통령이 이 현안을 굉장히 중요시해서 한밤중에도 챙겼다"란 메시지를 미국 국민과 정치권에 전하기 위해서였던 것 같습니다.

홍은주　이 사람들이 판을 깨려고 철수한 것이 아니라, 이걸 홍보하려고 워싱턴에 돌아갔던 거군요.

김종훈　그렇습니다. 다음 날 아침에 보니 미국 협상단 쪽 윙에 불이 다시 켜졌기에 제가 저쪽 협상대표에게 전화해서 산책 나가자고 제의했습니다. 산책하면서 "지난밤에 어디 갔었느냐?"고 물었더니 저에게 솔직히 다 이야기해 주었습니다. 결국 그 산책길에서 재협상의 큰 줄거리가 타결되었습니다. 그게 12월 3일의 일이었죠. 공식적으로는 한·미 통상장관 회의에서 FTA 자동차 부문 등 추가협상 타결을 매듭지었습니다.

미국을 자극한 '한·EU FTA'

미국의 오바마 대통령은 왜 같은 이야기를 '반복, 삼복, 사복, 오복'까지 하면서 한·미 FTA 재협상 타결을 원했을까?

　2009년 11월 5일 스티븐스 당시 주한미국대사가 오바마 대통령에게 보낸 보고서에는 "한·미 FTA는 다음 세대에도 한국을 미국에 붙들어 맬 매우 중요한 요소이다. 한반도에 중국의 영향력이 커지는 시기에 한·미 FTA의 상징적 효과는 막대한 것이다"라면서 한·미 FTA의 전략적 가치를 매우 높게 평가하는 대목이 들어 있다.[18] 한·미 FTA를 타결짓지 못할 경우 한국이 대안으로 중국을 선택할 가

---

18 스티븐스 주한미국대사가 오바마 대통령에게 보낸 보고서, 〈위키리크스〉, 2009. 11. 5.

능성을 무시할 수 없었던 것이다.

미국 행정부와 의회를 자극한 또 한 가지는 한·EU FTA의 타결이었다. 2010년 10월 한국이 또 다른 거대경제권인 EU와의 FTA에 정식으로 서명했던 것이다. 미국보다 훨씬 늦게 협상을 시작했는데도 더 빨리 마무리된 협상이었다. 한·미 FTA와 달리 한·EU FTA는 한국 내의 정치적 반대도 훨씬 덜했다. 한·EU FTA가 먼저 비준되면 EU와 경쟁관계인 미국은 불리한 입장이 된다.

당시 한국에 초청된 미국 통상 전문가 제프리 숏은 다음과 같이 분석했다.

미국의 FTA 지지자들은 미국 수출업계와 투자자들이 한국과 다른 국가들의 FTA가 먼저 추진되고 타결될 경우 한국 시장에서 당면할 차별대우에 대응하기 위해 한·미 FTA가 필요하다고 주장한다. 그리고 만약 한·EU FTA 체결이 이뤄질 경우 한·미 FTA 비준에 대한 의회의 관심은 더욱 커질 것이다. 한국 시장에서 비롯되는 많은 혜택을 유럽 기업들과 나눌 수밖에 없다는 점을 인지할 것이고, 동아시아 국가들 사이에서 점증하는 양자 및 지역무역협정의 물결에 미국이 확실히 포함되어야 한다는 점에 미국 의회의 관심이 클 것이기 때문이다.[19]

자동차 양보하고 돼지고기와 의약품 얻어내

홍은주 한·미 FTA 재협상에서 타결된 핵심 내용은 무엇입니까?

김종훈 협상은 서로 주고받는 것이니까, 자동차에 대해 한국은 관세 8%를 반으로 줄여 4%로 4년간 유지하다가 5년째인 2016년 1월 1일 제로관세로 가고, 미국은 2.5%를 그대로 4년간 유지하다가 똑같은 2016년 1월 1일 제로관세로 가자고 합의했습니다. 실제로 2016년 1월 1일 제로관세 조치가 취해져서 지금은 양측이 다 관세가 없는 상태가 되었습니다.

---

19 Jeffrey J. Schott, "Moving Forward on the KORUS FTA: Now for the Hard Part", 세계경제연구원·한국무역협회 초청 특강, 2007. 6. 21.

우리가 4% 관세인하를 양보하자 국내에서 상당한 비판이 있었는데, 그 대신에 우리가 받은 것은 돼지고기 부문이었습니다. 미국에서 들어오는 돼지고기의 97%가 냉동 목살이었습니다. 이에 대해 2014년 1월 1일부터 제로관세로 하게 되어 있었는데 그걸 2년 연장했습니다. 더 받으면 좋았겠지만 하여튼 받아 낸 것이 2년이었습니다.

약가 문제도 기왕에 합의했으니 합의는 하되 이것을 3년간 추가로 유예해서 우리가 준비할 시간을 3년 더 확보했습니다. 미국 비자의 경우 미국에서 사업하는 기업의 지사 주재원들이 끊임없이 제기해 왔던 민원을 해결했습니다.

당시 추가협상에서 어떤 것은 양보하고 어떤 것은 받아 내서 저희 나름대로 균형을 이루었다고 생각합니다.

홍은주 쇠고기 문제는 어떻게 해결되었습니까?

최석영 2008년에 미국산 쇠고기 파동 이후 수입위생조건이 타결되면서 30개월령 이하로 쇠고기 문제는 어느 정도 해결되었다고 생각했습니다. 그런데 미 의회비준 과정에서 축산업을 주로 하는 몬태나 출신 맥스 보커스 상원 재무위원장이 계속 비준안을 못 받겠다고 반대했습니다.

당시 쇠고기 수입위생조건이 타결된 것처럼 여겨졌지만 '자발적 수입제한'이라고 해서 완전히 합의된 문안이 아니었습니다. 미국 수출업자와 한국 수입업자 등 업계가 자발적으로 규제하는 쪽으로 합의했는데, 미국이 그것을 좀 더 공식화하길 원했습니다. 그게 잘 진척이 안 되니까 맥스 보커스 의원이 자기는 계속 반대하겠다고 했던 것입니다.

2010년에 오바마 대통령이 한·미 FTA를 재개하겠다고 이야기하면서 "미국 정부가 쇠고기 수출업자들에게 일정한 보조금을 주는 걸로 하겠다"고 보커스 상원의원 쪽과 타협했습니다. 결국 보커스 의원이 그 제안을 받아들여 미국에서 쇠고기 문제를 매듭지었습니다.

한 · 미 FTA 재협상 후 달라진 내용

(외교통상부 설명 자료, 2010. 12. 5)

1. 자동차 부문

미국은 관세 2.5%를 발효하고 4년간 유지한 후 철폐하고, 한국은 발효일에 관세 8%를 4%로 인하하고 이를 4년간 유지한 후 철폐하는 등 모든 승용차를 대상으로 양국 상호 간에 4년 후 관세철폐에 합의했다.

전기자동차는 한국과 미국이 4년에 걸쳐 각각의 관세를 균등철폐(*back-loading*)하기로 했다. 가장 문제가 된 화물차는 2007년 한 · 미 FTA에서 관세 25%를 미국 측이 9년에 걸쳐 균등철폐하기로 했던 것을 2010년 추가협상 때는 관세철폐 기간은 그대로 두되 관세를 7년 차까지 유지하다가 8년 차부터 3년간 균등철폐하는 방식으로 변경했다. [그러나 이 내용은 2018년 트럼프 행정부 시절에 이루어진 추가협상 때 미국 측의 화물 자동차 관세철폐 기간을 10년 차 철폐(2021년 1월 1일 철폐)에서 추가 20년(2041년 1월 1일 철폐)을 더 연장하기로 하여(관세 25%를 2040년까지 유지) 사실상 형해화되었다.]

2. 세이프가드 조항

한 · 미 FTA에 규정되어 있는 일반 세이프가드 이외에 한 · EU FTA에서 체결된 세이프가드의 6개 절차적 요소를 반영하여 '자동차에 국한된 상호주의 세이프가드'를 도입하였다.

이 조항은 관세철폐 후 10년간 적용 가능하되 발동 기간은 최대 4년이며 발동 횟수는 제한하기 않기로 했다. 잠정조치 절차요건을 간소화하고 2년간은 세이프가드에 대한 보복금지를 명시했다. 2009년 말 기준 한국에서 미국에 수출된 자동차 41만 5,000대로 2004년 85만 3,000대에 비해 크게 감소했다. 반면 미국 현지 공장에서 직접 생산되어 판매된 차량은 2005년 9만 여대에서 2009년 21만 대가 넘었다(한국자동차공업협회 통계, 2010).

한국 자동차 업계의 대미 투자를 통한 현지 생산이 지속적으로 증가하는 한편 직접 수출은 계속 감소 추세에 있으므로 실제로 미국 측 입장에서 세이프가드 발동요건인 수입 급증이 초래될 가능성은 희박하다는 계산이었다. 미국의 정치적 입장을 살려 주면서도 한국도 별 손해를 입지 않는 조항이었다.

3. 차량의 안전기준 동등성 합의

이 조항은 안전기준에 대해서 어느 일방의 안전기준을 한국에서도 동등한 것으로 인정해 주는 것이다. 한·미 FTA 추가협정은 미국산 수입차량이 2만 5,000대 이하일 경우 미국 자동차 안전기준을 준수하면 한국 기준을 준수한 것으로 간주하기로 합의하였다.

미국산 자동차는 그간 자기인증제하에서 제작사의 자율적 안전기준(*self-certification*) 준수 확인으로 수입되고 있었다. 안전기준 동등성 합의는 미국 제작사들이 한국 수출용으로 생산한 차량들을 한국 안전기준에 적합하도록 별도로 개조하려면 추가적 부담이 되는 것을 감안한 것으로 2007년 한·미 FTA 협정문 기준을 6,500대에서 2만 5,000대로 상향 조정한 것이다. 단 수입국인 한국으로서는 도로 안전, 국민 건강 또는 환경에 중대한 위험을 초래하는 예외적 상황의 경우에는 필요한 '긴급조치'를 취할 수 있는 권한을 확보했다. 동시에 이 조치 발동의 투명성 차원에서 사전에 미국 정부와 당사자에게 통보하고 객관적 설명을 제공하도록 규정했다.

연비/CO_2 기준은 4,500대 이하(2009년 판매 기준)에 대해서는 완화된 기준 19%를 적용하기로 했다. 이 내용은 2007년 한·미 FTA에는 없는 내용이 추가된 것이다. 소규모 판매 자동차 제작사들은 다양한 유형의 자동차 판매가 어려우므로 이 기준 충족이 상대적으로 어려운 점을 고려하여, 4,500대에 한해 최소한의 시장접근을 보장하는 차원에서 완화된 기준을 적용하기로 한 것이다.

4. 한국이 얻어 낸 내용

한국이 얻어 낸 것은 돼지고기와 복제의약품 등의 유예와 미국 비자 기간 연장이었다. 당초 한·미 FTA에서 2014년 1월 1일에 관세철폐를 하도록 되어 있던 냉동 돼지고기, 목살, 갈비살 등(HS 0203299000)의 관세철폐 시기를 2016년 1월 1일로 2년 연장했다. 한국에 수입되는 돼지고기의 93.7%에 해당하는 물량이었다. 복제의약품의 허가·특허 연계 의무는 3년간 추가로 유예하기로 했다.

미국 비자의 경우 미국에서 사업하는 기업의 지상사 주재원들이 끊임없이 제기해왔던 민원을 해결했다. 미국 내 지사에 파견된 한국 근로자에 대한 L-1 비자의 유효기간을 최대 5년까지 연장하기로 한 것이다. 기존 지사의 경우는 3년으로 보통 미국 지사 근무기간이 평균 3년이기 때문에 민원이 적었으나, 이제 막 지사를 만든 경우는 1년이므로 본인이나 가족이 1년마다 한국에 돌아와 갱신해야 했고 그나마 비자가 재발급이 안 될 위험도 상존했다. 이걸 기존이든 신설이든 비자 유효기간 5년으로 연장한 것이다.

3. 대단원: 한·미 FTA 비준 양국 의회 통과

한·미 FTA 재협상 조문화 작업

2010년 12월 3일 한·미 추가협상 타결 후 그 결과 작성된 '합의 요지' 내용을 구체적 법률 문안으로 작성하기 위해 12월 17일부터 19일까지 미국 시애틀에서 실무회의가 열렸다. 한국 측은 최석영 외교통상부 FTA 교섭대표, 미국 측은 웬디 커틀러 USTR 대표보를 수석대표로 하는 대표단이 참석했다.

조문화 작업은 해를 넘겨 계속되다가 2011년 1월 27일 작업이 완료되었다. 한·미 FTA와 직접 관련된 사항에 대한 합의 내용은 한 개의 '서한 교환'(*Exchange of Letters*) 형식으로 작성했다. '서한 교환'이란 정부 간에 합의한 내용을 협상의 일방이 상대국에 "구속력 있는 약속이 담긴 서한"의 형태로 보내면, 이에 대해 상대국이 회답 형식의 서한을 보냄으로써 구속력이 완성되는 것으로 조약의 한 형태이다.

적어도 형식상으로는 2007년 한·미 FTA 원 협정문과 '독립된 별도의 조약'이라는 것이 정부의 설명이었다.

한편 한·미 FTA와 직접 관련이 없는 몇몇 이슈들, 즉 자동차 연비 및 온실가스 기준과 미국 내 한국 기업 직원들에 대한 미국 비자(L-1) 유효기간 연장에 관한 합의 내용은 별도의 '합의 의사록'(*Agreed Minutes*)으로 작성했다.

서한 교환의 경우 이미 양국이 2007년 서명했던 한·미 FTA 협정문을 일부 수정해야 하는 사항이 포함되므로 국회비준동의가 필요했다. 이를 양측 입법부에 제출해야 하기 때문에 국회비준이 필요 없는 내용은 따로 떼어내 별건 처리한 것이다.

합의문서는 2011년 2월 8일 한국 국무회의를 통과했다. 이틀 후인 2월 10일 김종훈 통상교섭본부장과 론 커크 USTR 대표가 정식으로 서명하고 이를 교환했다. 양측 서명을 마친 서한(한글·영문 정본)과 합의 의사록(영문 정본 및 한글 번역본)은 2월 10일 오후 5시부터 외교통상부 홈페이지에 공개되었다.

협정문 재검독 소동

그렇게 마무리 작업을 하는 과정에서 아찔한 사건이 발생했다. 한·EU FTA 협정문 한글본에서 통계상의 큰 오류가 발견된 것이다.

이를 알게 된 통상본부에 비상이 걸렸다. 한·EU FTA상의 오류도 문제였지만, 그걸 작성할 때 한·미 FTA의 내용을 기초로 준용한 것이라서 한·미 FTA 문건에도 오류가 발생했음을 짐작했던 것이다.

홍은주 당시 비준 과정에서 번역 오류 사건이 벌어졌다는데, 실제로 어떤 일이 있었습니까?

최석영 당시 한·EU FTA가 먼저 국회에 제출되었고 한·미 FTA 역시 비준심사를 위해 작업하는 도중에 2011년 3월경에 〈한겨레〉에 "한·EU FTA 비준동의안 한글본에 오류가 있다"는 기사가 실렸습니다.

우리가 놀라서 조사해 보니 실제로 오류가 맞았습니다. 오류가 있는 것이 맞다고 인정하고 자세히 살펴보았더니 영어 원문에는 오류가 없었어요. 2010년 12월에 재협상이 타결되었고 그걸 가지고 2011년 2월에 협정문을 따로 만들었는데, 우리가 여러 차례 검수했기 때문에 영문본에는 아무런 오류가 없었습니다.

그런데 한글본에 번역 과정에서 오류가 있었습니다. 당시 협정문은 영문과 한글이 동등한 정본이라고 명시했는데, 한글본을 따로 살펴보니 옮겨 적는 과정에서 굉장한 오류가 생겼던 것입니다.

오류가 발생한 이유는 이렇습니다. 우리가 협상을 영어로 하잖아요? 협상하는 도중에도 시시각각으로 내용이 변하기 때문에 협상 중간에 번역하기는 어렵습니다. 협상이 타결되면 한국의 이해당사자들은 마음이 급하니까 빨리 이걸 국문으로 번역해서 올려 달라고 요구합니다. 협상하고 난 후 최대한 빠른 시간 내에 번역해서 올려야 하는 것입니다.

그래서 협상하는 과의 사무관들이 장기간 무리한 야근을 계속하면서 협상이 끝나자마자 빨리 번역하려고 서둘렀습니다. 그러다가 일부 내용의 칸을 잘못 옮겨 적어서 그런 오류가 발생했던 겁니다.

협정문에 보면 협정문이 있고 거기에 부속서가 있는데, 관세 양허표, 원산지표, 서비스 양허표 등 세 가지 부속서가 항상 따라옵니다. 양허표는 표로 되어 있는데 품목이 나오고 품목에 대한 설명이 나오고 관세율이 나옵니다. 예를 들어 명태라고 하면 마른 명태, 얼린 명태, 생태 등 명태 종류만도 15개나 됩니다. 쌀도 25개나 되는데 그것들이 관세율이 다 달랐습니다. 그런데 사무관들이 야근하다가 영문본에 있는 내용을 한글본에 엑셀로 '복사하여 옮겨 붙이기'(copy&paste)를 하다가 깜박하고 한 줄을 놓치니까 그 아래로 수십 개가 다 틀리는 일이 발생한 것입니다. 그런 것들이 여러 군데에서 발견되었죠. 이건 도저히 안 되겠다 싶어서 처음부터 끝까지 자체 전수 조사를 했습니다.

그 오류 사건이 발생한 것이 한·EU FTA에서였습니다. 그런데 우리가 생각해 보니까 국회에 먼저 제출된 건 한·EU FTA 협정문이지만, 사실 시기적으로 한·미 FTA 협상을 훨씬 전에 했고 한·EU FTA 협상은 미국 협상이 끝나고 나서 했습니다. 즉, 한·EU FTA 협정문 한글본이 틀렸다고 하면 한·미 FTA 협정문 한글본도 틀린 것이 됩니다. 왜냐하면 협상 내용이 비슷하기 때문에 먼저 협상한 한·미 FTA 내용을 한·EU 때 우리가 그대로 준용하면서 조정만 한 것이었기 때문입니다. 한·EU 협정문 오류 사건이 터졌다고 하기에 제가 직감적으로 '한·미 FTA 협정문이라는 더 큰 문제가 남아 있구나'라는 생각이 들었습니다. 그래서 한·미 FTA 내용까지 완전히 다시 점검했습니다.

2011년 3월 10일 정부는 한·미 FTA 협정문의 국문 번역에 대해 본격적 재검독 작업을 시작했다. 이번에는 절대로 미세한 오류라도 있어서는 안 되기 때문에 재검독 작업에 통상교섭본부와 함께 관계부처, 외부 전문기관(법률회사, 관세법인) 등을 대거 참여시켰다.

협정문 한글 번역본에 대한 업계 등 이해관계자와 국민의 의견을 접수하기 위해, 5월 11일부터 5월 17일까지 '한·미 FTA 한글본에 대해 국민 의견을 듣는 온

라인 창구'를 운영하기도 했다.

그로부터 두어 달이 지난 5월 30일, 한·미 FTA 한글본 재검독 작업을 최종 완료했다. 재검독 결과, 한·미 FTA 원 협정문 본문의 한글본에서 한·EU FTA 협정문 한글본에서 발견된 것과 동일한 오류를 포함하여 296건을 수정이나 정정이 필요한 것으로 판단하여 정정 조치했다.

오류는 아니지만 협정문 한글본의 의미가 더 분명히 전달되도록 하기 위해 문구 개선도 상당 부분 함께 이루어졌다. FTA 협정문의 첨부 부속서인 품목별 원산지 규정과 투자·서비스 유보 목록에서는 반복적으로 발견된 동일한 유형의 오류를 정정하고 부속서 내 용어 및 표현의 일관성 유지를 위해 상당 부분 문구를 개선했다.

6월 2일 미국 측과 '한글본 오류의 정정을 합의하는 서한'을 교환했고, 다음 날인 6월 3일 오전 국무회의 의결을 거쳤다.

그 사이에 "정신 나간 외교부", "번역도 못 하는 외교부 직원들"이라는 집중포화가 쏟아졌다. 격무에 쫓기고 졸음에 겨운 실무자 개인의 실수라고는 하지만, 완벽을 추구해야 하는 정부 입장에서는 유구무언(有口無言)이었다. 통상본부는 여러 차례 대국민 사과를 할 수밖에 없었다.

유럽 측 실수로 또다시 오류 소동

그 와중에 또 사건이 발생했다. 어느 날 모 방송사 9시 뉴스에 "한·EU FTA 영문본을 검토해 보니 비준동의를 위해 국회에 제출한 것과 EU 웹사이트에 띄운 영문본이 서로 다르다"는 보도가 나온 것이다. "한국 정부가 번역만 잘못한 것이 아니라 잘못된 협정문을 국회에 비준해 달라고 제출했다"고 조목조목 비판하는 내용이었다.

그 보도가 나오자마자 사실 확인을 하려는 언론사의 전화가 빗발쳐서 통상본부 사무실 전화 전체가 마비되었다. 청와대와 총리실에서도 긴급 확인을 요구하는 문의가 빗발쳤다.

최석영 그때 우리가 완전히 패닉 상태가 되었습니다. 당장 원문을 찾아볼 데가 EU 측과 우리 측 조약국의 조약문을 보관한 수장고였습니다. 담당국장을 시켜 우리 쪽 수장고를 확인해 봐야 하는데, 수장고 열쇠를 가진 직원을 수배해야 하고 아무리 빨라도 적어도 한 시간은 걸립니다. 시급한 상황에서 EU 측 수석대표에게 급하게 전화했더니 이 사람은 또 헝가리에 출장을 갔어요. 우리는 전화를 받은 EU 측에 "여기서 정말 난리가 났으니 급하게 확인해 달라"고 부탁했습니다. 자기가 알아보고 연락해 주겠다고 하더라고요.

나중에 확인해 보니 이건 EU 측 실수였습니다. EU가 협상 막판에 협상이 무난하게 조정되니까 문안을 버전 1, 버전 2, 버전 3, 버전 4, 버전 5, 이런 식으로 쭉 만들어 놓았던가 봐요. 마지막 버전(final version)과 그 직전 버전이 있었는데 EU 직원이 잘못해서 최종이 아닌 직전 버전을 웹사이트에 올려놓았던 것입니다. 그 문제는 3시간 만에 해결되었는데 정말 초주검 상태의 시간이었습니다.

이런저런 사태로 감사원은 물론 청와대 민정실 조사도 받았습니다. 결국 번역을 잘못했던 몇몇 사람은 문책을 받았습니다. 물론 저도 조사를 받았죠. 한글본 번역오류 사건이 제가 부임하기 전에 발생한 것이라 저에게까지 책임을 묻기는 어려웠겠지만, 직책상으로는 제가 책임자니까 저도 장관 경고를 받았습니다.

한 · 미 FTA 비준동의안 국회 제출

재검독이 끝난 한·미 FTA 비준동의안과 추가협상 합의문서(서한 교환)를 하나의 비준동의안으로 묶어 정부는 2011년 6월 3일 국회에 제출했다. 한·미 FTA의 원래 협정과 추가협상 합의문서가 내용상 긴밀히 연결된 점과 국회 요청을 감안하여 하나의 비준동의안으로 제출한 것이다. 기존에 외교통상통일위원회에 제출되었던 한·미 FTA 비준동의안은 5월 4일 통상본부가 철회하여 돌려받았다.

김종훈 당시 외교통상통일위원장을 하던 박지현 의원이 갖은 고생을 하면서 외교통상통일위원회를 통과시켜 놓은 것을 철회한 다음에 우리가 새로운 협상 타결안을 합쳐 만들고 다시 비준에 붙이기 위해 국회로 보냈죠. 우여곡절도 많았고 그분에게 참 미안했습니다. 국회에서도 재협상 타결 내용을 두고 정말 말이 많았죠.

나중에 트럼프 대통령은 "한·미 FTA, 이거 진짜 잘못되었으니까 없애 버리겠다"고 나섰습니다. 미국에서 "이 협상안이 미국에 엄청난 손해를 주고 있으니까 절대 안 된다"고 나왔다는 건 우리가 이익을 거두었다는 뜻 아닙니까? 그제야 당시에 재협상을 잘못했다고 비준을 반대했던 민주당 의원 몇 사람이 저한테 와서 "트럼프 대통령이 저렇게까지 나서는 거 보니까 그때 우리가 한·미 FTA 재협상을 잘한 거네요"라고 말했습니다.

사실 이런 협정은 완전한 제로섬 게임이 아닙니다. '상대가 죽어야 내가 산다'는 식이 아니라 '상대도 좋고 나도 좋다'는 서로 윈윈하는 게임이어야 합니다. 물론 시간이 지나고 보면 누가 조금 더 좋고 누가 조금 더 잃고 하는 것이 숫자로 나올 수 있습니다. 무역 수지가 상대적으로 누가 더 좋아졌느냐는 비교되겠지만 결국 둘 다 경제에 긍정적으로 작용해야죠.

미국 의회, 한미 FTA 비준

2011년 9월 21일 김종훈 통상교섭본부장은 워싱턴을 방문하여 론 커크 USTR 대표와 한·미 통상장관회담을 가졌다. 여기서 미국 내 한·미 FTA 인준 동향을 점검하는 한편, 한·미 FTA의 조속한 비준·발효를 위해 양국이 긴밀히 협력하기로 했다.

9월 22일 아침에는 미국 내 한·미 FTA 재계연합(*KORUS FTA Business Coalition*) 회원사 대표들과 조찬 간담회를 가졌다. 이 자리에서 한·미 FTA의 조속한 미 의회 인준을 위해 지금까지 진행해온 미국 업계와의 공동 노력을 더욱 강화하기로 했다.

김 본부장의 방미는 미 의회가 FTA 3개 현안을 인준하기 위한 단계의 하나로서 추진되는 무역조정지원(TAA) 법안의 상원 통과와 때를 맞추었다. 미 행정부, 상하원, 업계 등과 다각적으로 직접 접촉함으로써, 한·미 FTA의 조기 비준과 발효가 필요하다는 한국 측 요구를 미국 측에 다시 한번 환기시키고 이를 위한 미 행정부와 의회의 구체적 행동을 촉구한 것이었다.

그는 백악관 마이클 프로먼 국제경제담당 부보좌관과 함께 상하원에서 한·미 FTA 인준을 담당하는 핵심 의원들을 차례로 면담하여 한·미 FTA 미 의회 인준을 촉구했다.

같은 날 미국 상원에서 "TAA가 통과된 만큼 이제는 상하원이 강한 의지를 가지고 한·미 FTA를 본격적으로 추진해 줄 것"을 요청했다.

10월 3일 USTR로부터 '한·미 FTA 이행법안'을 공식적으로 제출받은 미 의회는 한·미 FTA 인준절차에 본격 착수한다. '한·미 FTA 이행법안'은 제출 이틀 후인 10월 5일 최초의 관문인 하원 세입위원회를 통과했다. 11일에는 하원 재무위를 통과했으며 바로 그다음 날인 12일 상하원 본회의를 통과했다.

드디어 미국 오바마 대통령이 의회로부터 전달받은 '한·미 FTA 이행법안'에 정식으로 서명했다. 2011년 11월 21일이었다. 서로가 빈손으로 돌아섰던 서울 양국 정상회담 이후 약 1년이 흐른 시점이었다.

이행법안 추가협상

지하실 아래로 내려가 보니 그 밑에 또 바닥이 있다고 했던가? 이제야말로 모든 절차가 다 끝난 줄 알고 한숨 돌리나 했는데 느닷없이 미국 측의 이행법안 협상 요구가 기다리고 있었다. '이행협의'(implementation consultation)는 외국과 통상협상에서 체결된 의무사항이 해당 국가의 국내법과 일치하도록 개정되었는지 확인하는 미국 법 특유의 절차였다.

협정에 대한 미국 무역위원회의 평가보고서가 나오고 이 보고서가 의회에 제출되어야 행정부는 이행법안 입안 준비에 들어갈 수 있다. 두 가지 차이점은 행정부의 경우 이행법안을 몇 년간 제출하지 않아도 되지만 일단 행정부가 이행법안을 만들어 의회에 제출한 후에는 엄격한 시한이 있다는 점이다. 이행법안을 제출받은 의회는 협정에 대한 개정 없이 90일 이내에 비준 찬반 투표를 해야 한다.

이 무렵 과거 무역위원장을 지낸 박태호 서울대 교수가 통상본부장으로 부임하여 2011년 12월 5일부터 미국과의 이행협의를 개시했다.

홍은주　2011년 12월에 통상교섭본부장으로 부임하셨는데, 이때부터 이행협의가 시작되었다면서요?

박태호　한·미 FTA는 초기에 탄력을 받아 협상이 타결되었습니다. 하지만 미국의 정권 교체 이후 추가협상이 이루어지고, 이명박 정부에 들어 쇠고기 이슈로 재협상하는 상황이 반복되었습니다. 따라서 시작 당시 좋은 의도와 달리 양 국가가 정치적 이유로 FTA 비준에 반대했습니다. FTA는 어떻게 보면 경제적 행위에 대한 약속인데 보는 시각에 따라 정치적 입장이 다 다르다 보니 한국과 미국 모두 비준에 어려움을 겪었습니다.

　제가 통상교섭본부장으로 취임했던 2011년 12월 말쯤 미국이 우리나라에 '이행협의'를 요구해왔습니다. 한·EU FTA의 경우에는 비준 이후 바로 이행되었는데, 미국은 이행에 앞서 양측이 합의한 모든 내용을 구체적으로 어떻게 이행할 것인지 서로 협의해야 한다는 것이었습니다. 예를 들어 양국이 일정한 일시를 정하여 합의사항을 이행한다고 했을 때 미국 영토 내에서 시차 등으로 발생하는 차이 등을 어떻게 할 것인지 논의가 필요했던 것입니다.

　논의 과정에서 기술적 측면 등도 고려되어 매우 유의미한 논의가 진행되었습니다. 우리 측에서는 당시 FTA 교섭 대표이자 이후 주제네바대표부 대사를 역임했던 최석영 대사가, 미국 측에서는 웬디 커틀러가 협상실무 대표로 이행협의에 참여했습니다.

　양측이 협정의 거의 모든 챕터에 대한 협의를 진행하다 보니 예상보다 더 오랜 시간이 소요되었습니다. 대통령께서도 가끔 저에게 왜 이렇게 안 끝나느냐고 물어보곤 하셨는데, 저도 대답이 궁하니까 "곧 끝나겠죠"라고 대답할 수밖에 없었죠.

홍은주　이행협의라는 것이 구체적으로 무엇입니까?

최석영　미국의 특수한 국내법 체계 때문에 말씀하신 이행협의 문제가 생기게 되었습니다. 미국 법은 의회비준이 협정 조약문의 내용을 승인하는 것도 있지만 협정 이행을 위한 법과 절차가 다 마련되어 있는지를 확인하도록 되어 있습니다. 특히 협정 상대국이 그 합의된 조약문 이행을 제대로 하는지, 상대국 국내법이 이 협정문과 합치되는지 미국 행정부가 조사해 의회에 보고하도록 되어 있습니다.

우리나라뿐만 아니라 미국이 FTA를 체결한 다른 나라의 경우를 보더라도 이 이행협의라는 게 나중에 미국이 완력으로 추가적 팔 비틀기를 하는 과정으로 변질되기 쉬운 이유가 있습니다. 합의문이라는 것이 '아' 다르고 '어' 다르기 때문에 합의하기 어려울 때는 애매하게 합의해 놓은 경우가 종종 있습니다. 거기에 대해 국내법에도 애매하게 규정해 놓기 마련이죠. 그런데 그 애매한 것을 자국에 유리한 방향으로 해석하려는 것이 바로 미국이 요구하는 이행협의의 실체적 본질입니다.

호주 같은 경우에는 협상이 다 끝나고 난 다음에 이행협의를 하는 과정에서 애매한 부분의 '명확한 해석'을 호주 장관이 미국 장관에게 10장이나 써서 서면으로 보내 준 적이 있습니다. 이건 거의 재협상을 강요당하는 것이나 마찬가지였죠.

「공정거래법」과 「의료법」의 이행법안 논란

홍은주　이행법안 협의에서는 한·미 간에 가장 큰 문제는 무엇이었나요?

최석영　당시 한국의 이행협의 과정에서도 '동의의결제'와 '독립적 검토절차'라는 두 가지 이슈가 제기되었습니다.

동의의결제란 무엇인가? 가령 어떤 담합행위가 있을 때 공정거래위원회에서 조사할 수 있고 검찰 등 사법부에서도 조사할 수 있잖아요? 한국에서는 카르텔(담합행위)은 연성 카르텔이든 경성 카르텔이든 기본적으로 모두 사법부가 관할하도록 되어 있습니다. 그런데 미국은 연성 카르텔과 경성 카르텔로 나누어 연성 카르텔은 공정거래위원회에서 담당하고 경성 카르텔만 사법부로 넘겨집니다.

한국에 진출한 미국 기업이 연성 카르텔 문제로 사법부에 가면 복잡해지니까 이걸 자꾸 미국처럼 바꿔 달라는 것이 동의의결제인데, 협정문 자체가 애매하게 되어 있었습니다. 거기에 대해 우리는 우리나라 법체계와 시스템을 유지해야 한다고 주장해서 양측 간에 갈등이 생겼죠. 밀고 당기기를 계속하다가 결국에는 우리나라 법 시스템대로 가기로 되었습니다.

독립적 검토 절차란 수입약가와 관련된 이슈입니다. 해외에서 무슨 난치병 신약 등이 개발되면 천문학적 약값을 받지 않습니까? 우리나라가 미국에서 고가의 약을 수입하는 경우 첫째로 약의 효능과 비용을 연계하여 가성비를 따져 보고 건강보험에 등재하는 이른바 경제성 평가를 합니다. 이 평가를 독립적 평가기관에서 하게 되어 있는데 이것이 바로 독립적 검토절차입니다.

일반적으로 독립적 평가기관에서 수입약가도 산정하는데, 일부의 고가 약은 건강보험 재정 때문에 복지부 장관이 직권으로 약가를 교섭할 수 있는 부분이 있습니다. 외국에서 개발된 신약 같은 경우는 몇억 원씩 하는 경우도 많은데, 그걸 다 치료제로 약가 등재를 하면 건강보험 재정이 파탄 날 것 아닙니까? 그런데 미국 측 요구는 장관의 직권교섭 예외를 두지 말고 그것도 독립적 검토절차로 가라는 거예요. 독립적 검토절차로 하면 자국의 이해관계를 반영하기 쉽기 때문이었겠죠. 즉, 한국의 복지부가 약가교섭에 나서지 말라는 얘기입니다. 사실 그걸 우리가 받아들이는 순간 한국 건강보험 재정은 바닥나게 됩니다.

미국의 다국적 제약회사들을 뜻하는 '파마'(Pharma: Pharmaceutical Companies)는 막강한 로비력을 갖춘 강력한 이익단체로 악명이 높았다. 이 파마 조직이 한국 청와대와 미국 백악관을 동원해 한·미 FTA 협상을 진행하는 도중에도 압박을 많이 했다. 나중에 다시 이행협의를 한다니까 이 기회를 이용하여 마지막에 추가적 압박도 집요하게 시도했다.

그런데 그건 한국이 절대로 수용할 수 없었다. "이미 국회에 제출한 협정문의 본질적 내용을 훼손시키기 때문에 우리가 받을 수가 없다"고 계속 버텨서 결국 다국적 제약업체들의 공세를 막을 수 있었다. 이런 협상은 한 발짝 뒤에 벼랑이 있다는 심정으로 임해야 했다.

박태호　이행협의에서 미국이 주장한 의약품 관련 내용은 단순한 이행협의가 아니라 협상 결과를 수정할 가능성까지 있는 것으로 보였습니다. 저뿐만 아니라 당시 복지부 장관과 이행협의 협상 현장에 있던 최석영 대사도 우려를 나타냈습니다.

그러나 미국 측은 완강히 우리 측에 협의하자고 했습니다. 미국 제약업계의 로비로 미국 정부로부터 지속적 요구가 있었던 것으로 보입니다. 그러던 중 최석영 대사로부터 갑작스럽게 다음 회의가 취소되었다는 연락을 받았습니다. 한국 측이 같은 입장을 계속 견지하자 미국 측에서 마지막으로 한 번 더 압력을 넣고 싶었던 것 같습니다.

그래서 제가 이 사안과 관련해서 이명박 대통령에게 별도로 보고했습니다. 저의 보고를 듣고 이 대통령께서 "더 이상 이행협의를 지속한다는 것은 의미도 없고 이해할 수 없다"고 미국 측에 강경한 뜻을 전달한 것으로 보입니다. 미국도 더 이상의 추가 요구가 무리라고 생각했던지 당시 주한미국대사였던 성김이 제 사무실로 찾아와서 이행협의를 이제 그만 종료하자고 했습니다. 이어서 양국이 2012년 3월 15일 자로 FTA 협정을 이행한다는 공식 발표를 했습니다.

결국 이행협의 과정에서도 정치적 밀고 당기기가 많이 있었던 것 같습니다. 미국은 자국이 요구하는 핵심 사항이 과연 한국에서 어떻게 정확히 이행되는지 확인하고, 그 과정에서 약간의 추가적 결과를 얻어 내려는 목적이 있었습니다. 말은 '협의'였지만 사실 어떻게 보면 '추가협상'을 하자는 것이나 다름없었는데 그것에 우리가 효과적으로 잘 대응한 것입니다. 우리가 일관된 논리로 완강한 입장을 내세우니까 미국 측에서도 더 이상 협의를 지속하지 않고 끝내자고 합의한 것입니다.

그 경험을 통해 미국이라는 나라가 어떻게 보면 자국의 이익을 최대화하기 위해 정말 철저하다는 느낌을 받았습니다. 큰 협상이 끝났다고 그대로 끝내는 게 아니라 이행협의를 통해 사실상 자국의 주요 관심사를 추가로 얻을 수 있는지 다시 한번 확인해 보는 것입니다.

홍은주　되든 안 되든 한 번 더 시도해 보는 것이군요. 무리한 요구이지만, 협상의 전략적 측면에서는 배울 점이 있는 것 같습니다.

4. 막판의 반FTA 저지 움직임

합리적 비판과 가짜뉴스 사이

한국에서는 한·미 FTA 협상 출범과 동시에 시작된 한·미 FTA 반대시위가 재협상 기간 내내 계속되었다. 재협상이 끝난 후 이행협의와 최종점검 과정에서는 그 수위가 더 높아졌다. 국회비준으로 가기 전 마지막 저지의 기회라고 본 반대 진영이 필사적으로 움직인 것이다.

반대 진영이 쏟아 내는 비판적 보도자료를 수많은 언론이 받아서 거의 매일 기사나 사설을 썼다. 그 바람에 외교통상부는 이 무렵 감당하기 어려울 정도로 많은 해명 보도자료를 발표했다.

다음은 당시 제기된 논란과 이에 대한 반론을 통상교섭본부가 정리한 것이다.[20]

주장 1

한·미 FTA가 미국 법률에 저촉되거나 상충되는 경우 미국 법이 우선하며, 법적 효력을 상실하는 것으로 확인되어 원천적인 불평등 조항을 담고 있다. 한·미 FTA 위에 미국 법이 있다.[21]

주장 1에 관한 사실관계

• 지난 7월 7일 미 의회(상하원)의 비공식 축조심사를 마친 한·미 FTA 이행법안에 "미국의 국내법과 한·미 FTA가 충돌할 경우 미국 국내에서 미국 법이 우선한다"는 문구가 포함되어 있는 것은 사실이다. 그러나 이는 한·미 FTA 협정에 따른 미국의 의무를 완전히 이행하기 위해 FTA 협정에 규정된 사항과 일치하지 않는 미국 국내법은 이 이행법안을 통해 빠짐없이 모두 개정한다는 취지이다.

• 이 입법 취지는 한·미 FTA 이행법안과 동시에 제출된 한·미 FTA 행정조치성

---

20 통상교섭본부, 2011, "한·미 FTA 독소조항 주장에 대한 반론", 한·미 FTA 홈페이지.
21 "원천적으로 불평등한 한·미 FTA 비준 안 된다", 〈한겨레〉, 2011. 8. 12.

명[22]에서 미 행정부가 한·미 FTA 협정 이행을 위해 개정이 필요한 모든 법률 및 하위법령을 최선의 노력을 다해 한·미 FTA 이행법안과 행정조치성명에 포함시켰다고 기술한 데도 나타나 있다.

- 또한 이 행정조치성명은 협정 이행을 위한 미 대통령의 책임과 권한을 명시하며, 미 행정부가 향후 필요에 따라 추가적 법령 개정을 위한 조치를 취하는 것이 가능하다는 것도 확인할 수 있다.

- 이는 미국이 외국과 맺은 통상협정을 국내적으로 이행하기 위해 미국 법률체계의 특성에 따른 것이다. 이 문구는 WTO 이행법안뿐 아니라, NAFTA, 모로코, 호주, 칠레와의 FTA 등 미국이 그간 체결한 여타 FTA 이행법안에 동일하게 규정되어 있다.

- 미국 측의 한·미 FTA 이행법안은 법안 모두(冒頭)에 한·미 FTA 협정문을 승인한다는 점을 명시적으로 규정하고, 이어 이를 이행하기 위한 미국 국내법 개정사항을 규정한다.

주장 2

미국은 기업활동에 대한 규제 권한을 대부분 각 주의 정부에서 쥐고 있는데, 협정은 50개 미국 주정부의 규제 권한을 포괄적으로 허용한다. 반면에 한국은 협정에서 '불합치'(유보) 항목으로 열거한 사안이 아니면 정부를 포함한 모든 공공기관, 심지어 법원까지도 미국 기업을 규제할 수 없다.[23]

주장 2에 관한 사실관계

- 한·미 FTA에서는 양국 모두 지방정부의 현존하는 비합치 조치[24]에 대해 서비스·투자 분야에서의 협정상 기본 의무를 적용하지 않도록 했다. 미국의 경우는 부속서 I 에 기재하는 방식으로, 한국의 경우는 지방자치단체의 조치 전부에 대해 현존 비합치 조치를 그대로 인정하는 방식을 채택하기 했다(제11.12조, 제12.6조, 제13.9조).

---

22 행정조치성명(SAA: *Statement of Administrative Action*)은 FTA 협정의 국내법적·국제법적 해석과 적용에 관한 미 행정부의 유권적 표현을 담은 문서로서 FTA 이행법안과 동시에 미 상하원에 제출했다.

23 "원천적으로 불평등한 한·미 FTA 비준 안 된다", 〈한겨레〉, 2011. 8. 12.

24 비합치 조치(*Non-Conforming Measure*)는 서비스·투자 분야에 있어 내국민 대우, 최혜국 대우, 시장접근 등 한·미 FTA 협정상의 기본적 의무에 일치되지 않는 조치이다.

- 다만, 미국 50개 주의 비합치 조치를 모두 조사하는 것은 현실적·기술적으로 불가능하다는 미국 입장에 따라 포괄적으로 유보를 허용하되, 특정 주정부의 비합치 조치가 한국 기업 등의 미국 진출에 장애 요소로 작용하는 경우 별도로 협의할 수 있는 채널을 마련하는 한편, 투명성 차원에서 현존 주별 비합치 조치의 예시적 목록을 협정문에 첨부했다.

- 이러한 주정부의 비합치 조치도 자유화 후퇴방지(*ratchet*) 메커니즘이 적용되므로 협정 발효 시점에 존재하지 않는 비합치 조치를 도입하거나 규제를 더욱 강화하는 방향으로는 개정할 수 없다.

- 한편, 지방정부 차원의 현존 비합치 조치 인정과 별도로 한국은 현행 법·제도상 한·미 FTA의 의무와 비합치되는 조치를 취할 수 있는 권한을 분야별로 확보하고 있다(현재 유보, 47개 분야). 나아가 공익성이 높은 분야와 향후 정부 규제가 강화될 가능성이 있는 중요 서비스 분야(교육·보건·사회서비스 등 44개 분야)에 대해 포괄적인 정부의 규제 권한을 확보하고 있다. 따라서 한국 정부가 미국 기업을 규제할 수 없다는 것은 사실과 다르다.

- 위에서 설명한 한·미 FTA의 미국 국내법적 효력 여부는 한·미 FTA 상의 의무를 이행해야 할 미국의 국제법적 의무에는 아무런 영향을 주지 않는다.

- 만약 한·미 FTA와 미국 국내법 간의 불일치 문제로 한·미 FTA의 미국 국내법적 효력이 일부 상실된다고 할 경우, "어느 당사국도 조약의 불이행에 대한 정당화의 방법으로 그 국내법 규정을 원용해서는 아니 된다"는 조약법에 관한 비엔나 협약 제27조에 따라 미국 측의 협정 불이행에 대한 국제법적 책임 문제가 발생한다. 한국 측은 미국 측에게 협정 이행을 위한 조치를 취할 것을 요구할 수 있고, 종국적으로 협정 불이행은 분쟁해결절차 대상이 될 것이다.

주장 3

한국 정부는 아직 국회비준동의가 이뤄지지 않아 법적 효력이 없는데도 한·미 FTA와 충돌 가능성이 있다고 공공정책에 줄줄이 제동을 걸었다. '건설기계 수급조절 정책'을 포기한 것과 '중소상인 적합업종 보호법'에 난색을 표한 것이 대표적 사례다.[25]

---

25 "원천적으로 불평등한 한·미 FTA 비준 안 된다", 〈한겨레〉, 2011. 8. 12.

주장 3에 관한 사실관계

- 건설기계 수급조절 정책이나 중소상인 적합업종 보호법안의 내용이 외국 상품이나 서비스에 대한 시장접근을 제한하는 요소가 있어 한국의 국제적 의무와 상치될 소지가 있는 것은 사실이다.
- 이는 한국이 1995년부터 WTO 협정상 건설기계 대여서비스와 도·소매 유통업을 이미 개방하기로 약속한 데 따른 것이다. 그 후 체결된 한·EFTA, 한·인도, 한·EU FTA 등에서도 동일한 개방 약속을 한 사항으로 한·미 FTA에서 새롭게 의무가 부과된 것은 아니다.

주장 4

김종훈 통상교섭본부장이 한·미 FTA 공식 서명 직후인 2007년 8월 미국 쪽에 쌀 관세화 유예 종료(쌀시장 전면 개방) 이후 미국과 별도로 쌀시장 개방 확대를 협상할 수 있다고 말했다.[26]

주장 4에 관한 사실관계

- 쌀 수입 문제는 WTO 양허표에 규정되어 있는 사안으로서 향후 관세화 절차도 WTO 차원에서 협의될 것이며, 한·미 FTA와는 별개의 사안이라는 것이 한국 정부의 일관된 입장이다.
- 한국 정부는 한·미 FTA 협상 과정을 통해 이러한 입장을 일관되게 주장하여 협정문에 반영했으며, 협상 타결 이후 지금까지 쌀은 FTA와 별개의 사안이라는 입장을 유지하고 있다.

한·미 FTA 협정문 한국 관세양허표의 일반 주해

- 단계별 양허품목 Y의 품목(쌀 및 쌀 관련 제품 16개 세번)에 대해서는 이 협정상 관세에 관한 어떠한 의무도 적용되지 아니한다.
- 이 협정상의 어떤 규정도 2005년 4월 13일 자 WTO 문서 WT/Let/492(양허표 LX: 대한민국의 수정 및 정정의 인증본) 및 그 모든 개정에 규정되는 약속 이행에 대

---

26 〈오마이뉴스〉, 2011. 9. 16.

한 한국의 권리 및 의무에 영향을 미치지 아니한다.

• 위에서 언급된 WTO 문서에서, 한국은 특히 2005년부터 2014년 기간 동안 단계별 양허유형 Y로 규정된 품목에 대해 최소 시장접근을 증가시키기로 약속한 바 있다.

• 한국의 쌀 관세화 문제는 향후 WTO 차원에서 관심 국가들과 협의를 거쳐 결정하도록 되어 있다.

• 쌀을 관세화하려면 한국 정부는 WTO 협정에 따라 관세상당치를 설정하여 WTO에 통보해야 하고, 이에 대해 미국을 포함한 전체 WTO 회원국들은 검증 과정을 통해 한국과 협의하게 된다.

• 이는 현재 약속대로 2014년 말 관세화 유예를 종료하든 그 이전에 조기 관세화를 선택하든 동일한 절차이다.

주장 5
김종훈 통상교섭본부장이 청와대 훈령을 무시했다. 한·미 FTA 협상을 책임졌던 김종훈 당시 수석대표가 개성공단 문제를 협상 초기에 다루라는 청와대 훈령을 어기고 협상의 마지막으로 미룬 사실이 드러났다.[27]

주장 5에 관한 사실관계
• 한국 정부는 개성공단이 운영(2004년)된 이후 체결한 모든 FTA에서 개성공단에서 생산된 제품이 FTA상의 원산지 특례를 인정받을 수 있는 조항을 마련해왔다.

• 관련 규정의 FTA 협정문 반영은 한국의 FTA 협상 정책에서 최우선순위 사항 중 하나인바, 한국 정부는 일관되게 모든 FTA 협상 시 첫 단계부터 타결 시점까지 이 조항을 관철하기 위해 적극 노력했다.

• 개성공단 생산제품에 대한 FTA상 원산지 인정은, FTA 체결국이 아닌 역외 관세지역에 특혜관세를 부여한다는 점에서 일반적으로 FTA에서 흔치 않은 조항이며, 남북관계의 특수성에 따른 정치적 민감성 등으로 FTA 체결 대상국들이 매우 난색을 표명했음에도 한국 정부의 노력으로 관철되었다.

• 한·미 FTA에서도 한국 측은 미국 측이 강하게 논의 불가 입장 견지했음에도 8번의 공식 협상에서 이 문제를 지속적으로 제기했다. 동시에 수석대표, 통상장관 등

---

27 〈오마이뉴스〉, 2011. 9. 16.

의 고위급 채널을 활용하여 미국 측을 설득했다. 최종적으로 역외가공무역위원회 설립 규정을 반영한바, 추후 개성공단 제품이 특혜관세를 받을 수 있는 토대를 마련했다.

- 한국 정부는 이런 원칙에 따라 호주, 콜롬비아 등 추후 여타 국가와의 FTA 협상에서도 개성공단 제품이 FTA상의 특혜관세를 부여받게 하기 위해 계속 노력 중이다.

중국발 가짜뉴스

한·미 FTA 반대 진영과 언론의 비판은 양날의 칼이었다. 논리적 비판은 아프기는 하지만 정책 담당자로서 수용해야 할 부분이었다. 스스로를 돌아보는 엄격한 잣대가 되기도 하고, 미국을 설득할 수 있는 반대 논리를 제공하기도 했다. 실제로 합리적 비판을 통해 수많은 내용이 매의 눈으로 검증받았고, 이 과정에서 정책 판단이나 협상 방향이 바뀌고 오류가 시정되기도 했다.

물론 부작용도 있었다. 가장 큰 문제는 국민의 일상 속으로 깊이 파고든 SNS와 인터넷이라는 새로운 미디어를 통해 가짜뉴스가 아무런 검증 없이 확산되었다는 점이다. SNS상의 가짜뉴스 폐해가 심각해지자 정보통신부에서 인터넷 실명제 도입 등을 검토했다. 그러나 가짜뉴스는 시간이 경과하면서 여론의 자정(自淨)작용을 거쳐 결국 사라질 것이고, 익명적 표현의 권리억압 및 사전검열 도구로 악용될 것이라는 우려가 높아 제한적으로 도입되는 데 그쳤다.

SNS를 통해 국민들에게 확산된 악의적 가짜뉴스의 출처를 조사한 결과 중국발 인터넷 통신이 많았다.

최석영 가령 한·미 FTA가 타결이 되면 건강보험이 민영화되어 충치를 치료하는 데 900만 원이 들고 맹장수술 하는 데 1,000만 원이 든다는 등의 가짜뉴스가 여기저기 판을 쳤습니다. 제가 당시에 '악의적 가짜뉴스가 조직적으로 이루어진다는 게 이런 것이구나' 절감했습니다. 트위터나 SNS, 나중에는 카톡까지 이용한 거짓말이나 가짜뉴스가 굉장히 많이 돌아다녔습니다.

그래서 우리가 가짜뉴스가 생산된 컴퓨터의 IP 주소(*Internet Protocol Address*)를 추적해 보았습니다. 그 결과, 전국에 흩어져 있었고, 놀라운 사실은 특히 중국 여러 곳에 대단히 많이 퍼져 있었다는 점입니다. 중국에서 가짜뉴스가 많이 생산된다는 것은 아주 의미심장한 이야기입니다.

그건 뭐냐? 중국 측이 한국 정치에 간여하고 있거나, 중국에 기지를 둔 북한이 조직적으로 한국 여론을 조작한다는 뜻일 수 있기 때문입니다. 누군가 선량하지 않은 의도를 가진 집단이 IP 주소를 중국 여러 곳에 두고 24시간 악의적 비판이나 가짜뉴스를 생산하여 한국 정치나 여론에 영향을 미치고 있었던 것입니다.

언론보도 오류에 적극 대응

통상교섭본부는 언론의 비판 내용이 잘못되었다고 판단하는 경우 거의 매일 반박 보도자료를 발표했다. 외교통상부뿐만 아니라 각 부처까지 하루에도 몇 차례씩 해명 자료를 낸 적도 있었다.

최석영 대사는 "나중에 모아 보니까 그게 무려 1,000페이지가 넘는 분량이었다. 한국정책사에서 한·미 FTA 때만큼 많은 보도자료를 생산한 적이 없을 것이다"라고 했다.

홍은주   당시 기록을 보면, 언론보도에 대해 세부 사항까지 일일이 반박하는 자료를 발표했습니다. 그렇게 적극적으로 대응한 이유는 무엇입니까?

최석영   언론사 기사의 경우 말도 안 되는 내용이라고 무시하고 그냥 있으면 그 기록이 그대로 남아서 잘못하면 거짓이 진실이 될까봐 그 점을 제가 경계했습니다. 무차별적으로 쏟아지는 잘못된 뉴스에 대해 적어도 무엇이 진실한 기록인지 남겨 두어야 나중에라도 잘못된 내용이 재생산되지 않는 데 기여할 것이라고 판단해서 힘들어도 적극적으로 대응했습니다.

SNS라면 몰라도 언론사에 게재된 잘못된 뉴스를 그대로 두면 오랜 시간 후에 진짜가 되는 것 아닌가 싶어 진실을 가리는 소송을 하려고도 했어요. 잘못된 내용을 전부 모아 언론 중재를 청구하여 내용을 시정하려 했는데, 제가 보직이 바뀌면서 다른 곳으로 발령받는 바람에 중단되었습니다.

한국 국회에서의 막판 진통

국회에 비준안이 제출된 시점 이후부터는 '국회의 시간'이었다. 한·미 FTA를 저지하기 위한 최후 노력으로 2011년 4월 이후 민주당 일부 의원들과 민주노동당, 진보신당, 국민참여당 등이 참여하는 '한·미 FTA 저지를 위한 공동기획단'이 구성되었다. 이들은 "한·미 FTA 추가협의 사항 폐기, 독소조항에 대한 전면적 검증 실시, 입법권·사법권 침해 사례 방지를 위한 법률적 검토 등을 추진할 것"이라고 밝혔다.[28]

야당인 민주당 내에서는 한·미 FTA 비준을 기정사실화하면서도 정치적 기반인 시민사회단체의 반대를 의식하는 분위기가 있었다. 10월 30일, 민주당 원내대표가 ISDS를 포함한 비준안 처리를 약속하는 여야 합의안에 서명했다가 시민사회단체의 반발로 이를 번복한 사건이 대표적 사례다.

국회 내에서 찬성파와 반대파 간의 막판 진통이 계속되었다. 그 가운데 한·미 FTA로 피해를 보는 계층이나 부문에 대한 실질적 대비책 마련을 위해 여야정 협의체 조직이 가동되기도 했다.

최석영 국회에서 비준을 받으려면 여야가 합의해야 합니다. 소위원회 심사도 하고 본회의도 가야 하니까 여야정 협의체를 구성했죠. 여야정 협의체의 핵심적 이해관계는 뭐냐? FTA 같은 개방 협상을 하면 개방으로 피해를 보는 계층에게 보상이 반드시 따라가야 합니다. 그것을 무역조정지원, 영어로는 TAA(*Trade Adjustment Assistance*)라고 합니다.

---

28 "한미지유무역협정(*Kor-Us FTA*) 반대 운동", 참여연대 홈페이지, 2014. 12. 31.

이 TAA 패키지와 FTA 패키지가 같이 국회에 들어갔습니다. TAA 패키지에는 세제혜택과 재정지원 두 가지가 있었는데, 두 가지 모두 예산이 수반되는 정책이니까 이걸 기획재정부(기재부)가 담당하고 있었어요. 여야정 협의체는 바로 TAA를 위해 만들어졌습니다. 여야가 다 같이 지역구와 직접적 연관이 있으니 TAA 패키지를 통해 더 많은 지원을 받기 위해 노력할 것 아닙니까? 특히 야당 의원들 가운데는 지역구에서 좀 더 많이 얻어 내기 위한 전술로 협상비준을 반대하는 경우도 있었죠. 그 이해관계를 조정하고 협상비준을 반대하지 않도록 여야정 협의체를 통해 합의를 유도했습니다.

막판 여야 합의와 국회비준

정부와 여당은 민주당 및 야당의 강경 반대파가 본회의 때 물리력을 동원한 실력행사에 나설 것을 우려하여 야당을 설득하기 위해 물밑 접촉을 지속했다.

그러자 민주당 내 한·미 FTA 절충파인 김성곤·강봉균·박상천·신낙균 의원 등 4명은 이날 오후 국회에서 한나라당 홍정욱·황영철·현기환·주광덕 의원 등 4명과 공동기자회견을 했다.

> 한·미 양국 정부가 한·미 FTA 발효와 동시에 ISDS 유지 여부 및 제도 개선을 위해 협의를 시작한다고 약속할 경우, 민주당은 한·미 FTA 비준동의안을 물리적으로 저지하지 않겠다.
> 한나라당은 민주당이 위의 내용을 당론으로 채택할 경우 한·미 양국 정부가 상기 재협의를 약속할 때까지 한·미 FTA 비준동의안을 일방적으로 처리하지 않겠다.[29]

이에 이명박 대통령은 11월 15일, "한·미 FTA 발효 후 ISDS 등 쟁점의 재협상을 요구하겠다"고 조건부 재협상 입장을 약속했다.

결국 11월 22일, 한·미 FTA 비준동의안이 국회 본회의를 통과했다. 국회의원

---

29 〈뷰즈 & 뉴스〉, 2011. 11. 10.

재적 170명에 찬성 151명, 기권 12명, 반대 7명으로 국회의원 대부분이 찬성표를 던졌다. 반대 목소리가 높았던 데 비해 많은 찬성표가 나온 셈이었다. [30]

이날 국회의사당은 한·미 FTA를 반대하는 여러 단체와 시위자들이 몰려들어 아수라장이 되었고 최루가스로 뒤덮였다.

한·미 FTA 국회비준 통과는 그야말로 파란만장한 대역정의 마무리였다. FTA가 추진되기 시작한 2004년 말부터 장장 7년여, 한·미 FTA 협상이 타결된 지 무려 4년여가 경과한 시점이었다.

한·미 FTA는 순탄치 않은 한국 개방정책 역사에서도 가장 큰 진통과 국론 분열을 겪은 사건이었다.

"법과 양심에 따라 칼날 위를 서다"

한국과 미국 두 나라는 이후 몇 차례 이행 준비 상황 점검 협의 등을 거치고, 발효 날짜 합의에 관한 외교공한을 교환하며, 한·미 FTA 발효일을 2012년 3월 15일로 확정했다.

2012년 3월 15일은 한·미 FTA 공식 발효일로 기록되었다. 한·미 FTA 추진이 시작된 이래 참여했던 수많은 협상 관련자들 모두가 감개무량한 날이었다. 그간의 우여곡절과 정치적 간난신고가 빛을 본 날이기도 했다. 오랜 기간 동안 협상에 참여하여 노력했던 관계자들 모두가 감개(感慨)에 젖었다.

한·미 FTA 협상이 시작된 노무현 정부 때부터 비준이 완결된 이명박 정부 때까지 계속 협상 현장을 지켰던 최석영은 자신의 저서에 이렇게 적었다.

(한·미 FTA 협상 추진 과정에서) 스트레스성 유산으로 큰 고통을 받던 여직원들의 눈물에 좌절했다. 한·미 FTA에 대해 송곳 비판을 하던 기자와 돌직구를 날리던 재야

---

30 "한·미 FTA 비준동의안 국회 통과", YTN, 2011. 11. 22.

전문가, 그리고 국가의 장래를 고민하던 일부 정치인들에게도 경의를 표한다. 그들의 반대 주장에 모두 동의해서가 아니다. 입체적 시야를 가지도록 하는 담금질이라 생각하기 때문이다. 공직이란 법과 양심에 의지하여 칼날 위에 서는 자리라고 믿는다.[31]

"한·미 FTA, 노무현·이명박 정부 합작품"

한·미 FTA는 협상에서 비준까지 시간이 오래 걸리는 바람에 한국과 미국 두 나라 모두 대내적 정치환경이 크게 바뀌었다. 두 나라 모두 이념이나 성향이 다른 두 정부를 거치면서 여당과 야당의 공수(攻守)가 바뀌기도 했다.

한국에서는 진보성향 노무현 대통령 정부 때 타결되었다가 보수성향 이명박 대통령 정부에서 재협상을 거쳐 비준되었다. 미국에서는 공화당 부시 대통령 시절에 시작하여 민주당 오바마 대통령 시절에 완성되었다.

홍은주　한·미 FTA는 비준을 받기까지 어려운 정치적 환경에서 오랜 시간이 걸렸습니다. 대통령들의 끈질긴 의지가 없었다면 불가능했을 것 같습니다.

최석영　그렇습니다. 당시 한·미 FTA는 시작부터 마무리까지 노무현·이명박, 두 대통령의 한국 경제의 미래를 보는 견해가 일치했고 의지가 일관되었던 것이 가장 결정적이었습니다.

특히 두 대통령께서 모두 협상가들에게 완전한 협상 권한(*full power*)을 준 것도 중요한 성공 요인이라 할 수 있습니다. 만약 대통령이 "모든 정치적 책임을 질 테니 협상만 잘하라"고 권한을 위임해 주는 분위기가 아니었다면, 협상가 차원에서는 국내 이해당사자나 정치권의 온갖 비판과 공격을 절대로 견디지 못했을 겁니다.

또 하나는 모든 산업계의 이해관계로부터 자유로운 외교부라는 부처가 대외협상을 담당한 것이 다행이었다고 생각합니다. 가령 통상교섭을 할 때 보면 산자부

---

31 최석영, 2016, 《최석영의 FTA 협상노트》, 박영사.

처럼 어떻게든 개방화를 통해 기업의 시장 영역을 넓히고 촉진하려는 부처가 있습니다. 반면, 농림부나 문화부의 경우는 개방을 미루고 우리 것을 지켜야 하는 수세적 업무가 불가피한 부처입니다.

이런 부처들은 적지 않은 갈등이 생깁니다. 농림부가 항상 '산업부가 제조산업의 이익을 지키기 위해 농업을 희생시키지 않을까?'라는 의구심을 가지다 보니 공산물과 농산물이 대립하는 상황이 지속되는 것입니다.

한편 외교부는 산하에 아무런 이해관계가 없는 부서이기 때문에 선진화된 규범, 대외개방 효과라는 두 가지 큰 원칙에 따라 양측 의견을 조율하기 쉬운 측면이 있습니다.

물론 전체적 과정에서 기재부의 역할이 정말 중요했습니다. FTA는 단순한 개방이나 관세인하 문제가 아닙니다. 기재부는 국내 규제체제(*regulatory regime*)를 총괄 관리하는데, 개방을 통한 시스템과 체제 선진화, 서비스산업 육성과 같은 한국 경제의 비전과 통상 목표를 향한 분명한 의지를 가지고 FTA를 추진했습니다. 기재부는 여야정 협의체에서 무역조정지원(TAA)을 담당하는 중요한 역할을 했고, 이해관계가 다른 여러 경제부처를 조정하는 역할을 수행하기도 했습니다.

결론적으로 종합하면, 당시 어려운 경제상황을 돌파하고 한 단계 도약하기 위한 개방론자들의 전향적 사고가 FTA의 추진 타당성을 제시했고, 추진을 시작하면서 벌어진 어려운 정치적 상황을 책임지고 돌파하려는 대통령의 리더십, 그리고 당시 대통령이 일선 협상가들에게 준 권한의 완전한 위임 등이 한·미 FTA 협상 타결을 가능하게 했다고 생각합니다. 노무현 대통령과 이명박 대통령, 두 분이 적어도 이 점에서는 같은 입장이었는데, 대통령 차원의 결단이 없었다면 협상 담당자들이 그 험난하고 기나긴 여정을 계속하기 어려웠으리라고 봅니다.

홍은주 한·미 FTA 추진 당시에 나타난 정치적 논쟁에 대해서는 어떻게 판단하십니까? 정치를 통상과 분리할 수 없는 상수라고 보았을 때 대외협상이 원활하게 성공하기 위한 전제조건이나 핵심이 무엇이라고 보시는지요?

최석영 통상협상은 협상 그 자체로서의(*per se*) 의미만 볼 게 아니라 양국의 정치적 상황 속에서 벌어지는 동태적 게임이라고 보는 것이 맞습니다. 따라서 중요한 협상에 임할 때 협상자는 통상의 큰 비전과 동태적 정치역학을 이해할 수 있어야 합니다.

흔히 협상을 할 때 협상 전선이 3개가 형성된다고 합니다. 양측이 마주 앉아 협상하는 전선이 하나 있고, 내가 고려해야 하는 국내적 입지(*domestic front*)가 있으며, 상대편이 고려해야 하는 상대국 내의 입지가 있습니다. 그런데 나나 상대의 입지는 고도로 정치적입니다. 각자의 국내 상황을 전제하여 협상의 위임권(*mandate*)을 받기 때문에 협상장에서는 각자의 정치적 입지가 한계로 작용할 수밖에 없습니다.

협상가는 이처럼 고도로 민감하고 정치화된 환경 속에서 양측이 합의할 수 있는 법적 문안을 만들어 내야 하는 것입니다. 그러니 정말 어렵죠. 그래서 저는 협상가는 고도의 법률적 전문성은 물론이고 실무적이고 기술적인 전문지식(*technical expertise*)을 반드시 갖추어야 한다고 생각합니다. 통상은 기술적 이슈를 많이 다루기 때문에 그걸 놓치면 정작 본질적인 것을 놓치게 되는 경우가 발생할 수 있는 것입니다.

CHAPTER 12

한·미 FTA 협상에 대한 미국의 시각

미국 측 수석대표 웬디 커틀러 인터뷰

1. 한·미 FTA의 배경 및 추진 전략

미국의 FTA 추진 전략

홍은주　1990년대에 미국은 다자간 협상인 WTO를 추진하면서 동시에 FTA 개별 협상을 적극적으로 추진했습니다. 그 이유는 무엇이었습니까?

웬디 커틀러(이하 커틀러)　"달걀을 한 바구니에 담지 말라"는 서양 격언이 있습니다. 한쪽에서는 다자간 협상을 추진하면서 미국과 가까운 파트너 국가들과 WTO를 넘어선 FTA 협상을 맺는 두 가지 무역정책을 동시에 추진한 것은 미국 입장에서는 일관된 논리였습니다.
(Well, for me it's quite logical that you don't want to put all your eggs into one basket. And so it is consistent in my view to be able to proceed with multilateral negotiations while at the same time pursuing FTA negotiations with closer partners who are willing to go beyond the WTO rules.)

홍은주　미국이 아시아 진출의 관문으로서 한국을 FTA 파트너로 선택한 이유는 무엇이며, 처음 한·미 FTA가 논의되었을 때 향후 어떻게 전개될 것이라고 보았습니까?

커틀러　사실 우리의 첫 번째 아시아 FTA 파트너는 싱가포르였습니다. 호주와도 협상은 마친 상태였고요. 태국이나 말레이시아와도 비슷한 시기에 FTA를 타진했는데 협상이 성공적으로 타결되지 못했습니다.
　한국은 물론 아시아에서 아주 중요한 FTA 파트너 국가이지만 미국의 첫 번째 선택은 아니었습니다. 미국 입장에서 한국을 FTA 파트너로 처음부터 당연시할 수 없었던 이유는 오랫동안 두 나라 간 통상관계에서 껄끄러운 분쟁이 상당히 장

홍은주 교수(오른쪽)와 인터뷰하고 있는 웬디 커틀러 전 한·미 FTA 미국 수석대표.

기화되었기 때문입니다.

그러나 2000년대 들면서 한국이 통상에 있어 좀 더 개방적이 되어 독자적으로 FTA를 추진하는 것을 우리가 지켜보았습니다. 또한 추가 접촉을 통해 이야기를 하다 보니 한·미가 FTA를 추진할 만한 공통 관심사가 있다는 것을 파악하게 되었습니다.

(Our first Asian partner was Singapore. So we concluded an FTA with Singapore before Korea. And we also had our FTA concluded with Australia before Singapore. And it's interesting we also launched FTA negotiations with Thailand and with Malaysia during that time period, but neither of those negotiations reached successful completion.

So the Korea FTA was obviously a very important Asian FTA, but was not our first FTA with an Asian partner and was not an obvious partner for US. There was a long history of acrimonious trade relations between the United States and Korea.

웬디 커틀러(Wendy Cutler)

1953년 미국에서 태어났다.
조지워싱턴대학에서 국제관계학 학사학위를,
조지타운대학에서 외교학 석사학위를
받았다. 미국 상무부에서 무역 업무를
담당했고, USTR에서 외교관과 협상가로서
일하면서 WTO, FTA, APEC 등 수많은
국제회의와 협상에 참여했다. APEC
무역대표와 고위관리회의 대표를 거쳐
USTR 부대표를 역임했다. 2006년
한 · 미 FTA 미국 측 수석대표를 지냈다.
현재 아시아소사이어티정책연구소
부회장을 맡고 있다.

But in the early to mid 2000s, Korea started opening more, and started pursuing its own FTAs as we were pursuing our own FTAs. And it just seemed that as we talked more that both of us had a shared interest in trying to do an FTA together.)

예비협상에서 4대 선결조건이 등장한 이유

홍은주 한·미 FTA 본협상에 앞서 상당 기간 동안 예비협상이 있었고 4대 선결 조건 이야기가 나왔는데, 이에 대한 미국 측 의도는 무엇이었습니까?

커틀러 한국과 FTA를 추진한다는 말이 나오니까 미국 조야에서 "한국이 과연 FTA에 걸맞은 시장개방이나 구조개혁을 추진할 의지가 있는가?"에 대해 적지 않은 회의론이 있었습니다.

당시 미국이 보기에 한국의 가장 상징적인 무역장벽이 스크린쿼터제였습니다. 그전에(1990년대 말) 우리가 한국과 양자간 투자협정(BIT)을 추진하려 했는데, 스크린쿼터 이슈 때문에 그 협상이 무산되고 말았습니다. 그런 경험에 비춰볼 때 한국이 (BIT보다 더 높은 수준인) FTA를 할 준비가 과연 되어 있는지 회의적일 수밖에 없었던 것입니다. 한국과 곧바로 본협상으로 가지 않고 예비협상을 시작한 이유가 바로 스크린쿼터뿐만 아니라 자동차 부문, 농업과 제약 부문 등 몇 가지 현안에 대해 한국이 정면 대응할 의지가 있는지 타진해 보기 위해서였습니다.

FTA에 걸려 있는 국가적 이해관계가 막중하기 때문에 일단 시작하면 반드시 성공적으로 마무리해야 하므로 우리가 그 점을 분명히 하고 싶었습니다. 만약 대책 없이 시작했다가 잘 안 되면 동맹국인 두 나라 모두에게 좋지 않을 것이기 때문입니다.

(Well, there was a lot of skepticism in the United States that Korea was ready to make the types of reforms and pursue the types of market openings that a free trade area would require.

In fact one of the, you know, most notable barriers during those days was the screen quotas that Korea had in place. And earlier, we had tried to pursue a bilateral investment treaty, BIT, with Korea, but largely because of the screen quota we were unable to reach agreement. And so there were reservations in the United States whether Korea was ready. And that's one of the reasons why we had what we call pre-consultations with Korea to discuss these types of irritants to see if they could be addressed, not only screen quotas but barriers in the automotive sector, in the pharmaceutical sector and in the agriculture sector.

We wanted to make sure that if we were going to initiate actual FTA negotiations with Korea that we'd be successful, because the stakes were high, and if we failed, given our alliance, to successfully conclude an agreement, it would not have been good for either country.)

홍은주 한·미 FTA 예비협상 때 수석대표로서 어떤 일들을 했습니까?

커틀러   2005년을 전후하여 한·미 FTA 예비 접촉이 시작되었을 때 한국이 APEC을 자국에서 개최했습니다. 그때까지도 여전히 한국과의 FTA가 과연 가능할 것인지에 대해 미 의회는 물론 행정부에도 깊은 회의론(*deep skepticism*)을 가진 인사들이 있었습니다.

그래서 USTR은 한국과 여러 차례 비공식 접촉을 통해 미국이 당시까지 추진해온 FTA의 내용과 절차에 대해 챕터별, 조항별로 협상팀과 자세히 논의했습니다. 한국 측은 이 과정을 통해 FTA 추진에 대한 미국 측의 기대치를 정확히 이해했고, 우리도 FTA를 본격적으로 추진하는 데 있어 한국 측의 의도와 진정성 그리고 협상이 시작될 경우 한국이 하게 될 일에 대한 이해도 등을 공유했습니다.

(So when I look back, you know, when these pre-FTA discussions started, I think it is the year 2004 leading to 2005 when Korea hosted APEC during that year. And again while there were some initial discussions, there was also deep skepticism among many in the administration and in Congress that Korea was ready.

And so we(USTR) had many informal discussions where we actually walked through our FTAs that have been completed to date, you know, chapter by chapter, provision by provision with our Korean counterparts. So they fully understood what would be expected of them, and could share their intent and their willingness and their understanding of what they would need to do if indeed we were to embark on FTA negotiations.)

홍은주   수석대표로서 개인적으로는 한·미 FTA 협상의 성공 가능성을 어떻게 봤습니까?

커틀러   결과적으로 보면 성공적 협상이 되었지만, 협상이 시작된 초기만 해도 저 역시 마찬가지로 이게 잘될까 미심쩍은 생각을 가지고 있었습니다. 한국의 무역에는 높은 통상장벽이 있었고, 그 문제에 대해 한·미 두 나라가 역사적으로 오랫동안 불편한 갈등을 겪었습니다. 특히 농업 분야는 보호장벽이 말할 나위 없이 아주 높았습니다. 그런데 한·미 FTA 협상은 이처럼 보호장벽과 높은 통상장벽이 처진 분야까지 전부 짧은 시간 내에 논의해야 하는 것입니다. 그런 FTA 협상이 과연 짧은 시간 내에 성공적으로 마무리될 수 있을지에 대해 많은 미국인들이 회의적이었죠.

그럼에도 불구하고 일단 추진하기로 결정을 내렸고, 정말 성공적으로 잘 타결지었습니다.

(Well, like many in the United States I was also skeptical when we first started the negotiations that we would reach successful completion. And again we had a long unpleasant trade history between the two countries and there were a lot of import barriers in Korea, there was a highly protected agriculture sector and the notion that we could address all of the areas in an FTA and do this in a relatively short period of time, it just raised a lot of questions including by me.

But again we decided to go forward and as history showed we were able to successfully complete the talks.)

2. 협상 위기와 핵심 쟁점들

미국은 언제 협상결렬 위기를 인식했나?

홍은주 협상 과정에서 '이 협상이 잘 안 될지도 모르겠다'고 생각한 시점이나 계기가 있었습니까?

커틀러 실제 협상 과정을 돌이켜 보면, '아, 이 협상이 깨지겠구나, 중장기적으로 간다면 몰라도 적어도 우리가 정한 TPA의 짧은 시한 내에서는 성공하기 어렵겠구나'라고 생각한 몇 번의 순간이 있었습니다.

이 같은 결렬 위기는 협상의 여러 국면에서 발생했지만 특히 한쪽에 핵심적으로 중요한 이슈가 있어서 교착 상태가 될 때 특히 자주 발생하곤 했습니다.

예를 들어 2006년 협상이 대표적 경우였습니다. 한국 측에서는 (법을 개정해야 하는) 반덤핑이나 상계관계 관련법이 아주 상위의 우선순위였는데, 미국은 법률상 우리가 원하는 변화나 혹은 통상 애로 개선을 위해 법제화할 필요가 있는 경우는 반드시 의회에 보고하게 되어 있습니다. 한국은 반덤핑이나 상계관세법의 개정 문제를 굉장히 우선시하고 우리를 압박했습니다. 절차적 이슈를 제외하고는 우리가 할 수 있는 일이 많지 않아서 난감했습니다. 결과적으로 의회 측에 우리가 이 건과 관련하여 법을 바꿀 계획이 없다는 내용으로 보고했기 때문에 한국의 강한 저항에 부딪혔습니다. 그게 2006년 말 무렵이었는데, 그때 한·미 FTA가 앞으로 잘되어 나갈지 우려가 되었지요.

또 다른 결렬 위기는 협상의 마지막 주에 있었습니다. 그동안 핵심 쟁점이 되었던 농업이나 자동차뿐만 아니라 제약산업의 표준에 대한 지식재산권 보호 등 수많은 분야에서 첨예한 관점의 차이가 여전히 존재하고 있었어요.

어떤 FTA에서는 몇몇 쟁점만 해결하면 모든 게 잘 끝났지만 한·미 FTA에서는 그렇지 못했습니다. 시장을 개방하고 방식을 개선하는 데 있어 한국이 많은 양보를 하여 결단을 내려야 하는 쟁점이 마지막 순간까지 해결되지 않은 채 많이 남아 있었습니다.

(Yes, there were a few junctures where I thought that we just were not going to be able to succeed, maybe over the medium term, not during the time frame that we both had set out to complete by.

And those junctures happened at different times in the negotiations but typically they would happen at a juncture where one of the issues that was of key importance to one side was facing stalemate.

So for example at the end of 2006 in the negotiations, the United States, by our law, had to inform our Congress of changes that we wanted, that we were willing or we were prepared to make to our trade remedies laws in order to enter to conclude negotiations with Korea. Addressing trade remedies like anti dumping and countervailing duty laws was a top priority for Korea. Korea was pushing us. We knew we couldn't do very much except for some kind of procedural types of issues. And as a result when we submitted our report to Congress saying we did not plan to change our laws, that was met with a strong objection by Korea. And this was, again, at the end of 2006 and at that juncture I really thought that this is going to be hard to bring together this negotiation.

I also felt like that in other junctures as well, including, you know, during the last week of the negotiations and I know we'll get into that, but there were a lot of difficulties during this negotiation because it wasn't just agriculture and autos which got the most attention. There were a lot of areas where we had differences of views including an intellectual property protection on industrial standards, the pharmaceutical area, SPS, I mean I could keep going on and on.

But in other words in some FTAs you only have a few key issues that you need to solve. In this negotiation even though we made progress on some, there were a lot of controversial issues that required Korea frankly to make a

566

lot of concessions and to make decisions that it was going to kind of change its ways and open its economy.)

홍은주 제약 분야도 핵심 쟁점 가운데 하나였지요?

커틀러 제약의 경우 우리가 강하게 요구하던 두 가지 쟁점이 있었습니다. 하나는 특히 특허와 관련하여 제약의 지식재산권을 더 강력히 보호해야 한다는 것이었고, 또 다른 하나는 약가결정 시스템에서 투명성과 절차적 정당성을 담보해야 한다는 것이었습니다.

한국에서는 우리가 한국 정부에 약가를 올려 달라고 요구한 것으로 보도된 것으로 알고 있지만 그건 절대로 사실이 아닙니다. 우리는 단 한 번도 미국 수입약가를 올려 달라고 요구한 적이 없습니다.

우리가 요구한 것은 누구나 납득할 수 있는 투명한 절차의 보장과 만약 결정된 약가가 부당하다고 여겨질 때 이를 항소할 수 있는 제도를 도입하라는 것이었습니다. 당시 한국에서도 제약 문제가 아주 큰 논란이 되었던 것으로 알고 있습니다. 제약 분야의 협상단이 매번 다른 협상을 할 때마다 새로운 문제가 돌출된 것처럼 보였습니다.

(Yeah, those were very controversial issues. And pharmaceuticals in particular we had two main sets of requests. One was stronger intellectual property protection for pharmaceuticals, particularly with respect to patents, and the other was more transparency and due process in the pharmaceutical pricing system.

We never asked for Korea to raise its prices on drugs. I know that was reported in Korea, but that was inaccurate.

But what we were asking for was a transparent process where our companies knew what was going on and could appeal decisions if they thought the prices for reimbursement were unfair. But the whole pharmaceutical area was very controversial to Korea. And frankly that was an area where just every round we had there seemed to be another problem between our pharmaceutical negotiators.)

한국과 미국의 정치적 압력 차이

홍은주 협상 당시 미국의 정치적 환경이나 압력은 어떠했습니까?

커틀러 당시 제가 봤을 때 한국과 미국이 크게 다른 점은 한국의 경우 협상 과정 자체에 큰 관심이 집중되었다는 것입니다. 저를 포함한 협상단이 한국에 올 때마다 미디어의 전면에 보도되곤 했고, 호텔 앞에서는 수많은 반대자들의 시위가 벌어졌습니다. 창밖을 내다보면 1,000여 명의 시위대들이 몰려와 당장 협상을 중단하고 미국으로 돌아가라고 외치곤 했습니다.

미국은 (한국과는 양상이) 좀 다릅니다. 협상의 진행 상황에도 일부 관심이 쏠리긴 하지만, 협상이 다 끝나고 나서 의회비준을 받으려고 할 때 훨씬 더 많은 정치적 관심이 집중됩니다.

두 나라 간에 관심이 쏠리는 시점이 다르다는 것을 인지했기 때문에 협상 당시 제 협상 파트너인 김종훈 수석대표가 받는 정치적 압력이 저보다 훨씬 높을 것이라는 점을 짐작했습니다.

물론 당연히 미국에서도 노동조합이나 자동차산업, 그리고 한국에서 비즈니스를 하는 것이 폐쇄적 산업규정 등을 이유로 너무나 어렵다고 여기는 다른 제조업에 이르기까지 한·미 FTA에 대하여 많은 반대가 있었습니다. 이 때문에 저 역시 정치적 압력을 받고 있었지만, 사실 진짜 더 큰 압력은 나중에 협상이 끝나고 나서 협상안을 들고 미국으로 돌아가 의회비준을 받으려고 할 때 발생했습니다.

(Now one thing I would say where the United States and Korea differ is that in Korea, during the negotiations, a lot of attention was paid to the progress or lack thereof. When we came to Korea, when I would bring my delegation it would be front page news. There was a lot of opponents' demonstrations in this hotel. I remember, you know, looking out the window and having a 1000 people outside asking us to go home and to stop the negotiation.

In the United States, while there was some attention paid to the negotiation as it preceded, a lot of the attention was paid to the negotiations once completed and when we were seeking congressional approval, so the timing was a little different in both.

As a result I felt that my korean counterpart Kim Jong Hoon was under a lot more political pressure than I was.

Now, Clearly we had a lot of opposition in the United States as well, particularly from our labor unions, our auto companies and frankly other manufacturing companies who felt doing business in Korea was just too difficult largely due to the kind of closed industrial standards that Korea put in place. So, you know, I was under pressure, there was pressure in the United States at that time, but more pressure came once we brought the deal home and tried to get it approved by Congress.)

홍은주 협상 막판까지도 해결되지 않은 문제가 많이 남아 있었다면서요?

커틀러 한·미 FTA 협상은 상대적으로 빠른 시일 내에 반드시 끝내야 하는 협상이라는 것이 다른 FTA와 차별화되는 요소였습니다. 이 같은 시간제한은 TPA 조항 때문이었죠. 그 기한 내에 협상안을 가져가야 의회가 협상 내용이나 자구에 시비를 걸지 않고 있는 그대로 통과 여부를 결정하기 때문입니다. 따라서 협상을 TPA 시한[1]까지 끝내는 것이 양측 모두에게 아주 중요했습니다.

이렇게 협상 시한에 쫓기면서 협상 시한을 앞두고 마지막 주가 되었습니다. 그 당시에 몇몇 분야에서는 협상이 진척을 이루었지만, 여전히 너무나 많은 주요 이슈들이 미해결로 남아 있었습니다. 마지막 시점만 두고 이야기한다면, 제가 참여했던 다른 어떤 협상과 비교하더라도 미해결 범위가 크고 리스트도 가장 길었다고 할 수 있습니다.

협상 마지막 주에 이르러 미국 측은 "우리가 시한 내에 FTA를 끝내고 싶기는 하지만 한국이 막판에 이 모든 미합의 이슈에 대해 한꺼번에 결단을 내리지는 않

---

1 협상 시한은 3월 말, 의회 논의를 포함한 최종 시한은 7월 1일이었다.

을 것"이라는 점을 인식했습니다. 그래서 시한 마지막 주에는 우리가 24시간 미팅을 하고 논의를 계속했습니다.

한국 대표단은 자체적으로 혹은 청와대와 많이 논의하는 것 같았는데, 솔직히 말해 우리는 한국 대표단이 자기네끼리 대체 무엇을 논의하는지 전혀 몰랐습니다. '우리가 원하는 정도의 과감한 결단을 내려서 성공적 합의를 도출할 수 있을지 여부를 궁리하고 있지 않을까?' 생각은 했습니다. 가끔씩 몇 시간 동안이나 우리 중 누구도 한국 대표단과 전혀 접촉하지 못했기 때문에 "협상 파트너가 안 보이는 참 이상한 협상"이라고 우리끼리 이야기한 적도 있었습니다. 막판 결단을 내리기 위해 협상단 자체에서 내부 논의를 하는 거라고 이해는 했습니다.

(Yeah, so the KORUS negotiation was unique in that we had a very hard deadline first of all. We had trade promotion authority in effect, which basically meant that we would bring the deal home to Congress and they would vote yes or no with no amendments.

And so it was very important for both sides that we complete the negotiation to ensure that it would be covered by TPA(*Trade Promotion Authority*) which was going to expire in July. And so we had a short time frame for these negotiations.

And while we were making progress on certain issues, there were many issues that were just unresolved as we approached the last week of the negotiations and out of all the negotiations I was involved in, it was probably the most extensive list of outstanding differences.

And so I think during that week the United States still very much wanted to conclude the FTA, but we recognized that may not happen, that Korea had to make many decisions that last week.

And so that last week of negotiations, while we were meeting around the clock and had a lot of different discussions, the Korean delegation was spending a lot of time among themselves and at the Blue House, they were trying to figure out whether they could make the types of moves that we were asking them to, to pave the way for successful conclusion.

웬디 커틀러 대표 기자회견(2007. 1. 19). 웬디 커틀러 미국 측 수석대표가
제6차 한·미 FTA 마지막 날에 기자회견을 열고 협상의 주요 내용을 발표하고 있다.

To be totally honest we didn't know what was going on among the Korean
delegation and there were hours where we couldn't reach any of our
counterparts and we were wondering, you know, this is a strange negotiation
where the other partner is unavailable. But we concluded that it all had to do
with internal deliberations.)

홍은주　그렇게 내부 논의를 하는데, 시간이 부족하니까 협상 시한이 48시간 연
장되었지요?

커틀러　(협상 막판에 협상 시한이 이틀 늘어난 점에 대해) 한국 측에서는 우리가 아
주 고의적으로 시한을 감추고 있다가 연장한 것으로 오해했던 것으로 알고 있습
니다. 한국 측은 우리가 굉장히 교활하고 정직하지 못하게 행동했다고 생각하는
데 그건 정말 아닙니다. 사실 우리도 그렇게 연장이 가능한지 몰랐습니다. 협상
시간이 좀 더 필요한데 정말 우리가 협상안을 전달할 마지막 시간이 언제인지를

의회에서 의논한 결과 그렇게 된 것입니다.

(I know the Korean side felt that we were acting very deliberately about extending the time frame. They didn't understand what was going on and they thought we were being very sneaky and dishonest because they didn't know the last day of the negotiation. And I found that amusing because we didn't know either. And so we were consulting with Congress at that time to try and get more time and to see what was the last possible hour we could deliver the letter.)

미 의회의 협상안 수정 요구

홍은주 어려운 과정을 거쳐 간신히 협상안이 타결되었는데, 그 직후에 바로 미국 의회가 재협상을 요구하지 않았습니까?

커틀러 지난 10년을 회고해 봤을 때 2010년 재협상이 가장 기억나지만 한·미 FTA 협상이 끝난 직후인 2007년에도 협상을 마무리짓기 이전에 상당히 의미 있는 사건이 있었습니다.

우리가 (2007년 4월 2일 새벽에) 협상을 마무리지었는데 그 직후에 바로 미국 의회 내부와 행정부가 이른바 '5월 10일의 딜'(*May 10th Deal*)이라고 불리는 공화당 행정부와 의회 민주당의 협상이 타결되었습니다. 노동과 환경 투자와 관련되어 등장한 몇몇 이슈들에 대해 공화당 행정부와 민주당 의회가 합의한 것입니다. 그 협상은 사실 한참 전에 시작되었는데 불운하게도 TPA 협상 시한으로 한·미 FTA 협상안이 이미 타결된 이후 시점인 5월 10일에야 양측이 합의했고, 미 의회의 요구에 따라 우리가 그 내용을 이미 끝난 한·미 FTA에 반영해야 했습니다. 그래서 우리는 한국 측에 이 내용을 설명하고 7월 1일 이전까지 의회가 구체적으로 적시한 내용을 보완해야 한다고 요청했습니다. 한국 협상단은 당연히 우리가 추가협상을 요청한 점에 대해 굉장히 불만이었습니다.

그런데 우리로서도 의회가 요구한 사항이라 어쩔 방법이 없었습니다. 만약 그걸 수락하지 않으면 의회비준은 물 건너가기 때문입니다. 그래서 굉장히 어려운 협상을 다시 시작했고 한국 측의 우려를 좀 완화하기 위해 '부속 서한'을 첨부하는 방식으로 미 의회의 5월 10일 요구 내용을 협상안에 반영했습니다. 협상 끝난 지 겨우 2주 만에 다시 테이블에 앉아 어려운 내용을 다시 조율하다 보니 정말 영원히 끝나지 않을 것 같은 협상처럼 보였습니다. 또 밤을 새우고 긴장과 스트레스에 계속 시달렸죠.

(So you know one thing that should be recalled as we all think about the history here, we think about the renegotiation in 2010, but the other significant development between the conclusion of the talks.

Okay so we concluded the negotiations and then our Congress concluded what was called 'this May 10th deal' among republicans and democrats and the administration. And this was going to be kind of the they agreed on things involving environment, labor investment, a whole number of issues. Unfortunately while we had pressed our Congress to make sure that deal was reached before April 30th, the deal was reached May 10th. So we had to go back to our Korean counterparts and ask them to do more in the areas that Congress had specified and agreed to that before the signature on July 1st. And that also was a very difficult negotiation. I think our Korean counterparts were very unhappy that we were asking them to do more.

But what we told our Korean counterparts is that this is what Congress wants, and if you don't do this then we'll never get this agreement approved by Congress. And so we entered into another round of very difficult negotiations. Luckily we were able to reach agreement on these May 10th proposals including some side letters that ease some of the concerns of Korea. But it was also after a very difficult negotiation ending April 30th we were like back at the table again in two weeks. And for me personally it just seemed like it never ended, like the tension and the stress and the all nighters just kept going on and on and on.)

3. 한국과 미국의 입장 차이

한국의 쇠고기 협상 파문에 관한 미국의 입장

홍은주 다음 해인 2008년 쇠고기 협상의 결과로 한국에서 난리가 났습니다. 미국은 당시 그 상황을 어떻게 보고 있었습니까?

커틀러 쇠고기 시위는 처음에는 별문제가 안 될 것처럼 시작되었다가 너무나 급속하게 시위가 커졌고 갈수록 심해져서 미국 측도 깜짝 놀랐습니다. 우리로서는 이 이슈가 얼마나 심각해질 것인지, 한국의 쇠고기시장 재개방에 있어 반대 여론이 얼마나 강한지를 평가하거나 측정하는 것이 쉽지 않았습니다. 다만 한 가지 확실한 것은 설령 양국이 이미 합의를 끝냈다고 하더라도 합의에서 한국이 한발 물러나는 것이 한국 측에 굉장히 중요하다는 것을 깨달았죠.

쇠고기 재협상이 열렸는데 이게 굉장히 스트레스가 많고 긴장된 협상이었습니다. 워싱턴에서 열렸지만 매일 아침 한국에서 벌어진 시위 관련 보도를 읽은 후 협상을 시작하곤 했습니다. 한국에 양보해 주는 쪽으로 합의하기로 했지만, 우리 역시 무역 관련 부문이나 기업들이 우리를 주시하고 있었고 협상의 원칙을 고수해야 하는 부분이 있었습니다. 다른 나라들도 미국산 쇠고기 수입제한을 하고 있어 협상 중인데, 만약 우리가 이 원칙을 양보하면 협상 중인 다른 국가들에게 선례가 되기 때문입니다.

우리는 미국산 쇠고기가 안전하다고 믿었고 동물검역의 안전성을 책임진 OIE의 인정을 받은 상태였습니다. 그리고 우리가 파악하기로는 당시 한국의 거리에서 벌어지는 시위가 명목상으로는 미국산 쇠고기 수입 반대를 내세우지만, 내면으로는 쇠고기 외에 수많은 다른 정치적 이슈를 내포하고 있다고 봤습니다.

그래도 나름대로 한국 측의 요구를 받아들여 김종훈 대표가 서울로 돌아가서 나름 선방했다고 말할 수 있는 정도의 합의에 이르렀습니다. 최초에 합의했던 것보다는 완화된 조건에 합의한 것입니다.

당시에 우리가 보니까 이 문제의 취재를 위해 미국을 방문한 한국 언론인들이나 협상단이 식사 때마다 미국산 쇠고기를 잘 먹고 있었어요. 그걸 보면서 한국에서의 시위가 순수한 시장보호주의 때문인지 아니면 미국산 쇠고기의 문제점을 인터넷을 통해 확산시키고 있는 루머 때문인지 이해하기 어려웠습니다. 제가 볼 때 당시 협상은 인터넷에서 불확실한 정보를 양산하여 퍼트리고 그것이 협상에 영향을 미친 최초의 협상이었던 것으로 보입니다.

(Well let's remember that the beef protests they started small and they got big quickly. They got bigger and bigger, we were taken aback by the magnitude. And I think it was difficult for us to assess or appreciate how difficult this issue had become and how strong the opposition was in Korea to reopening the beef market. That said, even though we had an agreement we recognized that it was very important to Korea to take some steps back from that agreement.

And then we entered into another very tense very stressful negotiation where while the negotiations happened in Washington, you know, every morning we would start and read about all the protests in Korea. And so we very much wanted to reach an accommodation with Korea but we also had principles that we wanted to adhere to, because all of our other trading partners were watching this and at that time many other countries were restricting our export of beef. and we felt that our beef was safe.

It had gotten the approval of the OEI which was the international organization charged with animal safety. And we felt that, even though the protests were, on the surface, against beef, they had a lot more going on than just beef. But again and this is, you know, I think one theme in our relations.

Through all of these we were able to reach an accommodation with Korea. Kim Jong Hoon was able to go back to Korea and show that he was successful in the negotiation. And that we agreed to weaken the deal on beef that we had initially concluded.

But at the same time we would see, you know, Korean journalists come to America or our negotiating partners, they'd come to America and eat beef all the time. And so it was very hard for US to understand, you know, is this pure protectionism? Was this just rumors on the internet spreading that you know the unsafe condition of beef and it was probably one of the first negotiations where the internet played a really important role in a lot of disinformation right and a lot of disinformation was disseminated.)

한·미 FTA 타결안 비준이 미국에서 늦어진 이유

홍은주 그렇게 어렵게 쇠고기 협상을 마쳤는데도 한·미 FTA 타결안이 국회에서 오랫동안 잠자고 있었지요?

커틀러 네, 쇠고기 협상 이후 한·미 FTA 협상 타결안은 오랫동안 수면 아래에 묻혀 있었습니다. 미국 의회에서 민주당이 이 협상 내용에 찬성하지 않는다는 사실을 분명히 했기 때문이었다.

하원에서 비준을 책임진 위원회가 세입세출위원회인데 위원장인 샌디 레빈은 미시건주 출신이었고, 미시건주는 한·미 FTA 협상안의 한국 자동차의 미국 수입 조건 등에 지속적으로 우려를 표명해 왔습니다.

한편 상원에서는 비준을 다룰 핵심 위원회가 재무위원회인데 이 재무위원회 위원장인 맥스 보커스 민주당 의원이 하필 쇠고기 생산지인 몬태나주 출신이었습니다. 그는 한국의 쇠고기 수입제한 문제 때문에 불만이 많았습니다.

두 위원회 모두 비준에 필수적인 역할을 하는 곳이다 보니 비준이 잘 추진되지 않았습니다.

더욱이 2008년 말에 미국에 대통령 선거가 있었습니다. 당시 저는 싱가포르의 한 호텔에서 매케인과 오바마 후보의 토론을 지켜보았는데 그 토론에서 오바마 후보는 한국과의 FTA 합의안에 심각한 우려를 표명하면서 협상안의 내용이 크게 개선되지 않는다면 의회비준을 추진할 의사가 없다는 점을 분명히 했습니다.

결국 오바마 후보가 대통령이 되었는데 새 대통령도 비준에 관심이 없고 의회의 상하원 모두가 적대적이다 보니 한·미 FTA 비준안이 수면 아래로 가라앉은 상황이 전개된 것입니다.

(So it was shelved for a long time basically because the democrats in Congress made it very clear that they were not going to support this agreement.

You had in the House many members particularly Sandy Levin from the House of Ways and Means committee, an Instrumental committee for getting moving this bill forward from Michigan, very concerned about the Auto market access that we had agreed to in the agreement.

And then you had senator Baucus who was democrat and also the chairman of the Senate Finance committee, the other committee charged with on moving this agreement through Congress. And he was against the agreement as well, due to beef restrictions.

Both of those committees were essential to moving the agreement and so we could not move the agreement.

At the same time we had a presidential election and I remember I was in Singapore in some hotel for some other meeting and I watched the McCain-Obama presidential debates. And in that debate, president Obama said that he had serious concerns with the Korea FTA. He wasn't really interested in moving it forward that if it were to move forward there would have to be major improvements.

And so you know, the combination of the new president not being interested in the agreement and Congress not being interested in moving really led the agreement to a situation where there's no action on the US-Korea FTA agreement.)

오바마 대통령의 재협상 요청 배경

홍은주 그렇게 관심이 없던 오바마 대통령이 나중에는 방한할 때마다 이명박 대통령에게 한·미 FTA 재협상을 요청했습니다. 그 배경은 무엇입니까?

커틀러 그런 상황을 타개한 것은 한국이 영리하게도 EU와 FTA를 추진하고 EU 와의 타결안을 미국보다 앞서 비준했기 때문입니다. 우리가 협상한 협정으로부터 유럽이 모든 이득을 가져가면 미국은 손해를 보게 될 것이라고 의회와 오바마 행정부를 납득시키는 데 도움이 된 것 같습니다.

오바마 후보는 대통령이 된 후 트럼프 대통령과 달리 한·미 FTA 자체를 깡그리 무위로 돌리는 쪽으로 결정을 내리지는 않았습니다. 그는 저와 USTR의 새 수장인 론 커크를 불러 "현재 상태의 한·미 FTA 타결안은 상당한 결점이 있고 문제가 있으니, 특히 농업과 자동차 부문에 대한 미국 내 우려를 반영하는 방식으로 문제를 해결하고 최종적으로 의회비준을 받을 수 있는 방안을 마련하라"고 지시했습니다.

새 대통령의 지시에 따라 우리는 약 1년여에 걸쳐 이해관계자들을 만나 의견을 수렴했는데, 안 그래도 너무나 어렵게 끝낸 협상을 다시 하기로 하고 의견수렴을 하는 이 기간이 저에게는 참 힘들었습니다. 이해관계자들은 자신들이 협상장에서 직접 협상하는 게 아니기 때문에 "이랬어야 한다", "저랬어야 한다", "왜 이렇게 양보했느냐?" "왜 좀 더 버티지 못했느냐"고 쉽게 말합니다. 그런 말을 들으면서 내심 '당신들이 한번 협상장에 직접 들어가서 협상해 봐라. 과연 우리보다 잘했을까?'라고 생각했죠. 물론 그런 생각을 입 밖으로 꺼내 말하진 못했지만요(웃음).

아무튼 여론수렴 과정을 거쳐 특히 자동차 부문 재협상에 집중하는 우리 측 의견을 한국에 전달했고 2010년 재협상이 이루어졌습니다.

(I think one of the smartest things Korea did during that period was they decided they're going to proceed with the EU and they're going to go ahead and negotiate a similar agreement with the European Union which actually went into force before the US-Korea FTA. And I think that helped convince lawmakers and the Obama administration that we're going to lose out if Europe gets all the benefits from the agreement that we negotiated.

When Obama became president, unlike Trump, he didn't just walk away from the agreement. He didn't sign an executive order saying we're out. What he did was he said basically to USTR including me and ambassador Ron Kirk that this agreement as it is was flawed and there were shortcomings and that we needed to work, to figure out what more was needed to pave the way for addressing concerns particularly from the Auto and Agriculture industries and thus allow for congressional approval.

And we spent close to a year meeting with stakeholder after stakeholder and for me personally it was just a very difficult period because I had been through very difficult negotiations with Korea already. And, you know, for people who were not in the room negotiating, it's very easy for everyone to say like "oh you should have gotten this, you should have done this, why didn't you do this? you didn't push hard enough." And, you know, inside I'm thinking if any of you were at the negotiating table you wouldn't have done any better than we did.

But obviously I couldn't say that and I had to work with all of these demands and eventually that allowed us to come up with specific proposals mainly in the automotive area to ask Korea to move on in which led to the 2010 agreement.)

홍은주 2010년 재협상을 위해 최석영 수석대표와 일본 센다이에서 최초로 접촉했다면서요?

커틀러 그렇습니다. 최 대사는 그가 워싱턴 공사를 할 때부터 가까운 동료였습니다. 오랫동안 워싱턴에 있었기 때문에 미국의 정치 시스템과 분위기를 아마 한국 협상팀 내 누구보다 잘 이해하고 있었고, 따라서 협상 개시 이전에 이미 미국에서 자동차 부문에 대해 추가협상 요구가 나오게 될 것을 눈치챘을 것입니다.

당시 저는 위에서 지시받은 대로 "여기 우리가 원하는 10가지가 있는데, 이 중에서 당신들이 해 줄 수 있는 것은 무엇이 있습니까?"라는 식의 이상한 조건을 그에게 말해야 했는데, 당연히 최 대사는 이걸 반기지 않았습니다. 그는 "이것저것 다 재협상하자는 건 말도 안 된다. 당신들이 진짜 구체적으로 원하는 것이 무엇이냐? 그래야 내가 한국으로 가서 '내가 이런 말을 들었는데 어떻게 할 것이냐'고 전달할 수 있지 않겠나? 모든 걸 처음부터 다시 협상 테이블에 올려놓고 재논의하는 방식은 절대로 안 된다"고 했습니다.

결국 우리가 정말 필요한 부문에 집중하기로 했습니다. 제가 지금 기억하기로는 재협상의 핵심은 트럭의 관세철폐 기간을 재조정하는 것이었습니다. 2007년 FTA 합의안에 따르면, 당시 25%였던 트럭관세를 10년에 걸쳐 매년 2.5%씩 같은 비율로 낮추는 것으로 되어 있었는데, 그걸 10년 안에 다 낮추는 것은 그대로 하되 초기에는 관세를 낮추지 말고 뒤쪽에 비중을 두어 낮추자는 협상안이 도출되었습니다.

나중 일이기는 하지만 그때 또 한 가지 합의한 것이 있습니다. 한국에 미국 차가 수입되어 판매될 때 최초의 2만 5,000대까지는 미국 안전기준이 한국에서도 동등하게 인정받을 수 있도록 해 달라는 미국 측의 요구를 한국이 받아들였습니다. 이 방식이라면 한국도 자체 기준을 바꿀 필요가 없었거든요. 이 두 가지는 미국 입장에서는 굉장히 중요한 양보안이었고, 그 결과 미국 자동차 업계는 물론 노조까지 한·미 FTA를 수용하게 되었습니다. 그게 결정적인 변곡점이 되어 미 의회의 비준 승인을 받는 계기가 되었습니다. 물론 자동차 외에 우리는 쇠고기 수입개방 문제를 더 이야기해야 했지만 자동차 부문이 미국에 가장 큰 의제였는데 2010년 재협상에서 그게 해결된 것입니다.

(So that was really the first meeting of the renegotiation. And I had known ambassador Choy because he was the economic minister during KORUS in Washington. He was a close colleague and understood our political system, having been in Washington, probably better than most of the rest of the Korean team. And I think he understood that we were going to ask to do more on autos.

But I had kind of a craziness, I'm going to say I had a strange negotiating mandate which was "Here are 10 of our ideas of things we want, which one of these could you do?" And he was not happy, I don't know if he has told you this story, but his view was like "this is way too much, like you know, you should tell us exactly what you want so then I am able to go home and just say look I had a discussion. But this approach of just putting everything on the table is not going to lead to a path forward."

So we needed to really focus in on what we want, and we did that. The way I remember it, key to this was adjusting the truck tariff staging. And because that was the 25 percent tariff that was under the 2007 agreement, was going to be eliminated in 10 years in equal intervals. And in technical terms we backloaded the staging on trucks at that point.

And we also agreed to another kind of critical proposal for the United States and that was called 'safety standards equivalency' which basically said, for the first 25,000 cars that any company sells to Korea, the US safety standards would be deemed equivalent. They would not need to change their standards to the Korean standards. And that was viewed domestically as a very important concession. And as a result of what we were able to get on autos for the first time, the United Auto workers endorsed the FTA as well as the Auto industry. And once that happened, then that helped pave the way for congressional approval of the agreement. We still needed to deal with beef but autos seemed to have been taken care of.)

홍은주 그런 결론으로 이어지는 협상 과정도 결코 쉽지는 않았다면서요? 원래 오바마 대통령이 2009년 11월 방한했을 때 마무리짓고 두 정상이 타결안을 발표할 것이라는 이야기도 나왔는데 결국 협상이 무산되어 정상회담이 상당히 썰렁했다고요?

커틀러　그게 바로 제가 지금까지 풀지 못한 의문입니다. 김종훈 본부장이나 최 대사에게 물어보기도 했지만 왜 그랬는지 분명한 답변을 듣지 못했습니다. 2009년 11월 서울에서 열린 G20 정상회의 직전에 협상을 시작하면서 우리가 "두 정상의 회담 이전에 재협상 문제를 반드시 마무리지었으면 좋겠다"는 점을 사전에 분명히 밝힌 것 같은데 한국 측은 우리의 절박함을 잘 이해하지 못했던 것으로 보입니다. 두 정상의 공식 회담 전에 이 협상을 마무리하는 것이 우리에게 얼마나 중요했는지를 알지 못했던 것 같아요. 결국 정상회담 직전까지도 협상이 진전이 이뤄지지 못했고 오바마 대통령은 크게 실망했습니다.

(Well well. One of the things that's very interesting and it's still a mystery to me and I've asked Kim and Choy about this and never gotten a straight answer. When we were here for the G20 meeting with president Obama, that was like November of 2009, we thought we'd made it clear to Korea that we wanted to conclude that renegotiation during that meeting, during that week. And the Korean side just didn't seem to share our urgency. And I think they were confused that we were very serious about wanting to conclude the talks then. And so as a result we did not reach agreement. President Obama was very disappointed.)

홍은주　한국까지 왔는데 빈손으로 돌아가야 했으니 체면이 안 섰겠죠.

커틀러　어쨌거나 협상은 진전시켜야 했기 때문에 다시 미국으로 협상 테이블을 옮기기로 했는데, 흥미롭게도 한국 협상대표들은 워싱턴에서 협상을 하고 싶어 하지 않았습니다. 워싱턴에서 하면 너무 많은 언론매체의 주목을 받는 것이 부담스러웠던 것인지도 모르죠. 그래서 워싱턴 바깥 다른 장소를 물색하다가 메릴랜드 컬럼비아의 한 호텔을 정해서 거기서 협상하기로 했습니다. 그 협상 이후로는 제가 단 한 번도 그곳에 다시 가 본 적이 없습니다.

(And we needed to find a way to get the Koreans back to the United States so we could finish the agreement. It was interesting because at that point our

Korean counterparts didn't want to meet in Washington DC. They felt there'd be too much media coverage. So we had to find a place in the suburbs somewhere to meet. And our staff found this hotel in Columbia Maryland. I have not been back to Columbia Maryland since then. I think I've been there twice in my life.)

홍은주 힘든 기억이 있으니 다시 가고 싶겠습니까?(웃음)

커틀러 메릴랜드주 교외에 있는 조용한 호텔에서 한 주 가까이 추가협상을 했습니다. 언론매체가 오기는 했지만 워싱턴이나 서울에서 봤던 것 같은 어마어마한 대규모 취재는 없었습니다. 당시의 협상도 참으로 어려웠어요. 론 커크 USTR 대표와 나중에 USTR 대표가 된 포먼 대사가 합류했는데, 포먼 대사는 오바마 대통령의 측근이었고 당시의 협상을 마무리하는 데 양측 모두 전력투구하여 그 협상에서 최종 타결을 지었습니다.

당시 한국과 미국 양측 모두가 어마어마한 정치적 압력에 시달리고 있었고, 이명박 대통령이나 오바마 대통령이 모두 진지하게 이 문제를 해결하려는 의지가 있었습니다. 제 생각에는 두 사람 모두 지금이 행동할 때라고 느꼈던 것 같아요. 그래서 양측 협상팀 모두가 굉장히 열심히 협상에 임했습니다.

그렇게 협상이 끝났지만 양측 모두 본국에 돌아가서 모든 사람들로부터 잘 끝냈다, 그런 말을 들은 것은 아니고 두 나라 국회에 협상안을 제출하기 전까지 여러 가지 마무리 작업을 해야 했습니다.

(It's just a very quiet suburb out in Maryland but we spent close to a week there. Yeah, media came there but it wasn't like a media frenzy it had been in Washington or Seoul. Those were also difficult negotiations. At that point, Ron Kirk was joined by ambassador Forman who was in the white house who then become USTR. Forman was very close to president Obama and, you know, we worked very hard during that week to finalize the negotiations. And we did.

Both sides by then were under enormous political pressure but I think both president Lee and president Obama were committed to doing this, and I think they both felt like now is the time to do it. And so we both were serious at the negotiating table.

But it didn't mean that we went home and everyone said great job you know this is done. We still had some work to do before we could submit it to Congress and Korea could submit it to the national assembly.)

홍은주 한·미 FTA 협상 당시 양측 모두 마음고생, 몸고생이 참으로 심했는데, 한국 협상팀을 어떻게 봤습니까?

커틀러 당시 제가 봤을 때 한국의 협상팀은 막강했습니다. 아마 정부가 정부 내 협상 관련 담당자들 가운데서 가장 명민하고 최고 수준의 협상팀을 빼내서 미국을 상대하라고 한·미 FTA 팀을 구성했던 것으로 보입니다.

양국 협상팀은 상호 존중했고, 개별 협상가끼리도 그런 존중의 분위기가 있었습니다. 양측 모두 정말 열심히 했어요.

미국 입장에서 협상은 다소 어려웠습니다. 왜냐하면 미국은 그전에 여러 차례 FTA나 협상을 했지만 한국보다 작은 나라들과 진행했거든요. 그전에는 우리가 협상 템플릿을 만들고 그 템플릿에 맞춰서 협상을 진행하면 됐는데, 한국과 할 때는 전혀 이런 식의 협상을 할 수가 없었습니다. 한국과 협상을 진행할 때는 수도 없이 밀고 당기기를 했고, 여러 가지 이슈에 대해 창의적 해결책을 고민하는 과정에서 비유를 하자면 상자 밖으로 나가 발상의 전환을 하여 논의하곤 했습니다.

이게 제가 생각하는 첫 번째 기억이고, 두 번째는 당시를 되돌아볼 때 김종훈 수석대표와 제가 협상을 통해 아주 상호 신뢰하는 친밀감을 가지게 되었다는 점입니다. 처음에는 물론 그렇게 시작하지 않았습니다. 서로 전혀 다른 사람들이고요. 그런데 양측 모두 국내의 정치적 압력을 강하게 받고 있었기 때문에 공동의 해결책을 모색하는 과정에서 신뢰가 싹트기 시작했습니다.

왜냐하면 서로가 다른 입장에서 창의적 논의를 거쳐 나름대로 안착이 가능한 해결책을 탐색하기 위해서는 상호 신뢰가 없이는 불가능하기 때문입니다. 만약 내가 이렇게 양보하면 당신도 저렇게 양보해 줄래, 이런 식으로 서로 의사 타진을 해 나가야 하므로 상호 신뢰가 반드시 필요합니다.

(In my view the Korea negotiating team was extremely strong. And what I saw happen was that they put together a team, like looking around the government for the best and the brightest to work on this negotiation, even if it meant taking those people off different trade negotiating teams in Seoul.

So I think there was a lot of respect between our negotiating teams, between each other. I think both teams worked really hard.

For the US team, the negotiation was a bit difficult because up until that time they had negotiated with only smaller countries and they were able just to tell those countries "this is our template, this is what you need to do". Well that approach did not work with Korea. So with Korea, there had to be a lot of back and forth, a lot of creativity and we needed to really think out of the box on how to address a lot of the concerns.

So that's number one I'd share. Number two, looking back on it, I feel that Kim Jong Hoon and I developed a very close and trustful relationship. It didn't start like that.

We're both very different people and we both had very strong political pressures on us, but we did develop a relationship of trust and that was extremely important because in order to conclude negotiations like this, you have to trust your counterpart, because you have to be able to be creative and to explore different landing zones you have to explore if I did this, could you do that? And if it was a relationship with no trust it's very hard to have those conversations.)

홍은주　협상에서 신뢰는 꼭 필요한 무형의 자산이지요.

커틀러 그래서 저는 김종훈 수석대표와 한국 측 협상팀이 대단히 능력 있고 헌신적인 프로페셔널이었던 것이 개인적으로 다행이었다고 생각합니다. 동시에 우리 팀도 대단했고 여러 사람들이 협상 타결을 위해 오랫동안 개인적 측면에서도 많은 것을 희생했습니다. 승진 주기에 있었던 일부는 정말 문자 그대로 한국과의 협상을 지속하느라 승진을 포기하기도 했습니다. 이들은 한국과의 FTA팀에 더 머물면서 협상을 계속해 달라는 요청을 받았던 것으로 알고 있습니다. 이들은 다른 일로 옮겨갈 수 있었는데도 협상팀에 머물렀습니다.

(Exactly. And so I feel very fortunate that, you know, Kim Jong Hoon and really his whole team were really talented and dedicated professionals. And the same on my team and a lot of people sacrificed a lot in that year in order to make the negotiation happen from a personal perspective. And for some people, they literally have to give up their promotions if they were on a promotion cycle particularly here in Korea. What I understood was they were asked "Well can you just stay on the negotiation for another year or so?" and you know, people did, they did stay but there were people very ready to move on to other things as well.)

홍은주 오랜 시간 동안 인터뷰에 응해 주셔서 감사합니다. 한·미 FTA의 증언과 기록에 큰 도움이 될 것입니다.

커틀러 다행입니다. 저도 감사합니다.

CHAPTER 13

한 · 미 FTA 대장정의
의미와 과제

1. 한국, 'FTA 허브국가'로 부상하다

'FTA 부국(富國)'이 된 한국

한·미 FTA 추진 당시 한국의 가장 큰 목표는 경제 선진국 미국과의 FTA를 통해 제도 개선과 경제의 질적 도약을 이루는 것이었다. 보다 현실적인 목표는 미국 시장에서 시장점유율(market share)을 늘리는 것이었다.

한국 상품의 미국 시장점유율이 점진적으로 하락하여 여러 가지 우려가 제기되던 시점이었다. 미국 시장에서 가격경쟁력을 확보하여 경쟁국인 일본, 중국, 대만 등에 대응하려면 한국이 미국과의 FTA를 선점하는 것이 중요하다고 판단했던 것이다. 적어도 일본보다는 빨라야 한다고 생각했다.

그런데 한·미 FTA 체결 이후 기대하지 않았던 큰 효과가 나타났다. 미국과의 FTA로 한국 경제의 중요성을 재평가한 다른 국가들이 속속 한국에 FTA 체결을 타진해오기 시작한 것이다. EU와 캐나다, 호주, 중국, 인도, 터키 등이 대표적 사례였다. 한·EU FTA가 미국보다 늦게 시작했는데도 먼저 타결되었고, 그 후 캐나다, 호주, 뉴질랜드 등과 FTA를 진행했으며 페루, 터키 등과도 속속 FTA를 타결했다.

한·미 FTA는 구성요소의 포괄 범위나 법적 구속력 측면에서 가장 높은 수준의 자유무역협정이었으며, 이후 다른 선진국들과 FTA를 추진할 때 중요한 기준점이 되었다. 에베레스트산을 넘으면 다른 산이 작아 보이기 마련이다. 미국이라는 큰 산을 넘자 나머지 국가들과의 FTA는 상대적으로 수월했다.

2023년 11월 현재 한국은 59개국과 총 21개의 FTA 협정을 체결한 상태이다. 중남미의 MERCOSUR, 러시아, 말레이시아, 에콰도르, 우즈베키스탄, 걸프협력회의(GCC) 등과도 2023년 현재 FTA 협상이 진행되고 있고, 멕시코와는 협상 여건을 사전 타진하는 작업에 착수했다. 아시아에서는 ASEAN과 인도, 베트남, 인도네시아, 캄보디아 등과 FTA를 체결했다. 가장 최근에는 ASEAN 10개국과 한·중·일이 모두 참여한 역내 포괄적 경제동반자 협정(RCEP)을 마무리지었다.

한국이 해외 국가들과 체결한 수많은 FTA는 큰 틀에서는 대동소이하지만 세부적으로는 국가별로 양허 사안이 조금씩 다르다. 따라서 관세율과 원산지 정보, 법적 차이점과 관련하여 기업들을 지원하기 위한 실무조직들도 만들어졌다.

우선 FTA 활용 교육과 컨설팅, 지원 서비스 전 과정을 원스톱으로 지원하기 위해 FTA 관련 6개 정부 부처와 9개 지원기관이 모인 민관합동 'FTA 종합지원센터'가 만들어져 운영 중이다. 지방의 중소기업과 중견기업의 FTA 활용을 체계적으로 뒷받침하기 위해 16개 시도에 18개에 이르는 '지역 FTA 통상진흥센터'도 중앙정부와 연계하여 운영 중이다.[1] 한편 대한무역투자진흥공사(KOTRA)의 'FTA 해외활용지원센터'는 9개국 KOTRA 해외무역관 내에 15개 센터를 개소해 해외진출 기업들에게 상담과 자문서비스를 제공하고 있다.

한·미 FTA의 이행협의를 마무리한 후 다른 국가들과 FTA를 추진했던 박태호 전 통상교섭본부장은 "현재 한국이 'FTA 허브국가'가 된 것은 예상치 못했던 큰 효과"라고 평가한다. 그는 통상학자이자 무역위원장으로서, 한국 경제에서 FTA 논의가 출발한 시점인 노무현 정부 시절부터 한·미 FTA의 시작과 협상 과정, 타결을 지켜보았고, 이명박 정부 때는 통상교섭본부장으로 이행협의까지 마무리했다.

박태호 저는 초기 FTA 협상 당시 학자로서 한·미 FTA를 지지했습니다. 기회가 될 때마다 "우리나라가 교역을 통한 경제성장을 계속하려면 한·미 FTA가 제대로 된 방향이기 때문에 신속한 체결이 필요하다"고 여러 논의의 장에서 자주 말했죠. 당시 한국의 미국 시장점유율이 과거 3%대에서 2.6%로 하락하면서 위기의식이 커졌거든요. 한·미 FTA가 체결되자 한국이 시장점유율 3%를 다시 회복했습니다.

당시 정부가 한·미 FTA의 당위성을 국민들에게 설득할 때 "한·미 FTA와 개방을 통해 상품뿐만 아니라 우리나라 서비스산업을 좀 더 업그레이드시켜야 한다"는 점을 강조했죠. 실제로 금융 등 비즈니스 서비스산업에서 우위를 가진 미국이 한국에 투자하거나 들어옴으로써 제도적 도약을 이룰 것이라는 목표도 기대했습니다.

한·미 FTA가 마무리되자 주요 국가들이 한국과 FTA를 추진하기 위해 적극적

---

[1] 운영기관은 지역상의 11개, 무역협회 2개, 지방자치단체 통상기관 5개 등이다.

으로 나서기 시작했습니다. 그 결과, 한국이 아시아의 'FTA 허브국가'가 되는 예상치 못했던 큰 효과가 나타났습니다. 즉, 한·미 FTA 체결은 다른 국가들로 하여금 한국 경제의 중요성을 재평가하게 하는 결정적인 사건으로 작용했던 것입니다.

미국의 움직임은 항상 다른 나라들의 관심과 주목의 대상이죠. 미국이 NAFTA를 제외하고 경제 규모가 있는 아시아 국가 가운데 정식으로 FTA를 체결한 나라는 한국이 처음이었기 때문에 상당히 의미가 컸습니다. 이는 다른 주요국들로 하여금 아시아 시장에서는 우선 한국과 FTA를 체결해야겠다는 관심을 유발한 것으로 판단합니다. 제가 통상교섭본부장으로서 직접 협정문에 서명한 경우는 한·페루 FTA와 한·터키 FTA였습니다.

홍은주 당시에 한국이 미국과 FTA를 끝내고 FTA를 추진했던 주요 국가는 호주와 캐나다였습니다. 두 나라와의 FTA에서 핵심 쟁점은 무엇이었습니까?

박태호 그렇습니다. 캐나다는 광우병을 경험한 국가였기 때문에 쇠고기 문제가 민감한 사안이었고, 호주는 ISDS가 발목을 잡았습니다.

특히 캐나다의 경우 광우병 사태가 어느 정도 진정된 후 캐나다의 요청으로 협상이 재개되었는데, 미국에 개방한 수준보다 더 낮은 수준으로 쇠고기시장을 개방했다는 데 강한 불만을 제기했습니다. 그로 인해 캐나다와의 협상이 약 1년 이상 지연되었죠. 그사이 협정문도 너무 오래되어 수정의 필요성도 제기했으나 캐나다는 이를 받아들이지 않았습니다. 결국 농산물과 쇠고기 관련 사안을 두고 양측 간에 줄다리기 협상이 14차까지 이어지면서 2014년 11월에야 타결되었습니다.

홍은주 통상교섭본부장으로 계실 때, 특히 중국이 한국과의 FTA 추진을 아주 적극적으로 원했다면서요?

박태호 저의 재임 기간 중 가장 의미 있는 사건은 한·중 FTA와 한·중·일 FTA를 출범시킨 것이었습니다. 2011년 12월 말 통상교섭본부장이 되어 2012년 1월 10일쯤 베이징에서 열린 한중 정상회담에 참석했습니다. 당시 후진타오 주석은 30분 이상 시간을 할애하여 "한·중 FTA를 빨리 시작하자"고 우리 측을 설득했습니다.

그전에 한국이 한·중 FTA를 미룬 이유는 당시 한·미 FTA가 끝나지 않은 채 진행 중이었기 때문입니다. 2012년 1월 초는 미국과의 이행협의도 아직 타결되지 않았던 때라 중국의 요청에도 한국이 응하지 않고 지연시켰던 것입니다. 또 당시 집권당도 4월 총선 이전에는 한·중 FTA를 시작하지 않는 것이 좋겠다는 입장이었습니다.

홍은주 FTA는 항상 정치적으로 예민할 수 있는 요소가 있으니까요.

박태호 그렇습니다. 더구나 한·중 FTA는 굉장히 큰 나라와의 FTA여서 더더욱 신중해야 했죠. 그 문제로 당시 집권당 대표도 만났는데, "한·중 FTA를 하지 말라는 것이 아니다. 총선 끝나고 4월 15일 이후에 했으면 좋겠다"는 입장이었습니다.

그래서 그해 중국과의 FTA는 그쯤 시작해야겠다는 복안을 가지고 1월 초 중국을 방문했는데, 중국이 우리를 설득시키는 강도가 대단했습니다. 우리가 중국을 이렇게까지 애태우게 해도 되나 걱정될 정도로 한국과의 FTA 협상 체결에 강한 의지를 내보였습니다. 중국은 총리와 주석이 동시에 공식 협상에 참여할 수 없기 때문에 후진타오 주석은 우리에게 공식적 요청을 해왔고, 원자바오 총리는 대표단을 저녁 식사에 초대하여 비공식 채널을 통해 한·중 FTA 협상 개시를 촉구했습니다.

한·중·일 'FTA 동상삼몽'

홍은주 중국이 왜 그렇게까지 한·중 FTA가 절실했을까요?

박태호 아마 한국이 미국과 FTA를 체결했기 때문에, 자국민들을 의식하여 FTA를 통해 한국과 경제적 연결을 해 놓으려고 했던 것 같습니다. 특히, 중국이 한·중 FTA를 조속히 개시하기 원했던 배경에는 중국 정부의 체면과 관련된 문제가 있었을 것으로 추측합니다. 즉, 내용 면에서 어떻게 하는 게 좋을지에 대한 논의보다는 FTA 체결 그 자체가 목적이었던 것 같습니다.

한·중·일 FTA는 실리보다는 정치적 목적으로 추진된 것이라 완전히 세 나라가 '동상삼몽'(同床三夢)이었습니다.

우선 중국은 한·중 FTA를 강력히 요구했음에도 한국이 응하지 않자 일종의 차선책으로 한·중·일 FTA를 제시한 것으로 보입니다. 일본은 당시 체결한 FTA가 없는 상황에서 한국이 미국, EU 등 주요국과 FTA를 체결하자 내부적 압박이 있었던 것 같습니다. 일본 총리 등이 직접 나서서 FTA 체결을 추진하는 과정에서 한·일 FTA는 이미 논의가 중단되었기 때문에 대안으로서 한·중·일 FTA에 참여한 것입니다. 한국도 한·중·일 FTA의 당위성을 찾고 있었습니다. 중국과의 단일 FTA는 좀 불안한데 세 나라가 동시에 한다면 불안감이 덜하지 않습니까?

결국 한·중·일 FTA는 세 나라 모두 실질적 시장개방보다는 정치적 명분에 더 큰 의미를 두었습니다.

2012년 5월 2일 베이징에서 열린 한·중·일 정상회담 하루 전에 한·중 FTA 협상 개시를 선언했습니다. 지금은 완전히 사정이 달라졌지만, 중국이 한국 경제를 그렇게 존중하고 협력하기를 원했던 시기가 있었습니다. 그렇게 FTA가 활발히 진행되고 중국이 아직 한국 경제의 눈치를 보던 시기에 통상교섭본부장을 역임할 수 있었던 것은 저에게는 큰 행운이었습니다.

결과적으로 한·미 FTA 이후로는 우리가 따로 노력하지 않아도 'FTA 로드맵'(버전 2.0)에 있는 국가들과 FTA가 자연스럽게 추진되었습니다. 중국도 FTA 체결 희망 의사를 계속 피력해왔습니다. 그걸 보면서 한국이 FTA 파트너로서 주요국들의 관심을 많이 받고 있다는 점에 주목했고, 심지어 중단되었던 일본과의 FTA 협상도 다시 재개될 가능성이 있다고 생각했습니다. 중국이 우리에게 FTA 체결을 요청하는 상황에서 중국의 제안에 응하기에 앞서 자유민주주의와 시장경제를 공유하는 일본과의 FTA를 우선시해야 한다는 분위기가 당시에 있었기 때문입니다.

지금 돌이켜 봐도, 당시 한·미 FTA 추진은 진보 정부에서 일반적으로 상상하기 어려운 일이었습니다. 그 점에서 저는 한·미 FTA를 추진한 노무현 정부가 굉장히 어려운 시점에 중대한 결단을 내렸다고 생각합니다.

2. 한·미 FTA 10년의 평가

한·미 FTA 비준 10주년

2022년 3월 15일 한·미 FTA는 발효 10주년을 맞았다. 10년이라는 시간은 한미 FTA 추진 당시의 논란을 점검하는 데 충분한 기간이라 할 수 있다.

한·미 FTA의 효과를 평가하는 데 있어 순수 효과를 추정하는 것은 쉽지 않다. 한국이 여러 국가와 FTA를 체결하고 있어 한·미 FTA만 따로 떼어 분석하기 어렵다. 제도 선진화나 거래 투명화, 글로벌 시장에서의 자신감 등 무형의 효과도 측정하기 힘들다.

하지만 단순히 무역규모와 무역수지라는 정량적 지표만 봐도 한·미 FTA는 분명히 긍정적 효과가 있었다. 한·미 FTA 협정 비준 직전인 2011년 한국의 대미 수출액은 562억 달러였으나, 10년 후 959억 달러로 증가했다. 대미 무역수지 흑자 누계액은 1,800억 달러에 달했다.[2]

한국 경제가 통째로 먹힐 지도 모른다는 우려와 달리 한·미 FTA 이후 한국의 대미 수출액은 크게 늘어났다. 반면 미국의 대한 수출액은 상대적으로 늘어나지 않아 미국의 정치적 불만이 커지기도 했다.

이 때문에 한·미 FTA는 2017년에 한차례 더 개정협상을 거쳤다. 트럼프 행정부의 강력한 주장에 따른 것이었다. 이때는 문재인 대통령 시절이었고, 노무현 정부에서 한·미 FTA를 추진하고 타결지었던 김현종 본부장이 다시 등판하여 재협상을 했다. 그리고 이를 반영한 한·미 FTA 개정 의정서가 2019년 1월부로 발효되었다.

"(문재인 정부) 첫 통상교섭본부장에 김현종 한국외대 교수가 임명되었다. 윤영찬 청와대 국민소통수석은 30일 "김 본부장은 경제 통상 분야 전문가로서 주요 교역국과

---

2 정인교, 2022, "한·미 FTA, 지난 10년간 경제통상 넘어 외교안보에도 큰 역할", 〈나라경제〉, 3월호.

의 FTA 업무를 체결하면서 쌓은 경험과 노하우를 바탕으로 당면한 통상현안들을 차질 없이 해결해 나갈 것으로 기대한다"고 인선 배경을 말했다.

그는 치밀하고 저돌적인 전략가로 꼽힌다. 과거 외교부 내에서는 "김현종이었기에 FTA가 가능했다"는 이야기가 회자되기도 했다. … 실제로 문 대통령은 과거 자서전 《운명》을 통해 "한·미 FTA에서 김현종 통상교섭본부장을 빼놓을 수 없다"면서 "본부 내에서 평가가 좋았다. 충분한 검증과 실력을 인정받게 한 후 본부장으로 임명했다"고 밝혔다. 그런 만큼 김 본부장이 문재인 정부에서 중용될 것이라는 시각이 많았다.[3]

한·미 FTA 비준의 경제적 성과 평가

한·미 FTA 10주년에 맞추어 대외경제정책연구원은 〈한·미 FTA 발효 10년 성과와 시사점〉이라는 보고서를 발표했다. 이 보고서는 "한·미 FTA 이후 양국 간의 무역 및 투자 관계가 전반적으로 크게 확대되었으며, 특히 고부가가치 분야를 중심으로 심화·발전되면서 양국 경제의 효율성과 생산성 제고에 기여했다"는 총평을 내놓았다. 농업이나 제약 등 두려움이 컸던 분야 역시 비교적 선방하고 있다.[4]

다음은 대외경제정책연구원의 보고서를 요약한 내용이다.

1) 무역 부문

무역 부문에서 2022년 말 한·미 양국 간의 총 무역 거래액은 1,691억 달러(약 210조 원)로 2012년 말 1,018억 달러보다 66% 이상 증가했다.[5] 연평균으로 보더라도 2012년에서 2019년까지 한국의 세계 무역수출은 0.3% 감소한 반면 대미 무역수출은 3.4%가 증가했다. 수입에서도 다른 나라로부터의 수입은 연평균 0.5% 감소한 반면 미국으로부터의 수입은 연평균 4.2% 증가했다.[6] FTA를 계기

---

3 "'한·미 FTA 협상 주역' 김현종, 10년 만에 개정 협상 이끈다", 〈중앙일보〉, 2017. 7. 30.
4 구경현 외, 2022, "한·미 FTA 발효 10년 성과와 시사점", 〈KIEF 오늘의 세계 경제〉, 22권 4호.
5 산업통상자원부, 2022, 〈한·미 FTA 발효 10년차 무역동향〉.

로 하여 한·미 두 나라 간 교역이 일반 교역보다 훨씬 더 안정적으로 늘어났음을 보여 준다.

2) 서비스업 부문

서비스업에서 한국의 대미 서비스 수출은 42.8% 늘어난 반면, 수입은 75.7% 증가하여 서비스 교역의 경우는 미국의 우위가 두드러졌다. 그러나 당초 미국 기업들이 한국 시장에 무차별 침투하여 시장을 잠식할 것이라는 일부의 우려와 달리 직접 진출은 별로 이루어지지 않았다.

한국은 FTA에서 서비스 분야 중 법률, 회계, 통신, 방송 등의 추가개방을 약속했다. 그러나 이들 분야는 이미 국내 시장이 포화상태라서 미국 기업의 직접적 국내 진출은 거의 없거나 일부 합작법인 등 간접적으로 이루어지는 데 그쳤다.[7]

가령 법률시장의 경우 한·미 FTA에 따라 3단계에 걸쳐 단계적으로 시장이 개방되었다.[8] 한·미 FTA 발효일(2012. 3. 15) 이전인 2009년에 「외국법자문사법」을 제정하고, 2011년과 2016년에 차례로 개정해, 3단계 개방까지 시장개방을 완료했다. 그러나 국내 시장이 이미 포화상태라 미국 법률회사들이 진출하지는 못했다.

방송 서비스에서는 케이블 방송에 몇몇 미국 회사가 진출했으나 별다른 시장 충격은 없었다. 그나마도 OTT라는 새로운 형태의 방송 플랫폼이 등장하면서 거의 의미가 없어졌다.

3) 미국산 쇠고기 수입

2008년 극심한 정치적 파동으로 한국과 미국 두 나라를 깜짝 놀라게 했던 미국산 쇠고기의 경우 FTA 이후 수입이 크게 증가했으나, 동시에 한우(韓牛) 사육두수와

---

6 구경현 외, 앞의 논문.

7 2021년 12월 말 기준으로, 국내 회계법인 207개사 중 35개사가 외국 회계법인과 회원사, 통신사, 협력사 등의 형태로 제휴한다(구경현 외, 위의 논문 재인용).

8 한·미 FTA는 협정 발효 이전 외국법자문사의 외국법 및 국제법에 관한 법률자문 서비스 제공 허용(1단계), 발효 후 2년 이내 외국법자문법률사무소의 국내법과 외국법의 혼재사무 처리 허용(2단계), 발효 5년 내 미국로펌의 합작법무법인(*joint venture*) 설립을 통한 한국 변호사 고용 허용(3단계)을 규정한다.

쇠고기 가격도 꾸준히 상승했다. 미국산과 한우 쇠고기의 질적 차별화가 이루어진 것이 큰 다행이었다.

미국산 쇠고기 수입은 2011년 약 11만 5,000톤에서 2021년 약 25만 톤으로 지난 10년간 2.2배 증가했다. 금액 면에서도 약 6억 달러에서 21억 달러로 같은 기간에 3.5배 증가했다.[9] 동시에 한우도 꾸준히 질적 성장을 지속하여 2015년부터 계속 증가해왔으며 산지 가격도 높아졌다.[10]

쇠고기시장 개방에 대한 큰 우려에 비해 한우농가의 피해가 제한적으로 나타난 이유는 무엇일까? 당시 15년이라는 장기간에 걸친 점진적 관세인하로 시간을 벌면서 축사시설의 현대화, 쇠고기 생산성 향상 지원, 송아지 생산안정사업, 쇠고기 이력추적제 등 다양한 정부 보완대책이 작동했다. 무엇보다 한우농가 자체가 수입 쇠고기와의 질적 차별화를 위해 끊임없이 노력했다.[11]

우선 '규모의 경제'가 이루어지고 생산성이 높아졌다. 100두 이상 사육농가의 비중이 2011년 26.8%에서 2021년 41.2%로 증가했다. 한우의 질적 차별화를 위해 고급화 노력도 결실을 맺었다. 육질(마블링), 육색, 조직감, 성숙도 등에서 1+ 등급 이상의 고품질 쇠고기가 2011년 31.8%에서 2021년 약 50%로 증가했다. '한우는 고급 쇠고기'라는 인식이 정착한 것이다.

박태호 쇠고기의 경우 한우는 미국산이나 호주산 쇠고기와 비교할 때 특별한 상품, 즉 경쟁재화가 아니라 질적 성격이 다른 재화로 정착했다고 생각합니다. 제가 통상교섭본부장으로 있을 때 항상 통계를 보았습니다. 당시 한국 쇠고기시장의 약 50%는 한우가 차지했고, 나머지 50%를 미국산, 호주산, 캐나다산이 차지했습니다. 미국의 광우병 파동 이후 한때는 호주산 쇠고기의 시장점유율이 매우

---

9 국가별 총 쇠고기 수입량에서 미국산과 호주산의 비중이 2011년 말 각각 32.5%와 53.0%였던 것이 2021년 말에는 53.3%와 38.2%로 역전되었다. 미국산 쇠고기 수입이 증가하면서 호주산 쇠고기 수입을 부분적으로 대체한 것으로 분석된다.
10 한우 사육두수는 2011년 282만 마리에서 2021년 340만 마리로 20% 증가했다. 같은 기간 한우 산지가격도 마리당(600kg) 466만 원에서 727만 원으로 약 60% 상승했다.
11 미국산 쇠고기 수입관세(40%)는 15년에 걸쳐 연간 약 2.7%씩 낮아졌다.

높았으나, 다시 점차 세 나라 간 균형이 이루어지고 있습니다.

한·미 FTA 체결 결과, 소비자들에게는 분명히 선택지가 늘어났습니다. 높은 가격에도 한우를 선호하는 사람들은 좋은 질의 한우를 먹고, 그렇지 않은 사람들은 훨씬 저렴한 가격으로 수입 쇠고기를 많이 먹을 수 있는 선택지가 생긴 것입니다. 모든 사람이 한우를 먹을 수 있는 것은 아니잖아요?

거의 대부분을 수입에 의존하는 와인의 경우도 와인에 붙던 15% 관세가 철폐되자 외국 상품끼리 더 경쟁하는 분위기가 조성되어 가격이 더 하락하는 효과가 나타났습니다.

이렇듯 외국산 상품 간 경쟁은 소비자후생을 훨씬 높이는 결과로 이어집니다.

4) 의약품 부문

의약품의 경우 미국의 지식재산권 보호 강화에 따라 복제약 의존도가 높은 국내 제약업체들의 심대한 피해가 우려되었다. 그러나 결과적으로 후유증은 크지 않았고, 국내 제약업체들은 연구개발 투자를 늘려 점진적으로 발전해왔다.

당시 가장 큰 우려를 불러일으킨 것이 '복제약 허가·특허 연계제도'의 도입이었다. 특허 기간이 끝난 복제약 생산에 들어간 국내 의약품 업체에 특허 소송이 제기되면 소송 기간 동안 복제약 판매가 금지되는 제도였다. 그러나 복제약 출시 지연 및 약품비 상승 등의 효과는 우려에 비해 제한적으로 발생했다.[12] 반면 생존의 위기에 직면한 제약산업이 연구개발 투자를 큰 폭으로 늘리면서 한국의 제약산업은 한 단계 더 높은 질적 성장을 모색하게 되었다.[13] 바이오시밀러가 경쟁력을 갖추게 되었고, 한국 제약사들이 개발한 신약이나 신약 기술특허가 미국의 다국적 제약사에 수출되는 경우도 종종 나타났다.

한·미 FTA가 비준된 2012년 이후 양국 간 의약품 무역량은 큰 폭으로 증가했

---

12 판매금지가 도입된 2015년 3월부터 2020년 12월까지 통지의약품 2,361개 중 141개에 대해 판매금지 신청이 이뤄졌으며, 그중 29건만 최종적으로 판매금지가 승인되었다(구경현 외, 앞의 논문 재인용).

13 한국 제약산업의 총 연구개발 규모는 2011년 9,230억 원에서 2019년 1조 8,057억 원으로 연평균 8.8%씩 꾸준히 증가했다. 같은 기간 미국과 EU보다 가파르게 상승한 것이다.

다. 특히 수출은 2011년 대비 약 22배 늘었다. 한국의 대미 의약품 수출은 한·미 FTA 이전인 2011년에 3,091만 달러에 그쳤으나, 2020년에는 6억 6,464만 달러로 연평균 40.6% 증가했다. 대세계 의약품 수출의 연평균 증가율 21%를 크게 상회했다. 수입도 2011년 6억 1,379만 달러에서 2020년 14억 9,317만 달러로 연평균 10.4%가 증가했다. 대세계 의약품 수입의 연평균 증가율 7.8%보다 높은 증가 추세를 나타냈다. 의약품 교역도 늘어났고 질적 성장도 이룬 바람직한 결과였다.[14]

5) 투자 부문

투자 부문의 경우 당시 예상과 달리 미국 기업들의 한국 시장 진출보다 한국 기업들의 대미 투자가 훨씬 크게 증가했다. 2022년 3분기까지 한국 기업들의 대미투자 누적액은 1,130억 달러로 FTA 발효 전보다 3배 가까이 늘었다. 전체 한국 기업의 해외직접투자에서 미국이 차지하는 비중이 25%에 달하여 미국이 중국을 제치고 한국 기업들의 최대 해외투자처가 된 것이다.

이는 미국의 강력해진 보호무역주의 정책 때문이기도 하지만, 한국 기업들에게 미국 시장이 그만큼 중요하다는 반증이기도 하다. 이러한 점은 한·미 FTA의 의미를 다시 한번 생각하게 한다.

미국의 대한투자액은 상대적으로 덜 늘어나서 발효 전보다 두 배 정도 증가하는 데 그쳤다.

6) 혁신과 제도 선진화

한·미 FTA 체결의 취지 중 하나는 한국 경제·사회 시스템을 개선하고 선진화하는 계기로 마련하는 것이었다. 실제로 한·미 FTA를 기점으로 다양한 분야의 국내 법률이 개정되었고, 국내 제도 개선에도 상당 부분 기여한 것으로 평가된다.

한·미 FTA 이후 다양한 국내 법률이 개정되거나 신설되었고, 제도가 간소화되었으며, 공기업 경영투명성이 제고되었다. 나아가 고부가가치서비스의 시장접근

---

14 산업통상자원부, 2022, 〈한·미 FTA 발효 10년차 무역동향〉.

성이 높아지고, 지식재산권의 보호수준이 강화되었으며, 투명성이 제고되었다. 이러한 측면에서 국내 제도가 선진국형으로 개선되는 무형의 성과가 나타났다.

한·미 FTA 발효 이후 한국의 미국 내 특허 등록 건수는 상대적으로 높은 증가율을 보였다. 그 결과 미국 특허 등록 해외 국가별 순위에서 한국은 한·미 FTA 발효 이전(2004~2011년) 3위에서 발효 이후(2012~2019년) 2위로 올라섰다.

미국특허청(USPTO: *US Patent and Trademark Office*) 자료에 따르면, 한·미 FTA 발효 전후(2004~2011년, 2012~2019년)로 한국의 특허 등록 건수 기간증가율(134.9%)은 특허 등록 상위 10개국(74.9%) 및 외국 합계(80.1%)뿐만 아니라 대다수 미국 특허 등록 주요국의 기간증가율보다 높게 나타났다. 한국에 의해 미국 특허청에 등록된 특허는 한·미 FTA 발효 이전 평균 7,654건에서 FTA 발효 이후 10여 년간 평균 1만 7,981건으로 135% 증가했다. 미국 특허 등록 주요국 중 중국(662.0%), 인도(414.4%), 이스라엘(173.0%)에 이어 한국이 가장 높은 증가율을 기록한 것이다.

한국의 특허 등록 건수가 빠르게 늘어남에 따라 미국 내 해외국가 특허 등록 건수에서 한국이 차지하는 비중이 FTA 발효 전 8.7%에서 발효 이후 11.3%로 증가했다. 순위 또한 3위에서 2위로 상승했다.

7) 한 · 미 공급망의 상호보완 효과

한·미 FTA는 두 나라 공급망(*value chain*) 강화에도 일조했다. 반도체산업의 경우 안정적 투자기반 위에 미국이 설계 및 디자인을, 한국은 제조 분야의 강점을 바탕으로 한 강력한 공급망 구축을 담당했다. 배터리산업에서도 한국 배터리 생산기업과 미국 완성차 기업들의 합작투자로 한국 기업은 세계 최대 자동차시장인 미국에서 경쟁우위를 확보하고, 미국 완성차 업체는 안정적으로 높은 품질의 차량 배터리를 공급받는 협력관계를 만들어 냈다.

한·미 FTA 체결로 경제협력 관계가 더욱 긴밀해져서 한국은 미국의 주요 공급망 파트너로 성장했다. 특히 미·중 갈등과 코로나19로 촉발된 공급망 위기를 겪으며 신뢰 중심의 공급망 재편이 강조되는 상황에서 양국 간 협력은 필수불가결해졌다.

금융서비스와 제도개혁

많은 사람이 금융 분야 협상에서 금융시장을 개방하는 것이 모험적이라고 생각했다. 10여 년이 지난 지금은 한·미 FTA가 한국 금융의 개방성과 국제성을 높인 계기가 되었다고 본다. 한·미 FTA 협상 타결을 계기로 한국 정부나 민간 금융기관들은 긴장감을 가지고 자체적 제도개혁과 금융서비스 개선에 착수했다.

우선 정부는 "금융산업의 부가가치율이 71%에 달해 제조업의 28.5%나 전체 산업평균 44.1%를 크게 상회하므로, 금융서비스시장 개방을 통해 금융법과 제도 시장관행을 선진화하고 제대로 국제화할 수 있다면 제조업에 맞먹는 새로운 성장 동력을 기대할 수 있다"고 보고 효율성을 높이는 각종 법제도 개선에 착수했다. 금융감독의 선진화, 금융 구조조정, 사회안전망 구축 노력 등 개방에 따른 제도 보완도 동시에 추진했다. 금융 개방의 긍정적 효과를 극대화하기 위해 국내 금융 산업을 자유화하는 조치도 잇따랐다.

2003년 처음 구상되었으나 추진에 실패했던 자본시장 통합법, 즉「자본시장과 금융투자업에 관한 법률」(약칭 자본시장법)도 2009년 제정했다.「증권거래법」, 「선물거래법」, 「간접투자자산운용업법」, 「신탁업법」, 「종합금융회사에 관한 법률」, 「한국증권선물거래소법」 등을 모두 통합하여 동일 업무를 하는 금융기관은 동일한 법 규제를 받도록 하고, 금융기관 간 경쟁을 통해 금융시장 빅뱅을 유도하려는 목적이었다.

개방화에 대응하여 은행 업무 규제를 포지티브 방식에서 네거티브로 개선하고, 겸업화와 금융산업 위험관리 및 감독기능도 정비했다.

한·미 FTA 협상 타결에 따라 금융기관들도 바짝 긴장했다. 은행의 경쟁 무대가 국경을 초월한 글로벌 전선으로 확대되었는데 국내 금융기관들의 시계나 전문성, 영업관행은 여전히 국내에 머물러 있었기 때문이다.

당시 국제화 정도를 나타내는 TNI 지수(*Transnationality Index*)[15]가 국내 은행의

---

15 [(해외 자산/총자산) + (해외 수익/총수익) + (해외 인원/총인원)] * 100

경우 3.4에 그쳐 선진국 은행의 60에 한참 뒤져 있었다. 특히 은행의 해외자산 비중은 2.5%로 40~90% 선인 선진국 금융기관에 비해 현격히 낮았다.[16]

금융기관들은 고수익 투자자산 선호 등 고객 니즈의 다양화와 고도화에 대응한 신상품 서비스를 강화하고, 다양한 신종 금융상품의 거래에 따른 위험관리를 강화했다. 또한 첨단 IT 전산화 투자를 확대하고, 「자본시장법」 시행에 대응하여 새로운 기회를 모색하기 위해 노력했다. 동시에 해외진출을 확대하여 아시아 신흥시장을 선점하고 금융 전문인력을 양성하는 등 글로벌 지평으로 시선을 돌리게 되었다.

한국영화의 약진과 스크린쿼터의 역할

한·미 FTA로 스크린쿼터가 축소되었지만, 한국 영화산업은 당초 우려와 달리 할리우드 영화로 초토화되지 않았다. 자성론(自省論)에 기반한 뼈를 깎는 노력에 더해 대형화된 영화자본이 쏟아져 들어오고, 통신산업이 새로운 콘텐츠 미디어로 부상하면서 한국 영화산업은 국내뿐만 아니라 세계 시장에서도 높은 인기를 끌 정도로 글로벌 경쟁력을 갖추기 시작했다.

봉준호 감독의 2019년 작품 〈기생충〉은 미국 아카데미 시상식에서 작품상, 감독상, 각본상, 국제장편영화상을 수상했다. 뿐만 아니라 칸영화제와 골든 글로브 시상식 등을 수많은 해외 영화제를 휩쓸었고, 세계 흥행 2억 달러를 돌파한 최초의 한국영화가 되었다. 2021년에는 넷플릭스 드라마 〈오징어게임〉이 엄청난 인기를 끌었고, 이후로도 〈더 글로리〉, 〈이상한 변호사 우영우〉 등 한국 드라마 작품이 꾸준히 인기를 끌고 있다.

이창동 감독은 한국 영상 콘텐츠의 위상과 경쟁력이 이처럼 높아지기까지 한국 영화계 혹한기에 스크린쿼터가 일정한 역할을 했음을 인정해야 한다고 지적한다.

이창동 1988년 미국영화의 직배체제 도입 후 큰손 제작자들이 무더기로 한국 영화를 떠나가고 새롭게 유입된 신세대 영화인들은 아직 정착하지 못한 채 준비

---

16 "최근 금융환경 변화와 은행의 대응 방향", 은행연합회 보도자료, 2007. 9. 7.

단계였던 그 중간의 시간, 한국영화 역사상 가장 어둡고 힘들었던 빙하기(氷河期)에 한국영화를 지켜 준 유일한 제도가 바로 스크린쿼터였습니다. 말 그대로 최소한의 제작 동력을 유지할 수 있는 가느다란 생명줄이었지요. 저는 정말 어려웠던 시절에 현재 한국영화가 보여 주는 유례없는 에너지와 활력을 보존할 수 있었던 이유가 바로 스크린쿼터였다고 생각합니다. 제가 프랑스 등에 가면 기자들에게 한국영화의 성공 비결에 대한 질문을 받는데, 가장 가시적으로 분명한 이유는 스크린쿼터를 일정 기간 유지했다는 점이라고 설명합니다.

그리고 BIT 협상 때 스크린쿼터를 철폐하면 미국이 5억 달러를 투자하여 멀티플렉스를 전국에 지어 주겠다고 했던 것을 우리 영화인들이 결사적으로 반대하여 무위로 돌렸다고 설명했지요? 그로부터 몇 년 뒤에 CGV나 롯데시네마, 메가박스 같은 한국형 멀티플렉스 영화관이 속속 생겨났습니다. 만약 그때 스크린쿼터를 철폐하는 조건으로 멀티플렉스 영화관을 미국에 넘겼더라면, 오늘날 한국 기업들의 멀티플렉스 영화관은 존재하지 않았을 수도 있습니다. 미국 영화계가 이미 전국 영화관들을 선점했을 테니까요.

당시 영화인들이 격렬하게 저항하여 스크린쿼터를 지켜 낸 것은 단순히 영화제작의 동력을 지킨 것뿐만 아니라 영화배급 시스템까지 미국 자본에 넘어가는 것을 막아 낸 의미도 있었다고 생각합니다. 만약 그때 미국 자본이 들어와서 전국의 영화배급 시스템을 독점했더라면 오늘날 한국영화의 도약이나 소프트파워가 가능하겠습니까? 불가능합니다.

전 세계적으로 미국영화가 직배로 들어간 나라 중에서 자국 영화의 제도적 보호 없이 영화산업이 살아난 경우는 거의 없습니다. 인도는 '발리우드'라는 독특한 형식으로 1년에 수천 편의 영화를 만들어 낸 나라니까 예외로 치고요. 일반 영화 제작기법을 사용하는 나라 가운데 자국 영화를 지켜 낸 나라는 한국과 프랑스 말고는 몇 나라 없습니다. 두 나라는 스크린쿼터로 자국 영화를 일정 기간 보호했다는 공통점이 있습니다.

한국 농업의 현주소와 과제

농축산업의 경우 당시 심각했던 우려에 비해 비교적 잘 버티고 있다. 한류 붐을 탄 한국 식품의 해외 수출도 지속적으로 늘고 있는 추세다.[17] 한·미 FTA 체결에 가장 큰 걸림돌이 되었던 농축수산업 분야도 우려와 달리 증가율 면에서 미국산 농축수산물 수입보다 우리 농수축산물 수출이 더 많이 늘어났다는 것이 대외경제정책연구원의 분석이다.[18]

FTA가 발효된 이후부터 한국의 대미 농축산물 수출액(2012~2021년 평균)은 FTA 발효 이전(2007~2011년 평균)보다 95.2% 증가했다. 수산물 수출액도 FTA 발효 이전보다 평균 99% 이상 늘어났다. 반면 미국산 농축산물과 수산물 수입액은 각각 34.1%, 73.9% 증가하는 데 그쳤다.[19] 적어도 증가율에서는 한국의 대미 수출이 그 반대의 경우보다 더 큰 폭으로 늘어난 것이다.

그렇지만 FTA 체결 당시 정부가 다짐했던 농업구조조정이 착근했다고 보기는 어렵다. 한국 농산물의 FTA 수출입을 결산해 보면, 2022년 FTA 체결국으로부터의 수입액 402억 3,000만 달러, FTA 체결국으로의 수출액은 70억 2,000만 달러에 불과하며, 농식품 무역수지 적자가 아직 큰 편이다. 2023년 1~6월 상반기에도 FTA 체결국으로부터의 수입액은 190억 7,000만 달러, FTA 체결국 수출액은 35억 달러이다. FTA 체결국에서의 농식품 무역수지 적자는 155억 7,000만 달러나 된다.[20]

현지 생산농가와 정부의 갈등도 여전히 존재한다. 민감품목에 대해 정부는 시중 판매가격을 기준으로 하여 저율관세의 할당량을 수입하는데, 생산비와 인건비가 급등한 생산농가가 시장에 파는 가격은 물류비도 안 나올 정도인 경우가 많아

---

17 한국농식품 수출액은 2022년 말에 88억 달러로 늘어났다. 수산물까지 합치면 119억 9,000만 달러로 2021년에 이어 2년 연속 100억 달러 이상의 수출실적을 기록했다(〈한국농정〉, 2023. 1. 8).

18 구경현 외, 2022, "한·미 FTA 발효 10년 성과와 시사점", 〈KIEF 오늘의 세계 경제〉, 22권 4호.

19 산업통상자원부, 2022, 〈한·미 FTA 발효 10년차 무역동향〉.

20 이 가운데 미국 수입물량이 높은 것은 쇠고기와 밀, 대두 등이다[통계 출처: 농촌경제연구원 통계; 〈농축산물수입동향〉 10권 4호(통권 40호); 〈농축산물수입동향〉 11권 2호(통권 42호)].

애써 키운 농산물을 그냥 갈아엎는 경우도 있다. "가뜩이나 힘겨워진 산지의 고통을 분담하려는 노력 없이 수입 일변도의 정책으로 영농 포기를 부채질하고 있는 격"이라는 불만이 나온다.[21]

그렇다고 언제까지나 국제협상에서 한국이 농업을 지키는 것이 가능할까? 한국의 1인당 국민소득은 2018년에 이미 3만 달러를 훌쩍 넘어섰다. WTO 164개 회원국 중에서 OECD 회원국 겸 G20 회원국이자 국민 소득 3만 달러 이상인 나라는 한국을 포함해 9개국에 불과하다.[22] 따라서 한국에 대한 개방 요구가 더욱 높아지고 있다.

트럼프 미국 대통령은 2019년 7월 26일 "경제적 발전도가 높은 국가가 WTO 내의 개도국 지위를 이용해 특혜를 누리고 있다"고 문제를 제기했다. "WTO가 90일 내 실질적 진전을 이루어 내지 못하면 미국 차원에서 이들 국가에 대한 개도국 대우를 일방적으로 중단하겠다"고 위협하기도 했다.[23]

이에 한국 정부는 2019년 10월 25일 정부서울청사에서 제208차 대외경제장관 회의를 열고 'WTO 개도국 논의 대응 방향'을 논의했다. 그 결과, "쌀 등 일부 민감품목에 대한 별도 협상 권한을 제외하고, 향후 WTO 농산물 협상에서는 한국이 개도국으로서의 특혜를 주장하지 않겠다"면서 개도국 지위 포기를 선언했다.

싱가포르·브라질·대만 등이 이미 개도국 특혜를 주장하지 않겠다고 선언한 상황이었다. 한국만 개도국 지위를 계속 요구하는 것은 받아들여질 가능이 없으니 명분도 실리도 잃기 전에 자발적으로 포기 선언을 한 것이다.

세계 시장에서 경쟁력을 평가받는 농산업으로의 구조조정과 변화는 이제부터 더욱 필요한 시점이다.

민동석　농업 개방은 한·미 FTA를 추진하기 한참 전부터 이미 예고된 세계적 파고(波高)였습니다. 우리나라가 폐쇄국가로 회귀하지 않는 한 결코 우리 힘으로

---

21 "근시안적 농산물 수입 ⋯ 국산 갈아엎고, 수입산 밥상 올라", 〈농업신문〉, 2023. 1. 19.
22 한국무역협회, 2019. 10. 25.
23 〈대한민국 정책브리핑〉, 2019. 10. 23.

저지할 수 없는 상황이었습니다. 무조건 시장을 막는 수동적 사고와 방어로는 결코 험난한 파고를 이겨 내기 어렵겠다는 확신이 들었습니다. 농업 분야에 당시 예산을 12조 원씩이나 쏟아붓는데도 농업은 곧 망한다고 항상 아우성이었습니다.

그래서 제가 작은 나라이면서도 농업 수출국이자 강국인 네덜란드를 유심히 살펴보았습니다. 국토 면적이 남한의 40%에 불과한 작은 나라가 어떻게 화훼업와 축산업으로 1년에 수백억 달러를 벌어들이는지 궁금했어요.

그가 조사해 보니, 네덜란드는 인구가 적고 땅도 작은 나라였다.[24] 자연조건이 좋은 것도 아니었다. 오히려 비가 자주 내리고 일조 시간이 적어 농작물의 노지(露地) 재배가 부적합한 상황이었다. 연 강수일수가 192일이나 되는 반면 햇볕이 내리쬐는 연간 일조 시간은 1,774시간에 불과했다. 더욱이 육지가 바다보다 낮아 비가 조금만 많이 와도 물난리를 겪는 척박한 토양이었다.

그런데도 네덜란드는 농업강국으로, 미국에 이어 농산물 수출 2위 국가가 되었다.[25] 어떻게 불리한 자연조건을 극복하고 농업 선진국이 되었을까?

민동석 네덜란드는 불리한 자연조건에도 유리온실을 만들어 바람을 막고 인공 햇빛을 통해 연중 농산물을 생산하고 있습니다. 사계절 내내 질 좋은 작물 재배가 가능하도록 연구개발에 힘쓰고 최첨단 기술도 잘 활용합니다. 열정을 기울여 한 작물이라도 세계 최고로 만들고, 농가마다 전문성을 확보해 대를 이어 가족 중심의 농업경영을 하고 있죠.

언젠가 모스크바에 출장 간 적이 있는데, 러시아 남자들은 지하철이나 버스정류장에서 꽃 한 송이를 사서 부인이나 연인에게 준다는 얘기를 들었습니다. 꽃 한 송이가 비싼 것은 5만 원이 넘는데, 네덜란드에서 수입한 꽃이랍니다. 왜 우리는 왜 네덜란드처럼 못할까 생각했어요.

한국도 농업이 돈을 벌 수 있는 산업이라는 인식의 전환이 필요합니다. 특히 저

---

24 국토 면적은 세계 130위, 인구는 1,700만여 명으로 세계 67위다.
25 〈KOTRA 해외시장뉴스〉, 2023. 3. 30.

는 농업을 수출산업으로 키워야 한다는 확신을 갖고 있습니다. 우리가 국제사회에서 수출하며 살아가는 이상 우리가 수입을 막고 싶다고 해서 막아지는 게 아닙니다. 그건 불가능하지요. 오히려 역발상을 통해 우리도 농산물을 수출할 길을 찾아 이익을 얻을 생각을 해야 합니다. 대부분의 사람들은 '한국 농산물 중 미국이나 중국, 일본 등 다른 나라에 수출할 게 뭐가 있을까?' 막연하게 생각합니다. 하지만 주변국을 다녀 보면 공략이 가능한 분야가 얼마든지 있다는 걸 알게 됩니다.

당시 한·미 FTA 협상을 끝낸 뒤에는 농식품의 해외수출을 도우려고 발로 뛰었습니다. 외교통상부와 농림부, 두 부처 장관 간에 농식품 수출을 위한 협약(MOU)도 체결했고요. 저는 전 세계에 있는 한국 공관을 농식품 수출의 전초기지로 만들어 외교관들이 농식품 수출을 위해 발로 뛰게 한다면 한국 농업에 큰 힘이 될 것이라 믿습니다. 실제로 중국 등 일부 공관에서 그런 기구를 만들기도 했습니다. 생각이 바뀌면 길이 열리고 볼 줄 아는 마음의 눈만 가지면 전혀 다른 세상을 만들 수 있다는 것이 통상협상을 하면서 제가 깨달은 교훈입니다.

그럼 어떻게 체질 개선을 할 것인가? 미꾸라지 통에 메기를 넣는 것처럼 개방을 통해서 경쟁력을 키우고 정부가 예산이나 정책으로 지원하여 체질을 개선하는 것이 답이라고 생각합니다. 스스로 일어날 수 있도록 동기부여를 해야 한다는 것이죠.

한·미 FTA의 갈등비용과 효과

한·미 FTA는 시작부터 비준까지 엄청난 국론 분열을 겪고 막대한 정치적 비용을 치렀다. 그 정치·사회적 비용을 감안하더라도, 한·미 FTA를 타결시키고 비준했던 것이 한국 경제에 꼭 필요한 일이었을까?

당시 한·미 FTA를 책임졌던 협상가들의 평가를 들어 보자.

권오규　한·미 FTA 비준 10주년을 맞아 지금 다시 평가해 보면, 저는 한·미 FTA가 아주 성공적이라고 봅니다. 한·미 FTA의 결과로 국내 반도체와 자동차 등이 미국 시장에 활발히 진출하게 되었습니다. 2022년 3월이 10주년이라 보고서를 살펴보니, 그동안 한국의 미국 시장 진출이 늘면서 대미 투자가 세 배 늘었고 미국은 한국 시장에 대한 투자가 두 배 증가했습니다.

더 중요한 것은 한·미 FTA가 단순한 경제적 성과를 넘어 경제안보 측면에서 위기상황의 완충장치 역할을 한다는 점입니다. 최근 미국과 중국의 패권경쟁과 갈등으로 글로벌 공급망에 여러 가지 문제가 생기고 있죠. 한국은 한·미 FTA에서 미국과 협약한 내용이 있기 때문에 한국 기업들이 미국 시장에서 견디거나 미국에 무얼 요구할 수 있는 완충장치가 생겼다고 봅니다.

중국 중심의 공급망이 붕괴하고 미국 중심으로 공급망이 재구성되었습니다. 한·미 FTA로 한·미 경제가 하나의 큰 틀로 묶여 있으니까 한국이 미국의 신(新) 공급망의 한 축이 될 수 있는 겁니다. 조 바이든(Joe Biden) 대통령이 한국의 시스템 반도체에 큰 관심을 나타낸 것도 이 때문이죠.

최석영 한·미 FTA가 엄청난 정치적 비용을 치르고 국민적 갈등을 유발했음에도 어려운 길을 가야 한다고 주장했던 우리의 판단이 옳았다고 확신합니다. 그런 판단이 있었기 때문에 한국이 오늘날 명실공히 선진국 대열에 진입할 수 있는 계기가 마련되었다고 봅니다.

개방의 목표는 크게 두 가지입니다. 하나는 외국 시장에 진출하여 무역 영역을 확장하고 경제적 외연을 넓히는 것이죠. 이는 물론 의미 있지만, 그보다 더 중요한 것은 개방과 경쟁을 통해 낡은 국내 시스템을 효율화하고 선진화하는 개혁의 목표입니다.

왜냐하면 시효가 지나서 비효율화된 어떤 시스템을 고치고 싶어도 국내에서는 이해당사자들이 너무나 얽혀 있기 때문에 스스로 개혁하기가 매우 어렵습니다. 외부 개방이라는 충격을 통해 반강제로 이루어지는 이 개혁의 의미가 굉장히 중요하다고 생각합니다. 장기적 관점에서 볼 때 한국의 경쟁력을 월등히 향상시키는 하나의 계기가 될 수 있다고 봅니다.

신제윤　지금 한·미 FTA를 다시 평가할 때, 수출이나 투자가 얼마 늘었다는 정량 지표보다 한국이 자신감을 얻고 글로벌 무대에서 미국과 대등하게 설 수 있도록 전 부문에서 역량을 강화했다는 것이 더 큰 효과라고 봅니다. 단순히 관세율을 얼마 낮추고 수출을 늘리는 정도를 넘어 제도 선진화와 지식 및 경험의 선진화를 이루는 계기가 되었다고 봅니다. 국가 전체의 역량이 아주 높아졌습니다. 한·칠레 FTA는 한국 경제력이 더 강하니까 공세적이었고 한·미 FTA에서는 한국이 수세적 입장이었습니다. 하지만 그 결과 일대일로 붙어도 우리가 해볼 만하다는 자신감을 갖게 된 것이 가장 큰 성과라고 봐야죠.

　금융만 보더라도 한·미 FTA를 추진했을 때 미국 금융기관들에게 다 먹힐지 모른다고 다들 걱정했지만 지금 보세요. 미국 금융기관들이 한국에서 아무 역할 못하고 다 사라졌잖아요? 심지어 시티은행까지 한국에서 소매금융을 접었습니다.

박태호　FTA는 더 유리하고 좋은 특혜를 양국이 서로 교환하는 것이니까 두 나라가 FTA를 통해 경제적 실익이 있는지 여러 측면에서 점검해 보아야 합니다. 우선 상대국에 수출이 늘었는지 보는 것이 중요합니다. 즉, 한국 제품의 대미 수출이 늘었는지, 시장점유율이 높아졌는지를 살펴보고, 이게 잘됐으면 FTA는 우선 성공한 것이라고 볼 수 있습니다.

　앞서 언급했듯이 한국은 한·미 FTA를 통해 세계에서 가장 큰 미국 시장 점유율을 다시 끌어올려 3% 이상으로 가져갈 수 있었습니다. 이는 한국이 경쟁상대인 중국, 대만, 일본 등의 기업보다 선진국 시장인 미국에서 경쟁력을 더 확보했음을 의미합니다.

　수입의 경우에도 한국 시장에 수입품이 많이 들어왔다고 무조건 부정적으로 볼 것이 아닙니다. 소비자후생 측면에서 냉정히 판단해야 합니다. 국민들의 소비 선택권이 늘었고, 전반적으로 상품 가격이 내려갔을 뿐만 아니라 기업들의 경쟁의식을 높여 내수 상품의 질도 좋아졌습니다. 즉, 소비자후생이 분명히 높아진 것입니다.

　한·미 FTA에 따른 소득 재분배 효과에 대해서는 정확히 그 실익을 판단하기가 어렵습니다. 많은 연구에서 국가 전체로 봤을 때 후생효과가 있는 것으로 나타났지만, 어떤 형태로든 손해 본 산업, 기업, 사람도 있을 것입니다. 그들이 느끼기에는 한·미 FTA로 손해 보았다는 것이 사실입니다. 농산품, 쇠고기, 과일 등의 분야는 정부가 많이 도와줬지만, 해당 산업에 종사하는 사람들은 정부의 재정적 지원이 부족하다는 느낌을 갖고 불만을 가질 수밖에 없습니다.

그래서 저는 학생들에게 항상 "자유무역이나 FTA는 일종의 공공재다"라고 설명합니다.

홍은주 FTA로 높아지는 이익은 모든 사람들이 나누지만 개별적 이익을 측정하기 어려운 반면, FTA로 손해 보는 쪽은 그 손해가 개별적이고 크고 분명하니까요

박태호 그렇습니다. 국가 간 교역을 하면 반드시 후생효과가 발생합니다. 그런데 수입으로 희생당하는 업종도 반드시 있습니다. 그래도 그 둘을 합치면 후생효과가 더 크기 때문에 무역을 하는 것입니다.

제가 우려하는 것은 요즘 일부에서 소득 양극화와 고실업 같은 모든 문제들을 전부 다 세계화와 무역 탓으로 돌리는 경우가 있다는 것입니다. 이런 주장을 하는 대표적인 사람이 역설적으로 트럼프 전 미국 대통령입니다.

이는 사실이 아닙니다. 소득 양극화나 고실업의 원인은 기술발달이라든가 IT 산업 발전 등 고용 없는 성장인 경우가 많습니다. 그런데 그 모든 책임을 세계화에 떠넘기고 무역이나 통상, 특히 수입의 부정적 이미지를 부각시키면서 결국 모든 제품을 국내에서 생산을 하자는 주장까지 나오게 되었습니다.

지금 미국 정부도 마찬가지입니다. 2021년에 바이든 정부가 발표한 '더 나은 재건'(The Build Back Better)은 결국 옛날 제조업 시대로 되돌아가자는 일종의 정치적 캠페인이었죠. 그러다 보니 일반 시민들의 인식이 글로벌 아웃소싱이나 세계화, 무역 등에 문제가 있다는 부정적 쪽으로 자꾸 기우는 것입니다.

홍은주 그럼 이런 문제를 어떻게 해결해야 할까요?

610

박태호   예전에는 교육을 통해 일반인들의 부정적 인식을 바꾸려고 노력했습니다. 전문가들이 방송이나 유튜브, 신문 등을 통해 FTA에 따른 긍정적 후생효과를 설명하곤 했죠. 하지만 이 문제가 이미 정치적 의제가 된 지금의 시점에서는 이런 교육만으로는 부족합니다.

최근 시장자본주의 국가의 학자들이나 정책 담당자들은 자유시장경제와 자본주의가 낳은 부작용에 대한 반성이 필요하다는 데 공감대를 형성하고 있습니다. 이제는 세계화에 반대하는 사람들을 억지로 교육할 게 아니라 무역정책을 포함한 주요 정책을 포용적 형태로 만들어 세계화로 피해를 입은 사람들을 구제해야 한다고 생각하게 된 것입니다.

미국의 TAA 제도가 대표적인 사례입니다. 실업자들을 돕고 수입으로 시장에서 밀려난 사람들에게 재교육 기회를 주는 등 여러 가지 종합적이고 구체적인 지원 정책을 펼치는 것이죠. 정부가 국민을 보호하고 그들이 당면한 문제를 해결할 수 있도록 돕는다는 것을 인식시켜야만 무역이나 세계화에 대한 부정적 인식을 해소할 수 있을 것입니다.

사실, 단순히 기술 발전뿐만 아니라 세계화에 따른 아웃소싱으로 국내 일자리가 없어졌다고 말하는 사람들도 어느 정도 일리가 있습니다. 따라서 정부가 그들이 재교육을 받아 세계적 기업이나 IT 기업 등에서 일할 수 있도록 지원해 주어야하는데, 사실 그건 굉장히 어려운 얘기입니다.

홍은주   부존자원이 거의 없고 내수시장이 크지 않은 한국 경제의 특징을 고려할 때, 교역을 확장시키는 것은 생존을 위한 필수조건이 아닐까요?

박태호   그렇습니다. 한국같이 국내 시장 규모가 작고 자원이 부족한 소규모 개방경제(*small open economy*) 국가는 다른 나라들과 교역하지 않으면 안 되는 구조를 가지고 있습니다.

한국의 각 산업 개방도는 다소 차이가 있습니다. 따라서 가장 많이 개방된 분야와 동등한 수준으로 여타 분야의 개방 수준을 확대해 주는 것이 필요하다고 봅니다. 다른 나라에 '이 나라는 개방 수준이 상당히 일관되다'는 인상을 주는 것이 매우 중요합니다.

현재 한국의 개방도를 보면 들쑥날쑥합니다. 비관세 장벽도 상당하고 비대칭 규제도 있습니다. 이를 개선하여 각 부분이 일관된 개방도를 갖추면 한국이 완전히 개방된 나라는 아니지만 적어도 일관된 개방정책을 가진 나라로 비쳐질 수 있을 겁니다. 물론 그렇게 되도록 노력하는 것이 쉽지 않겠지만 굉장히 중요합니다.

한·미 FTA의 교훈: "두려움을 떨쳐내라"

한·미 FTA가 비준된 후 10년이 지난 시점에 미국은 한·미 FTA를 어떻게 평가하고 있을까? 2023년 방한 당시 미국 측 수석대표 웬디 커틀러는 다음과 같이 평가했다.

커틀러 한·미 FTA 타결 이후 과거 10년 동안 두 차례의 큰 재협상이 있었고 2007년 5월에도 보완협상이 있었습니다. 제 생각으로는 아마 다시는 한·미 FTA 재협상이 없을 것입니다. 이미 체결된 내용을 상호 개선하는 정도는 있겠지만, 양측 모두 국회 동의를 얻어야 할 정도의 협상은 없을 것으로 생각합니다. 기 협상안의 정신을 기초로 협력을 증진하기 위해 필요하다면 부수적 개선이나 협의를 거치면 될 것이고 실제로도 그렇게 하고 있습니다.

저는 한국과 미국의 경제관계에 대해 대단히 긍정적으로 보고 있습니다. 특히 최근과 같은 어려운 경제안보 시대에는 한·미 간 유대가 더 중요합니다. 미국에게 한국은 정말 훌륭한 파트너입니다. 한국 기업들이 반도체나 배터리, 전기차 분야 등에서 미국에 투자를 늘리고 있고 양국 기업들이 긴밀하게 선진기술 개발 협력을 하고 있습니다.

저는 지금이 지난 10년간의 한·미 FTA의 성과 데이터를 중요하게 한번 들여다볼 시점이라고 생각합니다. 그동안 두 나라 통상교역이 크게 늘어났고 직접투자도 증가했습니다. 한·미 기업들 간에 긴밀한 협력도 증진되었습니다. 이 모든 것들이 한·미 FTA가 성공적이었다는 것을 입증하고 있습니다.

그리고 지금 결과를 한번 보세요. 한·미 FTA가 출발할 당시 한국과 미국 양측이 각자의 관점에서 엄청나게 두려워했던 상황은 전혀 벌어지지 않았습니다.

홍은주　미국이나 한국이 각각 두려워했던 상황이 벌어지지 않았다는 말이 구체적으로 무슨 뜻입니까?

커틀러　제가 한국에서 협상하던 당시가 기억납니다. 특히 농업 부문에서 아주 강한 반대가 있었죠. 만약 한·미 FTA가 출범하고 미국 농산물이 수입되기 시작하면 한국 농촌은 완전히 붕괴할 것이다. 농민이 다 사라질 것이다 하는 우려도 있었습니다. 그런데 지금 보면 그런 일은 일어나지 않았습니다. 또한 우려와 달리 한국 섬유산업도 무너지지 않았습니다. 오히려 한국 농산품들이 아시아와 미국에 수출되고 있습니다.

미국에서도 당시 한국 수입 차가 미국 시장에 쏟아져 들어오면 경쟁력이 떨어진 미국 자동차 회사들이 죄다 무너질 것이라는 큰 우려가 있었지만 역시 그런 일은 일어나지 않았습니다. 오히려 한국 자동차 회사들이 미국에 투자를 많이 하고 있지 않습니까? 더욱이 한·미 두 나라 기업들은 경쟁하는 것이 아니라 전기차와 배터리산업에 공동 투자하며 협력하고 있습니다. 자동차산업의 판도가 달라졌어요.

결국 한·미 FTA 출범 이후 과거 10년을 회고해 볼 때 저는 이 협상이 양측 모두에게 아주 성공적이었다고 평가하고 싶습니다. 두 나라 모두 통상과 투자가 증가했고 사기업들 간이나 양국 정부 간, 혹은 의회 간에 긴밀한 협력이 지속되고 있습니다. 그리고 당초에 양국이 각자 우려했던 두려운 상황도 벌어지지 않았습니다. 그때의 두려움은 근거가 없었던 것입니다.

바로 이 점이 앞으로 양국이 각자 다른 통상협상을 해 나가면서 과거 한·미 FTA 협상에서 배워야 하는 교훈이라고 봅니다.

3. FTA를 넘어선 미래의 통상지평

글로벌 공급망 대란과 복합위기

한국 경제는 현재 새로운 복합위기에 직면해 있다. 코로나19 이후 가시화된 글로벌 공급망 대란과 가치사슬의 재편, 미국과 중국, 러시아 등 강대국들의 신냉전 기류 형성, 국지전에 따른 국제 정세 불안 등 대외 요인이 작용한 결과 나타난 위기이다.

또한 기후변화 등을 이유로 내세운 신통상 의제가 미국, EU 등 선진국들의 새로운 무역장벽으로 등장하고 있다. 대표적인 예가 2022년 8월 발효된 미국의 「인플레이션 감축법」(IRA: *Inflation Reduction Act of 2022*)[26]이다. IRA의 핵심은 미국이 기후위기에 대응하기 위해 친환경에너지, 헬스케어 등의 분야에 4,000억 달러가 넘는 재정을 투입한다는 것이다. 이 가운데 특히 전기차 보조금 제도에 적용되는 IRA 배터리 요건[27]은 "북미(미국, 캐나다, 멕시코)에서 최종적으로 조립된 전기차에 한해 보조금을 부여한다"고 규정하여 "미국 내 투자 및 생산 확대 유도가 목적임은 물론 미국 중심의 배터리 공급망 구축까지 의도해 제정되었다"고 평가받는다.[28]

---

26 기후변화 대응 차원에서 2030년까지 온실가스 배출을 2005년 대비 40% 감축하는 목표를 달성하기 위해 3,690억 달러를 투입한다는 법안이다. 특히 북미에서 최종 조립한 전기차에 세금공제 방식으로 보조금 7,500달러를 지급하는 내용이 포함되었다. 당초 법안 원안에는 미국에서 조립된 경우에만 이 보조금을 지급하도록 되어 있었으나, 과거 NAFTA(현 USMCA)하에 구축된 역내 자동차 공급망의 성격과 캐나다의 항의를 고려해 캐나다와 멕시코를 포함한 북미 지역으로 확대되었다. 이 세금공제안은 전기차 배터리 핵심 원료의 비중 요건과도 연계되어 있어, 미국 내 혹은 미국과 FTA 협정을 발효 중인 국가에서 조달된 배터리 핵심 원료의 비중 요건을 충족할 경우 보조금을 지급하도록 되어 있다. 해당 비율은 2026년까지 80%로 확대할 예정이다(한국무역협회, 2022. 8. 26).

27 IRA Section 13401. 미국 시장에서 전기차 보조금(구매세액 공제)을 지원받기 위해 지켜야 할 요건들을 규정한 조항이다.

28 황경인(산입연구원 부연구위원), 2023, "IRA 시행 1년, 국내 배터리산업 영향과 과제", 〈통상〉, 통권 137호.

당시 한국이 크게 우려한 것은 배터리 생산에 쓰이는 니켈은 미국과 FTA를 체결하지 않은 인도네시아나 중국 등에서 주로 생산되고, 전 세계 리튬 가공물의 약 60%가 중국산이며, 음극재 원료인 천연 흑연도 중국 생산 비중이 80%에 이른다는 사실이었다.

김종훈   미국의 IRA는 한·미 FTA의 기본 정신인 내국민 대우에 다분히 위배되는 조치입니다. 내국민 대우란 자국 기업과 외국 기업을 똑같이 대우해 주겠다는 것이죠. 양측이 협정을 통해 채택한 이상 지키는 것이 맞는데, IRA는 북미지역 생산 차량에만 보조금을 주고 수입 차량에는 까다로운 조건을 달아 결국 배제한 것입니다. 내국민 대우를 위배할 소지가 다분합니다.

홍은주   다행히 2023년 3월에 새 지침을 발표하여 한숨 돌렸습니다만,[29] 여전히 우려가 남아 있습니다. 바로 '해외우려집단'(FEOC: *Foreign Entity of Concern*)을 통해 광물과 부품을 공급받으면 전기차 보조금을 받지 못하게 하는 규정입니다. 부품은 2024년부터, 광물은 2025년부터 적용하기로 했습니다. 중국이 FEOC에 포함되면 중국 의존도가 높은 한국에서 문제가 될 수 있다고 전문가들은 분석합니다.

김종훈   지금 WTO는 분쟁해결절차가 거의 작동하지 않기 때문에 분쟁을 제기했다는 의미 외에는 WTO 제도 안에서 해결은 기대하기 어렵습니다. 이 같은 문제와 관련하여 염두에 둘 것은, 지금 국제통상 질서가 대전환기를 맞았다는 것입니다. WTO 체제가 무기력해진 반면 나라마다 자국우선주의를 내세우고 있습니다. 세계화를 통한 국제분업과 효율성보다 공급망 안정 같은 경제안보 개념이 대두되는 상황입니다. 이런 변화의 흐름을 염두에 두고 정교하게 대응해야 합니다.

---

29 새 지침은 "광물 요건은 추출 또는 가공 중 한 과정에서만 IRA가 정한 지역(미국 또는 미국과의 FTA 체결국)에서 50% 이상의 부가가치를 창출하면 요건이 충족된 것으로 인정하고, 핵심광물 가공 범위에 양극재, 음극재 등 주요 배터리 소재를 포함시키며, 부품 요건에 해당하는 대상은 양극판, 음극판, 분리막, 전해질, 셀, 모듈로 한정한다"는 것이다.

신냉전과 경제안보

홍은주 한국 경제는 결국 글로벌 무대로 나아가서 경쟁하면서 살아야 하는 운명입니다. 그런데 지금 미·중·러 패권 경쟁으로 글로벌 공급망이 무너지고 완전히 새로 판이 짜이는 불안한 상황입니다. 신냉전 시대 한국 통상정책을 어떻게 가져가야 한다고 보십니까?

김종훈 지금까지는 세계화가 한창 추진되면서 경쟁적으로 자유화가 진행되었고, 그 과정에서 FTA 등 각종 협정이 얼기설기 얽혀 나갔습니다. 양자간 협정도 있고, 다자간, 지역 간 협정도 있다 보니 경제의 상호의존성이 아주 심화되었습니다.

그런데 트럼프 대통령 이후 미·중 간 갈등이 관세인상으로 표면화되다가 점차 다각화되고 심화되면서 이제는 이른바 '신냉전'이란 말까지 등장했습니다. 구냉전과 신냉전의 차이가 뭐냐? 과거 구냉전 때는 소비에트 연방, 즉 소련을 중심으로 동구권이 연대하여 미국 등 서방국가들과 대립했습니다. 당시 이 두 이념그룹 간에는 경제교류가 각기 분리되어 있었습니다.

홍은주 동구권은 동구권 간에만 교역하고 서구는 서구 간에만 따로 교역해서 동구와 서구가 서로 경제적으로 분리되어 있었다는 것이지요?

김종훈 그렇습니다. 그런데 '신냉전'이라고 부르는 지금은 그때와 다릅니다. 미국과 중국, 러시아, 유럽 등이 서로 안보 측면에서 정치적 갈등이 있지만, 경제적으로는 상호의존성이 강해졌습니다. 지금은 미·중 간에 안보가치는 충돌하지만 경제적으로는 얽혀 있지요. 구냉전 시대에는 미국과 소련은 안보 측면에서 서로 대립했을 뿐만 아니라 경제적으로도 따로 떨어져 있었습니다.

이런 상황에서 가치 충돌로 한쪽에서 의존의 한 가닥을 끊어 버리면 어딘가 다른 데서 대체공급선을 찾아야 합니다. 잔뜩 상호 의존해 있던 공급망이 무너지거나 전략적으로 무기화되면 국가안보가 위험한 지경에 이를 수 있다는 것이지요.

616

저는 최근 등장한 '경제안보'라는 개념을 이렇게 이해하고 있습니다.

그동안 중국이 '세계의 공장' 역할을 하면서 많은 종류의 상품을 저렴한 가격으로 내놓았던 게 사실입니다. 따라서 만약 중국과 전면적으로 디커플링(*decoupling*)을 하면 여러 경제 분야에서 비용 상승과 병목 현상이 불가피할 것입니다. 최근에 미국이 디커플링이 아니라 디리스킹(*derisking*)이란 개념을 제시한 데는 이런 배경이 있다고 봅니다.

이런 대전환의 시대를 맞아 통상정책을 어떻게 설정할지 모두가 고심할 수밖에 없습니다. 먼저, 2000년 이후 국제무역과 관련한 현상적 특징을 보면 WTO로 대변되는 다자간 무역체제는 작동이 정지되었습니다. 또한 세계의 어떤 지도자도 무역과 투자의 추가적 자유화를 외치고 있지 않습니다. 대신 반사적이긴 하지만, 자국 이익을 우선시하는 정책들을 구사합니다. 그리고 세계는 민주주의와 권위주의가 대립하는 신냉전 구도에 들어와 있습니다.

그렇다고 기왕 체결한 FTA들이 효력을 잃은 것은 아닙니다. 그간 한국은 교역액의 80%가 넘는 정도의 상대국들과 FTA를 맺었습니다. 이런 협정들을 교역 인프라로 계속 활용하는 것은 국익 실현에 크게 도움이 될 것입니다. 하지만 이제 통상정책의 중심을 단순한 FTA 체결을 넘어 좀 더 복합적인 시각으로 볼 시기라고 생각합니다.

홍은주　WTO는 잘 작동하지 않고, 미국이나 유럽도 더 이상 FTA를 추진하지 않기 때문에 한국은 이미 맺은 FTA를 더 적극적으로 활용할 필요가 있습니다. 향후 무역과 공급망 추이는 어떻게 흘러갈 것으로 예상하시는지요?

김종훈　주제별 그룹(*group*)이나 네트워크 연대가 추진될 겁니다. 가령 '디지털'이라고 하면, 디지털을 중시하고 방향성이 같은 몇 나라의 주도하에 집합적으로 공급망을 만드는 식입니다. 이는 산업별 주제에 따라 그룹을 이루어 나가면서 그룹의 구성을 유연하게 확장하는 방향으로 전개될 것입니다.

예를 들면, 미국 주도로 태평양 연안 몇 개국들이 만든 IPEF(*The Indo-Pacific*

Economic Framework), 미국이 EU와 결성한 TTIP(*Transatlantic Trade and Investment Partnership*), 미국·한국·일본·대만이 결성한 반도체 동맹 Chip 4 등입니다. 또 희토류 같은 자원이 주제가 되면 호주, 캐나다, 인도, 인도네시아 등 영토가 큰 자원 보유국들이 부존자원 중심의 그룹을 이루려는 움직임도 있습니다.

이런 식으로 이제는 주제별 파트너십(*partnership by theme*) 위주로 흘러갈 것 같습니다. 당연히 한국 국익에 따라 잘 섞일 수 있도록 선택하거나, 필요에 따라 한국이 주도적으로 조성해 나가야겠습니다.

이 같은 큰 구도에 덧붙여, 앞으로 한국 산업에서 반도체, EV 배터리, 소형모듈원자로(SMR) 같은 효율적 에너지 생산시설이 매우 중요할 것입니다. 이런 분야에서는 앞에서 말한 국제적 상황을 감안해 민관 협력과 전략적 대응이 절실합니다.

최근 미국과 중국, 러시아 등과 지정학적 공급망 논쟁에서 한·미 FTA를 체결한 것이 양국에 어떤 도움이 되었을까? 웬디 커틀러에게 이 점을 질문했다.

커틀러 FTA를 체결하여 시행하는 순간 모든 무역장벽이 철폐되고 FTA를 체결한 쌍방 혹은 지역국가들 사이에 통상을 촉진합니다. 그런 점에서 한·미 FTA가 공급망을 다루는 것은 사실이지만, 코로나19 사태와 같은 상황이나 지정학적 공급망 재구축과 관련하여 아주 구체적인 규정을 마련하지는 않았습니다. 그러나 한·미 FTA 이후 한·미 양국 기업들이 긴밀히 협력하는 사례가 늘어났기 때문에 그게 기초가 되어 자연스럽게 다양한 글로벌 공급망 문제를 다루는 위원회 조직이 만들어졌습니다. 미국이나 한국이나 생산의 자급자족이 가능하고 중국 의존도를 줄이기 위해 공급망 다양화를 위해 애쓰고 있습니다. 한·미 양국이 공급망 불안에 직면하기 시작했을 때 한·미 FTA가 그 문제를 해결할 수 있는 좋은 출발점이 되었다고 생각합니다.

홍은주 미·중 갈등이 심각한데 한국 경제가 미국과 중국 사이에 꽉 끼어 있는 상황입니다. 안보 측면에서 미국은 그렇다 치더라도 향후 중국 시장에서 한국은 어떻게 대응해야 할까요?

박태호 중국과의 관계는 다각도로 우리가 방법을 모색해야 한다고 생각합니다. 1992년에 한국과 중국의 무역이 정상화되었습니다. 2012년에 제가 중국을 방문했을 당시 한국 기업 수가 2만 5,000개나 됐습니다. 아마 그전에는 더 많았겠죠.

이처럼 당시 한국 기업이 중국으로 대거 진출한 데는 저렴한 노동력이 큰 유인이 되었습니다. 물론 중국 시장 자체를 보고 간 경우도 있었지만, 몇몇 대기업을 제외한 대부분의 기업은 중국의 값싼 노동력과 토지를 확보하는 것이 목적이었습니다. 당시 중국도 해외 기업들을 적극적으로 받아들이던 때였습니다. 심지어 한국의 모 대기업은 한국에서 생산된 부품을 중국 공장에 보내 80% 넘게 중국에서 조립생산한 경우도 있었습니다.

이 같은 방식으로 한국이 중국으로부터 약 500~700억 달러의 흑자를 보았습니다. 중국에서 조립한 한국 제품을 중국에서 판 것이 아니라 전부 다시 해외로 수출했기 때문에 위안화가 아닌 유로, 달러, 엔화 등을 벌어들인 것입니다.

지금은 어떻습니까? 2023년 4월 말 기준 1인당 GDP를 살펴보면, 베트남이 4,480달러인 데 비해 중국은 1만 3,720달러가 넘습니다. 중국은 더 이상 저임금이라는 메리트가 없고 수익성이 낮아졌습니다. 이제 한국 기업들은 속속 중국을 떠나고 있습니다. 아직 중국에 남아 있는 소수의 기업은 중국 시장에 공급하는 것을 목표로 삼은 기업입니다. 현재 중국은 '세계의 공장'에서 '세계의 소비시장'으로 바뀌고 있습니다.

홍은주 2023년 미·중 갈등이 본격화되면서 여러 가지 지정학적 위험요소가 생겼습니다. 한국 입장에서는 중국과 어떻게 관계설정을 하는 것이 좋을까요?

박태호 갈등이 있는 것은 사실이지만 우리가 중국을 아예 기피하는 것은 좋은 전략이 아닙니다. 현재 한국 기업이 부진한 부분이 바로 중국 내수시장 진출입니다. 화장품, 인삼 등 몇몇 분야를 제외하고는 중국 진출이 잘 안 되고 있지요. 그런

와중에 저렴한 중국산 제품 수입이 늘자 한국이 중국에 의존하는 정도가 더 커진 것입니다. 일각에서는 중국에 대한 경제적 의존성을 줄여야 한다는 우려도 있는데, 이는 기업이 알아서 선택할 사항입니다. 정부가 나서서 도울 일은 한국 기업이 중국 내수시장에 진출하여 불공정한 대우를 받을 경우 관련 통상규범에 근거하여 적절한 조치를 취하는 것입니다.

한국은 중국과 가깝다는 지리적 이점을 바탕으로 향후 중국 시장 진출에 따른 혜택을 많이 누릴 수 있습니다. 반드시 한국에서 수출할 필요도 없고, 동남아에서 생산하여 중국으로 수출할 수 있습니다. 한편 한국은 우수한 제조 역량을 바탕으로 어느 나라든 그 나라 중산층이 좋아하는 제품을 잘 만들 수 있기 때문에 중국 소비자의 수요를 잘 파악하여 수출한다면 경쟁력이 있다고 봅니다.

최근 중국과의 디커플링이 화두로 떠올랐고 저도 국제회의 등에서 자주 논의하지만, 완전한 의미의 디커플링은 사실상 불가능하다고 생각합니다. 미국 정부가 AI나 반도체 등의 분야에서 시도하는 디커플링은 국가 안보와 직결된 최첨단 기술에 한정된 것일 뿐 나머지 분야는 해당되지 않습니다. 미·중 패권 전쟁으로 막연한 걱정이 앞서지만 우리가 절대 착각하면 안 되는 점이 있습니다. 미국과 중국은 모든 분야에 걸친 디커플링이 현실적으로 불가능하다는 것입니다. 미국은 범용 반도체부터 생필품에 이르기까지 중국에 대한 수입 의존도가 그 어느 때보다 높은 상황입니다.

다시 강조하지만, 과거에 생산공장에 머물렀던 중국은 향후 주요 시장으로 자리 잡게 될 것입니다. 현재 미국이 취한 일련의 대중국 견제 조치들을 고려할 때 첨단기술 관련된 제품에 한해 신중히 접근한다면 미국의 신뢰를 얻음과 동시에 중국 시장도 공략할 수 있습니다.

한국 경제가 미국과 중국 사이에서 피해를 입을 수 있다는 우려가 있습니다. 조금 막연하더라도 "한국의 정체성이 이렇기 때문에 앞으로 한국이 교역 상대국을 이렇게 대하겠다"라는 우리 나름대로의 분명한 원칙을 천명해야 합니다. "한국은 자유민주주의, 시장경제, 인권 등 보편적 가치를 공유하고 추구하며, 비차별적 상호주의 원칙에 입각한 다자무역 체제를 존중한다"는 식의 기조를 세워 놓고

620

모든 국가를 그렇게 대하는 것입니다.

예를 들어 2017년 '사드'에 대한 보복조치로 한국이 일방적 피해를 입었다고 하는데, 차별적 조치가 분명한 경우 WTO에 근거하여 제소하면 됩니다. 물론 패소할 수도 있고 설령 승소하더라도 중국 정부가 판정 결과를 이행하지 않아 실질적 해결이 어려울 수 있겠죠. 하지만 우리 입장에서 불공정하게 여겨지고, 우리 원칙에 어긋난다고 판단하면 제소하는 겁니다. 중국에게만 그러는 게 아니라 미국에게도 그렇게 할 수 있어야 합니다. 다시 말해, 한국이 일관된 원칙과 정체성을 가진 국가임을 미국과 중국 등 강대국들에게 보여 주어야 합니다.

가령 미국이 한국에 철강 수출 물량을 30% 줄이라고 요구해 온 적이 있습니다. 이는 자유무역에 반하는 수출자율 규제 혹은 수출 쿼터에 해당하는 것으로 우루과이라운드 협상 당시 완전히 금지시킨 바 있습니다. 그런데도 한국은 이걸 받아들였습니다. 당시 트럼프 정부하에서 한·미 FTA 재협상이 잘 안 될 수도 있다는 두려움 때문에 할 수 없이 받아들였다고 합니다.

이렇게 하면 한국이 원칙 없이 흔들리는 나라로 비칠 가능성이 있어 우려됩니다. WTO에 정면으로 위반되므로 "한국의 교역 원칙상 그건 안 된다. 추가관세를 부과할 거면 하라"고 강하게 나가야 합니다. 앞으로는 어떤 강대국이든 우리의 원칙과 가치에 어긋나면 당당히 문제제기를 할 수 있는 나라가 되어야 합니다.

그리고 개방은 일률적으로 해야 합니다. 가령 금융시장을 살펴보면, 주식시장은 엄청나게 개방되어 있는데, 상대적으로 개방이 잘 안 된 분야들도 있습니다. 그런 분야를 개방하는 것이 중요하지, 주식시장을 어떻게 막아 볼까 하는 소극적 자세를 가져서는 안 됩니다.

작은 나라이지만 개방을 지향하는 국가로서 일관성이 있다는 인식을 심어 주면 국제사회에서 신뢰를 받게 되고 GDP가 커졌기 때문에 자연스럽게 힘도 생깁니다. 거듭 강조하지만 확실한 원칙을 세워 나가는 것이 중요합니다.

홍은주 트럼프 정부에서 '반중국'(anti-China)과 '미국우선주의'(America First)를 표방하기 시작했는데, 이런 경향이 바이든 정부에서도 계속되고 있습니다.

박태호 사실 따지고 보면, 바이든 정부가 들어서면서 더욱 악화되었다고 생각합니다. 트럼프 대통령 시절에는 기본적으로 관세를 주요 수단으로 사용하여 좋든 싫든 WTO 체제 내 시스템을 통해 해결하고자 했습니다. 그런데 지금 바이든 정부는 수출 규제뿐 아니라 IRA나 520억 달러 규모의 보조금을 미국 반도체산업에 지급하면서 완전히 WTO에 어긋나는 정책을 펼치고 있습니다. 미국이 중국 정부의 보조금 지급을 비판하면서 자국도 유사한 조치를 취하자 많은 나라에서 산업정책이 부활하는 것이 아니냐고 의심하고 있습니다. 그렇게 되면 세계가 완전히 정글의 법칙 아래로 들어가서 문제가 커집니다.

그런 의미에서 최근 화두로 떠오른 미국의 IRA상의 일부 차별적 요소는 우리가 절대 용납할 수 없는 것이라고 봅니다. 요즘 제가 미국 사람들을 만나면 "트럼프가 중국의 과도한 정부 보조금, 지식재산권 침해, 강제 기술이전 등을 강력히 비난한 바 있고, 이는 우리나라도 입장을 같이했다"고 말합니다. 또한, "바이든 정부가 주장하는 반도체 관련 디커플링도 국가 안보를 이유로 들기 때문에 어느 정도 수용할 수 있는 측면이 있다. 하지만 요즘 미국 정부가 배터리나 전기차까지 한국을 차별하는 것은 명백한 미국우선주의이고, 이는 우리가 받아들일 수 없다"고 강조합니다.

미국이 만약 이렇게까지 나가면 우리가 미국 정책을 지지하는 데 있어 정당성을 잃어버리게 됩니다. 제가 만나 본 미국 전문가들도 이 점을 고민하고 있습니다. "미국도 중간선거 때문에 그렇지 않겠냐?"고 대충 넘어가는데, 중간선거 끝나면 또 대통령 선거가 있어 절대로 중간선거 후에 끝날 일이 아니라고 생각합니다. 미국우선주의는 미국이 글로벌 경제 리더로서 지양해야 합니다. 자국의 이익을 위해 그런 정책을 펼치더라도 WTO를 재건하기 위해 최소한의 노력을 해야 합니다. 그렇지 않으면 한국처럼 무역을 많이 하는 나라들은 미국으로 인해 큰 딜레마에 빠질 수밖에 없습니다.

현재 한국 기업은 IRA에 따른 보조금 혜택을 받지 못합니다. 현대 기아차의 미국 내 공장이 2025년에 완공 예정이라 그때까지는 다소 어려움이 있을 것으로 보입니다. IRA로 인해 배터리 등 여타 산업에서 한국 기업에 기회가 있는 것도 사실입니다. 하지만 원칙적으로 최혜국 대우 위반 가능성이 있어 문제의 소지가 있습니다.

미국이 계속 이런 식의 입법을 강화할 경우 한국이 미국의 정책을 지지하는 것에 정당성이 결여되어 양국 간 협력에 차질이 빚어질 가능성도 있습니다. '반중국'까지는 어느 정도 이해할 수 있지만, 무조건적인 '미국우선주의'에 대해서는 미국 내에서도 비판의 목소리가 있었습니다. 그럼에도 정치인들은 한 치의 양보도 없는 것 같습니다.

한편 과거에 트럼프 대통령이 관세를 많이 올렸는데 저는 이러한 조치로 인해 2~3년 뒤 결국 미국이 피해를 볼 것이라는 점에 주목했었습니다. 물건 값이 높아지면 미국 사람들이 아이들에게 선물 사 주는 것도 어렵고, 특히 서민들이 힘들어지기 때문입니다. 즉, 자유무역을 막아 버리면 그 결과가 부메랑이 되어 돌아오는 법입니다.

홍은주　미국과 중국 간의 정치적 갈등이 심화되면서 양국이 경제적 측면에서 잃는 것이 많은 듯합니다.

박태호　개방의 문제는 항상 플러스와 마이너스가 있는데 정치적 이유로 마이너스 측면이 강조되는 경향이 있습니다. 지도자들이 그걸 정확히 파악하고 정치적 어려움이 있더라도 이걸 뚫고 나가는 것이 개혁이고 제대로 된 정책입니다. 거기에 편승해서 보호무역주의를 선택하면 결국 자국이 피해를 입는다는 것이 역사적 교훈입니다.

그러나 실제로는 그렇게 잘 안 되는 것 같습니다. 지금은 모든 나라가 보호무역주의 기조를 강화하고 있어 굉장히 어려운 상황입니다.

'휴먼자본'과 개방의 DNA

2000년대 초반에 우리나라는 한국 경제의 먼 미래를 위해 한·미 FTA를 담대하게 선택했다. 수많은 반대에 직면하고 정치적 어려움을 겪으면서도 두 정부는 이를 현실화했다.

이제 한·미 FTA를 넘어선 또 다른 미래 비전과 선택이 필요한 시점이다. 미·중·러 강대국들의 신냉전 기류와 EU 등의 노골적 보호무역주의 회귀 분위기 속에서 어떻게 한국 경제가 생존해야 할지 정부와 정치권의 통찰력과 리더십이 필요하다. 나아가 글로벌 분업 사슬의 붕괴 속에서 생존 공간을 확보하기 위해 민간 기업의 치열한 기술개발 노력과 시장 개척 의지가 더없이 절박한 시기이다.

한국 경제는 건국 이후 지금까지 개방을 통해 글로벌 시장에 접근하고, 그 과정에서 뼈를 깎는 자구 노력을 통해 경쟁력을 높이는 전략으로 성장해왔다. 이 같은 전략이 미래에도 여전히 유효할까?

권오규 전 부총리는 "그렇다"고 단언한다. 그리고 글로벌 경쟁 시대에 살아남기 위한 가장 원론적이고 궁극적인 해법을 교육에서 찾아야 한다고 조언한다.

권오규　개방을 통한 경상수지의 장기간 흑자가 한국 경제의 성장과 발전에 큰 비중을 차지하게 되었고, 향후에도 교역과 투자, 기술교류 증가가 국익을 지키는 데 있어 매우 중요하다고 봅니다. 한국은 내수시장 규모가 작아서 어떻게든 글로벌 시장으로 진출하지 않고는 먹고살 수가 없어요.

향후 한국 경제발전에 있어 핵심 질문을 딱 두 개만 던진다면 "우리가 앞으로 무엇으로 먹고살 것인가?"와 "우리가 스스로를 지킬 능력을 어떻게 확보할 것인가, 즉 국방력을 어떻게 가져갈 것인가?"로 귀결된다고 봅니다.

그런데 한국은 이 두 문제를 해결하는 데 도움이 될 자원이 전혀 없는 나라입니다. 지하자원, 농산자원, 자연조건 가운데 아무것도 없습니다. 가령 에너지원으로 풍력이나 태양광을 일부 시도하고 있지만, 365일 태양이 내리쬐는 거대한 사막도 없고 북유럽처럼 풍압이 거센 자연조건도 없습니다.

624

결국 우리 형편으로는 이걸 보완적으로 활용하되, 주요 에너지원으로는 탄소포집이나 SMR 등 핵심 기술을 개발해야 합니다. 한국이 가진 것이라곤 사람뿐이므로 경제발전을 위해서는 인재를 잘 육성해야 합니다. 결국 모든 문제는 사람이 해결하는 것이죠. 저는 앞으로 한국 경제의 모든 문제는 "미래 세대를 어떻게 잘 키울 것인가?"라는 교육 문제로 환원될 것이라고 봅니다.

그럼 어떻게 교육 시스템을 효율화할 것이냐는 이슈가 등장합니다. 저는 사람에 대한 투자가 중요하다고 봅니다. OECD에서 수학, 과학, 문해력 중심의 국제학업성취도평가(PISA: *Program for International Student Assessment*)를 실시하는데, 핀란드가 1위, 한국이 2위를 쭉 유지하다가 요즘 한국이 하락 추세입니다.[30] 제가 OECD에 있을 때 미국인과 일본인들로부터 한국이 어떻게 2위에 올랐느냐는 질문을 자주 받았습니다.

그 답은 간단해요. 우선 한국은 중고등학생 한 명에 대한 1인당 투자액이 미국이나 일본보다 훨씬 높습니다. 물론 그건 사교육비를 포함한 액수입니다. 그런데 학생이 대학에 진학한 후에는 대학에 대한 투자가 형편없어서 대학생 1인당 교육투자액이 너무 낮고 한국 대학들의 글로벌 순위가 하락하는 문제점이 나타납니다.

또 하나는, 한국 교사들은 자질이 뛰어납니다. 사학연금 등 교사 처우가 다른 나라보다 상대적으로 좋고, 교권이 무너졌다지만 당시까지 한국 사회에는 교권에 대한 존경심이 남아 있었습니다. 이런 것들이 한국의 높은 PISA 순위의 원동력이었지요.

그런데 요즘은 이게 계속 낮아지고 있습니다. 교육의 질과 양이 모두 중요하지만, 특히 교육의 질을 높이는 방법을 고민해야 합니다.

한국 경제는 인구 감소 등 대내적으로나 대외적으로 여러 가지 문제에 노출되어 있고 연금개혁처럼 복잡한 의제가 많이 남아 있습니다. 대내적으로 발생하는 문제들에 대해 여러 가지 정치적 이유와 잣대로 자꾸 미루는 경향이 있는데, 미루지 말고 바로바로 교통정리를 해 주어야 앞으로 나아갈 수 있습니다.

---

30 2018년 PISA에서 한국이 9위, 중국과 홍콩, 마카오가 각각 1, 3, 4위를 차지했다.

결론적으로 다시 요약하면, 우리가 직면한 두 가지 뚜렷한 도전은 향후 한국 경제가 먹고살 수 있는 산업발전 전략 수립과, 스스로를 지킬 수 있는 방위 문제로 귀결되며, 이를 해결하려면 결국 개방을 통해 시장을 더욱 확대하고 인적 자원을 최대한 활용할 필요가 있습니다. 또한 그것을 실천할 강한 의지를 가지고 분명한 거버넌스를 확립하는 것이 현재 한국 경제가 직면한 최대 과제라고 봅니다.

홍은주

한양대를 졸업하고, 미국 오하이오주립대에서 경제학 석사학위와 박사학위를 받았다. MBC 경제부장, 논설실장을 거쳐 iMBC 대표이사를 지냈다. 한국여기자협회 부회장·회장 직무대행, 한국 여성경제학회 회장, 한양사이버대 경제금융학과 교수를 역임하였으며, 현재 ESG플러스 컨설팅 대표로 있다. 저서로는《경제를 보는 눈》,《초국적시대의 미국기업》,《부실채권 정리: 금융산업의 뉴 프론티어》, 《(그림으로 이해하는) 경제사상》 등 다수가 있다. 재경회와 KDI가 공동 기획한 《코리안 미러클》 시리즈를 단독 혹은 공동 집필해왔다.

육성으로 듣는 경제기적 VIII

코리안 미러클 8

한·미 FTA, 글로벌 경제를 향한 비전

2024년 4월 25일 발행
2024년 4월 25일 1쇄

기획 및 집필_ 육성으로 듣는 경제기적 편찬위원회
발행자_ 조완희
발행처_ 나남출판사
주소_ 10881 경기도 파주시 회동길 193, 4층(문발동)
전화_ 031) 955-4601(代)
FAX_ 031) 955-4555
등록_ 제406-2020-000055호(2020.5.15)
홈페이지_ www.nanam.net
전자우편_ post@nanam.net

ISBN 979-11-92275-17-8
ISBN 979-11-971279-4-6 (세트)

책값은 뒤표지에 있습니다.

코리안 미러클

육성으로 듣는 경제기적 편찬위원회 (위원장 진념) 지음

현오석 · 김호식 · 엄일영 · 윤대희 · 조원동 · 지동욱 · 최우석

박정희 시대 '경제기적'을 만든 사람들을 만나다!

경제난 어떻게 풀어 '창조경제' 이룰 것인가? 전설적인 경제의
고수들에게 배우라! 홍은주 전 iMBC 대표이사와 조원동 전 청와대
경제수석이 '그 시대' 쟁쟁한 경제거물들인 최각규, 강경식, 조경식,
양윤세, 김용환, 황병태, 김호식, 전응진을 만났다. 그들의 생생한
육성으로 통화개혁, 8·3조치, 수출정책, 과학기술정책 추진과정을
둘러싼 007작전과 비화들을 듣는다.

크라운판 · 양장본 | 568면 | 35,000원

코리안 미러클 2
도전과 비상

육성으로 듣는 경제기적 편찬위원회 (위원장 이헌재) 지음

김준경 · 진 념 · 강봉균 · 윤대희 · 김호식 · 박병원 · 임영록 · 고일동

'전환의 시대'를 이끈 경제주역들의 생생한 증언!

1960~70년대 순항하던 한국경제호는 살인적 물가폭등과 기업과
은행의 부실, 개방압력 등으로 흔들리기 시작한다. 바야흐로 물가를
안정시키고 기업과 은행의 자율성을 키우며 시장을 개방하는 것이
한국경제의 지상과제로 떠오른 것이다. 이 책은 이러한 시대의
키워드인 안정, 자율, 개방을 구현하는 데 핵심적 역할을 했던
경제정책 입안자 강경식, 사공일, 이규성, 문희갑, 서영택, 김기환의
인터뷰를 담고 있다. 한국경제 연착륙을 위해 고군분투하는 그들의
이야기는 난세영웅전을 방불케 할 정도로 흥미진진하다.

크라운판 · 양장본 | 552면 | 35,000원

나남 nanam www.nanam.net | 031-955-4601

코리안 미러클 3 : 숨은 기적들

중화학공업, 지축을 흔들다

육성으로 듣는 경제기적 편찬위원회 (위원장 강봉균) 지음

김준경 · 이규성 · 이헌재 · 진 념 · 윤대희 · 박병원 · 안병우 · 조원동 · 김주훈 · 조병구

대한민국 경제성장의 엔진, 중화학공업의 역사를 돌아보다
1972년 100억 달러 수출 목표를 천명하며 등장한 것이 바로 중화학공업
프로젝트다. 당시 중화학공업 정책을 진두지휘한 오원철 전 경제수석과
김광모 전 대통령 비서관의 생생한 목소리를 통해 우리나라 경제발전의
엔진 화학과 제철, 자동차, 전자, 조선 산업의 역사를 들어본다.

크라운판 · 반양장 | 436면 | 26,000원

코리안 미러클 3 : 숨은 기적들

농촌 근대화 프로젝트, 새마을 운동

육성으로 듣는 경제기적 편찬위원회 (위원장 강봉균) 지음

김준경 · 이규성 · 이헌재 · 진 념 · 윤대희 · 박병원 · 안병우 · 조원동 · 김주훈 · 조병구

농촌을 깨운 변혁의 횃불, 새마을 운동의 기적을 기록하다
1960년대 도농격차와 농촌의 가난을 극복하고자 전개한 자립 자활 새마을
프로젝트. 이를 기획 및 설계한 고건 전 총리, 새마을 전도사가 된 하사용 지도자,
새로운 농촌 여성의 모델을 제시한 정문자 지도자의 생생한
목소리로 새마을 운동의 이야기를 들어본다.

크라운판 · 반양장 | 244면 | 20,000원

코리안 미러클 3 : 숨은 기적들

숲의 역사, 새로 쓰다

육성으로 듣는 경제기적 편찬위원회 (위원장 강봉균) 지음

김준경 · 이규성 · 이헌재 · 진 념 · 윤대희 · 박병원 · 안병우 · 조원동 · 김주훈 · 조병구

붉은 산을 푸른 산으로, 우리나라 숲의 역사를 다시 쓰다
이 책은 열악한 현실을 딛고 기적 같은 치산녹화의 성과를 이뤄낸 과정을
담고 있다. 당시 삼림녹화 정책을 직접 구상하고 추진했던 손수익 전 산림청장과
김연표 전 산림청장, 이경준 서울대 명예교수가 우리나라 숲의 역사를 들려준다.

크라운판 · 반양장 | 268면 | 20,000원

나남
nanam www.nanam.net | 031-955-4601

코리안 미러클 4

외환위기의 파고를 넘어

육성으로 듣는 경제기적 편찬위원회 (위원장 강봉균) 지음

김준경·안병우·김용덕·윤대희·조원동·김주훈

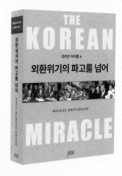

한국 경제의 불시착과 재비상의 드라마!

1997년 '우리나라가 부도날지도 모른다'는 청천벽력과 같은 소식이 전해진다.
당시 초유의 사태를 극복하기 위해 추진했던 금융 및 기업 부문의 구조조정,
공공부문 개혁, 서민 생활보호와 사회안전망 구축 정책을 경제 드림팀
이규성, 강봉균, 이헌재, 진념 재경부 장관의 생생한 목소리로 들어본다.

크라운판·반양장 | 752면 | 39,000원

코리안 미러클 5

한국의 사회보험, 그 험난한 역정

육성으로 듣는 경제기적 편찬위원회 (위원장 윤증현) 지음

한덕수·최정표·윤대희·김영주·오영호·김석동·허경욱·서중해

경제와 복지의 상호발전사를 돌아보다!

한국 사회보험 역사를 돌아보고 성장과 복지의 바람직한 관계를 모색해 본다.
국민연금의 첫 깃발을 꽂은 서상목 전 보건복지부 장관, 의료보험
체계의 기틀을 마련한 김종인 전 보건사회부 장관, 1997년 외환위기 때
고용·보험 제도를 도입한 정병석 전 노동부 차관등의 이야기를 들어본다.

크라운판·반양장 | 448면 | 28,000원

코리안 미러클 5

모험과 혁신의 벤처생태계 구축 한국 벤처기업 성장사

육성으로 듣는 경제기적 편찬위원회 (위원장 윤증현) 지음

한덕수·최정표·윤대희·김영주·오영호·김석동·허경욱·서중해

벤처를 통해 역동적인 한국경제의 미래를 상상하라!

한국의 벤처신화를 만들어낸 전문가들을 만나 도전과 열정으로 이루어진
벤처기업의 역사를 돌아본다. '벤처의 선구자' 이민화 KAIST 교수,
'도전과 변신의 천재' 김익래 다우키움그룹 회장, '벤처 어게인의 공로자' 장흥순
블루카이트 대표 등의 이야기를 들으며 벤처생태계와 한국 경제의 미래를 설계한다.

크라운판·반양장 | 416면 | 26,000원

나남 nanam | www.nanam.net | 031-955-4601

코리안 미러클 6

금융실명제

육성으로 듣는 경제기적 편찬위원회 (위원장 한덕수) 지음

최정표 · 남상우 · 백운찬 · 서중해 · 윤대희 · 윤용로 · 윤증현 · 진동수 · 최규연

투명한 경제, 깨끗한 사회를 연 기폭제, 금융실명제
1993년 대통령 긴급명령으로 전격 시행된 금융실명제는 경제뿐만 아니라
정치, 사회 전반에 깨끗하고 공정한 질서를 확립하여 신뢰자본을 형성하고
경제의 지속발전을 추구하며 한국의 국격을 높이기 위한 '빅 픽처'였다.
이 책은 1982년과 1989년, 1993년 세 차례에 걸친 금융실명제의 주역인
홍재형, 강경식, 윤증현, 김용진, 김진표, 진동수, 김종인, 남상우,
백운찬, 윤용로, 강만수, 임지순의 생생한 증언을 통해 당시 정치·경제적
배경에서부터 금융실명제의 전 과정을 살펴보며 우리가 지향해야 할
투명사회의 미래를 발견한다.

크라운판 · 양장본 | 568면 | 35,000원

코리안 미러클 7

정보화 혁명, 정책에 길을 묻다

육성으로 듣는 경제기적 편찬위원회 (위원장 진동수 · 홍장표) 지음

권오규 · 김광수 · 노준형 · 방문규 · 서중해 · 송인호 · 윤대희 · 조동호

한국경제의 새로운 비전, 정보화 혁명
4차 산업혁명 시대의 도래로 대전환기를 맞은 한국이 경제패권국가로
부상하려면 어떠한 지혜가 필요할까? 이 책은 한국 경제사에서 혁신적
리더십으로 한국 경제의 새로운 활로를 개척한 정보화의 역사를 돌아본다.
오늘날 한국이 '정보화 강국'이자 '전자정부 1위 국가'로 도약한 성공 비결을
조명하며 브로드밴드 시대의 정보화 비전, 4차 산업혁명 시대의 정보화 혁명
전망 등을 담았다.

크라운판 · 양장본 | 528면 | 42,000원

나남 www.nanam.net | 031-955-4601